U0755954

"十二五"普通高等教育本科国家级规划教材

外国法制史

（第三版）

主　编　曾尔恕

撰稿人（以姓氏笔画为序）

刘　明　张彩凤　顾　元

高仰光　崔林林　曾尔恕

中国政法大学出版社

2018·北京

作 者 简 介

曾尔恕　中国政法大学教授，博士生导师。长期从事外国法制史的教学与研究。主编外国法制史教材十余部；编著《社会变革之中的传统选择——以外国法律演进为视角》、《中外司法改革对社会变革影响比较研究》、《历史上最具影响力的法学名著30种》、《20世纪法学名著导读》、《外国法制史研读辑录》、《汉穆拉比法典》（勘校）、《宪法历史及比较研究》（勘校）、《现代国际法史论》（勘校）、《常识》（编译）等；发表论文《试论〈独立宣言〉的思想渊源及理论创新》《英国的法治传统及其在北美殖民地的保留》等数十篇。

张彩凤　中国人民公安大学教授，博士生导师。研究方向为外国法律史、法理学及比较法律文化。主编和参编外国法制史教材多部；代表性著作有《英国法治研究》、《世界警察大全》（译著）、《有组织犯罪的经济学研究》（主编）等；发表论文《论英国衡平法的发展演变》《论西方法治传统的思想渊源和观念基础》《英国宪政：商谈式民主演进范式》等数十篇。

崔林林　中国政法大学教授，法律史研究所所长，硕士生导师，法学博士。研究方向为比较法律史、英美法律史。代表性著作有《严格规则与自由裁量之间》、《外国法制史》（主编）。

顾　元　中国政法大学教授，硕士生导师，法学博士。研究方向为中国法文化史、比较法律史等。著有《衡平司法与中国传统法律秩序——兼与英国衡平法相比较》、《1787年之夏：缔造美国宪法的人们》（译著），与人合著《中国司法制度史》《中国民法通史》《官箴书点评及官箴文化研究》等；在国内外学术刊物发表专业论文三十余篇。

高仰光　中国人民大学副教授，法学博士。研究方向为西方古代、中世纪法律史，欧陆近代法律史，比较法律文化等。独著《〈萨克森明镜〉研究》；代表性论文有《雅典民主制与西方法律传统》《中世纪英国法发展的教会法背景》《论日耳曼法中的赔命价制度》《马克斯·韦伯与当代中国人的法律信仰》《纳粹统治时期德国法律史学的源流、变迁与影响》等。

刘　明　中国人民大学法学院图书馆副馆长，副研究馆员，法学博士。

研究方向为外国法制史和法律信息服务。著有《推开法律信息检索之门》
（专著）；发表论文《信息素养教育在美国法学教育中的角色分析及思考》
《法律文献检索教学实践初探》《中国、日本及瑞典社会保障制度比较研究》
等十余篇。

出 版 说 明

中国政法大学出版社是国家教育部主管的，我国高校中唯一的法律专业出版机构。多年来，中国政法大学出版社始终把法学教材建设放在首位，出版了研究生、本科、专科、高职高专、中专等不同层次、多种系列的法学教材，曾多次荣获新闻出版总署良好出版社、国家教育部先进高校出版社以及"全国百佳图书出版单位"等荣誉称号。

自 2012 年起，我社作为国家一级出版社，承担了教育部"十二五"普通高等教育本科国家级规划教材的出版任务，本套教材将在今后陆续与读者见面。

本套"十二五"普通高等教育本科国家级规划教材的出版，凝结了我社近三十年法学教材出版经验和众多知名学者的理论成果。我们的出版思路是坚持教材内容必须与教学大纲紧密结合的原则。各学科以教育部规定的教学大纲为蓝本，紧贴课堂教学实际，力求达到以"基本概念、基本原理、基础知识"为主要内容，并体现最新的学术动向和研究成果。在形式的设置上，坚持形式服务于内容、教材服务于学生的理念。采取灵活多样的体例形式，根据不同学科的特点，通过学习目的与要求、思考题、资料链接、案例精选等多种形式阐释教材内容，争取使教材功能在最大程度上得到优化，便于在校生掌握理论知识。概括而言，本套教材是中国政法大学出版社多年来对法学教材深入研究与探索的集中体现。

中国政法大学出版社始终秉承锐意进取、勇于实践的精神，积极探索打造精品教材之路，相信倾注全社之力的"十二五"普通高等教育本科国家级规划教材定能以独具特色的品质满足广大师生的教材需求，成为当代中国法学教材品质保证的指向标。

中国政法大学出版社

第三版说明

本教材是普通高等教育"十一五"国家级规划教材之一，自 2008 年出版以来一直得到广大读者的欢迎和厚爱。2012 年，本教材被列入"十二五"普通高等教育本科国家级规划教材，2013 年发行第二版。此次再版在原教材的基础上吸收了外国法制史最新研究成果，对原教材进行了全面修改和审定。

本书作者分工如下：

主　编：曾尔恕；

撰稿人（以姓氏笔画为序）：

刘　明：附录；

张彩凤：第十一章、第十二章、第十三章；

顾　元：第三章、第十四章、第十五章；

高仰光：第六章、第七章、第八章；

崔林林：第一章、第二章、第四章；

曾尔恕：序言、第五章、第九章、第十章。

主　编

2017 年 11 月

序　言

一、外国法制史研究的对象和学科体系

外国法制史是我国法学体系中的一个基础学科，是法律史科学的组成部分之一，其研究对象包括：历史上各种不同类型的、具有代表性的法律制度的产生、发展和演变的规律；不同类型的、有代表性的法律制度的内容、本质及表现形式；不同类型的法律制度的实施情况；不同类型的法律制度在不同历史发展阶段上对经济的发展、政治的演变和文化的进步所产生的作用。

外国法制史的研究对象决定了外国法制史学科应当从总体上揭示各历史时期各种类型的法律制度发生、发展、变化的一般规律。由于各国的法律制度有自己发生、发展、变化的历史，所以，外国法制史的学科体系既要考虑同一社会经济形态中不同国家的法律制度在基本和主要的方面属于同一类型，也要考虑即使是同一类型的国家的法律制度也存在着差异。

本教材的编写积外国法制史教学之丰富经验，参考国内同类教材的体系设计，从整体上将法律制度分为上、下两篇，即古代、中世纪的法律制度和近现代法律制度。上篇包括东方国家的法律制度、西方国家的法律制度两编，下篇包括英美法系国家的法律制度、大陆法系国家的法律制度、俄罗斯和欧洲联盟的法律制度三编。全书共15章，依次为：楔形文字法、古印度法、伊斯兰法、古希腊法、罗马法、日耳曼法、教会法、中世纪西欧的城市法和商法、英国法、美国法、法国法、德国法、日本法、俄罗斯法、欧洲联盟法。本书最后部分是附录。本教材努力做到内容科学、概念准确、重点突出，以符合本科精编教材的要求。在篇幅上，本教材更注重对近现代法律制度的阐释；在内容上，本教材注意吸纳新的研究成果。

二、世界各国法律制度的产生和演变

（一）古代法律制度

古代东方国家的法律最早出现在非洲尼罗河流域的埃及，但是有关法律制度流传下来的资料不多。比埃及稍晚，西亚两河流域的苏美尔地区在公元前3000年前后出现了一些城邦国家，适用不发达的习惯法，后来用楔形文字书写为成文法。公元前18世纪古巴比伦王国的《汉穆拉比法典》是楔形文字法的典型代表，是世界上最早的保存比较完整的成文法典，不仅对后来西南亚等地区的法律制度有重要影响，而且通过波斯帝国的法律和希伯来法对西方法律文化产生了一定影响。

约在公元前15世纪，亚洲南部的印度出现了奴隶制国家，并出现了习惯法。公元前7世纪，古印度产生了婆罗门教。婆罗门教的基本教义成为法律的重要内容，婆罗门的祭司成为法律的制定者，受婆罗门教推崇和维护的种姓制度成为印度社会

的基本制度。婆罗门教法的渊源有"吠陀""法经"和"法典"。公元前 6 世纪，古印度出现了佛教，佛教法在古印度社会一度繁荣发达。佛教僧侣编纂及整理的《律藏》《经藏》和《论藏》是佛教法的重要典籍。公元前 4 世纪前后，婆罗门教吸收佛教和耆那教教义演化成印度教。编纂于公元前 2 世纪至公元 2 世纪的《摩奴法典》是印度孔雀帝国兴盛时期对婆罗门教法的继承和总结，是印度法制史上第一部正规的法律典籍，在南亚次大陆享有崇高地位。

公元前 11 世纪左右，西亚的巴勒斯坦产生了希伯来奴隶制国家，出现了希伯来法。希伯来法的主要渊源是摩西律法，其基本原则体现在《摩西十诫》之中。希伯来法依附犹太的宗教文化，对西亚、欧洲各国以及中世纪基督教会都产生过一定影响。

古希腊是欧洲最先产生法的地区。公元前 12 世纪到公元前 6 世纪，希腊本土形成了几十个城邦国家。由于各城邦国家的历史、经济、政治和文化条件的不同，各城邦的法律存在很多差异。诸城邦中，雅典是实行奴隶制民主政治的典型。罗马最早的成文法——《十二表法》，是在考察了希腊法之后制定的。

罗马奴隶制国家形成于公元前 6 世纪，起初仅是意大利半岛上一个占据弹丸之地的城市国家，经过几百年的对外扩张，至公元 3 世纪已成为版图扩及欧、亚、非洲的庞大帝国。罗马法适应罗马奴隶制商品经济的发展，从简单到复杂，最后演变为古代社会最发达、最完备的法律。罗马法对私有制社会简单商品经济的一切本质关系均作出了详尽的规定。公元 6 世纪查士丁尼（Justinian，也译作优士丁尼）的法典编纂集罗马法之大成，成为罗马法最重要的渊源。罗马法是世界法律史上最有影响的法律体系之一，不仅积极影响了中世纪许多国家，推进了西欧法制的发展进程，也对近代以来的法律与法学的发展有卓越贡献。

（二）中世纪法律制度

西欧封建社会始于公元 5 世纪西罗马帝国灭亡，止于公元 17 世纪英国资产阶级革命。西欧封建制的法律制度在世界法制史上占有重要地位。

在西欧封建社会早期阶段，日耳曼人于公元 5 世纪入侵罗马帝国，建立起许多"蛮族"国家；同时，日耳曼人的另一支——盎格鲁·撒克逊人侵入不列颠，建立了一些封建国家。日耳曼法起源于日耳曼各部族的原始习惯，并在日耳曼各部族建立国家之后被编纂为成文法典。在这些"蛮族法典"中，法兰克王国的《萨利克法典》是日耳曼法的重要代表。日耳曼法在封建化的历史潮流中逐步为西欧各封建王国所接纳，最终成为中世纪西欧占据统治地位的世俗法。

在西欧封建社会的发达时期和后期，各国法律制度发生了很大变化。在西欧大陆，从 12 世纪初开始，商品货币经济的发展引起了罗马法的复兴。罗马法的广泛采用，促使日耳曼法和罗马法相融合，有利于王权的加强，对西欧资本主义经济的成长和民族统一国家的形成起到了促进作用，也为后来形成以法国、德国为代表的大陆法系奠定了基础。在不列颠，由于公元 11 世纪诺曼人的入侵，其法律制度走上了与西欧大陆各国不同的特殊的发展道路。大约从 13 世纪起，英国形成了全国普遍适用的共同的习惯法，即"普通法"。普通法奠定了英吉利法系的基础，与直接采用罗马法的大陆法系形成鲜明对照。

西欧中世纪法律的多元化是法律发展的明显特点，公元 5 世纪后，由于罗马天主教会演变成为凌驾于西欧各国世俗政权之上的国际政治中心，教会法逐渐脱离世俗法的干涉，成为与世俗法相互竞争的独立法律体系。法律的二元化成为西欧中世纪法律的明显特点。教会法的法律观念为后世的法学理论打上了深刻的烙印。在婚姻、家庭和继承等方面，教会法至今仍有很大影响。

城市法和商法是公元 10 世纪随着西欧的城市化以及商品经济在城市中的快速发展而兴起的专门调整城市生活和商业贸易活动的法律体系。城市法和商法体现了新的经济关系、社会关系以及新阶级的要求，反映出自由、平等精神，与同时代通行于西欧广大农村地区的教俗封建法律有着本质上的差异。中世纪的城市法和商法为资产阶级创设资本主义的法律体系提供了经验，是近现代资本主义法律的重要历史渊源。

创建于阿拉伯地区的伊斯兰法是在中世纪封建社会中别树一帜的法律制度。公元 6 世纪，穆罕默德在建立统一的阿拉伯国家的活动中创立了伊斯兰教。穆罕默德以真主安拉"启示"的名义发布的《古兰经》、以穆罕默德的言行和默示为内容汇集的"圣训"以及教法学，既是伊斯兰教的规范，也是伊斯兰法的基本渊源。随着阿拉伯国家的对外扩张，伊斯兰法得到广泛传播，形成了伊斯兰法系。

日本于公元 645 年实行"大化革新"后，确立了以天皇为中心的中央集权统治，创建了以中国封建法律制度为模式的日本封建法律制度。《大宝律令》（公元 701 年）和《养老律令》（公元 718 年）就是以唐朝律令为蓝本制定的。1192 年后日本进入幕府统治时期，武家法典成为基本法律。

在东欧，公元 5 世纪后，拜占庭帝国和由斯拉夫人建立的国家进入封建社会，颁布和编纂了一些适应封建关系发展的法典。11 世纪时的《罗斯真理》是俄国法律史上的重要文献。

（三）近代法律制度

从世界范围考察，通常把 17 世纪英国资产阶级革命作为近代史的开端，它的下限止于 1917 年俄国十月革命和第一次世界大战结束。英国资产阶级革命后确立了君主立宪政体，在法律上继承了英国封建时期的法律传统和特点，保留了旧有的法律形式和司法机关。在建立资产阶级法律制度的过程中，英国大法官和法学家以新的精神解释古老的普通法的原则，对促使普通法的转变起了重要作用。19 世纪后，英国的法律制度进行了许多改革，发生了重大变化。

近代时期法律的突出特点是形成了两大法系：大陆法系和英美法系。大陆法系亦称"民法法系"或"罗马－日耳曼法系"，是在罗马法的基础上，融合日耳曼法，以欧洲大陆国家法国、德国为代表发展起来的法律制度的总称。大陆法系分布的范围极为广泛，除欧洲大陆外，遍及亚洲、拉丁美洲和非洲的一些国家和地区。北欧国家的法律制度也与大陆法系较为接近。英美法系亦称"英吉利法系"或"普通法系"，是以英国的普通法为传统产生和发展起来的法律制度的总称。由于美国法的突出特点并在其中占有重要地位，所以被称作"英美法系"。英美法系的范围，除英（苏格兰例外）、美（路易斯安那例外）以外，还包括诸如加拿大、澳大利亚等前英国殖民地、附属国的许多国家和地区。

两大法系在渊源、结构、概念和思维方式等方面有许多不同点。在同一法系内，不同国家也特点各异，如：英国在资产阶级革命后建立起君主立宪制国家，法律制度中继承了封建法的传统，保留了封建时代的某些原则和内容。独立后的美国虽然采纳了英国法的基本形式和许多原则、制度，但有自己的创造，如制定成文宪法、联邦和各州双轨制的立法和司法体系等。法国原是西欧典型的封建国家，1789 年的资产阶级大革命使它迅速走上创建资产阶级国家与法的道路。拿破仑统治时期进行了大规模的立法活动，六年中（1804～1810 年）相继制定出《民法典》《商法典》《民事诉讼法典》《刑事诉讼法典》和《刑法典》，建立起当时世界上最系统完备的资产阶级法律体系。1871 年德国统一之前，各邦都接受了罗马法传统，继承了日耳曼法，兼受教会法的影响。统一后，德国立即进行了大规模的统一法制的建设，于1871 年制定了宪法和刑法典；1877 年颁布了《法院组织法》《民事诉讼法》《刑事诉讼法》《破产法》；1900 年实施了民法典和商法典。德国近代法制建设之时正处于从自由资本主义向垄断资本主义过渡时期，因此从内容上既保留自由资本主义时期传统法律文化的特征，又有垄断资本主义阶段的时代色彩。在理论水准、编纂技术上，德国法也有别于法国法。

尽管两大法系有差异，但是它们形成的思想理论基础大体相同，在基本制度和原则上有共同性，而且随着世界经济、政治、文化的发展和交流，两大法系逐渐出现相互借鉴的趋势。

（四）现代法律制度

现代法律制度是指 1917 年俄国十月革命后和第一次世界大战结束发展至今的法律制度。在 20 世纪后，随着社会经济、政治、文化和科学技术的巨大进步，法律制度发生了明显的变化。这种变化，从总体上看主要表现在三个方面：

1. 社会主义法律体系的出现。社会主义法律体系的形成和发展是现代法制史中最有影响的因素。因此，有些法制史和比较法学者将其列入与大陆法系、英美法系并立的法律体系。

1917 年俄国十月社会主义革命后建立了世界上第一个无产阶级专政的国家，俄罗斯的法律制度发生了前所未有的深刻变化，产生了苏维埃社会主义法律制度。苏联法律制度经历了 70 余年的历史，对现代世界法律秩序产生了重大影响。

2. 各主要资本主义国家法律制度的巨大变化。20 世纪以后，各主要资本主义国家的法律制度虽然经历了两次世界大战之间的曲折和法西斯法律制度的肆虐，但从总体来看仍在不断进步和完善。第二次世界大战以后，由于世界性的经济、政治、文化交往的密切和频繁，人民民主、民族独立运动的蓬勃开展以及新的产业革命带来的世界性的繁荣与进步，资本主义国家的法律发生了更加深刻的变化，主要表现有：①普遍开展法律的革新运动。法国、德国、日本都制定了新宪法，美国几次修改宪法增补修正案，英国也制定了一些民主、进步的法律；许多国家制定了一系列关于社会福利、社会教育、社会保障、保障消费者权益、防止环境污染等方面的法律；民事和刑事立法等进行了大幅度的改革。②普遍出现了许多新的法律部门。第二次世界大战以后，经济法形成独立的部门法，德国和日本是经济法发达的典型国家；国际经济法也发展为独立的法律部门，并被分为国际贸易法、国际金融法、国际投资法等许多相对独立的分支；出现了海洋法、航空法、宇宙法、原子能法等；传统的民法、商法、刑法获得新进展，产生出不少新的法律分支部门。③大陆法系和英美法系相互渗透和融合的趋势日益显著。大陆法系各国开始注重判例的作用，英美法系国家的成文法则不断增多；欧洲共同体法（后发展成为欧洲联盟法）是欧洲经济、政治和社会生活一体化的产物，具有超国家、联邦性的特点。欧盟法的出现，促进了两大法系相互融合的趋势。

3. 新兴民族独立国家法律的发展。20 世纪以后，亚、非、拉地区新兴民族独立的国家的法律发生了巨大变化。这些独立后的国家各自从自己的国情出发，参考借鉴西方国家的法律，进行了系统的法律改革，形成了自己独具特色的法律制度。

| 目 录 |

上 篇
古代、中世纪的法律制度

第一编 东方国家的法律制度

第二编 西方国家的法律制度

下　篇
近现代法律制度

第三编　英美法系国家的法律制度

第四编　大陆法系国家的法律制度

第五编 俄罗斯和欧洲联盟的法律制度

上 篇

古代、中世纪的法律制度

第一编
东方国家的法律制度

第一章

楔形文字法

学习目的与要求　楔形文字法是人类历史上最古老的法律体系之一，尤以成文法发达而闻名，其最具代表性的成文法典是《汉穆拉比法典》，内容广泛而且结构完备，表明楔形文字法已达到相当高的立法水平，揭示了古代东方法的基本特点，对后世许多东西方国家的古代法律发展产生了一定影响。

重点掌握　《汉穆拉比法典》的基本特点和历史地位。

■　第一节　楔形文字法的产生和演变

楔形文字法是指大约于公元前 3000 年～公元前 6 世纪适用于古代西亚幼发拉底河和底格里斯河的两河流域及其毗邻地区的奴隶制法律规范的总称。由于拥有共同的自然条件和文化背景，这一地区各奴隶制城邦国家的法律无论在内容上还是在形式上都有许多共同的特征，而且其成文法都是由一种状似木楔的文字镌刻的，因而被称为楔形文字法。

一、楔形文字法的产生

位于西亚的两河流域，因幼发拉底河和底格里斯河流经而得名，是人类文明最早的发源地之一。自公元前 3000 年起，这里先后兴起了由苏美尔人、阿卡德人、巴比伦人、亚述人和赫梯人等诸民族建立的奴隶制城邦国家，最早的习惯法也应运而生。公元前 3000 年中期，出现了一些零星的成文法，其内容主要是调整婚姻家庭方面的法规。此后，成文法获得充分发展，调整社会关系的范围日益广泛，涉及如契约、债务、侵权行为、损害赔偿等相关领域。

公元前 21 世纪，乌尔城邦国家初步统一了两河流域。乌尔第三王朝的国王乌尔纳姆在位时期，制定并颁布了《乌尔纳姆法典》，它是迄今所知人类历史上第一部成文法典。该法典用楔形文字写成，除序言以外，共有正文 29 条，可以辨认的有 23 条。序言宣称乌尔纳姆王的统治权力来自神授，赞颂他按照神意在人世间确立了正义和社会秩序等，同时，序言禁止欺凌孤儿寡妇、富者虐待贫者以标榜"公平"与"正义"。法典正文的内容涉及损害赔偿、婚姻家庭与继承、刑罚等各个方面，具有以下特点：

1. 法典确认了奴隶制社会等级关系，将全体居民划分为自由人和奴隶，自由人内部尚无明确等级划分，而奴隶作为财产，可以被随意出卖或被作为赔偿物交付受害人。如果奴隶出言不逊，则被视为大逆不道，"应以一夸脱的盐擦其口"。

2. 法典维护正在形成的奴隶制私有财产关系，特别注重维护私人土地所有制。凡是非法占有他人土地或破坏他人土地者，均需支付一定的实物作为赔偿。

3. 在家庭关系中，以维护家长制以及男性特权为核心。

4. 法典在保留了同态复仇、血亲复仇等原始习俗的同时，已经逐步采用罚金赔款方式来取代原始习俗，特别是涉及自由人之间的伤害处罚多采用罚金赔款的方式。

5. 诉讼由私人提起，并经法庭审理，神明裁判比较盛行。

《乌尔纳姆法典》反映了两河流域地区由原始社会向奴隶制社会过渡时期的法的一般特点，也显示出楔形文字法的早期立法水平。

二、楔形文字法的发展

大约在公元前 20 世纪，乌尔第三王朝瓦解，两河流域地区分裂为许多奴隶制城邦国家，这些国家都分别制定了各自的成文法。当时的法典主要有：拉尔萨王国的《苏美尔法典》《苏美尔亲属法》；埃什嫩那王国的《俾拉拉马法典》；伊新王国的《李必特·伊丝达法典》；等等。与《乌尔纳姆法典》相比，这些法典的结构体例更加完整，由序言、正文和结语三部分组成。随着两河流域社会经济文化的发展，法典所涉及的内容也更加广泛、细密和完善。法典涉及财产所有权、债权、婚姻家庭、继承、刑法和诉讼等各个方面：法典所维护的私有财产范围明显扩大，除了土地以外，房屋、果园、奴隶及一切动产所有权都受到法律的严格保护；有关契约的规定逐渐增多，包含了买卖、租赁、劳务、保管、借贷等各种类型的契约，表明随着社会的发展，商业逐渐繁荣，债法也较为发达；亲属法和婚姻法更加健全，父权和夫权进一步增强，注重维护牢固的家庭关系，如果父母子女之间、夫妻之间不承认彼此血缘关系，将会受到不同程度的处罚；在婚姻关系中，女性无权决定自己的婚姻，也没有独立处分财产的权利，丈夫掌握离婚的主动权，可以随意纳妾，可以将自己的妻子和子女出卖为奴；法典规定的犯罪种类不多，以伤害罪为主，对逃奴的处罚更加严厉，不是处死就是断肢；诉讼法方面，规定了案件的管辖问题和"诬告反坐"制度。此间，楔形文字法获得进一步发展。

公元前18世纪左右，古巴比伦王国统一了两河流域，建立了统一的国家。古巴比伦王国是在两河流域的古代文明发展了一千余年的背景下建立的，王国建立后保存并全面继承了前人的优秀文化成果，这一难得的社会背景把楔形文字法推向了鼎盛时期。古巴比伦王国第六代王汉穆拉比统治时期是两河流域经济最为繁荣、政治最为强大的时期。著名的《汉穆拉比法典》正是诞生于这一时期，该法典集两河流域立法经验之大成，承袭并弘扬了自《乌尔纳姆法典》以来逐渐形成的楔形文字法特有的法律传统，使楔形文字法在立法技巧、制度创设等诸方面都达到了历史上前所未有的水平。《汉穆拉比法典》的产生是楔形文字法成熟和发达的重要标志，作为楔形文字法最有系统性的法律文献，它也为我们今天了解古代两河流域的社会提供了极其丰富的史料和线索。

三、楔形文字法的衰落

公元前1595年，古巴比伦王国被北方后起的奴隶制国家赫梯消灭，楔形文字法逐渐走向衰落，再无大的建树。赫梯人之后，巴比伦先后建立了第二、第三、第四王朝，直至公元前729年被亚述吞并。这些国家普遍承袭了古巴比伦文化，保持着楔形文字法的传统，并制定了自己的法典，即《赫梯法典》和《亚述法典》，但其立法水平较《汉穆拉比法典》已大为逊色。创建于公元前7世纪的新巴比伦王国虽然试图重现古巴比伦王国的辉煌，沿用古巴比伦王国的法律制度，但是未能扭转楔形文字法的衰落之势。公元前6世纪，随着新巴比伦王国的灭亡，严格意义上的楔形文字法最终退出了历史舞台。

■ 第二节　《汉穆拉比法典》

《汉穆拉比法典》是1901年法国考古队在伊朗苏萨古城遗址发现的，该法典用楔形文字镌刻在黑色玄武岩石柱上（因而亦称石柱法）。石柱上端刻有精致的浮雕，表现的是主管司法的太阳神沙马什授予汉穆拉比权杖的情景，象征着君权神授。下端用楔形文字镌刻着法典全文，共282条，其中一小部分文字已被磨损，依靠与后来发现的泥版文书抄本相互比照，方被补足。石柱现收藏于巴黎卢浮宫。

《汉穆拉比法典》是两河流域法典中最为有名的一部，也是世界上第一部保存较完整的古代法典。

一、制定《汉穆拉比法典》的历史背景

《汉穆拉比法典》是古巴比伦第六代国王汉穆拉比在位时期（公元前1792年～公元前1750年）颁布的，这部法典的制定是诸多历史条件综合作用的结果。

1. 两河流域在政治上的统一，要求进一步统一法制。乌尔第三王朝灭亡后，两河流域陷入分裂局面，新建立的国家都相继制定了自己的法典。古巴比伦以武力统

一了这些国家，形成了中央集权的政治制度，然而各地分散的成文法及法律习惯却阻碍了集权的巩固。作为一个辖有多个被征服民族的军事征服者，古巴比伦国王认识到，制定统一的法典、统一国家的法制已迫在眉睫。

2. 经济的发展使财产私有化日益加剧，需要制定新法来维护新的经济秩序。青铜器的使用越来越普遍，水利灌溉系统已相当完善，农业、畜牧业、手工业、商品贸易发展迅速，社会分工越来越细，土地私有化程度日渐加深，出现了很多新型的经济关系，需要有相应的法律加以确认和保护，但旧有法律不能适应形势发展的需要。

3. 高利贷横行，需要靠法律给予限制。古巴比伦王国建立后，高利贷活动随着私有制和商品经济的发展日益猖獗，加速了自由民内部的分化，大批贫苦农民和手工业者沦为债务奴隶。这不仅影响了农业、手工业生产，而且由于奴隶不能当军人而直接影响了士兵的来源，削弱了王国的军事力量。为了限制高利贷的弊害，急需制定法典加以规范。

《汉穆拉比法典》是在系统整理两河流域各国的法律和各地习惯的基础上，以《苏美尔法典》为蓝本，针对当时普遍存在的实际问题进行编纂的。

二、《汉穆拉比法典》的主要内容

《汉穆拉比法典》是一部对古巴比伦社会关系、经济结构、政治体制作出系统规定的综合性法典。作为人类早期古代法的代表，它具有诸法合体的特点：既有公法规范，又有私法规范；既有实体法，又有程序法，类似一部法律全书。

《汉穆拉比法典》继承了以前楔形文字法的结构，由序言、正文和结语三部分组成。序言用大量篇幅说明汉穆拉比的权力来自神的授予，赞扬了他的丰功伟绩，指出汉穆拉比施于居民的"恩惠"和"德政"，并宣称制定法典的目的在于"使正义在国中出现，消灭邪恶，使强不凌弱"。结语部分再次宣扬该法典的"公平""正义"，希望永垂后世，告诫人们遵守法典的规定，今后的任何国王如变更或废除该法典，必将受到众神的惩罚，王位更换，国号无存。显然，汉穆拉比希望通过此种规定维护法典的神圣性和权威性。

《汉穆拉比法典》正文共282条，第1～5条是关于保证法院公正审判的规定，包括对诬告、伪证及法官擅改判决的处罚等；第6～126条是保护各种财产所有权及维护田主和高利贷者利益的规定，包括对盗窃各类财产、逃奴的处罚，保护国家常备军士兵的财产、土地和果园的租赁、债权债务及各种形式的契约；第127～193条是有关婚姻、家庭和继承方面的规定；第215～241条是关于医生、理发师、建筑师和造船工劳动报酬及责任事故处罚的规定；第242～277条是关于各种动产租赁和雇工报酬的规定；第278～282条是关于奴隶买卖的规定。概括而言，该法典的核心内容主要有以下几个方面：

（一）君主专制制度

法典赋予国王汉穆拉比以专制君主的地位，是国内的最高统治者，集军事、行政、立法、司法和祭祀大权于一身。序言宣布汉穆拉比是神的代理人，众神将国家交给他统治，以便"为人民造福"，使人民得享安宁；结语对将来不遵守该法典的行为进行了诅咒。国王依靠以他为核心的官僚机构，自上而下实行统治，但是官僚机构尚不复杂，官吏间的分工也不明确。

为了巩固君主专制制度，汉穆拉比建立了一支由自由人组成的常备雇佣军取代过去临时征集的农民军。法典里有许多条款对军人给予特别的保护，保障军人及其家属的生活，以使其依赖于国家，从而形成一支完全效忠于专制政权的强有力的军事力量。法典规定：军人在服役条件下可以领有份地，但不准出卖、抵债或遗赠给妻、女；一般人收买军人份地财产，不仅要归还原物，所支付价金也会被没收；军人出征时，由国家提供人力代其耕种份地，以维持家属的生活；如果军人被俘，归来后国家仍保证他享有原来的份地；如果不能归来，其子在代父服役的情况下可以领有这块土地；如其子年幼，不能代父服役，则国家应将份地的1/3交给孩子的母亲，以抚养幼子；军官对士兵不得滥施权力或侵占他们的财产，也不得雇佣士兵，否则将被处死。但军人的上述权利都是以为国王服兵役为前提的，如果军人奉命出征而不去或雇佣他人代为出征，则军人将被处死，其份地归代替出征者占有和使用。

（二）等级制度

法典确立了巴比伦各阶层的法律地位，将全体居民分为自由民和奴隶两大类。自由民按其社会地位的不同，又可分为"阿维鲁"和"穆什钦努"两种。"阿维鲁"直译为"丈夫"，在法典上被称为"人"，享有充分的自由权，法律地位最高，主要包括僧侣、贵族、高级官吏、自耕农和独立的手工业者，法典设有许多条款专门保护他们的财产和人身安全；"穆什钦努"直译为"小人""顺从者"，是不享有充分权利、失去公社社员身份的自由民，主要是佃农、宫廷服役者，更多地来自被征服地区的居民，他们多数因失去土地而依附于王室，与王室经济有着密切联系。"阿维鲁"和"穆什钦努"的法律地位明显不同，即便犯有同等罪行，刑罚却有较大差异。法典规定的"以牙还牙，以眼还眼"的同态复仇制度仅适用于对"阿维鲁"的人身伤害，而对"穆什钦努"的人身伤害，则以金钱赔偿来解决；如果自由民殴打地位较高的人的面颊，则应在集会上用牛皮鞭抽打该自由民60下；甚至医生看病收费，收取"阿维鲁"的报酬也要比"穆什钦努"多一倍，以此来显示"阿维鲁"身份的高贵。

奴隶主要来源是战俘、债务奴隶和市场买卖，他们在法律上没有任何地位，不是权利主体，奴隶与其他财产一样，是买卖、转让、交换和赠与的对象。法典规定：如果伤害了奴隶眼睛，仅以奴隶的一半买价偿还原主，这同伤害一头牛的眼睛也以该牛的半价赔偿原主是同等看待的；如果奴隶殴打自由民之子的面颊，则应被割去一只耳朵；倘奴隶被自由民打死，凶手无需偿命，只给奴隶的主人赔偿一定银两即可。显然，对奴隶的伤害，仅意味着对奴隶主财产造成的损失，只承担财产上的责任。这一时期，古巴比伦奴隶制尚处于早期阶段，数量较少，因此带有家庭奴隶制色彩，一定条件下，奴隶可以从主人那里分得小块土地独自耕种，也可以跟自己的子女居住在一起。

（三）财产所有权制度

财产所有权制度中最为重要的是土地制度。古巴比伦的土地制度具有古东方国家土地制度的一般特点，即长期保持土地公有制的同时，承认一定限度内的土地私有制。在法律上国王对全部土地享有最高所有权，土地占有形式大致可分为王室占有和公社占有两种形式。王室土地大部分交给"纳贡人"和奴隶耕种，"纳贡人"多为"穆什钦努"，他们从王室土地中分得一块份地耕种，须将大量收获物按规定比例缴纳给王室；王室土地的另一部分则赐给寺院、贵族、官吏和军人作为任职或服役的报酬，寺院、贵族和官吏使用土地一般不附带义务，这部分土地实质上已等同于私有。公社占有的土地数量超过前者，其中森林、牧场和池塘由公社成员集体占有；耕地分给各家使用，使用者必须向国家缴纳赋税和担负劳役，超过3年不服劳役、不纳税者要被剥夺土地使用权，这部分土地允许各家世袭耕种，也可出卖，但继承者及买者必须继续承担原占有者对公社和国家所应尽的一切义务。

法典也确认了一定范围内的土地私有制并予以保护，对有关私有土地和房屋的买卖、抵押、租赁、赠与和继承等作了规定。

法典有关动产私有权的保护非常充分，相关规定也比较发达。

（四）契约制度

随着商品经济的发展，法典确认了种类繁多的契约，主要有买卖、租赁、借贷、寄存、雇工、建筑工程、运输等，有关契约的规定几乎占全部条文的一半。买卖契约的标的物是土地、房屋、牲畜、奴隶及其他非禁止流转的财产。买卖契约具有注重形式的特点，如转移某项物品所有权时，必须以交付一根小棒为标志，有时还需说出特定的语言，做出象征性的动作。租赁契约的标的物非常广泛，包括田园、房屋、果园、船只、牲畜等。为了保护出租者的利益，法典将租金定得很高，即使遭遇天灾人祸，承租人也不得因此减少其应付租金。借贷契约的标的物主要是钱款和谷物，契约签订后，贷与人把钱款或谷物交给借用人，到一定期限，借用人将谷物或钱款连同利息一并还给贷与人。为了限制日益猖獗的高利贷，法典对私人经济生活采取了积极干预的态度，限定借贷谷物的年利率为33.3%，借贷钱款的年利率为20%，如果贷与人欲收取更高的利息，即丧失其贷与物。法典还严格禁止无限期役使债务奴隶，规定债务人家属因无力偿债而受到奴役不得超过3年，第4年即应恢复其自由。债务人家属在高利贷者家作债奴，不得被随意殴打、虐待或杀死，否则，高利贷者将受到相应的惩罚。

法典中有关契约的条文数量较多，相关规定显得比较突出。

（五）婚姻、家庭与继承制度

法典所肯定的家庭关系是家长制家庭关系，差不多有1/4的条文是关于婚姻、家庭的规定。婚姻以契约为基础，无婚约的婚姻在法律上是无效的，但婚约是由男方与女方的父亲签订的，妇女是婚姻契约的标的物。缔结婚约后，男方通常要向女方的父亲支付一笔买妻费和聘金；嗣后如男方破坏婚约，拒绝聘娶新娘，则无权要求返还买妻费和聘金；如果女方父亲不履行婚约，将女儿另嫁他人，则应加倍退还买妻费和聘金。夫妻关系中，妻子处于从属地位。离婚权操于丈夫之手，丈夫可以因妻子不生育或患病而与妻子离婚，离婚后只需在经济上给予一定补偿即可；如果妻子有意离婚而丈夫不同意，丈夫可以另娶，原配妻子便沦为丈夫家庭的女奴。如果妻子不贞洁，则应被捆缚投入水中，甚至只是被怀疑为不贞洁时，也要被投入水中；而丈夫行为不轨时，妻子只可取回嫁妆，回到父亲家里。妻子只有在丈夫被俘又无法维持生活，或已被丈夫离弃的情况下才可再嫁。

家庭关系中，辈分最高的男性为一家之长，妻子和子女完全处于他的控制之下，他可以任意处罚妻子和子女，有权支配家庭财产，在无力还债、生活贫困的情况下，可将妻子和子女出卖为奴。

关于继承问题，法典对继承的方式、继承人的范围、不同情况的继承人的继承份额等都有详细规定，基本原则是死者的诸子均获同等的份额，其女儿也应取得与嫁妆相当的份额。儿子对父亲犯有重大罪行时，父亲可以剥夺他的继承权。但是，法典也规定了对父权的某些限制，例如，经法官调查，儿子未犯有足可剥夺其继承权的重大罪过，父亲不得剥夺其继承权，即使犯有足以剥夺其继承权之重大罪过，法官也应宽恕其子初犯。倘若儿子再犯有重大罪过，父亲可以剥夺其继承权。妻子在丈夫死后有权获得自己原来的嫁妆和部分孀居生活费，但只能在丈夫家中使用，不得出卖；如改嫁，只能带走嫁妆，生活费要留给子女。

（六）犯罪与刑罚制度

有关犯罪与刑罚制度的内容，分散附着于其他各类条文之后，没有独立成篇。法典涉及的犯罪种类主要有危害法院公正裁决罪、侵犯人身罪、侵犯财产罪和侵犯家庭罪四大类。危害法院公正裁决罪主要是指诬告、伪证、法官擅改判决的行为。侵犯人身罪包括因为各种原因导致的杀人罪、伤害罪。侵犯家庭罪主要有乱伦、通奸、妻子行为不端、子女对父亲不敬等。侵犯财产罪的条文最多，主要包括盗窃、侵犯他人之居所等。法典规定的刑罚种类主要有死刑、残害肢体刑、罚金、驱逐等。死刑多种多样，包括投入水中、刺刑、焚刑，而且适用范围广泛，直接处死的就有30多条。残害肢体刑有鞭打、断肢、割耳、割乳、烙印等。刑罚的轻重除与罪行轻重有关外，还与犯罪者和受害者的身份和社会地位有密切关系。

法典还保留了同态复仇、血亲复仇的原始习俗，反映了简单报复主义的刑罚思想。

（七）法院组织与诉讼制度

从法典规定来看，司法权与行政权并无严格划分，国王拥有最高司法权，一切对判决不服的当事人均可上诉至国王。地方司法权分别由国王下属的大小官吏来行使，国王也经常任命王室法官，派往各大城市，代表国王进行司法监督和司法审判。

诉讼并无刑事和民事之分，诉讼多由私人提起，判决也由当事人自己执行。当事人负有完全的举证责任，法典确认的可采信的证据包括证人证言、书面证据、宣誓、神明裁判等，诬告和伪证要受到严厉处罚。法官必须根据可靠的证据作出判决，判决一经作出，不得擅自修改，否则将被撤职，并科以高额罚金。

《汉穆拉比法典》在古代法中占有重要的历史地位，它集楔形文字法之大成，不论是在结构上还是在内容上都继承了早期楔形文字法的精华，更重要的是它发展和完善了楔形文字法。法典在内容上更为丰富和复杂，包括了更多的法律关系，涉及社会生活的方方面面；在条文的安排上更具有系统性，完全按照有关法律关系在社会生活中的重要程度来安排；对各种法律关系的规制处理更具科学性。该法典的立法思想和立法技术水平都已经达到了该地区其后奴隶制诸国法典所不可企及的深度和高度，甚至超过欧洲一些早期封建制国家的习惯法汇编的水平。当然，法典不可避免地带有早期法典的一些不足，如内容仍然是判例性的，不具有普遍适用的原则性；对侵权行为和犯罪行为未作明确划分；民刑不分，实体与程序不分，保留了同态复仇、血亲复仇等原始习俗的残余。

无论如何，这部法典代表了两河流域楔形文字法的最高立法水平。法典制定后深深影响了古巴比伦王国以后的两河流域及其毗邻地区国家的法律。例如，亚述、赫梯、新巴比伦等都以《汉穆拉比法典》为蓝本制定了自己的法典，由此而产生了世界上最古老的法律体系——楔形文字法，甚至两河流域文明结束之后取而代之的新的波斯文明，也承袭了法典的很多优秀文化成果。法典还直接影响了稍晚于它的希伯来法，据传，希伯来人曾改编过它，以适应自己社会生活的需要。总之，这部法典对世界法制史乃至整个世界历史所起的作用都是相当巨大的。

■ 第三节　楔形文字法的特点和历史地位

在经历了漫长的20个世纪的发展之后，以《汉穆拉比法典》为代表的楔形文字法逐步形成了以下基本特征：

一、楔形文字法各法典结构比较完整

楔形文字法的各法典大都由序言、正文和结语三个部分构成，形成较完备而富有逻辑性的三段式表述的结构体例。序言和结语部分都以神的名义昭告法典的来源和目的，宣扬君权神授和君王的功绩，维护法典的权威性和神圣性。正文是关于法律制度的具体规定，反映出诸法合体、民刑不分、实体和程序不分的立法模式，但是法规条文的安排并非毫无次序，而是根据所要解决问题的重要性程度依次规定，因此具有一定的逻辑性和独特规律。这种结构体例的安排，表明楔形文字法的立法技术已经明显高于同时代的其他国家。

二、法典内容丰富，涉及面较广，特别重视对民事法律关系的调整

法典并没有法律部门的明确划分，但是内容涉及统治秩序、民法、刑法、诉讼

法等各个方面，几乎涵盖了法的基本领域，具有法律全书的性质。尤其值得注意的是法典作为具有鲜明特征的古代东方法，维护君主专制和土地公有制是其主要目标和基本内容，但是法典中涉及民事法律关系的规范特别多，尤其是在《汉穆拉比法典》里占全部条文数量的一半以上，大约是刑法的 3 倍。这与普遍存在的重刑轻民法律传统的其他古代东方法律相比，十分罕见和特殊。

三、楔形文字法各法典大多数是司法判例的堆积

楔形文字法虽然体现了较高的立法技术，但是诸法典普遍缺乏一般概念和抽象原则。法典许多条文只用来处理和解释个别案件，而不是抽象的行为规范。条文中罪与罚连为一体，显然是针对某种违法事例或纠纷所确定的处理和解决的具体办法，类似司法判例汇编，它来自过去沿袭下来的生活惯例以及原始部落首领审理纠纷时作出的判断，因而缺乏深入的分析、综合与概括，与近代意义上的法典完全不同。

四、楔形文字法除成文法之外，存在着习惯法体系

虽然两河流域各国普遍制定了完备的成文法典，但是，习惯法成文化是逐步实现的，而且由于古代立法技术及成文法本身的局限性，在成文法之外一直存在着习惯法体系。这些约定俗成的习惯法，对成文法没有规定的法律关系加以调整，它是成文法的来源，也是成文法的补充。

五、楔形文字法是世俗法

楔形文字法诸法典都在序言和结语部分强调法典的制定来自神意，违背法律或擅自修改法律将会受到神的惩罚，正文部分也包含诸如神明裁判的规定，但是这些规定的安排目的在于确立法典的神圣性和权威性，而具体规范与宗教、道德无涉，基本都是关于世俗生活的规定，与古印度法、希伯来法等宗教法有本质差别。

楔形文字法是人类历史上最早形成的一个法系，在世界法制史上占有重要历史地位。楔形文字法首先将习惯法成文化，开始了人类成文法的最初尝试，推动了人类法律的发展与进步。楔形文字法诸法典，特别是《汉穆拉比法典》，内容丰富，形式完备，条文缜密，立法技术发达，表明其已达到奴隶制法发展的最高峰，对后世奴隶制立法产生重要影响。以《汉穆拉比法典》为典型代表的楔形文字法，体现了古代东方文明的伟大成就，不仅在两河流域得到长久的应用，表现出极强的生命力，而且还通过波斯帝国的法律和希伯来法对西方法律文化产生了一定的影响。

■　思考练习

一、关键术语

楔形文字法；《汉穆拉比法典》。

第
一
章

二、思考题

1. 什么是楔形文字法？
2. 试述《汉穆拉比法典》的历史地位和影响。

■ 参考书目

《世界著名法典汉译丛书》编委会编:《汉穆拉比法典》，法律出版社 2000 年版。

第二章

古印度法

学习目的与要求 古印度法是典型的古代宗教法，以古代印度历史上各种宗教教规、教义为主要内容，其重要经典《摩奴法典》以种姓制度贯穿始终，并对周边国家产生广泛影响，形成著名的印度法系。

重点掌握 《摩奴法典》；古印度法的基本特点。

■ 第一节 古印度法的产生和演变

古印度法主要是自公元前10世纪~公元7世纪古印度居民遵从的婆罗门教、佛教、印度教等各种宗教法律规范的统称。

一、古印度法的形成和发展

古印度居民生活的地理区域包括今天的印度、巴基斯坦和孟加拉国，以及尼泊尔王国的部分地区。

(一) 婆罗门教法形成

早在公元前3000年左右，古代印度的土著居民达罗毗荼人创造了灿烂的哈拉帕文化，后来又有了早期文字，但至今仍未译读成功。人们推测同时期也会有相应的古代法律规范出现，然而哈拉帕文化被稍后来自中亚的雅利安人所摧毁，致使我们目前很难找到充足的证据来证实达罗毗荼人的法律。

大约在公元前2000年，属于印欧语系的雅利安人从中亚侵入南亚次大陆，这时的雅利安人文明程度很低，没有文字，不懂农耕，过着原始的游牧生活。人们的宗教迷信程度极深，凡是对人类有影响的自然现象，如太阳、火、雷、电、雨等都被尊崇为神并加以顶礼膜拜。在祭祀活动中，人们传诵着关于各种神的赞美诗词，这些诗词被主持祭祀的长老汇总在一起，产生了雅利安宗教史上最早的一部经典，称为《梨俱吠陀》。以后人们又陆续完成了《沙摩吠陀》《耶柔吠陀》和《阿闼婆吠陀》等三部经典。四部吠陀被雅利安人视为神灵所授，极为神圣，由此而产生了古代印度最早的原始吠陀宗教。

吠陀宗教及其经典出现的同时，南亚次大陆社会发生了剧烈的变化。雅利安人征服了土著居民达罗毗荼人并把他们变为贱民，称之为"达萨"，即矮人、黑色人、没落的人的意思。为了维持征服者的优越地位，雅利安人和达萨互不通婚，各自严格保持原有的生活方式，这样在社会上就出现了两个地位悬殊的阶层，两个独立的人种。随着战争的扩大、社会生产力的发展，雅利安人内部也在不断分化：原来掌握宗教文化知识的祭祀长老等氏族首领及其他上层居民，因在战争中掠夺了大批奴隶和财产上升为垄断祭祀的贵族和控制军事力量的武士贵族，其他的氏族社会普通成员一部分继续从事农业、畜牧业、简单的手工业和商业，成为平民；另一部分则因债务失去了自由民身份而沦落为奴隶。大约公元前10世纪前后，古印度社会居民基本分裂为两大对立的营垒、四个等级，他们是操纵政治统治权的僧侣贵族婆罗门、军事贵族刹帝利、平民吠舍和奴隶首陀罗。四个等级之间互不往来，各自恪守特定的生活习惯，各自成为一个独立的社会集团，仿佛四个独立的人种，故被称为四大种姓。被征服的达罗毗荼人则被排除于种姓之外。

四个种姓的形成对古印度社会制度的变化特别是宗教性质的变化产生了重大影响。贵族们为了维护和巩固其特权地位，借助人们迷信、崇拜宗教的心理，极力把宗教纳入为自己的利益服务的轨道。婆罗门僧侣利用诵读、解释吠陀经典的特权，宣扬种姓之间的不平等是神意，任何人不得表示不满或反抗。他们还按照自己的需要运用散文等形式对吠陀大加注释，形成了一些新的经典，主要有《梵书》《森林书》《奥义书》等。在这些经典中，婆罗门进一步阐述了他们的宗教主张，即善恶有因果，人生有轮回，人今生今世的社会地位都是前世造业的结果，也即行为的结果。一个人如果想在来世转为高种姓，就要今生今世行善不作恶，所谓行善，即信守吠陀宗教。至此，原始的吠陀宗教及其经典已为婆罗门所控制和垄断，并刻意体现统治者的意志，这标志着原始的吠陀宗教已经演变为婆罗门教，古老的四部吠陀及其注释等宗教经典不仅具有宗教教义的意义，而且进一步演变为法律即婆罗门教法。

（二）佛教法产生、婆罗门教法继续发展

公元前6世纪，古印度社会的若干早期王国逐渐由分散走向统一。在各个国家互相兼并的战争中，各种社会矛盾日益加深。由于古印度社会受婆罗门教支配，婆罗门教又为婆罗门所垄断，因此社会矛盾的焦点必然集中于第一种姓婆罗门阶层。社会其他各阶层普遍不满婆罗门的特权统治，人们纷纷创立新的宗教，用宗教的形式对抗婆罗门教。公元前6世纪末，一个出生于释迦部落的王子乔达摩·悉达多，周游四方宣传自己的宗教主张：每个人都可以通过修行达到至高无上的涅槃世界，无需通过婆罗门来引导，也不需要通过婆罗门规定的繁琐仪式。由于乔达摩的宗教思想旗帜鲜明地反对婆罗门的专横和垄断宗教的特权，提倡种姓平等，因此很快吸引了大批信徒，到公元前5世纪中叶，在古代印度社会基本上形成了一个以乔达摩宗教主张为信仰的宗教——佛教。佛教对婆罗门教"离经"但不"叛道"，它一方面反对婆罗门神权贵族的特权，另一方面又吸收了婆罗门教关于"造业""轮回"

等宗教思想。佛教产生后，和婆罗门教一样被尊奉为古印度国国教，其教义对教徒来说既有宗教的感召力，同时又具法律的强制力，于是在古印度社会的法律体系中又增加了一个新的因素——佛教法。

佛教法在古印度社会曾一度繁荣发达。公元前250年左右，孔雀王朝的阿育王召集数千名佛教僧侣在首都华氏城举行了著名的第三次佛教大集会。在这次集会上，与会者将佛教各派学说加以统一、汇编，并把过去人们耳听口传的不成文的教义、教规、戒律等加以整理，形成了佛教最重要的三部经典——《律藏》《经藏》和《论藏》，统称为"三藏"。华氏城会议的召开和"三藏"的编纂，把佛教法发展到了更为系统和完整的新阶段，推动了佛教法在古印度社会的发展。

在佛教法形成和发展的同时，婆罗门教法并没有被排斥，仍然在社会生活中发挥着重要作用，而且它的法律文献也在不断丰富和完善。公元前8世纪～公元前3世纪，婆罗门祭司编纂了《所闻经》《家范经》《法经》等三部经典，对教徒在生命各时期的行为规范进一步作了具体规定。此后，祭司们适应社会发展的需要，继续编纂新的法典，其中最著名的有《摩奴法典》《那罗陀法典》和《布里哈斯帕提法典》等。《摩奴法典》在这几部法典中，集历史上婆罗门教法之大成，把各派学说加以统一，使这一古老的印度宗教法达到了一个新的高度。它也吸收了佛教法的很多宗教思想，从而使古印度有了一部最系统、最完整的有代表性的典型法律文献。

（三）印度教法

公元4世纪，古印度进入芨多王朝时期。这时，古印度社会发生了巨大变化。在经济上，由于生产力有较大发展，出现了很多新的生产部门，如丝织业、冶金业、首饰制造业、武器制造业等。在社会成员的成分方面，自由民数量相对增加，失去人身自由的奴隶越来越少。社会的变化使新的生产部门能够获得必要的劳动力，并进而形成一系列新的职业团体。这些职业团体也像古老的种姓制度那样，具有严格的等级性和排他性。每个团体职业世袭，固定不变，同时实行集团内婚姻，严守既定的生活方式。古印度社会把这种因职业分工不同而形成的相当于种姓的团体称为阇提。阇提制度恶性发展了婆罗门教的核心种姓制度，使其更加周密和详尽，并深入到了社会生活的各个方面。

在种姓制度越来越根深蒂固的情况下，佛教渐渐受到排挤，而婆罗门教则因其为雅利安人本民族土生土长的宗教，最终成为统一古印度各种宗教的基础。公元6～7世纪，婆罗门教融合了佛教的因素，适应社会发展的需要对自身加以改良，演变为一种新的宗教——新婆罗门教，又称印度教。印度教沿用了婆罗门教的全部典籍，结合社会的发展对它们做了修改和增补，同时汲取了佛教等古代印度社会其他宗教的精华。

印度教法是古印度社会晚期出现的适应当时形势需要的一种宗教法，因此，从一定意义上来说它也是对一千多年来古印度社会相继形成的各种宗教法的归纳和总结。印度教法出现后，古印度法的历史实际上已基本宣告结束。

二、古印度法的渊源

古印度法的渊源即婆罗门教、佛教、印度教等宗教的教规教义、典章典籍等，主要有：

（一）婆罗门教类（包括印度教类）

婆罗门教的经典是古印度法最基本的渊源，主要经典是：

1. 四部吠陀——《梨俱吠陀》《沙摩吠陀》《耶柔吠陀》和《阿闼婆吠陀》。它们是诗歌和散文的汇编，其中《梨俱吠陀》形成最早，约在公元前1500年～公元前1000年甚至更早一些时间，主要汇集了人们祭祀时朗诵的赞美诗，反映了古代雅利安人对各种自然神的崇拜。后三部吠陀成书较晚，大约在公元前10世纪前后，它们有的是散文，有的是巫术咒语，还有的是敬神套语或杀敌诀窍的综录，广泛用于祈祷、医治发烧和蟒蛇咬伤等疾患。四部吠陀的内容涉及面极广，既有古印度的各种风俗习惯、人们的各种生活方式，也有人们对未来的追求与向往，特别是后几部吠陀记录了雅利安社会的等级分化、原始社会的解体等，是我们了解研究古印度社会极好的资料。

2. 关于吠陀的注释——《梵书》《森林书》和《奥义书》。吠陀经典过于古老，不能适应婆罗门贵族的需要，僧侣们便以散文形式注释吠陀，从而形成了《梵书》《森林书》和《奥义书》。《梵书》是关于吠陀的注释，例如吠陀的唱法，吟诵吠陀的正确动作等。《梵书》还旁征博引远古的神话和传说，追溯祭祀礼仪的起源。《森林书》记载了婆罗门在森林幽静的地方研究吠陀的秘诀，《奥义书》是关于宗教伦理道德的典籍，具有高度的哲理性。婆罗门教最核心、最基本的教义几乎被《奥义书》全部包罗进去。例如它系统阐述了梵天是世界的最高主宰、灵魂可以轮回转世、人今生的行为决定了他来世的生活条件等观点，这些全部是婆罗门教立教的理论基础。三部书和四部吠陀一样，都是以后祭司们继续发展婆罗门教教义的基础。

3. 三部经——《所闻经》《家范经》和《法经》。婆罗门教的古老经典多为关于宗教礼仪的记述，很少涉及教徒具体的行为规范。公元前8世纪～公元3世纪，婆罗门祭司编纂了《所闻经》《家范经》和《法经》三部经典。除《所闻经》还是关于祭祀礼仪的规定外，《家范经》和《法经》都已直接触及了法律规范。其中《家范经》相当于教徒的家庭法规，《法经》相当于民事、刑事法规，确定了教徒的社会行为准则。与婆罗门教其他经典相比，《家范经》和《法经》在古印度法的体系中有着更为突出的地位，成为当时执法机构判案的主要依据。

4. 婆罗门教的法典——《摩奴法典》《述祀氏法典》等。随着社会文明程度的提高，人们对法律的需求已大大不同于古印度国家刚刚确立之时。大约公元前3世纪～公元5世纪，婆罗门祭司相继编纂了几部称为法典的经典，它们是：《摩奴法典》《述祀氏法典》《那罗陀法典》《布里哈斯帕提法典》《迦旃延那法典》等。这些法典与婆罗门教最古老的经典有很大区别，其具体内容不仅是宗教组织对宗教教义的阐释，也包含了大量规范教徒世俗法律生活的内容。比如《述祀氏法典》中有大量有关法院和诉讼制度的内容，《那罗陀法典》对债务、合伙等问题作了详细规定。在几部法典中，《摩奴法典》最完整、最系统地总结了婆罗门教的全部教规教义，是婆罗门教最具代表性的经典，因此是古印度法最重要的渊源。《布里哈斯帕提法典》和《迦旃延那法典》更多地反映了古印度社会由古代向中世纪过渡时期的政治、经济状况。

（二）佛教类

佛教作为古印度社会中和婆罗门教并行的另一大宗教，其经典也是古印度法的重要渊源。佛教经典的种类较单一，主要是《律藏》《经藏》和《论藏》，统称"三藏"。"藏"有装物的篮子之意，佛经称为"三藏"，意在告诉世人这是三部满载佛教知识的著述。其中《律藏》记载了佛教创始人释迦牟尼定下的寺院规条；《经藏》主要记录了释迦牟尼的一些言行；《论藏》是佛教各教派学者的论说集。"三藏"中的《律藏》更多地涉及了教徒的生活准则，法律的性质更为明显。

（三）其他渊源

主要指古印度国王颁布的一些诏令。古印度各王国都是政教合一的国家，国王的法令大都以宗教名义颁发，因此也是古印度法这一宗教法的渊源。

■ 第二节 《摩奴法典》

一、《摩奴法典》的结构

《摩奴法典》分12章，共2684条。第1～6章的次序按婆罗门教徒一生的四个"行期"来编排。所谓"四行期"，是婆罗门教徒一生生活和修行的历程，即梵行期、家居期、林栖期和遁世期四个阶段。第7～11章较为集中地论及刑事、民事、诉讼等各项法律制度。法典最后阐述婆罗门教关于业力轮回的宗教教义。

二、《摩奴法典》的性质和主要内容

（一）《摩奴法典》是一部宗教法律典籍

《摩奴法典》是婆罗门教经典，由婆罗门祭司根据吠陀经典和自古以来形成的风俗习惯逐渐改造而成。法典的结构顺序是按婆罗门教徒一生生活和修行的历程编排的，充分显示了宗教法的性质。法典融合了宗教、哲学、道德、法律等各种规范，纯法律性质的规范仅占1/4。《摩奴法典》的作用首先表现为以宗教规范来约束教徒，其次才表现为经由统治者认可的约束全社会的法律规范。

法典以婆罗门教教义贯穿始终，大量条文直接宣扬婆罗门教义，具有浓厚的宗教色彩，如"梵我如一""业力轮回"在法典中被反复论证；宣称法典为"梵天"之子摩奴所定，违反法律即违背神的意志；关于王权，法典认为国王是一个"寓于人形的伟大神明"，因此拥有无上的权力，国王有权剥夺侵犯王权者及其家庭成员的生命和财产，作为"大地的主人"，国王有权取得地下埋藏古物及贵重金属的一半；关于婚姻，婚姻本身是合于神意的行为，一经成立，即不得解除。但实际上丈夫可以抛弃妻子，妻子却不可以再嫁，妻子必须谦卑地对待丈夫，奉丈夫若神明，无论丈夫行为多么恶劣，都不得离开丈夫；关于犯罪，许多罪名都来源于教义，如杀害牝牛，由于牝牛是神的化身，因此杀害牝牛是仅次于杀害婆罗门等大罪的二等罪，比杀死一个首陀罗严重得多，再如违背誓言、无视圣典教训、否认来世、非再生人偷听他人诵读经文等均属重大犯罪；关于刑罚，法典根据"业力轮回"的学说，规定对犯罪者不但应给予即时的、肉体上的刑罚，而且还要在来世对其进行惩罚，如死后变成牲畜等，此外，诅咒被作为一种刑罚来使用，苦行也可以代替某些刑罚用来赎罪，如婆罗门杀害婆罗门，可以以苦行赎罪；关于诉讼，法典认为，仅依靠证人证言和物证不能确定事实真相，要判明是非曲直须依靠宣誓和神明裁判。

《摩奴法典》作为一部宗教经典，充分表达了人们对于超自然力的信仰与遵从的自觉性，但与此同时它并不回避法典的强制功能，又体现了法律的强制性特征。根据法典，任何人背离了它都要受到严厉惩罚。法典第 8 章第 128 条告诫国王如果该受刑罚的不用刑罚，不该受刑罚的反受刑罚，他就会下地狱。法典还对社会全体成员具有普遍约束力，即使社会最高等级婆罗门种姓也必须依法典来规范自己的全部生活。可见《摩奴法典》既是宗教典籍，又有法的一般特征，实现了宗教戒律与法律制度的高度融合与统一。

(二)《摩奴法典》是一部种姓制法

《摩奴法典》确立的最基本的法律制度是种姓制度，种姓制度为其精髓。从《摩奴法典》中我们看到，各个部门的法，包括刑事的、民事的、诉讼方面的，乃至婚姻家庭方面的，无一不以种姓制度为核心，无一不受到它的制约。

1. 各种姓的法律地位。法典宣扬梵天为了世界繁荣，以自己的口、双臂、双腿、双足创造了婆罗门、刹帝利、吠舍和首陀罗四个种姓，不同种姓应从事不同的职业。法典详细而具体地规定了各种姓的权利和义务以及具体职业，并宣称这些都是由梵天预先安排、永远不能改变的。

其中婆罗门来自梵天之口，是最高贵最洁净的种姓，其任务（即职业）是教授与学习吠陀，为自己或他人祭祀、布施和接受施舍物。因其出生的位置最高尚，时间最早，所以理应为世界万物的主宰。刹帝利来自梵天的双臂，是最有力量的种姓，其任务是保护人民、参加祭祀、学习吠陀与限制享乐。吠舍来自梵天双腿，是最勤劳的种姓，其任务是放牧、施舍、参加祭祀、学习吠陀以及从事农业、商业、放高利贷等。首陀罗来自梵天双足，是最低等、最肮脏的种姓，其任务便是温顺地为前三个种姓的人服务，不能参加宗教活动，不能享受"入门式"，不能念诵吠陀经，不能讲梵语，只能从事手工业和其他被认为最低贱的职业。总之，服役于高等种姓，是"首陀罗与生俱来的义务"。

在担任国家公职、行使公权方面，法典规定只有高贵种姓的人有资格担任国家公职，只有婆罗门僧侣有权担任法官职务，"如果国王容忍首陀罗在他面前宣读判案，他的国家就会陷入困境，有如牝牛陷入泥潭"。

2. 财产所有权制度。在财产所有权方面，法典在确认土地归国王所有的同时，公然宣称婆罗门是"一切存在物的主人"，"婆罗门在穷困时，可以完全问心无愧地将首陀罗的财产据为己有，而国家不应加以处罚"，刹帝利和吠舍的私有财产也受法律保护。只有首陀罗不享有私人财产所有权，"奴隶没有任何属于自己的东西，他不占有主人不能夺取的任何所有物"。事实上法典公开将首陀罗视为权利客体，剥夺了他们最起码的做人的权利。

3. 债权债务制度。在债权债务方面，不同种姓有不同的处理方式，"债务人与债权人如属同一种姓或债务人种姓较低时，可利用劳动抵偿；但如债务人种姓较高，可按照财力渐次偿还"。借贷利率也随种姓不同而不同，信用贷款的利率依种姓高低依次为2%、3%、4%和5%。

4. 婚姻家庭与继承制度。法典规定严格实行族内婚，禁止不同种姓的人通婚，特别是严禁高种姓女子下嫁给低种姓男子，凡属这种婚姻一律称为"逆婚"，不受法律保护，其后代也被排斥在四个种姓之外。如果婆罗门女子嫁给一个首陀罗男子，其后代被称为"旃陀罗"，是不可接触的"贱民"。他们必须住在村外密林深处，不得与有种姓的人接触，只能穿死人的衣服，用别人遗弃的容器，从事搬运尸体等最低贱的职业。如果婆罗门不幸看见他们，必须用香水清洗玷污了的双眼。禁止族外婚的规定仅有一种例外，即允许高种姓的男子娶低种姓女子为妻，这种婚姻称为"顺婚"。但这只能作为一种变通，而不是常例。

结婚缔结方式也因种姓的不同而各不相同，不得违背。婆罗门种姓主要适用宗教方式，即通过举行隆重的宗教祭祀仪式完婚，用以表示这是在神面前结合的婚姻；刹帝利种姓主要适用抢夺婚的方式，以表示其武士的身份；吠舍和首陀罗一般适用买卖婚的方式。结婚仪式上，对不同种姓当事人的举止也有不同要求。

在遗产继承方面，法典指出，在一个男子娶几个不同种姓的女子为妻的情况下，其子女的继承份额各不相同。婆罗门妇女之子取得遗产中的三份，刹帝利妇女之子取得二份，吠舍妇女之子取一份半，首陀罗妇女之子仅能取得一份。

5. 犯罪与刑罚制度。法典并无关于犯罪的明确分类，刑罚的轻重取决于犯罪人和受害人的不同种姓。低等种姓侵犯高等种姓的人身和财产安全，即使很轻微的犯罪，都要给予严厉处罚。首陀罗辱骂高等种姓，"应割去其舌"；首陀罗以侮辱方式提到高等种姓的姓和名，"可用十指长的刺刀，烧得通红，穿入他的口内"；"如果他向婆罗门傲慢地吐痰，国王可使人割去他的两唇"；等等。然而高等种姓犯罪，一般仅处罚金了事。法典规定，"婆罗门辱骂刹帝利处50钵那罚金；辱骂吠舍处25钵那；辱骂首陀罗处12钵那"。反过来，刹帝利辱骂婆罗门则应处100钵那罚金，吠舍处150～200钵那，首陀罗则割去其舌。

刑罚十分残酷，包括各种死刑、肉刑以及羞辱性刑罚，其锋芒主要针对下等种姓。

6. 诉讼制度。法典确认国王是梵天所创造的"刑罚之神"，掌握最高司法权。诉讼由国王、婆罗门和部落联盟领袖审理。关于证据制度，一般实行各种姓为本种姓当事人作证原则，高等种姓的证人证词效力高于低等种姓的证人证词；神明裁判是一种重要的取证方式，也是一种变相体罚，只适用于首陀罗和吠舍；首陀罗无权起诉或举证。

《摩奴法典》关于种姓制度的内容十分丰富，它不仅全面肯定和保护了种姓制度，而且还把这项制度渗透到法律生活的各个领域，使之成为各项法律制度的核心和基础，因此，《摩奴法典》是一部具有浓厚种姓制度色彩的宗教法典。

《摩奴法典》是后人观测和研究古印度法及古印度居民社会生活的重要史料，它是一部百科全书式的宗教经典，维护种姓制度是其重要特征之一。

第二章

■ 第三节　古印度法的特点和历史地位

古印度法作为古代东方法的重要组成部分，具有古代东方法的一般特点，如维护君权、父权和夫权，长期实行土地公有，诸法合体，民刑不分，实体程序不分等，但是由于特定的社会历史背景，古印度法又形成了自身独有的特征：

一、古印度法是典型的宗教法

古印度法的重要渊源并不是国家机关通过立法程序制定的法律文本，而是由古代印度历史上各种宗教的各类典籍构成的。这些宗教典籍不仅规定了教徒的宗教生活，而且对教徒的世俗生活进行了限制和调整。宗教典籍在古代印度政教合一的国家里起着法典的作用。各种宗教教义被赋予法律效力，由国家机关保障其强制执行，法律竭力维护宗教教义，并借助宗教的力量，而更显示出其权威性和威慑力。古代印度法的内容、编排体例以及语言表述方式都直接与宗教相关，各种罪名与刑罚深受宗教教义的影响，充满了宗教色彩。

二、古印度法是宗教、道德、伦理、哲学以及法律等各种内容的混合物

从古印度法的渊源来看，内容复杂多样，既有宗教教规、法律规则、哲学论述，也包括道德劝诫、伦理说教，甚至还包括散文诗歌等各种类型的文献，绝非纯粹意义上的法律文本。例如，古印度法中最具代表性的《摩奴法典》就包括了多方面的学科知识，它们涉及宇宙和人类的起源、人与自然的关系、人的行为准则、敬神仪式等宗教规则、道德训言、统治者治国方略、商业知识等多个学科领域，相当于一部百科全书。特别是其中收录了很多至理名言，诸如"甘露甚至可以取自毒药，妙语甚至可以取自孩童，善行甚至可以取自敌人，金子甚至可以取自不洁物"等，说明法典虽然以宣扬唯心论、形而上学为主，但也有一定的科学性。即便是法律性质最为明显的部分也未必能够得到切实的执行，其中包含了编纂者婆罗门脱离现实的单方面的理想和愿望。

三、古印度法以种姓制度为基础和核心

除了佛教法以外，古印度法的基本内容始终贯穿着种姓制度，几乎所有条文都是对婆罗门、刹帝利、吠舍、首陀罗四大种姓各种权利义务的直接规定。如前所述，

《摩奴法典》作为古印度法最重要的渊源和最具典型性的代表，所有规定均因种姓不同而不同，种姓制度正是其基础和核心。经过几十个世纪的传承，种姓制度对印度产生了巨大而深远的影响。

四、古印度法具有相当强的稳定性

古印度法在产生、发展直至演变的漫长历史过程中，没有发生本质意义上的变革，显示出稳定发展的态势，其宗教法的性质以及种姓制度的核心地位不仅从未动摇，而且还一直保持强大的影响力。直到英国殖民者入侵，古老规范依然在印度教徒中适用。

古印度法是古代印度社会政治、经济、文化、宗教等诸种因素共同作用的产物，它凭借宗教的强大凝聚力和延续性对印度法制史产生了十分深远的影响。特别是《摩奴法典》的核心——种姓制度，在印度先后存续了几千年，事实上已经成为印度传统文化的一个重要组成部分。而《摩奴法典》本身，自编纂完毕之日起，一直被印度各代统治者奉为圣典，无论国内政治、宗教、经济状况有多么大的变化，《摩奴法典》都是各代统治者的立法依据。其后，穆斯林、英国人入侵印度时期，伊斯兰法和英国法相继占有统治地位，但《摩奴法典》在印度教徒中仍被适用。印度独立后，《摩奴法典》的强大影响仍未消除，其中许多内容伴随着种姓制被保留下来，20世纪50年代制定的印度教法典就有许多《摩奴法典》的痕迹。

随着婆罗门教、佛教以及印度教的广泛传播，《摩奴法典》在南亚次大陆及东南亚的广大地域产生了深远影响，如缅甸、泰国、斯里兰卡、柬埔寨、老挝等国都以《摩奴法典》为蓝本建立自己国家的法律体系，从而形成了以《摩奴法典》为基础的著名的印度法系。

■　思考练习

一、关键术语

印度法系；婆罗门教法；《摩奴法典》；种姓制度。

二、思考题

1. 简述古印度法的渊源。
2. 简述《摩奴法典》的基本特点。

■　参考书目

1. 《世界著名法典汉译丛书》编委会编：《摩奴法典》，法律出版社2000年版。
2. 王云霞、何戍中：《东方法概述》，法律出版社1993年版。

第三章

伊斯兰法

学习目的与要求　伊斯兰法是在伊斯兰教产生和阿拉伯国家统一的过程中形成的，在阿拉伯国家的法律体系中居于极其重要的地位。由于伊斯兰法与伊斯兰教密切联系，因此，其法律规范具有明显的宗教色彩，许多法规内容直接源于宗教教义。这种特点一方面使伊斯兰法能够以宗教为媒介得到广泛传播；另一方面，其宗教教义的相对稳定性也在一定程度上阻碍了该法系的发展进程。伊斯兰法的制度独具特色，适用范围很广，影响波及信奉伊斯兰教的广大地区，形成伊斯兰法系。虽然在其产生和发展的过程中，传统的伊斯兰法曾受到内外因素的冲击而呈现出衰颓之势，但是，时至今日，伊斯兰法在一些伊斯兰国家中仍发挥着支配性的作用。

重点掌握　伊斯兰法的形成和演变；伊斯兰法系的形成和近现代改革；伊斯兰教法的主要渊源；伊斯兰法中规定的穆斯林的义务；伊斯兰婚姻家庭法的主要内容；伊斯兰法学家的历史作用。

■　第一节　伊斯兰法的形成和演变

一、伊斯兰法的产生

伊斯兰法是指伊斯兰教法，音译为"沙里阿"（Shari'a 或译作"沙里亚""沙勒阿提"），原意是指"通向水源之路"，在宗教教义里被引申为"通往先知的大道"，有时也直接用音译"沙里阿法"来表示伊斯兰教法。伊斯兰法是有关伊斯兰宗教、政治、经济、社会、家庭和个人生活准则的总称。《古兰经》和"圣训"是伊斯兰法的基本渊源。伊斯兰法实质上是宗教教规，在内容和形式上都与伊斯兰教有密切联系，所以，伊斯兰法和伊斯兰国家的法律是不同的，它不包括世俗法，而仅指中世纪发展起来的适用于全体穆斯林即伊斯兰教教徒的宗教法。伊斯兰法适用的范围很广，包括古代阿拉伯帝国和近现代某些伊斯兰教势力强大的国家所适用的基本法律制度。

伊斯兰法是在伊斯兰教和阿拉伯统一国家的形成过程中而产生的。公元 6 世纪末 7 世纪初，居住在阿拉伯半岛上的贝杜因人的原始氏族公社开始解体，部落内部由于生产力的发展和私有观念的出现，产生了阶级分化；部落之间为了争夺水源和财产经常发生战争，整个半岛处于极度混乱的状态，社会孕育着一场重大的历史变革。消除半岛分裂和实现民族统一，成为这一时期阿拉伯半岛各个阶层的共同愿望，也是社会发展的客观要求。伊斯兰教的产生和阿拉伯国家的统一正是顺应了这一民族统一的历史潮流。

穆罕默德（公元 570~632 年）是伊斯兰教的创始人，在他的领导之下，阿拉伯半岛实现了统一。穆罕默德出生于麦加城的一个没落贵族家庭，少年时代生活贫困，做过牧人和商队保镖。公元 610 年，面对当时混乱的社会局势，他在批判地继承阿拉伯各部落的原始宗教和借鉴犹太教、基督教的基础上，开始了创立伊斯兰教的活动。穆罕默德认识到阿拉伯社会的多神崇拜是阻碍半岛统一的主要因素，因而极力主张一神教。他把自己所属的古莱西部落的主神安拉奉为宇宙最高神"真主"，要求人们"独信真主"而放弃对其他神的崇拜。经过二十年的努力，穆罕默德取得了对麦加贵族武装斗争的胜利。公元 630 年，麦加贵族最终接受了伊斯兰教，承认穆罕默德"真主使者"（代理人）和"先知"的地位。之后穆罕默德把麦加克尔伯神庙中 360 个部落神的神像砸毁，意味着安拉成为阿拉伯世界唯一的神，安拉的使者穆罕默德也就成为人世间无可置疑的最高精神领袖。穆罕默德通过创立伊斯兰教，将阿拉伯各部落联合成为一个整体，建立了政教合一的、统一的阿拉伯国家。

在阿拉伯国家统一的过程中，作为"安拉的使者"和"先知"的穆罕默德，以安拉的名义陆续发布经文，传播伊斯兰教，要求人们无条件地敬畏唯一的神——安拉，并服从"安拉的使者"。在阿拉伯统一国家建立以后，伊斯兰教成为占据统治地位的宗教，由于阿拉伯国家政教合一的性质，作为国家行政首脑、最高军事统帅和最高宗教领袖的穆罕默德所创建的教义教规，既是穆斯林日常生活的行为准则，又是必须遵守的法律规范。这样，在伊斯兰教和阿拉伯统一国家的形成过程中，伊斯兰法也随之产生。

伊斯兰教法以教义学为基础，基本上是属于宗教伦理性质的行为规范。它以神的意志的形式，规定了一个穆斯林持身律己的根本行为准则。沙里亚（教法）法典的编排次序，通常前五章为宗教礼仪规定，以下的次序是：契约、遗产、家庭、刑法、对不信者作战、对非信徒的基本态度，以及关于可食之物、宰杀、作证、法律程序、法律证据、释放奴隶等问题的规定。如果按照行为性质划分，通常可分为五类规范：义务性的行为；可嘉的行为；无关紧要的行为；受谴责的行为；禁止和受惩罚的行为。其中，关于家庭和财产关系的内容，构成伊斯兰教法的本体部分。[1]

〔1〕 ［英］诺·库尔森：《伊斯兰教法律史》，吴云贵译，中国社会科学出版社 1986 年版，译者序第 2~3 页。

二、伊斯兰法的发展阶段

公元632年，穆罕默德去世，由统治集团通过推选方式产生新的政教首脑，称为"哈里发"，意为先知的继承人。自公元632年至661年，先后有伯克尔、欧麦尔、奥斯曼和阿里四位穆罕默德的近亲和密友担任哈里发，这一时期被称为"四大哈里发时期"，此时阿拉伯帝国的领土就已经超出阿拉伯半岛的范围。公元661年倭马亚王朝建立后，确立了哈里发的世袭制。公元750年，阿巴斯王朝取代倭马亚王朝。倭马亚王朝和阿巴斯王朝的前期，帝国继续大规模对外扩张。伊斯兰教在帝国势力范围内广泛传播，影响扩大到帝国以外，已经发展成为一种世界性的宗教。公元9世纪以后，由于封建割据局面的发展，帝国不断分裂并衰落下去。公元1055年，阿拉伯帝国灭亡，但哈里发的名义一直延续到1258年蒙古军队攻陷巴格达之时为止。

伊斯兰法产生以后，随着阿拉伯国家的对外扩张和伊斯兰教的广泛传播，适用范围不断扩大。自身也随着社会形势的变化而不断发展，并且在发展的不同阶段呈现出复杂的多样化特征。从穆罕默德逝世后到公元10世纪中叶，伊斯兰法大致经历了以下三个发展阶段：

（一）形成时期（公元7~8世纪中期，包括穆罕默德、四大哈里发和倭马亚王朝时期）

穆罕默德作为先知，在创建伊斯兰教的过程中，以真主的名义宣布了许多教法规范，表现为《古兰经》经文。经文内容涉及礼拜、斋戒、朝觐等宗教义务和礼仪习惯方面。伊斯兰法最初就体现在《古兰经》中，《古兰经》吸收了犹太教、基督教的因素，对原有的阿拉伯部落习惯进行了改造，同时也对不断出现的新问题提出了解决办法。《古兰经》中涉及法律部分的经文就是最早的伊斯兰法，这些经文有些是属于穆斯林的宗教教义，有些是穆罕默德对具体案件的裁决意见。

在四大哈里发和倭马亚王朝统治时期，由于阿拉伯帝国的迅速扩张，穆罕默德时代创立的反映公元7世纪初阿拉伯社会简单的半农半牧经济条件下的教法规则已经远不能满足社会生活实际的需要。于是，哈里发政府、法学家和法官一方面贯彻《古兰经》和圣训的基本精神，另一方面参考、吸收各征服地习惯和外来法律，并用伊斯兰法准则对其加以审查和改造，使之与前者协调起来。通过以上立法和司法的实践活动，伊斯兰法的主要原则和各部门的基本制度开始逐渐确立。

具体而言，四大哈里发时期，以哈里发为首的政府通常都遵照《古兰经》的规定和穆罕默德的遗训处理法律问题。当出现《古兰经》中没有规定的新问题时，政府就根据伊斯兰法的原则和精神制定并颁布行政命令，这一时期哈里发政府颁布的行政命令是伊斯兰法的重要组成部分。倭马亚王朝时期，《古兰经》的影响开始下降，古老的阿拉伯意识再度抬头，伊斯兰法发生了重大变化。一方面为了解决版图扩大后所产生的一些新的社会问题，王朝在法律实践中吸收了许多外来的法律概念和制度，丰富了伊斯兰法的内容；另一方面王朝设立了专职法官，称为"卡迪"。

这些法官适用伊斯兰法处理案件并对一些宗教事务进行管理。这使得伊斯兰法在司法实践中得到了灵活运用，在内容上不断作出新的调整，有利于它适应社会生活的需要。

（二）全盛时期（公元8世纪中期~9世纪中期，包括阿巴斯王朝的前期和中期）

阿巴斯王朝建立后，阿拉伯帝国进入极盛时代，随着政治、经济的发展，伊斯兰文化出现繁荣景象，教法学得到空前发展。这一时期，由于阿拉伯国家的地域逐渐扩大，在一些新征服的地区出现了许多新的矛盾和冲突。但是，《古兰经》和"圣训"不能随意变动，这使已有的伊斯兰法不能解决新出现的问题。为了解决现实问题，加强伊斯兰法的可适用性，一些虔诚的学者结成松散的学术团体，纷纷提出自己的见解。伊斯兰法学家由此应运而生，并形成了不同的法学派别。各个法学派别都有自己的学说和主张。为了争夺伊斯兰法学的正统地位，各派之间相互竞争。从最初的早期法学派到后来的四大法学派，伊斯兰法学得到了长足的发展，并推动了伊斯兰法的进一步发展。早期法学派分为麦地那学派和库法学派，他们的研究带有明显的地域性色彩。虽然各个法学派在法律体系和法律学说上都存在差异，但在观点上多有相似之处，他们都反对倭马亚王朝法律生活的世俗化，更重视运用《古兰经》中的法律及其立法原则和精神来探讨法律问题。

8世纪中期~9世纪中期是教法学的繁盛时期，形成了逊尼派的四大教法学派：哈乃菲派、马尼克派、沙菲仪派、罕伯里派。与早期法学派相比，各派之间在观点上的差异加剧：哈乃菲派主张创制法律，通过类比的方法在原有法律中加入个人意见；罕伯里派主张严格遵循《古兰经》和"圣训"，按照经文的原意来适用，反对个人意见的加入；沙菲仪派和马尼克派则属于中间派。教法学家通过解释《古兰经》中的法律原则、传述和编纂圣训、进行个人推理和运用类比公议等活动，使伊斯兰法适应了阿拉伯帝国迅速变化的社会条件以及对不同地区进行统治的需要，大大推动了伊斯兰法的发展，教法学本身也就成为伊斯兰法的重要渊源和主要表现形式。以逊尼派四大教法学派权威的确立为标志，伊斯兰法达到其发展的顶峰。

（三）衰落时期（公元9世纪中期以后）

10世纪中叶，大部分宗教学家和法律学家认为以前的法律学家已经把伊斯兰法发展到了完备程度，四大法学派及其创始人的权威已经得到确认，教法学遂逐渐出现停滞状态，伊斯兰法便进入"盲从时代"，即"伊智提哈德之门关闭"了。这一时期法学家只能因袭传统，不能再对《古兰经》和"圣训"作进一步的解释，不得修改以前的权威著作，只能收集、比较和阐明这些著作。伊斯兰法从此停滞不前，成为固定不变的永恒体系。这种状态一直持续到近代西方殖民主义入侵以及伊斯兰法律改革之前。

三、伊斯兰法系的形成和近现代伊斯兰法的改革

伊斯兰法产生以后，随着政教合一的阿拉伯帝国的迅速对外扩张和伊斯兰教的广泛传播，适用范围不断扩大。同时，适应不同时期社会实际生活的需要，其自身

也不断得到发展。早在四大哈里发执政时期，阿拉伯帝国的版图就已经超出了阿拉伯半岛的范围。倭马亚王朝和阿拔斯王朝前期，阿拉伯帝国继续大规模对外扩张，至8世纪中期成为一个地跨亚、非、欧三洲的大帝国。英国学者诺·库尔森写道："至公元750年，伊斯兰教经历了由阿拉伯半岛上一个弱小的社团发展为一个幅员广阔的军事大帝国的转变。帝国的一翼，威胁着比利牛斯半岛的拉丁基督教王国的边界，另一翼，横跨印度次大陆的北部通道。在一个世纪的时间里，伊斯兰帝国发展成为一个包容各种不同的种族、文化和宗教信仰的复杂的复合体。它的政治统治已经扩展到各种不同文化背景之下的领土——原来隶属于拜占庭和波斯统治下的高度发展的文明的领土，以及尚处在原始社会状态下的阿拉伯各民族和北非柏柏尔各部落的领土。不难想象，阿拉伯统治者当时面临着艰巨的行政管理问题，这些问题是随着军事征服和由此而产生的社会、经济的突变而引起的。伊斯兰教还受到这时期的政治动乱的困扰，领导权的继任权问题的争论，导致一个时期的内战和一系列的暴动，形成敌视中央政权的政治小宗派。历史事件的这种急剧变化的背景，决定了伊斯兰教一世纪法律发展的进程。"[1]

与此同时，伊斯兰教和伊斯兰法在帝国势力范围内广泛传播，并影响到帝国以外。9世纪以后，由于内部割据的发展，帝国不断分裂并迅速衰败，但是伊斯兰教已经成为世界性的宗教，继续存在并远播境外。伊斯兰教经300余年的传播，已经在西起大西洋、东至印度河、南至阿拉伯海、北抵黑海的广大地区建立起牢固的基础，成为这些地区占统治地位的思想文化和生活方式。因此，在阿拉伯帝国崩溃以后，被征服地区形成的一些国家，如埃及、叙利亚、摩洛哥、突尼斯、伊朗等仍然信奉伊斯兰教，采用伊斯兰法。在11世纪和13世纪巴格达先后被突厥人和蒙古人攻陷后，哈里发的继承人仍然被各国尊为正统的伊斯兰世界的宗教领袖。15世纪土耳其人建立奥斯曼帝国，但早在10世纪前后，土耳其人就逐渐信奉了伊斯兰教，奥斯曼帝国遂成为中世纪后期伊斯兰教和伊斯兰法的支柱。这样，在原阿拉伯帝国势力范围内的国家和地区，以及其他信奉伊斯兰教的东南亚和西非地区，法律都是以《古兰经》、圣训和初期的伊斯兰法为基础发展起来的，具有共同的特征和历史联系，伊斯兰法系由此形成。一般认为，伊斯兰法系开始形成于9世纪，因为此时一些国家脱离了阿巴斯王朝，伊斯兰法的影响超过了一国的界限和范围。此后一直维系下去，直到近代西方大规模的殖民活动，才使得传统的伊斯兰法适用地区逐步沦为西方国家的殖民地，伊斯兰法的适用范围遂不断萎缩，影响逐渐减小。

近代以来，随着各个伊斯兰国家经济、政治和文化的不断发展，固有的伊斯兰法传统与社会现实发生了矛盾，另外，西方列强的入侵也对社会产生了巨大的冲击。原有的伊斯兰法已不能适应社会的发展需要，伊斯兰国家不得不在迫切需要适应现代社会的领域内放弃伊斯兰法，代之以具有西方价值观念的法律。奥斯曼帝国早在

----

[1] ［英］诺·库尔森：《伊斯兰教法律史》，吴云贵译，中国社会科学出版社1986年版，第12页。

1839～1876 年的"坦志麦特"改革中，一方面大量引进西方国家的法律，尤其是仿效法国法制定了 1850 年的《商法典》、1858 年的《刑法典》、1861 年的《商业程序法典》、1863 年的《海洋商业法典》等；另一方面通过编纂法典的方式对传统的伊斯兰法进行整理。第一次世界大战后，奥斯曼帝国解体，新产生的阿拉伯国家先后沦为西方列强的殖民地或半殖民地。第二次世界大战以后，许多阿拉伯国家相继摆脱殖民主义的统治，建立了独立国家。这些新的独立国家进行了一系列的法律改革。伊斯兰法的这些改革表现出如下特点：

1. 不同国家对西方法律的接受程度不同。土耳其和埃及等国家从实体法到程序法，从法院组织到法学教育全部西方化了，并且已经归属于大陆法系；巴基斯坦和苏丹等国的法律体系仍多以伊斯兰法为主，只在部分领域有选择地借鉴了西方法律；而在沙特阿拉伯、也门和阿拉伯联合酋长国等国家则严格遵循着传统的伊斯兰法。总的来说，源自欧洲的法律已经成为大多数阿拉伯国家法律制度的重要组成部分，近代以来这种法律的西方化程度越来越明显。

2. 西方法律对不同法律部门的影响不同。接受西方法律最多和阻力最小的是商法领域，其次是刑法、民法及宪法领域。婚姻家庭法则更大程度上因循传统，虽然不断地进行改革和调整，但是相对来说步伐迟缓，立场保守，是保留伊斯兰教法最多的法律部门。

应该看到，西方法律已经被有效地吸收和借鉴到伊斯兰世界，发挥着重要的作用。但是西方化的法律和传统的伊斯兰教法的冲突一直存在，并且常常十分激烈。西方化的法律动摇了伊斯兰社会的价值基础，遮蔽了穆斯林各国的民族特性，在一定历史阶段和一定程度上引起部分伊斯兰世界的抵触，尤其是在近些年发生的海湾战争和伊拉克战争之后，对西方价值观入侵的不满和抗争时有扩大之势。实际上，自 20 世纪 70 年代以来，在伊斯兰世界就普遍兴起了一场声势浩大的伊斯兰复兴运动，强调在伊斯兰社会生活领域和国家的政治生活中全面复兴以《古兰经》和圣训为基础的伊斯兰教法，以适用伊斯兰教法取代世俗化和西方化的法律原则。如 1974 年召开的穆斯林联盟会议，就强调并要求所有的穆斯林政府将《古兰经》和穆罕默德的圣训作为法律制度的基础，并要求伊斯兰各国采取措施协调伊斯兰教法的适用情况。在许多伊斯兰国家，在诸如婚姻家庭、继承、刑法等传统的伊斯兰法领域，出现了重新适用伊斯兰教法的倾向。而且，伊斯兰世界的许多国家掀起了一股重新研究、注解古老的伊斯兰法的潮流，以使其能够适应于当代伊斯兰社会生活的需要。

伊斯兰法复兴的程度，取决于国际局势的变化以及伊斯兰各国政治、宗教、经济、社会形势等发展演变的复杂状况，其结果研究者正拭目以待。但是伊斯兰教法传统的全面取代西方化、世俗化的法律，若非绝不可能之事，必也是困难重重。

■ 第二节 伊斯兰法的渊源和基本制度

一、伊斯兰法的渊源

伊斯兰法的"渊源"系阿拉伯文"优素尔"（Usal）的意译，原意指"根源"，引申为伊斯兰法的立法据、原则和理论基础。具体包括《古兰经》、"圣训"、"公议"、"类比"四大渊源。此外，哈里发的行政命令、习惯和外来法律也属于伊斯兰法的渊源。

（一）《古兰经》

"古兰"系阿拉伯文"Kur'an"的音译，意为"诵读"。《古兰经》是伊斯兰法最根本的渊源，是伊斯兰教的最高经典。它是穆罕默德在传教过程中，以"安拉"的名义陆续发布的经文。《古兰经》内容十分广泛，包括教义、教法、伦理道德以及为传教所需要的故事、传说、寓言等，共30卷114章6200节。《古兰经》全部经文分为麦加篇章和麦地那篇章，前者是公元609~622年穆罕默德在麦加活动期间发布的，占全部经文的2/3，大多是关于道德规范和信仰方面的原则；后者是公元622~632年他在麦地那活动时发布的，占经文的1/3，多涉及法律规范的内容。在原则精神上，前期经文提倡和平，后期经文号召穆斯林用圣战解决问题，态度趋于强硬。

《古兰经》确立了伊斯兰法的基本原则和精神，规定了伊斯兰法的基本制度，内容涉及家庭和继承法、债务关系法、刑法、战争法等诸多法律部门。《古兰经》中的教法规范和道德伦理以及宗教教义等内容因混合而融为一体，即使伊斯兰的教法学家也难以精确地指出，何者属于法律规范，何者属于道德和宗教规范。有学者认为，在6200节中只有200节涉及法律问题，也有人认为只有80节算得上严格意义上的法律规范，主要集中在麦地那篇章的《黄牛章》和《妇女章》中。

英国学者诺·库尔森认为，《古兰经》的立法在性质上基本上是属于伦理性质的，《古兰经》并未试图包容——哪怕是多么支离破碎的形式——某种特定法律关系的全部基本成分。尽管带有特别法律格调的法规涉及的题材非常广泛，从妇女的装束到战利品的分配，从禁食猪肉到对通奸者的鞭刑，但是看起来这些规定通常是针对具体问题而采取的就事论事的解决办法，并非为全面解决某一普遍性的题目而作的尝试。[1]

发布《古兰经》的方式是由穆罕默德本人口述，并由其弟子记录，穆罕默德在世时并没有编纂成册。穆罕默德逝世后，在首任哈里发时期开始对经文进行整理，至第三任哈里发奥斯曼（公元644~656年）在位时，奥斯曼命令将汇集的经文予以核定并正式定本。该定本沿用至今，称为"奥斯曼定本"，是全世界穆斯林公认的

---

[1] ［英］诺·库尔森：《伊斯兰教法律史》，吴云贵译，中国社会科学出版社1986年版，第4~5页。

《古兰经》标准本。

（二）"圣训"

"圣训"系阿拉伯文"哈底斯"（Hadith）和"逊奈"（Sunna）的意译，是对穆罕默德本人的言论和活动的传述，即先知的言行和默示（以沉默表示许可）。它是仅次于《古兰经》的伊斯兰法的基本渊源。

"圣训"是对《古兰经》内容的补充。如果出现了《古兰经》中找不到现成答案的新问题，则按照先知的言论、行为和对某事的默示或习惯进行处理。圣训最初是由穆罕默德直传弟子和再传弟子口耳相传，学者个人的记录并不公开。圣训的传述是在穆罕默德去世后开始进行的，由于辗转传述，日积月累，圣训的数量迅速膨胀。为了确保"圣训"的统一性和权威性，公元 8 世纪中期学者开始进行收集整理和汇编，这些汇编起着法典的作用。由于教派的蜂起，逊尼派和什叶派互不承认对方学者传述的圣训，因而，圣训汇编不仅数量多，而且以教派来划分。到公元 9 世纪和 10 世纪时出现了著名的"六大圣训集"，其中的《布哈里圣训实录》被公认为是仅次于《古兰经》的经典。

传述圣训实际上是一种创制伊斯兰教法规范的方式。统治集团为了适应穆罕默德去世后社会发展的需要，把一些法律规范附会为先知的言行和默示，实际上完全是独立创制和发展的，只是为了使其具有法律效力而将其"伪造"为圣训，这种活动实际上是一种在先知去世后《古兰经》经文不再下降、正式的立法停止情况下的变通立法，对于穆罕默德以后伊斯兰法的发展起了很大作用。

（三）"类比"

所谓"类比"，是指对遇到的新问题，按照《古兰经》和圣训的相似规则处断，类似于近代法律中的类推原则。"类比"在阿拉伯语中的音译是"格亚斯"（Kiyas）。对新出现的问题，如果《古兰经》和"圣训"里都没有现成的答案，即用其中类似的规则加以处理。譬如，第二任哈里发欧麦尔在位时，有一个人被其母亲伙同情夫杀害，究竟应如何处刑？是判一个人偿命还是由两个人偿命？欧麦尔拿不定主意，因为《古兰经》和圣训中都没有处理这种案件的规定。在场的大臣阿里就问：如果几个人合伙偷了一只羊，每人分了一块，是砍一个人的手，还是将几个人的手都砍去？欧麦尔回答说：当然都处砍手。阿里就说，杀人也一样，应该两个人都偿命。于是就由合谋盗窃共同处刑的现有规则，类比发展出合谋杀人均处死刑的法律规范。

"类比"在四大哈里发时期之前就得到了广泛适用，以后各法学学派也广泛运用这一方法，并形成了类比派和圣训派。前者根据《古兰经》和"圣训"的精神要旨来创制法律，而后者在创制法律时不注重对《古兰经》和"圣训"的精神领会，只强调字面理解，结果造成了许多不合理的现象。

（四）"公议"

"公议"系阿拉伯语"伊制马仪"（Ijma'）的意译，最初是指伊斯兰公社全体一致的意见。据说，穆罕默德在世时，阿里曾问他：假若发生一件事，《古兰经》没有明文，也没有您的教训，该如何处理？先知回答说：召集学者和信士，与他们商量，不要以个人的意见独断，这成为"公议"运用的根据。后来公议由阿拉伯部落社会时期的原始民主制遗风，实际上发展为穆罕默德的直传弟子或权威法学家对某些疑难法律问题所发表的一致意见，其成为创制法律的一种方法。

为了解决《古兰经》和"圣训"中都找不到答案的新问题，各派法学家就对某一问题进行"公议"。由于地域的分散性和法学派别的多样性，"公议"带有明显的地域性和派别性色彩。

（五）哈里发的行政命令、习惯和外来法律

作为阿拉伯国家的统治者，哈里发虽然没有立法权，但他在领导和管理国家的过程中经常通过发布行政命令来决定重大问题，对伊斯兰法的某些规定作出修改和变通。这些行政命令大多涉及与政府管理活动有关的公法领域，特别是税收和刑法。哈里发的行政命令属于伊斯兰国家的法律，不包括在教法范围之内。但由于哈里发的政教首脑地位和国家的政教合一性质，哈里发的行政命令理所当然地成为伊斯兰法实际上的渊源。

在伊斯兰法的发展过程中，统治者按照伊斯兰法的精神，对各地流行的习惯进行改造，予以吸收。法学家们在创制法律的活动中也通过传述圣训、类比或公议等形式吸收了所在地区的习惯，把它们纳入了伊斯兰法的范畴。

伊斯兰法中的许多概念、原则和制度来自犹太教法、基督教教会法以及罗马法。如：《古兰经》中关于宗教仪式、禁食、禁止利息的规定受到了犹太教和基督教的影响。阿拉伯帝国统治下的很多地区，如埃及、叙利亚、巴勒斯坦等长期处于罗马帝国和拜占庭帝国统治之下，罗马法影响很大，教法学家为了适应调整更加复杂的社会关系的需要，将罗马法的一些概念、原则和制度吸收到教法中，使之伊斯兰化。因此，在伊斯兰法中，诸如罗马法、教会法等外来法的因素随处可见。

总之，伊斯兰法的渊源中，最重要的是穆罕默德以真主名义下启的《古兰经》；其次是真主通过其使者先知的言行和默示间接"制定"的圣训；再次就是发现和解释《古兰经》和圣训中更深层的含义，将神启法律的规则进一步发掘出来的两种教法学方法——"类比"和"公议"。这四大渊源是伊斯兰学者所主张的正式渊源，而其他渊源因其不是真主的意志而不被承认。但实际上四大渊源都是人定的，在制定的过程中又都继承、改造、吸收了各地习惯和外来法律，所以伊斯兰法的渊源应该包括哈里发的行政命令、习惯和外来法律。

二、伊斯兰法的基本制度

（一）穆斯林的义务

调整穆斯林的信仰和礼仪的法律规范十分发达，影响深远，在伊斯兰法中占有重要地位。宗教义务在伊斯兰法中占据首要位置，穆斯林的基本义务就是独信真主，绝不崇拜其他神灵。"穆斯林"的词义就是信仰真主、服从先知的人。穆斯林的义务主要是履行"五功"，"功"系阿拉伯语"Rukan"的意译，意为基础、柱石。这五功包括：

1. 念功，即口诵。每个穆斯林在做礼拜或者参加重要的宗教活动中，都要口诵"除安拉外，别无主宰，穆罕默德是安拉的使者"。"念功"在阿拉伯文中的原意是"作证"，即以念诵来证明和表白自己对真主的信仰。

2. 拜功，即礼拜。穆斯林每天要在晨、晌、晡、昏、宵分别做五次礼拜，面朝麦加克尔伯神庙的方向做诵经、鞠躬、跪拜等一系列动作。每星期五举行一次"聚礼"。每年在开斋节和宰牲节举行两次"会礼"。做礼拜时，身体、衣服和场地必须保持清洁。

3. 斋功，即斋戒。每年伊斯兰历9月，除了病人和旅客以外，每个穆斯林从日出到日落都要禁绝一切饮食和房事。斋月结束后的第二天是开斋节（我国新疆地区又称"肉孜节"），是穆斯林的盛大节日。

4. 朝功，即朝觐。凡有条件的穆斯林一生中至少要到麦加克尔伯朝圣一次，分为集体朝觐的"大朝"和个人进行的"小朝"两种。"大朝"在伊斯兰教历12月举行，是全世界穆斯林的盛大聚会。"大朝"期朝圣者在麦加活动的最后一天为宰牲节（亦称"古尔邦节"），也是穆斯林的重大节日。

5. 课功，即法定施舍。原指富有者向贫穷者进行的一种自愿施舍，据说施舍可使财产洁净，给所有者带来吉祥和善果；如财产达到一定数量不予施舍，财产在所有人死后将变成毒蛇缠绕其身。施舍实际上后来成为国家向穆斯林征收的一种税收。

除了"五功"外，穆斯林还有为真主进行圣战、严格遵守关于食物戒律的义务。

（二）所有权制度

根据伊斯兰法的规定，土地属于"安拉"，只有"先知"和他的继承人哈里发才享有完全的土地所有权。土地分为三种：①"圣地"，包括穆罕默德出生和创教的麦加及其邻近地区，异教徒不得在圣地居住，死后也不能埋葬于此处；②被征服地区的土地，其所有权属于国家，被征服的异教徒可在缴税后使用土地；③除上述两者之外，穆斯林以其他方式取得的一切土地。

瓦克夫（waqf）是伊斯兰法中规定的一种特殊的所有权形式。"瓦克夫"在阿拉伯文中的原意是"保留"或"扣留"。该制度是指财产的所有者以奉献真主的名义冻结财产实体，并把财产用益权奉献于捐赠者本人所指定的宗教慈善事业。这种将财产所有权与使用权永久分离并专门用于宗教慈善目的的土地和其他财产，又称"义地""义产"。

瓦克夫制度分为公益瓦克夫和家庭瓦克夫两种。前者是指捐赠人一开始就明确宣布财产将用于宗教慈善事业，后者是指捐赠人宣布把财产的收益优先留归子孙后代使用，直到没有受益人时再用以赈济贫民。

瓦克夫制度是伊斯兰法的重要领域，它把伊斯兰教所提倡的虔诚向善与伊斯兰传统社会所固有的经济体制有机地融为一体。

（三）债权制度

伊斯兰法中没有关于债的一般概念，也没有关于契约的详细规定。伊斯兰教法学家和法官从存在于阿拉伯半岛和其他被征服地区的商业习惯以及罗马法中借用了许多关于债权的原则和制度，同时又将其与伊斯兰教的基本精神协调起来。伊斯兰法中关于契约的规定主要有以下方面：

1. 普遍流行的契约形式是买卖契约。《古兰经》宣布："真主准许买卖"，表明经商买卖是合法的行为，同时伊斯兰法宣称"契约自由"，但这种自由是真主限定范围内的自由，否则契约无效。由于契约的形式和内容都必须符合伊斯兰教义，所以实际上订立契约的限制是很多的。如非穆斯林没有购买土地和穆斯林奴隶的缔约权利；奴隶只能对自己财产的 1/3 有支配权，其余 2/3 不得通过契约买卖或转让；异教书籍、神像、不净之物等不能成为买卖契约的标的物。

2. 重视履行诺言。《古兰经》宣布："信道的人们啊！你们应当履行各种约言。"契约一经订立就必须履行，即使是单方许下的约言也须履行，否则要以施舍赎罪，通常是救济 10 个贫困的穆斯林或者释放 1 个奴隶。无力救济者，应斋戒 3 日。

3. 禁止利息。《古兰经》宣布"禁止放贷取利"，鼓励人们相互无偿借取。这一规定是为了抑制高利贷，但是后来却阻碍了商业贸易的发展。于是，在实践中出现了许多规避这一原则的变通办法，并得到法官和教法学家的默许。其中重复买卖是最常见的一种规避方法，即甲和乙达成协议，甲借给乙一笔钱，并商定了利息，但是表面上是乙出卖一件物品给甲，期满后由乙加价将该物品买回，所加价数额便是借贷的真正利息。

（四）婚姻家庭和继承制度

婚姻家庭与继承法律制度是伊斯兰法中最发达的部分之一，《古兰经》中有关这方面的直接、具体的规定也比较多，对近现代穆斯林国家影响也很大。伊斯兰法所规定的传统婚姻家庭关系带有明显的封建性，保留了父系家长制的残余。法律中有关一夫多妻、包办买卖婚姻、男尊女卑等内容的规定反映了上述特征，并且，这种婚姻家庭关系被披上了一层宗教道德的外衣。

1. 结婚制度。在伊斯兰法中，婚姻被视为一种以宗教道德为基础的普通民事契约。《古兰经》规定，凡能供养得起并能公平对待诸妻的人可以娶 4 个妻子。即实行有条件的一夫多妻制，男子 12 岁、女子 9 岁即可以缔结婚姻。男女双方在证婚人面前，一方提出求婚，一方表示接受，婚姻即告成立并具有法律效力。血亲近亲、乳母近亲和姻亲近亲之间禁止结婚。婚姻能否缔结与男女双方的宗教信仰有关，穆斯林男子可以与犹太教、基督教女子结婚，但穆斯林女子不得嫁给任何异教徒。

2. 离婚制度。伊斯兰法准许离婚，但是将离婚看成是丈夫单方面的行为，丈夫可以无条件地宣布休妻，而妻子如果要求离婚，只有请求丈夫将其休了。妻子被休之后，要给予 3 个月的等待期，以便证实是否怀孕，在这期间丈夫可以撤销休妻决定，但撤销休妻决定只限两次，第三次休妻决定宣布后，妻子必须离去。休妻时若有婴儿，应哺乳至两岁。

3. 家庭制度。伊斯兰法对于夫妻关系的规定，突出地体现了男尊女卑的原则。《古兰经》宣布：男子的权利比妇女高一级；丈夫可以劝诫妻子，可以和她们同床异被，可以打她们；贤淑的女子是服从的；妻子好比田地，可以随意耕种。约束妇女的礼节教规严格而繁多，如妇女不能抛头露面，不能轻易同男子交谈，出门应披长衫等。

4. 继承制度。伊斯兰法规定的继承法律制度，以男子继承为主，但也给予妇女一定的继承权，其继承份额为男子的一半。继承分为"遗嘱继承"和"经定继承"（实际上就是法定继承）。其中"遗嘱继承"是"经定继承"的补充，通过遗嘱处分的遗产不能超过遗产的1/3，余下财产要根据"经定继承"中所确定的原则予以分割。订立遗嘱必须有两个公正的穆斯林作证，更改他人的遗嘱是犯罪行为。

根据《古兰经》关于"经定继承"的规定，第一顺序为份额继承人。伊斯兰法规定了12种继承人：丈夫、妻子、父亲、祖父、母亲、祖母、女儿、孙女、同胞姐妹、异母姐妹、异父兄弟和异母兄弟。其中每一继承人的份额都要因其他继承人的存在而减少，或因其他更近的继承人的存在而被排除继承权。如：妻死，若无子女，夫得遗产的1/2，若有子女只得1/4；祖母和外祖母的继承份额是1/6，但如有死者祖母在，则将其外祖母排除在外。第二顺序为父系继承人，包括父系男性亲属和父系女性亲属，这是旧的部落继承制的延续。在分配遗产时，应首先满足份额继承人的要求，父系男性至亲仅有资格取得分割遗产后的"余产"。

（五）刑法制度

伊斯兰法中关于刑法的规定很不发达，没有形成犯罪的一般概念，没有将侵权行为和犯罪明确区分开。

1. 犯罪主要分为两类：① "经定刑罚"的犯罪。这是指《古兰经》中明确规定了处罚方法的犯罪。如通奸罪，未婚男女私通，各鞭打100；已婚男女通奸，则用乱石砸死；偷窃罪，第一次砍去右手，再犯砍去左脚；饮酒罪，鞭打80；叛教罪，一般处死刑。对于"经（《古兰经》）定刑罚"的犯罪的处罚，不能更改或者免除，而不论犯罪者身份高低，但是奴隶所受的刑罚却只是自由人的一半。② "酌定刑罚"的犯罪。这类犯罪在《古兰经》中未规定如何处罚，而由法官根据案件情况自行处理，具体包括临阵脱逃罪、伪证罪、诬告罪等。

同其他脱胎于原始时代的早期国家法一样，伊斯兰法中，对于杀人、伤害等侵犯人身的行为只被视作对个人权益的侵害，实际上并未视为犯罪。应处罚的规定保留了氏族社会的血亲复仇制度的残余，抵罪主体仅限于加害方本人，受害方报复时只能由本人及近亲属进行，并且要贯彻对等原则。经被害人同意后，加害方也可用"赎罪金"来代替血亲复仇。赎罪金的多寡，不仅取决于犯罪的性质和情节，也取决于被害人的身份地位。

2. 刑罚残酷且具有浓厚的宗教色彩。伊斯兰法刑罚很残酷，死刑广泛采用，执行方法包括斩、绞、钉于十字架之上、乱石砸死等。同时鞭打、砍手足等身体刑也被普遍适用。《古兰经》中规定的刑罚许多是"后世的"，即死后来世要受之罚，如"在后世绝无福分""下火狱"等。同时还有些罚是用忏悔、斋戒、施舍和释放奴隶等方法来执行，并非严格意义上的刑罚，具有浓厚的宗教罚色彩。

（六）审判制度

伊斯兰法的法院分为"沙里阿"法院和听诉法院两种。前者由一名"卡迪"（教法执行官）主持，主要管辖私法案件；后者由哈里发政府选派行政官员组成，设立之初负责审理有关行政官和法官违法行为的案件，后来职权扩大到有关土地、税收等公法领域，并兼有上诉法院的某些职能。

伊斯兰法的诉讼程序比较简单，没有严格的诉讼形式，民刑不分，均采用控诉式审判方式。采用的证据种类主要有当事人陈述、证人证言和宣誓。一般案件要求有两名证人作证，妇女证言的效力只相当于男性的一半，显然是一种形式主义的法定证据制度。其中，宣誓的证明力最强，在伊斯兰法中占有重要地位，若违背誓言，将得不到真主的宽恕。

■ 第三节　伊斯兰法的特点

作为世界上最古老的法律体系之一，伊斯兰法独具特色，这表现在：

一、伊斯兰法与伊斯兰教有密切联系

伊斯兰法是在伊斯兰教的形成过程中发展起来的，是穆斯林共同的宗教法规，和教义一样，都是真主决定并向人间宣布的，带有浓厚的宗教色彩。教义是真主的启示，教法是真主意志的体现。伊斯兰法既是法律规范又是宗教规范，违反宗教义务往往也是违法行为，要受到法律的制裁；违反法律也构成宗教上的罪恶，将受到宗教上的惩罚，死后灵魂也必受磨难。凡不承认教法者，与不信仰伊斯兰教一样，就不是一个穆斯林，而是一个异教徒。伊斯兰法的各个部门法，如刑法、婚姻家庭法、继承法、行政法、战争法，甚至离宗教最远的债务关系法，也都无例外地伊斯兰化，即要符合伊斯兰教教义——至少在形式上是如此。总之，伊斯兰法与宗教的紧密结合，是其典型特点之一。

在公元7纪以后建立起来的阿拉伯帝国，由于其政教合一的性质，使得伊斯兰教法所涉及的所有个人与国家、社会，人与人之间的关系调整，总是毫无例外地以神人关系为基础，通过这一中介来加以体现和调整。伊斯兰教法，就其本来意义而言，并非由国家颁布的制约全体臣民的一部律法，而是以宗教名义规定的只适用于全体穆斯林的一部教规。伊斯兰教法是"神启"的法律，整个体系和结构皆为真主安拉所"降示"，全部法律皆为安拉所"安排"，法不过是安拉意志的体现而已。按照10世纪形成的所谓古典伊斯兰教法学理论，教法是无始无终、永无谬误、亘古长存的。世人只有了解和遵循神圣教令的义务，而没有怀疑和违抗神圣教令的权利。因而，在传统的伊斯兰教法里，不存在立法和修订教法的问题。这种独特的教法学理论是建立在宗教学说的基础之上的，而教义学在神人关系上总是力图把人置于一种蒙昧无知、敬畏屈从的被动地位之上。正统教义学认为，若没有神启的指引，世人非但不能知善恶、明是非，这样的道德是非观念亦不复存在；安拉之所以命人行善，并非某件行为本身性善；之所以止人作恶，也并非某件行为本身性恶。总之，善恶是非皆决于神意。

可见，在伊斯兰教法中，理性的地位是有限的，人的理性思辨只能以神启为依据，不能超越神启规定的范围。因此，伊斯兰教法表现出宗教、伦理和法律三位一体的显著品格，以严格刻板地规定穆斯林的宗教义务、道德义务和法律义务示人，作为法律主体的人的权利，被无穷无止的宗教信仰义务和属人的身份义务所限制以至湮没。阿拉伯帝国衰亡以后，皈依伊斯兰教的奥斯曼土耳其帝国以及其他的一些东方伊斯兰国家，其法律无不表现出这样的属性。

二、伊斯兰法学家在伊斯兰法的发展过程中发挥着重要作用

由于《古兰经》和"圣训"具有绝对权威，只有真主才拥有立法权，政教首脑只有执行法律的权力。所以，伊斯兰法的发展是通过法学家根据《古兰经》和"圣训"，用类比、公议的方法创制或注释新的法律来完成的。

伊斯兰法具有独特的发展道路，教法学家在其中起到了重大作用。教法学音译"菲格赫"，是研究伊斯兰教法的学科。阿拉伯国家的政教首脑哈里发没有立法权，只限于执行真主通过使者制定的法律，这就决定了伊斯兰法中不可能存在由立法机关颁布的新法律。《古兰经》中的法律是神启的，是至高无上和永世长存的，绝不可能对它们进行任何的修订和增补。圣训虽然争论很多，但只限于真伪之争，至多说某段圣训是伪造的，并非出自先知，而对圣训本身同样不能加以变更，因为真主说过必须要服从先知。《古兰经》和"圣训"既然不能变更，只能通过虔诚而深入研究体现在《古兰经》和"圣训"中的神启法律，发现、领会和解释它们的含义，把它们所包含的更深层次的、前人未认识的规则发掘出来，在穆斯林中实施。因此，教法学的使命就是研究《古兰经》和"圣训"的基本精神，发现、解释体现在其中的教法原则的含义，从而推导出新的法律，运用于社会实际中去，使伊斯兰法能适应阿拉伯国家和穆斯林社会的不断发展变化。这就是"伊智提哈德"，原意为"尽力而为"，引申为运用人的推理解释《古兰经》和"圣训"中的法律，从而发现神启法律的真实意蕴。

可见，教法学也是一种创制法律的方式。与《古兰经》和"圣训"不同，教法学不是假借神启来创制法律，而是由人来创制的。教法学这种创制法律的方式在早期就已经出现，但到了伊斯兰法繁盛时期才得到进一步的发展。从整体来看，教法学虽然是在《古兰经》和"圣训"的基础上发展，但后来却成为提供法律规范的主要源泉，也就是说，在数量上它提供法律规范最多。教法学创制法律的方法是注释

第三章

《古兰经》，传述、编纂"圣训"，类比以及公议。

伊斯兰法从最初的一种简单法律，发展为庞大的法律体系，就是通过伊斯兰教法学家的努力以上述特殊途径实现的。教法学家在阿拉伯帝国地位很高，尤其是四大教法学派的权威确立后，他们提出的规则在全国得到遵守。因此，有学者称伊斯兰法为"法学家法"并不为过。而一旦"伊智提哈德之门关闭"，伊斯兰法学和伊斯兰法的荣光便不再，后人或稽古钩沉，醉心于对先贤学说的沿袭和模仿；或探微索隐，沉湎于对前辈陈言的精制和悟解。[1]这种萧条衰落一直持续到近代的法律改革之前。可见，教法学兴，则教法盛；教法学衰，则教法败。

三、原则上的严格性和实践中的灵活性

伊斯兰法的神启性质决定了它的严格性。由于法律体现的是真主的意志，至尊、至高、至大，任何穆斯林，自哈里发到普通的信众，皆应严格遵守，不得变更、修改和废除，也不受时间、地点等因素的影响，具有显著的严格性和刻板性。但是这种严格性只是停留于原则上，在实践中却表现出相当的灵活性。也就是说，教法规范在很大程度上是根据不同的实际情况来适用的。伊斯兰法律的实践承认诸多规避教法严格刻板规定的"法律技巧"，如以重复买卖规避禁止放债取利的戒律，目的在于保持法律较好的灵活性，更好地符合人性和商业规律的要求，从而使得体现于法律条文中宗教的理想与人世的需求能够更好地趋于协调。

四、伊斯兰法具有分散性和混乱性

由于阿拉伯帝国各地区在政治、经济、文化发展上的不平衡，以及伊斯兰法具有独特的发展道路等复杂原因，伊斯兰法呈现出明显的分散性和混乱性，主要表现在"圣训"的多样性和法学学派的分散性。阿巴斯王朝后期，阿拉伯帝国的统一已经不复存在，更加剧了教法的分散和混乱。从伊斯兰法的渊源看，只有《古兰经》是统一的，有各教派承认的标准本，"圣训"汗牛充栋，法学派别林林总总，"圣训"和法学歧义丛生。各派教法学学者分散于帝国各地，各按自己的立场、观念和方法理解和阐释《古兰经》、传述"圣训"和创制法律，各有己派的"圣训"汇编和教法学著作。所以，伊斯兰法中，就同一法律问题的适用，可能有多种多样的法律规范。

五、对外来法律进行了吸收和借鉴

伊斯兰教在形成和发展中受到了犹太教、基督教和其他宗教法的影响，这从《古兰经》中引用的许多《新旧约全书》的内容中可见一斑。后来大批犹太教和基督教教徒改信伊斯兰教，因而使得这些宗教的教规教义渗透到伊斯兰法中，成为影响伊斯兰法的重要渊源。另外，在契约、担保、继承等方面，伊斯兰法也有较为明显的罗马法的痕迹。

---

〔1〕　由嵘主编：《外国法制史》，北京大学出版社1992年版，第182～183页。

■ 思考练习

一、关键术语

伊斯兰教法；教法学；《古兰经》；"圣训"；类比；公议；"五功"；"瓦克夫"制度；"卡迪"司法。

二、思考题

1. 评述教法学家在伊斯兰法发展过程中的地位和作用。
2. 试评述伊斯兰法系的历史命运。
3. 伊斯兰法律制度的独特之处表现在哪些地方？
4. 简述伊斯兰法形成和发展的主要历史阶段。
5. 简述伊斯兰法的主要渊源。

■ 参考书目

1. 马坚译：《古兰经》，中国社会科学出版社 1981 年版。
2. 法学教材编辑部《外国法制史》编写组：《外国法制史资料选编》（上册），北京大学出版社 1982 年版。
3. ［英］诺·库尔森：《伊斯兰教法律史》，吴云贵译，中国社会科学出版社 1986 年版。
4. 高鸿钧：《伊斯兰法：传统与现代化》，社会科学文献出版社 1996 年版。
5. 由嵘、胡大展主编：《外国法制史》，北京大学出版社 1989 年版。

第三章

第二编
西方国家的法律制度

第四章

第四章

古希腊法

学习目的与要求　古希腊法是西方最早的法律文明，其中雅典奴隶制民主政治制度影响深远，它所创制的"主权在民""轮番为治"以及选举和监督等制度和原则，成为近现代西方民主宪政的历史基础。

重点掌握　古希腊法的基本特征；雅典"宪法"。

■ 第一节　古希腊法的产生和演变

古希腊法泛指存在于古希腊各奴隶制城邦及希腊化时代所有法律的总称。古希腊位于巴尔干半岛的南部，以爱琴海为中心，包括希腊半岛、爱琴海诸岛、克里特岛和小亚细亚半岛西部海岸的广大地区，是欧洲最先进入文明社会和最早产生国家与法的地区。

公元前20世纪左右，在希腊文明的发祥地——克里特岛，出现了由农村公社结合而成的早期奴隶制城邦。在该岛克诺索斯城邦遗址，经考古挖掘发现了刻写在墙壁上的法律，传说是由该城邦最早的立法者——国王米诺斯制定的，对后来的斯巴达法有一定的影响。

公元前15世纪左右，迈锡尼文明兴起，通过考古也发现了刻在泥板上的"迈锡尼法"的遗迹。这些远古时代的法律与早期的城邦制度有着极为密切的关系，并具有远古法的一般特点，标志着古希腊法的萌芽。

公元前 12 世纪~公元前 8 世纪的希腊历史，因荷马的两部史诗——《伊利亚特》和《奥德赛》而被称为"荷马时代"或"英雄时代"。"荷马时代"末期，随着各地经济的迅速发展，氏族制度全面瓦解，社会分化进程加速，数以百计的具有主权性质的独立的奴隶制城邦国家在整个希腊陆续产生，著名的有雅典、斯巴达、米利都、叙拉古、克林斯等。城邦，即以一个城市为中心，连同其周围不大的一片乡村区域构成一个独立的、疆域相对狭小的主权国家，城邦制度是希腊文明的传统和基础。在古希腊氏族制度向城邦国家转变的过程中，法律也随之逐步产生。希腊各城邦国家的早期法律均为习惯法，而且带有神权法的特征，希腊神话中就有专司法律与正义的女神。

公元前 7 世纪~公元前 4 世纪，希腊各城邦国家普遍进入成文法时期，这些立法有公元前 621 年的《德拉古立法》、公元前 594 年的《梭伦立法》、公元前 560 年的《庇希特拉图立法》、公元前 509 年的《克里斯提尼立法》、公元前 440 年的《伯里克利立法》以及阿提卡地区的《阿提卡法典》《哥尔琴法典》和《罗德岛海商法》等。其中发现于克里特岛的《哥尔琴法典》颁布于公元前 5 世纪，共有 70 条，内容相当完备，涉及家庭、婚姻、养子、奴隶、担保、财产、赠与、抵押和诉讼程序等，是保存较为完整的希腊早期奴隶制的法律文献，也是我们研究古希腊法的宝贵历史资料。

古希腊法也包括希腊化时代的法律。自公元前 4 世纪始，希腊城邦日趋没落，马其顿王国兴起并征服了希腊各城邦以及小亚细亚、叙利亚、埃及、巴勒斯坦等近东地区，"希腊化时代"就此开始。古希腊法并没有随着城邦的衰落而消失，它不仅仍然适用于希腊居民，而且进一步随着马其顿帝国亚历山大大帝及其继任者东征的足迹，适用于被征服地区的希腊化居民，法律的发展进入希腊化法律时期。希腊化法律即指适用于希腊人及定居于被征服地区的希腊化居民的法律的总称，它来源于希腊城邦法，因而具有希腊城邦法的一般特点，但又不同于希腊城邦法，是希腊城邦法与当地原有法律相互渗透、相互融合的产物。

公元前 2 世纪，希腊化国家为罗马帝国所吞并，希腊化法也被罗马法所取代，逐步退出了历史舞台。

■ 第二节 古希腊法的基本特征

古希腊法作为欧洲最早的奴隶制法，与古希腊各城邦特定的自然条件和经济发展状况相适应，其主要特点可以概括如下：

1. 古希腊法是古希腊各城邦国家多种法律的组合，并非古希腊全境统一适用的法律体系。希腊境内多崇山峻岭，各地区之间分离隔绝的自然地理环境加之优良的港湾，为海外贸易提供了便利，使得希腊半岛在古代时期没有形成全境统一的政治经济基础。因此，各城邦国家的法律制度长期处于分立状态，其内容和形式都存在

第四章

着不同程度的差异。以希腊历史上最为重要的两个城邦国家——雅典和斯巴达的法律为例,雅典实行奴隶制民主政治;斯巴达则实行贵族寡头统治;雅典法中,妇女没有政治权利,不能参加民众大会,没有选举权;而在斯巴达,妇女则享有同男子一样的政治权利和财产权利。在雅典,土地私有化程度较高,土地可以自由转让;在斯巴达,长期实行土地公有制,严禁土地的买卖和转让。在雅典,成文法发达,从公元前621年制定第一部成文法开始,立法改革取得了重大成就;在斯巴达,则以习惯法为主,成文法不发达;等等。当然,尽管各城邦法律之间存在显著的差异,但同时也存在着共同适用的法律与习惯,具有一些共同的或接近的特点。

2. 古希腊法未能编撰完善成熟的成文法典,立法水平不高。众所周知,古希腊是西方哲学、政治学的发源地,包括柏拉图和亚里士多德在内的古希腊学者的研究旨趣主要在于自然界和人类社会的哲理以及国家社会等理论问题,而且偏重于以哲学、政治学的观点和方法研究法律问题,对法理方面的探讨分析以及法律的实际运用缺乏兴趣。因此,古希腊的多数城邦虽然较早地出现了许多立法者,立法活动频繁,制定了为数众多的成文法规,但由于缺乏严密规范的法律概念和法学理论,这些成文法规没有对具体分散的法律进行理论抽象和概括分析,总体水平不高,未能形成系统完备的法典。

3. 古希腊城邦在司法实践中倾向于运用法的"正义"观念和"公道"标准裁断案件,而不是分析适用具体的法律条文。由于古希腊缺乏系统完备的法典,也没有出现古罗马那种务实的带有职业化性质的法学家集团,陪审法院的千余名陪审员普遍身兼数职,有很多人根本不懂法律,因此,审判过程中,陪审员以及雄辩家所关注的主要不是对法律条文内容的分析和适用,而是依照极具弹性的所谓"公理"和"正义感",对案件进行辩论和裁断,在司法技术处理上有一定的灵活性。

4. 希腊法中的私法相对落后,公法比较发达,对后世影响较大。古希腊社会所处的时代是奴隶制社会的中期,奴隶制的商品经济尚未得到充分发展,有关所有权、债权以及婚姻家庭制度的规定都尚不完备,未能形成像古罗马一样发达的私法体系。另一方面,古希腊学者偏重于对国家形态、政治体制和社会结构的研究,各城邦在政权组织、权力分工以及行政管理方面的立法相当丰富,特别是雅典的民主政治制度对后世产生了极为深远的影响。

5. 希腊化法律中,"冲突法"比较发达。由于古希腊各城邦的法律制度存在着较大差异,必然存在城邦之间的法律冲突。为了解决商业纠纷,协调城邦之间的商事法律冲突,公元前4世纪雅典设立了"商事法庭",形成了一些解决法律冲突的基本规则。希腊化时期,希腊本土城邦以及各被征服地区之间的法律冲突更加显著,冲突法规则也得到进一步发展。各地商人也可以在签订契约时任意选择受其约束的法律,这种做法使双方当事人可以得到在自己所属的法律制度中得不到的有利于己的实体和程序的规定,如犹太人依据希腊法可以在借款时得到利息,而这在犹太法中是被禁止的。

■ 第三节　雅典的法律制度

雅典是古希腊历史上最重要的城邦国家之一，其法律制度堪称西方奴隶制城邦国家法律的典型代表。

一、雅典"宪法"

雅典是古希腊各城邦国家中实行奴隶制民主政治的典型，雅典民主政治制度的内容相当于近代以后的宪法，因此被称为雅典"宪法"。雅典"宪法"是经过一系列的立法改革逐步产生、发展起来的。

（一）提秀斯改革

雅典位于希腊中部的阿提卡半岛。公元前8世纪左右，传说中的英雄提秀斯进行了改革，将雅典的四个部落联合起来，设立了以雅典为中心的中央议事会和行政机构；将雅典的全体自由民划分为贵族、农民和手工业者三个等级，雅典城邦的权力掌握在执政官和贵族会议手中。提秀斯的改革使雅典城邦具有了奴隶制国家的性质，迈出了摧毁氏族制度的第一步，产生了高于各个部落习惯的统一的雅典法，不过城邦的法律尚处于习惯法阶段，并为贵族所垄断。

（二）德拉古立法

随着雅典经济的发展，特别是手工业和商业的繁荣，以新兴的工商业奴隶主为核心的平民阶层在社会经济生活中显示了越来越重要的作用。他们对贵族垄断司法、任意解释和适用习惯法以维护贵族特权、损害平民利益的做法极为不满，强烈要求制定成文法，公开法律，打破贵族对法律的垄断。公元前621年德拉古当选为执政官，迫于平民的压力，他将雅典的习惯法加以整理汇编，制成雅典第一部成文法"德拉古法"。德拉古法虽然肯定了债务奴役制，并以广泛采用重刑闻名于世，但是同时又在刑罚制度上区分了故意杀人与非故意杀人，反对血亲复仇制度，规定一切伤害案件均由国家组织法庭依据明文规定的法律审理，从而在一定程度上限制了贵族解释和适用法律的特权。

（三）梭伦改革

公元前594年，工商业贵族梭伦出任执政官，进行了一系列的立法改革。

1. 颁布"解负令"，取消债务奴役制。根据这一法令，凡以前以土地或人身抵债的契约一律无效，土地归还原主，人身恢复自由，由国家负责赎回因欠债而被卖到外邦为奴的人，永远禁止以自由民人身作为债务抵押。

2. 以财产特权和职位特权代替世袭特权。按照财产的多少将雅典公民划分为四个等级，按等级纳税、服兵役和享有权利。只有第一等级才能担任最高官职，第二、三等级担任一般官职，第四等级仅能参加民众大会和陪审法院。这一改革打破了过去贵族世袭专权的局面，为工商业奴隶主掌握政权开辟了道路。

3. 提高民众大会的作用，设立400人议事会，首创陪审法院。为了限制和削弱贵族会议的权力，法律规定民众大会是最高权力机关，各级公民均有权参加，民众大会决定战争与媾和等国家大事，并选举官吏。400 人议事会类似民众大会的常设会议，由 4 个部落各选 100 人参加，前三个等级的公民均可当选，其任务是准备和审理民众大会的提案，监督国家财政，弹劾执政官。陪审法院是从贵族会议中分享司法权的最高司法机关，每个公民均可当选为陪审员，参与案件的调查与审理，推行司法民主化。

4. 颁布一系列发展社会经济的条例，促进雅典工商业的发展。如改革币制和统一度量衡，有助于促进商业交易的便利性和公平性；为保证城市居民粮食供应，降低粮价并禁止谷物输出，奖励经济作物橄榄油及葡萄酒的出口；颁布"土地最大限度法""高利贷限制法""土地经营法""禁止奢侈条例"等，以缓和社会矛盾，引导社会的良性发展。

5. 废除德拉古法中的严刑峻法，仅保留有关杀人罪的条款；以法律惩罚代替血亲复仇，规定所有杀人案件均由法院审理；对地方官吏的违法行为也可以向有关法院提出控告或申诉。

梭伦的立法改革剥夺了氏族贵族享有的种种世袭特权，使富有的工商业奴隶主开始掌握城邦大权，赋予所有雅典公民有限的权利，规定城邦职能机构既分享权力又彼此制约。梭伦立法在雅典法制史上具有划时代的意义，为雅典民主政治的形成奠定了基础，开辟了道路，雅典民主政治制度由此产生。亚里士多德在其传世之作《雅典政制》中给予梭伦立法改革以高度评价："在梭伦的宪法中，最具有民主特色的大概有以下三点：第一而且最重要的是禁止以人身为担保的借贷；第二是任何人都有自愿替被害人要求赔偿的自由；第三是向陪审法院申诉的权利，这一点据说便是群众力量的主要基础，因为人民有了投票的权利，就成为政府的主宰了。"[1]

（四）克里斯提尼立法

公元前 509 年，平民领袖克里斯提尼当选为雅典执政官，又进行了立法改革。主要内容有：

1. 取消原有的四个氏族部落，根据地域划分公民和选区。以地域关系取代血缘关系，彻底摧毁氏族制度的残余，分化瓦解了贵族势力的基础。

2. 进一步提高民众大会的作用，用 500 人组成新的议事会。民众大会作为雅典的最高立法机关，决定国家重大事项，由抽签选举产生的 500 人议事会取代梭伦时期的 400 人议事会，负责执行民众大会决议。

3. 颁布《贝壳放逐法》。为防止政治野心家建立僭主政权，克里斯提尼改革后不久，在雅典制定了《贝壳放逐法》。规定每年春天召开一次非常的民众大会，口头表决是否要举行"贝壳放逐"，如表决认为有人危害国家利益，破坏雅典民主政治制度，则另定日期，在中央广场由再次召开的民众大会进行秘密投票表决。公民

---

〔1〕 ［古希腊］亚里士多德：《雅典政制》，日知、力野译，商务印书馆 1959 年版，第 12 页。

在贝壳或陶片上写下应予放逐的人名,如某人的票数超过6000,则将此人放逐国外,10年后方可返回,但保留其公民权和财产权。

克里斯提尼的立法改革结束了雅典百余年来平民反对氏族贵族的斗争,雅典民主政治制度得以最终确立和进一步巩固。

（五）阿菲埃尔特立法

公元前462年,民主派首领阿菲埃尔特出任雅典执政官,制定了一系列打击贵族特权势力、促进雅典民主政治发展的法案。此次立法改革进一步剥夺了贵族的诸多权力,规定贵族会议不得对雅典民众大会决议进行干预和监督,取消了贵族议会审判公职人员渎职罪的权力,在司法方面建立了不法申诉制度,公民可以就现行立法是否违反民主制度问题向陪审法院提起申诉,目的在于保护民主政治不受寡头势力的干扰。

（六）伯里克利立法

公元前5世纪中叶的希波战争,波斯战败,而雅典成为希腊世界的盟主,并缔结了"提洛同盟",取得海上霸权。雅典的奴隶制民主政治进入极盛时期。公元前443年~公元前429年,伯里克利连任十将军委员会的首席将军,成为雅典的最高统治者,他锐意改革,又制定了一系列"宪法"性法律,主要内容有:

1. 执政官和其他各级官职均由抽签选举产生,向所有等级的公民开放。伯里克利取消了财产资格的限制,原被梭伦列为第四等级的公民也有了参政权。

2. 扩大民众大会的权力。民众大会是国家最高权力机关,每10天召开一次会议。凡年满18岁的男性公民均有权参加、讨论和决定国家一切重大事项,并有权提出建议或批评官吏的渎职违法行为。

3. 保留500人议事会,作为民众大会的常设机构。该议事会为民众大会准备议案,审查议案的合宪性,执行民众大会的决议,监督城邦各机构的日常事务。

4. 设立共有6000人的陪审法院作为雅典的最高司法机关。陪审员由30岁以上的公民抽签产生,任期1年并不得连任。陪审法院内分10个法庭,其主要任务是审理国事罪、渎职罪等重大案件,对公职人员实行监督和考核,参与立法并核准民众大会的决议。

5. 实行公职津贴制度。为了资助贫穷的公民参加城邦的政治生活,规定向担任公职的公民发放公职津贴,甚至参加文艺、体育盛会都发放"戏剧津贴"等。

如上所述,经过多次重大立法改革,雅典独具特色的奴隶主民主政治制度逐步发展成熟,其民主性主要表现在:实行直接民主制,赋予广大公民直接参政、议政的民主权利,一定范围内实践了以"主权在民"为核心的平民政治;规定民众大会作为最高权力机关,享有最高权力,500人议事会、十将军委员会和执政官享有多种执行权力,陪审法院掌握司法权,这些机构彼此牵制,从而初步建立了权力分立和制约机制;所有公职人员均实行抽签选举,轮番执政,否定了门第、财产以及政治上的特权;确立了体系完整、制度严密的监察弹劾制度,官吏自当选到卸任的1

第四章

年时间内，先后需要通过资格审查、信任投票、卸任审查，以及贝壳放逐法、不法申诉制度等多种程序的监督；推行朴素的司法民主制，陪审员通过抽签选举产生，法庭的案件分配也由临时抽签决定，实行投票表决决定判决结果，以确保司法的公正、廉洁和判决的权威性。

作为奴隶主的民主政治制度，雅典"宪法"也存在着不可避免的诸多历史局限。从雅典"宪法"的运行实践来看，虽然赋予公民以参政、议政的平等权利，但是实际上能够参加公民大会的只有 18 岁以上的男性公民，没有公民权的妇女和异邦人无权参加，至于占雅典人口绝大多数的奴隶则更不必说。再者，虽然参加民众大会可以得到一点津贴，但是要求农民不顾农时，放下农活，每隔 10 天左右就前往雅典城开一天会，事实上无法实现，因此实际参加公民大会的只是雅典公民中的少数，这就在实质上限制了公民民主权利的行使。此外，诸如执政官以及将军等高级公职人员的职位事实上也与普通民众无缘。可见雅典的民主制本质上是奴隶主内部的民主制，而并不是真正的"全民"民主制。从雅典民主政治制度本身来看，虽然公民有权在民众大会上提出法案，但是还必须经过复杂的程序才能成为法律，如果经陪审法院审查与雅典基本法相抵触，不但法案违法，而且提案人也要负法律责任，受到重罚。再如官吏的抽签选举制，虽然最大限度地显示了朴素而直接的民主性，但同时也背离了人才选拔的德才标准，使官吏的选拔充满了偶然性和风险性，等等。

尽管如此，雅典民主政治制度的确立和发展在当时条件下确有积极意义，民主政治鼓励了雅典公民多方面的积极性，雅典在哲学、宗教、文学艺术、自然科学以及商业活动方面都有许多重要成就，最终成为整个希腊世界的经济和文化中心。雅典的民主政治制度对于以后西方国家宪政制度的产生和发展产生了巨大影响，其"主权在民"、"轮番执政"、选举与监督的理念与制度等，均构成了近现代资产阶级民主政治的源流。

二、雅典民事法律制度

（一）所有权制度

雅典在公元前 5 世纪～公元前 4 世纪进入繁盛时期，私有制已获得相当充分的发展。所有不动产（土地、房屋）和动产（牲畜、奴隶等）均可按照相应的程序自由买卖，尽管尚保留有部分公社所有制的痕迹，但是一些典押田宅、租佃土地的传世碑文证明当时的私人财产转移是十分流行的。

雅典法严格保护私有财产权不受侵犯，历届执政官就职时，要宣誓保护每个公民的私有财产。当私有财产权受到侵犯时，可向司法机关提起诉讼，获得司法保障。不动产所有人对其不动产的占有人提起的收益之诉，可向法院第一审级提出；而其他财产之诉，则向法院第二审级提出。

（二）债权制度

雅典的工商业活动相当活跃，因此债法相对较为发达。债的产生来源有两类，一类是因契约而产生之债，另一类是因损害赔偿而产生之债。

雅典的契约种类繁多，包括买卖契约、租赁契约、借贷契约、合伙契约、保管契约、承揽契约及雇佣契约等；雅典对契约的形式要件没有特别严格的规定，因而契约形式较为简约，书面或口头方式均可，只要双方协商一致，契约即可有效成立，不过为了便于提供证据，一些重要的契约多采用书面形式；为了保证契约得到实际履行，雅典还规定了契约的担保制度，除了被梭伦废除的人身担保方式，还包括订金、抵押、第三人保证等方式确保债务履行。

因损害赔偿所生之债，是指对公民的人身和财产施加的某种非法侵权行为而发生的债，受害人有请求赔偿的权利，加害人则负有赔偿的义务。大多数情况下，只要加害人向受害人支付相应赔偿（赔偿数额往往超过因侵权行为而导致的实际损失）即可了结争端，如果加害人无力赔偿，则可能成为受到刑事处罚的依据。

（三）婚姻家庭与继承制度

雅典的婚姻关系仍然保留着买卖婚的痕迹，婚姻通过男方与女方父亲缔结契约而成立，男方须向女方父亲交付牲畜或其他贵重物品作为买妻费，女方父亲则向男方赠送礼品，以示对婚约的承诺。法律上规定实行的一夫一妻制仅是针对妻子而言，事实上一夫多妻是被允许的，丈夫公开纳妾及与他人通奸等都不会受到法律追究，而妻子与人通奸，丈夫则有权当场杀死妻子及其奸夫。夫妻双方都有离婚的自由，丈夫若要离婚，只需将妻子逐出家门即可，不需要任何特别理由和手续，但法律为妻子要求离婚设置了更为复杂的条件和程序，如必须向执政官提出申请书，由执政官审查批准等。

雅典实行家长制家庭制度，家长在家庭中对妻子和子女拥有绝对的支配权力，必要时可将妻子和子女逐出家门或出卖为奴。梭伦改革以后，家长的权力受到一定限制。

在雅典，只有男子拥有继承权，一般而言遗产在所有儿子之间平均分配，但是长子所获得遗产份额稍多，女儿只能在出嫁时从兄长处获得一份嫁妆。梭伦改革以后出现遗嘱继承，但是只有无合法子嗣者才能立遗嘱，而且立遗嘱人必须神智清楚且不受胁迫，妇女、养子和未成年人所立遗嘱没有法律效力。

三、雅典刑事法律制度

在雅典，国事罪被认为是最严重的犯罪，国事罪概念广泛，包括背叛国家、蛊惑民众、亵渎神祇以及向民众大会提起非法决议等，都要受到严厉处罚。此外，除了杀人、殴击、盗窃以外，虐待父母、孤儿、妇女等行为，以及谩骂、凌辱等均属犯罪。刑罚的种类有死刑、出卖为奴、剥夺自由、鞭笞、凌辱、烙印、放逐、罚金等。施行刑罚的原则是，对奴隶施以肉刑处罚，对自由民施以财产处罚或剥夺权利。

雅典刑法还保留着原始社会的一些遗风，如杀人、诱拐妇女、投毒、纵火等重大犯罪被认为是仅与被害人及其亲属有利害关系的行为，犯罪者与被害人及其亲属之间可以订立赔偿契约，犯罪者交纳赔偿金后就可以了结；如果被害人死前赦免了犯罪者，则其他人不得对犯罪者采取任何报复行动；在某些情况下，还允许直接复仇，当男子发现其妻、姐、妹、女与人通奸，他有权将对方男子立即处死；因谋杀罪而被判处死刑时，刽子手要在被害人亲属面前执行，以上正是氏族公社血亲复仇的残余表现。

四、雅典司法制度

雅典的司法机关比较复杂，许多专门性的法院虽然并无明确的审级关系，但已经有了一定的职权划分。最早出现的阿留帕格斯原是氏族贵族的权力机关，拥有审判权，公元前 5 世纪，逐渐演变为具有司法性质的普通审判机关，主要审理故意杀人、毒害及纵火等案件，案件在露天场所当众公开进行审理。稍后建立的埃菲特法院，主要审判误杀、教唆杀人、致人残废以及杀死异邦人等案件。梭伦时期建立的赫里埃，即陪审法院后来逐渐成为雅典最重要的司法机关，是国事罪、渎职罪等重大案件的第一审级，同时也是其他法院判决的第二审级。负责审理财产纠纷案件的一审法院是 40 人法院和迪埃德特，前者负责审理不超过 10 德拉的财产争议案件，后者负责审理超过 10 德拉以上的钱财案件，其上诉法院均为陪审法院。有关矿井、海外贸易、破坏宗教仪式和秩序等案件也分别由专门法院审理。

雅典成年男性公民拥有起诉权，奴隶、女性和未成年人都没有起诉权，异邦人只有通过雅典的"保护人"才能起诉。雅典的民事诉讼与刑事诉讼没有明确划分，诉讼分为公诉和私诉，公诉可以由任何享有完全权利的公民提出，目的在于惩罚犯罪者，诉讼必须进行至结案，不得中途停止，否则将被科以罚金；私诉只能由被害人及其亲属提出，目的在于获得犯罪者支付的赔偿，可以因被害人与犯罪者之间达成协议而中途停止。诉讼因原告向司法机关提出起诉而开始，传唤被告的责任在原告，如被告缺席，可以缺席审判。诉讼的第一阶段为审查阶段，被告可以以书面材料反驳原告，如果司法机关认为被告的反驳确凿有力，则诉讼停止，否则就要对原被告双方提交的证据，包括物证、文件、宣誓、证人证言等进行实质性审查和验证。诉讼的第二阶段为裁判阶段，首先由法院宣读原告的起诉书和被告的反驳书，然后由双方当事人进行辩论，原被告双方既可以自行辩论，也可以委托能言善辩之人在法庭上为自己辩解，尽可能影响审判人员。裁决通过审判人员秘密投票方式作出，如果票数相等，则原告败诉。当事人可以向陪审法院提出上诉，陪审法院的裁决为最终裁决。

■ 第四节 古希腊法的历史地位

古希腊法作为西方社会最早产生的法律文明，其衍生和发达的历程及其特征具有标志性的意义和深远的影响，在世界法制史上占有一定的历史地位。

1. 古希腊法中的一些法律原则、具体制度和法律思想，都曾对罗马法产生过一定影响，如希腊罗德岛的海商法、雅典的债权制度和诉讼制度都曾为罗马法所借鉴。古希腊法学思想的影响也是显而易见的，柏拉图、亚里士多德及斯多葛学派所提出的法的正义理论、法的理性原则以及自然法学说为罗马法学理论体系的确立奠定了坚实的基础。

2. 古希腊时代最为重要的城邦——雅典所确立的奴隶制民主政治制度，创制了"主权在民""轮番为治"以及选举和监督等制度和原则，成为近现代西方民主宪政制度的滥觞和基础。

3. 古希腊法促进了东西方法律文化的交流和融合。古希腊各城邦素与埃及、迦太基以及西亚诸国有着经济和文化上的交往，古东方国家的法律制度及法文化对古希腊各城邦法律体系的形成有相当重要的影响，雅典梭伦的立法改革就是在考察了古代埃及等东方国家立法的基础上施行的。此后，经过古希腊城邦时代及其后希腊化时代的殖民活动和民族融合，古希腊法与古东方国家之间的法律交流更加广泛和深入，互相采用对方法律的情况更是屡见不鲜。因此，古希腊的法律虽然不如其哲学、艺术等领域发达，更无法与后来完善的罗马法相媲美，但它上承古埃及、迦太基等东方国家古代法，下启罗马法，在东西方法律文化的传承与交流方面起到了一定的作用。

■ 思考练习

一、关键术语

古希腊法；雅典"宪法"；梭伦立法；贝壳放逐法；陪审法院。

二、思考题

1. 古希腊法有哪些基本特征？
2. 什么是贝壳放逐法？
3. 雅典民主政治制度是怎样形成的？如何评价？

■ 参考书目

1. ［古希腊］亚里士多德：《雅典政制》，日知、力野译，商务印书馆 1959 年版。
2. 顾准：《希腊城邦制度》，中国社会科学出版社 1982 年版。
3. 任寅虎、张振宝：《古代雅典民主政治》，商务印书馆 1983 年版。

第四章

第五章

罗马法

学习目的与要求　罗马法是古代社会最发达最完备的法律，也是世界法律史上最有影响的法律体系之一，它不仅是大陆法系形成的基础，而且对英美法系也有重大影响。罗马法的私法体系和基本原则制度，为后世民法奠定了理论基础。罗马法学家为罗马法和罗马法学的发展做出了重要贡献。东罗马皇帝查士丁尼时期编纂的《国法大全》，是对罗马法的全面编纂和总结，也是罗马法最重要的渊源。

重点掌握　罗马法形成和发展的基本特点；罗马私法的体系和基本内容；罗马法复兴；罗马法对后世的影响。

■　第一节　罗马法的产生和演变

罗马法是罗马奴隶制国家法律的总称，包括公元前6世纪塞尔维乌斯改革（罗马国家产生）到公元6世纪中叶为止（东罗马帝国查士丁尼时期）罗马奴隶制国家的全部法律。

一、罗马法的产生

古代罗马国家产生于意大利半岛。罗马居民属于印欧语系的拉丁族人，他们从意大利以北的欧洲内陆进入半岛中部的拉丁姆地区定居，并在那里建立起一些城市。相传，罗马城是由罗慕路斯于公元前753年建立的。

公元前8世纪以前，罗马处于氏族公社时期。传说它分为3个部落，包括10个胞族或称库里亚，每个胞族又包括10个氏族，所以共有300个氏族。他们的全体成员构成"罗马人民"或罗马氏族公社。公元前8世纪～公元前6世纪，罗马由原始公社向阶级社会过渡，相继有7个王统治罗马，史称"王政时代"。当时的社会管理组织有民众大会或称"库里亚"会议、氏族长老组成的元老院和"王"，调整人们行为的规则是为大家所共同遵守的习惯。

随着铁器的普遍流行、手工业和农业的分离、交换的发展，公元前7世纪以后，罗马氏族内部出现财产不平等和阶级的分化，出现了"保护人"和"被保护人"：

前者为贵族；后者是那些经济和社会地位低下的人，包括被解放的奴隶和贫民，他们依附于贵族，为之服役或为亲兵。氏族贵族在家庭和土地上开始使用奴隶，奴隶的来源主要是战俘。与此同时，在罗马居民中出现了"平民"这一特殊阶层，其来源主要是被罗马部族征服的拉丁姆地区居民和移居罗马的外来工商业者。虽然他们都是拉丁人，与罗马部族有相同的语言和血统，他们的人身是自由的，可以占有地产，承担纳税和服兵役的义务，可是由于平民不是氏族公社的成员，因而不能与贵族通婚、不能参加库里亚大会、不能参与被征服土地的分配、不能担任公职、不能参加宗教仪式。这种只尽义务、不能享受权利的地位，引起平民与贵族之间的尖锐斗争，客观上加速了罗马氏族制度的瓦解，促进了罗马奴隶制国家与法律的形成。

公元前 6 世纪前后，由于平民为争取权利进行长期斗争，氏族贵族被迫让步。罗马的第六王塞尔维乌斯·图利乌斯（Servius Tullius，约公元前 578 年～公元前 534 年）实行了改革。改革的主要内容是：废除原来以血缘关系为基础的三个氏族部落，按地域原则将罗马城划分为四个区域部落，居民按区域部落登记户口和财产；通过强制性的财产调查，按照财产的多寡将罗马居民分为五个等级，确定相应的权利义务；将公民按连队编组，每队 100 人，称百人团，设立百人团会议。这次改革是罗马国家和法产生的重要标志。

二、罗马法的历史发展

罗马法从一个狭小的城邦国家的法律发展成为世界性的法律，从不成文的习惯法发展成为古代最完备的成文法体系，经历了 1000 多年漫长的历史发展过程。罗马的政治制度经历了王政时期、共和国时期、帝国时期；罗马法也经历了从简单到复杂和不断完善以至详尽的不同历史发展阶段。在罗马法的发展历程中，对促进法律进步具有重要意义的因素有：《十二表法》的制定；最高裁判官的司法实践；市民法和万民法体系的形成；法学家的活动；大规模的法典编纂。

（一）王政时期（公元前 8 世纪～公元前 6 世纪）

王政时期是罗马氏族制度解体和罗马国家和法的形成时期。王政时期的法律渊源主要是不成文的习惯法，其形式大都保持着氏族社会传统习惯的原始形态，其内容主要是宗教和道德习惯。这些习惯法仅适用于罗马市民，用以保护市民的特权，非市民不适用。据说，王政时期的贵族大会制定过关于家长权、保护人与被保护人的关系、宗教仪式和历法的法律，王政时期的第六王塞尔维乌斯·图利乌斯颁行过有关契约和侵权行为的法律约 50 条，但均无可稽考。公元前 509 年，第七王塔克文（Tarquinus）因实行专横暴戾的统治，破坏法律制度，被罗马人驱逐，王政结束。

（二）共和国前期（公元前 6 世纪～公元前 3 世纪）

公元前 510 年，罗马进入共和国前期。这一时期罗马还是一个以农业为基础，但已取得某些贸易上重要地位的小的城邦。共和国的前 150 年中贯穿着贵族和构成其人口主体的平民之间的斗争，其内容主要是为了实现政治上以及经济上的公平。与此相适应，罗马法由习惯法向成文法发展。

第五章

共和国初期没有成文法，仍沿用习惯法。贵族垄断了国家政权，平民没有资格担任执政官和其他高级官吏。贵族专政在司法上的表现是贵族祭司垄断习惯法的解释权，广大平民不被允许了解法律的内容。遇有讼争，法官徇情枉法、袒护贵族、欺压平民。在平民与贵族不断发生的尖锐矛盾和冲突中，贵族被迫让步，允许平民举行平民会议，选举保民官，保护平民权利。公元前462年，平民保民官特兰提留（A. C. Terentilio）提议编纂成文法典，元老院于公元前454年成立十人立法委员会，负责起草法律。据说，委员们曾到希腊考察法制，回国后于公元前452年～公元前451年编成10表法律条文，经民众大会通过、元老院批准，镌刻在10块铜版上，公布于罗马广场。次年，即公元前450年，改组十人委员会，另增两表补充，连同前10表共12表，称《十二表法》。

《十二表法》是罗马第一部成文法。英国著名法律史学家梅因曾评价道："世界上最著名的一个法律学制度从一部'法典'开始，也随着它而结束。从罗马法历史的开始到结束，它的释义者一贯地在其用语中暗示着，他们制度的实体是建筑于'十二铜表法'，因此也就是建筑于成文法的基础上的。"[1]自它的颁布到公元6世纪东罗马皇帝查士丁尼组织大规模法典编纂，在上千年的时间里统治者从未表示过要将其废止，所有的罗马法学家都对这部法典进行过早期法典的注释。《十二表法》公布后的60年，即公元前390年，高卢人入侵罗马，该法连同建筑物被焚毁。现在所知的内容是后世学者从各类文件中收集整理而成，并不完整。

《十二表法》各表的篇目依次为：传唤、审理、执行、家长权、继承监护、所有权和占有、土地和房屋（相邻关系）、私犯、公法、宗教法、前五表法的补充、后五表法的补充。《十二表法》的特点表现为：

1. 诸法合体，私法为主，程序法先于实体法。《十二表法》具有古代法诸法合体的特点，其内容包括公法和私法、宗教法和世俗法、实体法和程序法等，但它的主体是私法。从篇目次序上看，程序法先于实体法。

2. 程序繁琐，形式主义严重。例如，第六表"所有权和占有"中规定："凡依'现金借贷'或'要式买卖'的方式缔结契约的，其所用的法定语言就是当事人的法律"；"凡依'要式买卖'或'拟诉弃权'的方式转让物品的，具有法律上的效力"。

3. 适用范围狭窄，采取属人主义原则。《十二表法》表现出狭隘的民族性，仅适用于罗马市民，对非公民一律不予保护。例如，第六表中规定："外国人永远不能因占有而取得罗马市民所有权。"

4. 严格维护奴隶主阶级的利益和统治秩序，保护私有财产权。对于侵犯人身和财产的各种行为，规定了惩罚和赔偿。例如，第八表"私犯"中规定："现行窃盗被捕，如为自由人，处笞刑后交被窃者处理；如为奴隶，处笞刑后投塔尔泊奥岩下

第五章

---

[1] [英]梅因：《古代法》，沈景一译，商务印书馆1984年版，第1页。

摔死；如为未适婚人，由长官酌处笞刑，并责令赔偿损失。"第三表"执行"中规定："期满，债务人不还债的，债权人得拘捕之，押他到长官前，申请执行。""债权人可拘禁债务人60天。在此期内，债务人仍可谋求和解；如不获和解，则债权人应连续在三个集市日将债务人牵至广场，并高声宣布所判定的金额。""在第三次牵债务人到广场后，如仍无人代为清偿或保证，债权人得把债务人卖于台伯河以外的外国或把他杀死。""如债权人有数人时，得分割债务人的肢体进行分配，纵未按债额比例切块，也不以诈骗罪论。"

5. 某些规定反映了平民的要求和对于贵族司法专横的限制。例如，第八表中规定限制利率，"利息不得超过一分，超过的，处高利贷者四倍于超过额的罚金"。第九表中规定："不得为任何个人的利益，制定特别的法律"；"经长官委任的承审员或仲裁员，在执行职务中收受贿赂的，处死刑"。[1]

6. 保留了许多原始社会的遗迹。例如，第五表规定，死者无遗嘱又无继承人及父系近亲时，可由氏族成员共同继承财产；第八表中规定故意伤害罪实行同态复仇原则等。

《十二表法》是罗马法发展史上的里程碑，它总结了之前的习惯法，为以后罗马法的发展奠定了基础。《十二表法》标志着平民反对贵族斗争的胜利，在它之后，平民又通过斗争取得一系列胜利。根据公元前445年公布的卡努列亚法（Lege Canuleja），平民获得了与贵族通婚的权利；根据公元前367年的李锡尼－绥克斯图法（Lex Licinius-sextius）及其后的立法，平民获得了担任执政官和其他高级官吏的权利；根据公元前326年的波提利阿法（Lex Poetelia），平民获得废除债务奴役制度的胜利。公元前287年霍腾西阿法（Lex Hortensia）规定平民会议的决议可以不经过元老院的同意而发生法律效力，从而又使平民会议成为具有完全立法权的机构。至公元前3世纪前后，旧的氏族贵族的特权基本被取消，平民在政治、经济和法律上都取得了与贵族平等的地位，获得了完全的公民权。原来意义上的平民不复存在，平民上层与氏族贵族重新组合成的新贵族掌握罗马政权，古罗马社会和罗马法进入新的历史发展阶段。

共和国前期是罗马市民法形成时期。市民法亦称公民法，是罗马国家固有的法律，以《十二表法》为基础，包括民众大会和元老院通过的具有规范性的决议以及习惯法规范。市民法仅适用于罗马公民，其内容主要是国家行政管理、诉讼程序、婚姻家庭关系和继承等方面的规范，涉及财产关系方面的规范不多。其特点是具有保守性和形式主义色彩，履行法律行为必须遵循严格的仪式，做规定的动作及口颂规定的套语。这些特点源于城邦历史环境产生的狭隘性和私有制不发达。

（三）共和国后期（公元前3世纪～公元前1世纪）

共和国后期是罗马市民法得到发展和万民法形成的时期。公元前3世纪后，罗

第五章

---

〔1〕 有关《十二表法》的引文参见曲可伸：《罗马法原理》，南开大学出版社1988年版，第406页。

马的奴隶制经济获得极大发展，对外战争的胜利使罗马获得了它的行省，版图日益扩大，最终发展成为横跨欧亚非的庞大帝国。与此相应，罗马私法得到发展。

由于经济生活的日益发展和复杂化，市民法无法满足新兴大商人和大土地所有者的要求，罗马居民也迫切要求在法律关系方面进一步明确私人之间的权利义务。公元前367年罗马设立最高裁判官，又称"内事最高裁判官"，主要管辖罗马公民之间的诉讼案件。至共和国末期，伴随着罗马疆域的扩大、外来人口的急速增长和商业的发展，民事或商事活动的主体成分日益复杂化，被征服地区居民与罗马公民之间以及被征服地区居民之间适用法律的矛盾日益突出。古老的市民法在适用法律上采用属人主义原则，只赋予罗马公民以法律权利，对于居住在罗马的外邦人和被征服地区的广大居民不予保护。为了适当调整罗马公民与被征服地区居民之间以及被征服地区居民之间的权利义务关系，罗马国家于公元前242年又设立"外事最高裁判官"。最高裁判官在保证市民法适用的同时，通过审判实践和发布"告示"的方式，制定了许多新的法律规范，扩大了罗马法的适用范围，补充了市民法。经过长期积累，裁判官告示形成一整套固定、统一的法律规范，独立于市民法之外，汇集而成为"最高裁判官法"。最高裁判官法扩大了罗马法的适用范围，较之市民法灵活而不拘形式，体现出"公平合理"的原则。它为"万民法"的兴起开辟了道路，被罗马法学家称作"罗马法的生命之音"。

"万民法"与"市民法"对称，意即"各民族共有的法律"。然而它并非罗马国家以外的法律，而是由罗马国家机关制定、承认并保证其实施的罗马法。万民法的渊源主要是裁判官的告示、法学家的解答、皇帝的敕令。其中裁判官的告示最为重要，它主要是通过外事裁判官以发布告示的方式，在不断解决外邦人与罗马人之间以及外邦人相互间因交换关系所产生的实际问题中逐渐形成的一套法律规范。万民法的适用范围是在罗马公民和外邦人之间以及外邦人与外邦人之间，万民法主要来源于三个方面：①清除了形式主义的罗马固有的"私法"规范；②与罗马人发生联系的其他各民族的规范；③地中海商人通用的商业习惯与法规。万民法是在各个民族的人民扩大商业交往的基础上发展起来的，因此其内容大都涉及调整财产关系，特别着重调整所有权和债的关系，而不涉及家庭、婚姻和继承关系（这些关系仍由市民法调整，或按照属人主义原则由异邦人原来适用的法律调整）。与市民法相比，万民法具有简易、灵活、不拘形式的特点，万民法的形成和发展经历了漫长的历史过程，并与市民法长期并存，互相渗透。裁判官往往将万民法的原则运用到市民法中，而市民法的某些规范也经常被外事裁判官引用。公元212年皇帝卡拉卡拉（Caracalla，公元211～217年在位）颁布《安敦尼努敕令》，将罗马公民权授予包括外邦人在内的帝国全体自由民。此后，万民法与市民法两个体系的差别逐渐消失，至公元6世纪皇帝查士丁尼（Justini，公元522～565年在位）编纂法典时两个体系最终统一。

（四）帝国前期（公元前 1 世纪～公元 3 世纪）

市民法和万民法的逐渐融合，使罗马法开始获得世界性意义。公元 1～2 世纪是罗马帝国兴盛时期，也是罗马法发展的"古典时代"。在这一时期，促进罗马法发展的重要因素是法学家活动的日益加强和罗马法学研究的兴盛。同时，随着皇权的逐步加强，皇帝的敕令逐渐成为法律的主要渊源，其他各种形式的立法逐渐消失。

共和国初期公布的《十二表法》是罗马第一部成文法，但由于它的不完备，远不能满足日益扩大的公民交往活动的需要，对法律原有的条文进行解释和补充便提上日程。最初法律的解释权力掌握在贵族祭司集团手中，他们是罗马最初的法学家，他们对法律条文做出的注释成为最早的法律文献。公元前 307 年执政官克老鸠斯·崔库斯（Appuis Claudius Caecus）的秘书甫拉维乌斯（Craeus Flavius）利用职务之便把诉讼程序和进行诉讼的日期公布于众，从而打破了祭司集团垄断法律知识的局面。公元前 254 年，平民出身的祭司科伦卡纽斯（Tiberius Coruncanius）第一次担任了祭司集团的首领，公开传授法律知识，披露法律资料，解答法律问题，法律从秘密时期进入公开时期。法学研究之风应运而起，涌现了一批世俗的法学家。

共和国末期罗马法学家的活动普遍带有实际应用性质，他们的活动主要表现在四个方面：①解答，即对于官方和私人提出的法律问题进行的解答；②办案，即指导辩护人办案及指导诉讼当事人诉讼；③编撰，即为订立契约的当事人撰写合法文书；④著述，即法学家从事法学研究并著书立说。这当中，法律解答和著书立说对罗马法的发展具有重大意义。起初，法律解答纯属法学家的个人意见，并无法律效力。法学家只是法律顾问，而不是具体的司法实践者，并不出庭就具体案件进行论说，但由于他们的造诣和声望，法律解答常常被审判官接受，成为办案的依据。从奥古斯都皇帝（Augustus，公元前 27 年～公元 14 年在位）开始，逐渐授予某些卓越的法学家以法律解答的特权，获得特许解答权的法学家对法律的解答因此比一般法学家的解答更有价值，其解答往往被引证并应用于类似的诉讼案中。哈德良皇帝（P. A. Hadrianus，公元 117～138 年在位）时进一步规定，获得特许解答权的法学家对法律问题的解答意见一致时，其解答意见具有法律效力。从此，法学家的解答成为罗马法渊源的组成部分。

帝国初期，对罗马法的研究蔚然成风，法学家纷纷著书立说，发表不同见解。公元 1 世纪上半叶，罗马法学家之间由于观点分歧形成两大法学家派别：一派以卡皮托（Ateius Capito）为创始人，一派以拉比沃（Marcus Antistius Labeo）为创始人。卡皮托的学生萨比努斯（Sabinus）和拉比沃的学生普罗库鲁斯（Proculus）及他们各自的追随者形成以他们的名字为称呼的两大学派。学派之间的对立与论争推动了罗马法的发展。

公元 2～3 世纪，学者辈出，最著名的有五大法学家，即盖尤斯（Gaius，公元 117～180 年）、保罗斯（Paulus，公元 121～180 年）、乌尔比安（Ulpianus，公元 170～228 年）、伯比尼安（Papinianus，约公元 146～212 年）、莫迪斯蒂（Modestinus，？～

244 年）。法学家对法学的研究范围广泛，涉及法理学、民法、刑法、诉讼法、行政法及宗教法等各领域。公元 426 年，东罗马皇帝狄奥多西二世（Theodosius Ⅱ，公元 401～450 年在位）和西罗马皇帝瓦伦提尼安三世（Valuntinianus Ⅲ，公元 423～455 年在位）共同颁布《学说引证法》（Lex Citationis），规定只有上述五大法学家的著述和解答具有法律效力，遇有成文法未规定的问题，均按照五位法学家的著述解决。当他们对同一个问题的意见有分歧时，采取其多数的主张；意见相当时，以伯比尼安的为准。《学说引证法》的颁布肯定了五大法学家的地位，但在客观上使其他法学家的解答受到限制，因而阻碍了对罗马法学的创造性研究。五大法学家对法律问题的意见后来被查士丁尼的《学说汇纂》大量采用，据统计有 6014 条，占全书内容的 66% 以上。

五大法学家的主要著述简述如下：①盖尤斯：《法学阶梯》《十二表法注释》《日用法律知识》《论行省告示》《论城市裁判官告示》《论遗产信托》《论抵押的方式》及《论解放奴隶》等；②保罗斯：《保罗斯案例》《论告示》（78 卷）、《论萨比努斯派》（16 卷）、《问题》（26 卷）、《解答》（23 卷）及《法学阶梯》等；③乌尔比安：《论萨比努斯派》（51 卷）、《论贵族营造司告示》《解答》《争论》《规则》《市民法和谕令注释》（81 卷）和《乌尔比安法学原理》；④伯比尼安：《问题集》（37 卷）和《解答集》（19 卷）；⑤莫迪斯蒂：《解答集》（19 卷）、《质疑集》（9 卷）、《规范》（10 卷）、《法学汇编》（12 卷）及《辩解集》等。

帝政时期，民众大会、元老院的立法权名存实亡，其立法权被皇帝的敕令所代替。皇帝所发布的敕令主要有四种：①敕谕，是对全国发布的有关公法和私法方面的命令，具有普遍的法律效力；②敕示，是对官吏训示的命令，一般是对各省总督发出的指示，多属行政性质；③敕裁，是对重大案件和上诉案件所作出的裁决，其效力原则上仅及于该案的当事人，但该裁决如果涉及法律上的原则问题，公布后可对同类案件发生效力；④敕答，是对臣民或官吏提出的法律问题所作的批示答复。其中，敕谕最为重要，是帝国中后期的主要法律渊源。

（五）帝国后期和查士丁尼法典编纂时期（公元 3 世纪～6 世纪）

这一时期是奴隶制社会没落和崩溃的时期。公元 217 年罗马皇帝卡拉卡拉死后，罗马的国势日渐衰微。大规模的内战、瘟疫、奴隶的暴动以及日耳曼人的入侵，使罗马奴隶制的政治经济体系发生深刻危机。50 年内战的胜利者戴克里先于公元 284 年取得政权，实行皇帝的专制统治。为挽救危机，他扩充军队，实行税制和币制改革。其后，君士坦丁帝即位，公元 330 年迁都希腊殖民地拜占庭旧址，定名君士坦丁堡，罗马城遂失去其重要性。罗马帝国于公元 395 年正式分裂为东西两部分，公元 476 年西罗马帝国灭亡。从此，西欧社会向封建社会过渡。

帝政后期，皇帝和法学家致力于法典的编纂是罗马法发展中的显著特点，因此许多学者将这一时期称作法典编纂时期。最初几部"法典"是私人的作品，大多以其编纂者的名字而命名。其中著名的法典有以下几部：①《永久令》。公元 129 年，哈德良皇帝命令法学家萨尔维·优利安努斯（Salvianus Julianus）将过去所有的裁判官告示加以汇编，名为《永久令》，经皇帝批准，在全国范围内统一适用，任何人不得随意变更。一般认为这部汇编的公布，宣告了裁判官立法的终结。②《格利哥里安法典》（Codex Gregorianus）。约公布于公元 291 年，主要内容包括从哈德良皇帝到戴克里先皇帝的敕令。③《赫摩根尼安法典》（Codex Hermogenianus）。约公布于公元 314～324 年间，其主要内容是公元 294～324 年包括君士坦丁和李奇安皇帝共同执政时期的敕令，实际上是《格利哥里安法典》的续编。

第一部正式编纂的官方法典是《狄奥多西法典》（Codex Theodosianus）。公元429 年东罗马帝国皇帝狄奥多西二世任命了由官员和名法学家组成的委员会，以上述两部"法典"为样板，对君士坦丁皇帝以来的敕令和法学家的著作进行汇编，没有成功。到公元 435 年又成立一个新的委员会，仅对敕令进行汇编，于公元 438 年编成，共 16 卷，内容包括自君士坦丁皇帝以来的敕令 3000 多种。

公元 4 世纪末和 5 世纪初，在东罗马帝国还出现了一些皇帝敕令和法学家著作的合集。如公元 1321 年在梵蒂冈图书馆发现的"梵蒂冈残片"（全书共 232 页，但只发现 28 页，因而得名为"残片"）；4 世纪末 5 世纪初编成的"摩西律法和罗马法对照"，其中包括一些皇帝的敕令和五大法学家的著作选段。

大规模、系统的法律编纂工作，是在东罗马皇帝查士丁尼统治期间（Justinianus，公元 527～565 年在位）和他去世后的一段时间进行的。公元 527 年东罗马皇帝查士丁尼即位后，为了恢复昔日罗马版图，谋求罗马昌盛的再现，挽救奴隶制的垂危命运，在发动对西方的战争的同时，对罗马法进行了系统的整理和编纂。他成立了以大臣特里波尼安（Tribonianus）为首的著名法学家参加的法典编纂委员会，公元 528～534 年，先后完成三部法律汇编，即《查士丁尼法典》《查士丁尼法学总论》《查士丁尼学说汇纂》。

1. 《查士丁尼法典》（Codex Justinianus）。这是一部查士丁尼帝时仍然有效的罗马历代皇帝的敕令大全。从公元 528 年开始，法典编纂委员会对历代皇帝敕令和元老院决议进行整理、审订和汇编，删除业已失效或同当时法规相抵触的内容，于次年颁布施行。后因发现一些新敕令尚未列入，又重新进行增补修正，于公元 534 年再度颁行。法典共 12 卷，每卷分章节，所载敕令一律按年月日顺序编排，并标出颁布各项敕令的皇帝名字。第 1 卷是教会法和国家公职人员的权利义务；第 2～8 卷是私法；第 9 卷是刑法；第 10～12 卷是行政法。

2. 《查士丁尼法学总论》（Institutiones Justinianus），又译为《法学阶梯》。其以盖尤斯同名著作为蓝本，参照其他法学家的著作改编而成。公元 533 年底完成。它是阐述罗马法原理的法律简明教本，也是官方指定的"私法"教科书，具有法律效力。此书共分 4 卷，各卷的主要内容：第 1 卷为人法（自然人和家庭法）；第 2 卷为物、物权以及遗嘱；第 3 卷为继承、债及契约；第 4 卷为因侵权行为所生之债和诉讼。

3. 《查士丁尼学说汇纂》（Digesta Justinianus），又译为《法学汇编》。从公元

530 年开始，立法者将历代罗马著名法学家的学说著作和法律解答分门别类地汇集、整理、摘录。全书共 50 卷，于公元 533 年颁布实施。汇编的内容大体可分为三部分：①有关市民法的著作摘录，以萨比努斯学派的学说为主；②有关裁判官法的著作摘录，以乌尔比安的学说为主；③有关各种实用性的法律问题及案件的著作摘录，以伯比尼安的学说为主。

三部法律汇编完成之后，查士丁尼颁布敕令，宣布今后适用法律均以它们为准，凡未被汇编收入的以往的一切法律，一律作废；凡未被《学说汇纂》收入的以往的法学家著作，一律不准引用。有关三部汇编的疑问，均由皇帝自行解释。

在上述三部法律汇编之后，由于东罗马帝国政治经济和社会生活条件的不断发展，查士丁尼又先后颁布敕令 168 条，以补充法典的不足。他死后，法学家将这些敕令汇编成册，称《查士丁尼新律》（Novellae Constitutiones Justinianus），简称《新律》，其内容主要涉及公法和教会法范围，有些是对现行法的解释，也有一些是婚姻家庭和遗产继承方面的规范。

以上四部法律汇编，至公元 16 世纪统称为《国法大全》或《民法大全》，使之与当时通行的《教会法大全》相对应。《国法大全》的问世，反映了罗马全盛时期罗马法学的全貌，标志着罗马法已发展到最发达、最完备的阶段。

德国法学家耶林（Rudolph von Jhering，公元 1818～1892 年）说过，罗马人曾三次征服世界，第一次用武力，第二次用宗教，第三次用法律。这一说法既概括了罗马人的成就和上千年的罗马历史，同时也在查士丁尼一生的活动中得到印证。

■ 第二节　罗马法的渊源和分类

一、罗马法的渊源

本教科书所指罗马法的渊源，是指罗马法规范的各种表现形式。在罗马国家发展的不同历史阶段，罗马法的具体表现形式是不相同的。罗马法的渊源主要有以下几种：

（一）习惯法

公元前 450 年以前，罗马国家法律的基本渊源为习惯法。《十二表法》的颁布奠定了罗马成文法的基础，标志着罗马法由习惯法进入成文法阶段。

（二）民众大会与平民会议制定的法律

罗马在共和国时期的主要立法机关是民众大会与平民会议，它们通过的决议即为法律。例如《十二表法》《卡努列亚法》《霍腾西阿法》等，是分别由民众大会或平民会议制定和通过的法律。

（三）元老院的决议

元老院是罗马贵族的代表机关，在王政时期主要是咨询机关，在共和国时期成为罗马最高国家政权机关，并享有一定立法职能，民众大会或平民会议通过的法律须经它的批准方能生效。帝国时期，元老院被皇帝所控制并被授予立法权，其本身所通过的决议具有法律效力。

（四）长官的告示

罗马高级行政长官和最高裁判官发布的告示具有法律效力。其中最高裁判官发布的告示最多，包括其上任时发布的特殊公告、宣布的施政方针及办案原则，也包括其在任期 1 年内的司法实践中确立的一些审理案件的准则。帝国时期，因诉讼活动增多，最高裁判官已增至十余名，前任裁判官发布的告示，经常为后任裁判官所沿袭和借鉴，从而形成最高裁判官法，成为罗马法的重要渊源之一。

（五）皇帝的敕令

帝国前期罗马实行"元首政治"，以共和制之名行君主专制之实。随着元首权力的加强，民众大会和元老院的立法权逐渐被皇帝的敕令取代，皇帝的敕令成为最重要的法律渊源。皇帝的敕令共分四种：敕谕、敕裁、敕示、敕答。到帝国后期，随着君主专制的确立和皇帝立法权的发展，皇帝的敕令成为唯一的法律渊源。

（六）法学家的解答与著述

奥古斯都执政时期赋予若干法学家解答法律的特权，使其具有法律效力。公元426 年罗马皇帝颁布的《学说引证法》，规定五大法学家的法学著作和法律解释具有法律效力，从而使法学家的著述成为法律渊源之一。

二、罗马法的分类

罗马法学家依据不同标准，从不同角度将法律划分为以下几类：

（一）公法与私法

公法与私法是根据法律所调整的不同对象而作的分类，是由罗马五大法学家之一乌尔比安首先提出的。公法包括宗教祭祀活动和国家机关组织与活动的规范；私法包括所有权、债权、婚姻家庭与继承等方面的规范。查士丁尼《法学阶梯》指出："公法涉及罗马帝国的政体，私法则涉及个人的利益。"[1]罗马法还明确规定了公法、私法适用的不同原则和效力，《学说汇纂》指出："公法的规范不得由个人之间的协议而变更"，而私法规范则是任意性的，可以由当事人的意志而更改，它的原则是"对当事人来说'协议就是法律'"。[2]罗马法学家有关公、私法的划分，不仅被当时的罗马立法所采用，也为后世资产阶级学者所接受。罗马法以私法为发达，对后世的影响也最大。通常人们所说的罗马法，是指罗马私法。

（二）成文法与不成文法

成文法与不成文法是依照法律的表现形式所作的分类。《法学总论》阐明："我们的法律或是成文的，或是不成文的，正如希腊的法律，有些是成文的，有些是不成文的。成文法包括法律、平民决议、元老院决议、皇帝的法令、长官的告示和法

---

〔1〕 ［古罗马］查士丁尼：《法学总论》，张企泰译，商务印书馆 1989 年版，第 5 ~ 6 页。
〔2〕 周枏：《罗马法原论》（上册），商务印书馆 1994 年版，第 84 页。

学家的解答。"[1]所以，成文法是指所有以书面形式发表并具有法律效力的规范，包括民众大会通过的法律、元老院的决议、皇帝的敕令、裁判官的告示等。不成文法是指经人们反复援引确信有拘束力并被统治阶级所认可的习惯法。

（三）自然法、市民法和万民法

自然法、市民法和万民法是根据罗马法的适用范围所作的分类。对于这种分类，罗马法学家的看法并不一致，有三分法与二分法之争。乌尔比安认为："自然法是大自然传授给一切动物的法则"，来源于自然理性，是生物间的规则，因此罗马法应由自然法、市民法和万民法三部分组成。持两分法说的是盖尤斯，他认为自然法不是独立的体系，其观念规则已融合在万民法之中，罗马法应由市民法与万民法两部分构成。市民法是指仅适用于罗马市民的法律，包括罗马的习惯法、《十二表法》、民众大会通过的法律和元老院的决议等，是罗马国家固有的调整公民内部法律关系的一种特权法。盖尤斯说："实际上，每一个民族都为自己创立法，一个城邦的法就是这种法，它被称为'市民法'，可以说它是该城邦自己的法。"[2]万民法是调整外来人之间以及外来人与罗马公民之间财产关系的法律，故也被称为"各民族共有的法律"。

（四）市民法与长官法

市民法与长官法是根据立法方式不同所作的分类。长官法专指由罗马国家高级官吏发布的告示、命令等构成的法律，其中最高裁判官颁布的告示数量最多，是构成长官法的主要组成部分，故长官法又常常被称为裁判官法。长官法的内容多为私法，在私法体系中占有重要地位。与市民法的立法方式不同，长官法不是通过罗马的立法机关依照立法程序制定的，而主要是靠裁判官的司法实践活动逐渐形成的。

（五）人法、物法和诉讼法

人法、物法和诉讼法是按照权利主体、客体和私权保护为内容所作的分类。人法是规定人格与身份的法律，包括权利能力、行为能力、婚姻与亲属关系等。物法是涉及财产关系的法律，包括物、物权、继承和债等。诉讼法是规定私权保护的方法，主要包括诉讼程序与法官职权等。此种分类被《查士丁尼法学阶梯》沿用。

■ 第三节 罗马私法的体系及其基本内容

盖尤斯与查士丁尼的《法学阶梯》按照法律上的权利主体、客体和保护方法，将罗马法分为人法、物法和诉讼法三部分。人法包括自然人及法人、婚姻和亲属法；物法包括物权法、债法和继承法；诉讼法虽然与罗马私法的发展密切相关，但罗马

---

〔1〕〔古罗马〕查士丁尼：《法学总论》，张企泰译，商务印书馆1989年版，第7页。
〔2〕〔古罗马〕查士丁尼：《学说汇纂》，薛军译，中国政法大学出版社1992年版，第39页。

私法的主要内容是实体法而不是诉讼法。

一、人法

人法又称身份法，是对权利主体的身份、资格的规定，大致包括人格、行为能力、婚姻家庭等内容。

（一）自然人

罗马法关于人的概念以法律地位的不同而使用不同的称呼：作为生物意义的人包括自由人和奴隶，用霍谟（Homo）这个词表述；作为法律主体的自然人指自由人，不包括奴隶，用波尔梭那（Persona）这个词表述。古代罗马艺人演戏所戴的面具称波尔梭那，后来表示艺伎扮演的角色，波尔梭那就具有了身份的意义。罗马法规定，作为权利义务主体的自然人必须具有人格，即享有权利和承担义务的资格。奴隶虽是生物学概念上的人，但因其不具有法律人格，不能成为权利义务主体，而被视为权利客体。盖尤斯的《法学阶梯》中说："人法中最重要的划分是：所有的人或者是自由人或者是奴隶。"〔1〕

关于自然人的法律资格，根据法律的规定是因出生而取得，因死亡而丧失。出生时婴儿必须离开母体；必须有生命、有存活能力、具备正常人的形体。死亡使自然人的权利终止。如果亲属两人以上同时死亡，为了确定继承的起点和顺序，必须推定他们死亡的先后。推定的原则是：男 14 岁、女 12 岁以下的未成年人先于其尊亲属死亡；成年卑亲属后于老年尊亲属死亡。同时，罗马法还有宣告失踪的规定。

罗马法称自然人的权利能力为人格。只有具备完全人格的人，才能取得完全的权利能力。

罗马法上的人格由自由权、市民权和家族权三种身份权构成：

1. 自由权。自由权是自由人必须具备的基本权利，是享有市民权和家族权的前提条件和基础。享有自由权的是自由人，没有自由权即为奴隶，在法律上没有任何人格，也就无其他权利可言。罗马法依据自由权的有无，将居民区分为自由民和奴隶。查士丁尼《法学阶梯》规定，自由权的取得来自两个方面：①生来自由人，父母是自由人，其子女也是自由人；②解放自由人，奴隶由于获得解放而取得自由人的身份，可以成为权利主体。相对于生来自由人，解放自由人的地位较低，他们的权利仍受一定限制，如无选举权和被选举权，不能立遗嘱等。奴隶解放的方式有主人解放和法定解放。主人解放指奴隶的主人通过一定形式自愿解放奴隶；法定解放指按法律规定而获得解放。

2. 市民权（也称公民权）。市民权是罗马公民所享有的特权，包括公权和私权两部分。公权指选举权、参政权、担任国家公职权等。私权指结婚权、财产权、遗嘱权、诉讼权等。市民身份的取得，有出生、法律宣布和罗马皇帝赐予等方式。外

---

〔1〕［古罗马］盖尤斯：《法学阶梯》，黄风译，中国政法大学出版社 1996 年版，第 4 页。

来人[1]在很长时间内没有公民资格。拉丁人[2]是介于罗马市民和外来人之间的中间等级，享有财产权和部分公权，但不享有荣誉权。商品经济的发展客观上要求民事权利主体地位平等，打破身份的限制。公元212年卡拉卡拉皇帝颁布敕令，授予罗马境内所有自由人以公民权。此后，除奴隶外，罗马市民与外来人之间的区别不复存在。

3. 家族权（也称家长权）。家族权是指家族团体内的成员在家族关系中所享有的权利。罗马长期实行家长制，家长对全家成员握有支配权，对外代表全家签订契约、参加诉讼。法律上称家长为"自权人"；其他处于家父权力之下的人（妻、子、女等）称"他权人"。

罗马法规定，只有同时具备上述三种身份权的人，才能在法律上享有完全的权利能力，也才属具备完整人格的人。上述三种身份权全部或部分丧失，人格即发生变化，罗马法称之为"人格减等"。丧失自由权即沦落为奴隶，权利被剥夺殆尽，称人格大减；丧失市民权但仍保留其自由人身份，称人格中减等；丧失家族权，由原来的自权人降为他权人，但仍保持自由人与公民身份，称人格小减等。罗马法关于人格的概念，为后世人法理论奠定了基础。

罗马法还对自然人的行为能力，即能否以自己的行为独立实现其权利能力作出明确规定：只有年满25岁的成年男子才享有完全的行为能力。不满7岁的幼童和精神病患者完全无行为能力，其行为能力由家长或监护人、保佐人代其行使。以下四种人行为能力受限制：①男7岁以上、14岁以下，女7岁以上、12岁以下，为未适婚人，其行为非得监护人的同意不发生法律效力。②已达适婚年龄，但未满25岁者，为适婚而未成年人，他们原则上有行为能力，但由于年少，缺乏经验，可为他们安排保佐人。在欺诈之诉中法律对他们的利益加以特别保护。③浪费人，指滥用财产、挥霍无度、损害本人及家属利益的人，法院根据利害关系人的请求，宣告禁治产。在宣告禁治产期间，浪费人所为的法律行为如未得保佐人或财产管理人的同意，不具法律效力。④成年妇女，罗马妇女长期处于家父权和夫权的监护之下，行为能力受限制。后来妇女地位虽有改善，但有关重大的法律行为仍须得到监护人的同意，直到查士丁尼时期，妇女仍然没有公权。

（二）法人

罗马法上并无完整的法人制度，也无明确的法人概念和术语。最初，市民法只承认自然人为权利主体。尽管社会上已出现某些团体，但在法律上它们并不享有独立的人格。

---

[1] 外来人初指罗马城市以外的自由人，后指意大利以外的居民，帝国时期泛指市民和拉丁人以外的自由人，包括同罗马订有条约的友邦国家的人民。外来人不享有市民法所规定的权利，他们的法律关系属同一国籍的，适用本国法，一方是外来人，另一方是罗马人的则适用万民法。

[2] 拉丁人与罗马人同种族、同语言、同宗教、同习惯。开始指罗马市郊拉丁区居民，后来扩展到意大利半岛的所有居民。

共和国后期，随着商品经济的发展以及人们为某种共同利益所进行的共同活动的增加，社会团体大量涌现，各种团体在社会生活中发挥的作用以及由此产生的诸多关系需要相应的法律予以确认和调整。于是，罗马法学家开始注意到团体与参加团体的各个成员是不同的。到帝国初期，提出了许多有价值的论断，如"团体具有独立人格"，"团体成员的变动不影响团体组织的继续存在"，"个人财产与团体财产要完全分开，团体债务并非个别人的债务"，等等。这些论断已初步涉及法人概念的本质和主要特征。至帝国时期，罗马法开始承认某些特殊团体，如商业团体、宗教团体、慈善团体、地方政府乃至国库等，在法律上享有独立人格，享受权利，承担义务。法人概念产生的理论基础是罗马法中人格观念的产生和演进，因为凡是能够享受权利、承担义务者即有人格，而不问其是否是自然人。

罗马法的法人分社团法人和财团法人两种。前者以自然人的集合为成立的基础，如地方行政机关、宗教团体、手工业行会、士兵会等；后者以财产为其成立的基础，如慈善基金、商业基金、国库以及"未继承的遗产"等。

根据奥古斯都时期《优利亚法》的规定（公元4年），法人的成立必须具备三个条件：①必须以帮助国家或社会公共利益为目的；②必须具有物质基础，社团要达到最低法定人数（3人以上），财团须拥有一定数额的财产，数额多少没有严格规定；③必须经过政府的批准或皇帝的特许。当社团的成员减少到不足3人，财团的财产缺乏到不能维持，或政府撤销承认及法人章程所定目的完成，法人即行消灭。

（三）婚姻与家庭法

婚姻法、家庭法是罗马人法的组成部分。婚龄为男14岁、女12岁，实行一夫一妻制原则。

罗马的婚姻制度经历了从"有夫权婚姻"向"无夫权婚姻"的演变过程。罗马早期实行的婚姻是"有夫权婚姻"，也称"市民法婚姻"或"要式婚姻"，必须经过市民法规定的结婚仪式才能成立，其基本特征是：丈夫享有特权，妻无任何权利，妻完全被夫的特权所支配。婚姻以家庭利益为基础，被视为男女的终身结合，目的在于生男育女，继血统，承祭祀。结婚方式有共食婚、买卖婚和时效婚。结婚以后，妻便脱离父家而加入夫的家族，受夫权支配，其地位"似夫之女"，身份、姓氏均依其夫。妻不忠时，夫有权将其杀死。妻的财产不论婚前或婚后所得，一律归夫所有。未经夫的允许，妻不得独立为法律行为。

共和国后半期，产生了"无夫权婚姻"，也称"万民法婚姻"或"略式婚姻"或"自由婚姻"。帝国时期无夫权婚姻广泛流行。无夫权婚姻不再以家族利益为基础，而以男女双方本人利益为依据，生子、继嗣降为次要地位。查士丁尼《法学阶梯》规定，"婚姻是一男一女以永久共同生活为目的的结合"。这种婚姻不需要履行法定仪式，只要男女双方同意，达到适婚年龄，即可成立。夫对妻无所谓"夫权"，妻没有绝对服从丈夫的义务，夫妻财产各自独立，妻的财产不论婚前婚后所得一律属自己所有。夫妻财产彼此没有继承权。后来裁判官法规定，无法定继承人时，配偶有继承权。

古罗马实行一夫一妻的家长制家庭制度。家庭是指在家长管辖下的一切人和物的总和,包括妻、儿女、孙儿女、奴隶、牲畜及其他财物。家长(称家父)由辈分最高的男性担任,在家庭中享有至高无上的权威,对家庭财产和所属成员有管辖权和支配权。维系亲属关系的纽带是宗亲和血亲。罗马法早期,家庭关系以宗亲为基础。宗亲只包括男性后裔,不以血缘关系为必要条件;嫁入的女性和养子虽然无实际的血缘关系,也视为宗亲。出嫁到他人家庭的女性,则不算宗亲。共和国后期,家庭逐渐以血缘关系为基础,称为血亲,家长制家庭关系也逐渐发生变化。家父作为家庭中的主宰,权利日益受到限制,家庭成员的地位不断得到提高。帝国时期,法律明确规定,家父在家庭中不仅享有权利,而且负有扶养直系尊亲属和卑亲属、婚嫁子女以及立遗嘱时给法定继承人保留特留份等义务。

二、物法

物法包括物权、继承权和债权三个基本内容。物法在罗马私法体系中占有极其重要的地位,是罗马私法的主体和核心。物法对后世民法的影响最大,为大陆法系所直接继承,成为近代制定民法典的主要依据。

(一)物权

1. 物的概念和分类。

(1)物的概念。罗马法上所说的物,范围较广,泛指除自由人以外存在于自然界的一切东西,不仅包括有形物体和具有金钱价值的东西,而且包括无形体的法律关系和权利,如役权、质权等。奴隶在古罗马不是权利义务主体,也是物。

(2)物的分类。罗马法根据物的性能对物进行了分类,主要有:要式转移物与略式转移物、可有物与不可有物、有体物与无体物、动产与不动产、消费物与非消费物、主物与从物、特定物与非特定物、有主物与无主物、原物与孳息、单一物与集合物等。

2. 物权的概念和种类。

(1)物权的概念。物权是指权利人可以直接行使于物上的权利。罗马法学家认为它是指人和物的关系,其内容与债权不同。物权的范围和种类皆由法律规定,而不能由当事人自由创设。只有法律所规定的物权才受法律的保护。

(2)物权的种类。在古罗马,后世学者所说的物权和债权最早称为对物之诉和对人之诉,即对物诉讼所保护的权利和对人诉讼所保护的权利;前者称为对物权,后者称为对人权。罗马法上的对物权主要有所有权、役权、地上权、永佃权、质权等。按照物权标的物的归属,可分为自物权和他物权。物权标的物属于权利人本人的,称自物权,属于他人的,称他物权。上述物权中,只有所有权属于自物权,其余的属他物权。

3. 所有权。所有权是物权的核心,是权利人可直接行使于物上的最完全的权利。

（1）所有权的内容和特征。所有权的内容，即所有人所享有的基本权能，包括：占有、使用、收益和处分的权利及禁止他人对其所有物为任何行为的一切权利。《查士丁尼学说汇纂》称所有权为"所有权人对物的最完全的支配权"。盖尤斯曾总结出所有权具有绝对性、排他性和永续性的特征。绝对性是指所有人在法律允许的范围内可以任意处分其所有物而不受任何限制；排他性是指"一物不能同时有两个所有权"，所有人有权禁止或排除他人在其所有物上进行的任何干预；永续性是指"所有权与其标的物的命运共始终"，只要所有权人无消灭其所有物的意思，亦无毁灭其所有物的意外事故发生，其对该物的所有权将永远存在。

（2）所有权的形式。所有权的形式随着罗马社会的演进而有所变化。市民所有权是最早出现的所有权的形式。这种所有权的特点是：①所有权的主体只能是罗马公民。不具备市民权的人不能享有之，其财产得不到市民法保护。②所有权的客体十分狭窄，能作为所有权客体的只有意大利半岛的土地和法律所限定的动产如牲畜、奴隶等。③所有权的转移必须严格遵照法定的曼兮帕蓄式[1]、拟诉弃权式[2]等方式进行。

由于市民所有权过于保守，不能适应奴隶制经济和商业发展的需要，从共和国后半期开始，逐渐出现了一些新的所有权形式：

第一，最高裁判官所有权。它突破了市民法所有权关于要式转移物转移方式的严格要求，确认以当事人协议或其他简便方式（略式转移方式）转移所有权的法律效力，是共和国后期广为流行的所有权形式。

第二，外省土地所有权。它突破了市民法所有权关于所有权客体的限制。最初，被征服的各省土地被视为"公地"，属于国有，私人不得买卖、交换和赠与，国家只赋予当地的贵族、官吏和商人以占有和使用权。至公元1世纪，各省土地买卖现象已相当普遍，土地逐渐集中到少数奴隶主手中，没有被市民法确认。于是国家不得不通过最高裁判官的审判活动和颁布告示的方式来保障他们的利益，从而形成了外省土地所有权。

第三，外来人所有权。它突破了市民法所有权关于所有权主体的限制。最初，外来人的财产得不到市民法保护。帝国初期，罗马统治者通过万民法承认其所有权主体地位，赋予他们与罗马公民一样享有对财产的使用、占有和支配权利，从而出现了外来人所有权。

帝国后期，由于中央集权的发展，城邦国家结构形式失去意义，外来人全部获得公民权以及所有权转移方式普遍简化等原因，上述所有权的差别逐渐消失。《查士

---

[1] 曼兮帕蓄式是市民法所有权转移的方式之一。据盖尤斯的《法学阶梯》记载，买卖当事人必须亲自到场，由已达适婚年龄的五人为证人，另以同一资格的人为司秤。买受人一手持标的物，一手持铜块说："按罗马法律，此物为我所有，我是以此铜块和秤买来的。"说毕，以铜块击秤，买卖完成。

[2] 拟诉弃权式也是市民法转移所有权的一种方式，即当事人利用诉讼程序以转移财物的所有权。

丁尼法典》正式取消了所有权的差别，最终形成了统一、无限制的所有权形式。无限制所有权的概念后又被发展成为私有财产所有权无限制原则。

（3）所有权的取得。罗马法将所有权取得的方法分为：①原始取得，包括先占取得（法律规定："自然理性要求以无主之物，归属最先占有者。"）；添附（如岸边土地冲击扩展归岸边土地所有者）；加工；孳息及依时效取得。②契约取得，通过订立契约取得所有权。③法律取得，如接受遗赠、取得依法赠予的财物等。

（4）所有权的保护和消灭。所有权的保护有两种：①请求收回所有权的诉讼。②请求排除他人对所有权妨害的诉讼。所有权的消灭有：①事实上的消灭，如房屋毁坏、动物死亡或逃逸。②法律上的消灭，分为绝对消灭和相对消灭：前者如所有权客体的消灭、奴隶死亡或解放等情况；后者如买卖、转让等行为，虽然所有权人发生更换但标的物仍然存在。

4. 占有。罗马法认为，占有是一种事实，而不是权利，是指人对物有事实上的管领力。占有是所有权诸要素中的重要内容，属于所有权人的占有，严格受法律保护，不受他人的侵犯。罗马法关于保护占有的方法，主要是通过最高裁判官运用发布告示的权力，以颁发占有令状的方法来实现。

5. 他物权。他物权不同于所有权，是对他人所有物直接享有的权利。他物权不能离开所有权而单独存在，而是基于他人的所有权所产生的物权。罗马法上的他物权分为用益物权和担保物权两种。用益物权包括役权、地上权和永佃权；担保物权包括质权和抵押权。

役权是为特定的人或特定的土地的利益和便利，而使用他人所有物的权利。它是罗马法中最重要并且出现最早的一种他物权。役权分为地役权和人役权两种。地役权是为自己土地的方便和利益而使用他人土地的权利。自己的土地称为需役地；他人的土地称为供役地。人役权是为特定人的利益而使用他人所有物的权利。人役权包括使用权、收益权和居住权等。

地上权是以支付租金为代价利用他人土地建筑房屋供自己长期使用、出租、出让、抵押的权利。

永佃权是以支付租金为代价长期或永久使用并收益他人不动产的权利。

质权和抵押权是债务人或第三人以物权保证债务的履行，从而使债权人对担保物取得一定的权利。如果在履行协议时向债权人转移了占有权（实际控制权），称为质权；如果标的仍由债务人占有，则债权人对其享有抵押权。

（二）继承

罗马法的继承原是指继承人在法律上取得被继承人的地位。罗马古代视继承为传宗接代，继承的对象主要是死者的人格。随着私有制的发展，财产继承才成为主要对象，最后发展为仅指财产继承。最初罗马法采取概括继承的原则，即继承人不仅继承被继承人财产上的权利，也继承被继承人财产上的义务。公元543年，查士丁尼颁布敕令对继承制度进行改革，规定继承人从继承开始，应于60天内将遗产编制成财产目录，其所负债务仅以已经登记在财产目录范围以内的遗产为限，从而由概括继承改变为限定继承。罗马法上的遗产继承有两种方式，即法定继承和遗嘱继承。

1. 法定继承。《十二表法》称法定继承为无遗嘱继承，指死者生前未立遗嘱，而按照法律来确定继承人顺序。法定继承必须在以下几种情况下才能采用：被继承人生前未立遗嘱；虽立有遗嘱，但由于某种原因而归于无效；遗嘱中指定的继承人全部拒绝继承。

法定继承人的顺序在罗马法发展的不同时期有着不同的规定，总的原则是变宗亲继承为血亲继承。《十二表法》规定以宗亲关系为继承的基础，女性后裔没有继承权。后经裁判官法改革，逐渐代之以血亲为基础的继承原则，女性有了同等继承权。至查士丁尼进行法律编纂时，法定继承人的顺序是：①直系卑亲属；②直系尊亲属及同胞兄弟姐妹；③同父异母或同母异父的兄弟姐妹；④其他旁系血亲；⑤生存配偶。

2. 遗嘱继承。遗嘱继承是依照行为人生前立下的遗嘱进行的遗产转移和分配。这种行为的效力从被继承人死亡时开始发生，效力涉及全部遗产。不允许同时按遗嘱继承又按法定继承来处理。由于罗马奴隶制商品经济发达，遗嘱继承极为盛行，罗马法对遗嘱继承制度作了全面系统的规定，包括遗嘱方式、遗嘱能力、继承人的指定、遗嘱的效用和遗嘱的限制等。

（三）债权

1. 债的概念和特征。在罗马法中，债权是物权的一个重要内容。《查士丁尼法典》给债下的定义是："债是依国法得使他人为一定给付的法锁。"所谓法锁，是指特定的双方当事人之间用法律联结和约束。《学说汇纂》规定："债的本质，非以某物或某种役权归我所有，而是使他人给予某物、为某事或为某物的给付。"

从上述规定可以看出债的基本特征是：①债是债权人和债务人之间的权利和义务关系；②债的标的是给付，债权人对标的物不能直接行使权利，只能通过向债务人请求给付间接行使权利；③债一经成立，便具有法律效力，受法律保护，如果债务人不履行义务，债权人有权诉请强制执行或诉请赔偿损失。

债权与物权的区别是：①取得物权能长期享有，具有永久性；而债权是暂时的，有一定期限。②物权享有人可以直接对物实施权利；而债权则须依赖他人的行为。③物权有追及权和优先权，债权则无此二权利。

2. 债发生的原因。罗马法将债发生的原因分为两类：①合法原因，即由双方当事人因订立契约而引起的债；②违法原因，即由侵权行为而引起的债，罗马法称之为"私犯"。后来，又规定了准契约和准私犯为债发生的原因。

（1）契约。契约是发生债的主要原因。契约必须具备如下要件：当事人必须具备订立契约的能力；当事人必须意思一致；必须具备法定的订立方式和法律认可的原因。

罗马早期，由于商品交换不发达，只有买卖、借贷等少数几种契约，订立契约应符合形式主义要求，如买卖要式转移物的曼兮帕蓄式、进行借贷的涅克疏姆式、口头契约的斯帕蓄式等。共和国后期，随着商品经济的发展，出现了各式各样的契约，罗马法学家把这些契约分为四类，即要物契约、口头契约、文书契约和合意契约。

要物契约是指要求转移标的物才能成立的契约，属于这类契约的有借贷和寄托。口头契约是由当事人以一定语言订立的契约，由债权人提问、债务人回答而订立。文书契约是登载于账簿而发生效力的契约，相当于后世的契据。合意契约既不要求文书，也不需要当事人在场，双方当事人只要“意思一致”即可，属于这类契约的主要有买卖、租赁、合伙、委托等。合意契约是流行最广、在经济生活中起重要作用的契约。

(2) 准契约。其指双方当事人间虽未订立契约，但因其行为而产生与契约相同效果的法律关系，并具有同等的法律效力，主要包括无因管理、不当得利、监护和保佐、海损、共有、遗赠等。

(3) 私犯。私犯也是债发生的根据。罗马法将违法行为分为“公犯”与“私犯”两类。公犯指危害国家的行为，犯者受刑事惩罚；私犯指侵犯他人人身或财产的行为，应负赔偿责任。《查士丁尼法学阶梯》所列私犯有四种，即窃盗、强盗、对物私犯和对人私犯。窃盗指窃取他人财物为己有，或窃用、窃占他人财物。强盗指以暴力非法攫取他人财物的行为。对物私犯指非法损害或破坏他人的财物，如焚毁他人房屋、杀害他人家畜等。对人私犯指加害他人的身体和损伤他人的名誉、侮辱他人人格的行为。

罗马法规定私犯的责任条件是：客观上须有损害事实发生；造成损害事实的行为是违法行为；违法行为与损害事实之间有因果关系；行为人须有过错。

(4) 准私犯。其指类似私犯而未列入私犯的侵权行为，如法官渎职造成审判错误而使诉讼人利益受到损害的行为；自屋内向屋外抛掷物件而致人伤害；奴隶、家畜造成的对他人的侵害；等等，都要负赔偿责任。

三、诉讼法

与公法和私法的划分相适应，诉讼也分为公诉和私诉两种。

公诉是对损害国家利益的行为的诉讼；私诉是根据个人的申诉，对涉及私人利益案件的诉讼。私诉是保护私权的法律手段，相当于后世的民事诉讼。在罗马私法中，有关私诉方面的法律涉及的内容广泛，规定得比较详尽，确立的一些诉讼原则也独具特色。私诉分为两类：对人诉讼、对物诉讼。对人诉讼涉及的是债的关系，对物诉讼涉及的是物权关系，也包括身份权、家庭权方面的内容。《查士丁尼法学总论》指出：“诉权无非是指有权在审判员面前追诉取得人们所应得的东西。”[1]

根据不同时期的需要，罗马国家先后实行了三种私诉程序：

---

〔1〕［古罗马］查士丁尼：《法学总论》，张企泰译，商务印书馆 1989 年版，第 205 页。

（一）法定诉讼

亦称旧式诉讼，是罗马国家最古老的诉讼程序，盛行于共和国前期，只适用罗马市民。诉讼时，双方当事人必须亲自到场，原则上不得委托他人代理，双方当事人的陈述须讲固定的术语，配合固定的动作，并应携带争讼物到庭。整个程序分为法律审查与事实审查两个阶段：前一阶段主要审查当事人诉权是否为法律所承认，请求权属于何种性质，如何适用法律等，然后决定是否准予起诉。后一阶段主要对起诉案件作实质审理，审查事实和证据，依照裁判官的意见要点，由民选的承审法官作出判决。

（二）程式诉讼

程式诉讼是裁判官在审判实践中创立的诉讼程序。共和国后期，为适应对外经济发展的需要，最高裁判官采用了程式诉讼的形式以弥补法定诉讼形式主义的缺陷。

程式诉讼由裁判官作成一定程式的书状，内容主要包括诉讼人请求的原因和目的、抗辩的记载及判决的提示等。诉讼程序仍分法律审查与事实审查两个阶段。先由原告向裁判官陈述要求和理由，裁判官拟成一定程式的书状，然后移交民选的承审法官，命他们按书状载明的案情要点和判决的提示进行审理和裁判。程式诉讼废除了法定诉讼繁琐严格的形式，简化了手续，双方当事人均可自由陈述意见，并允许被告委托他人代为出庭辩护，也可以缺席裁判。程式诉讼扩大了适用范围，不仅适用于罗马公民，也适用于审理外国人的违法案件。

（三）特别诉讼

亦称非常诉讼，开始于罗马帝国初期，在帝国后期成为主要的诉讼制度。其特征是废除了过去法律审查和事实审查两个阶段的划分，诉讼活动自始至终由一个官吏担任；侦查时允许告密；为了取证，可以对当事人进行刑讯逼供。对当事人提出的证据，裁判官可以根据自由心证决定取舍。审判不再公开进行，只许少数有关人员参加。特别诉讼允许代理和辩护，为此规定了上诉制度，但上诉败诉则要科以罚金。

■ 第四节 罗马法的复兴和影响

一、罗马法的复兴

（一）从西罗马帝国灭亡到罗马法复兴前罗马法在西欧的局部保留

在西欧自西罗马帝国灭亡后，在东欧自查士丁尼帝以后，欧洲历史逐渐进入封建的中古时期。随着罗马文明的衰落，罗马法失去其作为国家的主要法律渊源的统治地位，但它在西欧社会生活中的影响却并未消失。5～11世纪末期，即西罗马帝国灭亡到罗马法复兴以前，西欧主要通行日耳曼法和以日耳曼法为基础同时受到罗马法影响的地方习惯法。在日耳曼人建立的各"蛮族国家"中，罗马法在某些地区和某些领域保持着效力，这成为罗马法得以保存的重要途径，其主要表现是：

1. 日耳曼人侵入西罗马后，由于社会制度上罗马因素和日耳曼因素的相互影响，各日耳曼王国在适用法律方面采用属人主义原则，其结果是日耳曼法与罗马法并存，并且逐渐相互渗透、相互融合。为了便于适用，一些日耳曼王国进行了罗马法的编纂，用以调整罗马人之间的关系。例如，5世纪末6世纪初勃艮第王国颁布的《罗马法典》；西哥特王国阿拉利克二世时期编纂的《阿拉利克罗马法辑要》。

2. 教会法在形成过程中吸收了许多罗马法的原则和制度，使罗马法得以保留。并且由于教会法的地位在日耳曼王国时期逐渐上升，通晓罗马法的教会僧侣通过协助各日耳曼王国进行行政管理、法律编纂、司法审判等，客观上传播了罗马法。

3. 中世纪初期，自然经济占统治地位，商业普遍衰退，但在意大利和法国南部等地区残存下来的城市以及在各地有限的商业活动中，仍按照罗马法原则行事，这使罗马法的某些原则以地方商业习惯的形式继续存在。

（二）罗马法复兴的原因

5～11世纪罗马法在西欧虽然局部地得到保留，但其适用范围仍然是有限的，法学处于衰退和湮没无闻的状态。自12世纪开始，西欧各国先后出现了一个研究、采用罗马法的热潮，历史上称作罗马法复兴（Reformation of Roman Law）。通过罗马法复兴运动，罗马法的地位及适用范围得到提高和扩大。在西欧各国，凡是地方习惯和王室法令没有规定的问题都可以引用罗马法，罗马法成为一种重要的法律补充。同时，法学也得到蓬勃发展。罗马法复兴、文艺复兴、宗教改革共同构成中世纪西欧三大改革运动，为资本主义制度的诞生作了政治、经济、思想上的准备。

公元1135年在意大利北部的阿玛尔非地区发现了查士丁尼的《国法大全》的手抄本。有学者认为，这个偶然的发现引发了罗马法复兴运动。不可否认，《国法大全》的重新问世对罗马法复兴有直接的影响，但根据德国法学家萨维尼（Savigny，1779～1861年）在其著作《中古罗马法史》中的论述，中世纪早期西欧的教会图书馆中亦保存有查士丁尼法律的原本和手抄本，并且这些法律文献经常为教会法学者所引证。罗马法在西欧的复兴不是偶然的现象，而是西欧封建社会发展到一定阶段的要求，也是罗马法本身的性质和特点所决定的。

在经过长期衰退以后，11世纪后期～12世纪初期，欧洲的经济进入发展相对迅速的时期。农业生产力的提高、手工业和商业的发展，十字军东征对商品交流的推动作用，使欧洲逐步从封闭的自然经济向开放的市场经济过渡，工商业城市迅速发展起来，并产生了市民阶层。实现法律的统一，取消封建特权和封建等级制度的束缚，实现当事人的民事权利平等，实现契约自由，成为新产生的社会经济环境的迫切要求。而当时西欧各国现有的法律，包括习惯法、商法、城市法、教会法和王室的立法都不能适应这种客观需要。其中商法虽然是针对商业关系的法律，但它只调整商人之间以及商人与非商人之间由于商业活动所产生的法律关系，对于双方当事人不是商人的案件均不受理，并且商业法院只在城市设立。由于欧洲尚处于封建割据时期，国王只能在自己直辖的领地上行使权力，除英国以外尚不存在全国性的立法和司法机关，所以国王政府制定的法令也无法满足经济条件变化产生的要求。在这种情况下，从整体上看已经中断了五六个世纪的罗马法以其丰富的内容、完备的体系、科学的精神成为社会所需要的现成的法律。"因为在罗马法中，凡是中世纪后期的市民阶级还在不自觉追求的东西，都已经有了现成的。"[1]罗马法复兴运动适应了中世纪资本主义萌芽的客观需求，罗马法在新的历史条件下焕发了新的生命力。

（三）罗马法复兴的经过及研究罗马法的学派

罗马法复兴自 12 世纪开始，延续数百年，相继出现了波伦亚、巴黎、伦敦等研究中心。在研习罗马法的热潮中，学者以法律院校为基地，翻译、注释、研究罗马法文献，探究罗马法的精神，逐渐形成研究罗马法的不同学派，先后形成的三个学派是：

1. 注释法学派。复兴罗马法是从大学研究《国法大全》开始的。意大利最古老的大学——波伦亚大学是研究罗马法最初的中心。这所大学是 1158 年由德意志皇帝授予特许状成立的，开始只有法律系，后增加了医学、神学系。13 世纪初，欧洲各国的学生到这里研习罗马法的人数已达万人。除波伦亚大学外，当时成立的那不勒斯大学、热亚那大学和罗马大学等都设立法律系，开展罗马法的教学和研究工作。学者们采用中世纪欧洲流行的注释方法研究罗马法，因而得名为"注释法学派"。注释的具体方法是通过对《国法大全》的研究，对疑难的条文、词语、原则进行解释，这种解释就注在《国法大全》原稿的两行之间、条文旁边或者页的四周。注释法学派的创始人是伊尔纳留斯（Irnerius，约 1055 ~ 1133 年），他精通文法学、修辞学和辩证法，从 1088 年开始执教于波伦亚大学，由于他对罗马法研究和法学教育作出的重大贡献，而被誉为"法律之光"。注释法学派对罗马法复兴起了开创性的作用，《国法大全》的研究从此成为一门科学，这一学派的主要代表人物还有阿佐（Azo Portius，1150 ~ 1230 年）、亚库修斯（Acursius，约 1182 ~ 1260 年）等。亚库修斯在波伦亚大学讲授罗马法达 40 年之久，他将伊尔纳留斯以来 150 年间注释法学家提出的理论进行整理，编纂成《注释大全》，对中世纪中后期的欧洲各地的法律教育与司法实践产生了重要影响。注释法学派为罗马法的复兴奠定了基础。

2. 评论法学派。评论法学派又称后注释法学派，因其研究偏向于评论而非简单注释而得名。评论法学派形成于 13 世纪中叶，其创始人是法国法学家雅各布斯（Jacobus，1210/1215 ~ 1296 年），他早年在图卢兹大学教授罗马法和基督教神学。评论法学派的代表人物是 14 世纪意大利法学家巴尔多鲁（Bartolus，1314 ~ 1357 年），他曾在波伦亚大学等著名大学讲学，并担任过审判员、议员等社会职务，他的成就主要是将几个世纪以来的罗马法学，尤其是对《学说汇纂》的研究成果，转化为在当时可以适用的法律，对后世的法学尤其是德国法学产生巨大的影响，有人甚至认为他的理论是德国现代法学的直接来源之一。评论法学派在研究方法上突破了

第五章

---

[1]《马克思恩格斯全集》（第 21 卷），人民出版社 1965 年版，第 454 页。

注释法学派只对原文注释、固守罗马法条文的局限性。它的宗旨是致力于罗马法与中世纪西欧社会实践的结合，根据时代需要将罗马法原则和制度适用于改造落后的封建地方习惯法，使罗马法的研究与适用有了新的突破。

3. 人文主义法学派。该学派也称沿革法学派。在文艺复兴中发展起来的人文主义对法学研究也产生了直接影响。15世纪，人文主义者开始在人文主义思想的指导下对罗马法进行研究，从而形成人文主义法学派。它的产生，标志着罗马法复兴已经与文艺复兴相汇合。人文主义法学派的代表人物是意大利的法学家阿西亚特（Alciati，1492~1550年），他出生在意大利，曾在意大利的帕维亚大学和波伦亚大学学习法律，后来到法国，在布尔日大学任教，因此也被认为是法国人文主义法学派的创始人。在研究方法上，人文主义法学派着重于研究罗马法的本意和历史沿革关系。它克服了先前就法典注释法典、就法律研究法律的模式，引进了当时盛行的各种科学方法，如哲学的、文学的、考古的、历史的、比较的等方法，在罗马法和近代资产阶级法之间架起桥梁。17、18世纪时，人文主义法学派被古典自然法学派继承和取代，从而为西方资产阶级法律制度的产生提供了理论依据。

（四）罗马法的继受

罗马法复兴在意大利兴起后，很快扩展到欧陆各国。近代形成以罗马法为基础的大陆法系。

在法国，从12世纪起便有大批学者到波伦亚大学学习，此后的200年间在法国成立的大学（如图卢兹大学、巴黎大学、奥尔良大学等）大都仿照波伦亚大学的模式，建立法律系，进行罗马法的研究和教学。16世纪以前，法国法学基本受意大利的影响，注释法学派和评论法学派的主要著作在法国享有很大权威。16世纪人文主义在法国崛起以后，法国在研究罗马法方面超过了意大利，取得了全欧洲的领导地位，并且在实践上推动了法国南、北两大法律区域对罗马法的接受，使罗马法的影响进一步深入扩展。法国革命后制定的《拿破仑法典》完全接受了查士丁尼《法学阶梯》关于人和物的划分体系，因袭了查士丁尼《国法大全》的原则和制度。这部法典不仅在法兰西帝国内部适用，而且成为其他许多欧洲国家制定法典的基础。

德意志民族始终认为自己是罗马帝国的延续，从10世纪起就称自己的国家为"神圣罗马帝国"，15世纪又改称"德意志民族的神圣罗马帝国"。因此，罗马法对德国有很深的影响。与意大利、法国一样，德国各大学在提高罗马法的地位方面起了很大作用，德国最早建立的布拉格大学及之后建立的维也纳大学、海德堡大学、科隆大学等均设立法律系研习罗马法，至15世纪末，各大学已将罗马法列为必修课程。1495年，神圣罗马帝国皇帝建立帝国最高法院，并规定在该法院任职的法官应当有一半以上接受过罗马法的训练，法官应根据罗马帝国的普通法即《国法大全》进行审判。17世纪末，从帝国法院到地方普通法院，对罗马法的适用已不限于个别条文而是基本内容。18世纪是德国研究和继承罗马法的极盛时期，"潘德克顿"学派兴起，罗马法以更广泛的方式适用于德国。德国统一后于1900年生效的《德国民法典》便是以查士丁尼《学说汇纂》为蓝本制定的。

在西班牙，对罗马法的研究与适用同样受到重视。卡士提利亚王国的斐迪南三世（1219～1252年在位）及其继承人阿方索十世（1252～1284年在位）都聘任罗马法学家在国王参事府和王室法院任职。罗马法学家以查士丁尼《国法大全》为借鉴，为王室编纂了《国王法典》，并制定了一系列王室法令、诏书和议会法规。阿方索十世在1265年颁布的《七编法典》（Code of Seven Parts），包含了罗马法的大部分内容，作为普通法在全国实施，后来这部法典还成为大学指定的教科书。

位于不列颠岛上的英国，虽然因其特殊的政治历史条件，自11世纪后期在日耳曼习惯法的基础上，通过法官的审判活动创设了一套不同于欧洲大陆国家的独特的法制发展道路，没有经历罗马法复兴运动的洗礼，但其法律与法学也受到罗马法的影响，吸收了罗马法的精神，借鉴了罗马法诸多原则和制度。如14世纪中叶，为了弥补普通法的不足，英国吸取了罗马外事裁判官以所谓"公平""正义"的判决弥补市民法缺陷的经验，通过大法官的审判活动创设了衡平法体系，衡平法中的许多制度直接来自罗马法。此外，英国的商法、海商法、遗赠、合伙、诈欺、抵押以及未成年人和神智丧失者的法律行为能力等，也大多渊源于罗马法。英国的很多法律著作，如格兰威尔在12世纪末面世的《法律论》、布拉克顿约于1259年发表的《英国法律与习惯》等，均不同程度地吸收了罗马法的原理。不过，罗马法对英国的影响相对于欧洲大陆国家要小得多。

二、罗马法对近代以来法律发展的影响

许多法学经典著作都对罗马法给予了很高评价，恩格斯曾指出："罗马法是纯粹私有制占统治的社会生活条件和冲突的十分经典性的法律表现"[1]；它是"我们所知道的以私有制为基础的法律的最完备形式"[2]；它是"商品生产者社会的第一个世界性法律"[3]。正因为罗马法对私有制和以私有制为基础的简单商品所有者的一切本质的法律关系作出详尽的规定，以至后来的立法不能对它作任何实质性修改，所以罗马法至今仍旧保持着强大的影响力，具有重要价值。

在罗马法学家的手里，法律第一次完全成为科学的主题，罗马法形成完整的法律体系。正如一个西方学者所说："罗马法学家的力量不仅在于他们有能力在前所未有的规模和复杂程度上创建和操纵这些抽象原则，而且还在于他们清楚地觉察到社会生活和贸易生活的需要，注意到如何采用最简单的方法取得所希冀的实际结果。当自己规则体系的逻辑与适宜性所提出的要求发生冲突时，他们乐于摈弃这种逻辑。"[4]在中世纪中后期，罗马法的复兴给予整个欧洲以法律概念的共同库藏，并在

---

〔1〕《马克思恩格斯全集》（第21卷），人民出版社1965年版，第454页。

〔2〕《马克思恩格斯全集》（第3卷），人民出版社1972年版，第143页。

〔3〕《马克思恩格斯全集》（第21卷），人民出版社1965年版，第346页。

〔4〕［英］巴里·尼古拉斯：《罗马法概论》，黄风译，法律出版社2000年版，第1页。

不断变化的范围内提供了共同的法律规则。起源于欧洲的两大法系之一的大陆法系就是罗马法体系。

罗马法作为世界古代最为发达和完备的法律，不仅积极地影响了中世纪许多国家，推进了西欧法制的发展过程，也对近代以来的法律与法学产生了重大影响，尤其对近代以来私法的建设与统一具有卓越的贡献。罗马法有关的私法体系，被西欧大陆资产阶级民事立法成功地借鉴与发展。如1804年的《法国民法典》，继承了《法学阶梯》的人法、物法、诉讼法的体系；1896年制定的《德国民法典》则以《学说汇纂》为蓝本并加以发展，形成了总则、债法、物法、亲属法和继承法的编纂体系。法、德两国的民法体系，又为瑞士、意大利、丹麦、日本等众多国家直接或间接地加以仿效。20世纪初，罗马法经日本传到中国，中国法律的体系和内容均发生了根本性变化。

罗马法中的许多原则和制度，也被近代以来的法制所采用，如公民在私法范围内权利平等原则、契约自由原则、财产权不受限制原则、遗嘱自由原则、侵权行为的归责原则和诉讼中的不告不理原则等；权利主体中的法人制度、物权中有关所有权的取得与转让制度以及他物权中的用益物权和担保物权制度、契约制度和陪审制度等。

罗马法的立法技术已具有相当的水平，它所确定的概念、术语措辞确切，其法典结构严谨，立论清晰，言简意赅，学理精深，如人格及其取得和丧失、所有权定义以及关于占有、使用、收益、处分各种权能的界定，无因管理、不当得利等术语，多为后世立法所继承和发展。

法学成为一门独立的学科是诞生在古罗马时代，罗马法学家的思想学说对后世资产阶级法学也产生了深远影响。罗马法学家的著作，特别是查士丁尼《学说汇纂》，是广为后世流传的极其珍贵的法学遗产。

■ 思考练习

一、关键术语

《十二表法》；市民法；万民法；最高裁判官法；人法；人格；有夫权婚姻；物法；债；私犯；特别诉讼；《国法大全》；罗马法复兴。

二、思考题

1. 简述人格的内容及其变更。
2. 简述所有权的形式及其特点。
3. 罗马法上关于债的发生原因有哪几种？
4. 罗马的私诉形式有哪些变化？
5. 罗马法是古代社会最发达、最完备的法律制度，具体表现在哪些方面？

6. 如何理解罗马法复兴的意义及其对后世法律与法学的影响?

■ 参考书目

1. 周□:《罗马法原论》（上、下），商务印书馆 1994 年版。
2. ［意］彼德罗·彭梵得:《罗马法教科书》，黄风译，中国政法大学出版社 1992 年版。
3. ［意］朱塞佩·格罗素:《罗马法史》，黄风译，中国政法大学出版社 1994 年版。
4. ［古罗马］查士丁尼:《法学总论》，张企泰译，商务印书馆 1989 年版。
5. ［英］巴里·尼古拉斯:《罗马法概论》，黄风译，法律出版社 2000 年版。

第六章

日耳曼法

学习目的与要求 日耳曼法是日耳曼人的法律。日耳曼法起源于日耳曼各部族的原始习惯，并在日耳曼各部族建立国家之后被编纂为成文法典。日耳曼法在封建化的历史潮流中逐步为西欧各封建王国所接纳，最终成为中世纪西欧占据统治地位的世俗法。公元15世纪后，日耳曼法对社会各领域的影响力逐渐为罗马法所取代。日耳曼法中涉及人身、财产和诉讼等方面的制度都具有鲜明的特色，这些制度对近现代欧洲的法律产生了重要影响。

重点掌握 日耳曼法的概念；日耳曼法的形成与发展；日耳曼法与罗马法之间的关系；日耳曼法的特点和历史地位。

■ 第一节 日耳曼法概述

一、日耳曼与日耳曼人

"日耳曼"首先是一个人类学概念。它最初仅被用于描述某一个种族，而不像"希腊"那样，通常用来描述一个由诸城邦共享某种社会生活而形成的国际环境，也不像"罗马"那样，用来指代一个中央集权的政治国家。"日耳曼"最初指的是一些具有相同体貌特征和生活习惯的人，即"日耳曼人"。

日耳曼人起源于北欧的斯堪的纳维亚地区。他们在公元前5世纪左右开始向南迁徙，首先定居在欧陆北部沿海，进而扩展到多瑙河以北的广大地区。考古证据显示，这一时期的日耳曼人仍然保持着以狩猎和畜牧为主的原始部族生活。有关日耳曼人的最早的文献记载见诸希腊学者波塞多尼欧斯撰写的《世界史》，他在记述公元前102年~公元前101年之间由罗马人发动的埃奎亚·塞克斯提亚战役和维尔凯莱战役的时候曾经描述："日耳曼人早餐便吃烤肉，同时喝牛奶。他们喝酒不掺水。"

同一时期，罗马皇帝恺撒在《高卢战记》中将日耳曼人与同样生活在莱茵河和多瑙河流域的凯尔特人进行了明确的区分；公元100年左右，罗马历史学家塔西佗撰写了系统描述日耳曼人日常生活习惯的《日耳曼尼亚志》。这些史料表明，日耳曼人在西罗马帝国崩溃之前曾经长期作为罗马人的北方邻居、贸易伙伴以及军事威胁而真实存在着。

无论是恺撒还是塔西佗，在其著作中都将日耳曼作为一个独立完整的民族，这实际上是一个错误的观念。日耳曼并不是一个统一的整体，而是根据血缘关联和自然地理因素分化而成的若干相互独立，甚至相互敌对的部落。这些部落缺乏对它们之间相似性的认同，它们只把自己当作汪达尔人、勃艮第人、哥特人或者法兰克人。因此，所谓日耳曼人，其实是罗马人针对北方异民族的笼统且简化的称呼。罗马人有时也把日耳曼人贬称为"蛮族"。

公元4世纪，为了躲避从中亚迁徙而来的匈奴民族的攻击，居住在欧陆北部的日耳曼诸部族分为东、西、北三支向南方迁徙，一支名为东哥特的日耳曼部族跨越多瑙河进入罗马帝国境内，并与罗马公民混居，开启了日耳曼人大迁徙的序幕。公元476年，居住在罗马境内的日耳曼人攻陷了罗马城，废黜了罗马皇帝，最终导致西罗马帝国的崩溃。此后，日耳曼人在各自部落的基础上建立起封建王国，占据了西欧的大部分地区，成为这片土地的新主人。但是，日耳曼人的生产和生活方式较为原始，诸日耳曼王国的社会组织形式亦远比罗马帝国简单得多，这使得欧洲的文明程度大大降低，标示着人类文明低谷的中世纪由此开始。

二、日耳曼法的概念

日耳曼法这一概念有两层含义。

从狭义层面理解，日耳曼法是一种曾经切实发挥法律效力的法律制度。恩格斯以生产关系作为界定日耳曼法的科学标准，他指出，日耳曼法即马尔克的法律。马尔克，是指日耳曼人氏族制度解体时以地域关系为基础形成的农村公社组织，其基本特征是公社成员对大地产的共同共有和使用。马尔克在公元5世纪日耳曼诸王国建立的时候成为一项法律制度，并在公元9世纪随着土地私有化的浪潮土崩瓦解。因此，狭义的日耳曼法是指公元5~9世纪出现在日耳曼诸王国，并以马尔克为主要社会组织形式的适用于日耳曼人的法律，它具有早期封建法的性质。

从广义层面理解，日耳曼法是一个与日耳曼人及其族群相关联的特定的文化范畴。简言之，日耳曼法泛指日耳曼人对正义和秩序的基本理解：日耳曼法起源于日耳曼人以集体利益为核心的正义观和生活习惯；最初的日耳曼法仅在同一部落的成员之间口耳相传，成文化之后的日耳曼法典呈现出以罗列事实为特征的编纂形式；日耳曼法在适用方面具有明显的属人性和仪式化特征；日耳曼法的内容总是与日耳曼人的信仰和道德观念保持着紧密的联系。可以说，日耳曼法与日耳曼人的物质及精神生活融为一体。由此可见，日耳曼法早在日耳曼人盘踞于欧陆北部的远古时代就已存在。公元5世纪，随着日耳曼人在西欧建立王国，日耳曼法在整个欧洲范围内普及。公元9世纪后，日耳曼法随着日耳曼人与其他民族的融合被吸收到更宽泛的法律文化领域。总之，日耳曼法就是日耳曼人的法律。正是从这个意义上考量，日耳曼法的存续期间远比公元5~9世纪更长，它充当了与教会法和罗马法相平行的支撑起西方法律传统的支柱。

第六章

■ 第二节　日耳曼法的形成与发展

日耳曼法的形成与发展大致经历了习惯法、部族法和封建法三个历史阶段。

一、习惯法

日耳曼法的早期形态是不成文的习惯法，它形成于日耳曼人初步接触罗马文明的时期。由于这一时期的日耳曼人尚未发展出能够系统表意的文字，对罗马人使用的拉丁文也颇感陌生，因此他们无法记载身边的习惯，也并未明确意识到法律的存在。但是，史料表明，公元5世纪之前的日耳曼人已经过着一种服从集体决意和首领权威，而且个体行为普遍受到某种规则约束的制度化生活。

罗马人恺撒和塔西佗从外部视角分别对公元前1世纪和公元后1世纪的日耳曼人进行观察，并用拉丁文对日耳曼人的习惯法进行了分类和较为详细的描述。这两个世纪中，日耳曼人的物质生活发生了很大变化：他们不再居无定所地四处游牧，而是定居下来开始农耕生活，因此他们建筑房屋和制作工具的技能也大幅度提高。但是，在此期间，日耳曼人分配社会资源和组织社会活动的方式并没有发生根本变化，其内心信仰和精神状态比较蒙昧。

恺撒在《高卢战记》中曾描述："从无一人有何定额之土地，又一人对于自己所有之土地，亦无任何疆界可言，不过，区长及君主每年将一定额之土地，按其分布地域之适宜于便利，分配于各宗族及各血族团体……"[1]

塔西佗则在《日耳曼尼亚志》当中写道："他们的国王是按照出身推举的，而选拔将军则以勇力为标准。国王的权力并不是无限的，他不能一意孤行，将军们也不是以命令来驾驭士兵，而是以身作则地统率着士兵，他们借作战的勇敢和身先士卒的精神来博取战士们的拥戴。"[2]

由此可见，马尔克土地所有制和军事民主制是这一时期日耳曼社会的制度基础。此外，塔西佗还详细地介绍了日耳曼人如何组织政府，如何惩罚罪犯，如何管理居民，如何缔结婚姻，如何继承财产，等等。总体来说，习惯法是这一时期日耳曼法的唯一渊源。

二、部族法

公元5世纪，日耳曼诸部族在西罗马帝国的废墟之上建立起自己的国家，日耳曼法进入成文化发展的阶段。由于文明水平较低，因此这一时期以武力征服为基础建立起来的诸日耳曼国家被后人称为"蛮族国家"，因而在这些国家相继出现的诸日耳曼法典也被相应地称作"蛮族法典"，作为区别于同时代罗马法典的一种称谓。

---

〔1〕　参见［美］孟罗·斯密：《欧陆法律发达史》，姚梅镇译，中国政法大学出版社1999年版，第62页。

〔2〕　参见［古罗马］塔西佗：《阿古利可拉传·日耳曼尼亚志》，马雍、傅正元译，商务印书馆1985年版，第50页。

西方法律史学者通常将这一时期的日耳曼法典称为"民众法"或"部族法"。

（一）部族法的早期发展（公元 5 ~ 7 世纪）

这一时期的日耳曼法典受到罗马文明的直接影响，它们大多由罗马法学家和基督教僧侣直接使用拉丁文编纂而成。《萨利克法典》在其序言中指出，地方长老和"智者们"共同搜集法律规则，这显示了公元 6 世纪初期权力与智识相结合以创设法律的情形。

日耳曼法典可以分为两种模式：第一种可以称为"两法并行"模式，即在制定本国日耳曼法典的同时制定专门适用于本国罗马居民的罗马法典，造成日耳曼法与罗马法在一国同时适用的局面，西哥特王国和勃艮第王国即采用了这种立法模式；第二种模式则是"一法通行"模式，即国家只制定一部法典，但是在法典内部就适用对象作出区分，允许罗马人适用既存的罗马法，而本国之内的所有非罗马人都必须适用该通行于全国的法典，除西哥特王国和勃艮第王国之外的其他大部分日耳曼王国采用了这种立法模式。当然，无论哪一种立法模式都导致罗马人和非罗马人在法律适用上的泾渭分明，而罗马人以外的日耳曼人则无论所属部族，一律适用本国制定的成文法典。简言之，日耳曼法的属人性在这一时期主要反映在罗马人和日耳曼人适用法律的区别上。

在立法程序上，由于这一时期相互分立的诸日耳曼国家只不过是原来日耳曼部族生活的一种延续，因此法典往往需要首先获得本部族民众大会的通过，而后才能以国王的名义或是以王国的名义颁布施行。公元 5 ~ 7 世纪之间，诸日耳曼王国颁布了以下重要法典：

表 6 - 1　日耳曼王国的蛮族法典（公元 5 ~ 7 世纪）

日耳曼部族	立法者	立法时间	法典名称
西哥特王国，位于今西班牙和法国南部地区	尤列克国王	公元 466 ~ 484 年	《尤列克法典》 Codex Euricianus
	阿拉里克 二世国王	公元 6 世纪早期	《西哥特罗马法典》 Lex Romana Visigothorum
	伊尔维格国王	公元 680 ~ 687 年	《西哥特法典》 Lex Visigothorum
东哥特王国，位于今意大利和西西里岛	狄奥多里克国王	公元 493 ~ 526 年	《狄奥多里克敕令》 Edictum Theoderici
勃艮第王国，位于今法国南部勃艮第地区	冈多巴德国王	公元 480 ~ 501 年	《勃艮第法典》 Lex Burgundionum
			《勃艮第罗马法典》 Lex Romana Burgundionum

第六章

日耳曼部族	立法者	立法时间	法典名称
萨利安 – 法兰克，位于今法国北部和比利时	克洛维国王	公元 507 ~ 511 年	《萨利克法典》 Lex Salica
里普安 – 法兰克，位于今德国科隆地区	不详	公元 7 世纪早期	《里普利安法典》 Lex Ribuaria
伦巴德王国，位于今意大利北部	罗退尔国王	公元 643 年	《罗退尔敕令》 Edictum Rothari

除此之外，日耳曼部族的一支盎格鲁 – 撒克逊人在"大迁徙"时代渡海来到英格兰，并于公元 7 ~ 11 世纪之间以盎格鲁 – 撒克逊语制定颁行了若干日耳曼法典。其中最著名的法典有公元 600 年左右出现在肯特王国的《埃塞尔伯特法典》，公元 694 年出现在威塞克斯王国的《伊尼法典》，以及公元 9 世纪末出现的《阿尔弗烈德法典》等。由于自然地理原因，这些法典受到罗马法的影响比较小，因此保存了更为单纯的日耳曼法特征。同样北欧日耳曼法也是比较纯粹的日耳曼法。由于北欧日耳曼人长期以来隔绝于欧陆文明，他们的法律发展得相当缓慢。公元 11 世纪丹麦人占领不列颠诸岛屿时曾经编纂了效力及于英格兰、丹麦和挪威三国的《卡纽特法典》，公元 12 世纪下半叶在冰岛还出现了《格拉哥斯王国法典》。这些法典虽然出现时间较晚，但是它们的立法水平与公元 5 ~ 7 世纪欧陆地区的日耳曼法典基本相当，属于早期日耳曼部族法。

（二）部族法的后期发展（公元 8 ~ 9 世纪）

公元 751 年，宫相丕平开创了法兰克王国的加洛林王朝，使分散的政治权力集中起来，王国军事实力迅速膨胀。丕平的儿子查理曼掌权之后，法兰克王国征服诸日耳曼王国，建立起庞大的查理曼 – 法兰克帝国。

查理曼时期，国家立法权被收归国王个人所有，民众大会的立法功能为"王室智囊团"和"贵族会议"所取代，国王只需经过专家咨询和"贵族会议"的小范围讨论就可以颁布新的法律。法兰克王国的国家立法权完全由王室所掌控。为了更好地控制法兰克王国东部新征服的区域，查理曼并未废除在这些区域内行之有效的诸日耳曼部族法典，而是在其基础上斟酌与修改，并以敕令的方式认可了这些法典在当地具有的法律效力。公元 802 年，查理曼在亚琛召开立法会议，最终颁布了《萨克森法典》《弗里森法典》等若干个日耳曼法典，并大致形成了"法兰克本土适用以《萨利克法典》为核心的法兰克法，扩张后的东部省份各自适用法兰克化的地方法"的新格局。查理曼时期颁布的日耳曼法典主要包括如下几部：

表6-2　法兰克王国时期各地的日耳曼法典

立法者	适用地区	立法时间	法典名称
地方立法者	今德国巴登州南部地区，法国阿尔萨斯省，瑞士地区	公元725年	《阿勒曼尼法典》Lex Alamannorum
地方立法者	今德国拜恩州	公元740年	《巴伐利亚法典》Lex Baiuwaiorum
查理曼	今德国萨克森州	公元802年	《萨克森法典》Lex Saxonum
	今德国图林根州	公元802年	《图林根法典》Lex Thuringorum
	今德国莱茵-普法尔茨州南部地区	公元802年	《卡马维法典》Lex Chamavorum
	今荷兰弗里斯兰省	公元802年	《弗里森法典》Lex Frisonum

立法方面，与早期日耳曼法典相比，后期日耳曼法典或者经过查理曼的认可，或者由查理曼亲自制定，因而它们被纳入同一个统治框架之下，并且为同一个政治实体服务。因此，也可以认为，后期日耳曼法典并不是统一的"国家法"，而是法兰克帝国下辖各区域的"地方法"。

司法方面，早期日耳曼法的属人主义原则在这一时期开始发生变化。查理曼时期，由于罗马人遗留的社会影响越来越小，与此同时越来越多的日耳曼部族被统辖在一个大的日耳曼国家之内，因此，法兰克帝国开始允许各日耳曼部族适用自己的法典。所以，日耳曼法的属人性在这一时期主要反映在日耳曼人内部不同部族之间适用法律的区别上。

值得注意的是，后期日耳曼法典确立了新的社会分层标准，它们大多不再按照血缘标准对各部族成员进行区分，而是按照人们的财产状况和社会地位对他们加以分类。例如，《萨克森法典》把人分为贵族、自由人、农奴和奴隶；《阿勒曼尼法典》在此基础之上，还把基督教教职的高低作为辅助分类标准。显然，后期日耳曼法典不再关注部落中的人，而开始关注社会生活中的人。后期日耳曼法典比早期日耳曼法典更适于调整某一地域内的社会生活，基本完成了从血缘向身份的过渡。

此外，查理曼在认可既有法典的同时，也以王室的名义颁布了大量法令，这些法令既包括用于调整教俗关系的特殊法令，也包括用于巩固和扩张王权的普通法令。这些王室法令不仅有利于缩小日耳曼各部族法之间的差异，也有助于维护中央的法律权威，同时有利于促进司法体制的统一。王室法令是这一时期日耳曼法的重要渊源。在王室法令的补充和修正之下，日耳曼法开始褪去早期狭隘的地域性并向具有普适性的世俗法律转变。

三、封建法

查理曼－法兰克帝国统一欧陆的时间是短暂的。公元 843 年，查理曼后裔签署《凡尔登条约》，将庞大的法兰克帝国一分为三，由三位王公分别领有莱茵河以东地区、莱茵河以西地区和法兰克中部包括意大利在内的狭长地区，形成了近现代德意志、法兰西和意大利三个民族国家的雏形。但是，与查理曼时期不同，这些国家由于长期陷于相互之间的混战，国王对国家的统治权被各种新生的政治势力分散，各国王室呈现出衰落的态势。公元 9 世纪中后期，除了教皇国之外，西欧地区大部分的世俗国家并无组织严密的政治机构，它们大都是被若干大封建主拥奉的具有象征性的名义。随着为罗马天主教廷所支持的教会和各地封建领主势力的不断扩大，王权进一步萎缩，某些国王甚至只能支配宫廷及其周边的领地。

政治上的分裂导致法律的分化，日耳曼法开始融入不同的法律元素。虽然诸如《萨利克法典》这类日耳曼法典仍然被各国沿用，但是为了适应封建经济大规模发展的需要，各国均以王室法令或地方习惯法汇编的形式将传统日耳曼法进行封建化改造，用以调整新的经济关系和社会关系。据统计，这一时期以"地方法典"形式出现的习惯法汇编总共有千余部，其中最著名的法典包括法国的《诺曼底大习惯法典》和德国的《萨克森明镜》等，这些新的习惯法汇编在功能上完全取代了传统的日耳曼法典。由此，以马尔克土地所有制为基础的传统日耳曼法不再保有存续的空间。

尽管如此，公元 9 世纪之后新兴的封建王国仍然需要依靠源于传统日耳曼法的各种知识才能建构起它们独特的法律观念和国家制度。因此，在这一时期，传统日耳曼法典依然受到尊重，重程序和轻信誓言的裁判风俗得以保留，以忠诚、捍卫尊严以及暴力解决纠纷为特征的决斗之风日益兴盛。从这个意义上来说，虽然人们开始遗忘传统的日耳曼法典，但是日耳曼法中的原则和制度大都为各封建王国的新立法所采纳，日耳曼法开始以封建王国法令的形式继续发挥其法律效力。

公元 12 世纪之后，西欧社会发生了一系列变化：教会势力壮大导致世俗法地位整体下降，新兴商业城市猛烈冲击着农业社会的传统观念，罗马法复兴促使法律向学术化和专业化方向发展。由于日耳曼法难以适应上述诸多因素，公元 15 世纪后，各国世俗法中的罗马法因素愈来愈多，日耳曼法因素则愈来愈少。

■ 第三节　日耳曼法的主要内容

一、人法

（一）身份法

在日耳曼法中，只有正常出生的婴儿才具有完整的权利能力，畸形婴儿和早产婴儿不为氏族和家庭所认可，不能取得做人的资格。早期日耳曼法记载了男子达到成年的年龄。例如，《萨利克法典》规定男子12岁为成年人，而勃艮第王国的法律则规定男子15岁为成年人。成年男子有相应的行为能力。女子终身处于父亲、丈夫、儿子或者丈夫的兄弟的监护之下，因此日耳曼法对于女子何时成年没有规定。此外，患有精神疾病或是身体残疾的人均不能享有完整的权利能力和行为能力。由于日耳曼人习惯于团体生活，因此日耳曼法关于自然人的规定远不及罗马法丰富，也没有发展出因自然人失踪而宣告死亡的制度。

但是，日耳曼法特别重视自然人的身份，因为身份是用以确定每一个人社会地位的重要标准。在日耳曼法中，自然人的身份大致可以分为自由人、半自由人和非自由人三个等级。自由人的地位最高，他们在人身上无需依附于其他人，可以按照自己的意愿采取行为以实现对自己有利的目的。在自由人内部，垄断大地产并将土地出租给他人的贵族地位最高，把持着部分土地并可以为贵族提供武装的骑士地位次之，占有少量土地自己使用并获得收益的农民地位较低，不占有任何土地而且必须向贵族支付地租才能获得土地使用权的农奴地位最低。大多数情况下，农奴虽然在经济上依附于他所租用的土地，但是他们在法律上是自由人，并享有完整的权利能力。半自由人是指那些被解放的奴隶，这些人的权利能力受到限制，而在某种程度上依附于解放他们的主人。半自由人不能以自己的名义参与法庭活动。非自由人专指奴隶，他们不享有人身自由，在法律上被视为动产。日耳曼人虽然也豢养家奴为其工作，但并不像罗马人那样在全社会范围内大量使用公共奴隶，因此非自由人的数量比罗马时代大为减少。

（二）婚姻制度

日耳曼人实行一夫一妻制，贵族男性可娶多妻。塔西佗曾在《日耳曼尼亚志》中描述："他们的婚姻制度倒是非常严密的，在他们的风俗习惯中没有比这个更值得赞扬的了。他们大概是野蛮人中唯一以一个妻子为满足的一种人：虽然也有极少数的例外，但那些例外者并非出于情欲的作用，而是由于出身高贵才招来许多求婚者。"[1]

原始日耳曼人缔结婚姻的方式通常有抢夺婚和买卖婚两种，前一种方式必须以男方将女方抢夺至男家的行为作为要件，后一种方式则必须以支付特定对价作为要件。有学者认为，买卖婚当中支付的对价实际上是从抢婚行为所导致的赔偿金演变而来的。日耳曼人建立王国之后，男女之间的婚姻被赋予宗教意义，因此缔结婚姻大多遵循教会法的规定。

（三）家庭制度

无论在古代还是中世纪，家庭都是日耳曼人组成社会的基本单位。每一个日耳

〔1〕［古罗马］塔西佗：《阿古利可拉传·日耳曼尼亚志》，马雍、傅正元译，商务印书馆1985年版，第56页。

曼家庭都以男性家长作为首领，他可以行使类似于罗马法当中的家父权。首先，在夫妻关系当中丈夫对于妻子享有支配权，他充当着妻子的监护人并管领与妻子共有的家庭财产。妻子未经丈夫同意不得处分家庭财产，但是她可以独自支配出嫁时带来的嫁妆，也可以支配丈夫在新婚之晨赠与她的礼物。其次，在亲子关系当中，父亲对他的子女也享有支配权，他可以决定子女的婚配和择业，也可以对子女进行惩罚和驱逐，甚至可以将子女抛弃或杀死。在早期日耳曼家庭当中，家长一旦死亡，那么未成年的子女、尚未婚配的女子以及寡妇都要受到死者所属氏族的共同监护。这一制度后来演变为由与死者血缘最近的男性亲属对死者的家庭成员行使监护权。

二、财产法

与罗马法相比，日耳曼法缺乏体系性和抽象性，因此日耳曼人虽然已经有明确的财产观念，但是他们并未将其归纳为以所有权为核心的财产制度。在日耳曼法当中，不同身份地位的人获得财产的方式以及受到的保护均不相同，财产的分类也相当简单。

（一）不动产制度

原始日耳曼人以游牧和狩猎作为主要生活来源，因此在他们的观念中一开始并不存在不动产。进入农业社会后，由于土地成为最重要的生产资料，日耳曼人遂发展出不动产的观念。公元5世纪之后日耳曼国家的土地制度主要有四种：马尔克土地制度、大土地占有制、采邑制度和农奴份地制度。

1. 马尔克土地制度。马尔克土地是指由马尔克公社支配的共有耕地。在一个村落当中，除了房屋周围小块土地归家庭私有以外，大部分耕地都属于马尔克公社。这些土地由马尔克公社集体所有，公社以集体之名将土地平均分配给每一位公社成员，公社成员可以在一定期限之内对分得的土地加以利用并取得收益。公社成员使用马尔克土地必须遵守本公社的特定习惯，一般不得将土地转让给他人，也不得将其作为遗产遗留给后裔。马尔克土地制度的形成与原始日耳曼人的部族生活有着密切的联系。马尔克公社通过在社员内部分配土地的方式划定氏族范围，防止社会资源被其他氏族分享。因此，马尔克既是一种财产制度，又是一种社会组织形式。

随着社会经济的发展，财产私有的观念不断冲击马尔克土地制度，公社分配土地的期限逐渐延长，公社成员甚至开始私自买卖由公社分配的土地，或者擅自将分得的土地遗留给后裔。公元8~9世纪，马尔克土地制度开始瓦解，大部分公社成员不能定期从公社获得土地，少数公社成员则占有大量土地，以平均分配和共同劳动为特征的马尔克土地制度也就崩溃了。

2. 大土地占有制。大土地占有制是指社会地位较高的少数人垄断大量土地的制度。日耳曼国家形成初期，国王以国家的名义将从战争中获得的土地封赏给他的亲信以换取政治上的拥护。由此，受到分封的教、俗贵族对土地享有完整的所有权，他们不但可以使用土地，获得土地上的收益，也可以直接对土地加以处分。除通过受封占有土地之外，教、俗贵族还运用权势大量兼并自由农民的土地，把兼并的土

第六章

地连成一片，形成庄园式的大地产，而原来拥有土地的农民被迫沦为依附于土地的农奴。此外，马尔克土地的私有化也是大土地占有制形成的原因之一。

由于大地产的占有者无需对封赏者承担任何实质性的义务，因此他们在自己的土地之内不仅严酷压榨依附于土地的农民，而且擅自设定税收和司法机构，甚至豢养地方武装。这种情况必然导致地方势力相互割据，进而危害到国王的权威。但是，由于各地大地产主的势力迅速膨胀，国王无力遏止，便不得不授予大地产主以"特恩权"，明确承认他们在领地内享有的各种特权。大土地占有制体现了早期封建社会的生产关系，是西欧封建制度的基础。

3. 采邑制度。为了削弱无偿占有大地产的地方势力，扭转王权的颓势，公元8世纪，法兰克王国的宫相查理·马特自上而下推行附加条件的土地分封制，即采邑制度。受封者获得封地之后必须要对封赏者效忠并承担一定军事役务，如果他不能亲自承担该役务则必须缴纳一定的军费作为补偿。除军事役务外，受封者还应当为封赏者承担出席法庭并举证的义务。如果受封者拒绝承担上述义务，封赏者可以将封地收回，以防止地方势力尾大不掉。

封地是一种不能世袭的地产，如果受封者死亡，他的后裔必须经过原封赏者续封才能继续享有对封地的权利。因此，采邑制度是通过经济手段巩固王权的有力举措。但是，法兰克王国推行采邑制度的目的并不在于完全消除地方势力。某种程度上，采邑制度也承认并且保障大地产占有者的既得利益，大地产主可以采用同样的方式将所占有的土地分封给自己的亲信或下属，形成差等有序的封建关系网络。采邑制度是9世纪后西欧最主要的土地制度。

4. 农奴份地制度。农奴份地是指失去土地的农民以支付地租为代价从封建领主那里领取的小份土地。农奴对份地不享有完整的所有权，他们不得对份地进行处分，只能有条件地使用该份地。农奴不能得到该土地产生的全部收益，其中大部分收益用于支付高昂的地租，除地租外他们还要承担繁重的赋税和劳役。农奴的经济地位低下，其人身自由也受到限制，他们只能从事耕种特定份地的劳动，如果特定份地被领主以某种形式转让，他们也被随之转让。

（二）动产制度

日耳曼人很早就有动产的观念，凡是有价值又能移动的物品，都属于动产。早期日耳曼人认为最为重要的动产就是家畜。日耳曼人也认为，"凡可为火焰所烧毁者皆为动产"，因此标的物是否易于灭失是一项重要的判断标准。所以，木结构房屋在日耳曼人看来也属于动产。日耳曼法当中的动产制度相对比较完善，它以实际占有作为所有权的外在形式，也就是说，物主一旦丧失了对物品的实际占有，也就丧失了对该动产使用、收益和处分的权利。当然，如果由于抢劫、偷窃等违法行为导致物主丧失对物品的实际占有，物主可以行使追及权并要求侵权人返还原物；但是如果物主丧失对物品的实际占有是出于自己的意思，那么物主只能要求相对人赔偿损失，而不能要求返还原物。

第六章

（三）债的制度

早期日耳曼国家以自然经济为主，贸易活动很少。公元 6 世纪初，罗马时代的大批集市和手工作坊被弃置，道路交通状况也变得极为糟糕。由于日耳曼人之间习惯进行易货交易，所以就连罗马钱币也沦为贵族们玩赏的古董而失去了通货的作用。在这样的社会背景之下，日耳曼法中关于债的制度是极为简单的，表现为：①日耳曼法中没有"债"这个抽象的概念。②日耳曼法中没有关于合法之债与违法之债的明确分类。由于日耳曼人把侵权行为和犯罪行为混为一谈，凡是造成损害结果的行为都将导致类似的惩罚，因此违法行为并不被认为是导致债发生的理由。③合法之债包含的种类很少，经常被应用的契约实际上只有买卖契约和借贷契约等几种。④日耳曼法上的契约一般都是要式契约，签订特定契约必须履行特定的仪式，否则将导致契约不能成立或生效。

（四）继承制度

日耳曼法不注重个人的意思表示，而是把团体的利益作为首要保护的对象，故早期日耳曼法中没有遗嘱继承，只有法定继承。

由于日耳曼家庭中男子的地位较高，因此早期日耳曼法只保障儿子的继承权。例如，克洛维时代的《萨利克法典》曾经规定，土地只能由儿子继承而不能由女儿继承。公元 6 世纪之后，法定继承的范围扩大到女儿及兄弟姐妹，但是在同一顺序的继承人中，男子的继承权依然优于女子。例如，公元 575 年的《希尔佩里克法规》规定，如果没有儿子那么女儿也可以继承。

一般来说，财产的继承顺序为"子女、父母、兄弟姐妹、祖父母"。如果法定继承顺序中的亲属全都不存在，那么国王将得到该财产。除此之外，武器装备属于男子特定继承物品，嫁妆则属于女子特定继承物品。

三、违法行为

日耳曼法没有对侵权行为和犯罪行为作出明确区分，而将其统称为违法行为。一般来说，针对侵害私人利益的违法行为，受害人或受害人的亲属可以要求加害人赔偿损失，也可以对侵害人进行报复；而针对侵害国家利益的违法行为则只能由国家对行为人加以惩戒。日耳曼法当中的大部分违法行为未被定性，只有少数严重的违法行为被称为"重罪"（Felony）。

日耳曼法在判断一个行为是否构成违法行为的时候，一般只关注违背法律的行为是否确实发生，以及侵害结果是否客观存在，而不关注行为人的主观心理状态及行为的动机。在早期日耳曼法典中，半数以上的条文都涉及不同情节的违法行为及其处理的方式，因此早期日耳曼法典看起来更像是一部禁令和罚则大全。

在日耳曼法中，针对违法行为的第一种处理方式是复仇，包括血亲复仇和同态复仇，即由受害人及其亲属在公开的场合以同样的方式给违法行为人造成同样大的损害，以平衡自己所遭受的损害。这种处理方式虽然易于恢复当事人之间的平衡，但必然会导致社会利益的进一步流失，因此不是解决纠纷的理想方式。

第六章

日耳曼法针对违法行为的另一种处理方式是支付赔偿金或赔命价。在早期日耳曼法典中，诸如强占土地、偷窃、抢劫、强奸、伤害甚至杀人行为都可以用支付金钱的方式加以解决。针对杀人这种极为严重的违法行为，行为人可以根据被害人社会地位的高下向被害人亲属支付一定数额"赔命价"（Wergeld）作为补偿；而在其余的违法行为当中，行为人可以通过向受害人支付"赔偿金"（Busse）的方式赎免自己的罪过。为了避免复仇的发生和仇雠关系的累积，公元 802 年查理曼在亚琛立法会议上发布敕令，明确禁止复仇，并推行赔偿金和赔命价制度。

除此之外，针对没有特定侵害对象或者侵害对象是国家秩序的违法行为，如纵火、投敌、叛逃、抢劫国王保护的人或公开杀人等违法行为，通常的处理方式是由国家司法机关对行为人处以刑罚。比较常用的刑罚有两种：第一种刑罚是放逐法外之刑，即由法官公开宣布剥夺行为人的法律权利，使他脱离法律的保护。人们可以无条件杀死被放逐法外的人，因此这些人只能逃到森林里与野兽为伍。另一种刑罚是死刑。对于社会地位低下的违法行为人而言，放逐法外不足以发挥惩戒的作用，因此应当将他们处以死刑。例如《萨利克法典》规定，如果奴隶或半自由人掠夺自由的妇女，就应当被处以死刑。

四、司法制度

（一）审判组织

1. 民众大会。日耳曼人建国之后并没有接受罗马人创设的体系化审判组织，而是因袭着原始的氏族习惯，主要依靠民众的公议来解决各种社会纠纷。因此，在诸日耳曼王国承担审判职能的组织就是不同层级的民众大会，具体来说有百户区民众大会和郡民众大会两种，它们都是由氏族时代的部落民众大会演变而来的。

所谓百户区，实际上，是日耳曼社会的基层自治单位，它由相邻村落中的日耳曼家庭组成，由百户区民众大会进行统一管理。百户区民众大会集行政与司法的功能于一身，它由熟悉法律的"智者"主持，享有完整权利能力和行为能力的男子可以参加审判活动，多数人的意见就是最后的判决。郡是由若干个百户区组成的行政和司法单位，郡民众大会采用同样的民主方式作出判决，其效力高于百户区民众大会的判决。

2. 普通法庭。至公元 8 世纪查理曼执政期间，封建王权得到强化。由于民众大会的审判方式不能随时满足执政者的需要，查理曼取消了民众大会的审判职能，而把百户区大会和郡民众大会改造成为百户区法庭和郡法庭，由国王委派的贵族担任专职法官。史料表明，郡法庭的判决需要由 12 名陪审官通过合议的方式作出，郡法庭还配备专门的执行官以督促判决的履行。

3. 封建法庭。查理曼推行的司法改革虽然有利于日耳曼成文法典的施行，但是这些举措不可避免地导致地方势力的膨胀。公元 9 世纪之后，随着以采邑制为基础的封建关系大规模发展起来，受领封地的教、俗贵族开始通过在封地内设立专门法庭的方式回避普通法庭的管辖，从而垄断地方司法权力。他们在自己设立的封建法庭上担任法官，既不必担心来自王权的干涉，也不必担心遭到多数民众的反对。封建法庭的出现导致由国王设立的普通法庭在各地受理案件的数量锐减。

4. 王室法庭。在封建法庭泛滥以至于严重危害王室司法权威的情况之下，为了遏制地方势力，扩大王权，查理曼在百户区和郡两级普通法庭之上设置了标志着国家最高司法权威的王室法庭，并亲自主持案件的裁判。但是，由于法兰克王国地域广大，国王一个人不可能受理大量地方上报的案件。因此，查理曼把王室法庭的审判权下放给一些通晓法律的王室成员或者重要官员，让他们担任专职法官，并允许他们以国王特使的名义在王国领域内不断巡回以监督地方司法，进而形成了王室巡回法庭。

5. 其他法庭。受到宗教因素的影响，除普通法庭、封建法庭和王室法庭之外，日耳曼封建王国还存在着大量的教会法庭。公元10世纪后，由于商品经济在沿海地区蓬勃兴起，复苏的城市里又出现了各种各样的专门司法机构，例如由市民自发设立的城市法庭，由手工业者和商人行会设立的行会法庭等。由于普通法庭、封建法庭、王室法庭、教会法庭、城市法庭等司法机构的管辖权区分不明确，相互之间又缺乏必要的协调，因而这些法庭往往并列行使司法管辖权，使得中世纪西欧封建国家的司法秩序长期处于混乱无章的状态。但是，这些法庭在审判活动中并不适用日耳曼法，因而它们不属于日耳曼的司法组织。

（二）诉讼规则

由于在日耳曼人的观念中并没有侵权行为和犯罪行为的区分，因此程序法上也没有民事诉讼和刑事诉讼的区分，无论原告提出什么样的诉讼请求，受理诉讼的法院都以类似的程序应对。

1. 自诉原则是日耳曼人解决法律纠纷的基础，向法院提起诉讼的原告甚至需要自行传唤被告到庭，如果他没有履行传唤义务，将被认定为撤诉，他还应当为此向法院缴纳一定数量的罚金。如果原告已经传唤被告到庭，而被告没有在开庭日来到法庭，那么法院可以将审判推迟到下一个开庭日，并以法院的名义对被告进行第二次传唤，被告应当向原告和法院缴纳同等数量的罚金，甚至必须为此遭受肉体上的惩罚。

2. 当事人宣誓是日耳曼法认可的基本证据形式。原被告双方在提出各自主张的时候应当以宣誓的方式证明其主张的真实性，从而赢得在诉讼上的有利地位。宣誓是一个宗教与法律相混合的仪式，当事人一般需要在宗教圣迹前说出固定的套语，并配合固定的手势才能完成宣誓，而唯有经过这些步骤作出的宣誓才具有法律上的证明力。原告宣誓之后，被告还可以作出针对性的否定宣誓。在一些重要的诉讼当中，当事人除了自己宣誓之外还必须提供一定数量的宣誓帮助人，通过他们的辅助宣誓增强自己宣誓的证明力，以此对抗对方的宣誓。法官则根据双方当事人的地位高下以及双方提出的宣誓帮助人的多寡来判断哪一方提供的证明更有力，哪一方更应当赢得诉讼。

第六章

一般来说，当事人提供的宣誓帮助人应当与他本人具有同等的身份，因此提供宣誓帮助人的数量与双方当事人的法律地位有着密切联系。例如，公元 8 世纪末的《弗里森法典》规定，贵族杀死贵族须支付 240 苏勒德斯，如果他否认则须提出 11 个贵族和他共同宣誓作证；贵族杀死自由人须支付 160 苏勒德斯，如果他否认则须提出 7 个贵族和他共同宣誓作证；自由人杀死贵族须支付 240 苏勒德斯，如果他否认则须提出 17 个自由人和他共同宣誓作证；自由人杀死自由人须支付 160 苏勒德斯，如果他否认则须提出 11 个自由人和他共同宣誓作证。此种规定表明，身份等级是法官判断一个人在法庭上享有何等证明力的决定性因素。

3. 如果诉讼涉及的案情重大，法官认为不能仅仅依据双方的宣誓作出裁断，那么通常还可以采用以下几种方式对被告宣誓的真伪进行甄别：水审、火审、抽签审和决斗。水审可以分为冷水审和热水审两种形式。冷水审是指将被告手脚捆绑起来投入江河之中，如果被告浮出水面则为有罪；热水审是指将被告的手放到滚水中烫伤，如果被告的伤口不能在规定的期限之内痊愈则为有罪。火审是指将被告的手或脚放置到烧红的铁块之上烫伤，判断规则与热水审相类似。抽签审则是由被告在教堂等圣地进行抽签，抽到表示有罪的签符则为有罪。决斗是指由一方当事人向对方当事人发起挑战并进行击剑对抗，以击剑对抗的胜负判断当事人是否有罪的一种审判制度。上述缺乏科学依据的审判方式之所以能够存在，有赖于日耳曼人对宗教普遍持有的一种朴素且神秘的态度。以上这些审判方式统称为神明裁判。

公元 9 世纪之后，受到教会法院庭审制度的影响，王室法院和巡回法院在审判涉及王室利益的案件中逐渐摒弃了誓证和神明裁判的证明方式，而由法官主动搜集和调取各种客观证据，包括当事人陈述、证人证言以及各种物证等，进而在这些客观证据的基础上作出判决。这种审判方式有效地避免了冤假错案的产生，是法制文明的进步，但是它在客观上也扩大了法官的权力，削弱了法官的中立性，使欧陆国家的诉讼制度向纠问式诉讼的方向发展。

■ 第四节 日耳曼法的特征和历史地位

一、日耳曼法的特征

（一）世俗性

日耳曼习惯法在产生之初并未与日耳曼人的原始宗教完全分离。通常情况下，主持神明裁判活动的法官同时也担任祭司。这表明，原始日耳曼人并不能把宗教和法律明确区分。公元 2~3 世纪，基督教开始为罗马人所接受，但是幼稚的基督教在这一时期未能统辖人们的精神世界。基督教对于日耳曼人来说尚且是一种源于异族的模糊的意识形态。因此，日耳曼法在形成时期与基督教缺乏天然的联系。

诸日耳曼王国建立之前，基督教被罗马人奉为国教，基督教会在西罗马帝国内部逐渐发展成为脱离于世俗政权的独立政治实体。西罗马帝国崩溃之后，基督教以其文化优势迅速被诸日耳曼国家接受。此外，日耳曼法在成文化过程中也得到了基督教的大力支援。因此，蛮族法典普遍承认基督教会的合法地位，并赋予教士阶层以特权。然而，由于教会法强调教会权力与世俗权力平行分治的基本原则，并在其法令的制定、适用和执行等诸多环节保持着独立性，因此日耳曼法作为维护宗教利益以外的其他社会利益的法律，必然是与罗马法相并列的另一种世俗法律。公元13世纪，西欧各国民间编纂的日耳曼习惯法汇编依然将教俗分立原则作为首要条款。日耳曼法在漫长的中世纪一直保持其世俗性，而没有发生宗教化的改变。

（二）具体性

日耳曼法典体现出相对简单的逻辑思维，即以列举具体事实并附以相应罚则作为法律条文的主要内容。日耳曼法中几乎没有抽象概念，缺少对各种概念和事实的分类，法条之间缺乏逻辑关联，更没有成体系的理论。因此，日耳曼法实际上只是针对各种案件的具体解决办法的罗列与汇总。日耳曼法之所以内容具体而且凌乱，可以归因于日耳曼人较为落后的经济和文化发展水平。

（三）形式主义

日耳曼法注重行为的外在形式和事件的客观结果，缺乏对行为人真实意思以及主观心理状态的关注。日耳曼法当中，行为人作出任何法律行为都必须遵循特定的程序，说出特定的套语，做出特定的象征性动作，否则将不发生特定的法律效果。例如，土地转让时，让与人须把土地上的土块或者象征权力的矛、箭、手套等公开地交给受让人，否则土地转让的契约不能成立。日耳曼法的形式主义特征与日耳曼人崇尚典礼仪式的社会生活习惯有关，而该特征的形成也受到了来自基督教教会法的重要影响。

（四）团体本位

由于日耳曼法起源于原始社会的生活习惯，因此从某些日耳曼法制度当中可以发现，日耳曼社会的基本构成要素并非是具有独立人格的个人，而是以血缘为纽带形成的氏族。氏族既是法律利益的享有者，又是相应法律义务的承担者。例如，属于同一氏族的所有成员都必须为本氏族的受害人复仇，同时他们也应当为本氏族的加害者共同承担赔偿责任。对此，有学者指出，日耳曼社会血亲复仇传统下存在着全体亲属为个人行为负责的现象。日耳曼法将个人责任归责于集体的倾向被称为日耳曼法的"团体本位"特征，该特征对中世纪西欧封建制度的形成产生了重要影响。

（五）属人主义

日耳曼法是属人主义的法律。早期日耳曼国家把罗马人作为特殊族群，允许他们适用既存的罗马法，甚至专门制定适用于罗马人的本国罗马法，而本国之内所有非罗马人，无论他们来自哪一个日耳曼部族，都必须适用本国日耳曼法典。后期日耳曼国家除了继续承认罗马人的特殊地位之外，还允许来自不同部族的日耳曼人适用他们各自的部族法典。日耳曼法的属人主义传统不利于中央集权国家的形成，它导致西欧长期处于封建割据和司法不统一的状态。公元 9 世纪之后，随着封建化的完成，各国君主加强中央集权，各地封建主开始在其领地内行使独立的行政管理权和司法管辖权，这导致日耳曼法的属人主义特征逐渐消失。

二、日耳曼法的历史地位和影响

日耳曼法是在中世纪西欧封建社会中占主导地位的世俗法。尽管日耳曼法的产生时间晚于罗马法，并且反映出较罗马法低得多的法律发展水平，但是它非常成功地适应了西欧封建经济的内在要求，并进一步促成了西欧封建制度的发展成熟。应当注意到，长期通行于中世纪西欧各国的日耳曼法不仅为垄断知识的教士阶层及封建贵族所通晓，也为社会下层民众所熟知。它已经成为西方法律文化中一种具有普遍意义的知识背景。因此，任何人如果缺乏对日耳曼法的了解，就不可能理解中世纪，更不可能真正理解西方法律文化。

日耳曼法是西欧近现代法律的重要历史渊源。就民法法系而言，法国政府于 1804 年颁布的《拿破仑法典》是近现代第一部具有资本主义性质的民法典，该法典不仅在已婚妇女无行为能力、夫妻财产共有以及关于继承的某些规则上直接保留了日耳曼习惯法，而且在其他法律领域大量吸收源于日耳曼法的原则和制度。相比之下，德国的民法典在草创时期虽然主要以罗马法为蓝本，但是德国的民法典在不动产、婚姻、亲属和继承等领域亦较多地采纳了日耳曼法的内容。就普通法系而言，形成于公元 12 世纪的英国普通法本身就是日耳曼法的一支。经过不断调整和改变，英国普通法虽然已经适应资本主义经济发展的需要，但是它仍旧保留着源于中世纪的日耳曼法律传统。恩格斯甚至把英国法说成是传播于世界各大洲的日耳曼法。

■　思考练习

一、关键术语

日耳曼；部族法；《萨利克法典》；马尔克；采邑制度；赔命价；民众大会。

二、思考题

1. 简述日耳曼法在中世纪西欧世俗法律发展中占据主导地位的主要原因。
2. 通过比较具体法律制度，说明日耳曼法与罗马法相比的落后性。
3. 日耳曼法中的审判组织有哪些分类？
4. 简述日耳曼法的基本特点。

■　参考书目

1. ［古罗马］塔西佗：《阿古利可拉传·日耳曼尼亚志》，马雍、傅正元译，商务印书馆

第
六
章

1985 年版。

2．［美］孟罗·斯密：《欧陆法律发达史》，姚梅镇译，中国政法大学出版社 1999 年版。

3．李宜琛：《日耳曼法概说》，中国政法大学出版社 2003 年版。

4．李秀清：《日耳曼法研究》，商务印书馆 2005 年版。

第
六
章

第七章

教 会 法

　　学习目的与要求　教会法是中世纪西欧封建法律的重要组成部分，《圣经》是教会法的核心和最高法律渊源，教会法的目的在于对教会组织和教徒生活加以规制。公元 5 世纪后，由于罗马天主教会演变成为凌驾于西欧各国世俗政权之上的国际政治中心，教会法逐渐脱离世俗法的干涉，成为与世俗法相互竞争的独立法律体系。至此，教会法已经远远超出宗教信仰的范围，其内容广泛涉及世俗领域，如所有权和债权、婚姻和家庭关系、刑法和诉讼程序等。教会法与同时期的日耳曼法和罗马法在相互竞争的同时又相互融合，共同构成了西方近现代法律的三大支柱。

　　重点掌握　教会法形成与发展的历史背景；教阶制度；教会法的主要特点。

■　第一节　教会法概述

　　教会法，也称"宗规法"或"寺院法"，是指以基督教为精神核心，由基督教教会制定、适用并执行，其内容与基督教教会组织及教徒生活有着密切联系的一切法律。从广义上来说，教会法泛指任何历史时期的各种基督教会，包括罗马天主教教会、东正教教会、新教的圣公教教会和加尔文教教会、东方基督教的各个独立教会等，所制定并认可的全部法律。从狭义上来说，教会法特指中世纪西欧地区由罗马天主教教会制定、适用并执行的法律。

一、教会法的形成（公元 4～9 世纪）

（一）基督教的产生

　　基督教产生于公元 1 世纪，沦陷于罗马帝国统治之下的巴勒斯坦，它原本是犹太教中的激进派别，尊奉唯一的上帝，并宣扬上帝面前人人平等的观念，仇视任何压迫和剥削的社会现象，并将斗争矛头直指罗马统治者。巴勒斯坦的基督教教徒时常聚在一起研讨教义，并形成一定规模的集会，这就是基督教教会的雏形。罗马当局对基督教信徒残酷迫害，基督教教会转而以隐蔽形式进行活动，其组织变得更加

第七章

严密，对信徒的控制力也逐渐增强。

公元 2 世纪后，基督教教徒的数量不断增加，教会的成分开始变得复杂。各地富贾乡绅加入教会组织，并逐渐取得对教会组织的领导权，他们扭转了教会反抗罗马当局的激进态度，甚至公开承认罗马皇帝在基督教教义中具有合法地位，并要求信徒对罗马统治者的暴行保持隐忍和臣服。同时，罗马当局转而承认基督教及其教会组织的合法性，扶植教会组织中亲近罗马的势力，利用基督教在贫苦民众中的巨大影响力稳定政局。基督教教义开始被合法地传播到罗马帝国的各个行省，教会组织在短时间内迅速膨胀。公元 3 世纪末，基督教已经不再是巴勒斯坦的地方宗教，而一跃成为当时的"世界宗教"。

（二）基督教的合法化与教会法的初步形成

公元 313 年，东罗马帝国皇帝君士坦丁一世在米兰发布敕令，停止迫害基督教教徒，归还被没收的教会地产，并通过颁布宗教信仰自由政策和《米兰敕令》解除了对基督教的禁令，初步奠定了基督教的合法地位。

公元 324 年，君士坦丁一世将罗马帝国的首都迁往地处小亚细亚的君士坦丁堡，并于次年在新都附近的尼西亚城主持了基督教大公会议，史称"尼西亚会议"。该次会议是基督教发展史上的一块里程碑，它宣告圣父、圣子、圣灵三位一体为基督教信仰的核心；它制定二十条法规以扩大正统派主教的权力，并为基督教徒制定了具有强制性的统一信条。尼西亚会议颁布的《尼西亚信经》被视为教会法正式形成的标志。尼西亚会议由罗马皇帝亲自主持召集，这表明，基督教的地位已经得到罗马世俗政权的完全认同；同时，尼西亚会议也表明，罗马帝国要求基督教教会完全屈从于世俗政权。因此，君士坦丁堡的主教始终处于罗马皇帝政令之下，"政"与"教"二者结合，趋于"一元化"的政治结构。但是，迁都使罗马城的主教获得了相对宽松的政治环境，他取得较君士坦丁堡主教更大的自主权，甚至享有自行任命下一任罗马主教的"主教叙任权"，"政"与"教"二者分离，趋于"二元化"的政治格局。这为公元 11 世纪基督教分裂为西、东两个教派埋下了伏笔。

公元 333 年，君士坦丁一世承认了主教的管辖权，这使基督教教会中的大小领袖得到了更为切乎实际的政治权力。主教们可以像地方执政官那样受理原告提起的民事以及刑事诉讼，并作出具有强制执行力的判决。教会中担任神职的其他人员则需要为主教管辖权的行使承担各种各样的使命。因此，教会组织的发展开始呈现出层级分化、职能分化和区域分化的趋势，教阶制度演变得愈发繁琐，教会内部的行政职能愈发专门化，教区的规模愈发扩大化。可以认为，教会组织的复杂化是教会法得以完善以及教会法体系得以建立成形的基本驱动力。

（三）法兰克时期基督教的发展与教会法的传播

公元 476 年西罗马帝国灭亡，日耳曼征服者在西欧各地纷纷建立起自己的王国。由于日耳曼人大都信奉较为原始的多神教，基督教的发展一度陷入低谷。公元 496 年，法兰克王国的缔造者克洛维率众在朗斯接受洗礼，皈依基督教，得到了高卢罗

第七章

马贵族和当地教会的热烈欢迎和大力支持。此后，其他日耳曼王国的统治者也陆续皈依了基督教，基督教教会在西欧各地重新成为一支重要的政治力量。

公元 751 年，罗马教皇斯蒂芬三世为法兰克宫相丕平举行涂油圣礼，帮助他篡夺王位，建立了加洛林王朝。公元 756 年，罗马教皇受到伦巴德王国的武力威胁，求助于法兰克王国，丕平在挫败伦巴德人之后，将罗马城及其原东罗马帝国在意大利的拉文那总督管区划归教皇管辖。这片以梵蒂冈城为中心的领土为罗马教皇建立教皇国提供了重要的物质基础。为了防止东罗马帝国重新夺取这片土地，罗马教皇杜撰了一份名为"君士坦丁赠礼"的文件，以论证罗马教会占有这片领土的合法性。这份伪造的历史文献为罗马教皇享有广泛的世俗主权提供了法律上的依据，被罗马天主教会认为是教会的根本法之一。

总的来说，这一时期西欧各地的基督教教会基本上处于世俗政权的控制之下，因而教会颁布的重要法律文件大多体现了教俗之间相互支援的关系。此一时期的教会法在内容上较多地涉及教会的内部事务，而几乎不涉及世俗纷争。公元 9 世纪初，经过法兰克王国数百年的统治，基督教教义被传播到欧洲的各个角落，教会法已经成为人所共知的法律体系。

二、教会法的发展（公元 9 ~ 13 世纪）

（一）教俗关系的转变与教会法的繁荣

公元 8 ~ 9 世纪，查理曼通过武力征服将西欧和中欧的大部分地区归并入法兰克王国版图。但是，法兰克王国在查理曼死后迅速解体，世俗政治领袖的权势较以前大幅减弱，他们频繁地向罗马天主教廷表明忠心并寻求帮助，无形中造就了罗马教皇跨越诸世俗王国边界的巨大权威。以教皇为核心的罗马天主教教会逐渐发展成为中世纪欧洲的国际中心。

公元 10 世纪初，法国西南部的克吕尼修道院发起了旨在反对教会封建化和世俗化的宗教改革运动，史称克吕尼改革。这场改革把矛头指向世俗政权，认为修士买卖圣职、娶亲或者与异性同居等丑恶现象的出现应完全归罪于世俗政治的堕落。该运动主张，修士须遵守修道院原有的法规，严格隐修生活，整肃宗教礼仪；修士不得置私产，不得结婚，不得违背修道院的领导；世俗势力不应控制修道院，也不应侵蚀修道院的地产。

公元 1075 年，在克吕尼改革运动的基础上，教皇格里高利七世颁布了包含 27 个条文的《教皇敕令》，明确宣布"教权至上"的理念，取消世俗君主叙任本地主教的权利，并对教会的独立性以及教权与王权的关系作出了新的界定。该敕令指出，以教皇为中心的教会应当取得凌驾于诸世俗君主之上的至高地位，因而任何世俗君主如果不效忠教皇，就没有对自己的王国进行合法统治的基础。此外，该敕令亦强调教会法规必须由教皇颁布或批准；地方教士应服从教皇特使；禁止圣职买卖；坚持教士独身等宗教规则。该敕令出台之后立刻遭到各国世俗统治者的强烈反对，德意志皇帝亨利四世甚至发表檄文，要求废黜罗马教皇格里高利七世；教皇则于 1076

年在拉特兰城召开宗教会议，宣布革除亨利四世的教籍。至此，教俗矛盾公开化，教俗之间的外交冲突持续不断。

公元 1122 年，教俗双方在沃尔姆斯城缔结协定，根据该协定，罗马教皇获得了德意志地方的"主教叙任权"。这表明，教会在西欧任何国家都不再受到世俗政府的管辖。至此，教会已经发展成为以罗马教廷为中心并且独立于世俗政权的庞大网络，而教皇的地位也已经凌驾于诸世俗君主之上，成为中世纪封建政治的绝对权力核心。

正是在这样的历史背景之下，教会法得以彰显。教皇敕令、宗教会议决议以及宗教法院判决不仅成为普遍适用于西欧各国的法律，而且成为学术研究的内容。公元 11 ~ 12 世纪兴起于意大利的大学均开设民法与教会法课程，把教会法作为与罗马法相并列的研究对象。约在公元 1140 年，博洛尼亚修士格拉提安用时下流行的语言阐述教会法原则，并在每一条规则之下引注《圣经》原文、教皇敕令以及宗教会议决议等，编纂成著名的《格拉提安教令集》。这部成于民间的教令集在西欧各国具有很高权威，它不仅成为各地宗教法庭适用法律所参照的依据，亦成为各大学研究和讲授教会法的依据，为教会法发展成为独立的法律体系奠定了基础。

（二）基督教鼎盛时期教会法的成熟

公元 1198 年，英诺森三世继任教皇，罗马天主教廷的权势达到顶峰。英诺森三世鼓吹罗马教皇是"世界之主"，他不仅对西欧各国的内政强加干涉，并且策动第四次十字军东征，组织各国武装力量对基督教世界以外的地方发动侵略战争。这一时期的罗马教皇俨然成为西欧各国教俗事务以及国际问题的最高权威。

为了使教会法满足现世的需要，英诺森三世对教会法进行了大规模的修订，并将各个时期的教皇敕令和宗教会议决议结集成册。教会法由此发展成为易于为人们查录和应用的法律系统，其地位也得以进一步提升，凌驾于世俗法之上。同时，教会法庭则发展成为完全独立于世俗法庭的独立司法系统，其管辖权的范围随着教会势力的膨胀而不断扩大。一般来说，凡是涉及基督教信仰的案件，或是涉及教会利益的案件，无论刑、民，均由教会法庭管辖，世俗法庭则无权过问。此外，学者对教会法的研究在这一时期也达到了新的高度，教会法成为大学开设的必修课程，大学中也出现了专门研究教会法的专家学者，各种关于教会法的专著及法律注释层出不穷。总之，教会法在这一时期不仅成为西欧各国普遍适用的法律，而且成为通行于西欧各国的法律学术语言。教会法已经演变成为一个包含着丰富思想内涵和法律知识的成熟的规则体系。

三、教会法的衰落（公元 14 ~ 16 世纪）

公元 14 世纪，随着西欧各国中央集权制的形成，各国世俗君主的权力不断膨胀，教会趋于势微。民族国家的意识开始在西欧各国兴起，人们不愿再把自己视为罗马天主教廷的臣民，而把热情投入到封建王国或自治城市的政治运动和经济活动中去。公元 15 世纪，资产阶级掀起人文主义运动的浪潮。为了摆脱基督教对人的束

第七章

缚，人们开始寻求反对教会秩序的理论依据，并将追求自由作为人生的终极目的，教会逐步丧失了它在人们精神领域无可取代的权威地位。公元16世纪，发端于德国的宗教改革运动造成了基督教的内部分裂，西欧各国纷纷出现了独立于罗马天主教廷的新教派，如德国的路德派、法国的加尔文派和英国的圣公会派等。这些体现资产阶级利益的新兴教派的出现严重地削弱了罗马教廷的势力。资产阶级革命之后，西欧各国普遍奉行政教分离原则，国家法律实现了世俗化。教会法作为一个独立的法律体系虽然得以保存，但是其管辖范围缩小到与信仰和道德有关的个别领域。但是，毋庸置疑，教会法并未消失，教会法中的很多规则至今仍然是西欧各国立法时需要参照的重要法律渊源。

■ 第二节 教会法的渊源

一、《圣经》

《圣经》是基督教的经典，是基督教信仰的基础，因而也是教会法最为重要的渊源。虽然基督教在历史上曾经多次分裂，但是基督教各教派均将《圣经》视为神圣不可动摇的文本。《圣经》对于基督教各教派的信徒都具有最高法律效力。在中世纪的西欧，《圣经》不仅是罗马教皇立法的主要依据，亦成为各地教会法庭活动的主要准则。此外，《圣经》在教会法研究中也发挥着至为关键的作用，学者们往往将《圣经》作为疏通和注释各种教会法规范的最高准则。总之，《圣经》以其在宗教和意识形态领域的巨大影响力成为教会法体系中具有象征性的"最高法"。

《圣经》包括《旧约全书》和《新约全书》两部分。《旧约全书》成于公元前3世纪~公元1世纪，其原文大部分由希伯来文写成，是犹太教的经典，后为基督教所全盘继承。《旧约全书》共计39卷，由《律法书》《先知书》《历史》和《诗歌智慧书》四部分组成，主要叙述了世界和人类的起源的故事、犹太民族的古代历史、犹太教的法典以及大量的宗教诗歌和文学作品。《律法书》是《旧约全书》的精髓，共包括5卷，也称《摩西五经》。《新约全书》成于公元1世纪~2世纪末，原文由希腊文写成，是基督教自身的经典。

《新约全书》共计27卷，由《启示录》《使徒行传》《福音书》和《书信》四部分组成，主要叙述了耶稣的生平和言行、使徒们的传教活动、基督教早期的教义以及基督教教会早期发展的状况等内容。由于《新约全书》的原始抄本已经佚失，罗马帝国的统治者于公元4世纪末召集宗教会议，根据现存抄本确定了《新约全书》的内容和目次。《新约全书》诞生之后，各地又出现了很多由《新约全书》衍生出的宗教著作，如公元2世纪传自叙利亚的《十二使徒遗训》，公元3世纪出现的《使徒惯例》以及公元5世纪出现的八卷本《使徒大章》等。这些早期基督教的经典著作大多与《新约全书》一样用希腊文写成，它们包含了对《新约全书》的理解和诠释，亦属于教会法的重要渊源。

二、教皇敕令

宗教领袖颁布的各种决定和命令是教会法体系中理所当然的法律渊源。

公元 8 世纪之后，罗马教皇成为中世纪西欧基督教教会的最高领导人，也成为基督教世界的最高立法者，他在各种场合下颁布的大量敕令不仅在教会内部具有最高法律效力，也直接影响到世俗统治者的决策。教皇敕令涉及教会内外的各个社会领域，其内容往往比较具体，而且都具有极高的权威性，是教会法的重要渊源。当然，在基督教发展早期，历任罗马皇帝经常就基督教事务进行立法，这些世俗统治者所颁布的敕令被后世学者补充编入教规汇编，亦成为早期教会法的重要渊源。

三、宗教会议决议

宗教会议决议是由教皇或者地方教会领袖召集的各种宗教会议所作出的决定和颁布的命令。与教皇敕令不同，宗教会议将立法过程公开，集思广益，以便作出内容比较复杂的决定。实际上，很多重要的宗教规则都是通过宗教会议讨论，并以宗教会议决议的形式颁布施行的。与教皇敕令相仿，宗教会议决议也具有很高的权威性，它是各地教会及教徒所必须遵照执行的法律。世俗君主为了巩固自己的统治地位，往往直接参与宗教会议决议的制定，因此宗教会议决议对于世俗政治的影响也十分显著。

四、教令集

教令是对基督教经典以外所有教会法渊源的泛指，它包括与教会管理章程和惩戒办法有关的教会规则，以及教皇针对有关教会法适用问题的书面答复。教令集则是按照特定归类和编目方式对教令的结集汇编。教令集所收录的教令的来源十分广泛，既有教皇敕令、宗教大会决议，也有教会法庭作出的具体判决，以及教皇对教会法庭上诉案件的批复意见。一般来说，教令仅对某一具体问题享有权威性，而不具有普遍法律效力。然而，由于教令对教、俗两界均产生较大影响，因此教令往往成为教、俗法庭在处理类似案件时类推适用的法律依据。

自公元 4 世纪始，教令集就被广泛地应用于各地教会。公元 5 世纪，罗马修士迪奥尼修曾两度编纂《教皇教令集》，流传甚广。公元 8 世纪之后，罗马教皇的权力不断扩张，原有教会法规则变得陈旧不堪，难以满足教会发展的需要。为此，教皇亲自颁发大量敕令、通谕和教谕等各种形式的教令，作为对原有教会立法的补充。但是，散见于各种文件的教令给教会法的执行带来了不小麻烦。因此，有些教会学者开始搜罗教令，并将它们分类汇集，整理成规模庞大的教令集。公元 12 世纪，博洛尼亚隐修院修士格拉提安编纂了《历代敕令提要》，也称《格拉提安教令集》。这部教令集采用时下流行的辩理方式，满足社会各阶层的需要。它迅速取代以前所有的教令集，并通行于西欧各国教会长达 500 年之久，被公认为是古代教令集的典范。公元 13～14 世纪，罗马天主教廷又进行了几次教令编纂工作：教皇格里高利九世于1234 年颁布《格里高利九世敕令集》；教皇卜尼法八世于 1298 年编纂了《第六教令集》，也称《卜尼法八世教令集》；教皇约翰二十二世于 1317 年编纂完成《克莱芒大法》。公元 1582 年，教皇格里高利十三世将《格拉提安教令》《格里高利九世敕令集》《克莱芒大法》同以后的几部教令集合编成一部新的教令集，并仿效《查士丁尼民法大全》的名称，将其定名为《教会法大全》。这部教令集是中世纪西欧最后一部教令集，它一直沿用至 1917 年教皇利奥十三世时，才为新编《天主教会法典》所取代。

五、从罗马法中吸收的原则和规范

由于早期基督教曾经在罗马帝国世俗政权的庇佑之下发展，因而教会法与罗马法有着很深的渊源。罗马帝国衰落后，基督教教士成为垄断知识的阶层，他们不仅熟读宗教经典，而且大都精通罗马法。因此，他们不仅在教会身居要职，而且在西欧各国均被聘为国王和贵族的幕僚，为世俗统治者提供法律咨询。基督教教士在制定、适用以及研究教会法的过程中，尽量采纳罗马法的成就。例如，教会法承认罗马法对世俗事务的法律效力，并按照罗马法的规定确定基督教教徒赎罪金的数额。此外，教会法在土地、财产、婚姻、继承、税收、犯罪以及诉讼程序等诸多法律领域也受到罗马法的深刻影响。

■ 第三节　教会法的基本制度

一、教阶制度

教阶制度是规定基督教神职人员的等级和教务管理的制度。教阶制度起源于公元 2~3 世纪，并于罗马帝国皇帝认可基督教合法地位之后趋于完备。罗马帝国衰落之后，教阶制度迅速适应封建等级制的需要，并且为基督教教会脱离世俗政权的控制提供了强有力的支撑。公元 1054 年，基督教正式分裂为西、东两大教派，罗马天主教会将教阶制度进一步发展完善，至公元 13 世纪达到鼎盛。

基督教从"整个世界就是以上帝为主宰的等级结构"的观念出发，根据担任神职的高低，将教会内部人员划分为权利有所差别的若干等次，形成森严的封建等级。因此，"教阶"不仅意味着神职人员地位的高低，还意味着他们享有权利和履行义务的多寡。教阶制度大致包括三个品级，即教皇、大教职和小教职。

教皇既是众基督教徒之首，又是教会的最高统治者，因而他对于教徒以及教会的一切问题均享有最高管辖权。教皇享有颁发敕令、召集宗教会议、批准会议决议的立法权，也享有划定教区、任免主教、褫夺教籍等行政方面的权力，更享有教会法庭的最高审判权，教皇本人还享有免受任何审判的豁免权。自公元 9 世纪始，教皇称号专用于罗马主教。公元 11 世纪以后，教皇由枢机主教选举产生，任期终身，除因异端犯罪之外不受罢免。

教皇之下的品级是大教职，包括枢机主教、主教和神父三个级别。枢机主教一般是指直接由教皇任命并对教廷部门或重要教区享有管辖权的重要神职人员，也称大主教；枢机主教一般身着红色袍服，因而也称红衣主教。教会法规定，枢机主教可以在所辖教区之内召集宗教会议，所辖教区内的各主教必须服从枢机主教的命令。主教是低于枢机主教的神职人员，由教皇选任，并宣誓效忠于教皇，在一般教区内行使管理权。神父低于主教，是一般神职人员，由主教任免，往往是个别教区或教堂的负责人。神父协助主教管理教区教务，主持宗教仪式，对教徒进行日常管理，并负责组织传教活动。

大教职之下的品级是小教职，包括修士和修女。修士和修女是终身服务于教会的低级神职人员，辅助主教和神父处理日常教务，并从事祈祷和传教等工作。

从"神职人员是上帝的仆人"的观念出发，基督教认为，与世俗众人相比，教会内部的神职人员本身就是享有特权的阶层。神职人员可以领取教会的恩俸和神品，可以按照品级等次享有相应的礼节特权，还可以享有各种各样的司法特权。神职人员犯罪只能由教会法庭审判，免受世俗法庭干涉；如果宗教法院判决被告无罪，任何人不得再提起诉讼，世俗法庭也不得根据世俗法再行追诉。此外，神职人员一般来说还享有豁免兵役和赋税的特权。同时，神职人员也须承担特定的宗教义务，如每日自省、忏悔罪过；宣传教义、忠诚教职；坚守独身、居住教堂；等等。

二、土地制度

中世纪的罗马天主教会拥有大量地产，鼎盛时期甚至占据西欧接近 1/3 的土地，超过任何世俗国家的最大的封建主。教会地产主要来源于世俗有产者的赠与。由于教会在政治领域占有特殊的权威地位，因此封建王国的君主和贵族为了获得教会对自己的承认和庇佑，甘愿将大量地产无偿赠与教会，并且免征赋税。

教会十分重视对地产权益加以保护。教会法规定，教会对其占有的土地享有不受世俗侵犯的支配权。为了防止教会财产分散，教会将它所占有的土地和其他财产进行集中管理，唯有教皇才是这些财产的最高管理者和处分者。同时，教会法规定，禁止任何人分割、转让教会地产；若有教士强占教会财产，则应罢免一切圣职及教会职务；若有世俗诸人侵害教会财产，则应以惩戒异端的名义施以处罚。

教会对于受赠地产加以封建庄园式的经营，即把同一教区之内的相邻教会地产集中起来，组成便于耕种的大地产，通过雇佣农民劳动并收取地租的方式获取土地的收益。此外，教会还在其封建地产之上设置什一税等税目，以加重对农民的盘剥。

除了接受赠与、出租土地以及向农民收取地租等获取土地利益的手段之外，教会还在其地产之上经营森林、牧场，并从事制盐、酿酒等活动聚敛财富。

三、契约制度

教会法原则上认可罗马法中关于契约的规定和学说，因而教会法关于契约的专门规则很少。基于基督教中"上帝的子民人人平等"的观念，教会法主张任何交易都应当平等进行，人们不应当为了贪婪财富而通过契约的方式获取超额利润，更不能为了牟取私利借用不公平的契约损害他人的利益。当然，教会法对于那些为了维持生计而低买高卖的商人并不报以否定的态度。

教会法十分重视个人诚信在契约中的作用。契约当事人如果宣誓履行某一契约义务，即使该契约可能被视为无效或可撤销契约，该当事人依旧必须履行该契约义务，因为此时他履约的目的并非是契约对方当事人的利益，而是他自己"灵魂的救赎"。由此，教会法学家发展出更为严格的契约法原则，即无论契约的承诺是否拥有书面形式，是否附加有宣誓的保证，该承诺均具有约束力。不履行承诺的行为等于说谎，属于严重的心灵犯罪，应当受到严惩。

此外，由于《圣经》的《旧约全书》和《新约全书》都曾对高利贷加以谴责，因此教会法禁止高利贷。但是，教会法对于什么是高利贷并没有明确的界定，这导致公元 12 世纪以来，禁止高利贷的法令形同虚设。自公元 11 世纪末开始，西欧封建经济有了较大发展，商品流通变得活跃起来。掌握着大量财富的教会也开始通过贷款并收取利息的方式谋利。为了不与《圣经》相违背，教会法规定了多种筹、贷款并收取利息的合法形式。例如，如果收取利息的目的是弥补借款人因出借款项而蒙受的损失，那么这样的利息也是合法的。显而易见，教会通过颁布法令并对宗教经典加以解释的手段，为自己牟取高额利息披上了合法的外衣。

四、婚姻、家庭与继承制度

婚姻、家庭和继承制度涉及人类生活的基本需求，因而这些制度易于演变为人们在日常生活中自然因循的习惯。教会法对婚姻、家庭和继承有着较为严格的规定，由于这些规定在中世纪西欧各地长期通行，甚至已经以习惯的形式融入了西方文明的血液，因而中世纪教会法对近代西方国家的婚姻家庭法和继承法产生了深远的影响。

根据基督教教义，男人和女人之间缔结婚姻属于"上帝的安排"，是不得违背的神圣信条。教会法由此引申出"一夫一妻"的原则，同时确认夫妻之间"永不离异"的原则。任何人违背这两个原则都将被视为对上帝的背叛。但是，如果夫、妻一方与他人通奸，则另一方可以以此为由与对方分居，但仍不可与对方完全解除婚姻关系。

教会法明确规定缔结婚姻的实质要件，即男女双方的合意。同时，教会法亦规定了禁止婚姻及可撤销婚姻的条件，如男、女一方曾誓愿守贞，男女双方有亲属关系，男、女一方不足法定婚龄，男、女一方无性行为能力，男、女一方重婚，男、女一方是异教徒，等等。教会法还规定了缔结婚姻的形式要件，男女双方首先表示"自愿交付或接受对身体的永久专权"，而后则必须履行特定的宗教仪式，方可结为夫妇。应当指出，教堂婚礼仪式迄今仍是西方很多国家认可的结婚的形式要件之一。

与罗马法类似，教会法承认丈夫是家庭中的主宰，妻子处于从属地位。丈夫可以单独支配家庭财产，可以不经妻子同意与他人签订契约，也可以对其子女加以完全支配。妻子则不享有这些权利。继承法方面，教会法只对动产继承作出规定，而将不动产继承留给世俗法调整。教会法明确规定了遗嘱继承和无遗嘱继承，并且规定教会法庭有权验证遗嘱并监督遗嘱的执行。

第七章

五、刑法与刑罚

基督教教义认为，每个人自降生时就有原始的罪孽，因此人们必须通过虔诚的忏悔洗刷罪孽。因此，教会法对于"罪"的理解与世俗法并不相同。公元11世纪，教会法厘清了宗教罪孽与世俗犯罪的区别，规定唯有教会法庭才可以对宗教罪孽行使管辖权，世俗法庭则无权干涉此类案件。教会法将宗教罪孽区分为一般罪孽和刑事罪孽，后者即教会法意义上的犯罪。

基督教把整个世界理解为上帝构建的秩序，任何背叛"上帝信仰"以及破坏"上帝秩序"的行为都被视为严重的犯罪。在这种观念的影响下，教会法将背叛教会、信奉异教、另立教派和亵渎圣物等行为称为"异端"犯罪，并科以严苛的刑罚。公元14世纪之后，教会法庭利用这些罪名对科学家和进步思想家进行残酷迫害。著名科学家哥白尼、布鲁诺和伽利略都曾被教会法庭判定为"异端"犯罪而加以惩处。

与日耳曼法把复仇视为刑罚的观念不同，教会法认为刑罚的目的在于矫正罪犯的道德观以救赎其灵魂。因此，教会法主张，惩戒罪犯应当采取囚禁并辅以宗教感化和道德教育的方式，而不应对罪犯滥用死刑。但是，为了巩固自身的权威地位，中世纪后期的教会不仅大量适用死刑，而且执行死刑的方式十分残酷。公元14～15世纪，教会先后掀起"惩戒异端"和"剿灭女巫"的运动，教会法庭使用砍头、活埋、沉水、火刑等手段杀害了大批犹太教徒和无辜的女性。

教会法中还有许多宗教色彩浓重的刑罚。例如，弃绝罚以褫夺信徒教籍为惩戒方式，是一种后果严重的刑罚。根据基督教教义，被施以弃绝罚的人在死后不能升入天堂，因而弃绝罚也断绝了受罚者在世期间的一切社会交往。教会法中的禁止圣事罚只适用于教会内部的神职人员，该种刑罚剥夺了受罚者从事一切圣职行为的权利；而罢免圣职罚则免除神职人员的一切教会职务和俸禄。教会法中还通过设置禁令的方式对犯罪人加以处罚，如禁入教堂等。值得一提的是，对于罪行较轻的犯罪人，教会法采取强制犯罪人诵读经文、施舍和朝拜圣地等方法对犯罪人加以感化和教育，这对于以折磨犯罪人精神和肉体作为刑罚目的的世俗法来说具有一定的进步性。

六、诉讼制度

教会法庭是基督教教会设立的独立于世俗法院之外的专门处理宗教纠纷以及涉宗教事务的司法机构。教会法规定，仅教会法庭有权对基督教教徒加以审判，而教会法庭除了基督教教徒之外，也可以对异教徒加以审判，这就使得教会法庭几乎可以对当时欧洲的所有人行使司法管辖权。实际上，教会法庭还掌握着对案件性质的解释权，凡是对教会有利可图的案件，教会法庭都尽可能将其解释为涉教案件，以争取对该案件加以管辖。相比之下，世俗法院只能在封建王国内部针对教会法庭不愿审理的案件行使有限的司法管辖权。可以认为，中世纪的教会法庭长期凌驾于世俗法庭之上，在西欧各国的司法领域中占据主导地位。

　　由于教会奉行严格的教阶体制，与此相适应，教会法庭也分为不同等次。教皇法庭是教会司法机构的最高审级，设在罗马教廷。教皇法庭一般只受理来自各教区的上诉案件，教皇亲自对该法庭负责，他既可以委派全权代表组成特别法庭对上诉案件进行审判，也可以直接就上诉案件做出指示。大主教法庭是仅次于教皇法庭的审级，由大主教主持。主教法庭设在各教区，由主教主持，是更次一级的教会法庭。主教法庭之下还可设立副主教法庭，这些法庭名义上负责处理轻微宗教事件，实际上则是专门控制和监督民众思想动向的机构。公元12世纪末，教皇英诺森三世为了加强中央集权，专门设立宗教裁判所，作为教会的最高裁判机构。宗教裁判所由教皇亲自主持，它经常越过教会法规则，仅仅依据教皇的授意对当事人任意判决。宗教裁判所惯常采用拷打和逼供的手段进行侦查，并以有罪推定的逻辑对被告人作出不公正的判决。公元14~15世纪，教皇利用宗教裁判所，将"异端"罪名强加于科学家和进步人士，对他们滥施酷刑，并大量适用死刑，给中世纪后期蒙上了一层恐怖的阴影。因此，宗教裁判所也被后人称为异端裁判所。

　　教会法中的诉讼制度大多源于罗马法，但是又有所创新。与罗马法相类似，教会法中的刑事诉讼多采用纠问式审判方式，即法官根据控方的指控对案件事实进行调查，最终作出判决并执行刑罚。由于教会法是以宗教信仰为基础的法律体系，因此早期教会法非常重视个人宣誓的证明力。然而，如果原被告双方的宣誓具有同等的证明力，教会法庭便采用神明裁判的古老方式对案件作出裁断。公元13世纪后，教会法庭开始重视双方出示的人证及物证等客观证据。教会法中的民事诉讼程序十分繁琐，无论起诉、举证、判决、上诉都需要采取书面形式，对于文化程度较低的民众来说，通过教会法庭解决民事纠纷是一件困难的事。

■　第四节　教会法的历史地位和影响

　　教会法是中世纪欧洲重要的法律体系之一，它与罗马法和日耳曼法并列，支撑着中世纪欧洲的封建制度，并对近代欧洲各国法律的发展产生深远的影响。

一、教会法是封建性质的宗教法

　　纵观历史，教会法在中世纪早期仅仅是针对教会内部神职人员和一般教徒在宗教信仰、道德观和组织纪律方面的约束，其目的只是为教会举行宗教仪式以及有效地传教布道提供法律依据。中世纪中期，由于基督教占据了人们的精神世界并成为社会中的主流意识形态，教会法取得了广泛的适用范围，以及凌驾于世俗法之上的强制力。教会法在其发展历程中不断自我更新，最终适应了中世纪欧洲具有封建性质的经济形态，成为具有封建性质的宗教法。中世纪的教会法与世俗法虽然在管辖等方面激烈竞争，但是二者之间并不存在根本的冲突，反而在很多法律领域相互支持，相互印证，甚至相互融合。例如，教会法中的教阶制度与世俗法中对于贵族等级的划分十分类似，它们都发挥着维护封建等级制的作用。可以认为，中世纪的教会法是与世俗法相互依存又相互竞争的独立法律体系。中世纪后期，资本主义开始兴起，教会法受到强烈冲击，世俗法获得更大的发展空间，教会法由此衰落。

二、教会法是通行西欧的法律体系

中世纪西欧各封建王国虽然是独立的政治实体，但是它们并不能完全自主地处理彼此之间的关系，大多数情况都需要罗马天主教廷从中斡旋、调停，甚至作出最后的决定。因此，中世纪西欧各封建王国实际上是通过罗马天主教廷联系在一起的，教皇国是欧洲封建制度的中心，它把西欧联合成为一个庞大的政治体。公元11～13世纪，教皇利用其跨国影响力，组织西欧各国骑士，直接或间接发动若干次十字军东征。这表明，罗马天主教廷在当时享有国际政治中心的地位。此种历史背景之下，基督徒遍布西欧各地，教会法则成为当时通行西欧各国的统一法。

三、教会法是西方法律文化的承启者

中世纪是承接古代文明和近现代文明的桥梁。因此，中世纪教会法不仅是古代法律文化的继承者，也是西方近现代法律文化的奠基石。

中世纪教会法虽然是以基督教信仰为核心的法律体系，但是它并未被封闭在基督教教义之内，而是大量借鉴并吸收古代希腊和罗马世界优秀的文化传统，并在其基础上加以宗教化的改造。实际上，教会法不仅将西方古典法律文化中崇尚自然法、人本主义、尊重权利和法律自治的精神保存下来，并且借上帝之名义赋予它们更为崇高的地位。此外，中世纪教会法全面承袭了罗马法的法律方法：教皇、教会领袖以及宗教会议以成文的方式颁布法令；教会法庭的法官惯于采用演绎推理的方式适用教会法；教会法学者模仿罗马成文法典的编纂方法对卷帙浩繁的教会法渊源加以辨析、注释、排列和汇总，试图造就百科全书式的教会法法典；教会兴办的大学则成为促进罗马法在西欧得以全面复兴的重要推动力量。可以认为，教会法不仅使古代罗马法免于失传，而且恰恰是教会法把罗马法引入了近现代。

中世纪教会法盛极一时，它的适用范围超越了教会的限制，渗透到中世纪世俗法的各个领域，对近现代西方法律产生了深远的影响。在刑法方面，教会法强调刑罚的目的在于教育改造，主张对犯罪人进行宗教感化，这样的观点对近现代刑法思想有着积极的影响。在诉讼法方面，教会法要求法官在审判时遵循良心的要求，这为近现代西方诉讼法中"自由心证"原则的形成奠定了基础。中世纪后期，教会法逐步废黜了宣誓和神明裁判等主观证据的效力，转而采信更为客观的书证、物证和证人证言，这对于近现代证据法的发展也具有一定的进步意义。教会法在婚姻、家庭方面的原则和制度，如一夫一妻原则，婚姻自主原则，夫妻地位平等原则等，均被近现代资本主义国家的法律所接受，迄今仍然保持着一定的法律约束力。国际法方面，由于罗马教廷在中世纪长期扮演着国际争端调停人的角色，因而教会法在解决国家之间关系方面有着较为丰富的规定。此外，教会法还对战争期间武器的使用加以严格的限制。这些原则和制度对于后世产生了极为重要的影响，应当指出，近现代国际法中的国际关系准则、国际争端解决机制以及人道主义的战争法都与中世

纪教会法有着一定的渊源关系。

■ 思考练习

一、关键术语

米兰敕令；尼西亚信经；君士坦丁赠礼；克吕尼改革；格拉提安教令集；教阶制度。

二、思考题

1. 结合教会法发展的历史分析阐述中世纪教会法与世俗法之间的关系。
2. 为什么中世纪教会法是具有封建性质的宗教法？
3. 阐述中世纪教会法对近现代法律的重要影响。
4. 简述教阶制度在教会法中的核心地位。

■ 参考书目

1. 陈曦文：《基督教与中世纪西欧社会》，中国青年出版社 1999 年版。
2. 杨昌栋：《基督教在中古欧洲的贡献》，社会科学文献出版社 2000 年版。
3. 彭小瑜：《教会法研究》，商务印书馆 2003 年版。

第七章

第八章

中世纪西欧的城市法和商法

　　学习目的与要求　中世纪的城市法和商法是在公元10世纪随着西欧的城市化以及商品经济在城市中的快速发展而兴起的专门调整城市生活和商业贸易活动的特殊法律体系。城市法和商法与同时代通行于西欧广大农村地区的教、俗封建法律有着本质的差异。城市法作为城市居民获得城市自治权的法律成果，体现了与以人身依附为特征的封建等级制截然不同的社会关系。商法作为商人阶层从事商品交换活动的基本尺度，体现出以相互平等和意思自治为基本原则的新的经济关系。中世纪的城市法和商法促进了资本主义经济的发展和资产阶级的出现，是近现代资本主义法律的重要历史渊源。

　　重点掌握　城市法形成的历史原因；城市法的体系和主要内容；商法的渊源。

第一节　中世纪西欧的城市法

一、城市法概述

　　城市法是指在公元10～15世纪由那些经过西欧各封建王国授予自治权的城市制定、适用并执行的一种特殊的世俗法。与中世纪长期通行于西欧各国农村地区的具有封建性质的日耳曼法不同，城市法形成并发展于以经营手工业和商业为主的新兴城市，因而城市法与新颖且丰富的城市生活息息相关，通常涉及城市自治权、市民法律地位、税收、贸易、航海和商业行会管理等诸多专门领域。由于城市法仅能适用于享有或部分享有自治权的城市，因此相对于广泛适用于西欧各封建王国的日耳曼法来说，城市法是一种地域性很强的特别法。城市法基本上取消了封建贵族的特权，废除了封建人身依附关系，并倡导人们在相互平等和意思自治的前提下进行经济交往，这在一定程度上动摇了封建制度的基础。但是，城市法仍然保留了大量的封建性质残余。

（一）城市的兴起

罗马帝国曾经在西欧各地建成很多重要的城市。公元 6 世纪之后，西欧的城市手工业和商业严重萎缩，经济活动的中心转向农村地区，原本繁荣的古罗马城市开始衰落，并逐渐退化。公元 8 世纪，采邑制度在西欧各地的广泛确立标志着西欧的经济形态已经完成了由奴隶制商品经济向封建制自然经济的转变。

公元 10 世纪，西欧各国的政局相对稳定，社会财富有了相当的积累，人口数量迅速增长。在这样的情况下，那些便于物资流动的海、陆交通枢纽逐渐形成了人口密集的新城市，城市里的居民主要是手工业者和商人。这些新兴城市距离古罗马城市的遗址不远，它们大多保留了该城市的古罗马名称。新兴城市大多是由教、俗封建主管辖的特殊区域。为了使封建庄园生产的剩余产品转化为财富，教、俗封建主承认新兴城市的合法地位，使城市变成各封建王国领域内的经济特区。

新兴城市大多被城墙包围，居住在城墙两边的居民有着截然不同的生活方式。城外居民是农业人口，他们陷于对领主人身依附的枷锁之中，在农业劳动之外，他们还要承担繁重而且琐碎的封建役务；相比之下，城内居民多从事手工业和商业，他们彼此人格独立，地位平等，相互之间分工明确，业务联系紧密，容易形成共同的语言和共同的情感，进而结成利益共同体。

公元 10 世纪末，西欧各地城、乡居民生活方式的差距越来越大，城市居民的自主意识越来越强，新兴城市开始有意识地摆脱封建势力的控制：城市居民自发组织起来对城市公共事务加以管理，他们抵制教、俗封建主对城市所课的捐税，甚至组织城市武装用以抵御来自封建势力的各种干涉。公元 1057 年，意大利的米兰最先开始了争取城市自治的斗争，并建立了著名的米兰城市公社，而处于西欧工商业中心的其他城市，如威尼斯、佛罗伦萨、热那亚、巴黎和阿姆斯特丹等，也都通过赎买、起义或其他方式先后摆脱了封建势力的控制，并获得了不同程度的独立地位和自治权。意大利北部的很多城市与地方封建势力的斗争都相当激烈，它们几乎完全从教、俗封建主的控制之下解放出来，形成独立的政治实体，被后世学者称为"城市共和国"。

（二）城市法的形成与发展

对中世纪西欧的新兴城市，马克斯·韦伯[1]曾经概括性地指出，完整的新城市必须具备五大特征：①拥有防御性设施；②拥有市场；③拥有独立法庭；④市民的团体性；⑤市民的自律性与自主性。这五大特征的实现不仅需要依靠一定的物质基础，而且需要依靠与城市生活相适应的新型法律。中世纪西欧的新兴城市并不仅仅是人口密集和商业繁荣的特殊经济区域，而且同时必须是享有独立立法、行政和司法权力的特殊法律区域。具体来说，中世纪西欧城市法大致经历了三个发展阶段：

1. 习惯法汇编。由于西欧各地城乡之间的差距不断加大，城市里逐渐形成了完

第八章

---

[1]　马克斯·韦伯，20 世纪初德国的著名社会学家、政治经济学家。

全不同于封建庄园的新的社会氛围，人们需要新的规则来调整工商业生产活动和日常生活。而在新兴城市创设专属性立法机构之前，这些新规则只能来源于城市居民自觉遵守的习惯。所以，城市习惯是早期城市法的唯一渊源。

随着城市生活日益复杂化，习惯法不再能够满足城市居民对于秩序的需要，城市法开始被编纂成为城市习惯法汇编。新兴城市最早发端于意大利，那里出现了最早的城市习惯法汇编。这些城市习惯法汇编并不是全新的法律制度，而是一种有机综合了既有法律规则的新的法律形式。城市习惯法汇编大多是对城市原有的习惯法、城市执政官和居民立下的誓言、同业公会和各种行会的宣誓、由罗马法演变而来的商事习惯法的汇总和整理，其内容主要是城市特许状和城市中各工商业组织的行会章程。

2. 成文法典。自公元 10 世纪末开始，获得自治权的意大利北部诸城市开始系统编纂专属于本城市的成文法典，并于公元 13 世纪将这一运动推向高潮。这一时期出现于意大利的重要城市法典包括公元 10 世纪末的《热那亚城市法典》、公元 11 世纪的《毕士托瓦城市法典》、公元 13 世纪的《比萨城市法典》《米兰城市法典》和《博罗尼亚城市法典》、公元 15 世纪的《罗马城市法典》等。同一时期出现于法国的《巴黎城市法典》、西班牙的《多托沙城市法典》和德意志的《萨克森城市管辖法》也是影响较大的城市法典。与早期城市习惯法汇编不同，这一时期的城市法典大多是由城市自治权力机构编纂完成，或者由城市独立法院的判决汇集而成。城市成文法典在内容上比早期习惯法汇编更为丰富，它不仅包括民事和商事习惯，还包括城市权力机构的新立法和一些源于城际交往实践的新惯例，其范围不仅涉及城市行政管理和商事活动，还涉及犯罪与刑罚、诉讼程序等诸多领域。

3. 城市同盟法。公元 13 世纪之后，为了进一步对抗西欧各国的封建势力，保障海、陆贸易的安全，满足商业资本流通日益扩大的需求，那些取得自治权的工商业城市开始联合在一起创设城市同盟。西欧历史上最为著名的城市同盟是兴起于 13 世纪后半叶的汉萨同盟，该同盟最初由德意志北部的吕贝克、不来梅和汉堡等几个城市通过签订同盟协议的方式所组成，其同盟宗旨在于"每个城市必须尽可能地保护海上的商船并防御海上的强盗"。公元 14 世纪，约有 70～200 座城市陆续加入汉萨同盟，吕贝克成为该同盟的中心城市，同盟代表会议每三年在此召集一次，是汉萨同盟的最高权力机构。为了维护同盟成员的独立性，协调同盟成员之间的关系，保障同盟整体经济利益，汉萨同盟制定了很多专门适用于同盟成员城市的法律，即城市同盟法。城市同盟法的内容多涉及海商贸易领域，此外也涉及打击海上犯罪、维持城市治安的刑事司法领域。公元 14 世纪末，处于巅峰时期的汉萨同盟不仅拥有雄厚的经济实力，而且还拥有强大的武装力量，汉萨城市同盟已经从单纯的经济组织转变为军事政治同盟。这一时期，汉萨城市同盟颁布的法令无论在同盟内、外，都具有很大的权威性。

公元 15 世纪之后，西欧各封建王国加强中央集权，游离于王权之外的城市自治权逐渐被教、俗封建主缩减和取消，城市同盟开始瓦解，自治城市也被纳入封建王

第八章

国管辖的范围。这样的情势之下，王室敕令成为通行于各封建王国的唯一法律，城市法不再发展，并作为一种法律因素融入其他法律，成为近代法律的重要渊源之一。

二、城市法的渊源

（一）城市宪章

城市宪章，也称为城市特许状，它在中世纪西欧城市法的诸多法律渊源中占据着极为重要的地位。城市宪章通常是城市法律系统中具有根本法性质的法律文件，它是城市法体系的基础，城市之内的任何法律规则都不得与城市宪章相违背。城市宪章往往不是由城市立法机构自行制定的法律文件，而是由城市以外的教、俗封建主制定并且颁发的王室敕令或教会法令。因此，城市宪章的主要内容是以封建王国或教会的口吻赋予该城市以一定的自治权，并允许该城市居民享有各种各样的特殊权利，如自由经商、加入行会组织、使用城市土地、管理市场等。城市宪章既是教、俗封建主对其治下诸新兴城市施加特殊待遇的法律依据，又是诸新兴城市及其居民摆脱封建束缚和享受自由权利的法律保障，它就像是一把同时约束着封建主和城市居民的双刃剑，任何一方如果敢于僭越城市宪章的界限，都将招致来自于对方的激烈反抗。在公元 12~15 世纪之间出现于西欧重要城市的城市宪章主要包括公元 1111 年由德皇颁布的《斯拜尔特权宪章》、公元 1135 年由美因茨大主教颁布的《美因茨宪章》以及公元 1215 年由英王颁布的《自由大宪章》（Magna Carta）等。

（二）城市立法

城市立法是由自治城市的立法机构在城市宪章范围之内制定的用于管理城市和城市居民的具体法令，其内容主要涉及市政建设、城市发展、社会教育、居民福利、商业秩序和社会治安等方面，也涉及犯罪与刑罚以及诉讼程序等方面的法律问题。一般来说，与城市宪章不同，城市立法多以议会决议、长官文书或城市告示等形式分散出现。城市立法在城市法发展的后期逐渐增多，成为城市法的重要渊源。

（三）城市法庭判例和城市习惯

一般情况下，城市宪章允许城市自行组织司法系统并行使属地管辖权。城市法庭可以完全根据城市宪章、既有城市立法和其他专属于自治城市的法律渊源独立进行审判活动，并将其判决适用于该自治城市范围内的任何人。城市法庭成为独立于中世纪西欧各国封建世俗法庭和教会法庭的专门司法体系。城市法庭作出的判决在自治城市范围内具有一定的法律强制力。此外，城市习惯也发挥着对城市居民的行为加以规范的作用。

（四）行会章程

新兴城市以手工业和商业为支柱产业，城市内聚集了大批手工业者和商人。为了发挥分工优势，规避经营风险，规范行业秩序，以谋取更大的经济利益，众多手工业者和商人逐渐在他们的行业内部形成了行业联盟，即同业公会和行会。行会组织通常以制定行会章程的方式对行会内外的各种事务进行管理和规范，例如明确行会纪律、确定行会成员的权利和义务、协调行会成员之间的关系等。行会章程对自

第
八
章

治城市中某一个行业来说是最具权威的法律文件，而各行会联合发布的公告则在更大范围内具有法律效力。行会章程是中世纪西欧城市法中独具特色的法律渊源。

（五）城市同盟法令

城市同盟法令是城市同盟会议以加入同盟的各城市的名义联合发布的法令，这是一种具有准国际法性质的共同法，它通常发挥着协调城市同盟与外部势力的关系以及城市同盟成员之间的关系的作用。制定于公元1260年的《汉萨同盟法令》是中世纪西欧比较著名的城市同盟法令。对于当时西欧和北欧的许多城市来说，《汉萨同盟法令》都是重要的法律渊源。

三、城市法的主要内容

（一）城市自治权和市民权

教、俗封建主颁布的城市宪章赋予新兴城市一定的自治权，同时赋予新兴城市居民相应的市民权。

城市自治权意味着新兴城市可以自行组织独立于城市之外任何政治势力的城市机关，如城市议会、城市法庭的市长等，并由它们在城市范围内行使立法权、司法权和行政权。因此，城市自治权是城市法中首要的内容。一般来说，城市议会是自治城市的最高权力机关，它担负着选举市长和其他官员、组织法院并任命法官、制定城市法规、议决城市税收政策等职责。

市民权意味着城市居民在身份上不再受到封建关系的束缚，因而他们可以以独立的人格参与城市的政治、经济和文化活动。例如，城市居民定期选举城市议会，城市议会每届任期两年，每年改选半数代表。城市议会是城市居民参政的最为直接的表现。城市居民本着平等和自愿的原则相互交往，形成了完全不同于封建庄园的社会氛围。城市居民甚至成为中世纪西欧社会中一个独特的阶层，这个阶层构成了新兴城市行使其自治权的社会基础。

（二）行会管理和工商管理

新兴城市以工商业为基础。为了规避风险和追逐利益，众多城市手工业者和商人在各自行业内部自发组成了具有行业垄断性质的经济组织，即同业公会和行会。这些同业公会和行会在城市生活中起着重要的作用，它们制定的行会章程在行业内、外均具有法律约束力，因而它们实际上担负着对城市工商业秩序加以协调和管理的重要职责。

行会通常对行业准入资格加以垄断。任何人只有加入行会，接受行会章程的约束，才能从事特定行业的经营活动。这就从客观上控制了特定行业从业者的数量，防止因市场供需关系的变化而导致全行业人满为患的情况发生；同时保证了特定行业提供的产品和服务的质量，防止不具备生产经营条件的从业者败坏该特定行业的整体声誉。行会对于行会成员的控制十分严密，例如要求会员宣誓效忠该行会，要求会员定期缴纳会费，等等。如果出现会员违背行会章程的情况，行会内部还可以自行组成临时法庭对会员加以严厉的惩戒。因此，虽然城市居民整体享有自由和平

第八章

等的权利，但是他们各自还要受到所属行会的限制，甚至在人身上依附于行会组织。随着新城市贵族对行会领导权的掌控，行会逐渐发展为自治城市中具有较强封建性质的经济垄断组织。

通过颁布行会章程和行会法令，行会确定了行业内部需要遵循的各种标准。例如，手工业行会章程对于开设作坊的条件、规模、地点、工作时间、产品规格及质量、销售价格、帮工工资等均有明确规定；商业行会章程则对于专营权限、度量衡标准、商品最低限价、商店间距、竞争规则、进口限制等问题作出明确规定。因此，行会客观上成为城市中各种行业的管理机构。

（三）刑事司法制度

城市法律体系中有较为完整的刑法和诉讼制度。与同时代的封建世俗法相类似，城市法关于犯罪的规定比较具体，它通过详细描述行为和结果的方式对犯罪加以界定，其中缺乏关于犯罪的较为抽象的理论知识，法律条文之间也没有什么逻辑联系。城市法规定了很多严苛的刑罚，如绞刑、斩刑、宫刑以及大量的肉刑。城市法中的刑罚以震慑并惩罚罪犯作为唯一目的，而缺少教会法中以拯救罪犯为宗旨的刑事思想，显得较为原始和粗暴。脱离封建法律约束的城市法在刑事司法方面也体现出一定的进步性。例如，城市法在法律适用阶段严格实行法律面前人人平等、同罪同罚以及罪刑相适应等原则，在诉讼制度方面则废止了神明裁判和决斗等缺乏科学依据的举证方式，强调书证和物证等证据的证明作用。这些法律规定为早期资产阶级制定具有反封建性质的刑法和诉讼法提供了重要的借鉴。

四、城市法的特点及其影响

（一）城市法的特点

城市法具有很多区别于同时代其他法律的特点。从法律性质上来说，城市法是兼具公法和私法性质的混合法，它受到封建法律的深刻影响，但是又能够超越封建法律的局限，克服其中的消极因素。从法律内容上来说，城市法自成体系，它是一个以城市宪章为基础的包括行政法律规范、民商事法律规范和刑事司法规范等诸多部门法在内的完整的法律系统。从法律运行上来说，城市法的制定、适用和执行具有相对的独立性，其适用范围只及于特定的城市区域。从法律渊源上来说，城市法具有多元化的渊源，但是除城市宪章以外，其他法律渊源均来自于城市内部。总的来说，城市法基本上是一个能够自我创设、自我完善和自我发展的系统，它有着不同于封建世俗法和教会法的特定目的，也发展出了达到这些特定目的的专门手段，但是它依然在很大程度上依赖于同时代的封建世俗法和教会法。

（二）城市法的影响

城市法的兴起既反映出中世纪西欧地区商品经济整体复苏并快速发展的趋势，也反映出当时各国的中央政权萎缩乃至基本陷于瘫痪的状况。城市法是一个在经济上适应时代的需要，却不得不生存于政治夹缝中的法律体系。因此，城市法必然随着西欧各封建国家政治权力的集中而衰落，并作为一种独特的法律因素融入各封建国家的法律体系中。

早期资本主义社会的法律体系与中世纪西欧城市法在形成过程、法律性质、法律渊源、法律目的和法律方法等方面非常相似。平等、民主、自由、理性和法治的精神并非是由资产阶级革命者所首创的。早在资产阶级革命爆发的数百年前，这些观念就已经由中世纪自治城市提出并付诸实践。中世纪西欧城市争取自治权的运动为早期资产阶级开展反封建斗争积累了宝贵的经验，而中世纪城市法也为资产阶级创设具有资本主义性质的法律提供了重要的范本。

■ 第二节　中世纪西欧的商法

一、商法概述

中世纪西欧的商法，也称商人法，是指产生于中世纪西欧的商人中间，调整他们彼此之间关系的一系列习惯和法律。中世纪的西欧并没有统一的商法，各封建国家及自治城市都根据自己的需要制定本国或本地区的商法。尽管如此，由于各地商人之间频繁地流动和接触，不同地区的商法之间具有相似性，而且各地都仿效那些更著名的城市建立其商法制度。因此，中世纪西欧的商法在一定程度上具有国际通行性。应当注意，由于商业活动包括内陆商业活动和海上商业活动，因而完整意义上的商法应当由调整内陆商业活动的商法和调整海上商业活动的海商法两部分构成。

（一）商法的形成与发展

商法并不是中世纪西欧地区独有的法律。自从人类社会出现了商品流通的现象，商法就是法律的重要组成部分。早在公元前 18 世纪，古巴比伦王国著名的《汉穆拉比法典》就曾对商人之间商品交换的活动进行调整。公元前 8 世纪之后，欧洲商业文明的崛起使商法进入快速发展的时期，长期垄断海上贸易的腓尼基人最早制定了海商法，而海上和陆上商业活动都十分活跃的古希腊各城邦也曾颁布过很多商事法令，并对海商规则做出创新性规定。公元前 1 世纪，古罗马作为奴隶制简单商品经济最为发达的古代文明，曾经发展出为地中海沿岸各地所公认的民商事规则，并称之为万民法。公元 6 世纪，优士丁尼皇帝将适用于商人和商事活动的一系列原则和制度都分散地规定在《国法大全》当中，以统一法典的形式将买卖、借贷、租赁、雇佣、承揽、合伙、代理、运输和海损等与商业活动密切相关的法律制度融于罗马私法之中，可谓古代商法的集大成者。

公元 6 世纪之后，自给自足的农业经济取代以对外开放为特征的商品经济成为西欧各封建王国的经济支柱，商业开始衰退，商人作为一个社会阶层逐渐消失，商事法律也失去了适用的社会环境。公元 10 世纪，由于工商业城市的兴起，商业恢复繁荣，商人集中居住在城市里，他们自发建立起行业公会，并制定适用于商业活动的各种规则。在新兴城市里，商业成为一个专门的行业，商人则重新成为一个重要的社会阶层。至公元 11 世纪，为了摆脱封建生产关系的束缚，新兴城市开始了争取城市自治权的运动，商法也开始从具有封建性质的普通私法体系中抽离出来，并成为一个独立的法律部门。

公元 11 世纪中叶，意大利北部的许多城市率先获得城市自治权，城市手工业和商业开始快速发展，意大利成为整个欧洲的商业中心。这一时期，很多发迹于流通领域的商人开始介入城市政治，城市中出现了掌握权力的商人执政官，他们不仅对商事活动拥有管辖权，而且积极参与城市立法和司法活动，商人执政官制定的法规和作出的判决成为城市法的重要组成部分。因此，商人阶层不仅掌握着新兴城市的经济命脉，而且把持着城市自治权，商人成为城市法实际意义上的制定者、适用者和执行者。公元 12 世纪，罗马法开始在意大利复兴，城市大学对罗马法的研究引起广泛关注，意大利成为整个欧洲的法律中心。由于罗马法本身是建立在商品经济基础上的法律制度，因而罗马法为中世纪新兴的商法提供了现成的法律规则和理论基础。这一时期的意大利商法是在罗马法中有关商事习惯的规则的基础上发展起来的，因而意大利商法具有比较完整的体系和比较完备的功能，在当时居于领先地位。公元 13 世纪，意大利商法的影响遍及西欧各国的工商业城市，甚至被称为西欧各国商法的"母法"，这一方面有赖于意大利本地商业的持续繁荣，另一方面则应当归因于西欧各国广泛接受罗马法的历史事实。

中世纪中后期，商法开始趋向于国际化发展，这与商业活动本身的跨地区发展和市场的国际化有关。自公元 12 世纪始，西欧许多内陆城市都出现了规模巨大的定期集市，这些集市吸引了大批来自外地和外国的商人。于是，调整不同地区的商人之间关系的贸易习惯和商业法律规则便发展起来，这些习惯和规则得到各地商人的普遍尊重和执行，成为区别于城市商法和地区商法的国际性商事法律，即共同商法。基于共同商法，各国和各地区的商人之间得以更为密切地相互沟通，他们不但获得了更加广阔的市场，而且在交易安全性方面也得到了更为有力的保障。这一时期，西欧各主要工商业城市都主动向外地和外国商人开放本地市场，并以此换得本地商人在外地和外国市场开展经营活动的特权。最惠国待遇、治外法权以及领事裁判等商法制度正是在这种环境下应运而生的。此外，西欧各主要工商业城市还专门开设适用共同商法的特别商业法庭，法庭的组成人员既包括本地商人，也包括外地和外国的商人，他们一同就本地及涉外商事纠纷作出裁断，并以判例的形式不断地对共同商法加以补充。中世纪中后期的商法已经发展成为一个既具有行业化特征又具有国际化特征的法律体系。

至近现代早期，随着西欧各国君主专制政体的确立，分散于各封建势力的中央和地方立法权开始归由国家立法机关统一行使，以行业共识为基础的共同商法开始转变为以国家强制力为后盾的国家商法，在形式上也逐渐由习惯法及判例汇编向国家商事法典过渡。

（二）海商法的形成与发展

随着城市手工业和商业的繁荣，人们对跨地区和跨国贸易的需求日渐增长。然而，由于中世纪的西欧正处于封建割据的状态，因此陆路贸易往往需要商人在货物运输途中承担大量由各地封建主设定的税费，这不仅降低了贸易的效率，而且极大地增加了贸易的成本。为了摆脱封建税费对贸易活动的阻碍，更多的商人选择在没有政权分界的大海中运输他们的货物，这就刺激了中世纪海商法的产生与发展。

海商法的历史由来已久，公元前 3 世纪~公元前 2 世纪产生于希腊罗得岛的《罗得海法》是见诸文字记载的最早的海商法典，它的一部分内容被《学说汇纂》所采纳，即"罗得弃货损失分担规则"，该规则规定如果船舶在海上处于危险境地时，船长可将船上的货物抛弃大海，如果船舶随后遇救，那么由避险造成的损失应当由所有曾处于危险之中的人员，如船主和所有货主等，共同分担。这一规则成为近现代共同海损分担请求权的历史基础。公元 600~800 年间，东罗马帝国重新修纂了《罗得海法》，该法典成为中世纪欧洲海上贸易活动的最早的法律依据。公元 900 年前后，东罗马皇帝巴西尔一世在《查士丁尼国法大全》的基础上编纂完成了《巴西尔法典》，该法典受到《罗得海法》的深刻影响，并对很多海事问题作出了明确规定。

公元 10 世纪，工商业城市率先兴起于意大利，诸如威尼斯、热那亚及比萨等城市，它们借助其濒临地中海的地理优势，大都以海上贸易作为商业发展的主要途径，这使得海商法在意大利各沿海城市及港口蓬勃发展起来。公元 11~12 世纪制定于意大利那不勒斯附近的《阿玛斐法典》是一部具有代表性的意大利海商法典，它直到公元 16 世纪仍然通行于整个地中海地区。随着海上贸易范围的不断扩大，法国和西班牙的很多沿海城市，如马赛、巴塞罗那等，也成为地中海贸易圈之中举足轻重的港口。公元 15 世纪，以加泰罗尼亚语撰写的《海事法汇编》（也称为《康梭拉多海法》）在巴塞罗那出版，它收录了地中海沿岸城市的法官们所共同遵循的法律规则和惯例，成为当时最为重要的海商法规则汇编。

西欧北部的英吉利海峡、北海以及波罗的海沿岸也有很多工商业繁荣的城市，但是由于它们距离地中海十分遥远，因而这一区域形成了相对独立的海商法律规则体系。公元 1150 年，法国西海岸小岛奥列隆的城市贵族将公元 11 世纪奥列隆海事法庭宣布的判决汇集成册，以便城市法官援引适用，即《奥列隆海法》。理查德一世将《奥列隆海法》带回英格兰，并下令将其作为英格兰的海商法。据考证，《奥列隆海法》主要流传于英吉利海峡两端的英格兰、弗兰德尔、诺曼底和布列塔尼地区。北海和波罗的海沿岸城市则更多地遵循《维斯比海法》，这部法典得名于瑞典东部哥特兰岛的汉萨城市维斯比，它是在 1240 年吕贝克城的一部萨克森法典的基础上，融合了《奥列隆海法》、阿姆斯特丹海事法令以及哥本哈根商事和海事法等诸多法典的内容，最终编修完成的。《维斯比海法》是波罗的海地区各城市普遍接受的海商法规则。公元 13~15 世纪活跃于北海和波罗的海地区的汉萨同盟使海商法得到了更大范围内的统一，基本上源于传统罗马法的《汉萨同盟海商法》也是通行于这一区域的海商法规则。

（三）商法和海商法的渊源

1. 城市立法和城市同盟法令。中世纪西欧的城市立法和城市同盟法令是中世纪商法和海商法最为直接的法律渊源。大多数自治城市都是手工业者和商人云集的地方，因此城市立法的主要目的就是对市场秩序加以规范，同时对参与市场活动的手工业者和商人进行管理。作为中世纪商法和海商法的直接渊源的城市立法主要以商业行会章程的形式出现，其内容以通行于商人之间的商事和海事习惯为基础，并对这些源流久远的习惯加以改造。城市之间订立的有关商业贸易的协议也是中世纪商法和海商法的渊源。此外，公元13世纪兴起的城市同盟也通过同盟法令的形式对城市间的商业活动进行调整和规制，著名的《汉萨同盟法令》以及《汉萨同盟海商法》就是波罗的海地区各工商业城市所共同遵守的商事及海事规则。

2. 商事与海事习惯。商事与海事习惯是中世纪商法和海商法最主要的法律渊源，它们不是由国家政治机关制定的，而是由商人们在长期的陆路和海上贸易的活动中自发形成的。商事和海事习惯的发展基本上独立于各封建国家和宗教势力，因而这些规则具有一定的国际通行性，它们为各地商人所普遍遵守，是针对由城市自治机关或行会制定的各种商业法律规则的重要补充。商事与海事习惯有着较强的历史延续性，它们并不会因为朝代的更替而发生改变，因而中世纪的商法和海商法不仅吸收并保留了古代法中的多种制度，并且对近现代商法和海商法也有着巨大的影响。例如，公元前2世纪就已经产生的"罗得弃货损失分担规则"通过中世纪海商法的继受和发扬，最终演变成为近现代共同海损制度的基础。

3. 商事与海事判例。中世纪城市法庭几乎是商人们解决互相之间商事和海事纠纷的唯一场所。由于商事和海事纠纷具有较强的专业性，因此城市法庭又分化出专门受理商业案件并有权做出轻微处罚的市场法庭，以及专门受理海商案件的港口法庭。这些特殊城市法庭的法官由商人行会的首领充任，但是他们在上任之前需要得到城市议会的授权和主教的任命。公元13世纪之后，城市联盟发展壮大，城市联盟创设的司法机构成为解决联盟成员之间商事和海事纠纷的重要场所。中世纪城市或城市联盟设立的专门法庭一方面帮助商人们解决了具体纠纷，另一方面也为各自治城市的商人阶层提供了可以普遍遵守的标准和规则。这些专门法庭作出的判决不仅能够对案件当事人产生法律效力，而且在以后发生的相似案件中成为法官援引的决律依据。为了便于掌握这些已经被视为商人阶层的普遍行为规范的判决，商人行会将它们汇编成册，形成商事及海事法典。公元10世纪出现的《阿玛斐法典》以及后来的《康梭拉多海法》《奥列隆海法》《维斯比海法》等都是对海商法庭依据商事和海事习惯形成的判例的汇编，它们是中世纪商法和海商法的最重要的表现形式。

二、商法的基本内容

（一）商人及商人组织

中世纪城市法首先确认了定居在城市中的商人享有自由的身份和合法的地位。在此基础上，主要以商人行会章程为载体的城市商法规定了本地商人和外地商人在从事商业活动时享有平等的法律地位，同时规定了与商人参与商业活动有关的一系列权利，如商人的经商权、商号权和获偿权等。此外，城市商法也详细规定了商人应当承担的种种义务，如服从行会章程、缴纳税费、制作并保存商业账簿，等等。城市商法中一般还包括防范不正当竞争的条款以及吸引外地商人的优惠政策。

城市之间的商业活动一般以两地商人结成合伙的方式经营。最初的商业合伙大多由某一个城市内部的商人结成，他们向外地派驻代办人，并依靠代理契约实现对代办人的约束和控制。随着不同城市之间的贸易往来日趋频繁，异地商人开始结成相对稳定的商人组织。例如，汉萨同盟推行"相互代办合作关系"的贸易形式，异地商人互相充当对方在本地的代理人，互相出售对方的货物以牟取利润。城市及城市同盟的商法针对类似的商人合伙组织也做出了很多规定，使商人合伙的组织形式、来往信函的法律效力和账簿制度等有了切实的法律依据。

（二）市场管理

集市是中世纪城市商人从事商业活动的主要场所，因此各地的商法都对本地集市交易的活动作出明确的规定，例如开市和闭市的时间，度量衡及货币兑换的统一标准，集市管理费和赋税的征收，集市的治安管理，等等。集市一般设立专门的监督管理机构，一方面负责维持集市秩序，收取各种税费，另一方面则协助商人签署合约，同时监督集市中的各种交易是否符合商事法律的规定。某些规模巨大的集市还设有专门的司法机构，即市场法庭，负责对集市中发生的商业纠纷进行调解。法国香槟地区的集市是西欧内陆最早的大规模集市，它在13世纪初设立的法庭只能对违反市场管理规定的商人进行处罚，而在13世纪后半叶，香槟集市的法庭自行制定了将违约者驱逐出集市的惩罚，这使得集市变成了相对独立于世俗封建主和教会的专门司法管辖区。

（三）票据制度

商业票据的历史最早可以追溯到商品经济发达的古希腊和古罗马时期，人们以代表着一定金额款项的票据作为支付手段，克服了随身携带大量现金的不便和风险。公元12世纪之后，随着手工业和商业在西欧的大规模发展，各种票据又出现在商人之间的交易活动中。商人们根据票据的不同特性和功能，将票据分为由发票人自己付款的本票、由发票人委托付款人付款的汇票以及由存款人委托他人付款的支票。公元16世纪时，商人们又根据票据的无因性发展出票据背书转让制度。这些在中世纪为商人们所谙熟的票据制度对近现代票据法有着深远的影响。

（四）海事制度

为了保障船舶海上航行的安全，中世纪各地海商法均对本地船舶的适航情况做出限制性规定，如船舶的吨位、装载货位以及搭载乘客的数量等，必须限制在法定标准之下。在海上航行的船舶享有独立的司法管辖权，船舶上设立的特别法庭有权对船上发生的纠纷进行审判。为避免船舶在港口停泊期间发生船舶本身以及装载货物的损失，中世纪海商法对港口的使用与管理也有明确的规定。

除了规定针对风险的事先预防的措施之外，中世纪海商法也规定了风险发生之后的补救措施。如果船舶遭遇海难，船长有权在未经货主同意的情况下抛弃船舶装载的货物以免船舶倾覆，保住财物的货主必须在事后偿付受损货主的损失。这种被称为"海损弃货损失分担"的制度源于《罗得海法》，它被中世纪海商法全盘接受，并成为近现代共同海损制度的历史渊源。此外，如果船舶在海难中倾覆，那么根据中世纪海事惯例，从遇难船舶上漂流的货物应当属于海岸所有人所有。但是，这个惯例的存在导致人为破坏船舶的事件屡有发生，因此，汉萨同盟明确反对该惯例，并在同盟成员当中推行遇难船舶财产归还货主的新制度。

三、商法的特点和影响

从发展历程来看，中世纪的商法和海商法产生于西欧城市复苏和商品经济快速发展的时代背景之下。因此，中世纪商法和海商法在内容上几乎完全区别于同时代的封建庄园法和教会法，是专门用来调整商品交易活动的独立法律体系。

从法律渊源来看，中世纪的商法和海商法并非由国家或城市的政治机关制定和推行，而是在不断发生的商业交往中被人们积累和总结起来，又被专门管辖商业活动的司法机构反复适用和印证，最终被商人团体及行会组织汇编形成的法律。因此，中世纪的商法和海商法本质上是一种习惯法。

从法律性质来看，中世纪的商法和海商法同时具有国际性和国家性。中世纪商法和海商法的法律效力来源于整个欧洲的商人阶层的普遍公认，因此它是具有跨国性质的共同法。同时，由于商法和海商法对于各地商品经济的发展起着无可替代的作用，各国封建统治者都认可商法和海商法在本国领域内的法律效力。因此，中世纪的商法和海商法又是各个国家内部的法律。公元17世纪之后，随着国家主权的不断强化，共同商法开始演变为各国的国内法，而海商法则依然较多地保持着自身的国际性。

从对后世的影响来看，中世纪的商法和海商法对资本主义法律体系的形成发挥了重要的作用。由于中世纪的商法和海商法是以商业活动作为调整对象的专门法律，而商品经济是资本主义经济的基本形式，所以商法和海商法是具有资本主义因素的法律。中世纪的商法和海商法体现出人与人之间相互平等以及自由对待个人权利的精神，无疑将促使人们对封建等级制展开反思，而商法和海商法所包含的丰富内容，如商人和商人组织的地位、集市管理制度、票据制度、海上运输与海难救助等，直接推动了前资本主义时期商品经济的发展，使商业资本的持有者作为一个阶级开始形成，并为资产阶级商法的形成奠定了坚实的基础。

■　思考练习

一、关键术语

城市宪章；行会章程；城市同盟；市民权；《罗得海法》。

第八章

二、思考题

1. 简述中世纪西欧的城市法形成的历史原因。
2. 中世纪西欧的城市法与商法之间有什么样的关系？
3. 能否认为中世纪西欧的城市法和商法是具有资本主义性质的法律？为什么？

■ 参考书目

1. ［美］哈罗德·J. 伯尔曼：《法律与革命——西方法律传统的形成》，贺卫方等译，中国大百科全书出版社 1993 年版。

2. ［德］汉斯－维尔纳·格茨：《欧洲中世纪生活 7 ~ 13 世纪》，王亚平译，东方出版社 2002 年版。

3. ［美］查尔斯·霍默·哈斯金斯：《12 世纪文艺复兴》，夏继果译，上海人民出版社 2005 年版。

下 篇

近现代法律制度

第三编

英美法系国家的法律制度

第九章

英国法

学习目的与要求 英国法律制度是当代世界两大主要法系之一——英美法系的重要组成部分，英美法系国家的许多重要的法律制度都源于英国。12 世纪前后由普通法院创制并发展起来的普通法奠定了英国法的基本特点。英国是世界上最早完成近代宪政革命的国家。在漫长的发展过程中，英国逐渐形成了独具特色的以司法为中心的法治模式。法官和律师在英国法发展中发挥了主要作用。

重点掌握 普通法和衡平法的形成和发展；普通法的特点；衡平法的特点；英国宪法的基本原则；对价制度；侵权行为责任原则的演变；陪审制度。

■ 第一节 英国法律制度的形成与演变

英国是一个具有悠久法律传统的国家。与其他欧洲国家不同，其法律制度基本是在本土习惯基础上发展而来的，只是在很少的一些方面受到以罗马法为基础的欧洲大陆法律传统的影响。英国法律制度的历史发端于盎格鲁－撒克逊时期的习惯法。1066 年诺曼征服以后，在强大的王权和王室司法机构形成发展过程中，王室法官对习惯法加以整理建立起普通法体系。17 世纪资产阶级革命后，普通法传统被部分地改造而得以继续发展。19 世纪大规模的司法改革最终完成了英国法的现代化。

第九章

一、盎格鲁－撒克逊时期英国的法律制度

不列颠群岛原有的居民是伊比利亚人和从欧洲大陆迁来的克尔特人。公元前 1 世纪，罗马人征服了此地，不列颠成为罗马的一个省。5 世纪初，在西罗马帝国濒于崩溃的情况下，罗马人撤出不列颠，当地克尔特人恢复短暂的独立。由于罗马帝国对不列颠的征服时间不长，且主要是对少数沿海城市实行军事控制，因而罗马法在不列颠几乎没有留下任何影响。

自 5 世纪中叶起，在日耳曼人大迁徙的过程中，日耳曼人的支系盎格鲁人、撒克逊人和裘特人侵入不列颠，建立了十几个小的独立国家。7 世纪初，诸小王国合并为 7 个王国：西撒克斯、南撒克斯、东撒克斯、麦西亚、诺森伯里亚、东盎格里亚和肯特王国。除肯特王国外，前 6 个王国均为盎格鲁－撒克逊人所建。827 年，盎格鲁－撒克逊诸王国由西撒克斯国王爱格伯特统一成为一个国家，即英吉利王国，此为英国史上的盎格鲁－撒克逊时期。1017 年，丹麦人征服了英格兰，丹麦国王卡纽特（1016～1035 年在位）把英格兰与丹麦、瑞典、挪威都置于统治之下，形成一个不稳固的"帝国"。卡纽特死后，盎格鲁－撒克逊的贵族恢复英王统治。新王爱德华（1042～1066 年在位）曾长期流亡诺曼底并曾与诺曼底公爵联盟。爱德华死后，1066 年诺曼底公爵威廉征服英国，借鉴欧洲大陆的封建制度建立了英国的封建制度。

盎格鲁－撒克逊各国的法律制度是日耳曼法的组成部分，在本质上与法兰克等王国的法律制度没有什么重大区别。尽管如此，盎格鲁－撒克逊时期的英国法也还是受到罗马法的影响，其原因是盎格鲁－撒克逊和裘特人皈依了基督教，不少熟悉罗马法的神职人员在王国担任要职，参与立法；大陆各日耳曼国家普遍开展的法典编纂活动也给不列颠带来影响。盎格鲁－撒克逊诸王都重视立法，法典的内容同其他蛮族法典一样，主要是片断的习惯法的汇编，没有统一、完整的体系。盎格鲁－撒克逊的主要法典包括：600 年左右，肯特王国制定的《埃塞伯特法典》；694 年西撒克斯国王伊尼颁布的《伊尼法典》；以重视立法著称的英王阿尔弗烈德（871～899 年在位）和爱德华（899～924 年在位）颁布的许多敕令，如《阿尔弗烈德法令汇编》和卡纽特国王制定的《卡纽特法典》。

然而，在 1066 年以前，英国法的主要渊源仍是习惯法。国家与教会、行政与司法、民事过错与刑事犯罪，都没有明确的区别。法律实行"属人主义"原则，带有分散性，充满形式主义色彩，宣誓和神明裁判是证据的主要形式。血亲复仇仍然存在，但已逐渐被赎罪金代替。

二、英国封建法律制度的形成与发展

1066 年，诺曼人在威廉公爵的率领下侵入英国，威廉加冕为王，称威廉一世（1066～1087 年在位），从此在英国确立了封建制度。

威廉征服不列颠后，允许盎格鲁－撒克逊人继续适用固有的习惯法，同时建立了王权比较强大的、具有中央集权性质的国家，在此基础上建立了管辖全国的中央

审判机关。在王室法院的推动下，至13世纪，英国在各地习惯法的基础上形成了通行全国的普通法。同时，由于国王政府的频繁活动，各种形式的制定法也发展起来。

13世纪中叶，英国的经济结构和社会结构发生了重大变化。1265年，作为代表君主政体重要标志的等级代表机关——国会成立。爱德华三世（1327～1377年在位）统治时期，国会成为国家的立法机关。1343年确立两院制，国会从监督财政收支开始，逐渐扩大权力，取得了有限制的立法权，国会立法成为英国重要的法律渊源之一。

14世纪后，以习惯法为基础的普通法不能适应日益复杂的社会关系，不能满足商品货币经济发展的要求。为补充普通法的不足，衡平法应运而生。衡平法和普通法共同构建了英国法律传统的主体。

16世纪，英国建立了君主专制政体。在都铎王朝，即君主专制的前期和中期，国王政府通过国会立法贯彻政策，国会的立法活动频繁。同时，国王敕令的地位显著提高，作用也大为加强。

三、英国资产阶级法律制度的建立

1640～1688年完成的英国革命，是世界上最早的资产阶级革命。但这是一次不彻底的革命，经过近半个世纪的反复斗争，以资产阶级和贵族相互妥协而告终，确立了资产阶级君主立宪政体。英国革命的这一特点反映在法律上，就是资产阶级和新贵族建立了联合专政的政权后，继承了英国封建时期的法律传统和特点，保留了封建时期的法律形式和司法机关。对此，恩格斯指出："在英国，革命以前和革命以后的制度之间的继承关系、地主和资本家的妥协，表现在诉讼程序被继续应用和封建法律形式被虔诚地保存下来这方面。"[1]革命在法律上的成果主要体现在宪法领域，1689年的《权利法案》和1701年的《王位继承法》成为确立君主立宪制度的基本法律。英国革命时期，国会通过一系列改变封建制生产关系的法律，主要是土地立法，将封建土地私有制改变成资本主义土地私有制。在共和政体和克伦威尔军事独裁统治时期，国会通过上千项圈地法令和掠夺殖民地的法令，促使英国资产阶级完成了资本的原始积累。在建立资产阶级法律制度的过程中，法学家和大法官著书立说，对促使普通法转变为资本主义法律起了重要作用，其代表人物是科克（Sir Edward Coke，1552～1634年）和布拉克斯顿（Sir Wiliam Blackstone，1723～1780年）。通过审判实践对普通法施加重大影响的典型人物是王座法院的首席法官曼斯菲尔德（W. Mansfield，1705～1793年），他将商法的重要原则引入了英国的普通法，被誉为英国的"商法之父"。

四、19世纪后英国法律制度的变革

19世纪30年代后，由于英国工业革命的完成，工业资产阶级的兴起，在以边沁

---

〔1〕 "《社会主义从空想到科学的发展》英文版导言"，载《马克思恩格斯选集》（第3卷），人民出版社1972年版，第395页。

（Jeremy Bentham，1748～1832 年）为首的功利主义思想家的推动下，英国法律制度进行了许多改革，发生了重大变化。

在宪法方面，1832 年、1867 年和 1884 年的几次选举改革，对各选区代表的名额作出重新调整，降低了对选民财产资格的限制，从而削减了贵族在选举中的特权，扩大了城市有产者的参政权。议会权力进一步扩大，责任内阁制逐渐形成。1911 年又颁布《国会法》，对上议院的权力进行限制。

在法院组织和诉讼程序方面，改革的成就显著，主要是通过一系列立法，如1857 年的《司法条例》，1852 年、1854 年和 1860 年的《普通法诉讼条例》，1852 年的《衡平法院诉讼条例》等，精简和改革了旧的重叠的法院组织，整顿和完善了刻板繁琐的诉讼程序。1873 年通过、1875 年生效的《司法条例》对英国的法院组织和程序法进行了重大改革，其成果是：①重新建立了一个统一的法院体系。创设了最高法院，由高等法院和上诉法院构成。②最终结束了英国普通法院和衡平法院数百年分立的格局。《司法条例》中规定："高等法院和上诉法院在同一民事诉讼中应同等地适用普通法和衡平法"，并且规定"若在同一事实上衡平法原则和普通法原则存在冲突或差异，应优先适用衡平原则"。[1]③废除了令状制度及其确立的诉讼形式。

在刑法方面，采用了缓刑、假释以及减轻对青少年犯罪的处罚等新的刑罚制度。

在私法领域发生的重要变化是，为适应资本主义经济发展的需要，制定了一系列有关合伙、公司和契约等方面的法律，以及商法方面的规范和制度。如 1864 年的《公司法》、1882 年的《票据法》和 1893 年的《货物销售法》等。

19 世纪后期，特别是 20 世纪以来，由于现代社会政治经济生活的深刻变化，新的社会现象和社会关系的大量出现，政治民主的社会呼声日益强烈，使英国法律制度的发展呈现新的特点：

1. 制定法的比重和作用上升。在经济管理、城市规划、交通运输、社会保险以及环境保护、教育卫生等新的领域，英国进行了大量的立法活动。在传统的法律部门，如财产法、契约法、刑法、婚姻家庭法和继承法等领域，也加紧制定成文法。为了使法律改革更具系统性，英国国会于 1965 年通过《法律委员会条例》，根据该条例成立了一个常设性的法律委员会，为法律改革提供方案。

2. 英国法在英格兰以外地区的适用范围缩小。第一次世界大战后，英帝国的殖民体系瓦解，许多殖民地成为帝国内的独立或半独立国家，"英联邦"逐渐取代了"英帝国"这一称谓。为了处理英联邦内部的各种关系，英国议会于 1931 年制定《威斯敏斯特条例》，承认各自治领议会享有完全的立法权；各自治领议会所制定的法律不因与英国议会所通过的法律、法令、条例或规则相抵触而无效；除非自治领同意，英国法不作为自治领法律的一部分而适用于该自治领。第二次世界大战后，

---

〔1〕　程汉大主编：《英国法制史》，齐鲁书社 2001 年版，第 400 页。

又有大批英国前殖民地获得独立,英国法不能在那些地区直接适用。

3. 欧洲共同体(联盟)法与英国法的相互影响。1973 年英国加入欧洲共同体,承认共同体法在英国具有法律效力,并且根据欧洲共同体的法律高于成员国法律的基本原则,英国国内的法律要保持与欧洲共同体法律的一致性,在经济立法方面更是如此。在司法领域,欧洲法院有权就涉及共同体法的案件对英国公民进行裁决,任何英国法院都必须承认其法律效力。由于欧洲共同体的创始国都是大陆国家,欧洲共同体法在英国加入共同体以前主要采用罗马日耳曼法模式,所以英国法受到罗马日耳曼法的影响。反之,欧洲共同体法也受到英国法的影响。欧洲共同体法律的发展渗透着西方两大法系之间的矛盾与协调。1993 年,欧洲共同体为欧洲联盟所取代,欧洲一体化的范围进一步扩大,英国的法律体系受其影响而作出了相应调整。2016 年 6 月 23 日英国举行脱欧公投,51.9%的选民选择了脱离欧盟,英国法律体系必然还会发生变化。

■ 第二节 英国法的渊源

一、普通法

"普通法"一词在西方法律史上有多重含义。这里讲的普通法是指英国大约于13 世纪由王室法院发展起来的通行于全国的判例法,它被认为是源于传统的"王国的普通习惯",所以称作普通法,意思是它代替了各地的习惯法通行于全国。

(一)普通法的形成

1. 中央集权化的出现。威廉一世加冕为英国国王以后,为巩固其统治地位,一方面允许盎格鲁-撒克逊人继续适用固有的习惯法,以证明他是爱德华的合法继承人;另一方面建立了王权比较强大的、具有中央集权性质的国家。为适应统治需要,威廉一世进行了一系列政治、经济改革,主要有:

(1)确立国王与陪臣关系"直接化"的原则。征服英国后,威廉宣布自己是英国全部土地的最高所有者,没收盎格鲁-撒克逊贵族的土地,封赠亲族、功臣、亲信和支持他的教会,实行陪臣关系"直接化"的政策,不仅国王的陪臣,且陪臣的陪臣都要宣誓效忠国王。这使英国避免了欧洲大陆的割据局面,成为欧洲第一个以王权为中心的封建国家。在此基础上,英国克服了过去习惯法的分散性,建立起较为统一的法律制度。

(2)进行全国土地调查。1085 年,威廉王在格洛斯召开会议,讨论占领英格兰的情况,然后派人到英国各郡调查土地状况。据史料记载,每一海德或一码土地,一头牛或一头猪都无一遗漏地被记录。调查结果编定成册,保存至今,是为"末日审判书"。财产调查使英国上下无论贵族还是自由民,均应依据其占有土地和财产的情况,向王室纳税;自由民要向采邑领主纳税;被束缚于领主土地上的农奴(维兰)要向领主提供奴役性劳务。这样,威廉王从 1066 年至 1086 年,经过 20 年的时间，完成了土地和财产的再分配，建立了英国土地的封建原则，为政治上的中央集权和法律的统一奠定了基础。

（3）设立"御前会议"。诺曼征服不久，威廉一世即设立"御前会议"，代替以前盎格鲁－撒克逊人的"贤人会议"。"御前会议"由主教、贵族、领主及高级官吏构成。它既是国王的咨议机关，向国王提出建议；又是强有力的中央政府，秉承王意，处理国家行政事务；它还是国家的最高司法机关。"御前会议"的成员常被派往各地充当巡回法官，负责处理谋杀、抢劫、伪造和纵火等犯罪案件。1178年，"御前会议"中的"小会议"（即国王身边的高级官吏组成的机构）中有5人被指定为专职法官，组成中央常设法庭，处理与国王有关的案件及大封建主之间发生的案件。

2. 亨利二世改革。起初"御前会议"仅审理一些重大案件，并不接受一般诉讼。而后由于司法管辖对国王财政收入的重要影响，亨利一世时（1100～1135年在位）把负责财务行政和财务诉讼的财务法院从"御前会议"中分离出来，使其专门化。同时，为了将各地诉讼案件吸引到国王法庭，设立了巡回法庭，代表财务法院调查和受理地方上的财务案件。

1154年，亨利二世（1154～1189年在位）继承王位。为了达到加强中央集权的目的，他继续推行一系列改革，其中最重要的是司法改革。司法改革扩大了国王的司法权，这是使英国法走向与大陆国家不同的发展道路的决定性的一步。亨利二世颁布的有关司法权的法令主要有1164年的《克拉灵顿宪章》、1166年的《克拉灵顿诏令》和1176年的《诺桑普顿诏令》。改革的主要内容主要有：

（1）统一司法机构，扩大王室法院管辖权。亨利二世积极干预教会法院和领主法庭的司法权，扩大王室法庭的审判范围。1164年的《克拉灵顿宪章》明确了国王在宗教领域内的司法终审权，规定：教士的刑事犯罪应当首先向国王的法庭投诉，由国王的法庭决定是否由教会法庭审理；教会法庭的上诉案件应当由国王法庭审理，而不能上诉至罗马教皇法庭。1166年的《克拉灵顿诏令》规定，杀人、盗窃等刑事犯罪案件由巡回法院审理；1176年的《诺桑普顿诏令》又规定，伪证罪和纵火罪案件也必须由国王法庭审理。国王干预司法的原则是：①国王的救济要采取一种严格规定的诉讼形式，它是预先制定的、适用于某一特殊类型的案件；②这种形式对每个希望得到国王救济的人都适用。结果，各类案件从领主法庭转移集中到王室法庭，从而削弱了领主法庭的权力，并且使诉讼费成为王室收入的重要来源。

为了提高司法效率，亨利二世进一步完善了皇家法院的组织体系。在"御前会议"内分设棋盘法院、民事诉讼高等法院和王座法院，分别审理财政、民事和刑事案件。①棋盘法院，或称财务法院，由亨利一世设立，亨利二世扩大了它的管辖权。它有两个分支机构：一为履行征税责任的行政机构，一为审理与税收有关的诉讼的司法机构。②民事诉讼高等法院，审理臣民之间的一切民事诉讼，不涉及国王利益。③王座法院，与国王有密切联系，国王经常亲自主持审判。有广泛的刑事案件管辖权，同时有经民事诉讼高等法院同意的民事案件，特别是关于非法侵入的诉讼案件的管辖权。它有权监督低级法院的活动，发布执行令、禁止令和复审令等。

（2）完善巡回审判制度。巡回法庭出现在亨利一世时期，亨利二世将巡回审判制度发展成一种经常性的制度。1176 年的《诺桑普顿诏令》把英国分为 6 个巡回区，并建立了 6 个巡回法庭，每个法庭由 3 名法官组成。从 1179 年开始，国王每年向全国各巡回法庭派遣巡回法官成为一种制度。

被委派到各地定期巡回审判的法官，有权撤销地方法院的判决。他们所适用的法律，除了国王的诏书、敕令外，主要是日耳曼人的地方习惯法。他们从征服者的利益出发，对各地的日耳曼法律和习惯进行分析，凡被认为正确、合理、与国王的立法不相冲突的，便被确认为判案的依据。因而，巡回法官适用的法律自然高于地方法院适用的习惯。巡回法官们是由中央委派的，统一的司法机构使他们经常有机会聚集在中央，综合各地的习惯法，交换意见，承认彼此的判决。一些被引为依据的判决便成为普遍应用于全国的普通法。

（3）建立陪审制度。英国的陪审制度起源于公元 9 世纪欧洲大陆的法兰克王国，最初是国王设立的一种询问制度，1066 年"诺曼征服"后传入英国。威廉一世制定"末日审判书"时广泛采用这一方法，亨利二世将这种出于行政目的采取的措施引入司法审判程序，建立了陪审制度。

1164 年的《克拉灵顿宪章》规定王室法院的巡回法官在审理教会与俗人间的土地诉讼时，应当从当地的骑士和自由农民中挑选 12 名与当事人无关的证人，经宣誓后向法庭陈述事实真相。如果证言一致，案件便据以解决；否则重新挑选证人，直到某种意见得到 12 名证人的证实为止。

1166 年的《克拉灵顿诏令》再次规定凡属重大刑事案件，如暗杀、强盗抢劫、窝藏罪犯、伪造货币或文件、纵火等，都要由当地政府和 12 名代表向法庭提出控告，呈请将被告逮捕审判。这 12 名代表即是英国最早的控告陪审团，他们不仅在案件中起着证人的作用，还充当公诉人。

陪审制度创立之初，当事人仍可选择神明裁判的方式。1215 年罗马教皇在第四次拉特兰宗教会议上命令废除神明裁判，促使英国的陪审制度由陪审员仅参加案件的审查和控告，发展为参与案件的事实审理。

1275 年，英王爱德华一世（1272～1307 年在位）颁发《威斯敏斯特第一条例》，规定那些"具有恶劣名声的重罪犯如拒绝在诉讼中接受陪审团的调查，应作为拒绝服从国家的普通法而判处严酷监禁"。一般认为，这是英国起诉陪审团，即"大陪审团"的开始。1352 年，爱德华三世（1327～1377 年在位）颁布诏令，禁止起诉陪审团参与判决，另设一个由 12 人组成的陪审团，对案件进行实体审理，这就是"小陪审团"。在发生纠纷的时候，原告将案件诉至普通法院，由"大陪审团"审查提出起诉后，"小陪审团"根据双方当事人的陈述、答辩、举证和法官就案件所作的法律指示作出是否构成犯罪或侵权的裁决，这就是英国的陪审制。

第九章

陪审制的建立对普通法的形成和发展具有重要意义，因为许多地方习惯法没有文字记载，世代口耳相传，由熟悉各地风俗习惯和法律的陪审员参与案件的审判，既有助于法官了解案情，又有助于了解各地的习惯法。当巡回法官们聚集于中央，讨论案例时，自然将各地法律习惯熔于一炉，经久适用成为通行全国的普通法。

（二）普通法"遵循先例"的原则

判例是指判决中体现的法律规则，是司法活动的产物，普通法是判例法，其基础是"遵循先例"原则。判例法是法官通过司法判例创立和发展起来的法律，先例中包含的法律规则的总和便构成判例法体系。

在英美法中，对具体案件所作的判决产生两种效果：一是对当事人判决的既判力，称作既判事项原则，也称作任何人就同一案件不受两次审判的原则；二是该判决所确立的法律原则将产生法律效力，以后法官在处理类似案件时，有义务遵循这些法律原则，这被称作"遵循先例"的原则。而具有这种拘束力的判决即是先例或判例。先例的拘束力表现为强制性的拘束力和说服性的拘束力。法官必须遵循具有强制拘束力的先例，而对于具有说服拘束力的先例，法官也会给予足够的重视。先例中的法律推理和意见可分为两种：①判决理由，即特定判决中所包含的具体法律原则。判例的拘束力就来源于判决理由。②附带意见，即法官在作出判决、阐明判决理由时所发表的其他观点。这一部分法律推理仅有说服力而无拘束力。实际上，很少有两个案件的情况是完全相同的。因而，原封不动地照搬现存的法律原则的情况很少发生。通常的情况是把先前判例中的法律原则适用于新的基本相同的案件，通过对案例中的判决理由和附带意见进行"区别"，通过类推，创制出新的法律原则。

"遵循先例"原则的确立经过长期缓慢的发展。适用遵循先例必须具备的前提条件是：要有足够多的公开的案例可供法官援引以审理案件；要有明确的法院层级体系，使法官援引案例时可以判断各个法院所确立的先例的效力。严格意义上的遵循先例原则是在19世纪司法改革，尤其是1873～1875年《司法条例》颁布后形成的。现代英国法上的遵循先例原则具体表现为：①在英国加入欧洲联盟后，欧洲法院解释欧盟法的判决对各级英国法院都具有强制性的拘束力。②作为英国本土最高司法审级，上议院的判决对各级英国法院都具有强制性的拘束力。1966年上议院发表声明，放弃自身判例横向的绝对拘束力，宣布可以有条件地背离自己先前的判决。此后，上议院的几个判决推翻了先前该院的判决。③上诉法院的判决对所有下级法院具有强制性拘束力。除特定情况外，上诉法院民事分院必须遵循自己的判例；上诉法院刑事分院则不必像民事分院那样严格遵循自己的判例。④高等法院的判决对所有下级法院具有强制性的拘束力，但其自身不受自己判例的拘束。

"遵循先例"原则在很大程度上限制了法官判案的任意性，它使英国判例法得以保持其稳定性、连续性，在一系列的判例中形成的法律规则前后相接，成为稳固的法律体系。

（三）普通法的令状制度

英国的普通法是以"令状"制为基础发展起来的。用令状进行诉讼是普通法的又一个特点。

令状诉讼制度是随着王室司法权的扩大逐渐形成的，并与增加王室法院的财政收入相联系。"令状"本来只是一种由王室发出的命令地方官吏进行某项工作的公文形式，但早在盎格鲁－撒克逊时代，就被运用到司法领域。根据传统，国王作为正义的源泉，有权向起诉人颁布令状，使他们在得不到地方法院的救助时得以向国王请求法律上的公正裁决。亨利二世时，王室法院用令状干预地方法院、封建领主法庭的办法成为习惯。在任何法院中，有关自由持有土地的案件必须获得国王签发的令状后方可开始诉讼。诉讼当事人为取得相应的令状，必须花钱向大法官购买，否则得不到王室法院的救助。因此，民事诉讼程序的第一个阶段就是从原告在大法官那里获得令状开始的。这种令状叫"开始诉讼令"和"传唤出庭令"，是以国王的名义由大法官写给被告居住地的郡长的书面文件，命令郡长保证被告到王室法院出庭，并向被告说明原告提出的请求或诉讼理由。每种诉讼理由都有相应的诉讼形式，同时发给相应的令状。

由于令状是以国王的名义发出的，具有必须执行的强制性，因此人们越来越经常地以各种理由请求王室法院颁发各种令状，其结果是进一步限制了地方法院和教会法院的管辖权，引起国王与封建主和教会的矛盾。这样英王政府不得不对令状的种类和数量加以限制，12世纪时，各种诉讼令状开始定型化。最重要的令状有："非法侵入令状""债务令状"和"请求返还扣留物令状"等。令状对诉讼方式和管辖都有所确定，也明确了被告的传唤方式、诉讼答辩方式、审理办法、判决形式和执行方法等。因此，原告在向大法官申请发出令状时，必须认真选择什么令状最符合诉讼理由，只有诉因没有超出令状规定的范围，诉讼才能成立。如果选择错误的令状，其案件将会被驳回或终止审理，原告的权利就无法获得司法救济。这逐渐形成一项普通法原则——"程序先于权利"，即"有令状的地方即有救济""有救济即有权利"；反之，"无令状则无权利"。

1875年以后，令状制度被废除，刻板的诉讼形式被取消，繁琐的程序得到简化，但是英国法律界对程序的关注往往超过对实体权利的确定的倾向并未改变。所以，普通法程序先于权利是英国法律体系的最显著的特征。

（四）法律权威著作

法律权威著作对英国普通法的形成具有十分重要的意义。在英国判例法发展的早期，这些著作曾具有法律拘束力，法院经常将它们作为判决的依据而加以援引。

中世纪英国最早的普通法著作是亨利二世时任巡回法官、大法官等职的格兰维尔（Glanvill，？～1190年）所著的《论英格兰王国的法律和习惯》，该书约成书于1187年，全书分14编，用拉丁文写成，主要论述王室法院土地争讼的程序，包括约80个令状。

第二部有影响的普通法著作是亨利三世时担任法官的布拉克顿（Bracton,？~1268 年）所著的《论英国的法律和习惯》。该书约于 1268 年完成。布拉克顿借鉴罗马法概念和体系，第一次系统、有条理地论述了普通法。具体法律制度则通过分析王室法院判例加以阐述。因其内容清晰、条理分明，被后世赞誉为"英国法学之花"。

第三部有影响的普通法著作是 1466~1481 年担任过民事诉讼法院法官的利特尔顿（Littleton，1402~1481 年）所著的《土地法论》。该书用法语写成，于 1457 年成书。它以《年鉴》为资料，从实体法的角度详细论述了土地的占有关系。英国著名法官爱德华·科克（1552~1634 年）称赞它是"普通法的光辉""登峰造极的巨著"，将它作为科克本人的《英国法学原理》第一卷的主要论述对象。

英国资产阶级革命后，为了使普通法适应变化了的资本主义关系，英国法官和法学家以新的精神解释古老的普通法的原则，在理论上为普通法的发展做出贡献。科克法官在反对国王专制权力的斗争中，极力主张普通法高于国王的意志，在主要由他起草的 1628 年的《权利请愿书》中，明确表达了天赋人权的自然权利思想，使普通法中的"日耳曼自由"的因素得以发扬。科克的主要著作《英国法学原理》（亦译作《英国法学总论》）于 1628 年出版，对 16 世纪以前的普通法进行总结，为议会至上和普通法至上提供了依据。此书被西方学者公认为 17 世纪前"关于解释英国普通法的最伟大的作品"。

继科克之后，18 世纪英国法学权威威廉·布莱克斯通（William Blackstone, 1723~1780 年）于 1765~1770 年间发表了《英国法释义》（4 卷），该书受罗马法影响，就国家组织和家庭关系的规范、动产和不动产、诉讼程序、犯罪和刑罚诸方面作出系统论述。这部书不仅为法官所广泛引用，而且成为 19 世纪前英国各大学普通法的基本教材，在许多国家，特别是在美国有重要影响。

二、衡平法

衡平法是 14 世纪起，由大法官在审判实践中发展起来的，旨在对普通法的不足进行补救的法律体系。衡平法遵循的原则是"公平"和"正义"。衡平法又称"大法官法"。

（一）衡平法的形成

13 世纪中叶，英国国内外市场对羊毛的需求量激增，促使英国的手工业和商业迅速发展，城市中新兴的市民阶层成为一支重要的社会力量。农村中由于商品货币关系的渗入，不少中小贵族兼营手工业和商业，转化成与市民利益趋于一致的新贵族。新的经济关系和社会关系需要有新的法律规范来调整。一些富裕的商人、手工工厂主掌握了城市的控制权，要求城市自治、有权缔结契约和买卖土地，而王座法院、民事诉讼高等法院和棋盘法院（统称为普通法院）都只适用普通法，它们给予商人在法律上的帮助非常有限，主要是解决契约方面的争端。虽然在一些港口城市建立了商事法院，用以解决商业贸易方面的纠纷，但由于封建贵族害怕货币关系的发展动摇封建关系的基础，所以这类法院并未得到发展。

普通法墨守成规，诉讼程序受程式主义的严重束缚，令状制度刻板、僵化。而且它只能对因侵权行为造成的损害给予有限的金钱赔偿，却无力制止侵权行为本身；只承认书面契约，对于违反合同本身的诉讼没有相应的令状；不承认受益制中受益人的权利；在不动产抵押关系中严格限制抵押人的赎回权；等等。这种情况不能满足商品经济的发展和财产关系日益复杂的要求。新产生的而又不在普通法诉讼形式范围内的案件不断增多，于是当事人为了保护自己的利益，向国王提出施与恩惠、给予补偿的请求。国王把处理这类案件的行政裁判权赋予司法大臣，即大法官，由他根据国王的"公平和正义"直接判处。大法官在审理这类案件时采用了不同于普通法的原则和普通法法院的诉讼形式。1474 年，不经普通法法院而由大法官作出特殊审理的案件，被称作衡平案件。随着衡平案件的增多，16 世纪时逐步形成衡平法院。衡平法院的判决自成体系，就是衡平法。衡平法院与普通法法院都设在威斯敏斯特厅，有英国法学家形容当时的情况为："三个普通法法院在大厅的一边，大法官法院则在另一边。在大法官法院中实行衡平法。当事人在普通法法院得不到正义，就穿过大厅去寻求大法官的救助。"[1]

衡平法院在 16 世纪的兴起还有政治原因，即为了适应都铎王朝加强君主专制的需要。尽管普通法院是王室法院，但经过几个世纪的发展，普通法院的法官已经成为能够与英王抗衡的独立的力量，衡平法院的设立适应了王室制约普通法院的要求。

（二）衡平法的基本原则和制度

1. 衡平法的基本原则。在"公平""正义"原则的指导下，英国衡平法院在实践中积累判例，形成体现衡平法精神的衡平法格言，它们是衡平法院的法官在审理案件时依据的重要原则。其中主要有：

（1）衡平法不允许有不法行为而无补救。

（2）衡平遵循法律。

（3）请求衡平救济者必须为衡平行为。

（4）请求衡平救济者必须自己清白。

（5）衡平重意思而轻形式。

（6）衡平法寻究履行义务的原意。

（7）衡平法将应完成的行为视作已完成的行为。

（8）衡平法不帮助怠于行使权利者。

（9）衡平法力求完全公平而非部分公平。

（10）衡平法可对人为一定行为。

（11）有两个衡平发生时，先发生者优先。

（12）平等即衡平。

---

[1]　沈宗灵：《比较法总论》，北京大学出版社 1987 年版，第 174 页。

2. 衡平法的基本制度。衡平法中最重要的内容有信托制度、衡平法上的赎回权、特别履行和禁令。

信托制产生于受益制。受益制财产关系出现后，普通法不予承认，受益人的权利得不到普通法的保护，为弥补这种缺陷，衡平法院通过司法审判确认了受益人的权利。15世纪初，受益制被广泛使用，大部分封建土地被置于衡平法的专有管辖范围内，产生了土地上的"双重所有权"，即普通法保护受托人的法律所有权，衡平法保护受益人的衡平法所有权。17世纪后，衡平法院将受益制发展为信托制度。

衡平法上的赎回权是对普通法上的财产抵押制度的补充，也是对普通法抵押权的限制。由于普通法只注重形式，在处理抵押关系时判决往往不合理。比如，根据普通法，抵押人将土地转让给受押人作债权担保，倘若抵押人不能按期偿还债务本息，便丧失出押土地的所有权。在这种情况下，就有人以对方出押土地为条件向他人贷款，然后藏匿起来，直至约定的债务偿还期届满之后才露面，将债务人出押的土地据为己有。衡平法院的大法官在审理这类案件时，认为普通法的这种做法有失公平，根据"衡平法重内容而轻形式"的原则，承认在法律上超过约定赎回日期的赎回权，主张债务人如不能如期清偿债务是由于对方的欺诈行为或由于其他灾祸，虽然已经丧失普通法上的赎回权，但仍有权在"合理期限内"赎回其出押物，这种权利称作"衡平法上的赎回权"。

特别履行是指大法官在某种情况下可以发布强迫某人履行契约或信托义务的命令。它是补充普通法上损害赔偿有失公平的一种救助手段，主要调整契约和侵权行为方面的法律关系。例如，在普通法中，违反契约义务的补偿方法是"损害赔偿"，但有时契约当事人原告一方要求的并不是金钱补偿，而是继续履行契约。根据衡平法，大法官可以颁发特别履行令，强迫被告遵守诺言，返还物品或履行义务。

禁令是大法官应原告请求签发的强迫当事人实施某种行为的司法命令。禁令除对契约关系有所调整外，还用于制止某些侵权行为。

特别履行和禁令这两种衡平救济的方法的共同之处是，它们都由法官自由裁量后颁发命令，并且原则上只有当受害者不能依法取得损害赔偿，或者虽然可以取得金钱赔偿，但仍显失公平时，方可用这两种方法予以救济。

（三）衡平法的特点

衡平法是维护英国封建社会内部日益发展的资本主义经济关系的产物，与普通法相比它具有以下特点：

1. 衡平法受到罗马法和教会法的很多影响。马克思、恩格斯在《德意志意识形态》一文中指出："即使在英国，为了私法（特别是其中关于动产的那一部分）的进一步发展，也不得不参照罗马法的诸原则。"衡平法的形成是英国法受罗马法影响的重要表现。衡平法的格言——"公平""正义""良心"等概念，来源于罗马法的"自然理性""自然正义"和教会法的宗教道德观念。16世纪以前，衡平法的大法官多由精通罗马法和商事习惯法的僧侣担任，他们在审理案件时不受普通法判例的约

第九章

束，直接从罗马法中找到解决纠纷的现成办法。16 世纪时罗马法和教会法对英国法的影响表现在：限定继承身份的地产权；合同法关于过失的规则；商法，特别是海事法；侵害行为和侵占土地的诉讼；信托财产和防止诈欺行为的法律；赎回抵押的法律；等等。

2. 衡平法的诉讼程序比较简易，大法官颁布的命令有强制性作用。由于衡平法的形成和运用都与王权直接联系，是国王行使行政特权干预司法的结果，是国王的特别民事审判权。因此，衡平法的诉讼程序比较简易。在衡平法院诉讼不用开始诉讼令，一般由原告以控诉状的形式直接向大法官提起，不用陪审制，允许书面答辩。对于侵害诉讼，衡平法院的大法官不仅可以判决金钱赔偿，而且可以颁发命令，制止侵权行为。如果当事人不服大法官的裁决而向普通法院重新申诉，大法官有权向当事人颁发禁令；如果当事人不服从大法官的命令或禁令，则以藐视法院论处，施加刑罚。这就是所谓的"衡平法可对人为一定行为"原则，即衡平法对人的具体行为有强制性约束力。

3. 衡平法弥补普通法的不足。衡平法与普通法并非截然对立，而是互相补充的。英国法律史学家梅特兰将普通法与衡平法的关系比作"正文"与"附录"之间的关系。衡平法的意义在于弥补普通法的不足，其存在是以普通法的存在为前提的。这就是所谓"衡平遵循法律"原则。衡平法主要调整财产法和契约法方面的法律关系，同时也涉及侵权行为。17 世纪以前，这类案件主要有：普通法上不予救济的情况；依普通法的刻板程序得不到公正审理的情况；虽依普通法可以得到损害赔偿，但仍有失公平的情况。可见，衡平法不是取代了普通法，而是弥补了普通法的不足，它在普通法不再发展、不再适应社会需要的情况下，为英国法的发展开辟了道路。

三、制定法

普通法与衡平法都是判例法，与之相对的是制定法，也称作成文法。制定法是国家享有立法权的机关或统治者明文制定并公布施行的法律。制定法在英国具有悠久的历史，早期的制定法与普通法几乎同时产生。那时，它只是一种重要但数量较少的法律形式，而在现代英国，随着法典编纂趋势的上升，制定法已经成为法律改革的主导力量。

（一）英国中世纪的制定法

中世纪英国的制定法有宪章、诏令、条例和敕令等形式。宣布权利存在或转移的文件均可称宪章，内容多涉及公法；国王政府为指导国家官吏的工作而制定的文件称诏令；国王颁布的立法文件称条例；经御前会议同意，由国王颁布的立法文件称敕令，敕令不能和条例相抵触。

中世纪英国最重要的制定法有 1164 年的《克拉灵顿宪章》、1166 年的《克拉灵顿诏令》、1176 年的《诺桑普顿诏令》、1215 年的《大宪章》、1258 年的《牛津条例》以及 1275 年、1285 年、1295 年的三部《威斯敏斯特条例》。

1. 1215 年的《大宪章》。1215 年的《大宪章》是 12 ~ 13 世纪英国统治阶级内部权力斗争的产物。13 世纪后，随着诸侯对农民的统治地位的日益巩固，要求摆脱王权控制的情绪也日益增长。1215 年，诸侯在中小贵族和市民的支持下，进行反对国王的战争，国王被迫签订《大宪章》。《大宪章》肯定了诸侯和僧侣的特权，如规定国王在向封建主征收税金时必须召开由封建主召开的大议会，由大议会决定；国王应承认教会的选举自由，不得侵犯教会的权利；任何自由人未经合法判决不得被逮捕、监禁、剥夺法律保护权等。《大宪章》规定了一些适合市民的条款，如统一度量衡、开放城市贸易和不得向市民征收额外税金等。为了限制王权，《大宪章》特别规定了监督国王履行宪章的条款，设立由选举产生的 25 名诸侯组成的 25 人委员会，对国王进行监督，在国王违反宪章时，有权使用一切方法强制国王执行宪章。1215 年的《大宪章》是一部封建性法律文件，它确立了英国封建贵族和僧侣的特权，因而助长了诸侯各自为政的割据倾向。然而，《大宪章》中宣布的未经"全国公意"不得征税，非经法律判决不得任意逮捕、拘禁、没收财产和国王权力受法律限制的原则，在英国法律史上具有重要意义。英国资产阶级革命取得胜利后，《大宪章》被确认为英国重要的宪法性文件之一。

2. 三部《威斯敏斯特条例》。爱德华一世时期是英国的等级君主制的形成时期，爱德华一世在位时发布了许多重要法律，也因此被誉为"英国的查士丁尼"。在他发布的法律中最为著名的是三部《威斯敏斯特条例》。这三部条例涉及民法、刑法和诉讼制度，实现了许多改革。

1275 年的《威斯敏斯特条例》规定的内容是对教会财产的保护、禁止滥收税金、实行郡长等官职的选举制度、刑事案件必须实行陪审制等。1285 年的《威斯敏斯特条例》对令状范围作出规定，其中第 24 条规定，大法官可以对那些与以前的诉讼形式类似的案件颁布令状。这一规定扩大了令状的范围，到 1300 年，令状从原有的约 50 种激增到约 300 种。1295 年的《威斯敏斯特条例》规定可以不经领主许可而买卖和转让土地，从而削弱了领主的权力，扩大了王室对领地的管辖权。

（二）国会立法权的形成和发展

制定法作为立法机关的产物并具有最高权威，是伴随着国会的崛起而逐渐形成的。1265 年，大封建主西门·德·孟福战胜国王，为了解决财政困难，根据《大宪章》的规定召开大议会，出席议会的除诸侯外，还有中、小贵族及市民的代表，这次议会被认为是英国国会的雏形。1295 年，国王爱德华一世为筹集战争经费召开国会，出席会议者的成分与 1265 年西门召集的会议相同。以此为榜样，以后国会召开会议经常化，1295 年的国会被称为"模范国会"。

从 14 世纪开始，国王的立法活动必须通过国会进行。同时国会仍具有司法、行政职能，是政治案件的最高法庭。从 1343 年起，国会分为两院：上院由僧俗贵族组成，称贵族院；下院由地方骑士和市民代表组成，称平民院。国王的征税计划在征求上院的建议后，由下院做出决定。下院常常利用讨论国王征税计划的机会，向国王提出"请愿"，这些"请愿"实际上就是立法议案。14 世纪国会颁布了 519 项法律。从 1414 年亨利五世（1413～1422 年在位）时起，"请愿"以法案的形式由下院向国王提出，但要征得上院的同意才能制定成法律。国王拥有对法案的否决权。15 世纪国会立法达 489 项。16 世纪都铎王朝时期是英国资本主义的原始积累时期，由于国王同新贵族资产阶级的联盟比较稳固，国会颁布的法律高达 1902 项，是中世纪英国国会通过法案最多的时期。

17 世纪英国的资产阶级革命表现为议会对国王的抗争，直到 1688 年"光荣革命"后才在英国确立了君主立宪政体。1689 年的《权利法案》确立了议会主权原则，国会成为国家权力的最高机关，拥有无限制的立法权。法案首先由政府或议员私人提出，一般先交国会下议院辩论，经三读通过，再交上议院辩论通过。

由于国会立法能够包罗全部新的定型化的法律原则，而无需借助任何既存的法律规范，并且能无条件地废除既存法律，所以在 19 世纪法典编纂和司法审判成文化的法律改革当中成为主导力量。

（三）委托立法

所谓委托立法，就是议会将自己的立法职能委托给内阁或各部大臣，由他们直接立法，议会只保留事后的监督权。

在自由资本主义时期，英国议会在维护资产阶级的统治中起着显著作用。19 世纪末 20 世纪初，随着内阁权力的加大，议会的立法权在许多情况下已为内阁所取代，委托立法的情形逐渐增多。1893 年，英国国会通过的《规章公布法》，从法律上固定了委托立法制的实践。该法律规定：内阁或大臣有权根据议会的"委托"发布具有法律效力的法令、命令、规章等，议会则保留事后的监督权，即内阁颁布的法令、命令和规章等，事后要送交议会批准。

第一次世界大战后，英国许多重要的行政措施都是以委托立法的形式公布的。1922～1931 年，内阁平均每年颁布的法令为 400 件。第二次世界大战后，由于资本主义经济关系的发展和阶级关系的变化，政府对于社会救济、交通、卫生、教育、工商贸易管理、环境保护等方面的负担愈来愈重，议会委托行政部门制定具有法律效力的行政命令日益增多。1951～1953 年，内阁平均每年颁布的法令为 2200 余件，超过议会通过法律数量的 30 倍。议会对于委托立法的所谓事后监督权也逐渐失去作用，常常是应当经议会批准的委托立法规范，在议会批准以前就已经生效。1946 年的"委托立法"法规确认了这一事实，1948 年关于将委托立法文件送交议会批准的法规又作了补充规定：内阁颁布的法令，特别是在议会批准前已经开始生效的法令，只需通知议会即可。

四、普通法、衡平法与制定法的关系

（一）普通法和衡平法的关系

16 世纪中叶到 17 世纪初，是英国君主专制制度的全盛时期，普通法中日耳曼法的精华部分——"个人自由、地方自治及除去法庭干涉外不受任何干涉的独立性"，适应了新兴资产阶级和新贵族的利益的需要，因而往往被国会的制定法所吸收；国会的制定法也成为普通法法院适用的法律的重要组成部分。普通法法院的法官常常站在反对君主专制制度的国会一方；而新兴的资产阶级和新贵族，也以国会为阵地，把普通法作为限制和反对王权的斗争武器。衡平法是普通法的补充，但同时它的兴起又是当时都铎王朝加强君主专制的产物。因此，封建国王在同新兴的资产阶级和新贵族的斗争中，利用衡平法作为扩大司法管辖权的工具，对民事案件进行广泛的干预。16世纪末17世纪初，普通法法院和衡平法院之间在管辖权问题上的冲突，是英国法律史上突出的现象。典型的案例是1615年的"考特利诉格兰威尔案"和"牛津伯爵案"。当时任民事诉讼高等法院的首席法官爱德华·科克和衡平法院的大法官爱尔斯密（1540～1617年）对案件处理发生歧义，科克对衡平法院弃置普通法判决的做法表示抗议，指出：普通法法院裁决的讼案，衡平法院无权在当事人间进行干预，任何就普通法法院的判决向衡平法院提起上诉的当事人，均须处以监禁；普通法是至高无上的，高于国王或根据国王特权建立的衡平法院及其衡平法。爱尔斯密则争辩说：衡平法院的做法，"不是因为判决中的错误或缺陷，而是出于衡平法法官的强烈的道德心"。冲突以英王詹姆士一世裁决支持衡平法院而告终。自此，确立了当二者发生冲突时衡平法优先的基本原则。

英国资产阶级革命后，英王在16世纪建立的审理刑事案件的星座法院于1641年被国会下令取消，而审理民事案件的衡平法院被保留下来。不过，衡平法院不再依靠大法官的"公平""正义"的观念来审理案件，而是根据确定的原则和先例行事。17世纪后期，著名的大法官诺丁汉（1621～1682年）、哈德威克（1690～1764年）等人，为衡平法原则的定型化、系统化做出重要贡献。

19世纪后，随着资本主义经济的发展和社会矛盾的加深，诉讼案件大量增加，极为繁琐复杂的两套法院组织、两种诉讼程序已明显地不再适应社会需要，议会在1873年通过《司法条例》（1875年生效），对英国的司法机构作出重大改革。该条例规定，设立最高法院，由高等法院和上诉法院组成。高等法院下设5个分庭：衡平法庭、遗嘱离婚和海事法庭、王座法庭、高等民事法庭和财政法庭，统一适用普通法和衡平法。在二者发生冲突时，以衡平法为准。1880年，王座法庭的首席法官和财政法庭的首席大臣逝世后，高等民事法庭和财政法庭并入王座法庭。王座法庭受理不属于高等法院其他法庭管辖的民事上诉案件，并为重大犯罪案件的第一审级。上诉法院分设民、刑两庭，受理对于高等法院判决或者下级法院判决不服的民、刑上诉案件。当事人不服上诉法院或高等法院的判决，可以再上诉到上议院。以后，英国议会通过对许多衡平法规则的肯定和修正，制定法律，衡平法与普通法逐渐相互渗透。但是，当二者发生冲突时，衡平法优先的原则仍然得以保留。在1981年的《最高法院法》中又重申了这一原则。

（二）制定法与判例法的相互作用

在制定法与判例法的关系上，传统的说法认为，在英国的法制体系中判例法是主要的，制定法居于辅助地位，只是判例法的补充或修正。但是，17世纪资产阶级革命后，英国确立了议会主权原则。英国议会作为国家最高权力机关行使立法权。作为立法权的产物，制定法具有最高法律效力。判例法必须服从制定法。制定法可以推翻、修改判例法而判例法不得与制定法相抵触。随着英国国家的发展，制定法的比重不断增加，现代英国制定法除源于国会立法外，还有委托立法和自治立法。现代西方法学界一般认为，从法律效力上讲，制定法是主要的。但是，制定法只有通过判例法的解释才能实现其意义。在此过程中，判例法在不同程度上影响了制定法。

总之，制定法和判例法都是英国法律的主要渊源，二者相互作用，促使英国法律不断发展。

■ 第三节 宪 法

英国是近代宪政制度的发源地，英国宪法被称为"近代宪法之母"。英国宪法所确立的一系列宪法原则，对世界许多国家的宪法具有重要影响。英国宪法不是集中规定在一个宪法文件里，而是由许多分散的、不同年代产生的宪法性制定法、宪法性判例和宪法性惯例构成的。英国宪法不具备法律形式上根本法的意义，宪法性法律和一般法律的效力几乎相等，没有制定和修改宪法的特别程序。因此，英国宪法被称作"柔性宪法"或"不成文宪法"。

一、英国宪法的渊源

英国宪法是不成文宪法的典型，其渊源包括三部分：成文的宪法性法律、不成文的宪法性惯例和涉及宪法制度的法院判例。

（一）宪法性法律

1. 确立君主立宪制的宪法性法律。从 1640 年到 1688 年，英国经过近半个世纪的时间完成了从专制君主制到立宪君主制的转变。其间经历了内战、共和国、克伦威尔的军事独裁统治、斯图亚特王朝复辟和 1688 年"光荣革命"。英国革命时期宪法的发展体现了资产阶级和以国王为首的封建贵族的斗争与妥协，其核心问题是通过限制专制王权，保障公民自由权利和确立国会立法权以实现政权的转变。这一时期颁布的宪法性法律主要有：

（1）1679 年的《人身保护法》。英国最早的两党即辉格党和托利党是在斯图亚特王朝复辟时期产生的。1679 年 5 月，国会中代表资产阶级新贵族利益的辉格党人，为保障自己不受任意逮捕，限制国王查理二世（1661～1685 年在位）的专制统治，拟定《人身保护法》交国会讨论，经过斗争迫使国王批准。其主要内容是：除叛国罪和重罪外，被逮捕的臣民及其亲友有权要求法院发布人身保护令，命令行政机关限期将其移送到法院，并说明逮捕理由；法院在审核逮捕理由是否合法后，应决定将被捕者释放，或交保释放，或继续羁押；凡违反上述规定的司法人员应被处以罚金。《人身保护法》提出限制行政、司法机关对公民的人身权利和自由的非法侵犯，对于建立资本主义的法律秩序具有重大意义，被称为英国人权保障的"奠基石"。

（2）1689年的《权利法案》。1688年英国发生了被英国历史学家称为"光荣革命"的，由国会两党秘密策划的宫廷政变。驱逐了复辟王朝的国王詹姆士二世（1685～1688年在位），请他的女儿玛丽亚和女婿——荷兰的执政者奥兰治亲王到英国继承王位。1689年10月23日，威廉接受了国会提出的《权利法案》。该法案宣布：未经国会同意，国王不得颁布法律或中止法律的效力；不得征收或支配赋税；不得在和平时期征集或维持常备军；不得征收超额保释金；不得施行残酷、非常的刑罚等，从而进一步限制了英王的权力，提高了国会的地位。《权利法案》还规定了臣民享有的一系列权利，包括不受法律追究地向国王请愿的权利、自由选举议员的权利、议员在国会中的言论免责的权利等。

（3）1701年的《王位继承法》。1701年6月12日，威廉签署了国会通过的《王位继承法》。该法律规定，威廉死后，王位由他的妻妹——詹姆士二世的幼女安娜继承，安娜死后由信奉新教的詹姆士一世的孙女——汉诺威女选侯索菲亚继承；英国王位不得传给天主教徒；凡非出生于英国的人均不得担任国会议员和其他官员；凡在王室担任官职和领取薪俸者，不得为国会下院的议员；法官为终身制，只有国会才有权解除其职务；国家的一切法律与条例非经国会通过、国王批准，均属无效。《王位继承法》排除了信奉天主教国王复位的可能，对国王的人选作了安排，伸张了国会的立法权，基本确立了分权和司法独立的原则。

2.20世纪后的宪法性制定法。

（1）1911年和1949年的《国会法》。1911年和1949年的《国会法》对上议院的权力作了限制。1911年的《国会法》规定，财政议案只能由下议院提出和通过，送交上议院的财政议案，即使未获上议院通过，在议案交上议院的一个月内，亦可直接提请国王批准公布。这一规定巩固了下议院对财政法案有最后否决权的传统权力。《国会法》还规定，非财政议案，上议院有权否决，但只限两次，如果下议院连续三次通过，议案即可交国王批准生效。这就是说，一般议案上议院可拖延两年。1949年的《国会法》规定，上议院对一般议案的拖延生效期限由两年缩减为一年。议会的权力进一步转移到内阁手中。

（2）1931年的《威斯敏斯特条例》。第一次世界大战后，英帝国的殖民体系开始瓦解。各自治领强烈要求与英国本国享有同等的政治权力。为了调整英联邦内部的各种关系，在1926年和1930年的帝国全国自治领代表会议上，英国被迫承认各自治领在内政外交上的独立地位。并于1931年12月在英国国会通过《威斯敏斯特条例》，全文除序言外，共12条，主要内容是：

加拿大、澳大利亚、新西兰、南非和爱尔兰等各自治领不再被称为殖民地，享有独立国家的地位；各自治领议会有完全的立法权；各自治领议会通过的任何法律不因与英国议会通过的法律相抵触而无效；各自治领对仍在当地有效的英国法律有废除或修改的权力；英国议会通过的法律除经自治领同意，不得作为该自治领法律

第九章

的一部分而施行之。

第二次世界大战后，又有一批英国的前殖民地获得独立，虽然其中有些仍保留在英联邦以内，但在那些地区英国法已不能直接适用。

（3）《退位法》和《摄政法》。1936 年，英王爱德华八世在位，由于其有干预内阁活动的倾向，引起执政的保守党的不满。当时爱德华八世违背王室惯例，坚持要与结过两次婚的美国妇女辛普森夫人结婚，保守党首相鲍尔温以此为借口，逼其退位。爱德华八世退位时宣布《退位法》，宣告他本人及其后代不再与英国王位发生关系。爱德华八世的弟弟约克公爵于 1936 年 12 月 11 日继承王位，称乔治六世（1936～1952 年在位）。1952 年乔治六世死后，由长女伊丽莎白继承王位至今。

1937 年、1943 年和 1953 年，国会先后制定《摄政法》，规定英王即位时若尚未成年，或完全丧失工作能力，或因病、出访等原因不能行使职权时，应分情况由成年的王位顺序继承人、女王的丈夫、大法官、下院议长、高等法院院长以及上诉法院院长等人中的某些人摄政。

进入 21 世纪以后，英国正研究修改王位继承法，以便于与时俱进，让女性也可以享有与男性平等的继承权。但是修改王位继承法必须经英联邦 16 个成员国全部通过才能实现。

（4）欧洲联盟法。欧洲联盟的前身是欧洲共同体，欧洲共同体是欧洲煤钢共同体、欧洲经济共同体和欧洲原子能共同体的总称，它的建立是为了实现西欧经济政治的一体化。欧洲联盟是一个不同于成员国的超国家政治实体，下设部长理事会、欧盟委员会、欧洲议会和欧洲法院。欧洲联盟法的法律渊源是：建立欧洲联盟的条约、欧洲联盟各机构的法令、欧洲法院的判决。

1973 年英国加入欧洲共同体，承认欧洲共同体法在英国具有法律效力。根据欧洲法院建立的欧洲联盟法的直接适用原则，欧洲联盟的各基础条约中的某些条款和欧洲联盟各机构的制定法在英国可直接适用。在与英国国内有关法律规定发生冲突时，欧洲联盟法的效力高于英国国内法。

（二）宪法性惯例

宪法性惯例是指某项宪法原则和制度最初不是法律明文规定的，而是由于历史原因形成，逐渐演变成为习惯和原则，并由国家认可且赋予其法律效力。这类宪法惯例是英国宪法的重要渊源，在英国宪法中占有相当大的比重。英国君主的许多特权，英国内阁活动的一些基本原则，英国和自治领之间的政治关系等，都是以宪法惯例的形式出现的。

1. 国王。英国资产阶级革命后，资产阶级力图使国王服从国会通过的法律，然而国王仍拥有从中世纪保留下来的传统权力，并且其中有些权力重新得到了法律确认。

在理论和形式上，英王仍是"一切权力的源泉""国家的化身""不列颠的象征"。在立法上，英王是议会的组成部分，议会的召开、闭会、解散和制定法律都要由英王下令和批准；在行政上，英王是国内最高执政长官，有权任免高级官吏；在司法上，所有法院都是英王的法院，法官多由英王任命；同时，英王还兼任海、陆、空三军总司令。然而，王权作为封建势力代表的意义随着资产阶级政权的确立已逐渐消失。自查理一世以后，国王的政权转归内阁掌握，国王只能在下院占有多数议席的党派中任命大臣。于是，逐渐形成"国王不能为非"的宪法原则，即国王的施政言行须经内阁签署才能生效，因此国王不负责任，内阁也不能将失职责任推诿于国王。1947 年的《王权诉讼法》取消了英王的行政赔偿责任豁免权，英王的赔偿责任原则上和一般公民相同，但英王作为个人不负赔偿责任这一原则没有改变。

2. 内阁。英国最早确立了责任内阁制。这一制度并不是依照立法程序形成的，而是经过几百年的历史演变而成的。

1688 年以前的内阁是从枢密院[1]中选出的少数人组成的行政机关，还不是近代意义上的内阁。1688 年以后，由于王权的削弱，议会权力的上升，内阁的地位和性质发生变化，不再只是英王的咨询和办事机构，而是由下议院的多数党组成，从向国王负责转变为向议会负责了。

乔治一世执政时（1714 ~ 1727 年在位），创造了内阁可以在国王不参加的情况下召开会议、制定方针政策的先例，由英王指定一名大臣来主持内阁会议，内阁首相由此产生。第一位受命主持内阁会议的是辉格党领袖财政大臣罗伯特·沃波尔。

1742 年，辉格党发生内讧，沃波尔在新选出的下议院中未获得多数信任，内阁全体辞职，创造了内阁连带向下议院负责的先例，即内阁必须在下议院中占绝对多数，当下议院对内阁的重大施政方针不予支持时，内阁必须集体辞职。

1783 年，英国托利党的领袖小威廉·皮特出任首相。次年，皮特因得不到下议院支持，下令解散下议院重新进行选举，托利党在新的选举中重新获胜，从而开创了内阁得不到下议院支持，可以解散下议院重新进行选举的先例。

1832 年选举改革后，资产阶级进一步加强了在下议院的地位，英国的责任内阁制原则作为惯例被固定下来，也就是由在下议院得到多数支持的多数党的领袖担任首相，组织内阁，内阁在政治上对下议院负责的制度。从此，国王个人对内阁的影响几乎全部丧失。尽管在法律上国王还有权任免官吏、召集和解散议会、批准和公布法律、册封贵族和授予荣誉称号、进行司法裁判、统帅军队以及宣战媾和等，但实际上，英王的许多权力是由议会和内阁掌握的，英王在行使权力时只能按惯例行事，别无选择。

1937 年，英国颁布《国王大臣法》，规定由首相兼财政部长，内阁和首相的称谓始为法律所正式承认。内阁的主要职能是：作出重大决策、管理行政机关和协调

---

〔1〕 枢密院是自中世纪保留下来的英王的咨询和行政机构，同时兼有对上诉案件的审判权。现代的枢密院在理论上仍然是英国的最高行政机关，但已名不符实。其成员包括前任阁员、主教、贵族、知名学者等。除国王加冕或结婚、内阁就职外，一般不召开全体会议。

各行政部门的活动等。

（三）起宪法作用的法院判决

具有宪法性质的法院判决也是英国宪法的重要组成部分。英国是判例法国家，有一些宪法规范，如关于国王的特权、英国公民的权利、保护公民权利不受国家公职人员和国家机关侵犯的司法程序和法院必须执行议会通过的法律等，都是在普通法的判例中提到的宪法规范。尤其是宪法中关于公民权利和自由的规定，大多以法院判决为依据。英国人的"权利平等"首先不是体现在实体权利上，而是要求坚持普通法中的正当法律程序，维护公民的合法权益。

二、英国宪法的基本原则

（一）分权原则

"权力分立"的宪法原则是在英国的君主立宪制基础上发展起来的。但是，与美国、法国、德国相比较，英国的立法、行政、司法三权之间的分立与制衡并不十分严格。1689 年的《权利法案》、1701 年的《王位继承法》等宪法性法律以及宪法惯例中都反映了分权的原则。

1. 议会有制定、修改和废除法律的权力，有权对行政机关的决策进行监督。立法案在下议院通过后，应送交上议院通过。根据 1949 年颁布的《议会法》，上议院对下议院通过的立法已无直接的否决权，只有对非财政案拖延一年生效的延搁权，而对财政案只有一个月的延搁权。

2. 内阁是最高行政机构，行使行政权。根据宪法惯例，内阁制定政府政策并提交议会讨论、贯彻执行议会通过的法律、协调政府各部门的职权范围。但是，内阁必须得到议会的信任和支持，受议会监督并对议会负责。

3. 在"国王统而不治"的宪法惯例下，由于英王在名义上仍有立法、行政、司法和军事等诸多权力，因而仍然在某种程度上发挥对议会和内阁的牵制作用。

4. 法院掌握司法权。法官实行终身任职制度。但是，英国的议会上议院同时又是英国的最高上诉法院，上议院议长兼任大法官职务。

（二）议会主权的原则

所谓议会主权的原则，按照西方学者的说法是指法律上的主权属于议会。这表现在三个方面：①英国在资产阶级革命和 19 世纪初期的选举改革后，资产阶级的代表人物控制了议会，议会享有制定和废除一切法律的垄断权；②任何法律或法院的判例都不能对议会有任何约束力，任何机关、团体或个人都无权宣布议会通过的法律无效，只有议会自己才能修改和废除议会通过的法律；③议会不仅是唯一的立法机关，而且享有对行政与财政的监督权，以及讨论政府政策和弹劾大法官的权力。

（三）责任内阁制原则

责任内阁制原则是议会主权的一种体现，它包括以下几个方面：内阁由议会下议院多数党组成，首相和大臣都由下议院多数党议员担任；首相通常是下议院多数党的领袖；内阁大臣要对他副署的行政行为向英王负责；内阁大臣彼此之间相互负责；内阁阁员向议会负连带责任，如果下议院对内阁的重大施政方针不予支持，内阁须全体辞职，或通过国王将下议院解散，重新选举。内阁的主要职责是：对准备提交议会的议案作出决定；根据议会立法行使国家最高行政管理权、协调政府各部门的关系；在非常时期宣布全国处于紧急状态并采取措施；接受议会委托制定行政条例、规章。

（四）法治原则

"法治"是被现代宪法广泛采纳的基本原则。英国宪法中的"法治"是指君主的权力来自法律并受立法和司法的限制。17世纪时，英国资产阶级和新贵族在反对君主专制、争取议会主权的斗争中，提出了"法治"原则。如，1679年的《人身保护法》要求对国家官吏实行司法监督，限制非法逮捕和拘禁；1689年的《权利法案》规定未经国会同意，国王不得实施和终止法律。根据资产阶级革命的实践，英国17世纪著名的古典自然法学派的代表人物洛克（John Locke，1632～1704年）在他的《政府论》中从理论上阐释了法治原则，他认为：只有议会才享有立法权，这种权力是不能转让的；法律面前人人平等，任何人都不能享有超越法律的特权。著名的宪法学家戴雪（A. V. Dicey，1835～1922年）认为法治原则有如下含义：①非依法院的合法审判，不得剥夺任何人的生命、自由和财产；②公民和政府官吏均受普通法和普通法院的管辖，法律面前人人平等；③英国公民的自由权利是既不由任何法律所赋予，也不能随意被剥夺的"自然权利"，政府必须有合法理由才可以加以限制。

■ 第四节　财产法

一、财产的概念和分类

在英国法中，"财产"一词是指支配财物的绝对权。这一概念涉及人们支配财物关系的权利与义务，即凡被法律保障为某人所有的东西就是财产。因此，"财产"一词有两种含义：①指作为所有权客体的"物"本身；②指对"物"的所有权，即法律所认可的对物所享有的使用、收益和处分的权利。

英国在1925年《财产法》颁布以前，将财产分为"物权财产"和"人权财产"两类。"物权财产"包括土地及其附属物或权利（如贵族称号、某些国家公职、地役权和抵押权等），总称"地产权"。"人权财产"包括有体物（或称有形财产，如家具、衣物和粮食等）和无体的经济权益（或称无形财产，如债权、股票和专利权等）。英国法中对财产的这种分类源于中世纪英国法中的"对物诉讼"和"对人诉讼"两种诉讼形式。凡由"对物诉讼"保障的权利，称作"物权财产"，凡由"对人诉讼"保障的权利，称作"人权财产"。

二、封建时期的土地租佃制度

在英国封建时期，土地是最基本的财产。11世纪中叶后，封建土地所有制迅速形成，封建土地关系的主要特征是分封租佃，即土地经过封建主之间的层层相互受封，封建主人身的等级和相应的权利义务也凝固于土地之上，同时土地也具有了主人的属性并且形成了不同等级。理论上，国王是全国土地的所有人，他将土地分租给领主，以其效忠和承担封建义务为条件。自由农民和"维兰"（农奴）租种封建领主的土地，也必须向其履行封建义务。对不履行义务者，领主有权收回土地；反之，领主无权收回土地。所以，在中世纪的英国，土地所有权是相对的、有条件的。任何人对土地都不具有绝对的所有权。

根据占有土地的条件和承担义务的不同，土地占有形式被分为自由租佃和不自由租佃两种。

自由租佃又分为三种形式：免税租佃，即不向国王缴纳贡赋的占有地；骑士役租佃，即向国王承担军事义务的占有地；交租租佃，即向授地者提供一定数量的农产品或劳役的占有地。以上三种占有地，最初都以承租人终生占有为限，不准继承或转让，占有人死后归还授地领主，所以也称作"终身占有地产"。1285年第2号《威斯敏斯特条例》（《限嗣继承条例》）规定，原佃户死后，地产可由其直系后裔继承，而不必交还原领主或其继承人。在授予土地时，领主还可以对原佃户的继承人再提出特别限制，如必须为其男性后裔或女性后裔等。若无适当继承人，领主可收回土地。这种地产被称作"限定继承地产"。1290年第3号《威斯敏斯特条例》（《买卖法》）规定，自由租佃地产在继续履行义务的条件下，可以自由转让或继承。这种地产被称作"非限定继承地产"。

不自由租佃是指农奴对份地的占有，它不存在任何约定的服役条件，农奴要对领主尽繁重的、内容不确定的封建义务，缴纳劳役地租和各种贡税。农奴占有的份地按习惯由其后嗣继承，这种份地要在法院登记注册，因此也称作"公簿持有地产"。

三、资产阶级革命时期的土地立法

英国革命时期国会通过一系列土地立法，对传统土地关系进行改革，加速实现了英国的资本主义土地所有制，使土地基本变成免除封建依附关系的资本主义性质的私有财产。这些土地立法沉重地打击了以国王、领主和教会为代表的封建势力，但也剥夺了广大农民的土地。这些土地立法包括：

1. 没收和拍卖国王、教会及保王分子的土地的法令。1643年3月27日的法令宣布，没收教会及支持国王的封建贵族的土地；1643年9月21日的法令宣布，没收王室土地；1646年的一项法令则宣布，对王党分子逾期未赎的土地进行拍卖。

2. 废除"骑士领地制"的法令。1646年2月24日，国会通过法令取消"骑士领地制"，从而废除了领主效忠国王的义务和负担的军事义务。

3. 圈地法令。革命中及革命后，国会通过许多法令推动圈地运动。1688年后国会通过了上千个圈地法令。

四、19世纪以来财产法的改革

英国于19世纪初完成工业革命，这使英国的生产方式、财富来源、社会面貌发生了深刻的变化。但是土地的自由转移仍受到限制，妨碍了资本主义经济的发展，因此，从19世纪中期开始，英国国会对不动产土地的立法逐步进行了改革。

1837年的《遗嘱法》规定：每种遗嘱中所说的财产都作为动产和不动产解释，对于动产和不动产的继承适用同样的规则；如果立遗嘱人对遗嘱的标的物只作了一般陈述，那么，他在立遗嘱时的所有土地及随后获得的土地都包括在内。

1856年国会通过《地产授予法》，其目的是促进土地的自由租佃和买卖。1877年，国会对该法进行了修改。该法的主要内容是：在法院认可的条件下允许土地自由买卖；用于农业的土地租赁期可达21年，用于矿业的土地租赁期可达40年，用于建筑的土地租赁期可达99年。

1882年国会颁布《土地授予法》，使地产的所有人可以不经过法院，出卖、租赁和抵押包括土地在内的一切财产。

然而，虽然经过多次改革，直到20世纪初期，英国的财产法，特别是其中的不动产法，仍然没有完全消除封建的痕迹。动产与不动产的继承程序实际上仍然不同；公簿保有地产和自由持有地产的区别依然存在，调整这两种地产的法律规则仍有区别。这种情况阻碍了土地的转移和开发使用。

为了对财产法进行彻底改革，1925年国会颁布了6项法律：《土地授予法》《信托法》《土地登记法》《土地特殊权益法》《财产法》和《遗产管理法》。废除了历史上遗留下来的公簿持有地产，规定于1936年1月1日前将公簿持有地产赎买完毕，使地产全部转变为自由持有地产，占地人对土地享有完全的所有权，可以自由买卖、租佃，法律明确地将所有的财产形式划分为动产和不动产两大类。不动产指土地、建筑等。动产分有形动产和无形动产，前者指作为有形物的动产，后者包括债权、专利权、著作权、股份和商标等权利。这种划分与大陆法对于财产的划分是一致的。法律对于动产和不动产规定了一致的继承制度，明确取消了男子优先、长子优先的继承原则，突出了生存配偶及靠死者抚养的人在继承上的法律地位，把继承与社会保障结合起来。法律简化了土地转移的手续，主要有遗赠、出售、出租、抵押和信托几种形式。1925年的财产法消除了财产法方面的封建遗迹，使土地转让的程序大为简化，从而促进了英国资本主义经济的发展。

第二次世界大战以来，英国加强了对土地开发与使用的管理与控制。建筑施工等涉及土地开发和使用的事项，必须经过政府有关部门的严格程序审批，并要求符合城乡建设的总体规划以及环境保护标准。法律强调对房屋承租人和土地承租人的保护，规定了收取房租的标准和租地规则。为了保障农业生产的有效运行，1947年的农业法对所有人管理地产的标准作出规定。

五、信托制度

信托制度是信托人将其一定的财产转移给受托人管理，而由第三人即受益人享受收益的制度。这种制度以当事人的信用为基础，故称信托。信托是普通法系特有的制度，依照现代法律的分类，通常被归入财产法。

（一）受益制度

近代信托制度起源于中世纪的受益制度。在封建社会的英国，根据普通法，作为不动产的土地只能依法由继承人继承，不能随意转让。14世纪后，随着手工业和商业的发展，英国农村中出现了资产阶级化的新贵族。他们要求摆脱土地的封建义务，使土地能够根据自己的意志转移。这样，便出现了受益制，即土地占有人将地产交受托人代管，受托人享有对地产的使用、收益权，并将地产的收益交给土地占有人指定的受益人。这种受益制度违反普通法对封建地产的保护原则，使受益人的权利得不到普通法的保护。由于受益制可以使教会成为地产的受益人，所以起初只有教会法院对受益制采取支持态度。亨利三世（1216～1272年）时下令禁止教会法院管辖涉及土地纠纷的案件，受益人的权利受到侵害时，便转而向御前会议申诉，御前会议将这类案件交司法大臣，即衡平法官处理。到15世纪下半叶，衡平法官审判的受益制案件逐步形成较为确定的受益制衡平规则。所以，受益制度的形成和衡平法的发展有着密切的关系。

16世纪上半叶，由于新航路的开辟，商业贸易市场进一步扩大，资本主义生产关系在城乡有了新的发展，土地关系随之发生变化。受益制度的普遍设立使地产的封建义务面临危机，国王和大领主的封建捐税税收锐减。为了限制受益制的发展，1529年，亨利八世下令强制对所有交给受托人经管的地产进行登记。1535年，又强使国会通过《受益制条例》，把受益制分为消极受益制和积极受益制两种。前者指受托人对于受托的地产不承担经营管理的积极责任，设立受益制的目的仅仅是为了逃避地产的封建义务和债权人的追索；后者指受托人对于受托的地产承担积极经营管理的义务，直接收取土地的租金和孳息，将土地的收益转交给受益人。《受益制条例》取消消极受益制，以便使交给受托人经管的地产承担原来的封建义务。积极受益制不受条例影响，发展成后来的信托制度。

（二）信托制度

在《受益条例》颁布后的三百年中，信托法的各项原则是通过衡平法院的判例来获得发展的，受成文法的影响很小。直到19世纪后，成文法的编纂成为趋势，英国国会颁布了一些有关信托的法令，以成文法的形式确认了信托制度，如1893年的《信托财产法》、1925年的《受托管理人条例》以及1961年的《信托投资条例》等。

信托制给予财产所有人处理财产以很大的灵活性。信托就其设立方法可分为三类：

1. 明示信托。根据财产所有人明确表示的意思，按照信托契据或遗嘱的规定而设立。

2. 推定信托。财产人并未明确表示设立信托，但依据有关情况或根据财产所有人的言行可以推定其有设立信托的意思而设立。

3. 强制信托。法院为了补救某种不公正的情况而设立。

信托就其目的而言可分为两类：一是私人的，为特定人的经济利益而设立；二是慈善性质的，为社会福利而设立。

信托的要素包括以下几个方面：

1. 财产授予人。财产授予人是财产的所有人，任何对财产有所有权的人都可以对其财产设立信托。

2. 信托财产。财产授予人所移转的财产称信托财产。信托财产交受托人管理和处分。信托财产可以是不动产、股票、公债、抵押契据、保险单以及银行存款等。

3. 受托人。受托人以财产所有人的身份和资格进行财产的使用和处分，并同第三者发生民事关系。受托人可以有两个或两个以上个人，或是由按法律有权执行信托业务的公司组织。根据1906年的《公职受托人条例》的规定，受托人可由政府委托的一名官员担任，国家收取手续费，财产授予人和信托受益人享有由国家保证不受损失的好处。

4. 信托受益人。信托受益人是依设立信托的目的而享受信托所产生利益的人，可以是自然人，也可以是法人。在慈善信托中，受益人不是特定的人而是社会。

■ 第五节　侵权行为法

一、侵权行为法的形成

（一）盎格鲁－撒克逊时期关于非法行为的法律

英国学者梅因曾提出，在古代社会里，刑法并不是关于犯罪行为的法律，而是关于非法行为的法律，或者用英国的专门术语来说，是侵权行为法。在盎格鲁－撒克逊初期，犯罪被认为只是对被侵害人及其家庭的侵害，与侵权行为合为一体，都属于"非法行为"，既可以由国家根据法律对加害人予以惩处，也可以由受害人或亲属直接予以制裁。9世纪末，西撒克斯王阿尔弗烈德（871～899年在位）的法律中出现"背叛领主"的概念，对于犯有"不可矫正的罪行"的犯罪，如杀害国王或领主、密谋杀人者，国家应主动追究，对其处以死刑或截肢刑；对于犯有"可以矫正的罪行"的人，仍被看做是对个人的侵害，处以罚金。

（二）侵害诉讼的产生和发展

1176年亨利二世颁布的《诺桑普顿诏令》，明确提出重罪的概念，扩大了"不可矫正的罪行"的范围。凡叛逆、反对教会、杀人、盗窃、纵火、侵入住宅、强奸等，都是重罪，要以国家名义向王座法院提起公诉，予以严厉制裁。由此，犯罪与侵权行为开始分离。"可以矫正的罪行"便是后来所称的侵权行为。

根据英国普通法的原则："一个人不得非法侵害自己的邻居""应该像对待自己的财产那样，以应有的注意对待别人的财产"。13世纪时，英国的诉讼中出现了"侵害权利之诉"的令状。起初，这类诉讼的范围是以"暴力"和"直接"为特征的侵害。包括对人身、动产和不动产的侵害。所谓"暴力"，是指对他人人身或财产的实际干预；所谓"直接"，是指原告的损害是由被告的行为直接造成的。侵害诉讼分为不同种类，每种都有其名称，因而普通法上将这类诉讼称作"有名侵害诉讼"，它是侵权行为独立的标志，现代的英国侵权行为法就是在它的基础上产生的。

14 世纪后，法律对非法侵害造成的间接和随后损害的责任也予以追究。但由于它们没有正式令状的名称，故称"无名侵害诉讼"。随着侵害人身、财产事件的日益增多，在普通侵害诉讼形式的基础上形成"回复不动产之诉""非法占用损害赔偿之诉"和"违约损害赔偿之诉"三种重要的诉讼形式，从而推动了侵权行为法的发展。

随着衡平法院的确立，衡平法院对部分侵权诉讼进行管辖，侵权行为法的救济方法进而扩展到禁令。

二、侵权行为的分类

侵权行为种类繁多，英国法学著作一般按侵权对象把侵权行为分为对财产权利的侵害和对人身权利的侵害。原告向法院请求损害赔偿时，必须证明其权利存在，并且指出被告违背责任侵犯其权利的事实。

（一）对财产权利的侵害

1. 侵害不动产。主要是指对不动产占有的非法侵害。由于英国法赋予不动产所有人，特别是其中的土地所有人对土地的无限权利，所以非法进入或留置于他人土地上，在他人墙上乱钉钉子，向他人土地投掷杂物等，都是侵害不动产的非法行为。《英国民法汇编》第 181 条规定："土地所有人对于垂入自己土地界内之枝叶，虽其树木生于邻地，无须通知其邻人而剪其垂入自己土地界内之枝叶。"1949 年《民航法》规定，飞行物在距离地面"合理高度"进行飞行时，不构成对土地所有人的侵害，但因飞行物上坠落物体或飞行物本身坠落，造成对他人土地或人身的损害时，应负赔偿责任。

2. 侵害动产。普通法上对动产的侵害一般指对有体物的侵害，至于对商标、专利和版权等无体物财产的侵害则由制定法规定。如英国 1938 年的《商标法》、1956 年的《版权法》、1949 ~ 1957 年的《专利法》等。

（二）对人身权利的侵害

1. 威胁。指行为人以强力表示要加害于人，并使受害人产生受害恐惧的非法行为。

2. 殴击。指行为人恶意对他人身体施加殴打。

3. 非法监禁。指行为人违反他人意志，在一段时间内对他人实施非法控制，使其丧失自由权利。

4. 诽谤。指出于恶意以口头或书面形式诋损他人名誉的行为。16 世纪以前，诽谤被视为犯罪行为，之后又分为刑事诽谤和民事诽谤。1952 年《诽谤法》对诽谤言论作出严格限制：诽谤必须是故意捏造或诬蔑；行为人宣布的是事实，则不构成诽谤；被告发表了有损别人名誉而不符合事实的言论可以道歉，并以非属蓄意诽谤为辩护理由；对于公共问题的公正评论，只要不是故意捏造，即使不真实也不属于诽谤。

5. 妨害家庭关系行为，包括诱奸、诱拐、虐待以及挑拨他人夫妻关系等。

三、侵权行为的责任原则

侵权行为法必须解决的主要问题是侵权责任问题。侵权责任由四方面的因素组成：损害事实、违法行为、损害事实与违法行为之间有因果关系、过错。确定侵权责任的关键是对于主观过错的确认。侵权责任原则的发展变化经历了从过失责任原则、比较责任原则到严格责任原则的演变过程。

（一）过失责任原则

过失责任原则即"无过失即无责任"原则。目前世界上多数国家在侵权损害赔偿案件中都采用这一原则。

在英国，过失责任原则形成于16世纪资本原始积累时期，盛行于19世纪资本主义上升时期。这一原则的含义是：没有尽法律所承认的应该注意的义务就是过失，由于这种过失造成对他人的损害，侵权行为人应负赔偿责任。根据普通法，过失责任必须以被告对原告的利益负有适当注意的义务为前提。按法官在1893年"勒·利弗诉古尔德案"中的说法，"假使一个人不承担任何义务，他就可以对整个世界随心所欲，任意疏忽"了。但是，"注意"的义务是否存在，在英国法中具有很大的弹性。一方面，许多法律规则限制了负有注意责任关系的类型，如对于司机、医生、律师等规定了具体的"注意"义务的标准；另一方面，法院又通过对"注意"责任的解释，扩大了侵权责任的范围，如在1932年的"多诺哥诉史蒂文森案"中，法院提出"邻人检验标准"，要求以"合理地注意"，避免发生可以预见的可能损害邻人的作为和不作为，从而扩大了厂商对消费者的责任。

在资本主义的原始积累时期，由于过失责任原则突出了过失在侵权行为中的作用，因而有利于激发资本家的冒险精神。他们在"无过失即无责任"的前提下，在攫取利润、积累资本的过程中，无须担心不可避免的事故和伤害以及无法预测的后果带来的责任赔偿。在占很大比例的受雇人的伤害案件中，受雇人因为不能证明雇主的过失而得不到赔偿，即使能够证明，雇主仍能以"受害人过失"的普通法原则作为辩护的理由而免除侵权责任。

（二）比较责任原则

比较责任原则是以个人过失为基础的，但在确定赔偿责任时，不仅要考虑被告的过失，还要考虑原告的过失，以确定对受害人的赔偿。比较责任原则是在19世纪被确立的，在交通事故中适用的比较责任原则是过失责任原则的一种表现形式。

比较责任原则的前提是每个人都应当对自己的安全负责。在这一原则确立之前的判例表明，如果原告的过失是造成伤害的起因，那么即使被告也有过失，原告虽然受到伤害，仍得不到赔偿。即强调事故的起因，谁造成事故的起因，就由谁负责。这种裁决使有些受害人不仅得不到赔偿，反而要负赔偿之责，不利于补救受害者和稳定社会秩序。

为了避免出现上述现象，1935 年，英国议会颁布《已婚妇女与侵权行为人法律改革条例》，其中规定：对受害人的赔偿可以与当事人的过失责任不一致。这意味着即使侵权人的过失不是造成原告伤害的起因，也要负赔偿之责，因而遭到一些法学家的指责。于是，1945 年议会又颁布了《共同过失的法律改革条例》，其中规定：不能因被害人有过失而取消赔偿，但赔偿必须减少到法院认为与受害人的过失公平地相适应的程度。实际上，这一规定使法官在裁判案件中具有更大的自由裁量权。

比较责任原则的确立，一方面处罚了侵权行为人，另一方面使受害人得到适当的赔偿，因而起到了稳定社会秩序的作用。

（三）严格责任原则

严格责任原则也称作无过失责任原则，其含义为：在法律规定的某些条件下，侵权行为人即使没有过失，只要发生了损害事实，就要对侵权行为负无条件的赔偿责任。

随着垄断资本主义的形成和发展，科学技术的发达和社会经济交往关系的日趋复杂，英国的工业危害、交通事故、环境污染及商品瑕疵等问题相当严重。为了合理地解决受害人的民事赔偿问题，与"福利国家"的口号相适应，英国于 19 世纪末～20 世纪初，在侵权行为的责任方面适用严格责任原则。

1868 年英国上议院在"赖兰兹诉兰彻尔案"的判决中提出伤害赔偿的"严格责任"；随后不久，严格责任原则被适用于采矿、建筑和铁路运输等生产部门；1897 年议会制定的《工人赔偿法》进一步把这一原则的适用范围扩大到一切工业生产部门；1901 年严格责任原则的适用范围被扩大到农业工人。20 世纪议会颁布的一些工人赔偿法和社会保险法都重申雇主或保险公司对于工伤事故的严格责任，如 1948 年和 1969 年先后颁布的《工伤事故国家保险法》，规定实行雇主责任强制保险。这些法律的实施把工伤事故中对工人的赔偿责任通过税收转嫁给社会。此外，英国 1965 年的《原子核装置法》、1971 年的《商船污染法》和 1974 年的《污染控制法》，都以特别法的形式规定当事人对环境污染要负严格责任。1978 年英国研究民事责任与赔偿的皇家委员会提出建议，将严格责任原则扩大到适用于进行因医疗临床试验而受到严重伤害的人，并建议把侵权行为受害人的赔偿问题作为整个"社会安全"问题的一部分加以考虑。

■ 第六节　契约法

一、契约法的形成和发展

（一）契约法的形成

英国契约法作为一个独立的法律部门，其形成晚于其他法律部门。违约损害赔偿之诉是在 14～15 世纪普通法设立的一种新的诉讼形式，它弥补了侵害诉讼令状最初只适用于暴力性的直接的侵害行为的明显缺陷。但是，违约损害赔偿之诉最初是

第九章

作为侵害诉讼的一个分支出现的，也就是说，契约法和侵权行为法是出于侵害诉讼这同一渊源的。14世纪时，如果有人不按照协议履行义务，使对方受到损失，那么当事人可以提出侵害诉讼。比如甲按协议为乙治疗马病，由于过失，使乙受到损失，法院可以侵害行为判令甲赔偿损失。但是如果甲没有按协议给乙的马治病，则不构成侵害行为，在这种情况下，乙的利益仍不能得到保护。15世纪后，违约损害赔偿之诉的范围扩展到不作为，即如果完全不履行非正式契约，也要负损害赔偿的责任。大约在这时，违约和侵权行为分离开来。

在中世纪以前，由于英国的经济还不够发达，私人之间的经济协议较少，普通法只承认正式契约，即被制成书面文件盖有印章的契约，而不保护非正式契约，即没有书面文件的协议。这使得在有关契约的诉讼中，诉讼当事人之间只能通过预定的、写进加盖印章的正式契约的办法，来创立一种在普通法法院可以强制实施的法律关系，未加盖印章的协议根本不存在诉权。在这种情况下，由于衡平法院对诉讼形式不加限制，采用罗马法的审判原则，那些在普通法院得不到救济的有关契约债务的案件便转而到衡平法院去寻求救济。这使普通法法院的法官逐渐意识到，如果他们不接受这类诉讼，衡平法院势必取得有关诉讼的管辖权。在经济不断发展的推动下，普通法法院在同衡平法院争夺司法管辖权的过程中，将罗马法的有关知识融入英国侵权行为法，逐渐从非法侵害之诉中发展出违约损害赔偿诉讼令状，对非正式契约实行保护。

1602年上诉法院对"斯莱德诉莫里"一案的裁定被认为是英国契约法作为一个独立的法律部门的开端。在该案中，原告斯莱德将土地售予被告莫里，莫里承诺付款16英镑。但土地交付后，莫里未兑现承诺，斯莱德因此提起违约赔偿之诉。莫里在法庭上否认其承诺，经陪审团调查，出售虽完成，却不存在任何文字上的承诺。国王法院坚持文字契约是诉讼的基础，拒绝给予救助。普通上诉法院投票表决，裁定斯莱德胜诉。这一案件的解决突破了中世纪"契约"成为"盖印文据"同义语的局限。

（二）资产阶级革命后契约法的发展

英国资产阶级革命后，在商品流通迅猛发展的推动下，契约法也得到发展。主要表现在：确定了契约形式在契约法中的地位；明确了诺言是当事人履行义务的法律依据。1677年国会颁布《诈欺法》，要求必须以书面证据或其他适当证据进行某些种类的交易，防止诈欺和伪证。由于17世纪时英国的商事诉讼已基本纳入普通法法院的管辖范围，因此，普通法对于商法的吸收使得罗马法的原则渗透到英国的契约法之中，这对于推动英国契约法的发展起到很大作用。但是总的来说，当时英国契约法还不够完备。著名法学家布拉克斯顿在《英国法释义》一书中，对于不动产法的论述达380页，对契约法的论述却只有28页；并且布拉克斯顿还只是把契约作为所有权的一个分支，而没有把它作为一个独立的法律部门。

19世纪以后，资本主义工商业的发展为契约法的发展创造了条件。1806年，法

第九章

国著名法学家 R. J. 波蒂埃关于契约法的论著在英国翻译出版，对于英国契约法吸收大陆法系有关契约法方面的法律原则有重要影响。19 世纪风行欧洲的自然法理论，强调个人有不可剥夺的生存权、自由权和财产权。这一理论在司法领域被解释为：任何人，包括国家，不得干预私人财产权及私人间订立的契约。也正是在"契约自由""契约神圣"的口号下，英国契约法才发展起来并最终成为独立的法律部门。

进入 20 世纪后，契约法的基本原则并未发生重大变化，但是由于垄断经济的发展和社会生活的日益复杂，以及国家直接干预经济生活等原因，"契约自由"的原则受到限制，缔约双方地位的不平等更为严重。在形式上，契约已更多地由经济上强大的一方提出，他方只能接受，这类契约被称作"标准契约"，如铁路、电力、煤气公司同顾客之间的契约就是这类契约。在契约法中继"不可能履行"的原则之后，出现了契约"目的落空"的原则，即在契约缔结后，如果发生双方均不应负责的事故而使契约不可能履行，该契约便告终结，双方承担的义务亦予以解除。

二、契约的定义和基本分类

契约又称合同。英美法上的契约有各种定义，但没有一个是最权威的。英国的布拉克斯顿关于契约的定义流行较早，它是指"按照充分的对价去做或者不去做某种特殊事情的协议"。1932 年，美国律师学会在《合同法重述》中给契约下的定义是："一个诺言或一系列的诺言，法律对违反这种诺言给予救济，或者在某种情况下认为履行这种诺言乃是一种义务。"这一定义近几十年来在英美广泛流行。

从形式上看，英国法上的契约可分为正式契约和非正式契约。正式契约主要用于不动产买卖、转让；非正式契约又称简式契约，是英国契约的主要形式，这种契约既可以是口头的，也可以是书面的。通过口头或书面明确其内容和条款的契约叫明示契约；须根据双方当事人的行为来推定其内容和条款的契约叫默示契约。由于非正式契约是英国最普遍的契约类型，所以英国法关于契约的论著所探讨的也主要是非正式契约。

三、契约成立的特殊条件——对价（约因）

契约是当事人为达到一定目的而订立的确立、变更和解除当事人双方权利义务关系的协议。虽然英美法官和法学家给契约所下定义的措辞不尽相同，但都包括以下几方面的基本要件：①契约必须基于双方当事人的要约和承诺；②契约必须具备有效的对价；③契约的内容必须合法。

16 世纪时，在"违约损害之诉"的基础上，英国契约法中出现了特有的对价制度，对价也称作约因。在英美有关契约的案件中，有无对价是判断当事人双方之间有无法律上的权利与义务的主要依据。按照 1875 年英国高等法院在"柯里诉米萨案"中的说法，所谓对价，就是"按照法律上的含义，一个有价值的对价就是一方得到某种权利、利益、利润或好处，而另一方作出某种克制、忍受某种损害与损失或承担某种责任"。简言之，对价是一方为换取对方的诺言所付出的代价。

在英美契约法中，对价分为待履行的对价和已履行的对价。前者指契约双方虽作出诺言，却均未履行，后者指在订立契约时即已全面履行的情况。

对价的原则主要有：

1. 过去的对价无效。按照一般原则，诺言之前的行动都是过去的对价。例如，在 1842 年的"罗斯柯勒诉托马斯案"中，被告向原告售出一匹马，买卖完成后他向原告保证该马没有恶癖。原告后来发现马有恶癖，并起诉求偿。法庭裁定，先前的买卖属于已经完成的事实，故被告的保证没有对价支持，所以被告不承担责任。

2. 对价无须相等。法院不问对价的大小，只要提供了对价，为此作出的许诺就可以强制执行。在这方面最早的判例发生在 1587 年。1842 年的"托马斯诉托马斯案"引用最为广泛。在此案中，法院对以 1 英镑的对价享有托马斯遗留的价值巨额的房产的居住权予以承认。

3. 履行原有义务不能作为新诺言的对价。1809 年"斯蒂尔克诉迈里克案"是体现这一原则的典型案例。由于原告已承担在 5 个月内往返英国与波罗的海之间的航行义务，因而船长中途许诺加付酬金但并未履行的行为不是违约。

4. "平内尔"原则。这是由 1884 年"福克斯诉平内尔案"确立的原则，即债权人用归还部分欠款的办法来抵消全部债务的许诺不受法律约束。其原因是债务人并未对此项许诺提供新对价，债权人可以追索余债。

5. 不得自食其言的原则。这是衡平法上的原则，指如果一方以自己的言词或行动向另一方作出诺言，那么，当另一方确信此诺言并采取行动后，许诺人就不得反悔。1877 年"休斯诉地下铁路公司案"是实行这一原则的最早判例，1949 年后这一原则被广泛适用。

从以上的对价原则可以看出，它们是对于已建立起的包罗万象的违约损害赔偿之诉适用范围的限制。此外，16 世纪后，普通法法院还通过对案件的审判，确立了契约只有通过互相作出诺言才能成立的原则，这些都为英国契约法的进一步发展和最终形成奠定了基础。

■ 第七节 刑 法

英国的刑法起源于中世纪的普通法。19 世纪国会制定了一系列刑事立法，但一直没有一部系统的刑法典。英国刑法长期保留封建性、杂乱性以及法官对法律适用的任意性的特点。在现代，英国刑法主要由制定法规定，如果制定法没有明示、默示废止或修改普通法中的相关内容，则普通法继续有效。

一、犯罪

（一）犯罪的定义与分类

英国刑法中没有关于犯罪的确切定义。根据英国刑法著作和法律辞典的解释，犯罪是指一种作为或不作为，其本身或后果被认为是有害的、为国家所禁止的，其行为应该受到刑法的某种处罚的行为。英国著名刑法学教授尼·斯坦厄普·肯尼所著的《肯尼刑法原理》归纳了犯罪的三大特征：①犯罪是由人的行为引起的而为国家主权所希望阻止的一种危害；②在所选择的预防措施中包括刑罚的威吓；③某种特殊类型的法律程序被用以决定被告人实际上是否引起危害，并依据法律确定这样做是否应受惩罚。

自中世纪以来，普通法将犯罪分为叛逆罪、重罪和轻罪。各种罪的概念和界限在不同历史时期有不同的解释。到了近代，刑法仍保留这种分类。1967 年《刑事法令》正式废除了重罪和轻罪的划分，仍保留了叛逆罪。该法令从程序的角度，把犯罪分为应起诉的犯罪、简易审决罪、可监禁罪。应起诉的犯罪是在刑事法院进行审判、可由陪审团参加审判的犯罪，包括上述重罪和大部分轻罪，例如叛乱、骚乱、抢劫、勒索、劫持、海盗、谋杀、过失杀人、溺婴、堕胎、强奸、重婚等。简易审决罪是在治安法院进行、没有陪审团参加、仅仅适用简易程序审判的犯罪，例如酗酒滋扰、流娼、售货克扣分量、向人打滋扰性电话、向未成年人出售酒精饮料、超速驾车、唆使儿童逃学等。可监禁罪是指法律明文规定了刑罚的犯罪，例如危险行车造成死亡。不再坚持划分重罪与轻罪的原因是：在某些情况下，被划分为轻罪的罪行所包含的社会危害性大于重罪，因而对于轻罪的刑罚可能重于重罪的刑罚。

（二）刑事立法

英国近代的刑事立法主要有 1817 年的《煽动性集会法》、1825 年的《犯罪法》、1861 年的《侵犯人身罪法》、1908 年的《关于习惯犯罪的法律》、1911 年的《间谍活动法》、1913 年的《伪造文件法》和 1916 年的《窃盗法》。这些刑事法令弥补了普通法的不足，较中世纪的刑法有了很大进步。

第一次世界大战后，为镇压工人运动和应付经济危机，英国颁布了一系列镇压性的单行法规，如 1920 年的《政府机密法》，规定任何人在禁区中及其附近干扰警察或军队的活动，即构成泄露官方机密罪；1935 年的《煽动叛乱法》，规定凡企图怂恿王国军队成员背弃义务者，或出版煽动性书籍，或以帮助、教唆、劝告、建议的手段实施上述行为者，均处刑罚；1936 年的《公共秩序法》，规定侮辱性言论和可能妨害社会治安的行为，均属犯罪行为。

第二次世界大战后，英国进行了一系列刑事立法，对犯罪的规定进行改革。其中 1968 年的《盗窃罪法》统一了有关盗窃罪的规范，废除了重偷盗罪与轻偷盗罪的划分；1971 年的《滥用药品法》将毒品分为海洛因、吗啡、鸦片三类，称其为"管制药品"，凡生产、种植、供应、持有、吸食者，皆构成滥用药品罪；1971 年的《劫持罪法》规定使用武力或任何威胁手段劫持或控制飞行中的飞机者，构成劫持罪。

二、刑罚

19 世纪前，英国的刑罚具有野蛮性、残酷性的特点。直到 18 世纪末，死刑仍有二三百种。执行的方法包括焚烧、轮辗等，异常残酷。经过历次改革，刑罚的残酷性逐渐减轻。1820 年废除了妇女笞刑，改绞刑代替肢解刑。1837 年死刑被限制于叛

第
九
章

国、杀人、强奸、兽奸、鸡奸、破门入盗以及使用暴力和纵火杀人七种犯罪。1807年废除苦役流刑，代之以监禁。1879年的《预防犯罪法》确认缓刑制度，使英国成为最早适用缓刑的国家。1908年的《未成年人犯罪法》规定，未成年人犯罪应由专门法院审理。1910年的《防止犯罪法》规定，未成年人犯罪应在少年感化院中服刑。到20世纪初，英国确定的刑罚种类有：死刑、自由刑（监禁）、缓刑、笞刑、苦役和罚金6种。

第二次世界大战后，英国的刑罚制度变化很大。主要表现是：①废除肉刑、刑事劳役和苦役。1948年的《刑事审判法》废除了刑事劳役和苦役，仍保留笞刑。1967年的《刑事审判法》彻底废除肉刑。②废除死刑。1957年的《谋杀罪法》规定，除重大谋杀罪、叛逆罪和海盗罪外，其他犯罪一律不适用死刑。1965年的《谋杀罪法》规定，5年内对谋杀罪暂停适用死刑。该法期满后于1969年12月经议会两院一致通过永远废除死刑，代之以强制性终身监禁。现在，英国主要的刑罚有：终身监禁、监禁、罚金、无偿劳动惩罚、缓刑、有条件释放、没收财产等。

■ 第八节　陪审与律师制度

一、陪审制度

英国于12世纪亨利二世司法改革时，便采用了大陆法兰克王国的日耳曼人在解决土地纠纷时挑选当地居民作见证人的制度，以之代替在此之前盛行于英国的"神明裁判法"和"决斗裁判法"。13、14世纪，陪审人从在讯问中的见证人的地位逐渐演变成为裁判事实的陪审官，并且进一步发展确立了大、小陪审团制度。陪审的范围也扩大到较为重大的民事和刑事案件。

陪审制度是为了维护封建王权而建立的，然而，资产阶级革命时期这一制度为资产阶级所继承，成为反对王权的有力武器。其主要的原因是，资产阶级为了反对封建王权及其专制统治，在资产阶级革命时期提出"民主""自由"的口号，为了夺取司法权，陪审制度便成为他们标榜民主的得力工具。实际上，陪审制度一经建立，随着封建社会的没落，陪审团越来越多地不再作为维护中央集权的代表，而成为新兴资产阶级的代言人。

英国资产阶级革命后，陪审制度成为诉讼制度中的一项重要原则，陪审团出席审判是当事人的权利。大、小陪审团的职责没有什么变动，但是被赋予了新的内容。例如，1688年颁布的《民权法》宣布："陪审官应予正式登记姓名簿籍并陈报之。审判叛国罪犯之陪审官，应为保有不动产权之公民。"1825年和1870年的法律进一步规定，只有拥有不少于10英镑的土地或房屋，或租用不少于15个窗户房屋的人，以及拥有年收入20英镑以上的佃民，才具有当选陪审员的资格。这种财产限制将无产者排除在陪审员之外，保证了陪审员的阶级性。在审判中，法官常常授意陪审员按照他们的意志进行评断，使陪审制度徒具其表。对此，恩格斯曾给予严厉批评："臻于最高发展的英国陪审法庭，在制造法律诺言和不道德行为方面达到了登峰造极的地步"〔1〕。

为了简便诉讼程序，1873 年《最高法院组织法》通过后，大部分民事案件免用陪审制度。1933 年的《审判法》取消了大陪审团，其审查起诉的职能由治安法院行使，对于刑事诉讼中可以要求陪审团审理的案件的范围加以限制，仅适用于侮辱、诽谤、恶意告发、错误关押等案件。1948 年，民事诉讼中的陪审制度被正式废除。至于小陪审团，其作用也大大削弱了。1939 年的《审判法》规定，陪审团的人数由 12 人减至 7 人（叛国罪除外）。这表明，19 世纪后英国的陪审制度走向衰弱。

二、律师制度

（一）辩护制度

英国在封建君主专制时期在司法上采取"纠问式"的诉讼制度，被告人没有辩护的可能，审判以秘密的书面形式进行，刑讯逼供被广泛适用。这种"纠问式"诉讼在资产阶级革命时期受到资产阶级思想家的猛烈抨击。他们从自然权利的理论出发，要求人民在法律上自由平等，在司法上实行公开辩论的诉讼程序。1641 年英国长期国会颁布法令，废除以拷打和秘密审讯为特征的星座法院。1695 年威廉三世以敕令宣布严重叛国案的被告人可以请辩护人，但禁止辩护人在法庭上发表演说。1836 年威廉四世颁布法律，在形式上取消了对辩护的各种限制，规定不论任何案件的预审或审判，被告均享有辩护权。从此，英国开始普遍实行辩护制度。

英国辩论式诉讼的形式与大陆法系的诉讼中的"辩论原则"不同，英国的刑事诉讼没有系统的检察机关作为起诉人，任何公民都有权起诉。法庭若确认被告人认罪的答辩是出于自愿的，就不必召集陪审团，不必经过听证和辩论，直接进行判决。当被告否认有罪时，即开始进行法庭审理。这时起诉人与被告人作为诉讼的主体，权利平等；起诉律师传唤证人，引导其迅速提出证据，然后辩护双方对之进行交互询问，最后起诉律师对之进行再询问；被告人提出证人作证时，辩护律师有权作出陈述，说明将要证明的事实，随后传唤证人，进行询问、交互询问和再询问。法官扮演"仲裁人"的角色，主持庭审，但不主动调查、审问，最后在双方辩论终结的基础上进行裁决。如果有陪审团参加，则在陪审团作出事实问题的裁决后，再由法官作出法律裁决。

（二）律师制度

英国的民事、刑事案件都采用辩论原则，并且司法制度十分复杂，法院繁多，各种法院的诉讼程序又不相同，加之英国实行判例法使判案的伸缩性很大，这种情况使得一般人很难由自己去进行诉讼，即便是一些法学家也常感疑惑，因此，英国的律师制度很早就应运而生。诉讼代理人是在 13 世纪出现的，起初任何人均能充

---

〔1〕　恩格斯："英国状况"，载《马克思恩格斯全集》（第 1 卷），人民出版社 1956 年版，第 697 页。

第
九
章

任，后来逐渐形成专门职业。17世纪英国资产阶级革命中，资产阶级启蒙思想家提出以辩护制取代纠问式诉讼的资产阶级民主性质的诉讼原则，要求承认被告人有权亲自辩护或请律师帮助辩护。1679年的《人身保护法》明文规定了被告人的辩护权原则，使英国的律师辩护制度有了法律依据。随着社会的发展，英国的律师制度不断完善。

英国的律师制度的特点表现在两方面：

1. 英国律师分为两类，一类是出庭律师；一类是诉状律师。出庭律师享有从中央到地方一切法院的辩护权，诉状律师主要承办一般性的法律业务，诸如为当事人书写诉状、提供法律咨询或充当出庭律师和当事人之间的联系人等。诉状律师不能在高等法院出庭辩护，但可以在郡法院、治安法院出庭担当辩护人。所以，出庭律师的地位要高于诉状律师。出庭律师执业满10年以上者，可被任命为高等法院的法官。

2. 律师的选任十分严格。出庭律师和诉状律师分属于不同的法律协会。出庭律师的协会是英国著名的四大法学会（又称律师公会，或者律师学院，包括林肯法学会、内殿法学会、中殿法学会和格雷法学会）。只有在这四大法学会之一中学习，并通过严格的考试后的人，才能取得出庭律师的资格。诉状律师必须在诉状律师协会登记，并在诉讼律师事务所见习4~5年（如有大学学历可见习2~3年），然后经过严格考试才能获得行业执照。

■ 第九节　英美法系的形成及其特点

英美法系是指以英国普通法为主要基础建立起来的世界性法律体系，其中英国和美国的法律制度最具代表性。英美法系又称普通法系、英吉利法系、海洋法系。

英美法系以英国的普通法为基础，但并不仅指普通法，而是指在英国的普通法、衡平法和制定法这三种法律形式中，普通法最早发展，而且有着长期的重大影响。英美法系的形成主要是指英国法律制度的形成。美国法律制度虽然源于英国，但它在英国法律制度的基础上发展了自己的法律制度，与英国法律制度已有很大差别，所以英美法系可以分为英国和美国两个支系。

一、英美法系的形成

英美法系源于中世纪的英国法。1066年，诺曼人征服英国后建立了相对强大的王权，统一了司法制度，使各地分散的习惯法逐步得到统一，形成通行全国的普通法。同时，国王通过行使王权，颁布大量法令，制定法也获得发展。从14世纪起，为弥补普通法的不足，通过大法官的审判活动，逐步形成衡平法制度。从此，普通法与衡平法并行发展，相互冲突又相互作用，英国封建社会的法制走向完善。

17世纪英国资产阶级革命后，英国法律制度逐步实现了从封建法向资本主义法的转化。随着英国殖民地范围的扩大，英国法向外输出。由于各殖民地的社会文化背景不同，接受英国法的途径和后果也不同，大致有三种类型：①尚未进入文明时代的地区，初期英国强行推行英国的法律，后来对殖民地适用英国法的原则作了适当调整，如美国、澳大利亚、新西兰。②原有社会发展水平落后，但已有粗浅的法律制度的殖民地，英国殖民者既强行推行英国法，又在一定程度上允许原有的习惯法和宗教法的适用，如亚洲、非洲的许多前英国殖民地。③原来就具有较发达的法律制度的国家和地区（如印度），英国殖民者通过逐步引入英国的法律原则和制度，对原有的法律传统进行改良等方式，建立与英国法相兼容的法律制度。

美国在独立战争后，其法律制度开始脱离英国独立发展，曾出现过制定成文法、背离普通法的倾向。但随着政权的巩固以及文化法律背景等诸因素的存在，美国最终保留了普通法的制度，不过保留的方式独具特色。

二、英美法系的特点

相对于大陆法系而言，英美法系的特点可以概况为以下诸方面：

1. 以日耳曼法为主要的历史渊源。在历史渊源上，英美法系是西欧唯一独立于罗马法之外的法律体系，是在日耳曼法的基础上发展起来的。英国法开端于较为纯粹的日耳曼习惯法——盎格鲁－撒克逊法，日耳曼法的原则和制度对英国法有很大影响。虽然英国法也受到过罗马法的许多影响，但没有系统地接受罗马法，只是在契约、动产、商法、遗嘱等具体制度上借鉴了罗马法。

2. 以判例法为主要的法律渊源。在法律渊源上，英美法系存在着普通法和衡平法之分，虽然有制定法但一般并不编纂成文法典，判例法占有极其重要地位。英美法常被称为不成文法，这是因为英美法的主要规范不是通过立法文件，而是通过法官的判决表现的。英美法系国家的制定法大都是对判例法的补充或整理，往往缺乏系统性，其法典也不像大陆法系那样高度概括、严密和富有逻辑性，在内容上往往比较狭窄，不能涵盖整个法律部门。

3. 在法律体系上不严格划分公法和私法。英美法系受罗马法的影响较小，并不按照法律规范所保护的是公共利益还是私人利益而将各法律部门划分为公法和私法。英美法系许多国家没有统一的民法部门。

4. 遵循先例原则和判例汇编具有重要意义。判例法的基本原则是遵循先例，它是判例法的基础。遵循先例原则的基本含义就是包含在以前判决中的法律原则对以后同类案件有约束力。遵循先例原则是英美法系国家的法律传统，它保证着法律的统一性和稳定性。遵循先例原则的形成与判例汇编的发展有密切关系。判例汇编中的判例都比较重要和明确，所以遵循先例通常以判例汇编中选载的为准。

5. 法官对法律的发展举足轻重。英美法系以判例法为主要渊源，判例法是由法官在长期的司法活动中创建发展的。一项判决既已作出，不仅对当时的案件有拘束力，而且对以后相应的案件也同样有法律效力。因此，法官的判决具有立法的意义。此外，对制定法的理解和适用也离不开法官的解释。英美法有"法官造法"之说。

6. 采用归纳法的法律推理方法。由于以判例法为重要法律渊源，法官和律师在适用法律时，必须通过对存在于大量判例中的法律原则进行抽象、归纳、比较和筛选。因此，英美法的推理形式和方法是归纳法。这一传统影响到英美法的学习方法和判决形式。

7. 诉讼中心主义。英国中世纪普通法院审理案件的根据是令状，令状决定诉讼方式和救济方法，于是形成"程序先于权利"的普通法特征。尽管 19 世纪以来程序法不断进行着改革，但受程序中心主义的传统影响，英美法系的法学家仍然从司法救济方法的有无来看待实体法的权利，程序法仍然决定着法律的发现和适用。

■　思考练习

一、关键术语

普通法；衡平法；制定法；遵循先例；1215 年《大宪章》；令状；议会主权；受益制；对价；陪审制。

二、思考题

1. 普通法是怎样形成的？它对英国法的发展有何影响？
2. 普通法的"程序先于权利"特征是怎样形成的？
3. 衡平法的特点是什么？
4. 英国宪法的渊源是什么？英国宪法的基本原则是什么？
5. 英国侵权行为的责任原则是如何演变的？
6. 英国的陪审制是怎样形成的？
7. 英美法系是怎样形成的？英美法系的基本特点是什么？

■　参考书目

1. ［法］勒内·达维德：《当代主要法律体系》，漆竹生译，上海译文出版社 1984 年版。
2. 何勤华主编：《英国法律发达史》，法律出版社 1999 年版。
3. 程汉大主编：《英国法制史》，齐鲁书社 2001 年版。
4. ［英］梅特兰：《普通法的诉讼形式》，王云霞等译，商务印书馆 2009 年版。
5. ［英］威廉·布莱克斯通：《英国法释义》，游云庭、缪苗译，上海人民出版社 2006 年版。

第九章

第十章

美国法

学习目的与要求　美国法与英国法之间存在着历史渊源，美国在继承和改造英国法的基础上，形成了独具特色的法律体系。美国宪法是世界上第一部近代意义上的成文宪法，其联邦制对美国法的发展有深刻影响，其分权制衡原则对许多国家的宪政理论与实践有重要意义。美国的立法和司法都是双轨制。联邦最高法院司法审查权的创立和实施，在美国政治制度发展史上有重要作用。美国的《统一商法典》是以成文法改造普通法的成功尝试。美国颁布了世界上第一部反托拉斯法。

重点掌握　美国法的形成和发展；美国宪法的基本内容和原则；联邦最高法院的司法审查权；《统一商法典》；《谢尔曼反托拉斯法》。

■ 第一节　美国法的形成和发展

一、殖民地时期的美国法（17 世纪初～1783 年）

美洲大陆原来是印第安人世代生息的地方。自 1492 年哥伦布发现美洲大陆后，欧洲殖民者蜂拥而至，进行探险和殖民开发。英国人于 1607 年在弗吉尼亚建立第一块殖民地，在殖民地的开发和拓展中，英国先后击败西班牙、荷兰、葡萄牙和法国等其他欧洲列强。至 1733 年英国在北美大陆已占据了东起大西洋沿岸，西至阿巴拉契亚山脉的狭长地带，在大西洋沿岸共建立了 13 个殖民地，它们就是美国的前身。根据殖民地形成的方式，殖民地大致分为三种类型：业主殖民地、王室殖民地、自治殖民地。虽然各殖民地的组织结构和受英国控制的程度不同，但是它们都有自己的议会，设有由英王任命或批准的总督。

在法律上，1608 年的"加尔文"案所确立的"被征服土地"原则在整个 17 世纪对殖民地法律产生了巨大影响。根据该原则，英国殖民地的居民应当自动适用英国法。在此法理依据的背景之下，由于移民的背景和英国政府的控制，英国的法律在各殖民地不同程度地生效。在立法上，英殖民者认为殖民地没有主权，不能要求和英国议会具有相等的立法权，而只能制定法令的细则。各殖民地议会制定的法案，须报呈英国枢密院审核，依据宗主国的法律高于属地立法的原则，如果该法案与英国的法律相冲突，则宣布其无效。在司法上，英国王座法院掌握殖民地法院的上诉管辖权。虽然北美殖民地也采用了普通法的某些制度，如令状制度、陪审制度、辩论制度等，但从总体上看，在整个 17 世纪，英国法律在北美殖民地并不占据支配地位，英国法没有被殖民地大规模地接受。直至 18 世纪中期，各殖民地实行的法律还是比较原始、简陋的，有的殖民地甚至以《圣经》中的原则作为判案的依据。造成这一情况的主要原因是：①当时北美殖民地的社会经济条件与英国相距甚远，以封建土地法为基础的英国普通法很难适用于殖民地人民的生活状况。②虽然英政府通过制定种种法律和法令，对北美殖民地进行压迫和掠夺，但在殖民地人民的强烈反抗下，各殖民地仍然根据各自的情况，制定了自己的法律。如 1639 年康涅狄格的《基本法规》、1641 年马萨诸塞的《自由典则》、1668 年卡罗来纳的《根本法》、1682 年宾夕法尼亚的《施政大纲》等。③部分殖民地人民对英国法有着本能的排斥。殖民地当中的很多人最初是为了逃避宗教迫害才背井离乡的，1620 年的"五月花号公约"即表明了他们对英国专制统治的不满和建立新政治体制的愿望。④普通法复杂烦琐的诉讼程序阻碍了它在殖民地的广泛传播，殖民地缺乏专门的法律人才，也没有正式的法律教育。

进入 18 世纪后，北美殖民地开始大规模地继受或移植以普通法为核心的英国法，英国普通法在北美殖民地取得了支配地位。这是因为：①随着英殖民者对殖民地控制的加强，以及殖民地政治、经济、文化的发展，各殖民地原有的法律已经不能满足需要，而英国法经过近一个世纪的演变已经比较适应北美的状况。②北美殖民地人民意识到普通法是保护自己、反对英国政府殖民专制的有力武器。他们认为殖民地人民与英国人权利平等，主张受普通法的保护是他们"与生俱来的权利"。③英国政府加强了对殖民地的立法监督和控制，强力推行英国法。据统计，从 1696 年到北美独立战争前，被英国枢密院宣布无效的殖民地立法不下 400 项。[1] 北美殖民地各地普遍设立法庭，适用英国普通法。④普通法文献和知识在北美的广泛传播。18 世纪中叶后布拉克斯顿（William Blackstone，1723～1780 年）的《英国法释义》先后在英、美出版，并在美国多次再版。通过对此书的研习，以及一些律师和法官被送到英国培训，殖民地逐渐产生了以律师为主的职业法律阶层。

二、独立战争后的美国法（1783～1861 年）

1775～1782 年的北美独立战争扫除了美国法独立发展道路上的法理障碍，但是美国独立的法律传统的形成尚需时日。独立战争中和独立后的一个时期，英国法受到美国人民的强烈抵制和反对，许多法官、律师拒绝援引英国法，少数州如特拉华、肯塔基、新泽西和宾夕法尼亚禁止引用英国判例。《独立宣言》（1776 年）、《邦联条例》（1777 年）和《美利坚合众国宪法》（1787 年）的制定和颁布更表明了美国

---

〔1〕 李子欣：《美国宪法》，台湾正中书局 1970 年版，第 28 页。

法的独立化倾向。独立战争后，各州相继制定和通过宪法。伴随着对以判例为特征的普通法的批评，美国掀起了一个改革法律、编纂法典的大规模运动。1811 年，英国法学家边沁向美国总统麦迪逊建议制定法典。1824 年，爱德华·利文斯顿（Edward Livingston，1764～1836 年）在路易斯安那的新奥尔良地区，按照 1804 年法国民法典的模式制定了民法典。1846 年，纽约州宪法规定编纂成文的、系统的法典。1847 年，美国法学家戴维·达德利·菲尔德（D. D. Field，1805～1894 年）被任命为纽约州法律编纂委员会的委员，先后编出《民事诉讼法典》《刑法典》《政治法典》《民法典》和《刑事诉讼法典》五部法典，被称为"菲尔德法典"。纽约州采用了其中的民诉、刑诉和刑法典，其他各州，尤其是新加入联邦的西部各州分别采用了其中的一部或多部法典。所以，直到 1856 年英国著名法制史学家亨利·梅因（Henry J. S. Maine，1822～1888 年）还预言美国将归附罗马－日耳曼法系。美国独立后持续了半个多世纪的罗马－日耳曼法系与普通法之间的冲突，是赋予美国法有别于英国法的特征的因素之一。

然而，除路易斯安那的新奥尔良地区外，美国法最终还是保留在普通法系之中。其原因主要是：①胜利了的美国资产阶级要求迅速创立和完备法律制度，以便发展资本主义经济，调整日益复杂的社会关系。而 18、19 世纪的英国法伴随着工业革命的开展不断完善，古老的法律原则和概念被赋予了全新的资本主义法的内涵，为美国提供了现成的法律规范。②英、美两国之间存在语言、风俗习惯和文化传统方面的渊源，便于英国普通法在美国的传播和适用。③独立后的美国人民同英国的民族矛盾逐渐缓和。④在殖民地后期形成的职业法律阶层除他们最熟悉的普通法传统外别无选择。

在美国法的形成和发展过程中，美国著名法学家的著作及其思想具有重要影响。19 世纪上半叶是美国法学研究成果多产的时期。法学家中最有影响的人是詹姆斯·肯特（Kent，1763～1874 年）和约瑟夫·斯托里（Story，1779～1845 年）。1826～1830 年间，肯特模仿布拉克斯顿出版了 4 卷本的《美国法释义》；1831～1845 年间斯托里的多卷本系列著作，包括《论宪法》《衡平法》《代理》《合伙》《冲突法》等问世。美国法专著的出现标志着美国法对英国法批判地吸收，并逐渐发展出自己的法律传统。

三、南北战争后的美国法（1861 年～19 世纪末）

南北战争后，美国的资产阶级政权得到进一步巩固，人们的思想和政治观念发生深刻变化，产业革命深入广泛的开展为经济的迅速发展开辟了道路，而美国法此前所受的域外影响已基本结束，其本身发生了系统化和理论化的重大变化。主要表现是：①在普通法传统基础上，强调法律的客观性、确定性和统一性。②适应社会发展和技术革命的要求，完成了由封建的普通法向资产阶级法的彻底转变。③法学教育获得迅速发展，法律职业化最终确立。

美国法是一个以判例法为主体，又包含联邦和各州制定法的法律体系。南北战

第十章

争后，州际贸易急剧增加，普通法的不确定性和各州法律的不统一及矛盾冲突严重妨碍了经济贸易的发展。因此，19 世纪末美国加快了统一法律的进程。为实现普通法的法典化和各州法律的统一，于 1878 年成立的美国律师协会将推动"统一各州法律"作为它的主要工作目标。1892 年，由各州州长选派的各州委员会代表组建了美国统一州法律全国委员会。该委员会的主要任务是通过起草并向各州推荐成文法典的方式，使各州法律逐渐趋于统一。该委员会对判例法和各州立法进行系统整理，先后制定出一百多部标准法案供各州采用。虽然这些标准法案对各州不具有强制性的效力，被采纳的法案为数不多，但为各州的相关立法和司法提供了有益的参考和准则。被各州广泛采纳的法典有：1896 年《统一流通票据法》、1906 年《统一仓库收据法》和《统一买卖法》、1909 年《统一股票交易法》和《统一提单法》、1914 年《统一合伙法》、1918 年《统一附条件买卖法》、1933 年《统一信托收据法》、1950 年《模范公司法》、1952 年《统一商法典》等。

这一时期，美国法实现了由封建的普通法向资产阶级法的彻底转变。1865 年，美国宪法第 13 条修正案宣布废除奴隶制度。1868 年颁布的宪法第 14 条修正案通过对各州权力的限制，为公民权利提供了更充分的宪法保障。在财产法方面，取消了对不动产转让的特殊限制，确立了土地的自由转让制度。在合同法方面，发展出了以"意思自治"理论为核心的古典合同法体系。在侵权法方面，建立了以过失侵权之诉和过失责任原则为主体的近代侵权法律制度。在诉讼制度方面，对烦琐的诉讼程序进行了改革，逐渐废除普通法诉讼方式而代之以法典诉讼方式。同时美国还发展建立了一些如公司法等新的法律部门。在这一时期，法院和法官也最终取代了独立初期立法机关的地位，成为影响和塑造法律发展的中心。

19 世纪前半期，遵循英国传统，美国的法学教育实行学徒制。19 世纪中叶以后，美国法律教育逐渐专门化，法律教育的中心由律师事务所转到法学院。从职业教育的特点出发，19 世纪 70 年代哈佛大学法学院院长克利斯托弗·兰德尔（Christopher C. Langdell，1826～1906 年）创造了"判例教学法"。所有这些，都有力地推动了美国法的发展。

四、现代时期的美国法（19 世纪末至现代）

19 世纪末 20 世纪初，美国进入垄断资本主义时期。与经济的集中相适应，国家的行政权力进一步加强；联邦的权力相对增大；国家对社会经济的干预明显增强。美国的法律较之 19 世纪末以前有了较大变化。

1. 成文法大量增加，法律的系统化明显加强。美国统一州法律全国委员会制定的标准法案有的被多数州所采纳，有的得到各州一致采纳。1923 年，美国成立法学会，其目的包括"法律的净化和简化""使其更能适应社会的需要"。为了提出"一个有条理的关于一般普通法的阐述"，著名律师和法学家们用了 20 年的时间完成了 24 卷《法律重述》，对包括代理、法律冲突、契约、审判、财产、返还、担保、侵权和信托等私法领域方面的判例进行了综合整理，以法典的形式重新表述，更明确地反映出普通法的规则。在联邦国会众议院的监督指导下，美国于 1926 年颁布《美国法律汇编》（或称《美国法典》），采用法典的形式，分门别类地将历年联邦国会颁布的制定法整理编纂。从 1928 年起，《美国法典》每隔 5 年修订一次，每年有一补编收入当年国会通过的法律，反映出联邦制定法的发展变化。

2. 行政命令的作用和地位日益显著，委托立法出现。20 世纪以后，由于以总统为首的行政机关权力的扩大，行政命令成为越来越重要的法律形式。据统计，1933 ~ 1934 年间，罗斯福总统发布的行政命令达 3703 件，而同期美国国会通过的法案为 4553 件。此外，国会往往以委托立法的形式将某一特定事项的立法权交给总统或某一行政机构行使，从而打破了国会不能将立法权授予行政部门的一贯原则。

3. 新的法律部门的建立和民主性、科学性的加强。随着现代经济的发展，除了传统的法律部门以外，美国建立了许多新的法律部门。为了平抑以托拉斯为形式的垄断组织对生产流通领域的垄断现象，1890 年，美国制定了世界上第一部现代意义的反垄断法——《谢尔曼法》，它与后来的《克莱顿法》《联邦贸易委员会法》等共同构成美国完善的反垄断法体系。1932 年，联邦国会制定第一部现代劳资关系法——《诺里斯－拉瓜迪亚法》。之后，国会又制定了以 1935 年《国家劳工关系法》为代表的一系列劳工立法，从而形成劳工立法体系。1935 年，美国制定了它的第一个社会保障方面的法律——《社会保障法》。罗斯福"新政"时期，国会通过的《农业调整法》《全国工业复兴法》等新政立法初步建立了经济法体系。

在第二次世界大战期间和战后的一段时间内，美国政府制定了一系列旨在镇压工人运动、反对共产党的限制公民权利和自由的法律，如 1940 年的《外侨登记法》（即《史密斯法》）、1947 年的《塔夫脱－哈特莱法》、1948 年的《管制颠覆活动法》、1950 年的《国内安全法》和 1954 年的《共产党管制法》。20 世纪 50 年代以后，随着世界范围内民主运动的高涨，美国制定了一系列民权法案和宪法修正案，强调对民权的确认和保护以及对公民的平等保护。行政法从以控制为中心转向以提供福利和服务为中心，完善了公众监督机制。刑事法律方面表现出轻刑化和非刑事化倾向。在私法领域，在继续肯定对私人利益的保护的同时，强调对社会公共利益的保护。新的科学技术在法律实践中得到广泛应用。

■ 第二节 美国法的渊源

一、普通法

美国建国后接受英国普通法的传统经历了一个发展过程。在独立战争后曾出现过政治上反对英国、法律上排斥英国普通法的情况，有些州明文禁止继续适用英国法院的判例。虽然由于经济、文化等诸多因素，美国最终还是以英国普通法作为建立新法律的基础，但是正如 1829 年约瑟夫·斯托里大法官在"范·内斯诉帕卡德"案的判例中指出的："英国普通法并不是全部都可以作为美国的普通法，我们的祖先带来了英国普通法的一般原则，并且声称这是他们与生俱有的权利；可是他们带来普通法只是采纳适合他们情况的那一部分。"[1]

美国各州采用普通法时都根据各自的需要作了补充和修改，因此各州的普通法自成体系。由于美国联邦宪法明确规定了联邦法院对于联邦制定法上规定的犯罪的管辖权，因此，联邦法院在刑事案件方面不能行使普通法上的管辖权。根据美国联邦最高法院在 1938 年 "埃里铁路公司诉汤普金斯" 案的判决，联邦法院对于普通法上的民事案件也没有管辖权。

二、衡平法

在英国，衡平法上的救济是作为英王的恩赐给予的。因此，在美国独立前，首先在英王的直辖殖民地和特许殖民地采用了英国的衡平法，一些在英国由教会法院管辖的案件也由衡平法院管辖。美国独立后，联邦宪法确认了普通法之诉与衡平法之诉的划分，并且在宪法修正案中规定了在普通法诉讼中应有陪审团参加。[2]在联邦法院系统中，衡平法诉讼和普通法诉讼采取不同的程序，直到 1938 年才将二者合并。在许多州宪法中也规定了普通法与衡平法的划分，衡平法上的案件由独立的衡平法院审理或者由普通法法院的法官以特别程序审理。1848 年纽约州率先改革，它所颁布的《民事诉讼法典》废除了普通法与衡平法在诉讼形式上的区别，建立了单一的民事诉讼制，并对诉讼程序进行了改革。此后，其他各州也作了类似的规定。现在只有少数几个州保留着普通法法院和衡平法院之分。

三、制定法

美国的联邦和各州都有制定法。联邦的制定法包括联邦宪法和联邦法律。联邦宪法第 1 条第 8 款明文列举了联邦国会的立法范围，包括：国防、外交、税收、货币、移民、专利、海商和破产等。美国宪法明文规定的国会立法权称作 "明示权"。从形式上看，联邦国会拥有的立法上的 "明示权" 是有限的。但是，自 1819 年联邦最高法院在 "麦卡洛克诉马里兰州" 案中确认了 "默示权" 的理论以来，联邦国会获得了从宪法 "明示权" 引申出的立法权，从而扩大了联邦的立法范围。联邦法律的效力遵守 "后法取消前法" 的原则，即联邦法律或在联邦权力下缔结的条约，不享有任何超过以后与它抵触的联邦立法的地位。

各州的制定法包括各州的宪法和法律。联邦宪法第 10 条修正案规定，宪法未授予合众国或未禁止各州行使的权力，皆由各州保留。据此，在承认联邦政府至高无上地位的前提下，各州享有联邦宪法所规定的联邦立法范围之外的立法权力。

四、美国宪法史上的重要判例之一：麦卡洛克诉马里兰州案

麦卡洛克诉马里兰州案（1819 年）是美国联邦最高法院首席法官马歇尔对于联邦政府的权力与州权的地位划分作出的重要宪法性判例。该案涉及设立合众国第二

---

[1] See Bernard Schwartz, *The Law in America: a History*, McGraw-Hill, p. 14.
[2] 参见美国联邦宪法第 3 条第 2 款、第 7 条修正案和第 11 条修正案。

银行的合宪性及州向联邦政府的机构征税的权利。在 1812～1814 年的第二次反英战争中美国政府在财政上遇到很大困难，因此于 1816 年国会通过第二银行法案，1817 年建立合众国第二国家银行。马里兰州为了抵制国家银行的影响，1818 年通过法令对设在巴尔的摩的合众国银行分行所发布的票据课征重税，巴尔的摩的合众国银行分行司库麦卡洛克拒不付款，先申诉于马里兰州法院，后上诉至联邦最高法院。马歇尔首席法官陈述法院意见阐释的经典性宪法原则有：①主权问题。马歇尔说："可以着重地和实事求是地说，合众国政府是一个人民的政府。它在形式上和实质上都来源于人民。它的权力由人民授予，必须为了人民的利益直接对人民行使。"②国会立法的"默示权"。马歇尔说："如同大家必须承认的，我们承认，政府的权力是受宪法限制的，而且不得超出限制。但我们认为，宪法的合理解释必然允许国家立法机关在授予它的权力赖以行使，使该机关能以对人民最有利的方式履行其崇高职责的手段方面，有自由处置权。只要目的是合法的，在宪法范围之内，那么所有适当的、明显适合该目的、未被禁止而与宪法的文字和精神一致的手段，都是合宪的。"[1]

■ 第三节 宪 法

一、联邦宪法的历史渊源

（一）《五月花号公约》

1620 年，第一艘被获准运送清教徒移民到英属北美殖民地的英国商船"五月花号"，在抵达科德角时船上的清教徒移民订立自治公约，后称为《五月花号公约》，公约全文只有 200 余字。公约规定自由缔约，结成人民政治团体，随时制定和实施有益于本殖民地总体利益的一应公正的法律、法规、条令、宪章与职责。公约的签订者在普利茅斯登陆后，按公约规定建立了第一个殖民地。直至 1691 年普利茅斯并入马萨诸塞州为止，该公约一直是普利茅斯的基本法规。《五月花号公约》开创了北美殖民地制定公约的先例，它与弗吉尼亚议会一道被称为美国立宪政治的两大奠基石。

（二）《独立宣言》

从 18 世纪下半叶开始，英国加强了对北美殖民地的政治统治和经济掠夺，先后颁布了《印花税条例》（1765 年）、《唐森德条例》（1767 年）、《茶叶税法》（1773 年）和《强制法令》（1774 年），激起北美殖民地人民的强烈反抗。1775 年 4 月 18 日，波士顿的列克星敦和康科德人民打响了美国独立战争的第一枪。1775 年 5 月 10 日，在费城召开第二届大陆会议。1776 年 7 月 4 日大陆会议通过《独立宣言》，代表北美 13 个殖民地对英国宣告独立。1783 年，英美签订《凡尔赛和约》，英国被迫

---

〔1〕 ［美］斯坦利·I. 库特勒：《最高法院与宪法——美国宪法史上重要判例选读》，朱曾汶、林铮译，商务印书馆 2006 年版，第 55 页。

承认美国独立。

《独立宣言》是由美国的资产阶级民主派代表托马斯·杰斐逊（Thomas Jefferson，1743～1826年）起草的。它以资产阶级启蒙思想家的"天赋人权"思想和"社会契约"论为理论基础，宣称：人人生而平等，他们都被造物主赋予了某些不可转让的权利，其中包括生命权、自由权和追求幸福的权利。为了保障这些权利，才在人们中间成立政府。政府的正当权力来自被统治者的同意，如果遇到任何一种形式的政府损害这些目的的，人民就有权改变或废除它，建立新的政府。《独立宣言》列举了英国在立法、司法、行政、军事、贸易等方面对殖民地实施的暴政，提出殖民地宣告独立是"合法"的，是"尊重人类公道"的正义行为。《独立宣言》向全世界郑重宣告："它们解除对于英王的一切隶属关系，而它们与大不列颠王国之间的一切政治联系亦应从此完全废止。"

《独立宣言》是对欧洲启蒙运动学说的有力宣扬，它结合150年来北美人民的经历，第一次以政治宣言的形式，阐释了"天赋人权""主权在民"及人民有"反抗的权利"的权利理论，并通过革命的实践将其深深植根于美国民众的思想之中，成为新生的美国的意识形态的基础。它表达了北美人民摆脱英国殖民统治，建立独立国家的愿望。在《独立宣言》的初稿中，曾有谴责奴隶制的内容，但由于南部奴隶主代表的反对而被删除。尽管如此，《独立宣言》仍不失为一部充满革命和创造精神的政治纲领，是17～18世纪资产阶级革命时期最进步的文件之一，马克思称之为"第一个人权宣言"[1]。

（三）早期州宪法

1776年5月10日大陆会议通过决议，建议各殖民地组建"必须最好地导致它们的选民幸福和安全"的新政府。《独立宣言》颁布后，绝大多数州参照英国的经验并依据殖民地时期的实践经验起草了州宪法。各州宪法的基本内容包括：导论式的前言，权利条款，政府组织，宪法修改的方式。各州宪法的特点有二：①为保障公民"不可剥夺的权利"，在宪法中列入了"权利法案"。由乔治·梅森起草的弗吉尼亚宪法《权利法案》，列举了自《大宪章》以来英国人一直争取实现的基本自由权利，包括合乎人道的刑罚制度、陪审制度等。该宪法中还列举了出版、选举、更换政府等新的自由权利。该宪法成为各州效仿的典范。②规定分权制度。各州宪法以孟德斯鸠的分权学说为指导，规定政府应分为立法、行政、司法三个部门，每个部门的官员都不应行使属于其他部门的职权。

（四）1781年《邦联条例》

在各州纷纷宣布独立，并相继制定州宪法的同时，各州着手联合组成同盟。1777年11月15日，大陆会议通过《邦联和永久联合条例》（通称《邦联条例》）。该条例于1781年经各州批准后生效。

---

〔1〕《马克思恩格斯全集》（第16卷），人民出版社1964年版，第20页。

《邦联条例》共13条，其核心问题是解决各州之间的权力关系。主要内容为：

1. 宣告美国的国家结构形式是"邦联"，名称为"美利坚合众国"。

2. 规定缔结邦联的目的是"为着它们共同的防御、自由保证和相互间的公共福利……彼此之间负有互相援助的义务等"。

3. 宣布"各州保留自己的主权、自由和独立"，以及其他一切非由该条例所明文规定授予合众国国会的"权力、司法权和权利"。

4. 邦联仅设一院制国会，没有常设的行政和司法机关，在国会闭会期间设置"各州委员会"，行使国会委托的权力，但以取得9个州的同意为限。

《邦联条例》为美国宪法的成文法形式奠定了基础，其第13款的规定体现了《邦联条例》高于各州立法的基本法性质。[1]然而《邦联条例》的宗旨和内容表明，它所宣布的美利坚合众国只是由13个独立的、拥有主权的州所组成的松散的国家联盟。这种状况反映出美国建国之初，各州想要尽量多地保持其独立地位和尽量少地受到中央国家权力限制的倾向。

二、1787年联邦宪法

（一）联邦宪法的制定

《邦联条例》赋予邦联中央的权力有限，并且确认各州保持其主权和独立，因此根据《邦联条例》建立的邦联政府不是一个完整统一的中央政府，没能明显地加强各州彼此之间的联系。在社会动荡、政权不稳、内有关税竞争、外有商业劲敌的情况下，美国的工商业资产阶级和大农场主感到迫切需要建立一个强有力的中央政府，以巩固独立战争的胜利成果，发展资本主义经济。革命时期的领导人开始重新考虑美国政治体制的设计。

1787年2月21日，邦联国会邀请各州代表在费城召开会议，修改《邦联条例》，但与会代表超越了权限，讨论起草新宪法。会议于5月25日正式开始，后来被称作制宪会议。参加会议的共有55名代表，来自12个州[2]，代表着不同统治集团的利益。其中奴隶主占15人，大地主占14人，其余是资产阶级代表。这些代表基本上包括了当时美国最重要的政治活动家，其中大部分人精通法律，有8人在《独立宣言》上签字署名。会议在极端秘密的情况下进行，没有记录。会议中，中央政府同州政府之间、大州同小州之间、北方工商业资本家同南方种植园奴隶主之间，在权力分配上表现出复杂的矛盾和斗争。经各方妥协，最后于9月15日通过宪法草案。9月28日该草案提交邦联国会批准后，送交各州批准。按宪法草案规定，须经13个州中9个州议会的批准，宪法方能生效。各州围绕宪法的批准，又展开激烈斗争，形成联邦派和反联邦派。直至1789年3月4日，第一届联邦国会开幕，正

---

〔1〕 该条款规定：每州均须遵守合众国国会的决议；须遵守邦联协议的条款不得违反；邦联是长久性的，今后不得修改其中任何条款，除非由合众国国会批准作出修改。

〔2〕 罗得岛州未派代表参加制宪会议。

式宣布《联邦宪法》生效。1789 年 4 月 30 日，根据宪法成立了以华盛顿（George Washington，1732～1799 年）为总统的第一届联邦政府。

（二）联邦宪法的基本内容和原则

1787 年联邦宪法由序言和 7 条正文组成。宪法序言简要阐明了宪法产生的渊源是"合众国人民"，宪法制定的宗旨是增进联邦的团结、正义、国内外和平、自由和一般福利。宪法第 1 条规定立法权；第 2 条规定行政权；第 3 条规定司法权；第 4 条规定授予各州的权力；第 5 条规定宪法修正案提出和通过的程序；第 6 条包括多项规定，主要是强调宪法和根据宪法制定的法律以及缔结的条约是"全国最高法律"；第 7 条规定宪法本身的批准问题。与其他西方国家的宪法一样，美国联邦宪法也遵循诸如保护私有制的原则、主权在民原则、法治原则、权利平等原则等宪法原则。就其特点而言，联邦宪法的原则有二：

1. 联邦主义原则。为了消除《邦联条例》下各州分立的纷乱现象，宪法规定美国的国家结构形式是联邦制。主要内容是：

（1）在联邦中央与各州的关系中，联邦宪法和法律是全国最高法律，联邦中央对各州处于最高地位，联邦保护各州。宪法第 6 条第 2 款规定："本宪法、依照本宪法所制定的联邦法律以及在联邦权力下所缔结或将缔结的一切条约，概应成为全国最高法律，每州的法官概应受其约束，不管任何州的宪法和法律中有任何相反的规定。"根据宪法，国会制定法律规定，凡各州法院不按照宪法第 6 条的规定确认联邦宪法、条约或法律为最高法律的判决，均可上诉于联邦最高法院。

关于联邦中央对各州处于最高地位的内容，主要见于宪法规定限制各州的权力的条文之中，例如规定各州不得与其他州或外国缔结条约、联盟，不得颁发敌船捕拿许可状，不得自行铸造货币等。宪法禁止各州侵犯公民自由平等权利，如规定各州不得通过剥夺公民权利的法案，不得制定追溯既往的法律，不得通过任何损害契约义务的法律等。在规定限制州权的同时，宪法第 1 条第 8 款明确列举了授予联邦中央的 17 项权力，包括：以联邦的名义征税；管理对外贸易和州际商业；发行和铸造货币；统一度量衡；管理邮政、专利权和版权；建立陆、海军并供给军需；宣战、媾和；制定保障联邦行使宪法所赋予的权力的法律等。宪法特别规定，为实施上述国会权力和执行宪法赋予联邦政府的其他权力，国会有权制定一切"必要和适当的法律"。这一规定在美国宪法史上对于改变联邦和各州的关系，加强联邦中央的权力起到重大作用。

宪法规定了联邦对各州应尽的义务，保证各州实行共和政体，不受外侮，应各州的请求平定各州内乱。

（2）在联邦国会的立法权范围上，未经宪法列举的权力一概归各州保留行使。宪法规定在联邦中央与各州的分权方式上，采取中央明文列举、各州概括保留的方式。凡联邦中央的权力由宪法明文规定，单独列举；宪法未授予合众国政府行使，又不禁止各州行使的各种权力，根据宪法第 10 条修正案规定，"皆由各州或人民保留"。这使各州享有多种权力，如管理州的商业、劳工问题；组织警卫力量维持地方治安；制定民、刑事立法，处理民、刑事案件；管理州的文教卫生、公路交通事业等。由于美国宪法授予联邦中央国会的权力由联邦机构执行，各州不必代行而另有各州自己的行政、立法、司法机构，因此形成美国中央与各州机构平行的状况。

（3）在各州之间的关系上，遵循相互信任、礼让、平等对待的准则。宪法第 4 条第 1 款规定："每州对于它州的法令、案卷及司法程序应有完全的信任。"第 2 款规定："每州公民在各州概应享受公民所有的一切特权和特许"，并作出各州相互引渡的规定。

2."三权分立"和"制约与平衡"原则。宪法规定美国国家的管理形式是总统制的共和国，国家权力（立法权、行政权和司法权）分别由相互独立的三个部门——国会、总统和法院按"权力分立"和"制约与平衡"的原则行使。

宪法规定联邦立法权属于由参议院和众议院组成的合众国国会。参议院由各州选派议员 2 人组成，任期 6 年，每两年更换其中的1/3；众议院由各州按人口比例选举产生，每两年选举一次。除立法权外，国会还有宣战权、提出及批准宪法修正案的权力，以及对总统进行弹劾的权力等。

宪法规定行政权属于美利坚合众国总统。总统是政府首脑，又是国家元首和武装部队的总司令。总统由选举产生，任期 4 年。总统拥有指挥和监督联邦全部行政的大权，有官吏任免权、发布行政命令权、外交权、军事权、事实上的提案权、赦免权等。总统、副总统及其他所有文官，因叛国、贿赂或其他重罪和轻罪被弹劾而判罪者，均应免职。

宪法规定合众国的司法权属于最高法院及国会随时制定与设立的初级法院。联邦法院法官由总统经参议院同意任命，如无失职行为，得终身任职。法院审理案件时不受总统和国会的干涉。最高法院审理重要的民、刑事案件和联邦下级法院以及与联邦利益有关的各州法院的上诉案件。1803 年，联邦最高法院通过对"马布里诉麦迪逊"案的判决，确立了由最高法院解释宪法以及审查立法机关通过的法律是否违宪的先例，从此最高法院掌握了司法审查权。

"三权分立""制约与平衡"是按照资产阶级启蒙思想家孟德斯鸠、洛克等人的分权学说建立起来的，是美国国家权力的基本组织原则。根据这一原则，国家权力既要分立，又要相互制约，保持平衡，即每个权力机关都享有必要的宪法权力，来对抗其他机关的权力扩张和侵犯，防止权力集中于某一个部门。例如，根据美国宪法的规定，国会有权在宪法授权的范围内立法，但总统对国会的立法享有批准权或否决权；根据"马布里诉麦迪逊"案，联邦最高法院亦可利用司法审查权宣布国会立法违宪而使之失效。总统有行政权，但总统任命部长、最高法院法官和缔结条约，必须经参议院2/3 议员的同意；总统虽可否决国会通过的法案，但国会两院如各经2/3 议员再次通过，即可推翻总统的否决，使法案生效；总统如有违法失职行为，国会则可进行弹劾。联邦最高法院以及依国会立法所建立的各级联邦法院有司法权，司法独立，但联邦法院的法官须经总统任命，国会批准；国会还可以弹劾联邦最高法院的法官。美国采取"三权分立""制约与平衡"的宪法原则是与美国当时的历史条件以及后来美国社会生活的条件分不开的，它反映了美国统治阶级内部各种势力在国家政治生活中的地位和力量的对比关系。这一宪法原则在美国实施了200多年，发挥了限制政府权力的作用，但也引起一些问题，受到批评。

（三）对1787年联邦宪法的评价

1787年联邦宪法是世界上第一部近代意义上的成文宪法。这部宪法创造了一个崭新的政治体制，将联邦制及政府权力制衡的理论变成现实。宪法使美国从一个松散的邦联转变为拥有统一中央政权机关的联邦，因而有利于维护独立战争的胜利成果，有利于促进美国资本主义的发展。宪法明确宣布在美国实行共和制，对于当时在世界范围内占统治地位的封建专制制度是巨大冲击。宪法确立的一系列宪法原则和政治制度，为美国的发展奠定了政治和法律基础，并对世界其他国家宪政的发展产生深刻久远的影响。

但是，联邦宪法制定时，在几个问题上仍存在重大隐患，如未规定公民的权利和自由，仍然确认奴隶制等。

三、宪法修正案

（一）宪法的修改

美国宪法自生效以来至今仍有效。200余年来，宪法的内容有了很大变化，但宪法第5条所规定的严格的宪法修改程序却始终未改变，正因如此，美国宪法被称作"刚性宪法"。美国宪法的修改主要有以下方式：

1. 宪法修正案。美国宪法规定的修改宪法的唯一形式是宪法修正案。宪法第5条就修正案的提出和批准作出规定：修正案应由国会两院各以2/3多数议员通过后提出，或由国会应2/3多数州议会的要求而召开的制宪会议提出，应由3/4多数的州议会或3/4多数的州制宪会议批准。

宪法修正案是美国宪法的重要组成部分，代表了美国宪法制度的基本发展方向。迄今为止，国会共通过28条宪法修正案。[1]其中反映阶级力量对比的变化、具有重大影响的是：关于公民权利的宪法前10条修正案，又称"权利法案"；南北战争后关于废除奴隶制、承认黑人选举权的第13条、第14条、第15条宪法修正案；20世纪后关于扩大选举权、男女享受平等权利的修正案。

2. 宪法解释。美国宪法除通过上述制定宪法修正案的方式修改外，在长期的宪法实践中还确认和发展了其他方式。宪法并没有说明哪个政府部门有权解释宪法，联邦最高法院对宪法的解释权是通过1803年的"马布里诉麦迪逊案"确立的。根据

---

〔1〕 第27条修正案（关于男女平权）于1972年3月22日提交各州批准，至1982年6月终因未获得3/4州同意而成废案。第28条修正案（关于哥伦比亚特区的选举权）于1978年8月22日经国会提出，至今未获得多数州的批准。

该案确立的联邦最高法院的司法审查权，最高法院在案件审理中具有对宪法进行权威性解释的权力，有权审查联邦和州立法是否合宪并将其认为违宪的法律宣布为无效。最高法院对宪法的解释使宪法的含义得到扩充或改变，是修改和完善宪法的重要途径。

3. 国会制定的宪法性法律，总统、政党创立的宪法性惯例也是改变宪法的重要途径。美国宪法对国家机构的组成及其活动原则作出基本规定，它的具体实施则往往通过联邦国会和各州议会的相关立法加以补充和具体化。例如联邦国会通过的联邦法院组织法，各州议会制定的有关联邦国会参众两院的议员的选举法等，都是对联邦宪法的补充。国会为宪法所规定的最高法院的上诉管辖权的行使而制定的法律，为实施宪法修正案而制定的法律，都构成美国宪法的重要内容。此外，在长期的宪法实践中形成的宪法性惯例也是宪法的重要内容，如总统的任期制度、政党制度都是由惯例形成的重要宪法制度。

（二）权利法案

1787 年通过的美国宪法是一部没有宪法权利保障条款的宪法，在宪法批准的过程中引起各州人民的强烈不满，发生了激烈的辩论。一些州拒绝批准宪法；一些州议会在人民的压力下允诺待宪法批准后，以修宪程序补订权利法案；更有些州将拟议的权利法案附于宪法之后，要求迅速补订。宪法生效后，修改宪法、补充权利法案就成了1789 年召开的第一届国会第一次会议的首要议题。麦迪逊（James Madison，1751～1836 年）在参考各州权利法案的基础上，起草了 12 条宪法修正案，在国会通过后交由各州批准。1791 年被批准的 10 条修正案正式加入联邦宪法，成为第 1 条至第 10 条宪法修正案，通称《权利法案》。

《权利法案》的主要内容是：禁止国会对宗教问题立法，国会不得制定限制公民言论出版自由，或剥夺公民和平集会和请愿的权利的法律（第 1 条）；人民有持有和携带武器的权利（第 2 条）；未经房主许可，军队不得在和平时期进驻民房，战时除非经法律程序亦不得自行占用（第 3 条）；公民的人身、住宅、文件和财产不受无理搜查和扣押的权利（第 4 条）；无论何人都不得因同一犯罪行为而两次遭受生命或身体的危害，不得在任何刑事案件中被迫自证其罪，未经正当法律程序不得剥夺任何人的生命、自由或财产，私有财产如无公平赔偿不得被征为公用（第 5 条）；在刑事案中，被告有权要求当地陪审团予以迅速公开的审判，有权获悉被控罪名和理由、与原告的证人对质、促使对被告有利的证人出庭作证，并要求律师协助辩护（第 6条）；一般情况下，经陪审团裁决的事实联邦法院不得重审（第 7 条）；不得要求过重的保释金和课以过高的罚款，不得施予残酷、逾常的刑罚（第 8 条）；本宪法未列举的人民所拥有的权利不得受到否认和轻视（第 9 条）；宪法未授予联邦政府行使、又不禁止各州行使的权利，由各州或人民保留行使之（第 10 条）。

《权利法案》是对北美权利传统的继承，弥补了联邦宪法没有规定公民权利的缺陷，使美国联邦宪法得到完善，是美国人民争取民主权利的一项重大成就。

第
十
章

■ 第四节　民商法

美国法和英国法一样，既没有"民法"的概念，也没有单独的"民法"部门。民法与商法没有严格区分，在法学著作中习惯上把民法和商法合称为私法。在传统上，美国法将属于民商法范畴的法律分作财产法、合同法、侵权法、继承法、婚姻家庭法、公司法、破产法等。

根据美国宪法的规定，民商法领域的立法权由联邦和州分享；有关税收、通商、归化、破产、币制和度量衡、著作权和发明权的保护以及合众国已接受或购买的州领土范围内的一切事项的立法权由联邦国会行使；其他民商事问题的立法权由各州行使。

一、《统一商法典》

（一）《统一商法典》的制定

美国长期没有统一的商法，其概念和范围也不清楚。19世纪末，美国以统一法律为目的，兴起统一州法的运动。1892年成立的全国统一各州立法委员会拟定的单行商事法规草案经全体会议通过后，建议各州采用。在商法方面，英国于19世纪后制定了一系列成文法，如1882年的《汇票法》、1893年的《货物销售法》等。在此影响下，美国全国统一各州立法委员会起草公布了一系列单行商法草案，如1896年的《统一流通票据法》、1906年的《统一买卖法》和《统一仓库收据法》、1909年的《统一提单法》和《统一股票交易法》、1918年的《统一附条件买卖法》、1933年的《统一信托收据法》等。它们的体制大都仿效英国法，内容较旧，各州并未普遍采用。

为了适应现代商事交易的需要，改变各州商法混乱的局面，进一步协调和统一商事法律，1940年，统一各州立法委员会主席施纳德（W. A. Schnader）建议，将过去的商事法规加以整理，编纂一部统一的商法典。此建议得到美国的现实主义法学家卢埃林（K. N. Llewellyn，1892～1962年）的支持。1952年统一各州立法委员会和美国法学会共同制定了《统一商法典》。1957年、1958年和1962年相继发表了《统一商法典》的修正文本，推荐给各州。除路易斯安那州没有全部接受外，其他各州及首都哥伦比亚特区均基本采用该法典，但各州在采用时都作了或多或少的修改。经考察法典的执行情况后，法典常设编辑委员会又于1972年、1978年推出修订文本。

（二）《统一商法典》的基本内容

根据目前多数州使用的1972年的《统一商法典》的正式文本，法典分为10篇，分别为：总则；买卖；商业票据；银行存款和收款；信用证；大宗转让；仓单、提单和其他所有权凭证；投资证券；担保交易、账债和动产契据的买卖；生效日期和废除效力。法典不是对美国商事法律的全面编纂，其内容主要涉及商品买卖和与之相关的担保、票据等，不包括破产公司、合伙、海商法，并且有关买卖的规定并不适用于不动产买卖。

法典总则宣布的法典的宗旨是：使调整商业交易的法律更加简洁、明确并适应现代的要求；使商业行为能够通过习惯、惯例和当事方协议不断获得发展；使各州调整商业交易的法律归于统一。

法典确认了美国商法的五项基本原则：商法应当合理并应承认商业习惯和惯例；奉行诚实信用原则；寻求简化商业交易方面的法律规则；当事人在合理且不损害州利益的前提下可自由修正法典的规定；补救应被解释为使信守契约的受损害方权益能够恢复到原来状态。

法典强调保护消费者的权益，如第2-318条规定："卖方的明示担保或默示担保延及买方家庭中的任何自然人或买方家中的客人，只要可以合理设想上述任何人将使用或消费此种货物或受其影响，并且上述任何人因卖方违反担保而受到人身伤害。卖方不得排除或限制本条的适用。"[1]法典禁止订立违反公共政策或一方控制、压制另一方的不合理契约；法典规定对显失公平的契约，法院可以拒绝强制执行；在涉及州际和国际交易的问题方面，法典规定当事人可以选择适当的准据法。

（三）《统一商法典》的主要特点

《统一商法典》有力地促进了美国的商品流通，是美国统一州法运动迄今取得的最高成就。法典的主要特点是：

1. 法典适用的对象与传统的商法典不同，传统商法适用的对象只限于商人，而美国统一商法典中对商人概念的宽泛界定使得统一商法典既可适用于商人，也可适用于一般民事买卖行为。这既反映英美法民商合一的传统，也反映出当代民法商法化的倾向。

2. 法典的内容范围比传统商法要窄。法典以买卖为中心，只涉及动产交易，既无合伙的规定，又无海商、破产的规定。这是由于统一商法典属于州法律，根据联邦宪法关于立法权限的划分，海商和破产不属于州立法权限的范围之内。

3. 法典灵活实用，突破了普通法的许多传统原则，力求符合当代商事交易的要求，是以成文法改造普通法的成功范例。法典所规定的某些商事行为的法律原则已经成为国际上公认的准则。法典主要是对先前流行的商业法律和惯例的确认，在法典缺少具体规定时，可由普通法、衡平法和商业惯例加以补充。[2]各州在采用法典时，有权进行修改。

二、公司法

按照美国1787年宪法的规定，有关公司的立法权属于各州，但联邦法律与公司

---

〔1〕《美国统一商法典》，潘琪译，中国对外经济贸易出版社1990年版，第34页。

〔2〕《美国统一商法典》，潘琪译，中国对外经济贸易出版社1990年版，第2页。第1-103条"一般法律原则应作为本法的补充"。

法也有关系，这主要指反托拉斯法、联邦证券交易法。

（一）公司法的历史沿革

北美殖民地时期，只有少数以营利为目的的公司在获得英王颁发的特许状后成立，如1606年的弗吉尼亚公司和1629年的马萨诸塞湾公司。后来，公司的股东演化为选民，每年投票选举的董事组成殖民政府的立法机关及行政执行机构。独立前，美国没有一般性的公司立法，公司的成立须经英王、英国议会或当地总督、议会的批准。

美国独立后，公司的成立最初须由州议会通过特别法案授予特许状。19世纪后，公司得到迅速发展，客观上要求简化公司成立的批准程序，由一般性法律规定公司成立的条件。1811年纽约州颁布了一般性公司法，规定只要公司发起人签订了公司章程，向政府申请登记，政府就发给执照，准许成立。其他各州纷纷仿效。

由于对公司的管辖权属于各州，所以公司创办人首先要选择公司在哪一个州注册，并向该州的州务卿提交申请和公司章程等文件。以各州公司法中最具典型意义的《特拉华公司法》（1899年）为例，公司章程规定的事项有公司名称、公司所在地址、经营业务的性质、批准发行的股份数额、公司准备开业的资本总额、创办人的姓名及住所和公司的营业时限。特拉华州的公司法允许依该州公司法成立的公司在其他州营业，为设立公司提供了更为自由和便利的条件，所以许多公司涌入该州注册登记，这种状况久盛不衰，延续至今。纽约股票交易所上市出售有价证券的公司中，有近一半的公司是在特拉华州登记的。这个公司法后来经过几次修改，对其他州的公司法产生了重要影响。

20世纪以来，联邦政府加强了公司立法，其中重要的有1933年的《证券法》和1934年的《证券交易法》。1928年，美国统一州法全国委员会起草并推出《统一公司法》，得到一些州的采用。1950年，美国全国律师协会中的公司银行和企业委员会制定《标准公司法》，经多次修改，已为大多数州所采用。

（二）公司法的基本内容

1. 公司的基本特征。根据《标准公司法》的规定，公司的基本特征是：它是从事经营活动的资合公司；以自己的名义享受权利并承担义务；只能以公司的财产偿付其债务，而其股东并不承担公司债务；公司的股份可以自由转让，所以公司的存在不取决于特定股东的存续；代理权和业务执行权集中于董事会。

2. 公司的管理。《标准公司法》规定，股东、董事会和公司的执行机构参加公司的管理。股东是取得公司股份、作为公司成员的出资人，按拥有的股份数额享有权利、承担义务。股东大会是公司的最高权力机关。其主要权力是任命或解聘董事，决定公司重大事宜，如章程的变更、资本的筹集、公司的解散及清算等。董事会至少由3名董事组成，全面负责公司的业务执行和代理。为了保障中、小股东的利益，采取比例投票制的选举方法选举董事，每一股份的表决票数与应选董事的人数相同。董事有权为了公司的利益提起诉讼。

3. 公司的解散。《标准公司法》规定，公司的解散有强制解散和自愿解散两种情况。前者是在检察官提出公司在有违法行为或无力偿还债务的情形时由债权人向破产法院提出申请，或在股东利用派生诉讼权提出诉讼的情况下，由法院裁决公司解散。后者是依据股东的自愿，结束公司业务。公司解散后，法人资格即终止，公司的权力由接管和清算公司资产的受托人行使，公司资产按法定程序进行清算。

（三）20 世纪美国公司法的特点

1. 美国公司一般指有限责任公司。凡股东负无限责任的属于合伙，法律不承认其为公司。

2. 封闭公司和开放公司的划分。美国公司法按公司股票掌握的对象，将公司分为封闭公司和开放公司。封闭公司的股票全部或几乎全部由建立该公司的少数人占有，股票不上市、转让或公开出售。封闭公司股东的最低法定人数为 2 人，最高人数限制在 50 人以下；开放公司的股东人数最低不得少于 7 人，没有对最高人数的限制。

3. 政府加强了对公司的控制。20 世纪后，联邦政府加强了对公司的控制与管理，除制定与公司有关的法律外，还在统一各州公司立法方面有重大进展。

三、破产法

19 世纪中期以前，美国曾分别于 1800 年和 1841 年颁布过两部联邦破产法，但都在实施后不久即被废止。当时，各州所实行的也都是一些有关无力清偿债务、延缓执行方面的法律，几乎没有关于企业破产的法律。

19 世纪末，美国连续遭受金融危机的打击，许多大公司的债务得不到清偿，资金不能良性运转。这既直接损害债权人的利益，也使负债公司被强制性地拍卖财产或宣布停业，最终危及社会安定。1898 年 1 月，美国国会通过《联邦破产法》，该法的目的是在全国建立起一个统一的破产制度。该法规定：任何一个负有债务的人，都有自愿破产的权利；对主要从事农业种植的人和工薪阶层不能强制其破产；破产企业的工人和职员可优先获得破产前 3 个月或 300 美元以内的工资作为补偿。这部破产法的颁布实施，奠定了美国现代破产法的基础。

1978 年，国会对《联邦破产法》进行修改，颁布了《破产改革法》。随后分别于 1984 年、1986 年对该法进行两次修订。第一次修订的主要内容是界定破产法官与联邦地方法官的管辖权；第二次修订增设了联邦信托人和家庭农场破产法。此外，国会于 1988 年和 1990 年分别通过有关专利及知识产权破产事项的修正案和个人债务的债务解脱修正案。

《破产改革法》规定的破产程序分为直接破产程序和协商改组程序两种。直接破产程序由债权人或债务人向法院提出申请，依法宣布债务人破产并对其财产进行清算。协商改组程序是由债权人和债务人双方签订协商改组协议，改变债务人企业的经营机构，暂缓清偿债务，在继续经营一段时间后，若债务人仍无力偿债，可转为直接破产程序。这一规定的目的是在维护债权人利益的前提下，给债务人一个通过对企业进行调整或重组而获得新生的机会。

■ 第五节 反托拉斯法

美国是世界上第一个制定反垄断法的国家,资产阶级经济理论认为,自由竞争是促进经济发展的最有效的方法。19世纪下半叶,垄断已成为美国经济生活中的突出现象。托拉斯组织凭借其强大的经济实力,控制市场,规定市场价格,划分经营范围和销售地位,排挤和打击竞争者,损害中小企业及广大消费者利益,严重影响了自由经济的顺利发展,也与自由贸易、公平竞争观念形成冲突。面对这种状况,一方面,美国各州的立法不能有效地制止州际的或对外贸易上的垄断行为和不公平行为;另一方面,根据原有的普通法规范,法院对上述现象也缺乏有力的制裁措施,而遍及各州的反托拉斯运动则空前高涨。在这样的背景之下,反托拉斯法应运而生。美国反托拉斯法主要是联邦立法,其立法依据是联邦宪法关于授予联邦管理州际商业和对外贸易权力的条款。联邦反托拉斯法主要有三部:

一、《谢尔曼反托拉斯法》

美国第一部反托拉斯法是1890年国会制定的《谢尔曼反托拉斯法》。该法因参议员约翰·谢尔曼(1823~1900年)的提出而得名,其正式名称为《保护贸易及商业免受非法限制及垄断法》。《谢尔曼反托拉斯法》是美国反托拉斯法中最基本的一部法律,全文共8条,其主要内容规定在第1条和第2条中。第1条规定:以托拉斯或任何类似形式限制州际贸易或对外贸易者均属非法,违者处以5000美元以下罚金,或1年以下监禁,或二者兼科。第2条规定:凡垄断或企图垄断,或与其他任何人联合或勾结,以垄断州际或对外贸易与商业的任何部分者,均作为刑事犯罪,一经确定,处罚与第1条相同。

《谢尔曼反托拉斯法》是美国历史上政府全面控制经济的首次尝试,因而向法院提出严峻挑战。①该法涉及大量的经济分析,其精密性要求远超过其他方面的案件;②该法所涉及的是庞大的公司、复杂的工业结构和广泛的商业活动,其档案材料浩如烟海;③该法本身措辞笼统,如"贸易""联合""限制"等词义不确切,给司法解释带来难度。《谢尔曼反托拉斯法》颁布后遭到大资本家的激烈反对,执行不利。1895年联邦最高法院在"美国诉奈特公司"案的判决中宣布,制造业中的托拉斯并不从事商业,不属于联邦管理州际商业的权力范围,因而不适用《谢尔曼反托拉斯法》。1911年联邦最高法院又在"美孚石油公司诉美国"案的判决中裁定,限制商业的活动是否非法,取决于这种限制活动是否"合理地进行",至于哪些垄断行为"合理",哪些"不合理",则成为法院自由裁量的问题了。《谢尔曼反托拉斯法》还常常被法院用于反对工会组织,镇压工人罢工运动。工会不断被法院宣布为"特种托拉斯",是垄断组织;工会组织的罢工活动是"妨碍贸易的行为",是非法行为。仅1890~1897年间,联邦最高法院就根据《谢尔曼反托拉斯法》作出12

项不利于工会的判决。

二、《克莱顿反托拉斯法》

1914 年，美国国会制定了第二部重要的反托拉斯法，作为对《谢尔曼反托拉斯法》的补充。该法是由众议员克莱顿提出的，因此被称作《克莱顿反托拉斯法》。该法规定以下行为属于非法行为：①"可能在实质上削弱竞争或趋向于建立垄断"的商业活动；②价格歧视，即同一种商品以不同价格卖给不同买主，从而排挤竞争对手的行为；③搭卖合同，即厂商在供应一种主要货物时坚持要买方必须同时购买搭卖品的行为；④在竞争性厂商之间建立连锁董事会，即几家从事州际商业的公司互任董事的行为；⑤在能够导致削弱竞争后果的情况下购买和控制其他厂商的股票。

三、《联邦贸易委员会法》

1914 年，美国国会还制定了《联邦贸易委员会法》。该法规定设立联邦贸易委员会，负责执行各项反托拉斯法律。其职责范围包括：搜集和编纂情报资料、对商业组织和商业活动发布命令以阻止不公平竞争。

以上几项法律至今仍是美国反垄断、管理州际贸易和对外贸易的主要法律。1936 年国会又通过《罗伯逊－帕特曼法》，对《克莱顿法》的若干规定加以修正；1938 年制定了《惠勒－利法》，1950 年又制定了《塞勒－凯弗维尔法》，分别对《联邦贸易委员会法》的第 5 条和第 7 条加以修正，1980 年的《反托拉斯诉讼程序改进法》又对其第 7 条作出更严格的修改。

■ 第六节　社会立法

美国的社会立法起步较晚，现有的社会立法多是 20 世纪 30 年代以后制定的。

一、劳工关系法

关于劳工关系的立法主要涉及工人劳动福利方面（如工人的工时、工资标准、保护童工和女工、工伤事故、职业培训等）的立法和有关劳资关系的立法。

（一）有关劳动福利的立法

美国在 19 世纪前半期，联邦没有统一的劳动立法。只有少数州制定了限制童工工作时间的法律，如马萨诸塞州于 1942 年通过了第一个童工法，规定制造业 12 岁以下童工每日只准工作 10 小时，其他如康涅狄格、宾夕法尼亚、俄亥俄等州也先后制定了类似的限制童工和女工工作时间的法律。联邦有关工人工作时间的立法是直到 19 世纪末 20 世纪初才开始制定的。1912 年马萨诸塞州率先通过了关于最低工资的法案，各州纷纷效仿，到 1945 年为止，已有 26 个州制定了最低工资的法律。联邦也在 1933 年的《全国产业复兴法》中规定了最低工资标准。但是这些涉及工人劳动福利方面的法律受到法院的强烈抵制，联邦最高法院总是站在资本家的立场上，为私有财产神圣不可侵犯的资产阶级法制原则作辩护，一再宣布这些法律违宪。如 1905 年的"洛克纳诉纽约州"案就是这方面的典型案例。

1938 年，美国国会通过《公平劳动标准法》，对工人的工资与工时标准作出专门规定。二战以后，随着工业生产的发展，经济周期的变动和工人运动的起伏，国会对原有的联邦劳动立法作了多次修改，并通过许多新的法律。1942 年政府颁布法令，规定建立有工资的休假制度和改善居住条件等。20 世纪 60 年代后，美国施行促进就业和加强培训的政策措施。1962 年通过《人力开发培训法》，规定由联邦拨款举办就业培训和在职培训；1964 年通过《经济机会法》对开发人力资源作出规定；1971 年的《紧急就业法》规定由联邦拨款给地方政府用于安置失业人员从事公益劳动；1973 年国会通过《综合就业与培训法》将以上法律修改合并，成为开发人力资源的综合性法规。

（二）有关劳资关系的立法

20 世纪 30 年代，随着经济危机的日益严重，工人运动高涨。1932 年，国会通过《诺里斯－瓜迪亚法》。这是美国联邦立法史上第一个调整劳资关系的法律。该法给予工会代表工人签订集体合同的权利，禁止法院对工会使用反托拉斯法。

1935 年国会通过《国家劳工关系法》，又称《华格纳法》。该法规定，雇工有"组织、成立、参加或支持劳工组织，通过他们自己选出的代表进行集体谈判，以及为了集体谈判或其他互助或保护的目的而进行一致行动的权利"，即承认工人有组织工会、进行集体谈判和举行罢工的权利。该法禁止雇主操纵或干涉劳工组织、歧视工会会员和工人、拒绝同工人选举的代表进行集体谈判。该法规定成立国家劳工关系局，作为执行该法律的政府机构，有权处理劳资纠纷，有权就雇主侵犯工会权利的行为向雇主发出禁令，由法院强制执行。《华格纳法》通过后，立即遭到资产阶级保守势力的反对。第二次世界大战以后，垄断资本集团在国会掀起修改劳工立法的大规模活动，成为战后美国政治上出现的反共反人民逆流的一部分。

1947 年国会通过《塔夫脱－哈特莱法》。这是一项以限制和镇压工人罢工为主要内容的反劳工法律，其主要内容有以下几点：①禁止同业工人举行全国性的集体谈判，工人进行集体谈判的代表范围限制在 50 英里以内。②同一行业中两个工厂的工人不得同时谈判罢工，禁止以同情罢工彼此支援。任何罢工必须有 60 天静候调查的"冷却时期"，以待政府的调查和仲裁。③禁止工会进行纠察和"一切非法的联合"。④在"危害国家安全"时，总统有权指令司法部长要求法院发布在 80 天内禁止罢工的禁令。⑤禁止工会与厂主订立只许雇佣工会会员的合同，禁止工会要求同厂的工人加入同一工会组织。⑥工会不得以自己的基金作政治活动之用。⑦禁止共产党员或共产党的同情者在工会中工作，工会要具结保证在自己的组织中没有共产党员。《塔夫脱－哈特莱法》颁布后，在最初的 13 个月中，国家劳工关系局就发布了 29 起针对工会的禁令，取消了 50 个进步工会的许可证。从 1956 年底到 1957 年初，有 22 名工会领袖以与共产党"共谋"的罪名被提起公诉。这项法律自通过后，立即受到广大劳工界和进步人士的强烈反对，称之为"奴隶劳动法"。从 1948 年到 1974 年，国会对该法进行了近 10 次修订，撤销了若干过分露骨反动的条款。如

1959 年撤销了工会负责人必须呈交非共宣誓书和关于同盟罢工等联合行动为非法的规定。1959 年，国会又制定《劳资关系报告与揭露法》，禁止共产党员以及脱离共产党不满 5 年的人担任工会职务。这项规定直到 1965 年才被最高法院在"美国诉布朗"案的判决中宣布违宪无效。

美国关于行政部门及政府官员和雇员的法律规定，禁止国家公务人员罢工，参加罢工的国家公务人员应"立即予以解雇，剥夺其国家公务人员的身份，并在 3 年内不得在任何国家机关中复任公职"。1982 年，美国发生各地机场塔台指挥人员大罢工，当局即依据此规定，将 1300 名参加罢工的国家雇员解雇。

二、社会福利法

第一次世界大战后，美国制定了一些有关社会福利的立法。社会福利法的适用委托给联邦和各州的专门的行政机构，有关诉讼由普通法院受理。

1935 年，国会通过了被富兰克林·罗斯福总统称道为"新政"的"最高成就"的《社会保障法》，在美国历史上第一次建立了联邦的社会保障体系。该法也是历史上第一部正式以"社会保障"命名的法典。其主要内容包括：联邦政府资助各州对贫困老人、孤苦儿童和盲人提供救济，帮助残废者得到职业，对保健机构实行补助，对退休职工提供养老金，对失业工人提供救济费等。总之，该法由老年社会保险、盲人和残废者补助、老年补助、未成年补助和失业社会保险五大项目构成，形成了补助劳动者生活的"生活安全网络"。

第二次世界大战后，1935 年的《社会保障法》经过多次修改和补充，于 1957 年增加了"残疾人福利计划"（此前于 1939 年增加了"遗嘱抚恤计划"），1966 年增加了 65 岁以上老人"医疗保险"，从而进一步扩大了社会福利的适用范围，成为美国实行"福利国家"政策的重要内容。

■ 第七节 刑 法

美国刑法在 19 世纪以前主要援用英国普通法。19 世纪以后，美国联邦国会和各州的议会都制定了单行刑事法律，并对英国传统的普通法刑法原则进行了修正，从而使刑法体系日益完善。

一、刑法的渊源

（一）联邦宪法

按照联邦宪法的规定，在刑事立法方面，联邦国会享有宪法明文列举的立法权，包括：制定关于伪造合众国证券和流通货币的惩罚规则；规定和惩罚在公海中所犯的海盗罪等重罪及违反国际公法之罪；宣告和惩罚叛国罪；通过剥夺公权的法案、追溯既往的法律或损害契约义务的法律等。除宪法列举属于联邦立法范围以外的一切刑事立法权，凡宪法不禁止各州行使的，均由各州议会行使。

联邦宪法直接规定了"叛国罪"的构成要件和审判程序。宪法第 3 条第 3 款规定："背叛合众国的叛国罪，只限于发动反对合众国的战争，或者依附合众国的敌人，给敌人援助。无论任何人，非经该案证人2人证明或经其本人在公开法庭供认，不得受叛国罪的裁判。"联邦宪法规定的叛国罪以及同叛国罪相关的犯罪的司法管辖权属于联邦法院。

联邦宪法还规定了对特殊犯罪主体的"弹劾程序"。宪法第2条第4款规定："总统副总统及合众国文官，受叛国罪、贿赂罪或其他重罪与轻罪的弹劾和定罪时，应受免职处分。"对于总统和副总统的弹劾，要求众议院提出弹劾议案，由参议院在联邦最高法院首席法官主持下进行事实和法律的审判，对弹劾案作出判决。

（二）普通法

在司法实践中，联邦法院以判例形式吸收和运用了普通法制度。19世纪后许多州都制定了成文法，有些州通过制定法对普通法上的某些罪加以规定，使制定法成为刑法的主要形式；有些州则仍保留了较多的普通法传统。

（三）联邦刑事立法

根据宪法授权，联邦国会制定了许多刑事法律。除了宪法列举的立法权范围以外，联邦国会还利用"默示权"，通过宪法规定的商务条款、征税权、战争权、公民权利和管理邮政的权力等，制定了大量的联邦刑事法规。最早的联邦刑事立法始于1790年的《治罪法》，该法包括叛国罪、海盗罪、伪造罪、伪证罪、贿赂罪、公海上谋杀和其他犯罪、违反国际公法的犯罪等。此后，在联邦制定单行刑事法规日益增多的情况下，美国对单行刑事法规进行了整理和编纂。1877年制定的《联邦修正法律》是第一部刑法典形式的法律，该法删除了一些过时和相互矛盾的法律规范，第一次给谋杀和过失杀人罪下了定义，区分了重罪和轻罪的刑罚，并增加了妨害选举和公权罪这一新的罪名。这是南北战争后消灭了奴隶制，黑人获得解放、取得选举权在法律上的反映。1909年，国会通过了《编纂、修正、改订联邦刑事法规的法律》，其适用范围较之1877年的法律更加广泛，增加了妨害国际贸易和州际贸易罪与妨害邮政罪。1948年，美国将联邦刑事法规进一步整理和编纂，编成《美国法典》第18篇，即"犯罪与刑事诉讼"篇。自1948年后，该篇经过数百次修改，是美国现行有效的联邦刑法典。为实现联邦刑法法典化，1966年美国国会成立了"改革联邦刑事法律全国委员会"，于1971年提出《联邦刑法典（草案）》。但法典的批准遇到巨大困难，至今未正式颁布。

（四）州的刑事立法

美国的刑事立法权主要在各州，这是因为宪法规定除联邦享有的立法权外，一切立法权均由各州行使。从19世纪起，多数州的立法机关制定了刑事法规，其中许多法规是普通法的法典化，如1820年制定的路易斯安那州刑法典，1865年制定的纽约州刑法典。各州的刑事立法有两种情况：一种是将全部罪都规定在所制定的刑法典中，刑事控告完全根据刑法典进行，法官不能通过判例创造新的罪名；另一种是将部分罪规定在制定法中，对其他犯罪的控告仍然依据普通法。

20 世纪 50 年代以来，美国开始了刑法改革运动。为了统一各州刑法，为各州修改和制定刑法典提供范本，1962 年，美国法学会公布《标准刑法典》。该法典由总则、具体犯罪、刑罚与矫正、矫正机关四部分组成，在每一个条文后都附有评注。虽然《标准刑法典》本身并不具有约束力，但却有很高的示范意义，在它公布后的 20 年内，就有半数左右的州以它为蓝本对本州的刑法进行了重大修订，或者重新制定了刑法典。

二、刑法的基本特点

（一）刑法渊源具有多样性

美国是典型的联邦国家，法律体系复杂，除联邦的法律体系外，还有 50 个州和哥伦比亚特区（首都华盛顿市）的法律体系。除联邦法律外，每个法律体系都有由制定法和普通法组成的刑事法律制度。制定法中，除联邦和各州立法机关制定的刑事法律外，还有行政机关制定的含有刑罚规范的法律文件，如行政条例、城市法令、地方法规等。普通法除判例外，还包括权威性法学著作中阐述的普通法原理。

（二）犯罪分为重罪和轻罪两种，各类罪又分不同等级

美国联邦刑法典和各州刑法典一般将犯罪分为重罪和轻罪两类。重罪指判处死刑或 1 年以上监禁的犯罪，包括谋杀、强奸、抢劫、严重行凶、侵入住宅、偷窃、偷窃汽车。轻罪指被判处罚金或 1 年以下监禁的犯罪，包括少量金额的偷窃、情节不严重的行凶、非法使用车辆等。有些州的刑法典除规定重罪、轻罪外，还附加了微罪、违警罪。

美国刑法不仅根据罪行的严重程度不同分为重罪、轻罪、微罪、违警罪这样的"等"，还将各类罪分为不同的"级"，以使"罪刑相当"的刑法原则进一步精确化，使法官在判刑时便于掌握标准。如 1962 年的《标准刑法典》规定重罪分为 3 级，伊利诺州刑法典规定重罪分为 4 级。

（三）刑罚有死刑、监禁、缓刑和罚金等

1. 死刑。美国宪法第 8 条修正案明确禁止施予残酷、逾常的刑罚。死刑的废存长期存在争议。20 世纪 50 年代在反战和人权运动的推动下，从 1967 年起美国实际停止死刑执行。1977 年后，针对治安恶化、犯罪案件上升的形势，有些州又恢复了死刑。各州在刑罚制度上轻重悬殊，死刑的执行方法各不相同，主要有电椅、煤气窒息、绞首、枪决、注射剧毒药品等。

2. 监禁刑。各州所适用的监禁刑分为有期监禁和终身监禁。终身监禁的严厉程度仅次于死刑。被判终身监禁的犯人，若在服刑中表现良好，在执行 10 年或 15 年后可以获得假释。有期监禁的刑期各州规定不一，有些州规定了上限，如 25 年、30 年。有些州没有规定上限期，在审判实践中可能出现判处上百年甚至上千年的监禁的情况。有期监禁刑又有定期的有期监禁和不定期的有期监禁两类。

3. 缓刑。美国的缓刑制度起源于马萨诸塞州。1841 年该州波士顿的鞋匠约翰·奥古斯特斯向法院请求保释一名犯人，帮助该犯人在狱外改过自新，得到法院允许。

1878 年缓刑经马萨诸塞州议会批准成为法律，这是世界上最早关于缓刑的立法。1962 年《标准刑法典》规定重罪缓刑考验期不超过 5 年，轻罪缓刑考验期不超过 2 年。据 1982 年美国司法部的资料，1981 年底全美国被判处缓刑的人数为 120 万，是监所在押犯人的两倍半。[1]

（四）刑期幅度大，给予法官以广泛自由裁量的余地

美国刑法规定的刑期幅度大，如伊利诺州《犯罪法》规定，特级重罪的刑期是 6～30 年。

（五）数罪并罚，采用相加原则

根据美国刑法中的"数罪"概念，一个犯罪行为触犯一个罪名，如果一个犯罪过程触犯两个或多个罪名，或者相同行为多次触犯相同罪名，都构成数罪。"数罪"的概念结合有罪必罚的原则，实行数罪的刑罚简单相加，造成有期监禁无期化的弊端，甚至出现刑期高达数百年的情况。从 20 世纪 50 年代起，美国有些州数罪并罚的刑期简单相加制度有所发展变化，出现重刑吸收轻刑的制度。

此外，受社会法学派的影响，加强了对犯罪的预防，加重了对累犯的惩罚，广泛适用"保护观察"措施。

■　第八节　司法制度

一、法院组织

根据联邦宪法，美国设有两套法院组织系统：一套是联邦法院组织系统；一套是州法院组织系统。两套法院组织系统彼此独立，并无从属关系，只在司法管辖上有所分工。在特殊情况下，二者的权限也有联系。

（一）联邦法院组织系统

《联邦宪法》第 3 条规定，合众国的司法权属于最高法院及随时设立的低级法院。1789 年，美国第一届国会颁布的《司法条例》经过多次修改，基本部分至今有效。它规定美国联邦法院系统包括：联邦最高法院、联邦上诉法院、联邦地区法院和联邦专门法院。

1. 联邦最高法院。联邦最高法院成立于 1790 年，最初由首席法官 1 人和法官 5 人组成，后来法官人数几经变动，至 1869 年国会以法令规定由首席法官 1 人和法官 8 人组成，至今未变。最高法院法官由总统提名并经参议院同意后任命，可终身任职，除因"行为不当"受到国会弹劾外，不得免职。最高法院审理涉外案件和以州为当事人的初审案件，以及不服州法院裁决又涉及联邦法律问题的上诉案件。此外，最高法院还审理对联邦上诉法院或州最高法院判决不服，经过特别申请，最高法院法官投票表决获准，以最高法院调卷令的形式移送的案件。最高法院首席法官主持

---

〔1〕　储槐植：《美国刑法》，北京大学出版社 1987 年版，第 333 页。

开庭，担负行政职责，对法院的审判活动有重大影响。从 1882 年起，最高法院的判决编成《美国判例汇编》，对全国一切法院均有约束力。

2. 联邦上诉法院。联邦上诉法院亦称巡回上诉法院，成立于 1869 年。全美 50 个州分为 10 个巡回区，哥伦比亚特区作为一个巡回区，每一巡回区设立 1 个上诉法院，共 11 个上诉法院。法院设法官 3～15 人，开庭审理案件的法官一般为 3 人，要案、难案由全体法官参加审理。上诉法院只有上诉管辖权，负责受理不服本巡回地区法院判决和联邦某些管理机构裁决的上诉案件。一般来说，上诉法院的判决为终审判决。

3. 联邦地区法院。联邦地区法院是联邦法院系统的基层法院，在各州设立 1～4 个不等，全美共有 90 多个。每个法院的法官从 1～27 名不等，全国共有 400 多名地区法院法官。地区法院对于联邦司法管辖权限内的案件具有初审管辖权。重大案件要由 3 名法官审理，一般案件只由 1 名法官独自开庭审理。地区法院是联邦法院系统中唯一实行陪审制的法院。

4. 联邦专门法院。除上述联邦普通法院外，美国联邦法院还另有专门法院。主要有联邦权利申诉法院、关税和专利上诉法院、税务法院、军事上诉法院。某些联邦行政上的独立管理机构也具有部分司法权，可以就它职权范围内的争议作出裁决，如联邦贸易委员会、全国劳工关系局等。

（二）州法院组织系统

美国的州法院组织系统极不统一，各州的各级法院的名称、组成、管辖权均不一致。

州的最高一级法院一般称作州最高法院，只审理上诉案件，并且有权通过审理具体案件宣布州的立法是否违反州宪法。州的最高法院配置法官 5～9 人，其中包括首席法官 1 人。法官多由选举产生，有的州则由州长任命、州参议院批准。各州对法官的任期规定不一，多数州为 6～10 年。

州的正式的初审法院是地区法院，或称郡法院、巡回法院或高级法院。它负责一般民、刑事案件的初审，也处理治安法院的上诉案件。法官定期巡回，开庭时由 1 名法官主持，陪审团参加案件的审理。州地区法院对于认定事实的判决，即为终审；但不服关于法律问题的判决则可上诉。

州的基层法院一般是治安法院，设于农村或市镇。法官多由民选产生，任期 2 年。治安法院只能处理一般民、刑事案件的预审，以决定是否送交上级法院审理。在市区，这种法院由各种市法院、警察法院、公证法院、青少年法院等代替。

二、联邦和州法院的司法管辖权

（一）联邦法院的管辖范围

根据宪法第 3 条第 2 款的规定，联邦司法管辖的范围依案件的性质可分为两类：①发生在联邦宪法、法律以及美国与其他国家缔结的条约上的涉及普通法和衡平法的案件。②关于海上法律及海上管辖权的案件。

联邦司法管辖权的范围，依当事人的身份可分为七类：①一切有关大使、公使及领事的案件。②合众国为当事人一方的诉讼。③州与州之间的诉讼。④州与另一州公民之间的诉讼。⑤一州公民与另一州公民之间的诉讼。⑥同一州公民之间为不同州因所让与土地而争执的诉讼。⑦一州或其公民与外国政府、公民或其属民之间的诉讼。

由于对一州受他州公民或外国公民或属民控诉的案件的管辖权的宪法规定存在争议，1798年美国国会通过第11条宪法修正案，规定他州公民、外国公民或外国属民对美国某一州起诉的任何普通法或衡平法的案件，不得由联邦法院受理。据此，一州公民控诉另一州的案件，只能首先在州法院起诉，联邦最高法院对此类案件只有上诉管辖权。以宪法修正案的形式约束联邦司法权，在美国宪法史上仅此一例。

一般来说，发生在联邦法律下的刑事案件，以联邦为当事人的争讼、州与州之间的争讼、州与外国间的争讼，在联邦法律下发生的价值超过1万美元的诉讼，由联邦法院管辖。其他案件，国会允许各州法院有共同管辖权，可由当事人自由选择向何种法院起诉。

（二）州法院的管辖范围

美国宪法第10条修正案规定："举凡宪法未授予合众国政府行使，而又不禁止各州行使的各种权力，均保留给各州政府或人民行使之。"这一"保留条款"是划分联邦与州的权力，包括司法权的基本原则之一。凡宪法未规定属于联邦法院管辖又未禁止各州管辖的案件，皆由州法院管辖。所以，州的司法权较为广泛，由州法院审理的案件约占全国案件的9/10。

州司法权所包括的案件大多不涉及联邦问题，主要有：关于普通法上的案件，涉及州宪法、州法律、法令的案件，发生于地方政府颁行的特许状和命令上的案件，一州与本州公民之间的争执案件。联邦政府还准许州法院享有对归化、签发护照及破产事宜的管理权。

三、联邦最高法院的司法审查权

"司法审查"是西方国家通过司法程序，审查和裁决立法和行政是否违宪的一种基本司法制度。这种制度在第二次世界大战以前主要实行于美国，其后为世界上120多个国家采用。

美国联邦最高法院的司法审查权，指美国联邦最高法院有权通过审理有关案件解释宪法，审查联邦和州立法机关颁布的法律、联邦和州采取的行政措施，宣布违反联邦宪法的法律和行政措施为无效。它是美国司法制度中最有特色的一项权力。

（一）美国联邦最高法院司法审查权的起源

美国由最高法院负责违宪审查，并不是出自宪法的规定，而是司法实践的结果。它的政治理论基础是三权分立原则。1803年的"马布里诉麦迪逊"案的裁决是美国联邦最高法院运用司法审查权的首次实践。在世界范围内，该案例开创了违宪审查的先河。

　　"马布里诉麦迪逊"案发生在 1801 年，当时美国的党争激烈。在 1800 年底举行的总统大选中，联邦党人约翰·亚当斯未获连任，民主共和党的候选人托马斯·杰斐逊当选为总统。联邦党人为了改变厄运，使其能控制司法机构牵制立法和行政，在总统权力交接之前，利用亚当斯手中的总统权力，对司法机构作了重大调整。亚当斯改任国务卿约翰·马歇尔为联邦最高法院的首席法官，并迅速任命了一批联邦党人担任联邦法官。由于行事匆忙，有些新任命的联邦法官在得到国会批准，却未得到正式委任状的情况下，亚当斯的职务就被杰斐逊取代了。马布里就是未接到委任状的新任命的哥伦比亚特区的法官之一。杰斐逊上台后，指使新任国务卿麦迪逊拒不颁发对马布里等人的委任状，以削弱联邦党人对司法权的控制。马布里向联邦最高法院提出申诉，要求根据 1789 年的《司法条例》第 13 条的规定发布执行命令，强制麦迪逊交出委任状。马歇尔在宣布最高法院的裁决时提出：联邦宪法在规定最高法院的管辖权方面，并未把向行政官员颁布命令状包括在内。因此，问题的关键在于最高法院究竟应当遵从联邦宪法，还是遵从 1789 年的《司法条例》。马歇尔指出："极为明显而不容置疑的一个结论是：宪法取缔一切与之相抵触的法案。"而判定何者符合宪法，当然属于司法部门的权限和职责。他宣布：由于 1789 年国会制定的《司法条例》第 13 条的规定超出了联邦宪法关于最高法院司法管辖权的规定，因而是违宪无效的。

　　"马布里诉麦迪逊"案确立的司法审查的宪法原则是：宪法是最高法律，一切其他法律不得与宪法相抵触；联邦最高法院在审理案件时，有权裁定所涉的法律或法律的某项规定是否违反宪法；经法院裁定违宪的法律或法律规定不再具有法律效力。根据这一案件所确立的上述原则，美国联邦最高法院有权通过审理有关案件解释宪法并宣布违反联邦宪法的法律或行政措施违宪。某项法律一经宣布违宪，下级法院便不能再援用。联邦最高法院在行使司法审查权时遵循的一项重要原则是"政治问题回避"，司法审查权的行使限于司法问题而不涉及政治问题。联邦最高法院自取自封的"司法审查"权，使它在美国历史上，以至于今，都具有举足轻重的地位。到 20 世纪 70 年代，被最高法院宣布违宪无效的联邦法律有 102 件，州法律有数百件。

　　（二）美国联邦最高法院司法审查权的作用

　　司法审查权以资产阶级的分权、制衡和法治原则为基础，维护了宪法至高无上的地位。它在美国政治制度发展史上发挥着重要作用，使刚性的联邦宪法经最高法院的解释而富有适应性，提高了宪法在社会生活中的影响和作用。其主要表现是：

　　1. 联邦最高法院的司法审查权使司法部门有权制约立法和行政部门，是实现"分权制衡"宪法原则的有力手段。例如：20 世纪 30 年代，罗斯福总统为了摆脱经济危机，推行"新政"，提请国会通过《农业经济调整法》《全国产业复兴法》等一系列法案，这些法案对于减轻农业资本家在经济危机中的损失，刺激农业价格回升，增加工业生产，提高就业率，缓和社会矛盾有一定效果。但是，因为"新政"的实施实际上是运用国家权力全面干预社会经济生活，它大大加强了美国的国家垄断资本主义，因而必然在某些方面限制了私人垄断资本的活动，引起了保守势力的反对。在围绕着"新政"进行的斗争中，联邦最高法院中的多数派产生了反对"新政"的代表，在从1933年至1936年底由最高法院审理的16起控告"新政"立法的案件中，就有11起案件的判决不利于"新政"。其中最突出的判例是在"A. L. A. 谢克特家禽公司诉美国"案（1935年）中宣布《全国产业复兴法》违反宪法。1952年正值美国进行侵略朝鲜战争之际，杜鲁门总统由于惧怕工人罢工对战争的影响和防止因钢价上涨带来更严重的通货膨胀，于钢铁工人因公司拒绝增加工资而宣布罢工的前夕，以政府首脑兼总司令的名义颁布法令，把钢铁厂收归国有。最高法院就此事在"杨格斯敦钢铁公司诉索耶"案中宣布：总统企图在没有法定权力的情况下把钢铁厂收为国有，已经超过了他的宪法权限。总统无权制定法律，只有国会才拥有这种职能。根据联邦最高法院的裁决，杜鲁门总统把钢铁厂归还原主。

2. 联邦最高法院利用司法审查权，维护了联邦制度。最高法院通过对一系列重大案件的裁决，调整了联邦中央与州的分权关系，扩大了联邦权力，限制了州权，确立了联邦中央在宪法明确规定的权限内至高无上的国家主权原则，维护了宪法的最高权威。

美国联邦宪法生效之前，国家权力派和州权派之间在联邦政府和州的分权原则上发生过激烈的争论。以汉密尔顿和马歇尔等人为代表的联邦党人坚持建立强大的中央政府，主张联邦政府的权力虽然是有限的，但在权力范围内却是至高无上的；以杰斐逊为代表的反联邦派坚持联邦政府仅具有宪法明文规定的有限权力，其余权力则由各州人民保留。对于主权问题的争议是意义含糊的宪法本身不能解决的，1803年马布里案的裁决实际上使最高法院成了对主权问题的仲裁人。16年后，马歇尔对"麦卡洛克诉马里兰"案（1819年）的著名判决直接涉及了主权问题，被美国法律史学界称作"美国国家主义的一个里程碑"，其原因是这一判决为加强和扩大联邦权力提供了法理依据。针对州权派关于中央政府的权力是由拥有主权的各州委托的、必须服从各州的主张，马歇尔对联邦宪法的联邦主义原则作出全面阐述。他说：联邦政府是属于人民的政府，它的权力是由人民授予的，并直接对人民负责和为人民的利益而行使。联邦最高法院运用司法审查权作出的这一判决，扩大了联邦政府的权力，维护了宪法的最高权威，对于调整中央与州的关系，维护合众国在政治、经济上的稳定局面发挥了积极作用。

3. 联邦最高法院在不同历史时期，灵活地解释宪法，赋予宪法条款以新的含义。经常被联邦最高法院用来作为司法审查依据的宪法条款主要有："法律的正当程序"条款、"贸易"条款和"平等保护"条款等。

1820年，美国国会中的废奴派和蓄奴派经过斗争达成妥协，通过"密苏里妥协"案，规定密苏里作为蓄奴州，缅因州作为自由州加入联邦；以北纬36度30分为界，划分自由州和蓄奴州。斯科特是密苏里的一名黑人奴隶，随主人到过伊利诺伊州和威斯康星州。依"密苏里妥协"案规定，这两个地区都是自由州。斯科特回到密苏里后以曾经居住在自由州可以自动成为自由人为理由，要求恢复自由。1856年，联邦最高法院受理该案。唐尼院长代表法院判决：斯科特无权向上级法院上诉，无权获得自由。主要理由是：根据宪法的规定，国会未经"法律的正当程序"无权制定法律及剥夺公民的财产；宪法并未区分奴隶这种财产和公民的其他财产有什么区别，奴隶是主人的财产，应当受到宪法保护；"密苏里妥协"案禁止公民在北纬36度30分以北合众国领土上占有此种财产是违宪无效的。斯科特案是联邦最高法院第二次运用司法审查权宣布国会的法案无效的判决，这一判决在法律上为南部奴隶主巩固和发展种植园奴隶制度提供了依据。它在美国南北社会经济制度问题纠纷的积薪上投了一把火种，南北之间的矛盾和斗争终于导致1861年美国内战的爆发。在美国法律史上，斯科特案被认为是宪法上关于"法律的正当程序"的代表性案例之一。最高法院对维护包括奴隶在内的奴隶主的财产而作出的宪法解释，赋予宪法"法律的正当程序"条款以实质性的含义，即它不仅具有司法程序上的含义，而且还可以被用来检验立法本身的内容。

南北战争最后以北方的胜利而告终。战后，国会相继通过了第13、14、15条宪法修正案。第13条宪法修正案正式宣布废除奴隶制度；第14条宪法修正案赋予黑人以公民权，禁止各州"未经法律的正当程序剥夺任何人的生命、自由和财产"，各州对其管辖范围内的所有人应提供法律上的"平等保护"；第15条宪法修正案规定黑人有同白人一样的选举权。同时，国会还颁布了四部民权法案，禁止种族歧视。但是，南部各州无视新通过的三个宪法修正案，仍奉行战前歧视黑人的法律。从19世纪70年代起，一些新的种族歧视的法律又相继出现，它们规定在学校、旅馆、公共交通、剧院和其他公共场所实行黑人与白人相分离的措施。这一时期，联邦最高法院也坚持种族偏见，支持种族隔离和种族歧视，剥夺黑人的民主权利和自由。最高法院曾在"普莱塞诉弗格森"案的判决中，确认了"隔离但平等"的原则，认为只要所提供的设施是同等的，实行黑白隔离并不违反宪法规定的"平等保护"原则。

第二次世界大战后，特别是从20世纪50年代中期起，随着亚、非、拉民族解放运动的高涨，美国黑人运动进入新的阶段。1954年，联邦最高法院运用司法审查权对"布朗诉托披克教育管理委员会案"的判决，代表了战后美国最高法院的新动向。这一判决宣布在公立学校实行种族隔离违反宪法第14条修正案的"平等保护"条款，从而推翻了自1896年以来所实行的"隔离但平等"的判例原则。

由于美国联邦政府与州政府之间的管辖权限不清，因此常常发生法律上的争执。在建国初期，联邦最高法院在处理这类案件时，对"贸易"条款的解释主要表现为扩大"贸易"范围，建立联邦和各州调控州际贸易的权限；20世纪30年代前，最高法院对国会的贸易管理权的解释是国会有权管理"直接"影响州际贸易的地方性活动，而无权管理只是"间接"影响州际贸易的地方性活动，其结果是加剧了市场竞争；"新政"以后，最高法院放宽了对政府经济调控的限制，从而使有利于联邦政府管制贸易和经济的权力渗入到美国经济生活的各个方面。

四、诉讼制度

殖民地时期的诉讼制度因袭英国的普通法。独立后，联邦宪法及其修正案和1789年国会制定的《司法条例》都对诉讼制度和诉讼程序作出了原则规定。19世纪，美国的诉讼程序通过立法改革逐步简化。

（一）民事诉讼程序

1848年纽约州率先采用了菲尔德制定的《民事诉讼法典》，该法典是美国历史上第一部民事诉讼法典。它取消了普通法院和衡平法院在诉讼形式上的区别，建立了各种民事案件都适用的统一的民事诉讼程序。该法典引导了各州对民事诉讼程序的立法改革。1938年联邦制定《联邦民事诉讼法规》，消除了普通法案件和衡平法案件诉讼程序的区别，联邦地方法院的诉讼程序达到统一。此后，多数州以该法规为蓝本制定了本州的民事诉讼法典，从而使各州与联邦的民事诉讼程序趋于统一。

民事诉讼的基本程序包括：起诉、初审、上诉审、发布执行令。以联邦宪法所规定的"充分信任和尊重"条款为基础，或以各州的《统一州外判决强制执行法》为基础，州法院的判决在所在州有拘束力，并可要求在其他州登记，承认其强制执行力。对于联邦法院的判决，胜诉当事人可将其在另一联邦地区法院登记，从而使其在他州也产生拘束力。

民事诉讼采取辩论制，由权利主张者承担举证责任，采用"占有优势证据"原则。法官只充当消极仲裁人角色，不主动调查提问。

（二）刑事诉讼程序

刑事诉讼一般在犯罪地法院提出。前10条宪法修正案和"正当法律程序"条款规定了公民在诉讼方面的一系列权利。例如：没有合理根据不得发出搜查和扣押状；在刑事案件中不得强迫任何人自证其罪；非经正当法律程序不得采用刑事惩罚；被告有取得律师帮助、要求陪审和公开审判、和证人对质、以强制程序取得有利于本人的证据的权利等。

刑事诉讼程序始于警察侦查，然后是公诉、审判、上诉、执行。

刑事诉讼程序与民事诉讼程序的区别是：①刑事案件由检察官公诉和人民告发；人民告发限于轻罪。有些州设立大陪审团，对控告人提出的罪证是否充足、应否公诉作出结论。②法庭辩论主要在被告律师和公诉人（检察官）之间进行。自1974年《联邦刑事诉讼规则》确认"辩诉交易"制度以来，大部分刑事案件以辩诉交易的方式结案。③刑事审判实行无罪推定，有罪判决必须以"毫无合理怀疑"的证据为原则。

（三）陪审制度

美国宪法第6条修正案规定，在所有刑事案件中，被告有权要求由罪案发生地之州和区的公正的陪审团予以迅速而公开的审判。美国宪法第7条修正案规定，在联邦法院审理的诉讼标的价值超过 20 美元的民事诉讼案，当事人有权要求陪审团审判。据此规定，在民事、刑事诉讼中均实行陪审制。陪审团分为大陪审团和小陪审团。大陪审团只适用于刑事案件，其主要职责是决定是否起诉；小陪审团在刑事诉讼中通过对案件事实的认定，决定嫌疑人是否有罪，在民事诉讼中决定是否赔偿。

■ 第九节　美国法的基本特点及其历史地位

一、美国法的基本特点

（一）美国法与英国法的共同点

美国法与英国法之间存在着历史渊源，因此在许多方面是相同或相似的，主要表现为：

1. 以判例法为主要表现形式。英美法律的主体部分是判例法，法律的创制、法律原则的形成和发展以及法律的解释往往是通过判例形式实现的。尽管在 19 世纪末以来，英、美两国制定法的地位日趋重要，但始终保持了判例法的主体地位，即便制定有法典，在体系、结构和适用方面也与民法法系国家的法典有重要区别。

2. 判例法的基本制度是实行"遵循先例"的原则。在此原则下，法院判决创制的先例对以后的同类案件具有拘束力。在司法实践中，法院和法官享有重要地位，法官不仅享有司法审判权，而且享有司法解释权以及由"先例"原则所决定的实际上的立法权。在审判风格上采用归纳的推理方式。

3. 强调程序法的重要性。虽然随着程序法的改革和制定法的增加，实体法越来越受到重视，但是传统的"程序中心主义"影响仍很强烈；"正当程序"原则得到充分强调。

4. 没有对法律部门进行系统分类。在英国和美国，没有一个统一独立的民法部门，而是分为财产法、契约法、侵权行为法等。行政法和商法也不是独立的部门，更没有与之相应的独立法院系统。

（二）美国法与英国法的不同点

1. 法律移植中的批判精神。美国法继承了英国普通法传统，英国的很多普通法判例被美国直接援用，但美国对英国法的运用，以符合美国的国情为前提，对不适合本国国情的普通法规则不予适用。如改革了英国法中的不成文宪法传统，创造了成文宪法和富有特色的宪法制度；改变了普通法的诉讼制度，取消了"普通法之诉"和"衡平法之诉"的区分，简化了繁琐的诉讼程序。美国还通过制定法，消除了土地法、家庭继承法中的封建因素（如废除英国法中的长子继承和限嗣继承制，规定所有子女都有平等继承权；废除土地占有的封建性附加条件，实行自由土地占有制等）。在适用"先例"原则时，美国法认为，如果固守先例会不利于案件的公正处理或不利于法律发展时，就不恪守先例，等等。

2. 立法和司法双轨制结构。美国是联邦制国家，联邦和各州有独立的立法机关和司法系统，因而，联邦和各州各有不同的制定法和判例法。在制定法方面，联邦和各州的立法权的划分由宪法规定。1787 年宪法以逐项列举的方法规定了联邦立法权的范围（第 1 条第 8 款）；以保留的方式规定了各州有权管辖的事项（第 1 条第 10 款）。1791 年通过的第 10 条宪法修正案进一步肯定了这种规定各州权力的方式。这样，联邦除行使宪法规定的立法权外，没有统一的立法权，刑事和民商事务方面的立法权基本属于各州；但各州的立法不得与美国宪法或美国与他国订立的条约相抵触。在判例法方面，美国的司法机关是双重结构，联邦法院系统和各州法院系统的管辖权不等同于联邦和各州的权力划分，各州的普通法自成体系。

3. 判例法与制定法并重，理论和实践互补。美国法虽然以判例法为基础，但较早地表现出重视制定法的趋向。美国不仅颁布成文宪法，而且进行大量的法典编纂和法律汇编工作。特别是 20 世纪后，美国成文法的数量和范围都有大幅度的增加和扩展。除联邦法外，各州都有大量的成文立法。在强调法院和法官的作用和地位的同时，美国也注重法学家的作用，如由律师、法官和法学教授共同完成的"法律重述"对美国的司法实践就有一定影响。法官的培养也有赖于大学法学院的教育。

4. 制定法和判例法更具灵活性。英国强调议会主权原则，国会是唯一的立法机关，因此国会通过的法律具有优先于判例的效力，法院必须遵守。自美国联邦最高法院于 1803 年开创了具有解释宪法和违宪审查权的先例之后，美国的制定法较之英国更具有灵活性。英国自 19 世纪确立了判例法上遵循先例的原则，美国虽然也适用这一原则，却不如英国那样严格，联邦和各州的最高法院常常在不同时期作出前后矛盾的判决。

5. 种族歧视色彩。美国法律的这一特点不仅表现在美国独立前各州颁布的确定黑人奴隶身份、控制和镇压黑人奴隶的法典上，而且明显地表现在美国 1787 年宪法中。该宪法虽然没有使用"奴隶"一词，却使用了"其他人口"的词语，在计算各州选民人数时，奴隶按 3/5 人口计算。宪法中还规定国会在 20 年内不准干涉奴隶贸易。南北战争后，美国以宪法修正案的形式废除了奴隶制，但以 1866 年密西西比州的《黑人法典》为开端，南部各州纷纷制定类似的对黑人实行歧视的法律。19 世纪末，联邦最高法院在"普莱塞诉弗格森"案的判决中，提出了"隔离但平等"原则，该原则认为对黑人实行隔离是合法的，只是要提供与白人一样平等的设施。这些立法和判例原则虽然在以后因遭到反对而被废除，但黑人的地位直到 20 世纪 60 年代才得到改善。

二、美国法的历史地位

自独立战争以来的二百多年时间里，美国法律经历了独特的发展道路。美国在接受英国普通法传统的同时，以深刻的批判精神和创新精神建立了符合美国国情的、独具特色的法律制度。在普通法法系中，美国法占有重要地位，成为普通法系中与英国法并驾齐驱的又一代表性法律。

美国创造了对宪法产生深刻影响的近代宪政思想和制度。它制定了世界第一部资产阶级成文宪法，宪法中体现的分权、制衡和法治原则，奠定了资产阶级宪法的基本框架，并对整个近代时期的资产阶级宪法实践发生了深刻影响。

美国首创了违宪审查制度。这一制度将一切法律都置于宪法之下，一切法律权力都起源并归结于宪法权力，从而赋予了宪法以根本法的地位。违宪审查制度的实施，不仅对维护法制的统一、调整各种社会经济关系及统治阶级的内部关系有着积极意义，而且创造出发展宪法、实现宪法监督和保障的模式。违宪审查制度为世界上许多国家所效仿，建立起各具特色的宪法监督和保障制度。如英国、瑞士等国建立了议会立法监督制度，依照立法程序行使宪法解释权和宪法监督权；日本、加拿大、澳大利亚等国家建立了由普通法院行使违宪审查权的司法审查制度；法国、德国、意大利等许多欧洲大陆国家则在普通法院之外，设立专门的宪法法院来行使司法审查权。美国的违宪审查制度开世界宪法监督和保障制度的先河，推进了宪法制度的发展。

美国根据宪法的分权原则结合本国实际，创造了立法和司法的双轨制法律体系结构，其体制和运作方式为政治制度中中央和地方关系的协调提供了经验。

美国颁布了世界上第一部反托拉斯法，最早建立了反垄断制度。美国的《统一商法典》是以成文法改造普通法的成功尝试。美国刑法率先创造了缓刑制度，并将教育刑观念引入刑法的改革。

所有这些都决定了美国法在普通法系，乃至世界法发展中的重要地位。另一方面，美国在它的历史发展进程中，也曾以它的一些反民主立法对世界法的发展产生过消极影响，如它的反劳工立法和种族歧视性立法。

■ 思考练习

一、关键术语

《独立宣言》；联邦制；"权利法案"；《统一商法典》；《谢尔曼反托拉斯法》；司法审查权。

二、思考题

1. 美国法是怎样形成和发展起来的？
2. 美国法有哪些特点？
3. 美国宪法是如何体现"三权分立"与"制约与平衡"原则的？
4. "权利法案"的基本内容是什么？
5. 联邦最高法院的司法审查权是如何形成的？其作用是什么？
6. 美国制定了哪些反托拉斯法？其主要内容是什么？

■　参考书目

1.［美］伯纳德·施瓦茨:《美国法律史》,王军等译,中国政法大学出版社 1989 年版。

2. 李昌道:《美国宪法史稿》,法律出版社 1986 年版。

3.［美］爱德华·S. 考文:《美国宪法的"高级法"背景》,强世功译,生活·读书·新知三联书店 1996 年版。

4.［美］塞缪尔·埃利奥特·莫里森等:《美利坚共和国的成长》,南开大学历史系美国史研究室译,天津人民出版社 1980 年版。

5.［美］汉密尔顿、杰伊、麦迪逊:《联邦党人文集》,程逢如、在汉、舒逊译,商务印书馆 1997 年版。

第四编
大陆法系国家的法律制度

第十一章

法国法

学习目的与要求　法国法是大陆法系的典型代表，它以深厚的思想基础、完备的法典化体系结构、明确严密的现代法律原则内容、民商分立的私法制度、发达而独特的行政法制、二元主义的司法制度以及公法与私法的传统分类等法治模式著称于世，对大陆法系的形成和发展产生了决定性的影响，为世界法律文化作出了不朽的贡献。

重点掌握　法国资产阶级法律体系的形成、发展及其特征；法国宪政制度的演变及其原则制度特征；法国行政法律制度及其特征；《法国民法典》；大陆法系的形成、发展及其特征。

■　第一节　法国法的形成和发展

一、法国封建法律制度的形成与发展

法国封建制的法，一般指 9 世纪上半叶到 18 世纪下半叶持续近 1000 年的法兰西王国时期的全部法律，其起讫时间的标志是公元 843 年法兰克查理曼王国的分裂至 1789 年法国资产阶级大革命的爆发。法国封建制法的形成和发展历经三个阶段，由习惯法为主的极不统一、地方性色彩浓厚的法律制度、分散的法律渊源逐步走向成文化、统一化和民族化，为近代法国资产阶级法律制度的形成与发展奠定了基础。

（一）公元 9~13 世纪以习惯法为主的时期

作为高卢人后裔、生活在六边形国土上的法兰西人，于公元 5 世纪中叶，由日耳曼人克洛维建立起法兰克王国。公元 843 年，曾经在历史上持续了较长时间并显赫一时的法兰克帝国分崩离析，根据《凡尔登条约》，原帝国一分为三，即法兰西、德意志和意大利。从此开始的法兰西王国的法律制度在原日耳曼法的基础上进入一个新的发展时期。这一时期的法兰西，在经济上，自给自足、分散的自然经济占主导地位，商品经济落后且发展极不平衡；在政治上，结构松散、权力极不统一，国家只是一个由诸多大小不等的封建领地联合而成的共同体。名义上的国王虽然享有立法、行政、司法和军事等大权，但其权力只限于王室直辖领地。大贵族在自己的领地上拥有独立的统治权。王室与教会和大贵族一直处于争权夺利之中，国家制度是由以国王为代表的俗权统治和以教皇为首的神权统治两大政权体系的并立所决定的。此时的法律制度以封建习惯法为主，其特征为：

1. 法律结构体系极为分散、很不统一。由于历史、经济和封建、宗教、文化的原因，南部和北部的法律状况明显有别，分为南部成文法区（或罗马法区）和北部习惯法区（或日耳曼法区）。在各个封建领地、自治市镇，甚至每个庄园和教会都有自己的习惯法和独立的法庭。没有通行于全国的、普遍适用的王室立法和中央立法及司法机构。

2. 法律适用原则上的变化。在 12 世纪之前，由于政治、经济的极不统一，加之长期战乱、封闭落后，特别是由于历史传统的因素，使得 11 世纪之前的法兰西在法律的适用上"法随人定"，仍采用过去通行的属人主义原则。罗马高卢人适用罗马法，日耳曼各部族适用自己的习惯法，基督教会采用教会法。但是，由于各日耳曼部族和罗马人及其他民族长期混居了几个世纪，不同的文化相互融合、相互渗透，而且经济、政治和法律也在缓慢地向集中、统一的方向发展，12 世纪以后，法律的属地主义原则逐渐取代了属人主义原则，即"法随地定"，由此使得业已存在的两个法区的划分更为明显。以罗亚尔河为界，法国南部主要适用由查士丁尼编纂的罗马成文法和罗马习惯法。法国北部较多采用以日耳曼法为主的习惯法。

3. 法律渊源极为多样。其主要实行相当分散的不成文的地方习惯法。据记载，当时仅在北部地区就有约三百多种习惯法，大多只适用于某个城市、某个领地或某个庄园或范围更小的领域。在南部，尽管成文法适用的范围广一点，但几乎每个村落都有自己修改过的罗马法地方性自治法规。当时存在的主要法律渊源有：教会法、商法、城市法、罗马习惯法和日耳曼法等。

（二）公元 13~16 世纪初习惯法成文化的时期

自 13 世纪起，由于手工业和商品经济的发展，区域间的经济联系加强；同时，国王利用新兴城市和市民阶级力量削弱了封建领主的势力，强化了王权，基本实现了政治上的统一，特别是设立了三级会议，使国家进入了等级代表君主制时期。与此同时，习惯法开始向较集中、统一的成文法过渡，其主要特征为：

1. 习惯法成文化，法律的分散性逐步缩小。13 世纪开始出现由私人进行的习惯法汇编。如《诺曼底古习惯法》（1200～1220 年）、《诺曼底大习惯法》（1225 年）、《波瓦希习惯集》（1283 年）。一种"百科全书"式的，融罗马法、教会法和地方习惯法为一体的法律汇编于 13 世纪在法国北部展开，如《索姆农业区法》《巴黎高等法院民事诉讼程序》《法兰西主要习惯法或查理六世的习惯法》和《圣·路易法规汇编》等。从 15 世纪开始，出现了由官方进行的习惯法汇编。1454 年，查理七世发布谕令，要求将所有的习惯法予以成文化，如《奥尔良习惯汇编》《巴黎习惯汇编》和《不列塔尼习惯汇编》等。到 16 世纪中叶，法国各地的习惯法不同程度地成文化了。所有的习惯法汇编都有利于减少习惯法的分散性，有利于形成全国普遍适用的法律制度，促进封建习惯法律成文化和统一化。当时，罗马法的复兴运动也深刻地改造了法兰西地方习惯法，使之由分散不一的习惯法转化为较系统的成文法，并使多种来源的法律制度向统一的方向发展。

2. 建立巴黎高等法院，确立了全国范围内的中央司法行政管辖权和诉讼制度，并有力地促进了全国统一的司法体制的确立。13 世纪后半叶，随着君主制度的确立，法国国王路易九世（1226～1270 年）为了强化和统一中央司法管辖权，削弱封建领主的审判权，对原中央御前会议实行改组，设立了两院制，即财务院和司法院，后者名为"巴列门"，即王室法院，也叫巴黎高等法院。事实上，到 13 世纪，在罗马法复兴运动的冲击下，法国南部地区形成了采用罗马法和教会法的诉讼程序的法院组织。巴黎高等法院是正式的上诉法院，其主要职能除了管辖领主法庭的上诉案件外，还有权组织司法委员会，对地方法院法官行使任免权。它引用各种法律规则和国王制定的法令审理案件，其判决对地方尤其是北部各省的习惯法起补充作用。与此同时，在地方上也建立了专门的法院，各省级法院对封建领地法庭行使司法行政管辖权，由此确立了从中央到地方的由国家统一控制的司法体制。此外，为了统一诉讼程序，1254～1318 年，法国国王路易九世（1226～1270 年）曾制定了一系列专供高等法院适用的法令。1330 年，该法院的判决报告被汇编成册，且出版了该法院诉讼程序手册。高等法院的设立，对统一全国法律体系尤其是北部法律起到了重要的作用。

3. 王室立法加强。随着法兰西民族国家的形成、政治和经济的统一以及王权的加强，国家颁布的法律日益增多，如敕令、诏书和公告等，[1]这些王室立法在全国范围内发生效力。

4. 对罗马法的研究和适用，使得这一时期的法兰西渐渐成为罗马法复兴运动的中

---

〔1〕　如"敕令"（三级会议与高等法院参与制定、国王发布的）、"诏书"（国王以个人名义颁布的）和"公告"（对法律进行解释的文件）等。

心，并产生了法学史上重要的评论法学派和人文主义法学派。[1]这些法学家基本都以自然法、罗马法精神和近代法理学思想对历史的法和现实法进行研究、总结，对法律的统一化、成文化和近代化产生了重大的影响。罗马法复兴和人文主义思想的传播，深刻地改造了法兰西封建法律制度及其习惯法，且逐步走向罗马法化和成文法化。

（三）公元 16～18 世纪王室立法成为主要法律渊源的时期

自 16 世纪起，法国进入封建君主专制时期，即如 17 世纪亲政 54 年的"太阳王"路易十四所言"朕即国家"的时期。此时，国王的意志就是法律，故王室立法成为这一时期主要的法律渊源，革命前的法国法实现了较大程度的统一化和成文化，其法律制度的主要变化有：

1. 法律统一的趋势进一步加强。王室立法成为主要的、具有最高效力的法律渊源，其效力通行全国。此时，王室立法的数量大增且调整的范围日益扩大，颁布的比较重要的法令有：1667 年的民事诉讼法令、1670 年的刑事诉讼法令、1673 年的商法、1681 年的海商法、1685 年的黑法典以及 1731 年的赠与法、1735 年的遗嘱法和 1747 年的继承法等敕令，对有关司法诉讼制度、刑法犯罪、封建土地所有权、赠与、合同、遗嘱、家庭财产授予等方面作了较系统的规定。这些王室立法大都是在罗马法学家的参与下制定的，因此，受到了罗马法的深刻影响，规定了许多反映和调整资本主义法律关系的原则和制度，为近代法国资产阶级法律制度的产生奠定了基础。

2. 教会法仍旧是重要的法律渊源。作为适用于中世纪西欧天主教各国的普通法的教会法，尽管受到宗教改革运动的打击，但是，由于法国于 1598 年颁布"南特敕令"明确宣布天主教为法国国教，因此，教会法一直是中世纪法国调整婚姻、家庭和继承等方面的法律规范。

3. 习惯法的分散性远未消除。虽然法国封建法律制度的统一性进程在诸多因素的合力之下一直在进行，而且通过多次改革和调整，大量的习惯法汇编以及国家立法活动，基本实现了习惯法的成文化和法律制度以及司法制度某种程度的统一和健全。但是，在法国大革命的前夜，封建的法国法仍然十分分散和混乱，如仅习惯法汇编就有 360 部之多，还有一些国王的法令集。

此外，由于路易十四使法国君主专制制度达到了极盛，这就使得巴黎高等法院和全国三级会议等机构对王权的制衡作用极为有限。同时，国王也强化了对教会的控制和利用。

二、法国资产阶级法律制度的创建、形成与发展

法国资产阶级法律制度始于 1789 年法国大革命，形成并确立于 19 世纪上半叶，

---

[1] 如奥尔良大学、蒙培利埃大学和巴黎大学都是传播和研究罗马法的重要阵地，还曾刊印了《罗马法简明教程》。比较著名的法学家及其著述主要有：阿尔恰托的《评查士丁尼法典后三卷》；居亚士的《关于罗马法的注释和评注》；迪穆林的《关于巴黎习惯法的著作集》；寇克的《法国法原理》；洛赛尔的《习惯法纲要》；等等。

于 19 世纪下半叶开始进行改革并逐步实现了现代化。近代法国法是资产阶级革命彻底胜利的产物。18 世纪的法国大革命是典型的、较为彻底的资产阶级革命，它推翻了封建主义，建立了一个全新的资本主义新世界，开创了具有代表性的近代法国法，为大陆法系的形成与发展奠定了基础。

（一）法律制度的初创时期（1789 年革命至第一帝国时期）

1789 年革命揭开了法国近代法制创建的序幕，这一时期制定、颁布的法律文件主要有：1789 年的《人权宣言》，1791 年、1793 年宪法以及一系列废除封建法律制度的法令，其宣布了资产阶级共和国的诞生，建立了君主立宪制的政体，确立了主权在民等一系列重要的资产阶级法治原则，为法国资产阶级法律制度的形成与发展奠定了坚实的基础。

（二）国家全面立法时期（法兰西第一帝国时期至 19 世纪后半叶）

近代法国资产阶级法律制度形成于拿破仑时代，在这一时期，法国进行了大规模的成文法典编纂，先后制定了宪法、民法典、民事诉讼法典、商法典、刑事诉讼法典和刑法典即"法国六法"，形成了相对完整的近代法国资产阶级法律体系，这一较完备的成文法体系不仅为当时及其后法国资本主义法的发展奠定了基础，而且对近代西欧大陆各国乃至世界其他国家的法律制度产生了重大的影响。

（三）现代法国法的演变和发展（19 世纪产业革命后）

19 世纪下半叶始至 20 世纪初，法国资本主义最终完成了从自由竞争时期到垄断时期的过渡。与此相适应，资本主义法发生了重大转变，为了适应现代社会的内在需求，法国对其近代法开始进行改革，其明显的表现是：法律出现了社会化的倾向，强调法在保护个人利益的同时，注重对社会利益的维护。由此近代资产阶级法治原则有所动摇并予以修正，并且出现了大量的行政立法、经济立法和社会立法；对判例的价值和作用有了重新的认识和评价，注意吸收英美法系的一些优秀成果，判例法开始增多；对原有的法典进行不同程度的修改，对公法和私法制度作出改革与完善。在法律现代化的过程中总的倾向是：对法典的修订较为谨慎，动作不大，基本做法是以法典作为各部门法的指导，大量的现实问题通过单行法处理。如此，在基本遵循传统法律原则和制度的基础上作出某种程度的改革以适应现代社会，使近代法国法在改革中实现了现代化。

三、法国资产阶级法律制度创建的基本特征

法国资产阶级法律制度，由于特定的社会历史环境、民族精神、法律文化传统，以及其形成、发展和演变的历史进程等因素决定了其具有以下特点：

（一）法国古典主义文化、资产阶级启蒙运动特别是古典自然法学为法国资产阶级法律制度的产生与确立奠定了坚实的思想理论基础

"法典编纂是自然法学的第二项巨大成就。"[1]法国是十七八世纪欧洲人文主义

---

〔1〕　〔法〕勒内·达维德：《当代主要法律体系》，漆竹生译，上海译文出版社 1984 年版，第 59 页。

启蒙运动的中心，著名的资产阶级启蒙思想家如古典自然法学派的孟德斯鸠、卢梭、伏尔泰和百科全书派的狄德罗，作为资产阶级的代言人，要求全面推翻封建专制的统治，建立资本主义新秩序，自由地发展资本主义，而且要求在政治法律领域内彻底废除封建主义的法律制度，建立保护资产阶级政治经济利益、体现资产阶级意志的资产阶级法律体系。他们冲破了神学的束缚，将法学从神学中分离了出来，并使之获得了前所未有的发展天地。他们将人作为法的根源和目的，以人的理性认识法律现象，确立了以理性主义或人本主义为特征的"资产阶级的经典世界观"即法学世界观。启蒙思想的核心是理性至上，"一切都必须在理性的法庭面前为自己的存在作辩护或者放弃存在的权利"。[1]强调自由、平等、人权和法治，提出"天赋人权""社会契约""人民主权""分权与制衡"和"法治主义"等一整套资产阶级法治理论，主张"法律面前人人平等""私有财产权神圣不可侵犯""契约自由""罪刑法定主义""罪刑相适"等一系列资产阶级法治原则。所有这些理性主义理论和思想为法国资产阶级革命、建立资产阶级政权及其政治法律制度提供了锐利的思想武器，其精神和原则贯穿于资产阶级法律一系列的法典中，成为法国资产阶级法律制度的思想渊源和理论基础。

（二）资本主义商品经济的发展为资产阶级法律制度的迅速形成与发展提供了经济基础

在法国大革命之前，虽然交换经济很不完善，商品市场处于蒙昧时代，但是不可否认，与人文主义运动、宗教改革、新航路的开辟、海外殖民地的建立，以及近代自然科学的发展相伴随，市场经济在不可阻挡地前进。资本主义生产方式的渐渐确立沟通了大部分城市和农村，组织生产、引导和控制着消费。巴黎等地拥有证券交易所和各种形式的信贷。资本主义经济有了较大的发展。商品经济的本质要求及其普遍发展的客观条件是自由、平等和人权，由此，受制于商品经济的发展，并为这种经济的进一步发展服务，体现资产阶级意志和利益，以自由平等人权和法治为其价值核心的法律制度应运而生，如《法国民法典》和《商法典》就是法国资本主义商品经济发展的体现，是以法律所确认的现实经济关系而已。

（三）1789年法国大革命是资产阶级法律制度建立的政治基础

1789年法国大革命，不只对法国，而且对当时及其后整个世界历史进程产生过深远的影响。法国资产阶级法律制度，就是通过资产阶级革命，彻底地否定封建政治制度和法律制度、建立起纯粹的资产阶级国家政权后建立和发展起来的。由于先进的资本主义经济与落后的封建生产关系之间异常冲突的矛盾，使得法国革命所具有的反封建的彻底性决定了革命后建立起来的法律制度比较系统、完备，极富革命性和人民性，完整、典型地体现了资产阶级的意志，反映了他们的要求和利益，因而对其他资本主义国家法律制度的建立和发展具有重大影响。

---

〔1〕 恩格斯："反杜林论"，载《马克思恩格斯选集》（第3卷），人民出版社1974年版，第56页。

（四）对罗马法及其他传统法律的研究和继受造就了法国资产阶级法律制度从形式到内容的完备性和独特性

由于历史文化传统，法国法主要是在继受罗马法的基础上发展起来的成文法体系，如法律以系统的法典为其主要表现形式，以公法与私法为其基本分类，以成文法为其法律的基本渊源，等等。同时，法学家的著述和对日耳曼法、教会法及传统习惯法批判性的继承也是法国资产阶级法形成的重要因素。

■ 第二节 宪 法

一、法国宪政立法概况

法国是世界上制定宪法较早、颁布宪法较多的西方资本主义国家。近 200 年颁布的宪法性文件有：《人权宣言》、11 部宪法以及 4 部宪法修正案。

（一）《人权宣言》

《人权宣言》（法语全名为 Déclaration des Droits de I'Homme et du Citoyen，即《人权和公民权利宣言》），颁布于 1789 年 8 月 26 日法国大革命的高潮中，作为法国资产阶级第一部政治经济施政纲领，被视为法国历史上第一部宪法性文件，尽管它不是一部完整意义上的宪法，但其制定标志着法国制宪活动的开始，是法国近代宪政史的开端。1789 年 7 月 14 日，巴黎人民攻打巴士底狱是法国大革命开始的标志，为了进一步将革命推向高潮，国民议会于当天开始了《人权宣言》的起草工作，参加这一工作的有拉斐德、穆尼耶·塔列兰和西哀士等。8 月 26 日，国民议会通过并公布了《人权宣言》，其全文不足 2000 字，由序言和正文 17 个条文组成，内容十分丰富。《人权宣言》以 18 世纪启蒙思想家的"社会契约""天赋人权""人民主权"和"三权分立"以及"法治主义"为思想理论依据，并借鉴了美国《独立宣言》的做法和有关内容予以制定。宣言提出了资产阶级在社会经济和政治法律制度方面的基本主张，其核心是人权及其保障，主要内容有：

1. 人权方面。人权是《人权宣言》的核心内容。宣言强调了人权是神圣的不可侵犯的原则，并规定：人权是与生俱来的、天赋的、不可剥夺的，人人在权利上都是平等的；一切与政治结合的目的都在于保存和发展自由权、财产权、安全权和反抗压迫权等自然的、不可消灭的人权；造成公众不幸和政府腐败的唯一原因是不知人权、忽视人权或轻蔑人权；人人都有言论自由、写作和出版自由权。

2. 国家政权方面。其明确宣布"主权在民""三权分立"的资产阶级民主国家制度的基本原则，宣言指出，"全部主权的源泉根本上存在于国民之中；任何团体或任何个人都不得行使不是明确地来自国民的权力"，"任何社会，如果在其中不能使权利获得保障或者不能确立权力分立，即无宪法可言"。

3. 法治方面。其明确提出了一系列资产阶级法治原则，如：法律是公意的体现；法律面前人人平等；法无明文规定不为罪；法不溯及既往；无罪推定；不得非法逮捕；财产权是神圣的不可侵犯的；等等。

《人权宣言》在法国乃至世界宪政史和世界人权发展史上占有非常重要的地位。它是大革命中第一个以启蒙思想为基础制定的根本法文件，不仅全面地提出了资产阶级革命纲领、政治纲领和法治纲领，全面体现了资产阶级启蒙思想家特别是卢梭和孟德斯鸠的政治法律思想，而且集中反映了大革命成果和一系列资产阶级统治原则，对法国宪政和法治的发展给予深远的影响，几乎成为法国历史上每一部宪法不可或缺的内容。它以人权和法治代替了王权和神权，极大地鼓舞了其后世界各国的反封建斗争，其思想内容也为世界许多国家的宪法所效仿，具有伟大的进步意义和深远的国际影响。

（二）1791 年宪法

《人权宣言》发表后，国民议会即着手起草宪法。当时的形势是：革命仍在不断高涨，政治派别众多，保守的宪政派在制宪议会中占据主导地位。宪法草案经过两年多的讨论和修改，于 1791 年 9 月 3 日获得通过，9 月 14 日，迫使出逃未遂的国王路易十六签署公布。自此，法国历史上第一部宪法正式产生。1791 年宪法在结构上分为两部分：作为宪法序言的 1789 年《人权宣言》和用来规定国家机关组织及职权的宪法正文部分。其主要内容如下：①确认了人民主权原则，宣布主权属于国民，一切权力只能来自国民。主权是统一的、不可转让的和不因时效而消灭的。②确认法国实行君主立宪制，按三权分立原则组织国家政权机关，宣布立法权委托给人民自由选出的暂时性的代表组成的一院制的国民议会；行政权委托给国王统辖之下的大臣和负责官员；司法权委托给由人民定期选出的审判官行使，实行陪审制。③废除封建制度，宣布废除贵族、爵位、世袭荣衔、等级差别、世袭裁判权、官职买卖和任何特权。④带有很大的妥协性和保守性，如对公民权利有所限制；将公民分为有选举权的积极公民与无选举权的消极公民；继续确认了殖民地的奴役制度；等等。在法国历史上存在时间较短的 1791 年宪法，基本体现了孟德斯鸠的三权分立和君主立宪的思想，且作为法国第一部资产阶级宪法、第一部君主立宪制宪法、欧洲大陆第一部成文宪法，对法国后来的宪法和其他国家的宪法产生了较大影响。

（三）1793 年宪法

1793 年宪法，又称《雅各宾宪法》《第一共和国宪法》或《共和元年宪法》。它诞生于法国大革命高潮，由资产阶级民主革命激进派雅各宾党人制定，于 1793 年 6 月 24 日获得国民公会通过。1792 年 8 月 10 日，在普法战争中，由激进的资产阶级革命民主派即雅各宾派领导，巴黎爆发起义，推翻了由大资产阶级与国王联合执政的君主立宪制度，并选举了新的国民公会。1792 年 9 月 21 日，发布了废除王权的法令，正式宣布废除国王，成立共和国，史称法兰西第一共和国。在法国的历史上，9 月 22 日，是法国共和国新纪元的开始，"自由、平等、博爱"被宣布为共和国的口号。同年 10 月 11 日成立宪法起草委员会，因被吉伦特派（以布黑索、罗兰、孔多塞为首的资产阶级右派）所控制，第一个宪法草案遭到国民公会的否决。1793 年

5月30日成立了由艾罗德·塞舍尔、拉美尔、圣鞠斯特、库通和马迪欧五人组成的宪法起草委员会重新起草宪法。1793年6月24日，国民公会通过宪法草案，同年8月，又通过了公民的投票表决，1793年宪法（史称雅各宾宪法）正式宣告产生。

1793年宪法以新的《人权宣言》（由罗伯斯比尔在原《人权宣言》的基础上重新起草，共35条，增加了一些资产阶级民主的内容，如请愿权、受教育权、劳动权、起义权和公共幸福、社会救济及罪刑相当等）为序言，宪法正文124条。其主要内容有：①确立共和体制。②国家权力由实行一院制的立法议会集中统一行使，其权力至高无上，议员由公民直接选举产生；执行会议在立法议会的领导之下行使国家行政权，由24人组成的执行会议由议会产生，任期2年，每年改选一半；大理院是国家最高审判机关，法官由议会选任。③废除1791年的有关公民等级的规定，主张"主权的人民包括法国全体公民"，凡年满21岁的法国公民均具有行使公民权利的资格，凡具有公民资格的人都可当选国民代表。④宣告法国人民是各自由民族的朋友和天然同盟者，开创了国际关系互不干涉的原则。

1793年宪法基本特点有：①它是法国历史上最激进的一部宪法，也是当时世界上最为进步的宪法，规定了公民广泛的自由权利，如包括了一个更民主、进步、内容更为丰富的《人权宣言》，甚至规定了必要的起义权、对侵害人民权利的主权者应处死刑、直接选举等，强调自由民主精神、平等原则和普选权。②它是法国第一部共和宪法，在法国历史上第一次以法律形式宣布了曾长期存在的君主制的终结。③国家政权按照卢梭"权力不可分割"的原则予以组织，否定了三权分立的政权组织原则，如以任期一年的一院制的国民议会为国家最高权力机关，并授予其至高无上的权力，突出强调人民主权。这部宪法尽管因雅各宾专政的失败而未能实施，但对后世宪法具有深远的影响。

（四）1795年宪法

1795年宪法，又称共和三年宪法。雅各宾专政是法国大革命的顶峰，它的失败标志着法国资产阶级革命的终结。1794年7月，代表大资产阶级利益的热月党人发动"热月政变"，推翻雅各宾专政，制定了1795年宪法。这一宪法的内容特点为：尽管也将《人权宣言》作为宪法序言，但却削减了较多的公民权利和自由，同时还增加了一些公民的法律义务；恢复了间接选举制和公民等级制，并对公民的选举与被选举权加以限制，建立了一个由督政府为形式的统治机构，立法会议由元老院和五百人院组成，实行两院制，督政府由立法会议选出的5人组成。

（五）1799年宪法

1799年宪法，又称拿破仑宪法、共和八年宪法。1799年11月9日，拿破仑发动了旨在推翻督政府的"雾月18日政变"，将督政府赶下台，解散了立法会议，成立了以拿破仑、西哀耶斯、罗歇·迪克三人组成的执政府，于同年12月24日通过了由西哀耶斯起草的1799年宪法，开始了拿破仑统治法国的历史。

1799年宪法共7章95条，重申废除封建君主专制制度，实行共和制度，但仅是形式上的，赋予第一执政的拿破仑相当大的权力，实际上为其实行军事独裁统治提供了宪法依据，如规定立法权由四院（参政院、评议院、立法院、元老院）组成的议会行使，议会受第一执政控制；行政权由三人组成的可连选连任的执政府行使，由拿破仑充任的第一执政拥有最高行政权，其享有的权力如领导立法、批准和公布法律权、任免官员（包括议员）权等，较之君主权力还要大，这就为后来拿破仑的三个宪法修正案（1802 年宪法、1804 年宪法和 1815 年宪法）的产生、走上独裁统治奠定了基础。

1802 年宪法，是对 1799 年宪法的修正，史称"共和十年宪法"，规定第一执政终身任职，并有权任命继承人、单独批准和约、否决法庭判决，有权指定立法、行政和司法部门的候选人，由此，为建立帝制作了法律上的准备，实际上等于走上了独裁统治。

1804 年宪法，史称"帝国宪法"，其表现形式是《共和十二年元老院整体决议案》（实际上是对 1799 年宪法和 1802 年宪法的修正）。该部宪法确认了 1804 年 5 月 18 日正式成立的法兰西帝国与同年 12 月 2 日经教皇正式加冕的皇帝拿破仑的合法性；它标志着法兰西第一共和国的终结和第一帝国的开始；它规定一切大权由皇帝执掌，帝位世袭，采用长子继承制；实行皇室和爵位制度，恢复了传统的皇室建制。

1815 年宪法，即《帝国宪法附加法》，是拿破仑在 1814 年被欧洲封建联军赶下台并被流放后，于 1815 年 3 月返回巴黎的百日复辟期间匆匆制定的。该宪法重新确认了帝国宪法的内容，同时为扩大群众基础而增加了公民自由权利的规定，但随着滑铁卢战役的失败而流产。

（六）1830 年宪法

1830 年宪法，即《七月王朝宪章》，是在取代波旁王朝的七月王朝执政期间颁布的。在此之前，1814 年 3 月 31 日，由欧洲封建君主组织的反法联盟军攻占巴黎，4 月 6 日拿破仑退位。5 月 6 日，扶持路易十八登上王位，是谓波旁王朝复辟。1814 年 6 月 4 日国王颁布宪法，即《钦定宪章》，这一宪法的目的在于巩固复辟王朝的统治。

1830 年 7 月，革命推翻了波旁王朝的反动统治，代表大资产阶级利益的奥尔良公爵路易·菲利浦被推选为国王，在对 1814 年宪法修改的基础上，于同年 8 月 14 日颁布了《七月王朝宪章》即 1830 年宪法。该宪章的内容变化主要有：恢复君主立宪制，限制了国王的权力，扩大了议会的权力；取消了贵族特权及其世袭制；降低了选举权的财产和年龄资格限制；恢复了大革命时期的三色法国国旗。

（七）1848 年宪法

1848 年宪法，又称法兰西第二共和国宪法，是 1848 年欧洲资产阶级革命的产物，颁布于法兰西第二共和国期间。1848 年法国二月革命，推翻了七月王朝，建立了共和国，史称第二共和国，同年 11 月 4 日颁布新宪法，即 1848 年宪法。该宪法共 12 章 176 条，宣布法国实行民主共和国，以自由、平等、博爱及人民主权为共和国的基本原则；对于人权作了较为广泛的规定，如公民享有劳动权、教育权、社会救济权利，第一次宣布了男性公民的普选制度，宣布在法国领土上废除奴隶制度，宣布废除政治犯死刑制度；体现了国家权力来源于人民的民主思想；规定立法议会实行一院制，议员由直接普选产生，任期 3 年；由公民直接选举产生的总统是国家元首，行使行政和军事权，任期 4 年，不得连任；总统无权解散议会，议会也不得推翻政府。

（八）1852 年宪法

1852 年宪法，又称路易·波拿巴宪法、法兰西第二帝国宪法，是以 1799 年拿破仑一世宪法为基础，由路易·波拿巴主持制定的。根据 1848 年宪法，1848 年 12 月 10 日，拿破仑的侄子路易·波拿巴当选为法国历史上第一任总统。1851 年 12 月，路易·波拿巴发动政变，并于次年 1 月 14 日颁布新宪法，即 1852 年宪法。这部宪法是 1799 年宪法的翻版，也是以共和国的形式为假象的独裁宪法。宪法由篇首和正文构成，篇首是关于建立"新制度"的长篇宣言，共有 8 章 58 条的正文规定国家政体是共和国，"法兰西共和国政府委托给共和国现任大总统路易·波拿巴亲王，任期 10 年"（第 2 条），同时，赋予总统立法、行政、司法等一切大权，即实行独裁统治。1852 年 11 月 7 日，又颁布了《修改宪法之元老院决定书》决定恢复帝制，经所谓的公民投票表决，确认路易·波拿巴继皇帝位。12 月 2 日，路易·波拿巴正式继位，称拿破仑三世，法国历史由此进入了第二帝国时期。

（九）1875 年宪法

1875 年宪法，也称《第三共和国宪法》，是迄今法国历史上寿命最长的一部宪法，通用了 65 年之久。它是以 1870 年爆发的普法战争为契机，在法国人民推翻第二帝国，建立法兰西第三共和国后颁布的。该宪法由先后通过的三个宪法性文件组成，即《参议院组织法》《政权组织法》和《政权机关相互关系法》，其内容特点有：①该宪法主要是关于政权的选举、组织与职权分配及各机构间的关系，而没有宪法的一般原则和公民权利以及主权和司法权等的规定，就一部宪法的内容而言是不完整的。②立法权由两院组成的国民议会行使，众议院议员经普选产生，参议院议员由间接选举产生。③总统由国民议会依绝对多数票选出，任期 7 年，得连选连任，总统权力得通过内阁行使，内阁得向议会负责，由此规定了实行责任内阁制的基本原则。宪法确立共和制并赋予总统很大权力，体现了法国当时君主主义者与共和主义者之间的冲突与妥协的特殊的政治环境，也反映了法国宪法发展的进步性。随着共和派力量的不断加强，于 1884 年 8 月 14 日通过了宪法修正案，明确规定"禁止修正政府的共和政体"，规定凡曾统治过法国的家族的成员，不得当选为共和国总统，并废除了部分参议员的终身制，确立《马赛曲》为法国国歌，7 月 14 日为法国国庆日，从而反映了 1875 年宪法朝着进步方向发展。

（十）1946 年宪法

1946 年宪法，又称第四共和国宪法，是在第二次世界大战后法国进步力量的影响下制定的。1944 年，法国人民将德国法西斯侵略军赶出了法国，法国本土获得解放。8 月，由戴高乐领导的"法兰西民族解放委员会"由英国回到巴黎，组成了法国临时政府，戴高乐任临时政府首脑。10 月 21 日，就恢复 1875 年宪法还是制定新宪法进行特别公民投票表决，结果有 96.4% 的公民赞成制定新宪法。10 月底选举产生出由 586 人组成的制宪会议即第一届制宪会议，授权其制定宪法。由于组成制宪会议的共产党、人民共和党和社会党有着不同的制宪主张，经过长期争论，其形成的颇具妥协性的宪法草案于 1946 年 4 月 19 日在制宪会议内部获得通过，史称"四月宪法草案"。该部宪法草案较多地反映了社会党的主张，赋予议会以较大的权力，因此，戴高乐对此部宪法草案予以严厉抨击。1946 年 5 月 5 日，该部宪法草案在提交国民表决时被否决。1946 年 6 月 2 日，选举产生了第二次世界大战后第二届制宪会议，第二届制宪会议在较短的时间内重新组织起草了一部新的宪法草案，并于 9 月 29 日由制宪会议通过，10 月 13 日，经国民表决获得通过，至此，法国第二次世界大战后第一部宪法即法兰西第四共和国宪法产生。

1946 年宪法由序言和正文两部分组成，序言以《人权宣言》为基本内容，又规定了法国放弃进攻性的战争。正文部分共 12 篇 106 条，其基本的内容特点是：①扩大了民主自由权利。在序言中除确认《人权宣言》中所宣布的公民享有的传统权利和自由外，还规定了工作权、受教育权、对失去劳动能力者和母亲儿童给予照顾等社会经济和文化等方面的权利，特别规定妇女享有选举权。②民主性较强，如规定国民议会享有最高、最广泛的权力。宣布法兰西为共和国，其口号为"自由、平等、博爱"，其原则为"民有、民享、民治"的政府，国家主权属于法国全体国民，国民通过议会行使国家主权。国民议会的议员由直接选举产生，任期 5 年，期满全部改选，其权力有修改宪法、通过法律、决定国家财政预算、批准对外宣战、认可总统批准的国际条约、同共和国一道选举总统、选举参议院部分议员、批准政府的施政纲领、倒阁权（如果国民议会以过半数通过了对政府的不信任案或否决了政府的信任案，则政府必须辞职）、国民议会议长主持两院联席会议等。规定参议院由间接选举产生，任期 6 年，每 3 年改选一半，参议院没有实际权力。③规定实行两院制的议会制度，确立了议会责任内阁制，行政首脑为由国民议会任命的内阁总理，内阁向议会负责。国民议会享有至高无上的权力，其所享有的倒阁权为日后政府的频繁更换埋下了宪法的隐患，如 1946～1955 年，国民议会对内阁提出过 118 次不信任案；1945～1958 年，内阁更换 25 届。④国家元首总统由议会选举产生，任期 7 年，并无实权。⑤规定司法权由司法会议行使，法官由总统经司法会议提名而任命，为终身制。同时，设立了宪法委员会，行使违宪审查权。该宪法于 1954 年 12 月 7 日第一次修改被通过，主要是对国民议会、政府和总统的关系及权限作了某种程度的调整。

（十一）1958 年宪法

1958 年宪法，又称《第五共和国宪法》《戴高乐宪法》，也是法国现行宪法。20

世纪50年代，法国政治、经济危机四伏，内外交困。1958年6月1日，国民议会任命戴高乐组阁，让他在为期6个月的时间内全权处理阿尔及利亚事件和制定新宪法。再度出山的戴高乐随即组织起草宪法，9月28日经公民投票表决通过，10月5日公布实施生效，是为第五共和国宪法。宪法由序言及15章92条组成，序言重新确认了《人权宣言》规定的原则。宪法内容反映了戴高乐一贯所持的制宪思想。1958年宪法自实施以来经过五次修改，1962年的修改直接普选产生共和国总统。1979年的修改在两院中设立了欧洲事务理事会，其职能和作用于1990年作了进一步的调整，其成员是根据议会党团的力量对比关系任命的。政府、常设委员会和特别委员会都可以就有关欧盟事务的议案向该理事会提出咨询。最近一次的修改是2000年9月24日经过全民公决通过的修正案，该宪法修正案规定实行总统5年（原来是7年）任期制。现行的法国宪法是广义上的，它除了1958年宪法及其修正案外，还包括1789年《人权宣言》和1946年宪法序言中确认的"共和国法律承认的基本原则"。

　　法国现行宪法的特点是：①加强总统权力。宪法规定，法律之外的事项都作为命令事项，由总统行使。总统"监督遵守宪法"，"通过自己的仲裁，保证公共权力机构的正常活动和国家的持续性"。"共和国总统是国家独立、领土完整和遵守共同体协定与条约的保证人。"总统由公民直接普选产生，任期5年，可连选连任。总统享有立法、行政、司法和外交等各个方面的权力，其权力主要有：任命总理及其他由总理提名的政府成员，组成政府；签署和颁布议会通过的法律；主持内阁会议，并签署内阁会议通过的法令和命令；解散国民议会权；有关文武官员的任命权；外交权、司法权、军事权、向国民和议会发表咨文权，提交法案直接由公民表决权；采取紧急措施权、修改宪法倡议权；等等。可见，总统的许多权力无须议会的同意，也不经内阁副署而独立行使。在中央与地方的关系上，意在中央集权；在立法权与行政权的关系上，偏向总统的行政权，这就是法国宪政总统集权的特征。宪法对总统权力扩大的结果导致了法国政治体制的重大变化，这种体制使得历史上一直动荡不定的法国政府趋于稳定。②稳定了政府。规定内阁向议会负责，但内阁总理则由总统独立任命，内阁成员经总理提名也由总统任命；禁止议员兼任内阁阁员，以防止议员为求得阁员职位而策动倒阁；对国民议会的不信任投票权设置种种限制，如不信任案必须由1/10的议员签署并经议员过半数同意方能通过，而且，这种议案须经过48小时才能交付议会表决，若议案未获通过，原签署议员在同一会期内不得再次提出；比较彻底地摆脱了议会对政府组成的控制与参与；政府决定和指导国家的政策；政府掌管行政部门和武装力量；总理领导政府活动，对国家防务负有责任，保证法律的执行，行使规章制定权等（第三章第20～23条）。③削减了议会的权力。议会实行两院制，下院为国民议会，由直接普选产生577人组成，任期5年；上院为参议院，321名议员由选举团间接选举产生，任期9年，每3年改选1/3。法国议会两院权限相似，都可以提出法案和修正案，审议并通过法案，提出质询。但是，国民议会享有优先审议财政法案和提出不信任案的权力。从法国宪政发展史来看，

第十一章

法国是一个传统的实行议会制的国家，保留了议会政体的基本特征。议会权力达于顶峰是在第三共和国与第四共和国时期。自第五共和国宪法实行后，议会地位明显下降，其实际权力被大大削减。今天的法国是一个兼有议会制和总统制而以总统制占优势的国家。依据1958年宪法，议会两院的权力主要有：立法权、监督权、批准宣战和实行戒严权、修改宪法程序权、选举高级法院法官权和对总统提出控告权。但今天的法国是一个以总统制占优势的国家，对议会有着诸多限制。其"半议会制"主要体现于：就立法权而言，予以诸多限制。宪法规定，政府为执行施政纲领，可以要求议会授权政府制定法令，政府法令具有与议会法律同样的法律效力；总统有权直接将法案交付公民表决；享有非常立法权；议会应优先讨论政府法案；总统公布由议会通过并经宪法委员会审查的法律；等等。关于议会监督权，也作了一些限制，如对提出和通过"不信任案"予以限制，而且，列举专属立法权的立宪方式实质上是削弱了议会权力。④确立宪法委员会行使违宪审查权。由9人组成的宪法委员会只是一个被赋予管辖权的机构，依据宪法，宪法委员会（Conseil Constitution-nel）的职能主要有三项：监督选举（裁判总统和议会选举以及公决行为的有效性）、审查法律和法令是否合宪（就所有组织法在议会批准之前审查其合法性，在普通法律和国际条约生效前审查它们的合宪性，确保议会与政府各自的立法权限）及咨询磋商等职能。法国宪法委员会依法对未实施的法律行使合法性的审查权，即进行事前宪法监督，并且，其宪法审查工作是在诉讼活动之外。这些都不同于美国最高法院的司法审查权。最后，就人权方面，只是重申了《人权宣言》和1946年宪法所确认的有关公民权利和自由的原则，并未详细列举公民权利和义务。

二、法国宪法制度形成发展的特点

（一）法国宪法不仅数量多且种类杂

自1789年《人权宣言》开创了法国宪政史以来，共制定11部宪法和4部宪法修正案。法国社会错综复杂，政治风云多变，政权更替频繁，政治制度极为复杂，这些宪法反映出法国资产阶级为巩固大革命的成果，确保各个不同阶层和不同派别的利益，在各个阶级和各派政治势力之间所经历的尖锐复杂的斗争。若从性质上来分，又可分为资产阶级共和制宪法、君主立宪制宪法和封建帝制宪法。

（二）法国宪法更迭频繁，相当不稳定

在发展进程上，法国宪法变动频繁，性质各异。因启蒙思想的彻底性、大革命的激烈性和政治派别的复杂性以及其资产阶级不够强大等因素使得法国成为世界上"唯一的宪法实验场"。在发展、演变的方式上，法国宪法的演变及其发展进程在十八九世纪基本上是通过暴力革命的手段实现的。这种激烈手段的动用，说明近代以来的法国，阶级斗争异常激烈，利益对抗较其他如英美国家为甚。法国宪法的这种不断变动、不稳定性在世界宪政史上是独特的。1875年宪法最终将资产阶级共和体制确立下来，标志着法国宪法趋于相对稳定。究其原因在于：资本主义的发展由自由进入垄断，资产阶级政治经济力量强大，实现了对国家的全面统治。在现代，出于加强相对稳定的资产阶级政治经济统治的需要，一般对宪法只作一些局部的调整和改动，而不另制新宪法。

（三）法国宪法为成文宪法

在宪法渊源及其表现形式上，法国宪法是成文宪法。法国所有的宪法都是成文宪法，大都以系统而富逻辑的理性法典的形式表现。

（四）法国宪法以资产阶级启蒙思想为其理论指导

在内容上，基本以体现 1789 年大革命精神的《人权宣言》作为宪法的指导原则，体现了卢梭、孟德斯鸠等人的"天赋人权""人民主权""三权分立"及"法治主义"等资产阶级政治法律思想。宪法对国家体制及国家权力的规定，尽管出现过君主立宪制、封建君主专制，但其基本方向是共和制，而且大多数宪法规定的体制是共和制。

（五）法国宪法的修改程序相当严格和复杂

在立宪活动与宪法保障上，法国宪法由一个专门的制宪会议组织进行制定，议会讨论通过，公民公决通过。宪法的修改程序也是相当严格和复杂的，修宪动议由议会提出。宪法的解释权由议会和宪法委员会享有。宪法的保障主要通过由宪法委员会行使的违宪审查进行，其裁决是最终的。

■ 第三节 行政法

在世界范围内，法国素称"行政法母国"，是近现代行政法的主要发源地，且其发展最为典型，并对他国行政法以及行政诉讼模式的确立与形成给予很大的影响。

一、法国行政法的形成与发展

法国行政法，是用以调整行政机关一切公务活动的国内公法。法国现代行政法律制度产生于大革命时期，形成于 19 世纪初拿破仑时代，同时伴随其独特的国家理论，发展和完善于现代时期。

在法国封建社会早期，自然经济的简单、隔绝和政治上的分裂割据，公共行政与私人活动、行政与立法和司法合而为一，诸法合体，没有独立的行政观念和行政规范。自 14 世纪始，在普通法院外增设了一些解决行政争议的法庭如审计法庭、森林法庭、河川法庭、租税法庭等。在中央设立"御前会议"（Le Conseil du roi，又译王室咨议室）受王命处理有关行政争讼事件。16、17 世纪，即法国君主专制时期，虽说君主权力达于高峰，行政职能加强，但行政、立法和司法仍无组织职能上的区分，更没有建立独立的行政法律制度。

法国大革命摧毁了一切封建制度和等级差别，建立了全国统一的行政区域，并推行政治自由和法治主义。革命政府颁布法令，受到法院的抵制，资产阶级以三权分立原则反对司法对行政的干预，于 1790 年 8 月制宪会议发布法令宣布司法职能与行政职能的分离，法官不得以任何方式干扰行政机关的活动，也不能因职务上的原因，将行政官员传唤到庭，违者以渎职罪论。这一禁止普通法院受理行政案件的法令标志着行政审判与普通法院的初步分离。同年10月，又发布了有关行政救济的法令，规定对行政机关的越权行为，应向作为政府首脑的国王提出诉愿。公民对于行政机关不法行为的申诉，由其上级机关受理，最终裁判权属于国家元首。1795年的法令规定，严禁法院审理任何行政活动，并重申了1790年相关的法令。

1799年拿破仑（Napoleon Bonaparte，1769～1821年）上台后，为集权于一身，对国家机构进行改革，建立起高度的中央集权行政制度与完全放任的经济制度，并通过1799年宪法设立国家参事院（Conseil d Etat，即后来的最高行政法院），规定国家参事院主要职能是起草和审查法律、法规，受理公民对于行政机关的申诉案件，实际上成了行政争讼的专门裁决机构，但在名义上，行政裁决是由国家元首作出的。普法战争后，1872年5月24日的一项法律恢复了曾在普法战争中一度被取消的国家参事院，并规定：它是一个独立的行政审判机构，有权宣告行政机关行政违法行为无效。由此，国家参事院开始依法以人民的名义行使审判权力，在法律意义上是一个最高行政法院。同时，又成立了一个权限争议法庭（Tribunal des Conflits）专门裁决有关行政法院与普通法院之间的管辖权限争议。与此同时，一切行政案件，除依法直接向国家参事院提起的外，必须先由部长裁决，不服的，才可上诉至国家参事院，即所谓的"部长法官制"（Ministre-Judge）。"1873年布朗诉国家案"[1]使行政司法管辖权与普通司法管辖权问题在法律层面得以厘清。1889年12月，最高行政法院对卡多案件的判决正式否定了部长法官制。从此，行政案件的审判权由行政法院独立行使，在法国产生了世界上最为典型的普通法院与行政法院二元并存的司法制度。1903年针对地方政府的Terrier判决进一步强化了行政法院的专有管辖权。到1908年，行政法院审理的行政侵权案件，涉及的主体不仅以国家为被告，而且也囊括了以地方自治团体为被告的案件。20世纪以来特别是近20年，欧洲一体化的经济自由主义强烈地冲击着法国的公共服务和法国国家干涉主义传统，行政案件越来越受到《欧洲联盟条约》和《欧洲人权条约》的影响。为了有效实施法律，1987年法国行政法院系统进行了改革，在行政法庭之上增设了行政上诉法院。1995年法律

---

[1]　"1873年布朗诉国家"案一般被认为是法国最高行政法院拥有现代管辖权的起点。该案可谓将长期纠缠不休的行政司法管辖权及其范围与普通司法管辖权及其范围的问题作了一个法律了结。该案是围绕国营卷烟厂发生的汽车肇事事件展开的，其实质争议是行政赔偿诉讼的管辖权是归属行政法院，还是归属普通法院。最后，权限争议法庭判决归行政法院。其理由是，卷烟事业本属公务范畴，依据"三权分立"原则，凡与公务有关的行政责任案件均与私人之间的责任案件不同，因而不属于普通法院的管辖范围。该案的重要性在于：它确立了行政侵权赔偿责任原则及其管辖主体；明确了公务员因职务行为引起损害赔偿的性质是行政性的而非民事性的，其赔偿主体是国家机关；行政赔偿案件由行政法院管辖而普通法院不得受理。法国人理解的"三权分立"是绝对意义上的，有关行政的事务即便是行政纠纷也应由行政机关自己处理，普通法院不得插手，这是各自权力范围内的事。

规定行政法官可以直接命令行政机关作出行为，2000 年的法律更加提高了法院效率。最近几年，法国行政法院开始加强了对替代性争议解决方式如和解、仲裁的重视，行政判例地位逐渐弱化，现代行政方式有了较大变化，如电子政府的出现，并加快了建设电子政府的步伐。

法国从 18 世纪末建立世界上第一个行政法院起，100 年后确立了世界上最富特色的普通法院与行政法院二元并存的司法制度。而且，它是以行政司法为基础较早发展起来的一套独特的行政法律制度。

二、法国行政法的渊源

（一）成文法渊源

成文法渊源主要有宪法、法律、条例、欧盟法及国际条约。宪法是行政法的最高法源，它不仅对行政法构成原则性的指导，而且许多条款本身就构成行政法内容的一部分，如宪法对总统和政府的规定等。除宪法之外，由议会制定的规范性法律文件都称为法律，其中由议会制定的用以调整行政法律关系的法律，就构成行政法的重要渊源，如 1946 年、1959 年和 1983 年的《法国公务员总章程》、1945 年的《最高行政法院组织法令》、1984 年的《关于国家公职的法律条款》等，就是对其公务员的基本制度和最高法院的组织、审判制度所作的总规范。条例是依照法律或议会的授权，由行政机关如总统、总理、部长和地方政府制定的用以直接规范政府行政活动的规范性管理规则，是行政法最基本、最直接的法源。欧盟法在每个成员国中具有直接的和优先的效力。国际条约，依据宪法的规定，凡依法批准或通过的国际条约或协定一经公布即具有高于法律的效力，对国内任何组织和个人都有约束力。

（二）不成文法渊源

不成文法渊源主要有判例、习惯法和法的一般原则及法理。法国是成文法国家，在法理上和普通司法领域中不承认判例为其正式意义上的法的渊源。但是在行政法领域，由于其初始阶段主要依靠行政司法机构的司法实践去开创和发展，故判例法自然成为行政法的重要渊源或最主要的渊源。很多行政法原则是直接通过判例确立的，即便是成文法，其适用也得依赖判例。习惯法，因其主要是私法渊源的一种，而在调整财产关系方面也可作为行政法的一种法源。法理和法的一般原则是对成文法的指导和补充。

三、行政法的基本制度

（一）行政主体

在法律上，法国的行政主体包括政府组织、地方团体和公务法人。政府组织由中央政府和地方政府组成，中央政府由总理、国务部长、部长、部长级代表和国务秘书组成，总统因其享有政府首脑的多种职权也是一个实际上的行政主体。地方政府分为大区、省和市镇三级，现有 22 个大区，大区设有行政长官代表国家和政府、代表总理和全体部长，管理各大区的经济发展和领土治理。法国本土现有 96 个省，海外有 4 个省，省长和省政府是行政主体。法国本土现有市镇 36 413 个，市长和市政府是行政主体。中央政府依法对地方政府有关人事、行政和财政等行使领导权。地方团体不是国家政府的代表机构，而是一个以地域为基础的地方自治组织，是一个独立的行政主体，因产生于地方并代表地方行使自治行政事务，其权力来自于地方而不是国家。不过，国家对地方团体的自治行政行为依法行使监督权。公务法人是一种不同于政府和地方团体的组织法人，它依法从事一定公务活动，是独立享有行政法上的权利和义务的行政主体，如博物馆，图书馆，大、中、小学及研究机构等。

（二）公务员制度

现代法国公务员制度在其近代官吏制度改革的基础上确立于第二次世界大战后，这与战后福利国家的发展及公务员数量激增有关。1946 年和 1959 年的《公务员总章程》规定了政府对公务员实施管理的基本准则，其后颁布了不少有关的法令和条例，如 1984 年的《国家公务员地位法》。公务员法律制度详细规定了公务职位分类、权利和义务以及纪律处分。依据法律，法国公务员享有信仰自由、参加政治活动、组织和参加工会、组织和参加罢工及人身特别保护和获得救济的权利，其必须承担的义务是：忠于职守、服从命令、遵纪守法、禁止兼职、严守职业机密及克制和保留。对违反法定义务和纪律的公务员的纪律处分主要有：警告和申诫；除名、降级、休职（一般不超过 15 天）和调职；降职、休职（6 个月到 2 年）；命令退休、撤职。若不服纪律处分，可向行政机关或公务员最高委员会申诉，也可向行政法院提起撤销之诉和损害赔偿之诉。

（三）行政行为

由于现代国家和社会的行政事务纷繁复杂，法国行政机关的行政行为多种多样，重要的有行政立法行为、行政处理行为、行政强制执行行为及行政合同行为。行政立法行为指有关行政机关为执行法律和实施行政管理，依据法律有权制定行政管理规则即行政条例，如总统和总理发布的命令、其他行政机构制定的规定等，是一种普遍性的或抽象的行政行为。按照宪法规定，行政机关有权制定的行政条例是：执行条例、自主条例、法令条例和紧急情况条例等。行政处理行为，是指行政机关针对具体事项所作出的单向决定的行为，其必须在其权限内并依法定的程序和形式公开作出。行政强制执行行为，主要是指对行政处理的强制执行，因为行政处理具有先行约束力，相对人的申诉不影响这种行政处理的强制执行。行政合同，被法国政府广泛用于政府管理、经济发展和资源开发方面，是指由行政机关主持并参与签订、受公法规则调整并由行政法院管辖的契约，如公共工程承包合同、公共工程捐助合同、公物特许合同、独占使用公产合同、出卖国有不动产合同等。在行政合同情况下，行政部门对合同拥有某些特权，它可以对私人一方当事人下达指示，或单方地对不履行合同行为设定制裁、修改合同或终止合同。

（四）行政救济

行政救济，在法国属于行政诉讼救济之外的一种非讼救济、一种行政监督方式，是针对违法或不当的行政行为，当事人有权提请行政机关矫正的一种救济手段。与行政诉讼相比较，这种救济手段的特点是：行政机关为受理救济的机关；所救济的行为对象包括违法行政行为和不当行政行为；救济的程序和形式便利；所施救济灵活，不受申请与否及其范围的限制。行政救济是实施行政诉讼救济第一步。

（五）行政诉讼

法国的行政诉讼是用以审查行政行为、解决行政纠纷的一种行政司法活动，是一种行政救济监督活动。法国行政诉讼实行两审终审制，但在程序上包括五个阶段：起诉、预审、判决、上诉、复核和执行。其特点是：在诉讼范围内，不属于行政审判权实施的对象有：私人的行为；立法机关的行为；司法机关的行为；外国国家行政机关的行为；政府与议会、与其他国家或联合国发生关系的行为；总统的法定的紧急措施行为和决定全民公决法律草案的行为。实行书面审和两审终审制。在诉讼程序上，行政案件只有初审和上诉审，而申请最高行政法院的复核审不是诉讼的必经程序。实行合议审和纠问审。行政诉讼开庭审理的原则是一律采用合议制，判决须经出庭的法官和政府专员通过开庭审理和秘密评议，共同作出。在法庭审理的模式上，基本与普通法院的庭审一样采用纠问式。在案件审理和判决过程中，自始至终由政府专员参与其中，行政活动的色彩较强烈。

（六）行政赔偿

法国的行政赔偿，是一种行政侵权赔偿责任，指行政主体在其行政活动中因其违法行政行为造成公民合法权益损害因此须依法承担相应的经济上的补救责任，是国家赔偿制度的主要部分，其主要特点为：其制度由行政法院的判例而不是由成文法确立和发展；当事人要求行政主体作出行政赔偿，必须依行政法先向行政机关提出，若行政机关拒绝或不予答复，方可向行政法院起诉，请求行政赔偿。赔偿范围包括过错责任和危险责任。行政赔偿责任的确立及其归责制度确立于19世纪中叶、独立于20世纪初、完善于二战之后，该制度的主要理论基础是古典自然法学及其独有的公法理论。

四、法国行政法的基本特点

法国行政法属公法范畴，它调整的只是行政机关的公务活动。与其国内有关的部门法和其他国家的行政法相比较，其基本特点有：

（一）行政法律制度的基本原则是行政法治原则

法国行政法律是有关行政机关的主体、职权、行为、救济方式、违法责任以及程序等方面的制度，这一制度是建立在民主原则和正当程序原则基础上的。行政法治作为这一制度的基本原则，它全面发展且包含有法律至上和越权无效原则的概念，其主要的含义是：行政行为必须有法律依据，行政行为必须符合法律，行政机关必须以自己的行为来保证法律的实施。当代的法国行政法变得更为平衡。冲突着的私人利益与国家利益二者之间更加趋向平衡，几乎所有的行政行为都具有可诉性，像监狱、学校、军队作出纪律处分的行为都可以被起诉，这便是行政法治和法治国家的体现。此外，还有公务法人特色制度。法国法律承认三种行政主体，即国家、地方团体和公务法人。公务法人就是根据公法规定而成立的法人，以公共事业为成立目的。作为依照公法建立的公法人的一种，法国公务法人是国家行政主体为了特定职能目的而设立的服务性机构，其职能侧重于服务，而机关法人的职能侧重于管理。

（二）行政法是公法，是一个独立的法律部门

法国行政法是一个高度发达、灵活独立的法律制度部门，其调整的对象是行政机关、地方团体及公务法人的公务活动，这是由其行政法的基本观念决定的。公私法二元分化始于古罗马，近代法国因市民社会与政治国家的分离导致了公权与私权不同的权力形态，并以此为调整对象形成相对独立的私法和公法两大法律部门。法国行政机关与行政法院在行政活动及行政审判活动中不受私法原则支配而适用独立的行政法规则，行政法成独立的法律体系。首先，受制于其法律文化传统的法国有着明确的公私法之分，认为有关行政的法理应属于公法体系，而作为公法一部分的行政法因其独特的调整对象和范围，又成为一个独立的法律部门和体系。其次，自大革命以来，一直坚持三权分立的法国人认为，政府的行政活动只受行政法调整，司法不能干涉行政，对于行政行为、公务活动及有关争议必须得由独立的法律、法规和司法机构予以规范和管辖。再次，19世纪出现的"公共权力学说"和19世纪末出现的"公务学说"，成为行政活动受独立的法律部门调整的不同时期的理论依据。前者认为，行政机关的活动有两大类：一类是行使公共权力的行为，即权力行为，它以单方命令和禁止为特征，因此，适用行政法，由行政法院管辖；另一类为事务管理活动，即管理行为，它以行政机关作为平等的主体采用合同的方式为特征，因此，适用私法，由普通法院管辖。后者认为，公务行为不以行为手段而应以行为目的为确立标准，它除了包括公共权力行为之外，还包括为公共利益提供服务的行为，如教育、卫生、救济、交通、公用事业等。凡行政机关直接以满足公共利益为目的的活动都是公务活动，都受行政法的调整和行政法院管辖。除此之外，受私法调整，由普通法院管辖。

（三）设置独立自治的属于行政系统的行政法院

法国法院系统是普通法院和行政法院双轨建制模式。在司法审判体制上，法国是最典型的二元制国家，审理行政案件与审理普通案件分别由行政法院和普通法院管辖。在法国，行政法院与普通法院是互不相属的两个法院系统，两者的法官身份迥异，政府的行政活动只受行政法院管辖，普通法院不能插手。行政法院由38名行政法官组成，是一个独立的、具有一般管辖权的法院系统。行政法院依据行政法审理案件适用不同于普通法院诉讼程序的独特的诉讼程序，即行政诉讼程序。法国行政法生长于行政法院，行政法院始终保持着政府参谋和最高行政长官的双重地位。

（四）判例是行政法的主要渊源

一般而言，判例是英美法的正式法律渊源，制定法是法、德等国的正式法律渊

源，这是两大法系的一大区别所在。但是，判例对法国法的发展却有很大的影响，特别是在行政法中占有非常重要的地位。可以说，法国行政法的主要渊源非成文法，而是源于行政法院的判例，其原因主要是：法国行政法院产生较早，处理的行政事务太多且杂，经常须从法的原则或精神推论出有关处理手边案件的规则，成文法难以适应。随着最高行政法院判案的增多，形成了一系列行政法原则和判例规则。虽然一部分判例后来为法律所吸收，但大部分仍处于判例状态，如行政行为无效理由、行政赔偿责任的条件、公产制度、行政合同制度、公务员的法律地位等都出自判例并仍以先例存在。法国学者维戴尔说，如果我们设想立者大笔一挥，取消全部民法条文，法国将无民法存在；如果他们取消全部刑法条文，法国将无刑法存在；但是如果他们取消全部行政法条文，法国的行政法依然存在，因为行政法的重要原则不在成文法中而存在于判例之中。[1]

（五）是未曾法典化的部门法

现代行政法和行政法院发轫于法国并最为完善。与英美相比，法国属于典型的法典国家，有系统而完备的民法典、刑法典和刑民诉讼法典，但没有行政法典和行政诉讼法典。虽然现代法国也编了不少行政法典，如矿业法典、森林法典、市镇法典等，但都不是完整意义上的行政法典。戴维德教授指出："在这一领域中还没有出现支持法典化的运动。"[2]其原因主要是受制于行政法和行政法院发展的历史，也由于行政活动的广泛、复杂及其多变性。

第四节　民商法

一、《法国民法典》的产生

资产阶级大革命前的法国已是一个在强大中央集权统治下的社会，其法律已出现了统一的趋势，如18世纪大臣杜加塞制定了有关私法方面的敕令。著名法学家波捷对《学说汇纂》进行了系统的研究，他的许多著作，特别是《债权》一书，对《法国民法典》的制定具有重大影响。不过，革命前法国的民事法律制度维护封建等级特权和落后的经济关系，阻碍着资本主义商品生产和交换，为第三等级所不满。当时，法律的分散性仍很严重。正如伏尔泰指出的，对在法国出外旅行的人来说，更换法律如同更换他的坐骑一样频繁。[3]对此，法国人一直怀有将杂乱无章、政出多门、多样性的法律渊源统于一体的强烈愿望。1789年法国大革命彻底地变革了封建法律制度，并为民法的产生和发展奠定了基础。革命后，资产阶级一方面不断制定民事单行法以变革封建的民事法，另一方面立即着手起草一部适合于全国的统一

---

〔1〕 See G. Vedel, *Droit Administratif*, PUF, Paris, 1984, p. 107.

〔2〕 ［英］赖维乐·布朗：《法国行政法》，高秦伟、王锴译，中国人民大学出版社2006年版，第2页。

〔3〕 ［美］格伦顿等：《比较法律传统》，米健等译，中国政法大学出版社1993年版，第21页。

第十一章

的民法典，以便系统而周密地从社会生活的各个方面确认、保护和推动资本主义商品经济的发展，确保资产阶级私有财产不受侵犯。1789 年《人权宣言》、1791 年宪法及一系列革命法律、决议和命令是法国资产阶级民法最初的法律文献。《人权宣言》宣布平等、自由、安全和财产等权利，确立了民事权利平等、契约和贸易自由、财产权神圣不可侵犯等资产阶级民法的根本原则。1789 年 7 月发布了关于废除封建制度和封建特权的决议。1791 年宪法再次肯定了上述规定，同时宣布保障"依法定手续而移转财产的行为"。著名的"八月法令"宣布废除封建劳役制、贵族制和等级制。雅各宾专政时期颁布了"土地法令"，彻底废除了封建土地所有制及其各种封建特权。此外，还发布法令取消关卡、行会、免税特权、职业限制以及工商业的某些垄断特权。此外，大革命时期在人法方面，实现了婚姻世俗化，规定结婚民事登记手续，准许自由离婚，凡年满 21 岁的子女有完全的婚姻自主权，取消亲权。在法国大革命期间，已经开始了有关民法典制定的动议，国民公会曾一度进行了编纂法典的实际准备工作。1793 年、1795 年和 1798 年，法律委员会主席康巴塞雷斯提出了三个民法典草案，都以各种理由被否决或被搁置。1799 年，拿破仑建立了执政府后着手进行政治经济改革，并于 1800 年 8 月 13 日任命 4 人组成法典编纂委员会，开始了民法典的起草工作，这四个人是波塔利斯（高级行政官，委员会负责人）、特龙谢、比戈·德·普雷·阿梅纳和马尔维尔，曾由康巴塞雷斯起草的三个民法典草案也交委员会审议，经过四个月的时间，第一份草案提交审议，在审议法典草案的 102 次会议中，拿破仑亲自参加至少 57 次，他在重大的原则问题上提出了明智的意见和判断，强调法典简洁和通俗易懂的风格，其意见基本符合当时法国社会流行的观点，但出于自身原因，他却支持父权制为中心的家庭，坚持协议离婚和收养的法律规定。法典草案先交由最高法院和各上诉法院审议，后由掌握立法权的咨议院和立法团审议。自 1803 年 3 月至 1804 年 7 月以 36 个单行法的形式分别通过，1804 年 3 月 21 日宣告将这些单行法并称为《法国民法典》。[1]

　　法国民法典的历史渊源和立法资源主要有：大革命时期确立的法治原则；革命时期的民事立法；习惯法；罗马法以及革命前的王室法令。大革命时期颁布的包括《人权宣言》在内的一系列宪法性文件所确立的资产阶级法治原则为法国民法典所确认，成为民法典的基本原则；有关成年时间、婚姻和抵押制度的规定大部分来自革命时期的立法；依习惯法特别是巴黎地区的习惯法确立的已婚妇女无行为能力、夫妻财产共有制和某些继承规则被民法典吸收；以罗马法为主要来源确立了财产所有权制度、债的一般规则、各种契约和嫁妆制度等；保留了王室法令中有关对公民身份确认、赠予、遗嘱、限定继承地产和证据等规定。此外，前巴黎高等法院的判决和教会法也是法典的渊源。

----

[1] See F. H. Lawson, A. E. Anton, L. Neville Brown, *Amos and Walton's Introduction to French Law*, Oxford, The Clarendon Press, 3rd ed., 1979, p. 32.

二、《法国民法典》的内容

《法国民法典》有总则和三编，共36章2281条。总则共6条，规定了民法典的公布、效力、适用范围及其适用的基本原则。第一编是"人"，共11章，主要是关于民事法律关系主体的各项规定。第二编是"财产及对所有权的各种限制"，共4章，主要是关于民事法律关系客体的各项规定。第三编是"取得财产的各种方法"，共21章，主要是对民事法律关系客体从一个主体转移到另一个主体的各种方法的规定，其基本内容如下：

（一）民事主体

《法国民法典》第8条规定："所有法国人都享有民事权利"，第488条规定："满21岁为成年，到达此年龄后，除结婚章中规定的例外，有能力为一切民事生活上的行为"。这就意味着，所有法国人，不论其出身、民族、文化，都无一例外地享有平等的民事权利能力。值得注意的是，这里规定的民事主体是自然人，尚无法人的规定。

（二）婚姻、家庭和继承

《法国民法典》提倡婚姻自由，认为婚姻是世俗男女之间的一种合意，双方同意是结婚的一大要件。男满18岁、女满15岁为最低婚龄。25岁以下的儿子和21岁以下的女儿，没有征得父母同意不能结婚。男女超过以上婚龄者，为了使婚姻有效，也必须以"尊敬和正式的方法"通知父母。这就是结婚的第一要件，即结婚人必须具备结婚的权利能力，即须达到法定婚龄。结婚的形式要件是，结婚必须履行民事登记手续。法典规定，结婚只有在世俗官员前举行结婚仪式才能在法律上有效。此外，婚姻的有效成立还不得有结婚障碍存在。夫妻任何一方都有提出离婚的自由，法典创设了协议离婚。离婚的理由是：通奸、受"名誉"刑的宣告、重大暴行、虐待或严重的侮辱。在夫妻关系上，明确规定妻子应该服从丈夫，原则上妻子没有行为能力，丈夫在一切方面都享有主动权，甚至也包括对妻子财产的处分权。关于继承和赠与，取消了封建的长子继承制，实行男女平等继承和自由遗嘱制度，但非婚生子女与婚生子女在遗产继承上是不平等的。

（三）所有权

《法国民法典》将财产分为动产与不动产，规定给予动产与不动产所有人以充分广泛的权利和保障。第544条明确定义："所有权是对于物有绝对无限制的占有、使用、收益和处分的权利"，强调私人所有权是一种绝对、永久和排他的权利，国家须尊重私人所有权。关于所有权的范围，法典规定物的所有权可以扩展到该物由于天然或人工附加之物；土地的所有权包括该土地的上空和地下的所有权。关于所有权的保护，法典规定任何人不得被强制出让其所有权，即使因为公共需要，也应给予足够的补偿。法典十分注重调整私有者之间的关系，规定纯粹的用益权或地役权是允许的，但属于从属权。地役权是指为供他人不动产的使用或便利而对一个不动产所加的负担。

（四）契约、准契约和侵权行为

在契约和其他取得财产方法方面，《法国民法典》用大量条文作出详尽的规定，其中用一千多个条文规定契约之债。《法国民法典》直接反映了自由经济的要求，第1101条规定："契约为一种合意，依此合意，一人或数人对于其他一人或数人负担给付、作为或不作为的债务。"第1134条规定："依法成立的契约在缔结契约的当事人间有相当于法律的效力。"此种规定意味着缔约人意思自治、契约自由和契约神圣。契约成立须具备四个要件：当事人的同意；缔约能力；标的及原因（第1108条）。侵权行为的内容由5条简短的条文加以规定，因自己的过失或疏忽给他人造成损失须负损害赔偿责任，因其物件、动物、儿童和受雇人造成的损害应负赔偿的责任。此外，法典还规定凡赠与和约定抵押须强制登记，不动产买卖及许多法定抵押则不必登记。

三、《法国民法典》的特点

（一）法典是典型的资本主义社会早期的民法典

《法国民法典》是"典型的资产阶级社会的法典"。民法是社会生产力发展到一定阶段的产物，《法国民法典》的内容体现了资本主义发展的时代需要，即基本体现的是"个人最大限度的自由，法律最小限度的干涉"的以个人主义、自由放任主义为其特色的早期自由资本主义社会性质的经济关系。19世纪初，刚刚建立了自己政权的资产阶级羽翼还未丰满，其资本主义尚处于初级发展阶段，经济以农业为主，手工业为辅，大的工商企业还未发达。因此，法典对农业财产，特别是土地所有权制度予以详尽的规定，对农业劳动关系包括耕畜租赁关系的规定有20多条，但却很少涉及工业财产权，更无知识产权的规定，特别是没有规定法人制度，而对于雇佣的规定仅仅2条，故《法国民法典》是典型的早期资本主义社会的民法典。

（二）《法国民法典》贯彻了资产阶级民法原则，具有鲜明的革命性和时代性

《法国民法典》体现了民事权利主体自由平等的原则。凡成年的法国人都平等、自由地享有民事权利，这一原则也适用于居住在法国的外国人，由此彻底否定了由身份和地位决定民事权利的有无和多少的封建特权制度，肯定了法律面前人人平等的资产阶级法治原则及私有财产神圣不可侵犯是财产所有权原则。法典对所有权明确的定义强调了所有权具有绝对无限制的特性；对于所有权的范围，不问其动产或不动产，得扩张至该物由于天然或人工而产生或附加之物，即添附权。土地所有权包括其土地上空和地下的所有权，强调所有权无限制的原则；对于所有权的保护，规定国家征用私人财产（包括土地）只能根据公益的理由并得给予所有人以公正和事先的补偿为条件，显然，体现了私有财产的神圣不可侵犯性。契约自由的原则贯穿于契约的主体、订立、效力和形式、种类及其内容和标的等一切方面。法典表明，契约一经有效成立，不得随意变动，当事人须依约定善意履行，契约当事人的财产甚至人身都可以作为契约得以履行的保证。承担损害赔偿责任以过失行为为基础，即过失责任原则，如第1382条规定："任何行为使他人受损害时，因自己的过失而

致行为发生之人对该他人负赔偿的责任。"

（三）《法国民法典》保留了若干旧的残余，在一定程度上维护了传统法律制度

《法国民法典》是革命和妥协的产物，既确认了《人权宣言》和革命初期激进的立法原则和制度，有力地促进了法国资本主义社会的发展，同时，也继承了旧制度的若干与民主、自由、平等和人权相背离的条款。这些条款主要体现在家庭、婚姻和继承方面，保留了夫权和亲权以及对非婚生子女的歧视。

（四）《法国民法典》在立法模式、结构和语言方面，也有其特殊性

《法国民法典》的立法深受18世纪理性主义思潮的影响，基于古典自然法学理论，在内容上以罗马私法为基础，恪守查士丁尼《法学阶梯》的结构，采用法典形式，以合理的编排顺序，概括、明确和规范的用语表达了其实用的技术风格。它并非只是对法律的重述，而是其法律规范中饱含着丰富的智力、政治和社会革命的成果。它是法学家的作品，融合了古典法的精神，糅合了习惯法与罗马法。特别值得一提的是，它在立法技术和语言上是空前的，它是"法国人民的民法典"，它的制定是要使法国公民能够读懂和理解，以实现哲学家的梦想，使民法典简约化、民主化和科学化，走进万户千家。因此，它具有灵活的一般原则和力求简洁、通俗易懂的规定。正如其起草人之一的波塔利斯所说的："我们同样避免了要规定和预见一切事情的危险奢望……法律的功能是要在基本原则上确定正义的一般准则，确立含蕴丰富的原则，而不是顾及每一篇目中可能出现的问题的各种细节。"[1]

四、《法国民法典》的意义及其影响

"我的光荣不在于打胜了40个战役，滑铁卢会摧毁这么多的胜利……但流芳百世、永恒的，将是我的民法典。"[2]作为资本主义社会一部典型的民法典，法国民法典所体现的理性、自由、平等、人权、民主和法治思想是19世纪一切进步民法的精神和灵魂，所包含的法律原则和制度遍及资产阶级经济关系的各个领域，它用法律形式巩固了法国资产阶级革命的成果和资本主义早期社会的经济基础，维护了资本主义财产所有制和资产阶级社会经济秩序，有力地推动了法国及欧洲资本主义的发展，其立法成果是辉煌的，意义是重大的，影响也是深远的。

作为资本主义社会的第一部民法典，一部典型的自由资本主义时期的资产阶级民法典，它虽然是构成法国法的一部分，然而恰恰是这一部分，引起世界的极大关注，其理由不外是：①它是最发达、最系统的一部法典。它不只是最早的一部资本主义民法典，也不只是在大学法学院讲授课时最多的一门课程，而且其体系庞大，条文众多，贴近社会，以明确通俗的规范化和制度化语言全面、准确地展现了资本主义经济关系。这一法典是系统而富逻辑的，是世俗和非宗教的，是极易掌握的。该部法典的推出，对于法国的法律人而言，再没有任何必要去研究或应用革命前的

---

〔1〕 ［美］格伦顿等：《比较法律传统》，米健等译，中国政法大学出版社1993年版，第21页。
〔2〕 ［法］拿破仑·波拿巴：《法国民法典》，李浩培等译，商务印书馆1979年版，第1页。

法律知识来解决当前的法律问题。它不只是逻辑思想的制度化，而且，犹如英国的普通法，它同样也是经验的结晶。在此意义上，这部民法典不仅是法国法律人的魂灵，更是所有法律人的魂灵。它已经成为一种法律语法，[1]不只应用于民事领域的问题，而且也广泛地适用于其他部门法领域和司法实践，如在相当大的程度上，商法和劳动法只是对民法典的补充，它们都离不开基本的契约法；再如行政法，其处理的行政合同也是离不开民法的。没有任何一个部门法会像民法典那样以如此强烈的光芒照耀着整个法律体系和司法实践。②它是理性化程度很高又极富思想性的一部法典。它是一部真正的法国法典。它与法兰西共和国一同走来，体现的是法兰西的民族意识和民族精神，它是依据19世纪的自由主义、基于社会契约而编纂的，无疑，在人类立法史上，《法国民法典》占尽了风光，是一项了不起的人类智慧的奇迹，其后任何一部法典都难望其项背。一个世纪之后的《德国民法典》虽也是一项伟大的立法成就，但在简约、通俗易懂上并不及《法国民法典》。

《法国民法典》的影响主要表现在：①直接带动和鼓舞了法国其他法典的编纂，对法国资产阶级法律体系的迅速建立和统一起了重要作用。在拿破仑的统治下，除了宪法之外，在短短的时间内，颁布了五部基本法典：《民法典》《刑法典》《商法典》《民事诉讼法典》和《刑事诉讼法典》。②其影响力已超越国界，它独领风骚，开创了19世纪的法典化时代，一个模仿或移植法国法的时代，一个前所未有的立法新时代，以至于发展出一个以民法典为代表的大陆法系。各大陆法系国家及其他国家对它的接受、模仿或移植，主要是自觉自愿进行的，而不是像英国那样主要依靠殖民的方式推行，其原因是多方面的，包括法国启蒙运动、大革命、拿破仑及作为文明世界通用语的法语等的影响。法国自民法典之后，又制定了四大法典，其后，法国成为世界上最大的"法律出口国"。③在世界民法史上，可以说，它的出现标志着继罗马私法之后民法发展的又一个里程碑，不仅仅确立了近代民法的法典模式，特别重要的是，它蕴含着资产阶级启蒙思想和理性主义，带着法国大革命思想赋予其特有的烙印和格调，为崇尚民主和法治的民族和国家树立起一面旗帜。④法国大革命的胜利使法国成为欧洲大陆政治、文化中心，这部资产阶级法典吸引了处于同样经济发展阶段的国家。当时，许多进步人士、法学家纷纷到法国留学和考察；加之，法典直接是以曾作为欧洲大陆普通法的罗马法为基础的，使那些素有罗马法传统的国家争相模仿；特别是在拿破仑征服的地区和法国的一些殖民地直接适用了该法典。欧洲大陆、拉丁美洲以及世界其他国家都不同程度地受到了它的影响。

五、《法国民法典》的修订和民法的现代发展

自《法国民法典》颁布施行至今，法国已从一个农业大国发展为一个发达的工业国家，为了适应社会的发展，法典一直处于不断的修改之中。迄今为止，2281条

---

[1]　See F. H. Lawson, A. E. Anton, L. Neville Brown, *Amos and Walton's Introduction to French Law*, Oxford, The Clarendon Press, 3rd ed., 1979, pp. 2~3.

的民法典约有 1/3 的条款被修改或补充过。法典修改最多的部分是第一编，去除了封建保守性的规定，使法典更适合现代社会。在婚姻家庭领域中，妻子、子女的地位有所提高，非婚生子女获得了和婚生子女平等的民事权利。例如，原民法典规定，"夫主保护其妻，妻应顺从其夫"，20 世纪民法典将其修改为："夫妻在道德上和物质上共同管理家庭，负责子女的教育，并安排子女的未来"。逐渐取消了结婚须经父母同意的规定。1972 年对民法典的修改如"原则上，非婚生子女在与父母的关系上享有与婚生子女同等的权利义务"，"一般而言，非婚生子女在继承其父母的遗产时，具有与婚生子女同等的权利"。民法典尽管经历了一系列的修改，其有效范围日渐缩小，但其原有的结构、体例和编章序目都无变动，至今仍保持着其特有的稳定性。

现代法国民法的发展，除了修改民法典外，还颁布了不少民事立法。1814～1848 年，大多民事立法与旧制度的恢复有关，如 1814 年立法归还革命时期曾逃亡国外的人的土地；1816 年废除了民法典中的离婚规定，只保留分居；1819 年立法废止了第 726 和 912 条，从而使外国人享有与法国人完全平等的继承权；1825 年又颁布法令赔偿逃亡者十亿法郎；1826 年立法恢复限嗣继承制。1848 年后的立法因革命的原因，发生了很大的变化，如 1848 年立法废除贵族称号，禁止奴隶制；1855 年立法规定了不动产转让公示制度；1866 年法律规定将财产概念扩大到非物质财富方面，如著作权等有关的知识产权。从 1871 年至 1945 年，经多次立法改革终于确立了夫妻共同同意的离婚原则。立法使得亲权在一定条件下可以剥夺和限制。由 1891 年、1917 年及 1925 年的立法改革了夫妻相互继承遗产的权利且扩大了有关遗产用益权。特别是 20 世纪前半期，民事立法有了很大的增加，国家干预私法关系和法律社会化倾向日益明显。第二次世界大战后，确立了相当完备的知识产权法体系，以及制定了大量的有关贸易、工业、交通运输、环境保护、医疗卫生、国民教育、社会保险等方面的法律。

现代法国民法变化、发展的一个突出特征是传统的民法原则及重要制度发生了新的变化，主要表现为：

1. 民事主体与民事客体的范围有所扩大。伴随着工业化和现代化，法国民法典中所确认的民事主体从自然人发展到合伙、法人、联合组织、公司，国家也进入民事主体之列。同时，民事客体由物质财富扩展至非物质财富即智力成果。

2. 所有权的变革。这种变革主要表现于：①所有权的含义有所扩展和延伸。所有权的扩展主要表现于知识产权领域，因为精神产品也是一种很重要的财产权，知识产权在现代社会是一种极为重要的所有权。②所有权的社会化导致对私人所有权的限制和剥夺。现代社会，因国家对经济的干预和福利政策，对私人所有权无限制和绝对性的原则有所限制并且这一限制日渐增强，如对矿山、土地、草原、森林、土地上空权、电力分配等，均以法律形式对其所有权给予限制。同时，集体所有权开始复兴，如在不动产中，各种"准所有权"被设定于所有权之上；公共团体对所有人的权利进行监督；所有权人的权利也被承租人的权利所限制；对相邻权的保护；等等。此外，国家干预主义在"公共利用之地役权"的设定上十分突出。在国有化运动中，出现了对私人所有权的强制转让。1946年宪法序言（现行宪法重新确认）中规定："一切其经营活动具有社会公用或事实上垄断特点的企业，均须成立集体所有权。"③动产所有权的地位和功能发生了变化。传统民法典只重视不动产，而现代社会使得动产的地位发生了重要的变化，如对航空器、船舶等动产的注册；有价证券及其他证券的发展；对工业设施、商品储备的确认，计算手段和财会制度的发展；对各种各样非物质的所有权的确认；等等。就功能而言，动产所有权在相当广泛的领域内成为重要的信用手段。④私人所有权在宪法和国际法上的地位有所增强，如私人所有权得到国内宪法、国际人权宣言及欧洲人权公约，特别是欧洲人权法院的保障。

3. 意思自治原则有所衰落，契约自由受到限制和干预。这集中表现于：①契约种类增多，"集体契约""附合契约""定式契约"等"强制性契约"大量增多，如强制保险契约，法律规定租赁契约中租金的限额标准，保险契约中保险人的义务、限制雇佣契约中受雇人的时间、赋予受雇人以带薪休假的权利等。这些契约的主要特点是：契约不完全是当事人的意思自治的产物，很大程度上是服从法律、不得不这样去做的结果，是当事人遵从法律的直接规定而订立的。这些强制性契约显然是对契约自由的直接限制，以避免社会不公的产生和保护社会利益。②同意主义受到形式主义的直接冲击。越来越多的契约被法律要求采用书面形式，有的要求公告，确定契约的效力以当事人表现出的外部意志为准，而不强调传统的当事人的内心意志，表示主义有取代意思主义之倾向。③由于保护消费者利益的立法运动兴起，使得传统的契约概念、订立过程、契约制度的构成及适用范围都发生了不小的变化。④契约解释原则由传统的以探寻当事人真实意志为唯一目的向为维护社会公正的需要转变。总之，因社会经济的多变性而导致现代契约法的不确定性。

4. 侵权损害赔偿的归责原则转向兼采过失与无过失责任原则。国家工业化的过程导致了工伤事故、环境事故、产品事故的归责原则出现新的变化，在19世纪末20世纪初确立了以法律规定责任人须承担严格责任的原则。

5. 婚姻家庭继承方面的变化主要有：①在婚姻关系上，削弱了夫权，使已婚妇女获得了完全的权利，实现了男女平等。特别在离婚上，自1884年7月27日法律恢复离婚至1975年7月11日离婚改革法使离婚从传统的过错原则向感情破裂原则过渡，所规定的离婚理由是：双方同意、共同生活破裂、错误。②取消了父权和家长权，实现了家庭成员的平等关系，如保障未成年人的利益，以教育取代惩罚；废除"尊敬证书"制度，实现子女婚姻自主而无须父母的批准；维护非婚生子女的平等权利。

此外，在现代社会，法国的司法审判在调整、补充和发展民法以适应不同时期的需要方面起着不可忽视的作用。

六、《法国商法典》

（一）1807 年《法国商法典》

1807 年《法国商法典》，是法国第一部统一的商法典，是最早的一部资产阶级海商法典，也是自由资本主义时期具有典型代表的有关商事和海事法律规定的法典。它是在法国 1673 年《商法典》和 1681 年《海商法典》的立法形式以及原则和制度的基础上，通过吸收流行于地中海和北海沿岸城市解决商业和海事纠纷的惯例编纂而成的。早在公元 10 ~ 12 世纪，西欧便兴起了商法。法国于 12 世纪编纂了《奥列隆法典》（Roles D Oleron），这部法典是海事法院关于平时海上争讼的判决汇集，是当时欧洲许多民族和国家共同适用的商法典之一。17、18 世纪，在共同商法向国家商法转化的过程中，法国又于 1673 年和 1681 年相继制定了《商事法令》和《海商法》，专门用来调整商人之间的关系和有关海上贸易的争议，确立商人之间的权利和义务。"欧洲大陆的商人法作为中世纪唯一的职业法，保存至我们的时代，它并非只是历史的残余物，而是具有其他法律领域难以匹敌的更新能力和应变能力，不断为生活所反复充实，进而丰富了整个私法秩序。"[1]

《法国商法典》（Codede Commerce）于 1807 年 9 月通过，1808 年 1 月 1 日起施行。法典共 4 编 648 条。该法典是基于商人这个特定法律主体对于便捷性和安全性的特殊需求确定构造的。第一编是商事总则，共 9 章，主要规定了商事主体和商业事务。商人是以从事商业活动为惯常职业的人，凡年满 18 岁的个人，不受法律限制者，均可经营商业，其主体还包括合伙和公司。商人的商事交易称作商行为，商人有责任保存好商业账册，使商业活动受到监督，以便保障商人及参与商业活动的人的利益。此编还对合伙公司、股份公司等经营方式的原则、法律地位以及交易所、经纪人和汇兑、票据等作了规定。第二编是海商，其内容分为 14 章：规定了海上贸易、船舶和海上保险等内容；规定了船舶、船舶抵押、船舶所有人、船长、海员、佣船契约、载货证券、租船契约、以船舶为抵押而设定的借贷、海上保险、海损、货物投弃、时效及拒诉等方面。第三编是破产，其内容分为 3 章：规定了企业破产的条件、手段、破产的监督与结算、破产者财产的分配以及财产分散、通常的破产和诈骗破产的责任，体现了严格维护债权人权益的原则。第四编是商事法院和诉讼程序，其内容分为 4 章：规定了商事法院的组织、管辖、诉讼及上诉程序、商事法院受理商业领域中的纠纷，其案件如契约及交易案件、公司股东间的争讼、破产以及其他商业行为方面的诉讼案件。总之，法典对商人、商行为、商事责任、商事法院组织及其管辖、仲裁、公司与合伙、商业契约、破产、证券和信用制度及海商行为作了一般的、系统的规定。

1807 年《法国商法典》的制定，具有划时代的历史意义及影响：①将欧洲大陆的共同商法改造为国家商法，实现了由中世纪的商人法向国内商法的转变。这种转

---

[1] ［德］拉德布鲁赫：《法学导论》，米健等译，中国大百科全书出版社 1997 年版，第 73 页。

变并不仅仅指制度和法规的变化，主要指的是实现了商事法的基本原则和基本精神的近代变革。②以客观主义确认商事主体的地位。也就是说，商法典以商行为主义取代了传统的主观主义即商人法主义。封建时期的商人法只适用于商人这一特殊阶层，因为那是一个完全的农业社会，而近代社会则是一个以商业和货币为主的社会，商行为范围极为广泛，商人已不是一个特殊的阶层，故 1807 年《法国商法典》摒弃了古典商人法主义的局限立场，克服了其古典法固有的狭隘性，即以商人形式确定商事主体资格，以商行为作为立法基础，将更广泛的商事关系纳入到商法的调整范围，即凡实施商行为者，不论是否为商人，均适用该商法，开创了现代商事立法的商行为主义。③在立法体制上，确立了大陆法系私法之民、商分立体例的立法模式，开创了私法体例二元化之先河，这一模式恰恰与英美法系的民商合一模式形成鲜明区别。④它是欧洲大陆第一部商法典，其立法模式、原则和制度对大陆法系各国的商事立法产生了重大影响。尽管这一商法典在立法技术上无法与其民法典相比，因编纂时间短而使得其体系和内容有诸多不完善之处，但它的出现从总体上促进了 19 世纪法国的经济交流和商品贸易，保证了法国资本主义的发展。

(二) 法国商法的发展

随着资本主义由自由竞争进入垄断，许多商事法如票据法、银行法、证券法、保险法、合伙法、航空法、运输法和海商法等应运而生，1807 年的商法典在进入现代社会后只起通则的作用，直到千禧年商法典被废止。

现代法国商法的变化主要有：①为了适应现代社会"商"范围进一步扩大的需求，以商行为概念作为规定商事主体即商人的基础，同时也在一定程度上以商人来规定商行为的范围。②关于商法的功能，更侧重于强调促进交易迅捷灵活和保障交易安全，如实现的方式出现了定型化契约、权利证券化、短期时效制；强调权利的外观主义以保障信赖利益的普遍性；企业设立、变更和注销等事项的登记制度；规格化的商业账簿制度；现代破产制度；保险制度以及严格责任制度；等等。③商人责任。1919 年法律强化了商人的责任，要求商人向商业局登记，并为第三人提供信息。二战前后的法律又要求商人负有维护公平竞争的责任，之后，又出现了严格责任制度。④合伙与公司。19 世纪末出现了大量有关的立法，如 1867 年 7 月 24 日制定的《商业公司法》，1893 年 1 月法律对股份有限公司作了补充，20 世纪 60 年代的法律确认了合伙和公司的新变化。将合伙分为普通合伙和有限合伙，对公司也作了多种分类，上市公司非常普遍。⑤合同和票据。增加了商业合同的类别，如限制商业合同当事人自由的标准合同、集体合同等。法国票据法的许多准则来自日内瓦签订的《票据法统一国际公约》。法国将公约所附的法律文本列入 1935 年 10 月 30 日的法令内（商法典第 110 ~ 180 条）。二战后，法国票据法日益向欧盟法的有关协定倾斜。⑥破产法。1838 年和 1889 年的修订对破产程序重新作了规定，1889 年在《破产法》中增加了和解制度，1955 年法令又恢复了早期的破产程序，以后的法令区分了商号和个人破产。1967 年法令采取司法干预程序，即法官经债务人申请得中止债权人的控诉，采取预防措施，对债权人的利益予以维护。⑦现代商事立法增多，主要有《商业登记法》（1919 年）、《保险契约法》（1930 年）、《支票法》（1935 年）、《海上货物运输法》（1936 年）、《整顿工商职业法》（1947 年）、《商人代理法》（1958 年）、《公司法》（1966 年）、《破产法》（1967 年）、《关于信贷机构的行为与监督法》（1984 年）、《期货交易法》（1985 年）、《价格与自由竞争法令》（1986 年）、《证券交易所法》（1988 年）、《关于商业代理人与其委托人之间关系的法律》（1991 年）、《知识产权法典》（1992 年）、《关于法兰西银行的地位及信贷机构的行为与监督法》（1993 年），特别是 2000 年 9 月 18 日法国推出了一部 21 世纪的《法国商法典》，尽管这部法典是既有法律规范的汇编。

总之，从商法发展的趋势来看，其地位和作用愈来愈重要，且仍在继续深化着法国民商分立的趋势，同时，发展海商法已成为独立的法律部门。在全球化的进程中，国际公约成为各国商法的指导原则。

■ 第五节 经济和社会立法

一、经济立法

法国资产阶级的经济立法开始于法国大革命时期，但最早提出经济法这一概念的是法国 18 世纪空想社会主义者摩莱里，在其 1755 年出版的《自然法典》中首次提出了经济法这一术语。19 世纪后半叶的德萨米在《公有法典》中也使用了这一词语，但其作为一个新的部门法，则是二战之后形成的。在 20 世纪 80 年代，由密特朗总统进行了"四大改革"：以扩大国有化为中心的经济结构改革、以扩大就业增加社会福利实现社会公正为中心的社会改革、以权力下放为中心的行政体制改革及以"社会宽容"为基础的司法改革。在 20 世纪的最后 20 年，法国也不可避免地进入"后工业社会"，被各种社会问题所困扰，进而为国家经济立法和社会立法带来了大的发展。

法国大革命时期，其经济立法的主要内容是废除封建制度。1789 年的"八月法令"宣布废除与人身依附有关的捐税和教会什一税。1793 年雅各宾时期的经济立法较为活跃，主要有：废除了封建的土地制度及其相关的封建义务与封建特权；实行限价政策，严禁囤积垄断，如法令对 49 种主要商品（主要是粮食和日用必需品）实行最高限价，打击了投机活动，维护了市场秩序。拿破仑时期，实施了严格的保护关税政策，对生产企业实行国家订货和津贴，并采取奖励竞争和授予发明专利的措施，相继设立法兰西银行、工商部，实现国家对工商业的控制和指导。19 世纪上半叶，在税收方面，法国制定关税法，对税率采用了浮动标准，即当国内市场价格下跌时，关税率自动提高，由此保护了国内工农业的发展。1860 年，税收政策开始由重商主义向自由贸易主义转变。1860 年法国与英国签订了《自由贸易条例》，允许英国商品进入法国，税率随着时间而逐渐递减，法国商品免税进入英国。此后，对其他国家也实行类似的政策，促进经济活跃的立法还有：如 1842 年的"基佐法令"，给予私人公司以铁路的组织经营权，以刺激铁路并带动经济的发展；1863 年颁布了《有限公司法》，放宽有限公司成立的条件，促使全国性大公司的形成。巴黎公社时期，也采取了一些经济立法，但因公社的失败而未发挥大的作用。

进入垄断资本主义阶段，特别是第二次世界大战后，随着国家对经济生活干预的加强，推行福利国家和混合经济，法国经济法获得了空前的发展，制定了许多用以调整经济关系的法律、法令、规章和条例，使得法国经济法得以形成，如对财产权和合同自由的限制，调节生产、分配和消费，调节物价，成立管制机构，创立国营企业，调节自然资源的使用，等等。1944～1946 年，戴高乐临时政府时期，制定了一系列法律将雷诺汽车公司、保险公司、法兰西银行等各大银行、电力、煤气、矿物等企业收归国有。1948 年又将巴黎市交通系统国有化，将法国航空公司变为公私合营。1948 年成立法典化最高委员会，负责汇编了一系列新的法规和法典，如《农业法典》《矿业法典》《税收法典》《国家财产法典》《国有市场法典》《贸易管理法典》等。这些法典的特征是公法与私法相结合，其调整的对象是各种新型的经济法律关系，在内容与表现形式上逻辑性、系统性不强，但正是这些非传统意义上的完整法典如有关国家财产法、计划经济法、农业法、国有企业法、中小企业法、消费者权益保护法（1992 年的《消费者利益保护法》）、反不正当竞争法（1986 年和 1996 年的《价格放开与竞争条例》）、环境保护法、证券法（1985 年的《期货交易法》和 1988 年的《证券交易所法》）及产品责任法等构成了法国现代经济法体系。1947～1980 年，法国共实施了 7 个经济计划，并都有一套法律作为其实施经济计划的依据，这些法律构成了法国公共经济法。这些法律表明以计划调节、指导经济是当代法国资本主义发展的重要特征。1982 年，法国政府对经济政策进行了较大调整。采取紧缩措施，反对通货膨胀，在强调国家干预的同时，更加重视私营企业的作用。1982 年的《计划化改革法》提出了与上述政策相配套的措施，即经济工作实行"民主化""分权化"和"合同化"，以计划合同为重要手段，以推动现代经济的发展。此外，作为西欧最大的农业国，第二次世界大战后，法国采取了一系列有关农业进步的措施和法令，主要有：《农业法典》（1948 年）、《农业指导法》及其《补充法令》（1962 年和 1964 年）、《农业合作社调整法》（1967 年），这些法律、法令使得法国顺利地实现了农业现代化。

（一）国家财产法

19 世纪末，法国开始建立国营企业，并以法令确认水力资源归国家所有，开矿须取得国家特许证。1919 年国家基本控制了矿业；1921 年对铁路进行控制；1936年，国有化法律发展迅速。1937 年议会决议，确定了国家在法兰西银行中的决策权，同年，建立了法国国营铁路公司，并制定了军火工业国有化法律，还规定国家管理小麦的产、销和外贸，成立了专门的管理机构。1944 年的法国全国抵抗运动委员会通过了共同纲领，提出了经济计划、国有化和社会福利政策，制定一系列法律将雷诺汽车公司、保险公司、法兰西银行和各大银行以及电力、煤气、矿物等企业收归国有。1948 年又将巴黎市交通系统国有化，将法国航空公司变为公私合营。1982 年的《国有化法令》，将几家工业公司、36 家银行、2 家金融公司国有化，同时，还以国家参股等形式将其他重要企业掌握在国家手中。1983 年的《公营部门民主化法》对新旧国有化企业实行"三方代表制"原则，即由国家代表、职工代表和经济界代表组成董事会。可以说，法国是西方国有化程度很高的国家。

（二）计划经济法

在法国，计划经济法又称公共经济法，产生较早，从 1946 年法令宣布实行经济计划至今已有十余个经济发展计划。与此同时，设立了国家计划总局，负责国家经济计划的制订。法国计划经济法主要用于调整国家计划的制定和实施方面的关系，只适用国家机关和国有化企业，它是现代法国对经济发展和市场运行进行指导及调控、以实现现代化生产的主要法律手段，它以占重要地位的国有财产作为物质基础，具有指导性、协议性特征。计划法没有编纂统一的法典，其法律渊源散见于法律、条例、协议或行政命令中。1982 年的《计划改革法》规定减少国家对经济和市场的直接干预，使计划只起指导发展方向和对宏观经济的协调和平衡的作用。可见，现代法国计划经济法更为科学和客观，在尊重市场经济规律的基础上调节和促进了法国整个国民经济的发展。

（三）农业法

作为西欧最大的农业国，第二次世界大战后，法国采取了一系列有关的法令，由农业工业国变为工业农业国。1955 年将所有农业法规统一汇编为《农业法典》。法典共 8 编 1336 条，其内容规定了土地制度、家畜和植物保护、狩猎和捕鱼、农业职业团体、农业金融制度、农事租赁合同和农业教育科研等。1960 ~ 1962 年颁布了《农业指导法》（被认为是农业基本法）、《合作法》、《市场法》和《商业法》等。法律旨在实行土地集中化，以利于实行农业改革和工业化以及使工农业协调发展。1967 年颁布了《农业合作社调整法》，这些法律、法令保证法国实现了农业现代化。

（四）环境保护法

环境保护法，是法国的一个新的部门法。法国经历了从防止公害法逐步向管理和养育的环境保护法的发展进程。1917 年 12 月 9 日《危险等设备管制法》规定了对环境影响进行评估的制度，以及对公害进行事前调查制度和强行设置防害设备制度。第二次世界大战后，除以一系列的经济法规规定了环境保护的内容外，还有许多单行法规，如 1961 年的《空气污染防治法》、1975 年的《废弃物处理法》和 1976 年的《自然保护法》等，由此完善了环境保护制度。新世纪法国掀起了一场环境立法，如 2000 年的《环境法典》、2004 年的《环境宪章》、2009 ~ 2010 年的《综合环境政策与协商法》。

二、社会立法

法国社会立法是伴随着各种社会主义思潮和 19 世纪中叶产业革命后工人阶级力

量增强而产生和发展起来的。早在法国大革命时期，就制定了有关工人的立法，如限制工人工资的法令，并保留了 1791 年的《列·霞白利法》。19 世纪上半叶，由于工人运动的高涨，法国制定了一些有关工人劳动的立法。1813 年政府法令规定矿业部门的雇主要对工伤事故提供救济。1841 年立法禁止 9 岁以下童工做夜工，12 岁以下童工每天工作限制为 8 小时，16 岁以下的限制为 12 小时。1848 年巴黎公社时期进行了大量的社会立法，承认了工人有组织团体的权利，同时还颁布了废除包工制和缩短工作日的法令，改革了工薪制度，降低了工薪，提高了低薪，承认工资额的差别。19 世纪末 20 世纪初法国社会立法集中在承认工会合法、规定实行 8 小时工作制、禁止妇女儿童夜间劳动以及实行社会保险等。1864 年废除了大革命时期颁布的关于禁止结社和罢工的立法；1884 年法律允许成立工团联合会；1894 年的《强制退休法》规定工人退休金由雇主和工人按比例交纳，由国家退休金管理局统一管理；1898 年颁布了《工伤保险法》并设立相关管理机构。1898 年的法律允许成立互助团体，到 1901 年的法律基本上实现了组织联合会的自由。1892 年禁止使用 13 岁以下的童工。1901 年成立了社会立法法典化委员会，着手制定劳动法典。1921 年，国家提出了《社会保障法议案》，1928 年该议案获得通过，于 1930 年施行。1936 年人民阵线成立后，进行了一系列的社会改革，如调整劳资关系，订立集体合同，承认工人加入工会的权利，提高工人工资，规定由雇主、职工会代表和地区工商代表组成混合委员会，协商签订集体合同，有关劳资纠纷由劳工部长解决；又如关于工资工时，规定每周不得超过 40 小时的工作，凡受雇满 1 年以上者得享受保留工资的 15 天假期。

第二次世界大战后，各国政府都倡导福利政策，法国也实行福利国家政策，在原有的社会保障法律制度的基础上，在立法方面作了进一步的完善。1945 年根据全国抵抗运动委员会的共同纲领，制定《社会安全法》并通过了一系列有利于工人和广大人民的社会政策和劳工政策，规定了家庭津贴、社会保险、奖励生育、15 天带薪休假以及缩短工作时间等，还在企业设立由工人代表组成的企业委员会。同时，还制定有关社会保障的法律，规定享受社会救济和补助是公民的权利。到 1950 年法国通过了几项关于集体合同的法律；1952 年通过了物价上涨与工资浮动比例的法律，以保障通货膨胀中职工的稳定收入；1956 年提出了《社会保障法典》，到 1968 年正式确立了社会保障制度，内容包括家庭补助、疾病、老年、失业、死亡等保险，而且，也开辟了多渠道的社会保险资金的来源。法国的社会保险法始于 20 世纪 30 年代。保险内容包括对老、病、残、产妇和失业工人的保险，凡依劳务合同受雇的法国人或外国人都享有保险权利，主要有雇主交纳的社会保险税、投保人交纳的社会保险税、国家和地方财政补贴及其他经常性收入。1972 年立法国家又加大财政补贴的力度，对失业者和残疾人的保险补贴完全由政府承担。"新社会运动"进一步促进了社会立法，规定凡年满 60 岁、缴纳保险金 150 季度（37 年半）的都可以领取等于基本年薪的 25% 的年金；死亡保险可使家属获得一笔等于死者 3 个月工资收入的死亡赠款；工伤事故造成的损害也由保险支付赔偿，治疗全部免费，如暂时不能工作，每天可以领取相当于工资 50% 的补助金，永远残废者可领取规定的年金。工伤事故死亡者的家属也可以根据他的工资基数领取年金。从 20 世纪 50 年代始，法国就实行了最低工资制和失业保险制度。法国的家庭补助始于 20 世纪 30 年代，从其产生至现在，已经成为发达国家中比较具有代表性的一项社会保障制度，其特点为：名目繁多，主要有一般家庭补助、家庭补充补助、胎儿补贴、产妇赠款、残儿教育补助、孤儿补助、单身家长补助、开学补助、住房补助和家庭最低收入补助等，雇主负担补助所需费用。到 20 世纪 90 年代，法国的社会保障制度非常健全，可谓从"摇篮到坟墓"。

■ 第六节 刑 法

一、1810 年《法国刑法典》

1810 年《法国刑法典》是在拿破仑的主持下制定的，它与《法国刑事诉讼法》同时由一个起草委员会负责进行。草案于 1804 年曾提交国王参政院讨论，后于 1808 年和 1810 年间分别交各法院征求意见。经过 10 年的起草、讨论与修改，《法国刑法典》于 1810 年 2 月 12 日颁布，于 1811 年 1 月 1 日起正式施行。

1810 年《法国刑法典》的内容特点主要有：

1. 在结构体例上，《法国刑法典》共四编，484 条，以总则为先导，第一编关于重罪、轻罪之刑及其效力，第二编关于重罪、轻罪之处罚、宥恕与刑事责任，第三编关于重罪、轻罪及其刑罚，第四编关于违警罪及其刑罚。这种模式成为以后大陆法系国家刑法典的基本体例，它对犯罪的分类即重罪、轻罪和违警罪被世界各国普遍接受。

2. 在立法技术上，《法国刑法典》体现了拿破仑法典编纂的一般方法和风格，但无法与民法典相比。特点有：总则不及分则发达；注重原则的实际运用，而不追求对其理论上的概括；条文简明，将同类犯罪都规定在相邻的条文内，而不顾及这些犯罪的罪行程度和刑罚是否相近。同时，规定了大量的加重情节。

3. 在立法原则上，《法国刑法典》基本贯穿了法律面前人人平等、罪刑法定主义、罪刑相适应、法不溯及既往等资产阶级启蒙思想所力主的刑法原则。采用自由刑，强调处罚平等。它严格维护了资产阶级人身、财产不受侵犯，维护了资产阶级政治经济统治秩序。《法国刑法典》第 4 条规定："不论违警罪、轻罪或重罪，均不得以实施犯罪前法律未规定的刑罚处之。"

4. 在内容上，法典显然受到了当时流行的刑事古典学派客观主义理论和边沁功利主义思想的影响，同时也继受了传统的刑法制度以及巩固革命成果的需要，有着封建性、威吓性和残酷性以及客观归罪和报应刑的特点。在犯罪方面，某些内容违背了"罪刑法定主义"原则，如"流氓罪""游民罪"和"乞丐罪"等的规定显然实行的是"有罪推定"。在定罪量刑方面，对每种犯罪规定了刑罚的最高限和最低限，对某些犯罪还规定了两种不同的刑罚，给予法官以有限的自由裁量权；重视犯罪行为，有行为就有责任，无行为即无责任；没有区分既遂犯与未遂犯、主犯与从犯的刑罚；对预备行为不追究；法典的封建性和残酷性体现在：维护皇权，广泛适用死刑，重新采用无期刑，采用许多封建性的残酷的肉刑，如残害肢体和侮辱性的刑罚。法典对罪过、错误、紧急避险等未作规定。刑法典的制定者确信：对待犯罪，"应当通过其受到的惩罚使人更多地产生惧怕，而不是因犯罪每有得手，每有所获，使人徒生企望"，认为有进行"一般防卫"的必要，就采用威慑的手段，甚至恢复了在罪犯身上打烙印、戴铁颈圈、捆绑在示众柱上公开示众等肉刑，同时恢复了对杀害尊长者之罪犯，在执行前先剁掉手的刑罚。

1810 年《法国刑法典》的历史地位及其意义在于：它是法国大革命的重要成果之一，基本上贯彻了资产阶级刑法原则，体现了人道主义精神；无论从其内容或立法技术上说，都可以称得上是资本主义早期社会的一部具有代表性的法典，对近代资产阶级刑事立法具有重大影响；它的颁布标志着拿破仑法典体系的完成，积极地促进了法国自由资本主义的发展。

二、19 世纪刑法典的修改及刑事立法

19 世纪中叶后，伴随着自由资本主义的发展和新的刑法学派的问世，1910 年《法国刑法典》也处于不断修改以适应社会需求的阶段。较大的修改共进行了两次：第一次是 1832 年 4 月 28 日的修改，此次修改是在自由主义运动的影响下由七月王朝进行的，修订了 90 个条文，主要内容是减轻刑罚的残酷性，如规定死刑只适用于 9 种犯罪，废除了肉刑和没收财产刑，减少了酷刑，增加了法官的酌情减轻之权，弥补了法典的不足，严格区分了主犯与从犯和重罪的既遂与未遂，同时加重了对公务人员侵犯公民住宅、通讯的犯罪的处罚。这次修改以求达到刑法价值的公正与功利的平衡。第二次是 1863 年 5 月 19 日的修改，此次涉及 65 个条款，主要内容是再次减轻刑罚、规定对政治犯适用特殊的刑事制度、增补了累犯的规定和一些新的犯罪种类，如强索贿赂罪等。1848 年宪法取消了对政治犯科处死刑的规定。1854 年废除了政治犯"民事死亡"的刑罚，制定了在殖民地执行强迫劳动的制度，以实行"以土地改善人，由人改善土地"。此外，在 19 世纪末，因受实证主义法哲学的影响，还以单行法的形式对法典作了补充修改，如 1885 年 5 月 27 日的《累犯惩治法规》对不可救药的累犯采取放逐国外的措施，作为附加刑，即对某些种类的累犯实行具有保安性质的"流刑"（如放逐到圭亚那）作为从刑，以加强对累犯的惩治和预防。同时，第 19 条规定了"禁止居留"，将某些被判刑的人排除出某些公共场所，同年 8 月 14 日的《累犯防止法》规定了假释。据此，无需总统的特赦令，也可将刑期的执行减少一半。1891 年 3 月 26 日关于减轻和加重刑罚的法律规定了缓刑。据此，对初涉的、被处以监禁的犯罪人给予缓期执行，但对道德低下的累犯则加重刑罚。20 世纪，法典仍处于不断修改中，如 1912 年法令规定对未成年犯实行"再教育措施"，而且这种对法典的修改是伴随着新的法典的起草工作进行的。

三、20 世纪法国刑法的发展

20 世纪初，法国政局较平稳，于 1901 年以法律形式废止了非法结社和集会罪。两次世界大战期间，政局动荡，1934 年、1935 年颁布的法律又对集会、结社作出严格限制。1939 年法国恢复了 1848 年宪法废止的政治犯死刑，并对"侵害国家外部安全之重罪"作了重大修改。1944 年法国对战后审理叛国分子作了规定。伴随全球范围内的刑法改革运动，法国于 1945 年建立了刑法改革委员会，提出了刑法改革法案，并颁行了大量的刑事法规。1947 年立法加强了对罢工的镇压。1950 年的《反怠工破坏法》规定罢工为妨碍国家安全的行为。1955 年法令关于"禁止居留"的新规定，缓和了原刑法典的该项规定。1958 年宪法规定，违警罪不再属于刑法立法范围，由行政法加以规定。1972 年法律规定服刑允许监外执行、半自由和许可外出。1975 年法律还规定假释须经过半自由刑，并规定可以将附加刑、从刑、违警处分、禁止从事某种职业活动、没收或吊销驾驶执照等作为主刑判处，以减少自由刑的适用。此外，受社会防卫思潮的影响，对被害人的权益予以一定的法律保护。1970 年的法律要求犯罪嫌疑人提供一定的担保以赔偿因犯罪所造成的损失。1977 年、1978 年和 1990 年法律规定对某些犯罪被害人实行国家赔偿。1981 年 9 月 18 日通过了《废除死刑法》，废除了死刑。此外，还通过宪法委员会的宪法解释使一些刑法原则的含义更加明确和更符合现代社会，如法不溯及既往的原则，按照《人权宣言》和 1810 年《法国刑法典》的规定，除非根据在犯法前已经制定和公布的且系依法施行的法律之外，不得处罚任何人，也就意味着，刑法仅仅或绝对适用于在其生效之后发生的犯罪行为，但是宪法委员会认为，不溯及应是在新法刑罚重的情形下发生的，如果未经判决的旧罪依据新刑法可以减轻处罚的话，不管行为发生在何时，当适用新法。而且，于 1982 年将这一原则扩大适用于一切具有处罚性质的制裁中。1983 年通过了加强保护犯罪被害人的法律。1986 年关于打击恐怖犯罪的法律，确定了将采取适用于此种特殊犯罪的管辖规则和特殊程序。同时，也采取了一些"非刑法化"和"非罪化"的制度与措施，如 1975 年的法律废除了将通奸与姘居行为定为犯罪的规定，在怀孕 10 周内的堕胎行为视为合法。1980 年法律减轻了强奸罪与伤害风俗罪的刑罚，并废除了刑法典中规定的与未成年人发生同性恋属于犯罪的规定。

四、1994 年《法国新刑法典》

法国新的刑法典始于 1931 年的《法国刑法典改革草案》，并于 1934 年提交国民议会讨论，但没有结果。根据 1974 年 11 月 8 日和 1975 年 2 月 7 日法令，法国司法部长决定成立刑法修改委员会，该委员会于 1976 年 7 月提交了一个关于总则部分的预草案，经修改后于 1978 年 4 月公布，受到了当时的一些批评。1983 年 6 月在司法部长巴旦代尔（时任刑法修改委员会主席）的主持下提出了一个有关刑法总则的新草案，后又着手起草分则，并于 1984 年、1986 年和 1988 年曾提交审议。1989 年 2 月起，法国议会开始审议新刑法草案，由于两院意见不一，直到 1992 年 7 月 22 日新刑法典才以四个法律的形式予以颁布。为保证新刑法的实施，1992 年 12 月 16 日又颁布了一项刑法实施法，将刑法的生效时间定为 1993 年 9 月 1 日，但该生效日又被 1993 年 7 月 19 日法律修改为 1994 年 3 月 1 日。自 1994 年 3 月 1 日起，新刑法典在全法国实施，取代了 1810 年《法国刑法典》。

1994 年《法国新刑法典》的体例编排包括立法与条例两大部分，附有两项重要通知。法典的条文序号是卷、编和章。立法部分包括总则以及有关各种重罪与轻罪的规定，共分五卷，其内容规定依次为：总则（法定原则、责任与刑罚）；侵犯人身之重罪与轻罪；侵犯财产之重罪与轻罪；危害民族、国家与公共安宁的重罪与轻罪；其他重罪与轻罪。条例包括经最高行政法院提出资政意见后颁布的法令。自 1810 年《法国刑法典》实施以来，颁布了不少刑事法律法令，总体上这些法律规定都纳入了 1994 年《法国新刑法典》，但也有一些法律法令规定通过整理归入其他方面的立法之中，如《公共卫生法典》《交通法典》《劳动法典》《城市规划法典》《消费法典》及《知识产权法典》。

1994 年《法国新刑法典》是继 1810 年《法国刑法典》后法国刑法发展、改革的集大成者，其突出的特点是：①法典体现了刑法发展的历史延续性，反映了时代性和创新精神，如保留了资产阶级刑法的基本原则和精神以及编纂体例、传统术语、概念、犯罪分类及一些刑法制度，如保留了对监禁刑的替代刑罚。②对犯罪依其严重程度分为重罪、轻罪和违警罪；对犯罪构成的主观要件加以明确规定；扩大了轻罪处理范围；扩大了某些犯罪的惩治范围；增加了一些新罪以适应当代社会的需要，也取消了某些犯罪如妇女自行堕胎罪；等等。③在分则中体现了对人权的重视，将对人的保护放在最前面即人的生命优先于财产。这与 1810 年《法国刑法典》有很大不同，主要由于两部法典因时代的不同而确立的刑事价值上的优先性不等。④规定了法人刑事责任，同时确立了正常的刑罚等级，并对某些刑罚内容作了明确具体的规定。在制裁上实行的是刑罚（剥夺自由和罚金）与保安处分"二元规定"。[1]

2004 年以来，法国进行了较大幅度的减刑，规定了多样化、独立适用且刑期可叠加的减刑种类如信用减刑、额外减刑、有条件减刑和特别减刑。

■ 第七节 司法制度

法国有关司法制度的立法始于封建时期，其诉讼制度源于以罗马诉讼法和日耳曼诉讼法为基础的中世纪教会诉讼法。在封建社会，法国已有独立的法院系统，即王室法院、领主法院、教会法院和城市法院，后来设立了终审法院即巴黎高等法院及其所属的省高等法院。在诉讼程序上，是先适用控诉式诉讼，后采用纠问式诉讼

---

[1] ［法］卡斯东·斯特法尼等：《法国刑法总论精义》，罗结珍译，中国政法大学出版社 1998 年版，第 447 页。

(inquisitorial system)，前者是民刑案件均由原告提起，国家司法机关不主动追究，在法庭上原告与被告双方平等地进行辩论，法庭根据辩论所证明的事实作出判决；后者是案件由国家机关主动追诉，以刑讯逼供获取证据，实行形式主义的证据原则。在 17 世纪即路易十四时期，于 1667 年和 1670 年分别颁布了《民事诉讼法令》与《刑事诉讼法令》，这两个法律是封建社会末期比较完整的诉讼法，代表了法国革命前诉讼法律制度发展的最高成就，充分体现了封建诉讼制度的特点，可以说是法国近代诉讼制度的母体。

18 世纪资产阶级革命在彻底摧毁了旧的法律制度的同时，也对旧的司法制度进行了改革。在拿破仑时期颁布的五部法典中，就有 1806 年的《法国民事诉讼法典》与 1808 年的《法国刑事诉讼法典》。这两部法典对许多国家的诉讼法典产生了影响，为大陆法系诉讼制度的建立奠定了基础。

一、法国民事诉讼法典

(一) 1806 年《法国民事诉讼法典》

基于 1667 年《民事诉讼法令》，法国于 1806 年制定并于次年 1 月 1 日颁布实施了《法国民事诉讼法典》。法典共两卷 1042 条。上卷有关于法院程序，共五编，分别规定了法院体制和民事诉讼的管辖、审级和执行。法院由治安法院、初审法院、上诉法院和最高法院组成，一般民事案件实行四级三审终审制。同时，还详细规定了起诉、受理、传唤、证人、鉴定人、回避、辩护、调解、诉讼费用的收取、判决的特别方法及判决的执行等。下卷是关于各种诉讼程序的规定，其中包括三编，规定开始的程序、仲裁程序、共同规则等，如对夫妻之间的财产纠纷、分居、离婚以及禁治产人等人事诉讼程序作了具体规定。

法典的特点有：①实行诉讼自主原则，规定民事案件一般由当事人提起诉讼。同时，也体现了保障当事人诉讼权利平等的原则。②规定国家机关在某些情况下应干预诉讼。如果案件关系国家安全、政府、国家土地、房产、人身安全以及因法院判决不公正而引起的诉讼时，法院须报告检察官，由检察官行使干预权。③对维护债权人的利益作了详细的规定，如法典以相当的篇幅规定了以债务人的财产清偿债务的问题，当债务人拒不履行义务时，债权人有权要求法院扣留债务人，并规定了具体的程序。④在立法技术上，该法典缺乏法国民法典那样的创造力和想象力，即理性思考差一些。法典的大部分内容都是来自于 1667 年《民事诉讼法令》，依然继受了许多充满形式主义、成本高昂的程序制度，以至于是一部"在它诞生之时就已经过时的法典"。[1]法典内容庞杂，体现了罗马法和教会法的理论与制度，也有日耳曼法的内容。总之，其影响力远不及民法典，也无法与严密精细的德国民事诉讼法典相比。当然，法典反映了大革命的思想即当事人主义，保障了当事人平等的诉权和诉讼的自由。1806 年《法国民事诉讼法典》施行了长达 170 年之久，期间经历了

---

[1] 〔法〕罗杰·佩罗："法国民事裁判法"，若林安雄译，载〔日〕《近大法学》第 35 卷第 1、2 号。

若干次修改。

（二）1975 年《法国新民事诉讼法典》

1969 年根据政府命令，成立了新民事诉讼法典修改委员会。经过 6 年的时间，新民事诉讼法典于 1975 年 12 月 5 日公布。1976 年 1 月新民事诉讼法生效后，对其的修改一直在进行。1977 年修改了裁判文书的收费制度，免除了当事人交纳裁判文书费用的义务；1979 年明确规定了占有权诉讼，并修改了破弃上告程序；1980 年增加了仲裁制度；1981 年又颁布了新民事诉讼法典的第二卷和第三卷；1991 年和 1992 年法令对执行程序作了修改。可以说，现行法国民事诉讼法典是旧民事诉讼法与新民事诉讼法的合并。

根据 1991 年法国司法部和司法法政调查部编写的《注释法国新民事诉讼法典》，法国新民事诉讼法典共有三卷 1490 条。第一卷是关于所有法院的共同规定，相当于法典的通则，主要规定了民事诉讼的基本原则、管辖、证据制度、诉讼参加、辩论程序、诉讼中止、诉讼终结、判决、上诉、再审和执行等内容。第二卷是关于具体适用于各个法院的不同程序的特别规定，主要规定了大审法院、初审法院、商事法院、劳资纠纷调整法庭、农村租约对等法庭、上诉法院、最高法院等所适用的不同程序。第三卷是关于人身案件的特别程序，如婚姻关系的案件、亲子关系的案件、收养关系的案件和监护关系的案件等的程序。

1975 年《法国新民事诉讼法典》很有特色，其基本特点是：①在其形成上，是在对 1806 年《民事诉讼法典》的不断修改的基础上成就的；②在其结构上，是一般规定与特殊规定、抽象与具体的双重结构体系；③在其模式上，实行的是当事人主义，诉讼的主导权在于诉讼当事人，如对审原则，即法院的裁判须以当事人双方的辩论为基础；④在其内容和制度上，有特色的如民事裁判机构的多元化和程序多元化、诉权的制度化和具体化、事前程序与审理程序的分离、书证优先原则、审级的多元化、紧急审理程序的设置；等等。

二、法国刑事诉讼法典

（一）1808 年《法国刑事诉讼法典》

1808 年 12 月 16 日公布的法国刑事诉讼法典由总则和两编组成，共 643 条，其主要内容特点为：

1. 法典兼采纠问式与控告式的诉讼程序，表现在法院庭审前的纠问式和庭审时的辩论式。在重要法庭上，实行庭审公开和不间断原则。审判长控制和指导庭审，"审判长享有自由裁量权，可以凭自己的荣誉和良心，采取自己认为有助于查清真相的任何措施。如果需要，他可以代表法庭裁决第 316 条（即一切有争议的事项）规定的事项"（第 316 条）。在庭审中，证据的提交和法庭辩论类似英美法系的做法，也实行宣誓作证、交叉询问和最后陈述，只是评议并作出决定是由全体法官和陪审员通过书面表决进行的。

2. 确立了起诉、预审和审判职能分立的原则，即检察机关行使起诉权，预审法官行使法院开庭前的审判权，包括收集犯罪证据、认定犯罪事实及其性质，审判法官独立行使审判权；规定一事不再理的原则。

3. 将犯罪分为违警罪、轻罪和重罪。犯罪的分类决定了审判管辖，即按照法定刑来划分法院的案件管辖。凡是刑事案件按照不同的案件类别分别由违警罪法庭、轻罪法庭和重罪法庭受理。

4. 在审判程序上，实行两审制与合议制以及对重罪案件实行陪审制。重罪法庭设在巴黎和各省，一年开庭 4 次，是法国唯一设陪审团审理的刑事庭。审判庭由审判长 1 人、法官 2 人和陪审员 9 人组成。重要法庭审理的刑案必须是经过两级预审后起诉的。

5. 确立了自由心证证据制度。法典规定，在各级各类刑事法庭中，"罪行可通过各种证据予以确定，法官根据其内心确信判决案件"（第 427 条），并且规定要求张贴和宣读下列训示：法律并不考虑法官通过何种途径达成内心确信；法律并不要求他们必须追求充分和足够的证据；法律只要求他们心平气和、精神集中，凭自己的诚实和良心，依靠自己的理智，根据有罪证据和辩护理由，形成印象，作出判断（第 342 条）。这一刑事诉讼中普遍遵守的证据原则被其他大陆法系国家普遍采用。自由心证虽然是一个进步的原则，但同时也为法官的主观擅断提供了便利。

6. 法典的许多内容和制度来源于 1670 年的刑事诉讼王令。这部法典在法国沿用了一个半世纪，最早的修改始于 1830 年。1856 年修改扩大了预审法官的作用。1879 年，当时曾提交了一个草案，但因两院意见相左而流产。1930 年起在修改刑法典的同时也开始修改刑事诉讼法典，并于 1938 年拿出了修改草案。第二次世界大战后，对这部法典的修改再次提到了日程上。1949 年重新公布了 1938 年草案。1953 年建立了以总检察长安东宁·贝松为主席的修改委员会，经过十余年的起草、讨论和修改，于 1958 年底完成并陆续颁布，于 1959 年 3 月 2 日开始实施。对海外领地则于 1962 年 3 月 1 日始生效，该部法典自实施后仍修改不断。

（二）1958 年《法国刑事诉讼法典》

1958 年《法国刑事诉讼法典》，又称《法国新刑事诉讼法典》，是在经过对 1808 年《法国刑事诉讼法典》近 5 年修改的基础上重新颁布、于 1959 年 3 月 2 日实施的，是法国现行刑事诉讼法典。它分卷首和五卷，共 802 条。卷首为公诉和民事诉讼，第一卷为提起公诉和进行预审，第二卷有关重罪法院、轻罪法院和违警罪法院的审判管辖及其审判程序，第三卷为非常上诉的途径，第四卷为特别诉讼程序，第五卷为执行程序。新法典保留了旧法典中的基本原则和不少的制度，如预审程序、审检合一、刑事程序可附带民事请求和重罪陪审等。同时，也适应社会发展的需求和新精神规定了许多新的原则和制度，如其基本精神是消除纠问式的倾向，强调法治和加强司法民主、对诉讼中人权和自由的保障，便于查明事实、提高审判效率及避免错案等。新法典自实施以来又经过多次修改，其修改的技术是在原有的条款框架内进行，即凡被修改的条文均用括号注明修改的年月日和根据第几号法令修改或废止的。特别值得一提的是，新增加了有关经济和金融犯罪、恐怖犯罪、毒品犯罪及法人犯罪等方面的特殊规定，如根据 1995 年 2 月 8 日的法律，对于严重恐怖犯罪和毒品犯罪的追诉时效延长为 30 年（原重罪为 10 年），轻罪为 20 年（原轻罪为 3 年）。

三、司法体制

（一）司法部

作为司法行政机关，司法部的主要职能是：①负责法院的司法行政事务，如对法官及其他司法人员的招聘、任用、调配、管理等人事以及有关规章、条例的制定等工作；②领导管理检察机关；③负责民事、民事诉讼法的立法、不动产权立法、土地法立法等立法工作；④管理公证、律师等法律职业团体且为其制定职业条例；⑤负责对外法律交流及国际司法协助等；⑥参与刑事立法工作和大赦活动；⑦负责刑事执行和狱政管理工作；等等。

（二）检察机关

法国检察机关隶属于司法部。实行审检一体制度，即各级检察机关派驻在各级法院内。按照法院的层级相应设立最高法院检察院、上诉法院检察院、大审法院检察院等。最高法院检察院只对司法部负责，与上诉法院检察院和大审法院检察院不存在领导关系。上诉法院检察院对其辖区内的下级检察院实行直接领导。巴黎上诉法院检察院负责全国有关恐怖犯罪的案件、有组织犯罪案件以及国际刑事司法协助案件。法国检察机关的主要职能是：负责刑事案件的侦查；负责公诉；负责监督和执行判决。

（三）宪法委员会

依据《1958 年宪法》，法国于同年建立宪法委员会。按照宪法第 58 条和第 61条的规定，该委员会的职责主要是行使违宪审查权，审查国会和行政机关通过的法律、法规是否合乎宪法，以及监督总统、国会议员选举、监督公民投票并宣布最终结果等，此外，还充当总统的法律顾问。宪法委员会裁决违宪案件，采取事前审查制。对于宪法类法律和经公投通过的法律，宪法委员会无权进行合宪性审查。宪法委员会的地位高于法国最高法院，其就合宪性审查所作出的法律裁决对于公共权力机构、一切行政机关和司法机关具有强制执行力，是终审裁决。宪法委员会由固定成员和非固定成员组成。固定成员是历届前任共和国总统，非固定成员由 9 名法律专家型委员组成，任期 9 年（每 3 年更换其中的 1/3），不得连任。其中，3 名委员由总统任命，3 名委员由国民议会议长任命，3 名委员由参议院议长任命。各委员是独立的，不具有任何政治色彩。宪法委员会对于确保法国法律的统一与尊严、对法国总统权力的限制发挥了重大的作用。

（四）权限争议法庭

由于司法系统的双轨制这一事实，管辖权限冲突问题是难免的，法国便于 1848年设立权限争议法庭（曾在 1851 年政变中被撤销，1872 年重建）。权限争议法庭由

9 名法官组成：司法部长为主席、最高法院和最高行政法院各出 3 名法官、上届争议法庭的成员 3 名，任期为 3 年，其中主席的任期随政府换届或更替而改变。权限争议法庭依法得处理以下四类冲突：积极性权限冲突、消极性权限冲突和裁定的冲突及事前征求意见的冲突。

1. 积极性权限冲突。当普通法院认为自己有权审理某项争端，而行政法院则坚持该争端不属于普通法院管辖范围时即产生权限的积极冲突，其目的在于保护行政机构免受普通法院的侵权。

2. 消极性权限冲突。当行政法院和普通法院对同一问题都宣称无权管辖时会产生权限的消极冲突，其目的在于保护诉讼人，防止普通法院拒绝履行职能。

3. 裁定的冲突。为了保护起诉人免受拒绝审判的危险，该危险来自于两个审判机构对案件内容判决的矛盾性，这种程序在"罗泽"案后由 1932 年 4 月 20 日的法律设定。[1]

4. 事前征求意见的冲突。当考虑到审理某一案件会遇到严重困难，而且可能发生权限冲突时，可以预先征求争议法庭的意见，以便使审理得以迅速进行。

（五）法院组织

法国的法院系统很复杂，一是双轨制的，即司法审判权是分割的，处理刑事、民事案件的普通法院系统与处理行政案件的行政法院系统是彼此分立互不相属的。普通法院属于司法机关，而行政法院属于行政系统。二是普通法院系统一般由最高法院、上诉法院（包括重罪法院）、基层法院（包括初审法庭和大审法院）组成，但事实上，其实际的结构和体系往往不易分辨，有大审法院、初审法院、商事法院、劳动法院、社会保障法院、农事租赁法院、违警罪法院、轻罪法院、预审官法院、追诉法院、重罪法院、上诉法院和最高法院等。法国的法官是职业型法官，通过资格考试后由政府任命，而行政法院系统较整齐，由最高行政法院、上诉行政法院和行政法庭组成。三是还有许多用以处理轻微的民刑事案件和纠纷的非正规法院，如民事仲裁所，在每个专区都设立一个；每个市区都有一个处理类似案件的法官，事实上，类似英国的治安法官，叫公共治安官，大部分较轻微刑民商事的案件都在这里处理。

1. 普通法院。

（1）基层法院，由初审法庭和大审法院组成。①初审法庭，其司法审判管辖权

---

〔1〕　"罗泽"案（Rosay）中罗泽因在一次军车与私人汽车相撞的事故中受伤，他先后向民事法庭和行政法院起诉，要求赔偿。民事法庭认为损害由军事车辆的过错引起，应由国家赔偿，驳回了诉讼；而行政法院认为，损害由民用车辆的过错引起，也驳回了诉讼。在这一案件中，两个法院系统都有管辖权限，都在其正当权限内作出判决。然而，两个判决是相冲突的，受害人得不到救济，故产生了 1932 年 4 月 20 日的法律设定。依据此法，罗泽在法定期间向权限争议法庭起诉，请求法庭撤销原来两个判决，就实质问题作出最后判决并最终解决争端。这一案件的法律意义就在于扩大了权限争议法庭的管辖范围，较全面地保护了当事人的权益。

限是审理小额经济案件、普通民事案件和违警罪，设在专区、市区和乡镇，全国共有 455 所，不服判决的，可向上诉法院上诉。原则上，其管辖范围被限制在涉及民事债权争议、动产争议的案件、交通事故以及有关不动产的占有权诉讼，其权限规定只受理标的小于 1 万欧元的民事案件，也审理数额在 2 万欧元以下的消费信贷。初审法庭审判实行的是简易诉讼程序，不设陪审，可以不委托律师代表诉讼，注重和解制度。实行独任法官制。②大审法院，审理诉讼标的较大或案情较复杂的民事案件以及轻罪案件，大多设置于大城市，是地区性的，全国共 172 所，不服大审法院的判决，可向上诉法院上诉。大审法院在民事上具有普遍管辖权，与初审法庭分享民事管辖权，其民事管辖权主要是：1 万欧元以上的普通民事纠纷以及一些专项案件，如关于不动产所有权的诉讼；涉及身份关系或行为能力的诉讼；关于发明专利证书确认的诉讼；关于承认与执行外国法院判决和仲裁裁决的案件；等等。总之，较大的民事争议案由大审法院管辖。实行合议庭，无上诉管辖权。

（2）上诉法院，是普通刑事、民事案件的上诉审级，有权直接审理重大的民事案件和刑事案件，全国共有 33 个。上诉法院实行的是单一的专门上诉法院体制，所有上诉案件都必须提交到上诉法院，而不论是普通法院还是专门法院。而且，上诉审完全是对所诉案件的再审，针对的是法律和事实问题，实行合议审理制。重罪法庭设在上诉法院内，专门负责重大案件，不服重罪法庭的判决，还可上诉到上诉法院，由新组织的审判庭审理。

（3）最高法院，是法国普通法院系统的最高审判机关，由院长、庭长、法官、调查法官、调查官、检察官和书记官构成，共约 100 名法官。它分为三个民事庭、一个商事庭、一个社会庭和一个刑事庭，实行合议制和刑事案件陪审制。最高法院受理任何法院或法庭的民刑事案件的上诉案件。它对上诉案件只审查适用法律是否适当，而不对原审法院的判决所基于的事实作出审理。任何生效的判决都可以向最高法院申诉，最高法院的审理是书面审查，而不开庭进行。

2. 商事法院。法国商事法院，在法国的司法系统中是一个非常独特的司法设置，其法官是一些无薪的非专业人员，这些人全部来自商业共同体，由这一共同体在其成员即商人中选举产生。当选为商事法院的法官，一般任职 2 年，故商事法院被认为是非职业法官组成的法院。法院由 3 名法官组成合议庭对商事案件进行公开审理，其上诉审级是普通民事上诉法院，国家最高法院是其终审级。商事法院的司法管辖范围主要有：所有有关商人间的诉讼；所有的有关商行为的诉讼；所有的有关商事破产的程序及诉讼；所有的有关商业公司之间的诉讼；所有的有关商事判决执行的诉讼。有关商事诉讼程序的内容在法国民事诉讼法典中作出了规定，商事法院诉讼程序的进行适用口头主义，但在法庭上大多准备了成文诉讼书，法庭采取合议制审理。依法有关商事案件的审前准备由报告法官进行。法国商事诉讼程序的具体类型，学者依诉讼对象为标准，分为四种类型：普通诉讼程序、紧急诉讼程序、申请程序及支付命令程序。就适用于商人的破产程序而言，1955 年 5 月 20 日法令规定了两个可供选择的程序：一个是普通程序，一个是特别程序，两者都由法院进行，破产及司法管理都由法院裁决。[1]总之，法国商事诉讼程序的主要特点是：简易、迅速、成本低和效率高，审理方式灵活，强调和解。

3. 行政法院。行政法院在法国行政法的产生及发展过程中所起的作用是至关重要的，正如英国的普通法的发展离不开普通法院一样，法国的行政法也是其行政法院司法活动的结果。法国行政司法组织体系，由普通行政法院和专门行政法院组成。普通行政法院由自上而下的三级机构，即最高行政法院、上诉行政法院、行政法庭和行政争议庭组成。最高行政法院，又称国家行政法院，是法国行政司法系统的最高审级或终审级，自设立以来，通过其积极的司法活动和一系列里程碑式的判决，有力地促进了法国行政法的发展和自身地位的巩固与提高，它确保了依法行政并维护公民权利，成为法国依法治国必不可少的一个因素。最高行政法院组织结构是：4个行政厅和1个司法厅。行政厅负责有关行政立法等事宜，司法厅（也称诉讼厅）主要负责审理行政案件，它下设9个组。最高行政法院直接隶属于总理府，院长名义上由总理担任，实际上由司法部长代表总理出席特别重要的会议。最高行政法院的主要职能是：为政府提供咨询；审理行政案件；裁决行政司法系统内部管辖权事务；指导下级行政法庭的工作。就有关审理行政案件的职能有：初审管辖权；上诉审管辖权和复核审管辖权。上诉行政法院，依1987年12月31日的行政诉讼改革法而创设，这个改革法于1988年1月1日公布，1989年1月1日起实施。上诉法院设立的目的是减轻最高行政法院的负担。上诉法院共有5个，分设于法国全国各地（巴黎、里昂、波尔多、斯特拉斯堡和南特）。法院院长由最高行政法院的一名普通职最高行政法官担任。上诉法院依法只享有上诉审管辖权，在原则上可受理所有地方行政法庭的上诉案件。行政法庭，是法国本土和海外省的地方行政诉讼机构，称为地方行政法庭，它是由1953年以前的省际参事院演化而来的。法国共有33个地方行政法庭，其中本土26个，海外7省每省1个。地方行政法庭具有三大职能：审判职能、咨询职能和行政职能。地方行政法庭对地方行政案件具有初审管辖权。行政争议庭，也是法国行政司法系统中的基层法院，设在海外没有建省的领地内，其前身是1825年成立的总督枢密院，1881年才改称现名。随着海外殖民地的独立，现仅存瓦利斯群岛（Wallis）和马约特（Mayotte）的两个行政争议庭。专门行政法院只就某类特殊行政事项的纠纷拥有管辖权。专门行政法院数目繁多，名称不一，如审计法院、财政和预算纪律法院、补助金和津贴法院、战争损害赔偿法院及各种行业团体委员会。

此外，还有一个特别高等法院。特别高等法院是专门审理共和国总统关于叛国罪、政府成员渎职罪、危害国家安全罪的法院，它由最高法院成员和高级陪审员组

---

[1] See F. H. Lawson, A. E. Anton, L. Neville Brown, *Amos and Walton's Introduction to French Law*, Oxford, The Clarendon Press, 3rd ed. , 1979, pp. 343～344.

成，现有 24 名正式法官、12 名候补法官组成，按数目对等的原则，分别由国民议会的议员和参议院的议员担任。特别高等法院的判决是终审判决，不能上诉。

■ 第八节　大陆法系的形成及其特点

一、大陆法系的形成

大陆法系，又称民法法系、罗马法系、罗马－日尔曼法系、成文法法系或法典法系，是指以罗马法为基础而形成和发展的、有着共同法律文化传统或共同的外在表现形式的法律的总称。大陆法系是西方两大法系之一，其分布范围极为广泛，它首先产生在欧洲，以欧洲大陆为中心，扩展、遍及全世界广大地区，属世界性的法系，其主要代表是法国和德国。大陆法系渊源于古罗马法，后经 12～16 世纪的罗马法复兴、18 世纪资产阶级革命，最后于 19 世纪发展成为一个世界性的法系。有的学者主张大陆法系由法国支系与德国支系组成：前者包括拉丁语系各国，即法国、比利时、西班牙、葡萄牙、意大利等，后者包括日尔曼语系各国，即德国、奥地利、瑞士、荷兰等。实际上，除欧洲大陆国家外，属于或基本接近大陆法系的国家和地区还有：近东、亚洲、非洲及中、南美洲的一些国家和地区。此外，北欧各国即斯堪的纳维亚法律也接近民法法系。大陆法系是社会历史发展的产物，曾经历了长期的形成过程，并以 1804 年《法国民法典》和 1900 年《德国民法典》为代表形成了两个支系。

（一）大陆法系起源于古代罗马法

大陆法系的历史渊源可直接追溯至古罗马时期。在罗马法的"古典时代"即帝国时期，欧洲大陆许多国家和地区的法律都是以罗马法为主体的。罗马法是"商品生产者社会的第一个世界性法律"。[1]日尔曼人入侵后，在法律适用上实行的是属人主义的法律，即欧洲大陆进入了罗马法与日尔曼法并存发展的历史时期。当时，有"蛮族法典"，也有简明的罗马法法典，如在法国和西班牙有《西哥特罗马法》和《亚拉里克法律要略》。随着属地主义法律适用原则的日益取胜，发展中的曾以罗马法为主的欧洲大陆法已融入日尔曼法、地方习惯法、教会法等成分，成为一种以罗马法为主的混合法或大陆普通法。

（二）12～16 世纪罗马法的复兴是大陆法系开始出现的时期

中世纪罗马法的复兴标志着大陆法系的出现。12～16 世纪，随着海上贸易的活跃和商品经济的发展，西欧大陆经历了体现简单商品经济关系、作为私法基本法的罗马法复兴的过程。罗马法的复兴在世界法律史上是一次具有划时代影响意义的法律文化运动。当工业和商业进一步发展私有制的时候，详细拟定的罗马私法便立即得到恢复并重新取得威信。城市和商业的复兴所带来的全新的、复杂的社会关系和

---

〔1〕《马克思恩格斯选集》（第 4 卷），人民出版社 1972 年版，第 248 页。

物质利益的文明享受，促使社会意识到法律最能确保人类社会生存与发展所必需的秩序和安全，世俗社会应当以法为基础。这些思想在 12 世纪与 13 世纪成为西欧的主要思想，并从此在西欧无可争议地占有统治地位直到今天。社会的需求是第一位的，深解此道的 13 世纪的基督教哲学家圣托马斯·阿奎那在为基督教哲学寻找出路的同时也为罗马法"驱了魔"，使得罗马法能在 13 世纪之后的欧洲大陆颇为盛行。此时，各大学恢复了对罗马法的讲授、学习和研究，通过注释法学、评论法学和人文法学这些学派对罗马法极富成效的研究和传播，使得经历着这一运动的欧洲大陆国家和一些地区从法律的结构形式到思想内容全面继承了罗马法学，罗马法以共同的法律观念和制度将欧洲儿女联结在一起，从而为一个与以普通法为基础的英国法分野的大陆法系浮出水面并长久占领世界半壁江山创造了极为重要的条件。

（三）古典自然法学和法国革命为大陆法系的形成提供了思想基础和政治前提

如果说罗马法的复兴主要为大陆法系提供了模式和制度框架的话，17、18 世纪古典自然法学和法国大革命则为大陆法系的形成和发展贡献了思想理论和政治条件。古典自然法学是 17、18 世纪欧洲居于支配地位的人文主义法律思想，以其理性主义法学世界观及其思想理论为西方社会提供了法的精神和原则，成为近代大陆法系国家立法和法律实现的思想观念基础。法国大革命有力地推动了大陆法系的形成，集中体现古典自然法学和理性主义思潮以及大革命精神的《人权宣言》和巩固大革命成果的五部基本法典为大陆法系各国确立法律原则、制度、渊源和法律框架以至法律体系提供了一个基本模式，以至形成一个共同的法律文化传统。同时，各列强推行的殖民政策对大陆法系的形成及其势力范围的扩大具有不可忽视的作用。"由于殖民化的作用，罗马日耳曼法系赢得了非常广阔的地盘，在这些土地上今天还实施着属于这个法系或同这个法系非常接近的法。"

（四）19 世纪的法典化运动标志着大陆法系的形成与其后的世界性扩展

大陆法系的形成与各资本主义国家现代法律体系的确立密切相伴。自 1804 年法国民法典的诞生，整个 19 世纪在欧洲大陆各国普遍展开了一次前所未有的广泛立法活动，这一活动的基本形式就是编纂法典即所谓的法典化运动，如单讲民法典，此时有 1804 年法国民法典（至今仍适用于比利时和卢森堡）、1811 年奥地利民法典、1838 年荷兰民法典、1867 年葡萄牙民法典、1881 年瑞士民法典、1888 年西班牙民法典及 1896 年德国民法典。在法国六法的影响下，到 20 世纪初，欧洲大陆各国通过编纂法典先后建立了本国现代法律体系。德国六法的完成，特别是作为大陆法系的另一主要代表德国民法典的制定，是大陆法系进一步发展完善的标志。在法国革命的影响以及欧洲大陆各国殖民主义的推行下，17～19 世纪，大陆法的模式又被广泛传播于欧洲以外的世界其他地方，从而使大陆法系逐渐成为一个具有世界性影响的法系，在当代与以英国和美国为代表的普通法法系并称为两大法系。

（五）20 世纪大陆法系的发展

20 世纪后，随着资本主义自身的不断发展和完善和福利国家的出现，法律的发展受到了法律实证主义思潮和法律社会学的深刻影响。此时，大陆法系主要的发展变化是：公法与私法相互渗透，出现了一些公私混合法即社会经济法部门；分权原则发生动摇，授权立法或委任立法增多；判例的实际作用大大提高；西欧大陆各国法制发展日渐统一，两大法系相互吸收，日趋接近，欧盟法（在欧洲共同体法的基础上发展而成）的出现便是这种统一和接近趋势的集中表现，同时又加速了这种统一化的进程。

大陆法系通常被分为法国与德国两个支系，"由于编纂法典的时期不同以及在法律技术风格和态度上的不同，因而民法法系可分成法国或拉丁语支系，以及德国或日尔曼语支系"。实际上，法国法与德国法的共同之处是主要的，所不同之处主要表现在民法典上。法国民法典和德国民法典由于产生的时间不一，相隔近一个世纪，所以，两部法典在结构立法技术和风格等方面存在着区别，它们反映了两种思潮，即法国民法典体现了 18 世纪理性主义思潮，德国民法典是 19 世纪德国学说汇纂派的产物；它们代表了两个时代，即前者是代表自由资本主义时代以个人为本位的民法典，后者是代表垄断资本主义时代法律社会化理念的民法典，如在德国民法典的影响下，有 1898 年的日本民法典、1916 年的巴西民法典、1940 年希腊民法典、1942 年的意大利民法典，以及韩国民法典和中国国民党政府的民法典等。

二、大陆法系的基本特征

（一）罗马法构成了大陆法系的法学基础和各国法律体系基础

在法系起源及其形成发展上，民法法系发源于欧洲大陆，最初来源于罗马法，同时又是在罗马法的直接影响下于 13 世纪出现、19 世纪形成和发展起来的。罗马法构成了大陆法系的法学基础和各国法律体系基础。"罗马日耳曼法系在 12、13 世纪问世，与政权的肯定或某一最高权力机关实行的中央集权毫无关系。罗马日耳曼法系在这点上不同于英国法，普通法的发展是同王权的扩张与高度集中的皇家法院的存在相联系的……罗马日耳曼法系从来就只是以文化的共同性为基础而建立起来的。"[1]罗马法作为大陆法系的基础还表现在它为这些国家的法学体系和法律体系提供了对象、结构、形式、范围、词汇和方法。在勒内·达维德看来，它是一部全欧洲共同的学者法，它是经过欧洲各大学的努力才形成的，这些大学从 12 世纪以来，在查士丁尼大帝的编纂工作的基础上，发展了适合于近代社会条件、适用于一切法律的法学。选用罗马日耳曼这一修饰语就是为了向拉丁民族国家与日耳曼民族国家的各大学所作的这种共同努力表示敬意。欧洲各大学法学院一直学的是罗马法，直到 18 世纪才开始讲授本国法（英国大学亦然），而罗马法仍是必修的基础法学。

（二）制定法为主要的法律渊源

按照传统，大陆法系国家，一般正式的法律渊源只是制定法，具有制定法传统。除立法机关制定的宪法、法律、行政法规和条例等外，大陆法系各国一般不承认判

---

〔1〕　［法］勒内·达维德：《当代主要法律体系》，漆竹生译，上海译文出版社 1984 年版，第 39 页。

例（除行政案件外）的法律效力。但进入 20 世纪后，判例的地位和作用日益显著，如法国的行政法源主要是判例法，同时也是一个法典世界，其法律体系是以精致、系统化的法典为各法律部门的主干而构筑起来的。大陆法系在传统上以法典为其主要表现形式，即大陆法系各国对一些基本法律一般采用系统的法典形式，具有法典编纂传统。这些法典无论从结构、内容还是形式，理性化程度很高，极富逻辑性、明确、系统、具有很强的内在联系性。但在二战后，大陆法系各国对一些重要的法律部门，如行政法和劳动法，不采用法典的形式，而是采用单行的、较灵活的议会立法或行政法规。

（三）公法与私法之分是其法律的分类

因罗马法的历史传统和启蒙思想的理论基础，大陆法系的法律基本结构是以公法与私法之传统分类为基础建立的。传统意义上的公法指宪法、行政法、刑法以及诉讼法；私法主要指民法和商法。这一分类以法律确认国家主体在公法范围内活动以确保个人自由和权利的实现，而个人在私法领域内行事，个人财产和个人契约自由不受国家的侵犯和干涉。随着垄断资本主义的出现，国家权力的加强，在公法与私法之间产生了一些公私法兼具的法律部门，即社会经济法，如经济法、劳动法、工业产权法、社会保障法等。

（四）明确的法律条文为法官判案的出发点

在法律思维方式上，大陆法系的法官对法律的分析实行从一般规则到个别判决的演绎推理法，面对案件，他们首先考虑的是法律是如何规定的而不是问类似的案件过去是如何处理的？他们研究的是法典和政策而不是判例，法官只是忠实地执行法律，以法律条文为依据，运用三段论的推理形式，将法律条文正确地运用于案件事实中并作出判决。由此，排弃了判例法主义，杜绝了法官造法的可能性。在诉讼程序传统模式上，大陆法系倾向于职权主义，法官在诉讼中起积极主动的作用。

（五）采司法系统的双轨制，即设立普通法院和行政法院

传统上重实体而轻程序；在诉讼程序上是职权主义的，法官在法庭审判中起主导作用，尽管在现代有所改变；法官不是来自经过学徒式的训练、又经多年法庭磨炼的出庭律师，而是未经法庭洗炼的法学院学子；法官和律师的社会地位不及普通法系国家的高。同时，大陆法系国家在二战后建立了宪法法院或宪法委员会。

此外，在法律概念、术语上，也有一些不同。但是，在现代处于不断演变过程中的两大法系，其发展趋势是相互融合，日益靠拢。

■　思考练习

一、关键术语

《人权宣言》；《雅各宾宪法》；《戴高乐宪法》；《法国民法典》。

二、思考题

1. 法国资产阶级法律体系是如何形成、发展的？有何特点？
2. 评述《人权宣言》的历史地位及其意义。
3. 试析现代法国宪政制度的近代渊源。
4. 法国宪法在其形成发展过程中有何特点？
5. 评述法国行政法律制度的独特性。
6. 评述《法国民法典》。
7. 简述对法国私法制度"民商分立"的思考。
8. 评述大陆法系的形成过程及其特征。

■ 参考书目

1. 《法兰西共和国宪法（1958）》，载《九国宪法选译》，群众出版社 1981 年版。
2. 《拿破仑法典》，李浩培等译，商务印书馆 1996 年版。
3. 《法国刑法典》，罗结珍译，中国人民公安大学出版社 1995 年版。
4. 《法国商法典》，金邦贵译，中国法制出版社 2000 年版。
5. 《法国新民事诉讼法典》，罗结珍译，中国法制出版社 1999 年版。
6. 《法国刑事诉讼法典》，罗结珍译，中国法制出版社 2006 年版。
7. ［法］卡斯东·斯特法尼等：《法国刑法总论精义》，罗结珍译，中国政法大学出版社 1998 年版。
8. ［意］彼德罗·彭梵德：《罗马法教科书》，黄风译，中国政法大学出版社，1992 年版。
9. 《法国刑事诉讼法典》，余叔通、谢朝华译，中国政法大学出版社 1997 年版。
10. ［法］勒内·达维德：《当代主要法律体系》，漆竹生译，上海译文出版社 1984 年版。
11. ［法］雅克·盖斯旦、吉勒·古博：《法国民法总论》，陈鹏等译，法律出版社 2004 年版。
12. ［德］K. 茨威格特、H. 克茨：《比较法总论》，潘汉典等译，贵州人民出版社 1992 年版。
13. ［德］弗朗茨·维亚克尔：《近代私法史》，陈爱娥、黄建辉译，上海三联书店 2006 年版。
14. 张彩凤主编：《比较司法制度》，中国人民公安大学出版社 2007 年版。
15. 何家弘主编：《中外司法体制研究》，中国检察出版社 2004 年版。
16. 陈光中主编：《21 世纪域外刑事诉讼立法最新发展》，中国政法大学出版社 2004 年版。
17. 方立新：《西方五国司法通论》，人民法院出版社 2000 年版。
18. 赵宝云：《西方五国宪法通论》，中国人民公安大学出版社 1994 年版。
19. 王名扬：《法国行政法》，中国政法大学出版社 1989 年版。
20. 何勤华主编：《法国法律发达史》，法律出版社 2001 年版。

第十一章

第十二章

德国法

学习目的与要求 作为大陆法系一面旗帜的德国法，自近代以来成为世界最为发达且独特的法律体系之一。现代德国法与其后起的资本主义社会相伴而生，受制于其法典化的历史传统和联邦主义的政制结构，体系完整、门类齐全，其极具现代法精神的《德国民法典》对20世纪各国的民事立法影响巨大，被誉为现代宪法典范的《魏玛宪法》是"社会化"法律的代表。德国的经济法制有力地推动了本国经济飞速发展，成为各国有关立法借鉴的对象，其确保国家司法权统一又不失地方司法自治的司法体制也独具特色。

重点掌握 德国法的历史演变；《德国民法典》的内容、地位与特点；《魏玛宪法》和《波恩宪法》的内容及特点；第二次世界大战后联邦德国的经济立法；现代德国司法体制。

■ 第一节 德国法的形成和发展

一、德国封建法律制度

公元843年，法兰克王国一分为三，其中的东法兰克成为后来的德意志王国。公元919年，东法兰克王国中的萨克森公爵亨利一世被选为国王，建立了德意志王国，德国历史从此开始。公元962年，德王奥托一世接受罗马教皇的加冕，建立了一个极为松散的"德意志民族神圣罗马帝国"，其领土包括德意志和意大利。这个软弱帝国以其内部邦国割据、诸侯称雄的局面一直持续近800年之久，至1806年被法国拿破仑一世推翻。1815年成立德意志联邦，在34个封建君主国和4个自由市中普鲁士和奥地利占主导地位。与其封建社会长期分裂割据的社会政治经济环境相适应，德国在1871年统一前，其法律始终以结构杂乱分散和渊源多样纷繁、极不统一为主要特征。随着资本主义的产生和成长，国家实现了局部统一，产生了类似于近代性质的若干法典。纵观德国封建法律的发展，大致可分为以下两个阶段：以日耳曼法为基础的地方习惯法时期与罗马法继受时期。

15 世纪之前，德国主要沿用由法兰克时代的日耳曼法演变而来的地方习惯法，法律极不统一。至 13 世纪，长期适用不成文习惯法的历史开始被成文习惯法取代。这时开始编纂的习惯法法典，较为著名的有《萨克森法典》[1]和《士瓦本法典》[2]。这两部习惯法汇编曾在德国境内广泛流传，成为各地法院判案的根据。此外，还有城市法和商法。城市法中大量关于商贸活动的法律规范，成为德国商法的基础。德国城市法汇编主要有《萨克森城市管辖法》《科伦法》《汉堡法》《马德堡法》等。[3]商法主要是海商法典如《威士比海商法典》。

在罗马法复兴运动和注释法学派的影响下，15 世纪的德国开始了对罗马法的全面继受。1495 年帝国法院正式确认罗马法为德国民法的有效渊源，各邦法院也相继对罗马法加以正式援用，至 17 世纪末德国法对罗马法全盘继受。在此过程中，德国法学家对继受罗马法起了重要作用。15 世纪末，随着罗马法成为德国各大学的必修课，学习研究罗马法蔚然成风，涌现出许多德国式罗马法学家。他们最为关注对优士丁尼《学说汇纂》的注释，并在研究的过程中创造出一些抽象的法概念，因而被称为"概念法学"或"潘德克顿法学"。[4]可以说，基于对罗马国家理念上的认同，罗马法成为一种被全德各邦封建君主共同接受的法律文化遗产。罗马法在政治上维护君主权威，针对复杂的社会交往关系形成了比较健全的调节机制，这些不仅适应正在成长中的市民社会的需要，而且符合渴望加强政治权威的封建统治阶级的愿望。

帝国法令作为中世纪德国封建法的一种渊源，主要起了法的政治经济统一作用。因为国家四分五裂，德国的重大事务均取决于诸侯，特别是选帝侯把持的中央议会。在一个没有中央政府、统一军队和货币及法庭的国家里，帝国议会成为诸侯操纵国政的主要场所。1122 年颁布的《沃尔姆斯宗教协定》（Concordat of Worms），德王承认了教皇及其教会势力在德意志境内至高无上的地位。1356 年，经帝国议会同意，德王查理四世（Charles IV，1316～1378 年）颁布了一项重要立法，因该项法律加盖由纯金制作的皇帝印章的印鉴，史称《金玺诏书》（the Golden Bull），正式确定国王

---

〔1〕 该法典编制粗糙，适用于德国北部较大范围，其内容主要包括萨克森东部的传统习惯法和地方法院适用的普通刑事、民事和诉讼规则以及调整封建土地关系的采邑法。

〔2〕 该法汇集了德意志南部地区的习惯法以及查理大帝的敕令、罗马法和教会法的某些内容。

〔3〕 这些城市法大多是在国王或各地领主恩准取得自治权文件的基础上，参照习惯法和法院判决先例编制而成，较详细地规定了有关调整商品货币关系的法规。还有城市同盟法，如汉萨同盟和莱茵城市同盟等。城市法中大量关于商贸活动的法律规范，成为德国商法的基础。

〔4〕 潘德克顿系《学说汇纂》，法学家们编制《罗马法简编》，以便各地法院适用，并根据《学说汇纂》拟定法律的编纂体系，力图对古老的罗马法作出符合现实社会需要的解释，以推动各地法律的系统化、法典化，极大地影响了其后德国立法及其法的统一。如果说，罗马法以其固有的系统性、稳定性，在分散、杂乱的德国封建法体系中发挥着法制统一的导向作用，那么，数百年间法学家们对罗马法孜孜不倦的研究，尤其是 18 世纪以来法学研究的繁荣景象，为彻底改造体系混乱、形式多样的封建法提供了坚实的理论基础。德国人坚信德意志民族的"神圣罗马帝国"是古罗马帝国的延续，是正统传人，这便为其继受罗马法提供了"合法"论据。

由七大选帝侯选举产生。1532年以帝国名义颁布了一部刑法典，即《加洛林纳法典》（Carolina Code）。全文179条，包括刑法和刑事诉讼法两方面的内容，采用纠问主义原则，有关刑法方面的规定有76条，无次序地列举了犯罪及对犯罪行为的各种惩罚，以刑罚异常残酷为特色。这部法典虽然并未在全帝国境内适用，但被作为范本予以推行，被多数邦国长期援用，在德国法制史上具有重要地位。

16世纪中叶日耳曼习惯法在吸收罗马法和教会法的原则和制度的基础上，形成了一种通行于全国的地方普通法，也称士邦法，一直适用至19世纪。从某种意义上讲，近代德国法的统一是在相对成熟的地方普通法基础上实现的。18世纪后，德国地方法的发展主要表现为士邦法的高度发展和完善。德国封建早期，各邦除凭借其独立的司法审判权，结合当地习惯法，通过领地法院的司法实践，形成了一些司法判例汇编之外，在立法上并无建树。17世纪后法律统一化和规范化进一步加强，几大主要邦国都编纂了体系比较完整、规范详尽的具有"法典"性质的士邦法，主要有：巴伐利亚编纂的刑法典（1751年）、诉讼法典（1753年）及《马克西米里安巴伐利亚民法典》，普鲁士编纂的《弗利德里希法令大全》（1781年）和《普鲁士民法典》（1794年，也称《普鲁士邦法》）及1851年《普鲁士刑法典》，奥地利有1781年刑法典和1811年民法典。其他各邦国也都相继制定了法典，实现了主要部门法的法典化。还有一些邦国联合颁行的法典如《德意志联邦票据条例》（1848年）和《德意志联邦商法典》（1861年）。这些法典体现了资产阶级理性，其中最具代表性的是1794年《普鲁士邦法》和1811年颁布的《奥地利民法典》。普鲁士邦自18世纪实行"开明专制"，封建统治者在全面加强君主专制的前提下，厉行议会改革，推动经济发展，针对邦内政治、经济、军事及文化教育诸问题，制定相应的法律，初步形成了君主专制的法制社会。1794年《普鲁士邦法》[1]以罗马法和各种地方法为基础，内容庞杂，条目繁多，融诸法于一体。一方面确认君主专制、农奴制和贵族特权等；另一方面也注重调整封建的民事法律关系，并开始采用所有权、契约等资产阶级的法律概念。法典的民商法部分曾在普鲁士施行100余年，直到1900年才为《德国民法典》所代替。由于该法典代表着封建地方法发展的水平，普鲁士邦又在国家统一中处于特殊地位，其法律制度对整个帝国产生了重要影响。

总之，德意志最早适用的是日耳曼习惯法，直到中世纪中后期，日耳曼习惯法仍然是德意志重要的法律渊源。同时，德意志的法律及其制度又是以德意志民族神圣罗马帝国是古罗马国的当然延续者即永续帝国的观念为理论基础的，而德意志皇帝则被视为罗马皇帝的继承者。因此，它又是"全盘地"而非部分地继受罗马法，承认罗马法是其"普通法"。德国封建法的主要特点有：①法律规范的分散杂乱性、法律渊源的多样化和适用范围的属地性；②全盘继受的罗马法是重要渊源；③以日耳曼习惯法

---

〔1〕 即《普鲁士民法典》，是一部实体法汇编，分2编43章19 000余条。上编是私法，包括人、债、物权各章；下编包括亲属法、商法（票据、保险、海商）以及公法（宪法、行政法、刑法、警察法）等。

为基础的地方法、城市法、商法和教会法成为德国封建法存在的基本形式；④部分法典的编纂为统一后德国法的创制提供了最初的模式。

二、德国近代法律制度的确立

德国资本主义发展起步较晚，资产阶级较弱，封建容克和军阀势力强大，由普鲁士王国通过国内外战争实现了国家的统一。19 世纪中叶，随着德国资本主义的发展，封建割据的消除，国家走向统一已是历史潮流且顺乎德国人的迫切心情。1848年德国资产阶级民主革命，因其资产阶级的软弱性而没能摧毁封建制度，未能完成国家的统一。此后在短短 20 年间，德国工业经济迅速发展，很快进入工业强国之列，实现国家统一已势在必行。在这一过程中，普鲁士邦以其强大的经济实力和雄厚的军事力量取得了统一德国的领导权。1871 年统一的德意志帝国宣告成立，普鲁士取得了在帝国的统治地位。

统一国家的建立，为近代法制建设奠定了政治基础，统一后的帝国立即进行了大规模法制统一化的建设。在 3 个月内，便制定了宪法典和刑法典，以后又陆续制定了民事诉讼法典、刑事诉讼法典和法院组织法。到 20 世纪初，其著名的民法典和商法典颁行。至此，经过 30 年的努力，其"六法"体系全部建立，标志着德国资产阶级法律制度的最终确立。此外，还率先制定了《有限公司法》（1892 年）、《德意志帝国破产法》（1877 年）、《民营保险企业及建筑银行法》（1901 年）、《再保险监督条例》（1901 年）、《保险契约法》（1908 年）、1871 年《德国票据法》（在对 1847年《普通票据条例》修改的基础上颁行）。德国创建了独特的近代法体系，成为大陆法系又一个典范。

德国近代法制建设具有自己鲜明的特征。由于德国的统一是通过自上而下的王朝战争实现的，封建专制主义思想没有受到根本性的冲击与批判，君主专制仍被视为国家政治生活中的最高原则，故近代德国法的确立及发展受制于其资本主义统一国家的建立及其国家政制的演变和社会经济的发展，其法律制度内含有封建的和军国主义的特征：①其公法建设受到封建专制主义思想的强烈影响，以维护高度集权的君主专制政体为核心；②中世纪法律渊源、18 世纪法律的规范化和系统化以及法学家的法学研究，为近代德国法律体系的形成奠定了坚实基础；③《德国民法典》的颁行成为现代民法典的楷模，标志着大陆法系的形成；④德国近代法制建设属共时性的，即正是德国从自由资本主义向垄断资本主义过渡的时期，在法律内容上，既保留自由资本主义时期法律文化的特征，又有垄断资本主义阶段的时代色彩，如个人财产无限私有权的原则虽仍保留，但已有所限制，其创立的法人制度则适应了垄断阶段迅速发展起来的各类公司的需要。产业革命后的德国法律极为明显地反映了法律社会化的倾向，具有新的特征。近代德国十分重视法律科学的发展，立法技术发达，风格独特，如讲究法律语言技术构成、注重体系严谨、善于抽象概括等。这种立法风格，也使德国法在大陆法系中独树一帜，成为与法国法相并列的一个支系。

第十二章

三、德国现代法制的发展变化

德国现代法制的发展变化大致可分为三个时期：德意志共和国时代法制的发展与蜕变（1919~1945年）；德意志联邦共和国时代法制的重建与现代化（1949年以后）；统一后德国法制的新发展。

（一）德意志共和国时代法制的发展与蜕变

20世纪初期，德国经济实力迅速增长，成为欧洲强国。为了摆脱国内阶级矛盾，为资本投资开辟国外市场，德国于1914年发动第一次世界大战。战争以德国的失败而结束，由此加深了德国的社会危机。1918年革命推翻了德皇威廉二世的帝国政府，德意志帝国崩溃。1919年宣布成立共和国，因立宪会议在魏玛城召开，史称魏玛共和国，一个新的时代[1]在德国从此开始。

魏玛共和国虽然只存在了短短十多年，但其法制建设在德国法制史上占有重要地位，对现代德国法的发展具有十分重要的意义。魏玛共和国建立后，立宪会议于同年7月31日通过了《德意志共和国宪法》（即《魏玛宪法》）。该宪法使德国开始按照资产阶级法制原则进行政治经济活动，有力地推进了民主政治和公民权利的实现，是当时最富有时代特色的一部宪法。魏玛共和国时期继续沿用帝国时代颁行的各种法典，受十月社会主义革命的影响，德国工人运动空前高涨，使得这一时期德国就社会经济的发展和劳工利益保障问题制定了一系列颇具特色的经济法和社会立法等"社会化"法律。

1929~1933年，资本主义世界发生的深刻的经济危机和高涨的革命运动，动摇了德国垄断资本的统治基础，使其国家统治秩序陷入混乱。1933年1月，德国纳粹党头目希特勒任首相，实施法西斯专政。1933~1939年制定和推行了一整套取消资产阶级民主制和议会制、剥夺公民民主权利、摧毁民主法治、实施恐怖的法西斯立法，开始了德国法制的蜕变时期，魏玛共和国就此结束，其法制蜕变的表现如下：

1. 颁行所谓根本法，推行法西斯独裁统治。1933~1934年构成其根本法体系的规范性法律文件主要有：《保护德意志人民紧急条例》《保护人民与国家条例》《消除人民和国家痛苦法》[2]《联邦摄政法》《文官任用法》[3]《关于政党及国家之保障

---

[1] 从1919年正式成立共和国到1933年法西斯上台，在德国历史上即为魏玛共和国时期。

[2] 即"授权法"，是法西斯专政的根本大法。该法强化内阁权力而剥夺国会权力，规定了政府有制定法律的权力，其颁行的法律可与宪法相抵触，政府总理有权起草和公布法律、并使法律生效，政府不经立法机关同意，得自由订立对外条约和发布施行命令。这项法律为希特勒集行政、立法和外交大权于一身，成为独裁者奠定了法律基础。

[3] 《联邦摄政法》实际取消了德国的联邦制。《文官任用法》是一项典型的种族主义和排斥异己的立法，它以"非日耳曼人""不信任""不称职"及"缺乏必要教育和训练"为由，清洗一切非纳粹人员特别是进步人士，使其不得担任国家公职。法律规定的文官范围十分广泛，包括国家机关、军队、警察、地方自治机构、企事业及学校等，这项法令使法西斯完全实现了对全部国家机器的掌控。

的法律》《德国改造法》《禁止组织新政党》及《关于帝国最高领袖的法令》等，其主要内容及目的是：①授予政府解散、禁止政治集会和停止报刊发行的权力；②取消魏玛宪法关于公民基本权利的条款，并授权联邦政府在必要时接管各邦的全部权力，实行法西斯专政；③废除联邦制，旨在进一步强化法西斯独裁统治的中央集权制立法；④取缔多党制，确认一党专政、党政合一和法西斯的纳粹独裁制度，明确规定国社党的法西斯主义是德国国家的指导思想，确认了党国一体制度；⑤通过1934年《德国改造法》废除了各邦议会，取消各邦权力及资产阶级议会民主制度，完全实现了法西斯的中央集权制。通过上述宪法性立法文件，纳粹党政府在德国确立了反动、恐怖的法西斯专政。

2. 通过颁布单行法规，对民法典进行一些适时的补充和修改，贯彻法律社会化的立法原则，采取国家干预经济的手段，颁布了大量的经济立法，对国家经济生活进行直接的统治。颁布国家垄断资本主义法律，实现国民经济军事化，使国家经济转向战争经济，从而重新调整了德国的经济结构，使垄断资本国家权力合为一体。1933年《世袭农地法》是典型的法西斯民事立法，它以"土地与血统"为原则，推行日耳曼种族主义、封建主义和军事主义。该项法律规定了"世袭农地"[1]、农民资格及有关继承事项，必须是日耳曼人种才具备成为农民的资格，符合继承土地的要求。法西斯种族主义也贯彻在婚姻家庭法领域，法律严格规定日耳曼种族内婚制，禁止德国人与异族，特别是犹太人和有色人种结婚，如1935年《德意志血统及名誉保护法》。

3. 通过一系列法西斯式的劳动立法，取消了《魏玛宪法》规定的劳工会议制度和经济会议制度，如1933年《劳动管理者法》规定政府主管机关有权调派任何一个国民去从事任何劳动，政府通过劳动管理对劳资关系进行严密的管理和监视。

4. 法西斯主义在刑事法领域更是大行其道。对1871年帝国刑法典进行了重大修改和补充，同时，颁布许多法西斯刑事法规，如1933年《国社党刑法之觉书》和《对于危险惯犯之法令》集中反映了纳粹党刑法的基本思想和基本原则。法西斯刑事立法的基本内容特征是：①取消罪刑法定主义而代之以类推原则和罪刑擅断，以刑法保护国家主义否定个人主义的刑法任务。②采主观主义刑法原则，以"意思刑法"取代"结果刑法"，提出"意图行为"的概念，将主观主义刑法学注重犯罪行为人的危险性理论发展到极致，使任何在思想上不满或反对纳粹党的人都可以成为刑事处罚的对象，遭到残酷镇压。③以种族主义"素质论"进行种族"大清洗"，推行种族灭绝政策。④实行严刑主义，刑罚极为残酷，如1933年法律甚至恢复了中

---

〔1〕　规定面积在75～125公顷之间的农业用地为"世袭农地"；"世袭农地"的所有者为农民；只有日耳曼人和"有人格者"才有资格称为农民。法律对日耳曼人种作了严格的规定：凡1800年1月1日以后，父母双方不与犹太人种或有色人种混血者为纯日耳曼人。法律还规定，"世袭农地"不能因遗嘱而变更，不能出售、抵押或因无力偿债而被没收；所有人死后，只能由长子或幼子1人继承，不得分割，其他子女和亲属只能继承"世袭农地"以外的遗产，另谋职业。

世纪野蛮的阉割刑。

5. 在司法建制上，对原有法院组织实行彻底改造，取消司法独立原则，便于法院成为推行法西斯主义的有力工具。设立由纳粹党员主持的"特别法庭"，不设陪审团，专门用来审理政治案件。凡经特别法庭审判的人，刑满后都被送进集中营，长期失去自由。建立确保纳粹党意志的"人民法庭"取代最高法院，专门审理"叛国案件"，审判秘密进行，其判决为终审判决，不得上诉，对被告施以死刑或其他重刑。建立秘密警察即盖世太保，掌握最高警察权，不受法律和法院的任何约束，可以随意采取行动，并有自己直接管辖的监狱和集中营，实施所谓"第三级审讯"，即包括水审监禁、强光照射、铁丝鞭刑、模拟枪决及其他残酷刑罚。

总之，通过法西斯立法，将法西斯主义扩展到国民生活的全部领域，将魏玛时期民主法治化的德国法全面推向反动和倒退，可谓"恶法"。

（二）德意志联邦共和国时代法制的重建与现代化

德国现代法制的重建及其发展变化的时期又可称为东西德国法制并存时期。1945 年 5 月 8 日，纳粹德国战败投降，依据《波茨坦协定》对德国实行军事占领，由盟国管制委员会接管德国最高权力。这种军事占领及东西方对立的加剧导致两个德国的产生即东德和西德，东德[1]和西德建立了两套不同的政治体制和法律体制。

德国缺乏民主、法治和宪政传统，二战后才开始政治文明的建设。1949 年成立的德意志联邦共和国迅速进入了战后世界现代化大潮的行列，这得益于它对国家政治体制和经济体制进行的完全民主化和现代化的改造。这种改造的第一个内容是颁行《德意志共和国基本法》，规定联邦德国是实行议会民主制和社会福利制的联邦制国家，全面实行民主法治、和平及人权建设。1951 年设立宪法法院，专门处理违宪审查事项，以及承担宪法的监督、实施任务，以确保公民的宪法权利。为了适应现代化生活，对原有的实体和程序法进行了不同程度的不断的大量修改，又制定了大量单行法规以补充法典的不足。与此同时，推行社会市场经济体制，实行"经济人道主义"。同时，通过保险、救济、补贴等措施来缓和私有制及竞争必然造成的不公平。所有经济活动的基础是一系列经济和社会立法。50 年来，联邦德国重视法制建设，形成了数量繁多、种类齐全、体系完整、内容丰富的国家法律体系，依靠法律来巩固国家的民主体制，调整各种社会集团之间的利益冲突，引导和促进经济的

---

〔1〕 战后东德颁行 1948 年宪法和 1968 年宪法，按照社会主义原则对社会政治、经济进行了全面改造，根据公有制和民主集中制原则组织和管理国家的政治经济事务，并形成了民法、刑法、经济法、民事诉讼法、刑事诉讼法、教育法、版权法、专利法、家庭法等 10 个法律部门组成的较为完善的法律体系。在法院和诉讼制度方面，至 20 世纪 70 年代，东德健全了其司法体制，其法院种类有县法院、专区法院和最高法院三个层次。还有各种专门法院，如军事法院、高级军事法院和国家合同法院（包括中央合同法院和地区合同法院，其性质类似于处理经济纠纷的行政法院）。此外，东德还有一种称之为"社会法院"一类的组织，主要是工厂中的"调解委员会"、城镇及乡村中的"仲裁委员会"等，处理轻微的刑事案件、较小的违法案件和简单的法律争端，不服判决者可上诉到县法院。

健康发展，取得了颇为成功的经验，其经济在 50 年的发展中不断腾飞，跨入世界经济强国之列。

（三）统一后德国法制的新发展

这一时期可谓德国法的统一适用时期。20 世纪 80 年代末，由于苏联的解体，东欧局势发生急剧动荡，世界格局出现新变化，东西方关系趋于缓和。1989 年 11 月 9 日"柏林墙"被推倒，1990 年 10 月 3 日东德即意志民主共和国并入德意志联邦共和国，德国重新统一，结束了近半个世纪的分裂，德意志民族的历史进入一个新时代，一个自由和统一的德意志民族国家出现在国际社会。根据东德与西德签订的 1990 年 8 月 31 日《统一条约》，东德解体后，原德意志联邦共和国的法律施行于统一后的全德国，原民主德国除个别需要保留的作为地方性法规继续有效外，所有法律全部废除。统一后的德国法制出现了新的发展和变化：①颁行新宪法取代目前仍在适用的基本法；②通过法治完成对原东德地区社会制度的改造，使之适应现存的政治经济模式，实现全社会的和谐统一；③应统一后国家的需要，对一些重要部门法，尤其是对适用长达百年的民法典等进行必要的整理和修订。

■ 第二节　宪　法

一、宪法的历史渊源

德意志的立宪历史始于 19 世纪初期。当时，在法国资产阶级革命的影响下，立宪运动在德国各地展开。1815 年德意志联邦条例曾许诺在各邦颁布一部等级议会制的宪法，为各邦立宪提供了法律根据。最早制定宪法的是南部四邦，因此而成为德意志宪政制度的实验场。至 19 世纪 20 年代中期，德意志联邦中已有 29 个邦实施宪法。[1] 这一时期立宪运动旨在以立宪形式行君主制之实。尽管如此，其进步意义在于：实行君主立宪政体、两院制议会和大臣负责制，规定公民基本权利、法律面前的平等原则、信仰自由、思想言论自由、迁居自由等。立宪运动将改革时代所接受的法国革命成果宪法化。但就对近现代德国政治生活的影响而言，1850 年《普鲁士宪法》、1867 年《北德意志联邦宪法》、1871 年《德意志帝国宪法》及 1919 年《魏玛宪法》最为重要。

（一）《普鲁士宪法》

位于北部的普鲁士是德国最大的邦国，1850 年《普鲁士宪法》[2] 共 119 条，其内容特点为：①普鲁士实行君主立宪制，国王握有全部行政大权，与两院共同行使立法权，任军队总司令，国王"神圣不可侵犯"。②国会由上院和下院两部分组成，

---

〔1〕 赵宝云：《西方五国宪法通论》，中国人民公安大学出版社 1994 年版，第 332 页。

〔2〕 《普鲁士王国宪法》是普鲁士国王迫于 1848 年德国资产阶级革命情势而颁布的一部钦定宪法，是以法国 1814 年《钦定宪法》和 1830 年《七月王朝宪章》为蓝本而制定的。

内阁大臣对国王负责而不对议会负责，国会的召开和解散由国王决定，上院议员由国王任命的终身或世袭议员组成，下院通过选举产生。根据《选举法》的规定，只有有产者才享有议员选举权，而有产者内部又按纳税多少分为若干个等级，[1]其目的是要保证容克贵族和大资产阶级在下院议院中拥有绝对优势。不过，宪法仍赋予下院具有批准赋税及监督国家财政开支之权。③宪法规定了"人权和公民权"一章，规定实行"司法独立"原则和法官职务终身制；高级法官由国王直接任命，低级法官则以国王的名义任命。法官作出的一切判决，都必须以国王的名义宣告和执行。④宪法还确认了自19世纪初形成的普遍义务兵役制，规定普鲁士实行普遍义务兵役制，这是当时德意志其他各邦所没有的，为其后的军国主义当作依据。《普鲁士宪法》反映了容克地主和大资产阶级的利益，具有浓厚的君主专制色彩，后经多次修改仍一直适用至1919年。该宪法为1867年《北德意志联邦宪法》的制定及其后全德宪法的制定提供了蓝本且影响了近代日本的立宪。

（二）《北德意志联邦宪法》

1849年《法兰克福宪法》是第一部但却未能实际生效的全德意志帝国宪法，因在法兰克福的圣保罗教堂举行的制宪会议上制定和通过，故此得名。这部流产了的宪法在一定程度上为德国的统一及全德宪法的产生作了必要准备。伴随着德国统一的进程及自身的强大，普鲁士确立了其在德意志北部和中部的霸主地位，它将统一德国与维护自己的霸权相结合。1862年出身于容克且崇尚武力的俾斯麦出任首相，他以"铁血政策"实现德意志民族的统一。在普鲁士的领导下，1866年普奥战争的直接结果是于同年8月成立北德意志联邦国家，于1867年4月推出《北德意志联邦宪法》。《北德意志联邦宪法》的内容特点为：①宪法虽具有过渡性质，但就其所规定的内容来看，实际上是为即将到来的统一国家的建立准备的。四年后的1871年《德意志帝国宪法》基本上是该宪法的复制。②联邦内部各邦在形式上保持独立，联邦立法机关由国家议院和联邦议院组成，国家议院的议员由各邦根据普遍、直接和秘密的选举法选举产生；联邦议会的成员由各邦按其地位的重要性来分配。③普鲁士国王同时也是北德意志联邦的主席、军队的最高统帅，普鲁士首相兼任联邦首相，仅对国王负责，不受议会控制。为了保证普鲁士的垄断地位，在43个议席中，普鲁士占17个席位。这部宪法继承了1850年《普鲁士宪法》的基本原则和制度。

（三）《德意志帝国宪法》

德国的统一是通过普鲁士王朝的对外战争实现的，普鲁士是统一后德国的盟主。1870年普法战争后，1871年一个统一的德意志帝国正式宣告成立。同年4月16日的《德意志帝国宪法》仅对《北德意志联邦宪法》稍作修改即付诸实施，是一部反映容克贵族与资产阶级共同意志、混杂着封建因素的资产阶级性质的宪法，该宪法一直适用到1918年魏玛共和国。1871年《德意志帝国宪法》共14章78条，其主要

---

[1]　[日]佐藤功：《比较政治制度》，刘庆林、张光博译，法律出版社1984年版，第335页。

内容特点为：

1. 德意志帝国为联邦制国家，由 22 个邦、3 个自由市及 1 个直辖区组成。帝国中央享有极大权力。帝国中央制定的法律其效力优先于各邦法律，并可以取消各邦与其相抵触的法律，其立法权限相当广泛，在国家行政、军事、外交、税收、铁路、邮电等重要领域，都具有立法权。各邦完全失去了原有的独立性，已成为联邦政府的地方自治单位。上述规定有利于加强中央权力，消除各邦分立状态，为加速德国资本主义的发展提供了条件。

2. 帝国的政权组织形式为普鲁士式的君主立宪制。普鲁士处于国家领导地位。联邦元首为德意志帝国皇帝，由普鲁士国王担任且世袭，从而保证了普鲁士在帝国中的统治地位。宪法赋予皇帝的权限极其广泛，他有权提出立法提案且签署和公布法律及监督帝国法律的执行；有权召集联邦议会和帝国国会，并可根据联邦议会的决议提前解散帝国国会；他还作为帝国行政的最高首脑、军队的最高统帅，有权任命国家各级官吏，对外代表帝国，以帝国名义宣战、媾和、缔约、结盟、任命驻外使节；等等。

3. 帝国首相由皇帝任命，是从属于皇帝的最高行政官吏。他以皇帝的名义主持帝国的行政，并仅对皇帝负责。帝国首相还兼任联邦议会主席，有权确定联邦议会开会日期并监督其工作。皇帝公布帝国法律时也须有首相副署，并因副署而负其责任。可见，首相在国家机构中占有特殊地位，是帝国政治的实际领导者。自帝国建立至 1890 年，帝国首相一职均由俾斯麦担任。

4. 议会由联邦议会和帝国国会两院组成，共同行使立法权。各邦法律地位不平等，实际被各邦君主所控制的联邦议会职权广泛，有权提出和通过法案，批准和否决帝国国会的法案，颁布为执行帝国法所需要的行政法令，决定帝国的财政预算和决算，并作为最高司法审级解决各邦之间的争端。皇帝对外宣战、缔结条约，须经联邦议会同意。值得一提的是，联邦议会经皇帝同意还有权解散帝国国会。帝国国会[1]议员直接由选民选举产生，任期 5 年。帝国首脑及各部大臣不对国会负责而只对皇帝负责。首相还可利用兼任联邦议会主席之便，控制国会活动。

5. 宪法还以专章规定了将普鲁士的全部军事法律制度在全帝国境内迅速施行，帝国军队向皇帝个人宣誓效忠，从而加速了其军国主义的发展进程。

马克思在《哥达纲领批判》中曾指出，1871 年宪法所确定的德意志帝国是一个以议会形式粉饰门面、混杂着封建残余，同时已经受到资产阶级影响、按官僚制度组成、以警察来保护的军事专制制度的国家。[2]帝国宪法吸收了普鲁士宪法精神的

---

[1] 根据 1869 年通过的《选举法》，妇女、25 岁以下的男子、破产者、受救济者和现役军人均无选举权。帝国国会"是一个没有政府的议会"，其职权极其有限，所有法律均须经联邦议会通过，并经皇帝批准方能生效。

[2]《马克思恩格斯全集》（第 19 卷），人民出版社 1963 年版，第 32 页。

实质。但是，该宪法在德国宪政史上具有重大影响，它是第一部实际意义上的全德统一的宪法。

（四）《魏玛宪法》

1919 年 1 月，经第一次世界大战败北和 1918 年资产阶级民主革命的德国，召开由社会民主党控制的国民会议，改组政府，制定一部将德国建设成为一个实行地方分权的统一共和国的新宪法。宪法草案经过几个月的反复讨论和修改，几易其稿。1919 年 7 月 31 日通过新宪法，即《德意志共和国宪法》，简称《魏玛宪法》，因国民会议在魏玛城召开制宪会议，故得此名。

《魏玛宪法》分为两编 181 条，是当时世界上最长的一部宪法。第一编规定了联邦的组织和职权，第二编规定了公民的基本权利和义务。宪法的基本内容和特点如下：

1. 国家结构形式仍为联邦制，由 18 个邦组成立法权，分为联邦专有和与各邦共有两部分。有关外交、殖民、国籍、关税和货币等重要立法权为联邦所专有；刑法、民法、出版、卫生、商业等立法权为联邦与各邦共有，但联邦享有优先权。

2. 国家管理形式为议会民主制共和国，以分权原则组成民主政权机关，即国会、总统与政府、法院三权分立。立法机关为联邦议会，由联邦参政会和联邦国会组成。联邦参政会由各邦政府的代表组成，其权力也大为削减，不再凌驾于联邦国会之上。联邦国会议员由年满 20 岁以上的男女公民按比例代表选举制，以普遍、平等、直接、秘密原则普选产生，任期 4 年。联邦国会有立法、修改宪法和监督政府的权力，但其权力受种种限制；联邦参政会在一定条件下可以否决联邦国会通过的法律；总统有权公布法律，在公布前可以用"交付国民表决"的方式否决或延缓法律生效；联邦参政会、总统也有权参与宪法的修改。此外，宪法也没有赋予联邦国会解释宪法和法律的权力。

3. 赋予总统广泛权力。行政权由联邦总统和政府行使。总统由选民直接选举产生，任期 7 年，可连选连任。总统对外代表国家，对内任命包括总理在内的文武官吏，统帅军队，并有相当大的参与立法和监督权，有提起召开或解散国会的权力。尤其是宪法第 48 条还赋予总统"强制执行权"和"独裁权"，正是这一规定为后来希特勒建立法西斯独裁政权提供了法律依据。联邦政府由总理和各部部长组成，联邦政府及其成员均向国会负责。司法权由联邦法院和各邦法院行使，法官由总统任命。宪法规定了"法官独立"和"终身制"原则。

4. 宪法对公民基本权利义务作了极为详尽的规定，共 5 章 57 条，成为同时代资产阶级宪法中最具民主色彩的宪法。宪法规定公民在法律面前一律平等，男女平等，公民依法享有言论、迁徙、人身、住宅、秘密通讯、选举、集会、请愿、结社、学术研究和宗教信仰等自由。宪法同时还标榜"社会主义"原则，规定国家保护公民的工作权和休息权，保护劳动力，主张生产者（资本家和工人）共同合作，对失业者实行救济，列举了对家庭、婚姻、子女及青年的保护条款，规定婚姻以两性平权为根据，私生子女与婚生子女享有相同权利。此外，宪法还将"教育及学校"专列一章，规定接受小学教育为国民的普遍义务并将教育事务置于国家的监督之下。

5. 该宪法规定了国家具有调整经济生活、劳动关系等任务，特别将社会经济生活列为专章加以处理，详细规定了公民的经济权利，因而也被一些学者称为"经济宪法"。宪法规定了"经济自由""工商业自由""契约自由"及"所有权受宪法保护"等原则。同时，强调"社会化"原则，如"企业社会化原则"。此外，宪法规定了某些"保护劳工的政策""劳工会议制度"和"经济会议制度"。

《魏玛宪法》因其产生于特殊的时代背景，一方面，具有较浓厚的民主色彩，如宣告成立共和国和人民主权原则、赋予公民广泛的权利；另一方面，又将权力集中于总统手中，如赋予总统的"强制执行权"和"紧急命令权"，其有史以来的军事独裁强国的影子仍未彻底清除。

二、《德意志联邦共和国基本法》[1]

二战后，德意志民族被分裂为两个并存的国家政权即联邦德国与民主德国。联邦德国依据美英法三国制定的"占领法"，于1948年9月1日在波恩召开由各州议会代表组成的制宪会议，着手起草宪法。1949年5月8日，制宪会议通过了宪法草案。草案经当时美、英、法三国占领当局批准后，经2/3州议会同意，于同年5月24日生效，这就是《德意志联邦共和国基本法》，又称《波恩宪法》。

1949年《德意志联邦共和国基本法》由序言、11章146条构成，规定了基本权利、联邦和各州、联邦议院、联邦参议院、联邦总统、联邦政府、联邦立法、联邦法的执行和联邦的行政管理、司法权、财政、过渡和最后条款，其基本内容特点为：

（一）公民的基本权利受到高度重视

基本法将公民基本权利和义务置于根本法之首，以大量篇幅对公民基本权利及其基本保障问题作了明确规定。有些内容承袭了魏玛宪法，但又有许多时代变化：①对公民权利的规定强调的是人的尊严和人权，宣布"一切为了人"是国家存在的宗旨。"人的尊严是不可侵犯的，尊重和保护这种尊严是国家的义务"，"人权是人类社会和平与正义的基础"。②规定公民在宪法和法律范围内享有广泛的权利和自由，如自由发展个性权、人身不可侵犯权、法律面前人人平等权、男女平等权、公民享有集会结社权等，这些权利是人之所以为人的必不可少的基本权利，具有可诉性。当基本权利受到侵犯时，公民具有"抵抗权"。当公民权利受到国家公权力侵害时，公民有权向联邦宪法法院提起申诉。在规定权利的同时也规定了义务。③取消了总统具有的"紧急命令权"和"紧急措施权"。④缺乏经济、社会和文化权利

---

[1]　1949年《德意志联邦共和国基本法》，之所以称基本法，因只是对西德政权的规范而非全德，意在取得德国最终的统一，故基本法宣称，它不是正式宪法，只是"为了建立过渡时期国家生活的新秩序"而制定的，具有明显的"临时过渡"性，其"有效性至德国人民通过自决制定的宪法生效时为止"，实际上是名副其实的宪法，40余年来，基本法在联邦德国法律体系中的地位与作用完全等同于宪法。参见《德意志联邦共和国基本法》，载姜士林等主编：《世界宪法全书》，青岛出版社1997年版。

方面的规定。

（二）对国家主权有所限制

基本法明确规定不得对外实行侵略战争、对内实行法西斯统治，对和平保障问题作了规定。鉴于法西斯专政的深刻教训，基本法特别强调，任何人不得被迫强制违背自己的良心"使用武器为战争服役"，"导致扰乱各国之间的和平关系，特别是准备侵略战争的行为以及为达到这种目的而作的行为都是违宪的"，它们被定为"应受惩处的犯法行为"。妇女不得受雇和被迫在武装部队服务。任何试图破坏和取消现存民主和自由的基本秩序、破坏和平、准备进行侵略战争的行为，均属违宪并应受到惩罚。

（三）基本法规定的国家结构形式为"德国式"的联邦制

德国的联邦制不同于美国的联邦制。依据基本法，法律对联邦和州的权限作了规定：①联邦权力高于各州权力，将保持各州一定程度的独立地位作为联邦原则予以确认。②联邦法律高于州法律，虽然各州有自己的宪法、政府、议会、最高法院等，但只有联邦未使用立法的权力，各州才拥有立法权。事实上，如民法、刑法等一般法律的立法权均属于联邦，各州并无专有立法权。③各州受联邦委托执行联邦各项法律，各州机关服从联邦最高主管机关的指令。各州宪法必须符合基本法的原则。在州不履行基本法或联邦其他法律所规定的义务时，联邦政府有权以必要的强制措施来保证州履行其义务。这种中央与地方的宪法性关系与单一制国家的有关关系相类似。

（四）基本法重新确立三权分立原则，恢复了多党制，并对政党制作出宪法上的规定

1. 三权分立下的联邦国会由联邦议院和联邦参议院组成。联邦议院是公民代表机构和最高的立法机构，其议员由选民依普遍、直接、自由、平等和秘密的原则选举产生，任期4年，主要任务是立法、决定国家预算、选举联邦总理和对政府进行监督。联邦参议院代表各州参与联邦的立法和国家管理，议员由各州政府委派的州政府成员或代表组成，无固定任期。

2. 联邦总统为国家元首，对外代表联邦国家开展礼仪性的活动。基本法吸取魏玛宪法规定总统权力过大导致独裁的教训，对总统的权力作了较大的限制。[1]

3. 确立"内阁制"与"建设性不信任投票"。宪法设立"建设性不信任投票"条款，即对联邦总理表示不信任或否决联邦总理要求信任的提案，以避免政局不稳定，具体规定只有在联邦议院预先以超过半数票选出一个继任者的情况下，原政府

---

〔1〕 总统由联邦大会选举产生，任期5年，只能连任一次。总统缔结重大条约须获得有关主管机关的同意或参与；对内发布命令须经联邦总理或主管部长副署方为有效。总统不再拥有与议会并列的权力，而受议会监督，联邦议院或参议院可以以联邦总统故意违反基本法或其他联邦法律为由，向联邦宪法法院弹劾联邦总统。联邦宪法法院"可以宣告联邦总统丧失职权""可以以临时性命令决定联邦总统暂时停止职权"。

才可以被推翻。联邦政府由总理和各部部长组成。联邦总理由联邦总统根据国会占多数席位政党的意愿提名，经联邦议院选举产生后，再由总统任命。德国实行多党制，一般由一个在议会的多数党或几个政党联合提名的多数党首领担任政府总理。各部部长则由总理提名经总统任命。联邦总理作为政府首脑，有权任命各部部长和其他政府官吏，负责制定政府对内对外政策，统一领导各部的工作，并向联邦议院负责，此外，其还拥有立法创议权等。另外，基本法对政党制及其权利和义务的规定较为全面。

（五）基本法确认了联邦德国政治体制的四原则：民主制、法治、联邦制及福利国家，确认"自由、民主、平等"精神和司法独立原则

"公民是国家主人"，国家的一切行为都受法律约束，其法律原则有：个人尊严不受侵犯，个人发展的自由受到保护；个人在集体中有自决的自由；所有公民一律平等。如果是恶法，依据基本法于1951年建立的联邦宪法法院可以废除之。联邦制原则是指发挥地方的主动性，防止中央机构可能出现的滥用权力现象。福利国家的原则是指国家有义务为每一个公民提供社会保障并为实现社会公平而努力。联邦宪法法院独立行使职权，其任务是对基本法的守护，阐释维系整个国家民族的社会伦理和政治道德原则，是用以解决法律规定不明确而出现的纠纷，实行宪法监督，主要权限为：解决联邦与州之间及各州之间的争端；解决联邦各机构之间的矛盾；审查联邦及州法律的合宪性；受理公民个人或团体的宪法控诉。

（六）设立联邦宪法法院

基本法规定了违宪审查制度且建立了有权审查一般立法是否违宪的新的联邦宪法法院，该法院独立行使这一职权，其任务是对基本法的守护，阐释维系整个国家民族的社会伦理和政治道德原则。

（七）《德意志联邦共和国基本法》的当代发展

1949年基本法在适用过程中曾多次修改。值得指出的是，1954年因"占领法"的废除而对基本法的第73、79条进行修改，规定联邦德国拥有国防事务方面的立法权以及出于国防和国际防卫需要可对基本法有关条款进行修改。这次修改为德国加入"欧洲防卫共同体"提供了宪法根据。1956年的修改规定联邦有权建立武装部队，进而颁行《防卫法》。1964年的修改规定，在战争或处于防御状态时期，建立由联邦国会成员组成的"非常政府"拥有独裁权。基本法第10、11、12、115条等条款的修订，对公民的自由权作了若干限制，规定"非常时期"制定的法律、法令，可以停止适用与它们相抵触的法律、法令，这激起了德国广大群众，特别是进步青年的激烈反对。1968年的修改规定了公民有反抗政府不法行为的"抵抗权"。1976年修改了州的区划调整和设立新区以及有关联邦议院的任期、集会和选举等问题。至80年代，约有49项条款作了程度不同的修改。1990年德国重新统一后，原东德的宪法和法律趋于消失，该基本法成为全德国的基本法。为适应统一后的德国及发展中的欧盟，1992年为批准"欧洲联盟条约"新设立了"欧洲条款"即第23条。1993年又规定限制外国人援用庇

护权。1994 年修改的内容如国家促进落实男女平等并消除残疾歧视、国家保护环境、缩减联邦的部分立法权限和保障地方自治权等大约 20 多个条款。总之，至 2000 年，基本法已被修改了 49 次，经修改的宪法条文共有 165 处之多。

■ 第三节　行政法

一、德国行政法的形成与发展

德国行政法源于中世纪，最初反映在各邦的地方行政立法如《警察法》中。德国行政法的发展与行政法院的设置具有密切关系。15 世纪末建立的帝国最高法院对控告行政机关的案件具有一般管辖权。18 世纪末制定的普鲁士法典中包含着大量的行政法的内容，如规定国家补偿的一般义务。现代意义的行政法成长于 19 世纪自由国家时期，此时期的有关立法和专门行政裁判组织获得发展。1808 年普鲁士的行政纠纷由普通民事法院裁决，而一些地方仿制法国单设行政裁判机构。1863 年在巴登建立了德国首个独立的高等行政法院。此后，各邦相继效法，设立专门的行政法院。具有现代意义的德国行政法始于 19 世纪下半叶德意志帝国建立以后，随着君主专制的法制国家的建立，行政法及其法院系统获得迅速发展，如普鲁士于 1872 年开始建立独立的行政法院体系，即县委员会为初等法院、区委员会为中等法院、普鲁士最高行政法院为高等法院，共三级。至 1924 年，类似的行政法院体系普行于全德。其中，最高行政法院完全是独立的、司法属性的法院。行政法在 20 世纪社会法治国家时期获得极大发展。1919 年魏玛共和国的建立进一步推动德国行政法成为一个独立的法律部门。《魏玛宪法》的施行，不仅在全国范围内建立起完整的行政法院组织，而且推动了各邦行政诉讼制度的完善及实现了普通法院与行政法院相分离的审判制度。但是，行政法的发展及其法院体系在希特勒时代遭到严重破坏，已成体系的行政法院完全被废除。德意志联邦共和国建立后，资产阶级法治原则在社会生活中重新获得确认，行政法得到了空前的发展。依据 1949 年基本法于 1952 年建立了联邦行政法院。1960 年《行政法院法》在各邦设立了统一的行政法院体系。随着行政法院体制重新建立，也开始颁行行政程序，1976 年《行政程序法》标志着现代德国行政法已完全确立。至此，德国行政法成为体系完备、门类齐全、规范详尽的一个重要部门法。德国行政法的完备，表现在部门实体法的详尽、程序制度的完善和行政司法制度的发达，这在成文法国家中也是不多见的，在现代国家社会生活中发挥着重要作用。

20 世纪 90 年代，随着德国的统一，行政法领域出现较为活跃的改革动向，如对行政职能、对公务员[1]及对行政诉讼体制等的改革。1978 年联邦司法部公布了

---

[1] 1995 年底通过《联邦公务员法》，该法规定，在确定公务员工资的高低及晋升时，应当更多地考虑其政绩和功绩，而不能仅仅考虑其工作年限；适当提高提前退休的年龄，并增加对提前退休人员的经济保障。

"行政诉讼法草案"，将三种法院（行政法院、社会法院和财政法院）组织进行合并，简化诉讼程序，以改变长期存在的普通行政诉讼和特别行政诉讼的区分，但迄今仍未获得通过。1990 年 12 月公布了《行政法院法》第四次修正案，仍然保持以往的行政法院体制及诉讼程序模式。

二、德国行政法的基本制度和一般原则

德国行政法从内容上可以分为一般行政法和部门行政法两大类。一般行政法论述行政法的普遍性概念和基本原则，如行政的概念，行政与立法、司法的关系，行政行为，行政合同，公共计划，国家赔偿，行政诉讼，等等；部门行政法的支系十分繁多，包括政府机关组织法、公务员法、地方行政和警察法、经济行政与营利事业法、建筑规划法、道路交通法、教育法、卫生法以及财政税务法等。从性质上可以分为行政实体法和行政程序法。广义的行政程序法包括行政程序与行政诉讼程序两个方面，其主要行政法原则和制度如下：

（一）依法行政原则

"行政法是宪法的具体化。"德国基本法规定，依法行政原则，要求一切行政活动均必须受宪法和法律规则的约束，同时处于行政法院的控制之下。依法行政原则包括两项内容，即法律优先原则和法律保留原则。法律优先原则是指行政应当受现行法律的约束，不得采取任何违反法律的措施。法律保留原则是指行政机关只有在取得法律授权下才能实施相应的行为。依法行政原则具体表现为：依照三权分立原则，议会和行政法院须对行政活动进行监督；遵守民主行政原则和所有公民在担任公职上的权利平等原则。此外，行政还受人权保障和社会福利国家等原则的制约。凡涉及有关公民财产的问题，涉及行政内部的特别权力关系问题，涉及公民基本权利与自由问题的，一切行政行为都必须有议会的立法作依据，以便限制其恣意性。

（二）公务员制度

德国公务员制度始于 18 世纪初期。之前长期维持"恩赐官职"制的传统。1713年，普鲁士邦率先采用法官任用考试制度，可谓德国最早的公务员考试任用制度。其后，这种模式在其他邦内普遍适用且于 20 世纪初基本定型。魏玛共和国时期开始对公务员制度作出实质性规定，区分政务公务员与事务公务员，明确要求政府公务员在政治上必须保持中立；无重大过失，不得解除其职务，从而使现代意义的公务员制度得以确立。1950 年《公务员法》、1953 年《联邦公务员法》、1972 年《联邦法官法》及 1980 年《联邦公务员工资法》，使公务员制度完全法制化。公务员制度的核心内容是公务员的权利和义务。根据《联邦公务员法》的规定，公务员享有五个方面的权利：依法取得报酬和享受待遇的权利；查阅本人人事档案的权利；结社的权利；随时辞职的权利以及获得公务员服务证书的权利。公务员应当履行的义务主要有：保持政治中立；忠诚义务；支持和服从上级以及严守职务机密。公务员在任职期间有违法失职行为的，须受惩戒处分，根据行为的性质由主管机关给予警告、罚款、降薪、降职直至开除公职的处分。受惩戒的公务员不服的，可依法定程序提

出申诉。

（三）委任立法

委任立法制度的核心是委任立法权，即联邦议会可以通过法律把自己的部分立法权转交给其他机关行使的权力，得到立法委任而实施这种立法权的活动谓之委任立法。德国的委任立法有以下特点：①委任立法以无立法权为前提；②委任立法包括行政委任和自治委任；③委任立法权由宪法加以设定，由议会通过具体法律授权实施；④委任立法权受到严格的限制。德国的委任立法须受到司法控制，这种司法控制主要通过两种方式来实现：①直接审查，是指宪法法院在审理违宪控告中，对被诉法规或规章的合宪性进行的审查；②间接审查，是指行政法院在审理行政案件中附带地审查委任立法是否越权，这种审查，只有当具体的行政纠纷涉及某项法规或规章时，方可采用。

（四）行政行为

德国的行政行为概念最初是从法国引进的，日后其含义不断变化，目前最权威的解释是1976年《行政程序法》中的表述："行政行为是有权机关为管理公法领域的特定事件而采取的，能够直接引起外部法律后果的命令、决定和其他主权措施的总和。"〔1〕德国行政行为的主要特点是：①指具体行政行为，抽象命令只是一种例外；②指外部行政行为；③指法律行为而非事实行为。德国的行政行为基本类别有：命令性行为、创设性行为和宣告性行为；受益行为和不利行为；自由裁量行为和非自由裁量行为。

（五）行政程序

1976年《德国联邦行政程序法》对行政行为的程序、原则、效力及撤销等详加规范。该法规定，作出行政行为应当遵守下列原则：简洁和符合目的原则；回避原则；依职权全面调查原则；告知原则；听证原则；当事人阅卷原则及保密原则。该法要求各邦在遵守时效、公正、民主、书面以及一致等原则的基础上，可以自治地修订各自的行政程序。

（六）行政赔偿

在德国，行政赔偿是指行政机关及其官员的行政行为影响了相对人的权利所应承担的一种经济上的法律责任。导致行政赔偿的行政行为有行政侵权、违反合同、不作为、准剥夺财产等。德国行政赔偿制度的基本特点是：①其行政赔偿制度更接近于普通法国家；②行政赔偿与民事赔偿合一，二者的程序也合一，行政赔偿案件由普通法院管辖，受民事法律规范的调整；③特别牺牲责任在行政赔偿中占据一定的地位，其行政赔偿责任有别于普通法国家的是包括不平等的义务和特别牺牲之赔偿责任。

---

〔1〕 参见1976年《德国联邦行政程序法》第35条。

三、德国行政法的基本特点

与其他国家的行政法制相比，德国行政法具有以下特点：

（一）坚持公法与私法的划分，将行政法调整的范围严格限制在公法领域

在德国，行政法是关于公共行政机关的职能、程序和组织的法律规范的总和，它调整着行政机关和公民之间的关系，并据此规定公民在行政关系中的权利和义务，属于公法的一个部门，它有别于那些适用于公共行政机关的私法。因此，德国行政法的调整范围相对较窄，仅限于传统的以行使国家行政职权为基础的政府管理部门的活动。这一原则同样适用于司法领域，只有纯粹涉及行政法律关系的公法案件才由行政法院管辖，大量兼具公私法混合色彩的法律纠纷分别由普通法院或专门法院来处理。

（二）作为大陆法系国家的德国，其行政法领域具有成文法典化的特征

它以成文法为主体，概念明确，体系完整。虽然由于调整对象的广泛性，行政法很难像民法、刑法那样以一部成文法典的形式将所有重要原则和规范纳入其中，但是，德国行政法从部门法律体系来看是相当完整的。国家立法的重点放在基本行政法律制度方面，对行政组织制度、公共行政程序、行政申诉和行政诉讼制度作出明确规定，将联邦范围内国家行政机关公务员的活动纳入到比较统一的规范体系之中，确立了共同的原则，从总体上为依法行政提供了法律保障。由于采取成文法的形式，立法部门对大量复杂的行政法基本概念，如行政行为、行政合同、行政授权、国家责任等作出简明扼要的解释，这不仅有利于法律的实际适用，而且有助于行政法学的发展和繁荣。

（三）行政司法体制具有独特性

从行政审判角度来看，德国同法国一样，采取双轨制司法体制，即从诉讼程序和审判机关的设置上，采取普通法院和行政法院单独设立的方式。但是，德国为了更好地坚持公私法二元化，将行政诉讼局限在纯公法的范围，在行政法院之外，另行设立包括财政法院、劳动法院在内的不属于普通法院系统的专门法院，以处理大量依严格的公私法标准难以归类的法律纠纷。

（四）行政法学十分发达

德国行政法学理论繁荣，成果累累，有关行政的学术著作不胜枚举。在相当完备的德国行政法律制度中，大到行政法的基本体系、结构与原则，小到行政法的具体概念、制度和规则，无不浸透着学者的心血，如同《德国民法典》，概念法学的特征在行政法中同样清晰可见。

■　第四节　民商法

一、《德国民法典》

18 世纪时期，在德国已经出现了有关民法典的编纂，如 1756 年《巴伐利亚马

克西米里安民法典》、1794 年《普鲁士民法典》。后者采用了近代民法中的有关契约、所有权、代理等方面的法律概念，体现了近代自由资本主义思想，属于从封建社会向资本主义社会过渡的法律性质。该法典在德国原普鲁士区域实施了近百年，其中民商法部分直至 1900 年才被《德国民法典》所取代。1900 年《德国民法典》是一部由自由资本主义向垄断资本主义过渡时期的民法典，用拉德布鲁赫（Radbruch）的话说，《德国民法典》与其说是 20 世纪的序曲，毋宁说是 19 世纪的尾声。该法典标志着德国私法的统一化。[1]

（一）《德国民法典》的制定

在由法国开创的 19 世纪法典化运动中，德国最初因其国家的四分五裂和社会转型期关系复杂化而未能积极参与，但在当时，就是否有可能制定一部全德统一的民法典的问题却在统治阶级内部和法学界存在着激烈的斗争和长期的争论。一些小邦的统治者出于地方利益的考虑而反对编纂统一的民法典。在法学界形成了以海德堡大学法学教授蒂伯特和萨维尼为代表的两派：作为自然法学派的主要代表，蒂伯特在 1814 年《论统一德国民法典的必要性》一文中，积极主张制定全德统一的民法典，认为法律的统一是实现民族统一和国家复兴的基础，民法的统一会促进德国的统一。编纂德国统一民法典的条件已经成熟，立法是人们理性的产物，凭借理性就可以制定法典，支持蒂伯特主张的法学家形成了"法典编纂派"。与此相对立的是以萨维尼为代表的历史法学派。萨维尼在《论当代立法和法理学的使命》一书中，认为法律是世代相传的"民族精神"的体现而不是理性的产物。当前德国仍处于学术法阶段，制定统一民法典的条件远未具备。德国法学家的任务是对德国历史上的各种法律渊源进行深入研究，特别是对古代罗马法的"原典"的研究，要恢复罗马法学的本来面目。他反对以自然法理论为指导的法国民法典的模式而推崇自生自发的民族习惯法。在这次争论中，历史法学派曾一度处于优势地位，从而延缓了法典的编纂过程。其后，围绕民法典的制定，历史法学派中还出现了日耳曼法学派与罗马法学派即"潘德克顿"法学派的斗争。这种长期对民法学的研究探讨，特别是"潘德克顿"法学，为德国民法典的制定奠定了坚实基础。1871 年德国统一后，帝国宪法将制定民法典列入帝国权限，为制定统一的民法典提供了法律依据。从 1874 年联邦议会成立的第一个由 11 人组成的法典编纂委员会算起（1890 年联邦议会又成立了新的法典编纂委员会），历经 22 年，三易其稿。第三个民法典草案经帝国国会的若干修改，于 1896 年 7 月 1 日通过，同年 8 月 18 日经德意志帝国皇帝正式批准，8 月 24 日公布，于 1900 年 1 月 1 日施行，即为 1900 年《德国民法典》。

（二）《德国民法典》的基本内容特点

《德国民法典》以罗马法的《学说汇纂》为蓝本加以编纂，共分 5 编 35 章 2385 条，另附施行法 31 条。这是资产阶级国家制定的规模最大的一部民法典，其结构体

第十二章

---

[1] 《德国民法典》，陈卫佐译，法律出版社 2006 年版，第 1 页。

系分为总则、债权、物权、亲属和继承五编。总则编规定了民法的基本要素，包括民事权利主体——自然人和法人、权利能力的享有与丧失及行为能力、民事权利客体（物）、法律行为、时效等内容；债权编规定了债的通则以及买卖、赠与、租赁、借贷、雇佣、承揽、委任、合伙、寄托、不当得利、侵权行为等各种具体的债务关系；物权编规定了动产与不动产所有权、所有权的取得与丧失、占有、共有、地上权、役权、抵押权和质权等内容；亲属编对婚姻关系、夫妻财产制、婚生与非婚生子女的法律地位、收养与监护等作了规定；继承编规定了继承人的范围和顺序、继承人的法律地位、遗嘱，继承权的丧失与放弃、保留与处分，以及继承财产的买卖等内容。

1. 法典在坚持贯彻资产阶级民法基本原则的同时，又适应垄断资本主义经济发展的需要而有所变化，具有时代性。《德国民法典》是 19 世纪末自由资本主义向垄断资本主义过渡时期制定的法典，也是德国资产阶级和容克贵族相妥协的产物。法典的基础是合同和所有权这两个中心制度。在物权法上，"明晰的法律规则和具有公信力的动产交付与土地登记制度应当随时为物权的归属和转让提供法律上的安定性"。[1] 它严格保护私有制，肯定了公民私有财产所有权不受限制的原则。法典第 903 条规定："物之所有人，在不违反法律或第三人权利之范围内，得自由处分其物，并得排除他人对物之一切干涉。"法典第 905 条、第 94 条、第 96 条规定，土地所有人的权利不仅"扩及于地面的上空和地面的下层"，而且包括"定着于土地的物，特别是建筑物及与土地尚未分离的土地出产物"，以及"与土地所有权结合的权利"。显然，这些规定确认资本主义无限私有制原则，维护资产阶级和容克贵族的私有财产权。但同时，由于资本主义经济已由资本家个人经营方式开始转变为资本家集体经营的垄断方式，为适应大企业、大公司、垄断组织兴办铁路、运输、航空、采矿及冶炼等工业的需要，维护垄断资产阶级的利益，民法典不仅摒弃了《法国民法典》在所有权上使用的"神圣"不可侵犯和"绝对"无限等字眼，而且对所有权的行使增加了某些限制性规定：①"权利的行使不得只以损害他人为目的"，"因正当防卫或消除紧急损害而破坏或损坏他人所有物，在必要限度内者，不为违法行为，物的所有人不得拒绝他人干涉其物的权利"。还规定土地所有人对于他人在其土地上空或地下的干涉如果不会给所有者带来任何损害，或不妨害土地的使用，或妨害甚微，土地所有者均不得禁止这种干涉。②法典肯定了资本主义"契约自由"原则，以当事人的意思表示一致为契约成立的条件。"向他方要约成立契约者，因要约而受约束"；"要约人在承诺前死亡或丧失行为能力者，不妨碍契约的成立"（第 145、153 条）。对要约立即承诺或在承诺期限内做出承诺，契约即告成立（第 147、148 条）。契约经"合意"成立后当事人必须履行，肯定了契约自由的原则。法典采表示主义，在当事人本来意思与表示出来的意思不一致时，以表示出来的意思为准

---

〔1〕《德国民法典》，陈卫佐译，法律出版社 2006 年版，第 10 页。

（第 116 条）。显然，这对意思自由有所限制，同时，以诚实信用这一法律未来发展之方向的原则指导合同法。这些规定适应了日趋频繁而复杂的生产与交换关系，以确保经济活动的稳定和发展。③法典在民事责任方面，也确认了"过失责任"原则，但与传统奉行的有过失方有责任的做法不同，实行过失责任与无过失责任原则并存。法典规定因故意或过失不法侵害他人的生命、身体、健康、自由、所有权或其他权利者负赔偿责任，并规定行为人虽无过错若有违法的可能时，亦按过失情形负赔偿义务（第 823 条）。显然，这是一个进步，扩大了企业主和政府部门的责任，使因大工业化生产导致的工伤事故和其他意外事故的受害者，因此而获得赔偿。上述适于交易、灵活应变的财产制度说明《德国民法典》的所有权理念和《法国民法典》相比已有所变化，反映了资产阶级个人本位的民法思想正在向社会本位转变。

2. 法典明确规定了法人这一现代普遍的民事权利主体。1871 年统一后，德国的资本主义经济得到迅速的发展，到 19 世纪末，大公司、大企业及垄断组织已在国家政治经济生活中起重要作用。法典在人法编中单独规定了法人制度，承认法人为民事权利主体，依法独立享有民事权利和承担民事义务。法典规定，"以经营经济事业为目的的社团，如帝国法律无特别规定时，因联邦的许可而取得权利能力"（第 22 条），并规定不以营利为目的的社团，因登记于主管部门而取得权利能力（第 21 条）。法典还对法人的成立和消灭、法人的组织机构等作了较为详尽的规定，有关法人的条款达 60 余条。这是资产阶级民法史上第一部规定法人制度的民法典。

3. 法典在婚姻、家庭和继承方面体现了义务和家庭意识，保留了较浓厚的封建残余。本质上虽是资产阶级性质的民法典，但却在某些内容上保留了浓厚的封建残余，主要表现在：①在家庭关系上夫妻法律地位不完全平等，如妻虽具有行为能力和诉讼能力，但从法典对亲属法的整个规定来看，只要婚姻成立，妻原有的财产即归夫占有、使用和管理。妻不经夫的许可不能处置自己原有的财产，而夫处置妻原有的财产可不必经妻的同意。有关夫妻共同生活的重大事情，夫有决定权。妻只可订立与对夫所负义务不矛盾的契约。②在亲子关系上，父对子女有惩罚的权利，婚生子女在未满 21 岁前结婚必须得到父亲的同意。③继承法以概括的权利承受和家庭成员继承为基础，并赋予私法自治的遗嘱自由以广阔的空间。法典扩大了遗嘱继承的自由，确立了子女平分遗产和被继承人可自由以遗嘱处分遗产的原则。

4. 法典在编纂技术上独具特色，学术色彩较浓。①德国民法典按照潘德克顿法学在 19 世纪所发展起来的民法系统学说来安排结构和划分编章，使得民事法律知识得以系统化，表现了法律理性的基本逻辑。[1]②它使用从一般到特殊的立法方式，是由抽象的一般概念和形式逻辑的范畴构成的体系。在立法技术上讲究逻辑体系严密、概念科学、用语精确，是高度概念抽象化与体系化的典范。《德国民法典》较《法国民法典》在逻辑上更加成熟、合理，被西方法学界誉为 19 世纪"德国法律科

---

[1]《德国民法典》，陈卫佐译，法律出版社 2006 年版，第 5 页。

学的集成"，是"专家之法"。③法律规范较灵活、富弹性，过多使用"一般条款"。在法律条文的措辞方面，虽采一种抽象性和概括性的风格，远不如《法国民法典》那样简明扼要，通俗易懂，但却是一些富有弹性的概念，即"一般条款"，如规定"契约违反善良风俗的无效"；"当事人应依诚实信用及交易习惯履约"，将合同法置于诚实信用原则之下，其抽象性和概括性的条款却又因极富灵活性而使得其适应社会生活的能力很强，从而有助于法律解释、法院审判与法学发展。

5. 在其价值观念上，个人的私法自治与社会的市民责任相联系。"德国民法典已经从古典的自由主义的私法，发展成为用自由主义的眼光来看具有社会性的私法，兼顾到了《德意志联邦共和国基本法》第 28 条所规定的社会国家原则。"[1]

（三）《德国民法典》的修改和发展

作为资产阶级民法史上的一部百年法典，《德国民法典》是现代德国一般私法的核心部分及私法发展的基础。在当代，一方面对法典本身进行修改，并通过司法解释，扩大原法典"一般性条款"的适用范围，使之适应现实生活的需要；另一方面也通过制定单行法规，来弥补民法典的不足。据统计，法典原 2385 条中已有 800 多条被修改、废除或更换为新条文，主要修改和发展的领域有：

1. 法典修改最多的是亲属法领域，那些在早期带有父权制色彩的婚姻与家庭制度已经发展为以男女平等及婚生与非婚生子女平等的现代原则。1949 年制定的基本法第 3 条和第 117 条废除了一切与夫妻间平等原则相抵触的规定，强调"男女享有同等权利"。1957 年 6 月 18 日的《男女平等权利法》，使根本法的规定具体化，规定婚姻关系成立必须基于男女双方意愿一致，维持共同婚姻生活为夫妻双方义务；双方都有处理自己财产和选择职业的自由权利，丈夫不再享有对妻子财产的管理和收益特权；扩大了生存配偶的法定继承权，如有子女，生存配偶可得一半财产，如无子女，可得 75%；废除了原来由父亲单独对子女行使亲权的规定，改由父母双方共同对子女行使亲权。基本法第 6 条规定婚生子女与非婚生子女有同等地位。1969 年 8 月 19 日颁布的《关于非婚生子女法律地位的法律》，进一步改善了非婚生子女的社会地位，确认其对生父的遗产享有继承权。1975 年法律将成年的年龄从 21 岁降为 18 岁，婚龄也随之降低。1977 年《婚姻法》采用离婚的"婚姻破裂"原则。1997 年《亲子关系改革法》《继承权地位平等法》和 1998 年《子女抚养法》都强调对子女权益的保护。

2. 在契约法方面，广泛运用民法典中"一般性条款"，通过司法解释使其适应战后新的民事法律关系。司法机构凭借"善良风俗""诚实信用"和"交易惯例"这类没有准确含义的条款来开创和适应新的原则，以限制契约自由。在法定之外，还颁布一些单行法，如竞争法、租赁法和雇佣法等，使契约关系更加适应垄断资本主义经济发展的需要。特别在合同法上，通过修改一般交易条款、消费者金钱消费

---

[1]《德国民法典》，陈卫佐译，法律出版社 2006 年版，第 11~12 页。

借贷合同或上门交易等消费者保护法方面的规定，发展出了社会正义的原则而告别了自由主义构想。

3. 在侵权法领域，通过承认一般人格权实现了现代化。在侵权责任原则方面，1952 年 12 月 9 日的《陆上交通法》，1959 年 1 月 10 日修订的《空中交通法》等，对公路、铁路、交通、飞行事故以及电力、煤气、核电站和工矿企业事故等领域，适用"严格责任"即无过失责任原则。此外，通过建立劳动保险制度，将国家和垄断资本承担的责任和风险转移到社会和分散到劳动者身上。

此外，2002 年 1 月 1 日施行的《债法现代化法》对民法典的影响极为深远，如消灭时效制度由原来的 30 年改为 3 年；一般给付障碍法被"积极侵害合同"模式统一起来且归结到"义务违反"这一核心概念上；在买卖合同、承揽合同法方面都有重要改革；还将消费者保护法纳入民法典。[1] 同时，欧盟法也在促使《德国民法典》的欧洲化。

该部法典不仅结束了德国法律长期极不统一的局面，而且，对 20 世纪欧洲大陆其他国家以及其他国家的民事立法具有直接和深远的影响。例如，瑞士、日本、巴西、希腊和荷兰等国的民法典，以及旧中国"中华民国"时期的民法典，都在不同程度上参照或吸收了《德国民法典》的模式。

（四）《德国民法典》与《法国民法典》的异同

在大陆法系中，1900 年《德国民法典》是继 1804 年《法国民法典》之后的最重要的一部民法典。两部民法典在大陆法系民法发展史上均占有重要地位。据此，有的比较法学家将大陆法系分为以《法国民法典》为代表的罗马法支系和以《德国民法典》为代表的德意志支系。从它们的结构、体系和内容中，共同体现出大陆法系的法律及其制度的基本特征、性质和原则，这正是大陆法系历史演进过程中形成的，它们自身又是大陆法系法律体系的重要组成部分。实际上，1804 年《法国民法典》与 1900 年《德国民法典》的共同之处是主要的，如共享一个罗马法基础；作为"市民法典"，二者的核心都是基于私法自治、民事主体权利平等和诚实信用原则的合同制度和所有权制度；都体现了民法理念即私法自治、身份平等和私权神圣；都反映了古典时期资本主义私法精神即自由主义、人格至上和民法三大原则：私人财产所有权无限制、契约自由、过失责任原则；两大法典仍然都是现代法典，它们不只是为促进工业化和市场经济繁荣提供了必要的财产法律制度和人身权保护制度，也为实现所有国民自由平等富足提供了必要的行为模式，其历史进程证明了它们的社会适应力相当强，是能够经得住社会变化的挑战和各种各样生活关系考验的。

1900 年《德国民法典》与 1804 年《法国民法典》在微观上的区别很多，在此所论的是宏观区别，主要在于：

1. 在法典结构体系上，前者是潘德克顿式的，它继受了《罗马法大全》中的

---

〔1〕《德国民法典》，陈卫佐译，法律出版社 2006 年版，第 8 ~ 9 页。

《学说汇纂》"五分法"，而后者则是法学阶梯式的，它采用了《罗马法大全》中的《法学阶梯》"三分法"；前者设有总则编，[1] 而后者未设总则编；前者将债法置于物权法之前，后者则是物权法在前。总则是否设置的关键在于立法者运用抽象技术的方法或所达到的程度是否足以产生设置总则的动机和条件。《德国民法典》设置总则的技术原因是身份权的独立与"人法"的分裂；在法国民法典上，人法与物法两相分立，自成一体，凡有关伦理关系及民事身份的事项，均直接规定于自然人一编。此种情况，首先被德国民法典所创设的法人制度即团体人格所击破。

2. 在编纂技术和法律条文措辞上，前者采用了对罗马法有精深研究且传承了罗马法的德国潘德克顿法学所建立的科学的严密的私法体系、严谨的结构、清晰的逻辑层次、抽象概括的概念化语言风格，使用非常职业化的精确的专业用语，"整部民法典是由抽象的一般概念和形式逻辑的范畴构成的体系"，[2] 被认为是专家之法；而后者编纂的逻辑体系的严谨性和科学性较弱一些，其表述简短有力，其充满思想性的规定带有宣言色彩和革命性夸奖，具有明确、具体和通俗易懂的日常用语风格，被公认为是大众之法。一般认为，法国民法典"内部像一个杂物间"。[3] 事实上，法国民法典采用的"人法"与"物法"是极富逻辑性的分编方式；再从各编的具体内容说，其第一编"人"包含了有关自然人的基本地位和身份关系的全部内容，而第二编"财产及对于所有权的各种变更"则规定了所有权及其"派生权利"（法国民法将基于所有权而产生的用益权、使用权、居住权和地役权统称为"所有权的派生权利"，而担保物权则被认为是一种"价值权利"，另行作为优先权种类单独规定）[4]。上述两编没有任何逻辑混乱。问题主要发生在该法典的第三编"取得财产的各种方法"，这也是被批评之处，认为其"完全是异类题材的大杂烩"[5] "任何科学的安排方法都不会在一编之中将继承与赠与、契约和侵权行为、婚姻财产、抵押和时效等这些毫不相干的内容都放在'取得财产的不同方法'之下"。[6] 事实上，与德国民法典完全不同，法国民法典中的财产权是以所有权为中心建立起来的，无论基于身份关系抑或财产关系而发生的财产所有权的变动，均可合并规定于一处，这是基本符合逻辑要求的。所谓"杂乱"，其实是批评者处于一种更高抽象程度的

---

[1] 德国民法典总则的形成，是一种逻辑思维方法及立法技术运用的必然结果，其本身并不包含任何价值判断。身份权的独立所导致的"人法"的分裂，物权与债权的区分所导致的"物法"的分裂，以及法律关系一般理论的创制对于法典体系结构的影响，是该法典设置总则的技术原因。参见尹田："民法典总则与民法典立法体系模式"，载《法学研究》2006年第6期。

[2] 《德国民法典》，陈卫佐译，法律出版社2006年版，第7页。

[3] [法] 雅克·盖斯旦、吉勒·古博：《法国民法总论》，陈鹏等译，法律出版社2004年版，第98页。

[4] 尹田：《法国物权法》，法律出版社1998年版，第24页。

[5] [澳大利亚] 瑞安：《民法导论》，楚建译，载《外国民法资料选编》，法律出版社1983年版，第33页。

[6] [德] K. 茨威格特、H. 克茨：《比较法总论》，潘汉典等译，贵州人民出版社1992年版，第72页。

角度所做出的观察结论（尹田语）。法国民法典没有明确区分物权和债权，也没有设置总则。

3. 在内容上，因关注点不同而在规定上区别较大。法国民法主要关注实际的、日常的人与人之间的相互关系，而德国民法则将焦点置于法律原理间的理论联系，如德国民法在"绝对权利"观念下创设了真正的"财产法"，而法国民法则只限于"物法"；两者因财产的转移与买卖合同的分合而体现了合同的不同旨意；德国民法第一个发展了不当得利的自治法律，而法国民法则固守罗马法的准合同概念；德国民法明确规定了法人制度而法国民法则无此规定。

4. 在观念上，它们反映了两种思潮和两个时代。法国民法典体现了18世纪理性主义思潮，它将市民等级在大革命中所主张的理想化的自由、平等和人权法典化，德国民法典则主要是19世纪德国学说汇纂派的产物。前者是代表自由资本主义时代以个人为本位的民法典，后者则是代表垄断资本主义时代法律社会化理念的民法典。

5. 两者的影响都相当大，但相对而言，《法国民法典》作为现今世界最长寿的民法典，以自由资本主义世界首部"市民法典"而开创了自由资本主义民法的"新纪元"，它体现了启蒙思想和大革命的时代精神，成为大陆法系中影响最广、最深远、被树为第一楷模的法典，"其后世界的每部民法典都或多或少地受到了《法国民法典》的影响"[1]"我们在法典编纂活动的国际政治中看见了两个'巨人'。《德国民法典》肯定没有获得《法国民法典》的荣耀和光辉，但可以公正地说，最终它们打了个平手。"[2]

6. 《法国民法典》模式较之《德国民法典》模式缺陷也较多：在内容上陈旧，没有对法人和知识产权的规定，对国际私法的规定也极有限；在观念上已经落伍，难以体现现代私法精神；也缺乏一般性规定；在结构形式上也不适应法律实践，因为其三编已被拆分为多个主题以满足现代人不断深化的民法认知。

二、《德国商法典》

1897年5月10日通过、1900年1月1日和民法典同时实施的《德意志帝国商法典》属于特殊私法。该商法典是在1861年《德意志联邦商法典》的基础上修订而成，共分4编905条。商法典没有破产法的规定，也不包括保险和票据，这些都由单行法调整，它只涉及对商业关系的调整，仅适用于商人，凡在商法典中未作规定的，适用民法典以及商业惯例。

第一编"商从业者"，包括有关商人的概念、商业注册、商号、商业账簿、商业代理、店员和经纪人等的规定。商人即为经营商业事务之人；划分了商业事务的范围；规定了"商号真实"原则，商号的选用应与其营业的范围和种类相一致。第

---

〔1〕　徐国栋："《法国民法典》模式的传播与变形小史"，载《法学家》2004年第2期。

〔2〕　［德］克里斯蒂·冯·巴尔："欧洲：多部民法典的大陆，或者走向单一民法典的大陆?"，张小义译，载《法学家》2004年第2期。

二编"商业公司"，规定了公司的种类和形式，主要种类有合名公司、合资公司、股份公司和股份合资公司。[1] 法典还规定了隐名合伙，隐名合伙人以投资方式加入他人经营的企业，分享盈利并分担亏损，不直接对外负责，对企业拥有某些监督权。第三编为"商事行为"，规定商业行为是符合经营其业务的商人的行为，法典对各种商业行为予以列举，详细规定了商业合同的一般条款，内容涉及商品买卖、批发、仓储、发送和转运等。第四编为海商及有关商业航海的专门法规。

1900 年《德意志帝国商法典》基本上以民法典所确立的一般性原则为基础，以其特殊私法行为方式和商人权利主体属性的法律规范作为民法典的补充，其存在补充和完善了私法规范，在商法史上占有重要地位，其较新的体例和内容适应了转型期的德国商业社会发展，如没有将破产法置于法典内，实行"一般破产主义"；对法人有着明确具体的规定。该法典对他国商事立法影响较大，如对日本商法典的影响。

现代德国商法的变化主要表现为《商法典》中有关商业组织的规定被逐渐分离出来，经历了由公司法向企业法的过渡。并且，越来越为独立的企业法所取代，如1937 年《公司法》和 1965 年《公司法》。1951 年制定的《钢铁工业共同决策法》和 1976 年颁布的《共同决策法》，对经济组织的规范超出了《公司法》的范围，初步形成了颇具特色的企业法，这是对传统商法的一种改造。

■ 第五节 经济法与社会立法

一、经济法

德国经济法出现于 19 世纪下半叶德国统一之后的工业革命即将完成之时，随着进入垄断资本主义阶段，国家对国民经济的强有力调控，现代意义的经济法制得以产生且日益发达。较为成熟且具有现代意义的经济法概念和理论是于 1916 年由德国学者赫德曼首次提出的，用来说明国家为加强对社会经济生活的干预而制定的与经济发展有关的各种法规，如经济契约立法、劳动立法、土地立法等。德国的经济立法始于 20 世纪初，如《授权法》（1914 年）、《关于限制契约最高价格的通知》（1915 年）、《兴登堡纲领》（1916 年）。在魏玛共和国时期，国家加强利用法律手段对经济进行管制和调整，制定和颁布了一系列经济立法，如 1919 年《煤炭经济法》《钾素经济法》及 1923 年《卡特尔法》。其中 1919 年《煤炭经济法》是世界上第一次以"经济法"命名的经济立法。1949 年联邦德国建立后实行社会市场经济，以此

---

[1] 合名公司即无限公司，每个公司的成员对商号的债务负无限责任。合资公司即两合公司，由负无限责任的合伙人与其他仅以其对商号的出资额为限的负有限责任的合伙人共同组成。股份两合公司是两合公司的特殊形式，它和两合公司的区别在于：有限责任股东的资本必须分为股份，兼有无限公司和股份有限公司的性质；股份有限公司就是以确定的资本分为若干股份，由 5 人以上的有限责任股东组成的公司，它是德国大企业的基本组织形式。

为国家经济政策的指导原则，由国家对资本主义市场经济进行调控，颁布了大量的经济法规，使联邦德国成为战后经济发展最快的国家之一。在现代发达国家中，德国的经济法制因其完善、发达而独具特色。

（一）有关经济改革的立法

1. 币制改革法和银行立法。1871 年《货币法》以金本位制取代了长期实行的银本位制，帝国马克是唯一的支付手段。二战后，为制止通货膨胀，稳定物价，改变混乱的经济局面，占领当局颁布 1948 年《币制改革法》，禁止旧马克流通，以新马克取代之。同时，颁布《货币改革后经济政策指导原则法》，取消了战后定量配给制和对物价、工资的控制，提倡自由贸易，并放开了 90% 以上商品的价格，使商品自由流通，依靠价格波动达到市场经济自由化，为社会市场经济的建立奠定了基础。1949 年《工资合同法》规定通过自由协商方式达成社会伙伴之间的工资合同，重新恢复工资自治制度。1957 年《联邦银行法》建立了德国联邦中央银行，确立了国家银行休制。1961 年《信贷法》为联邦德国的银行监督与管理奠定了法律基础。1976 年经修订的《信贷法》确认了银行是专门从事银行业务的企业。

2. 国有化法。根据基本法的规定，联邦德国采取多元化的经济形式，以发展私人垄断资本为主，但国家也从发展社会市场经济的角度出发，将一些投资大、利润薄、私人资本不愿经营的部门，如水电、煤气、城市交通、铁路、邮电、航空等，在进行补偿的情况下收归国有，并用收购股票等方式使 20% 的工业和一些银行变为国有经济。同时，还通过经济立法实现财产再分配，大力扶植私人垄断资本。1952 年《关于对第二次世界大战的后果平衡负担的法律》以国家立法的形式转嫁负担，将广大银行开户者和土地所有者也列为财产提成的对象，设立"平衡负担银行"负责基金的筹集和支配其范围后又扩大到普通纳税者身上。1952 年《投资援助法》以第二部类企业为基金筹集对象，设立 10 亿马克资金，为煤炭、冶金、动力、煤气、车辆制造工业和供水企业提供长期的投资贷款，以加速重工业部门的积累。

3. 促进经济稳定发展的法律。为求得经济的稳定发展，减少生产的盲目性，1963 年《成立专家委员会的法律》规定由经济专家组成委员会对国家经济生活的各个领域定期作出行情预报。1967 年《促进经济稳定和增长法》是国家宏观调控的重要法律，它将持续增长、稳定物价、充分就业、外贸平衡作为国家经济发展战略的总目标，并规定"必须注意通过联邦和各州的财政、经济措施达到经济平衡"。

4. 促进对外贸易法。1961 年《对外经济法》及《对外贸易若干规定》（实施细则）对德国对外商品、劳务、资本及收支等对外经济活动提供法律手段，确立了对外贸易自由的原则。

5. 税法。1948 年《税法新体制法》对税制进行改革，降低了所得税和财产税税率，还采取减免税收和加速折旧的措施，鼓励企业自筹资金，促进投资和资本积累。其后，因不同时期的需要而对税法进行修改。

（二）有关市场管理的立法

实行社会市场经济重要的问题之一是维护正常的竞争秩序。为此，德国建立了专门的联邦卡特尔局，颁布一系列维护市场公平竞争秩序，限制垄断发展的法规。

1.《反对不正当竞争法》。1896 年德国制定了第一部《向不正当竞争行为斗争法》。1909 年又颁布了新的《反对不正当竞争法》，该项重要的市场管理立法自 1909 年颁行以来曾修订多次，现行的是 1975 年 3 月修订后的法律。所谓"不正当"竞争，包括用欺骗和假资料招揽顾客；盗用、模仿他人商标；强使顾客接受其没有订购的附加物件；损害别人广告；散布有关竞争对手的不符合事实的流言蜚语；阻止第三者同竞争对手的正常业务往来；不正当的压价供应；等等。1976 年《调节一般业务条件法》作为对上述法律的补充，进一步限制企业或个人任意对待顾客和将风险单方面强加给弱者的可能性。

2.《折扣法》。1974 年实施的《折扣法》规定提供给最终消费者允许的折扣限度最高为 3%，以维护正当的竞争，同时颁布《关于附加赠送物品条例》，反对以赠送物品为竞争手段。

3.《反对限制竞争法》。1957 年制定、后经修订的《反对限制竞争法》被誉为社会市场经济的根本大法，其目的是保护竞争自由，铲除经济强权。该法在原则上禁止卡特尔；禁止大企业之间在产品和提供劳务方面订立限制竞争的垄断性协定；并规定了具体标准，作为认定是否构成垄断的依据。但对市场有影响的一些卡特尔，却不在禁止之列。[1] 其后的修改趋于更为严格限制的规定，如规定了对市场支配者滥用权力的限制等。

（三）有关企业管理的立法

1951 年《矿业参与决定法》和 1952 年《企业委员会法》恢复、扩大了魏玛共和国初期工人参与企业管理的经济民主制度，规定各企业须建立监督委员会参与企业的经营管理。1972 年《企业章程法》进一步加强了职工代表在企业管理中的作用，以保护工人的各项权益。1976 年《共同决定法》完善了职工参加企业管理的制度，设立由劳资双方代表组成的监事会和由职工组成的企业委员会。企业委员会有权监督企业的福利、人事、工资、劳保等涉及职工切身利益的事务，对劳动和生产计划等有咨询权，并有权要求企业主帮助解决职工的困难，等等。对企业管理的法律规定有力地促进了社会经济稳定有序的发展。

二、社会立法

德国专门的社会立法始于 19 世纪末德意志帝国时代，是世界上第一个建立较全面的社会保险制度的国家。1883 年《劳工疾病保险法》、1884 年《工伤保险法》和

---

[1] 如协调业务条件的"条件卡特尔"、为推进统一技术和标准的"标准化和典型化卡特尔""提高合理化程度的卡特尔"等均允许成立，同时允许中小企业为提高经营管理水平，在适当限制竞争的情况下订立卡特尔合同。

1889 年《养老、残疾、死亡保险法》三项劳工保险立法奠定了德国社会保险法的基础。1911 年以社会保险法合并了上述三项立法，且增加了孤儿寡妇保险。

其后又制定了关于社会化的法律，规定了私人企业实行社会共有的几种形式，主要有：全部社会化，即国家对已经征收的企业，接管全部所有权，并由国家自行管理。部分社会化，即国家取得企业部分所有权（如占有部分股份）和部分管理权。强制卡特尔，即企业的所有权仍属企业主，但国家将同类企业联合起来，设立公共机关统一管理。私营企业的社会化是德国垄断资本主义发展的要求，也是德国社会民主党的主张，其性质属于国家资本主义。制定的关于劳工会议的立法对劳工会议的组织原则、形式和权力作了规定。企业劳工会议依对等原则，由工人代表和企业主组成，共同管理企业。劳工会议享有所谓社会权力和经济权力，包括监督法令、协定和裁决的执行，协助解决有关工资、劳保及其他工作条件等问题；反对雇主任意开除工人，有权派代表参加企业的行政会议，向厂主提供新的工作方法；等等。实际上所谓社会权力和经济权力，只是以咨询性质协同厂主解决有关问题。上述这些立法旨在将法的社会化政策与保护私权相结合。

其后进一步扩大保险范围，如 1927 年《强制失业保险法》。二战后，根据基本法确立的原则，联邦德国实行社会福利政策，以保障和改善社会成员的生活，稳定社会秩序。1949 年以来先后制定了劳动就业法、劳资协议法、青年福利法、儿童补助法、母亲工作保护法、青少年公共场所法、残疾人员工作法、住房补助法、社会保障法、社会保险法等及 1969 年《劳动促进法》和《职业培训法》等。自 70 年代起开始了社会立法系统化工作，如 1983 年《社会法典》规定职业教育和培训补助、劳动补助、社会保险（医疗保险、事故保险、退休保险）、残疾救济、家庭最低生活费补助、住房补助、青少年补助、社会补助、康复等，尽可能将现行的社会立法进行全部汇编。

现代德国通过社会立法确立的社会保障制度，实现了在社会保险、社会补偿和社会救济三个方面的规范化和制度化。它以社会保险为核心，以保险、预防和福利为其基本原则，以社会保险、社会补偿和社会救济为其主要方式，体现了德国社会立法的独特性。与此同时，根据 1953 年的《社会法院法》设立了专门的社会法院，负责审理涉及社会保险、社会补偿和社会救济等三方面的争议案件。

■ 第六节 刑 法

一、1871 年《德意志帝国刑法典》

1871 年《德意志帝国刑法典》是在原北德意志联邦刑法典基础上重新修订而成的，于 1871 年 5 月 15 日颁布，1872 年 1 月 1 日起施行。刑法典由总则和两编构成，共 370 条。总则规定了罪的分类、刑法适用的原则和范围等。法典将犯罪分为重罪、轻罪和违警罪。第一编"刑例"规定刑罚的种类有：死刑、无期徒刑、有期徒刑、苦役、拘留、罚金和剥夺公民权等，并对刑罚的适用、未遂、共犯、一罪和数罪俱发、正当防卫、刑事责任年龄等作了规定。第二编为"罪及刑"，列举了各种犯罪及其处罚。

刑法典的主要内容特点有：

1. 规定了资产阶级刑法一般原则如"法无明文规定不为罪""法不溯及既往"，并在某些方面有所发展。例如，法典在总则中不仅肯定了上述原则，对未遂、共犯及数罪等的规定也比法国刑法典更为系统完善。法典在分则中对犯罪的分类规定了29种罪名及相应的刑罚，表明资产阶级刑法的发展。该刑法典是现代资本主义一部具有代表性的法典，仍承袭了近代资产阶级刑事立法的结构、体例、原则和制度，也反映了现代刑事法理论的新发展，对现代资本主义国家的刑事立法形成一定的影响。

2. 较为突出的是以严厉刑罚维护统治阶级的统治地位，镇压反抗，如规定：凡谋杀德意志皇帝和联邦各国国君，或欲谋杀而未遂者，构成大逆罪，处死刑（第80条）。凡企图以暴力扰乱德意志帝国与各邦宪法或变换皇帝者，也按大逆罪处无期徒刑或无期苦役（第81条）。此外，法典为维护帝国皇帝和各邦国君的尊严，还特别规定了"不敬罪"，对皇帝和各邦国君有不敬行为者，处5年以下苦役或有期徒刑（第95条）。

3. 严格保护土地贵族和资产阶级私有财产不受侵犯。法典将窃盗、强盗和霸占私有财产的行为视为重罪。规定：凡损坏门户或墙壁进入他人房屋窃盗者，伪造钥匙或其他器物打开他人加锁的房屋进行窃盗者，2人以上共同为窃盗并欲继续进行窃盗或强盗者，均处10年以下苦役（第243条）。规定持凶器为强盗者，2人以上共同为强盗者，在大路、街道、公园、水路为强盗者，均处5年以上苦役（第250条）。法典还对欺诈及背信、伪造文书、诈欺破产等罪作了详细的规定。

4. 特别规定了宗教罪。对亵渎神灵、侮辱教会戒律、扰乱宗教场地秩序以及强制阻止他人礼拜、妨碍教堂举行典礼者均处3年以下苦役（第166、137条）。盗窃教堂为礼拜奉献之物者处10年以下苦役。法典只注重对宗教信仰的严格保护，却没有保障人们宗教信仰自由的条文，这与法国刑法典有所不同，说明宗教势力在德国仍有较大权势，也反映了法典带有封建和保守色彩。

5. 规定了职务犯罪，对违反职责，接受他人赠物或其他利益的官吏，按贿赂罪处5年以下徒刑。对行政官吏滥用职权及司法官吏徇情枉法的，均以职务罪予以处罚（第332、334、339条）。

6. 与《法国刑法典》相比，该法典在立法技术和立法内容上都有所进步，如结构上较为完整和系统，有总则与分则之分，内容上有所发展如法律从轻的适用原则、议员豁免原则、犯罪未遂、从犯减轻处罚和假释制度等。当然，法典也保留了一些封建性的东西，还广泛适用死刑，其残酷性体现了此时德国社会的特点。

二、1975年《德意志联邦共和国刑法典》

1871年《德意志帝国刑法典》适用了约一个世纪，在希特勒时期曾被法西斯刑事立法所取代。二战后，联邦德国依据 1949 年基本法有关刑事立法的基本原则，对刑法典作了较大修改。1951 年 8 月颁布《关于刑法修改的第 1 号法律》对刑法典的叛国罪作出修订。1954 年设立刑法改革委员会负责制定新刑法，并于 1962 年公布新刑法典草案，这个草案因较为保守而遭致学界批评。1966 年 14 位刑法学教授联合发表《供选择的刑法典草案》体现了改造罪犯的人道主义精神。1969 年刑法改革委员会颁布刑法改革法令，在这两个草案的基础上制定了新的刑法典草案且陆续予以公布，于 1975 年 1 月 1 日正式实施，即为 1975 年《德意志联邦共和国刑法典》（全称为《1975 年 1 月 1 日修订的 1871 年 5 月 15 日刑法典》）。

新刑法典共 28 章 358 条，其主要内容特点如下：

1. 在体例上大体保留了 1871 年刑法典的形式，只以"刑法典通则的第一编"取代了原来的总则部分。分则部分作了较大变动，如犯罪行为有所缩小，将之限制在维护公共秩序所必需的范围内，取消了决斗罪和违警罪，增加了危害和平罪、灭绝种族罪及危害民主、政治和国体等罪。废除了旧法典的重罪、轻罪和违警罪的罪行三分法，将违警罪纳入《违反秩序法》。

2. 新刑法典反映了垄断资本主义时代刑法的新发展。除严格贯彻罪刑法定主义、无罪推定和法不溯及既往等资产阶级刑法基本原则和保护私有财产外，还突出法治国家和社会国家原则，排除了适用类推的合法性，强调刑法人道主义原则。刑法适应了战后刑法干预范围的调整，实施"非犯罪化"与新"犯罪化"相均衡的刑事政策。法典消除了法西斯刑法的残余，符合现代德国社会国情，体现了现代刑法的精神及进步性。

3. 法典明显地反映了轻刑主义倾向，并在一定程度上体现了刑罚应以防范和改造罪犯为目的的现代刑法的教育改造功能思想，如废除死刑，将无期徒刑定为最高刑并仅适用恶性罪行，有灭绝种族罪、叛国罪及造成严重后果的投毒、绑架、纵火等罪；扩大了罚金和缓刑制度的适用范围且采用了一些新的制裁方式；统一了徒刑的执行方式，除无期徒刑外，有期徒刑最高为 15 年，最低为 1 个月。

4. 扩大缓刑适用范围，只要对社会无危害性的犯罪都可适用缓刑，由社会监督，以利于罪犯的改造。规定了"改善及保安"处分制度。包括：剥夺自由的强制措施，如收容于精神病院、强制禁戒所、社会矫治机构和实行保安监置等；不剥夺自由的强制措施，如行为监督、剥夺驾驶执照、禁止从事某种职业，但对罪行比较严重或具有一定危险性的人不适用这种处分。

此后，伴随社会的发展又对这部法典作了一些修改，同时也颁布一系列单行刑事法规以补充法典的不足。1976 年和 1982 年，德国先后制定两部惩治经济犯罪法，具体规定了经济犯罪的概念、种类、制裁和程序，进而形成了相对独立的经济刑法体系。1975 年《青少年法院法》规定对青少年原则上不适用徒刑和罚金。两德统一后，对现行刑法典进行了多次修改。近年来制定了一些适应国际化犯罪的立法，如反恐怖活动法、反国际走私贩毒法、反国际贩卖人口与组织卖淫法、反洗钱反金融

第十二章

诈骗法以及环境刑事立法。

■ 第七节　司法制度

一、法院体制

德国是一个联邦制国家，由联邦、州和地区三级组成，联邦和各州都有自己的立法、行政及司法机构，其国家法律体制既保持了各州的法律自治又保证了联邦法律的统一，集中体现了德国式的联邦国家体制的特点。

根据德国《基本法》和《法院组织法》的规定，司法权赋予法官，由联邦宪法法院及基本法规定的联邦法院和各州法院行使。德国法院系统主要由六大类法院组成：即宪法法院、普通法院、行政法院、劳工法院、财政法院和社会法院，此外，还有军人法院和惩戒法院。上述各类法院由联邦和各州分别设置，各自独立，彼此没有隶属关系。

（一）宪法法院

德国设两级宪法法院，即坐落于卡厄斯鲁尔的联邦宪法法院和各州设立的宪法法院。它们各自独立没有隶属关系，其中联邦宪法法院处于特别重要的地位。依据《基本法》和1951年《联邦宪法法院法》成立的联邦宪法法院是宪法的最高维护者，有权对其他宪法机关进行限制，并且有权将立法机关制定的具有普遍约束力的法律法规宣布为无效，以此保证国家法律的合宪性，保卫宪法的不可侵犯性。

首先，联邦宪法法院具有司法审查权。它对有关联邦法律、州法律是否符合基本法，州法律是否符合联邦法，国际法的某些规则是否构成联邦法的组成部分等宪法争议案的裁判具有法律效力。其次，具有行政权限裁决权、弹劾案审判权及管辖选举诉讼案。再次，受理公民基本权利受侵犯案以确保公民实现宪法保障，且对国家机关的各项活动予以宪法监督。联邦宪法法院主要处理基本法所规定的各种案件，具体包括：关于宣告剥夺公民基本权利的案件；关于宣告政党违宪的案件；关于联邦议会选举的有效性及有关议员资格取得与丧失的决议引起的诉讼案件；最高联邦机关之间在职权范围上发生争执而引起的对《基本法》的解释案件；关于联邦法与州法是否与《基本法》抵触的案件；对联邦总统的弹劾案及对法官提起的弹劾案件；联邦与州有关权利与义务发生的争执案件和州与州之间所发生的公法领域的争执案件；由州法规定移交联邦宪法法院处理的州宪争议案件；国际法的某项规则是否构成联邦法的有效组成部分，或直接创设个人权利与义务而引起的纠纷申请审查的案件；其他遭受社会公共权力侵害而无其他法律途径时提起的宪法申诉；等等。联邦宪法法院的裁判对联邦和各州的宪法机构、所有的法院及一切公共权力机关均具有约束力，具有对立法的补充作用。[1]宪法法院实行一审终审制，其审理案件的

---

[1] 李昌道、董茂云：《比较司法制度》，上海人民出版社2004年版，第72页。

程序主要有三种：具体法规审查程序、抽象法规审查程序及个人宪法申诉程序。联邦宪法法院法官由联邦议会选举产生，其任职资格须年满 40 岁，具备被选为联邦议员或担任法官的资格。宪法法院法官任期 12 年，法定退休年龄 68 岁。《联邦宪法法院法》对法官的独立地位和职务保障作了具体规定。各州宪法法院只管辖违反本州宪法的案件。[1]

（二）普通法院

普通法院产生于 1877 年《法院组织法》，是德国建立最早的法院体系，其规模为国家法院体制中最庞大、管辖范围最广泛的一个纵横于联邦与州的法院系统。普通法院主要管辖公民之间的民事诉讼和国家与公民之间的刑事案件，审理不属于其他专业法院管辖之外的所有案件包括非讼民事案件。[2]普通法院在审级上分为四级，在联邦设立联邦法院，在各州设立三级法院：地方法院、州地区法院和州高等（上诉）法院。联邦法院审理来自高级地区上诉法院的，经联邦法院同意审理的案件，它还审理涉及新的法律原则或与以往联邦法院判决不同的案件，以及涉讼金额超过 60 000 马克的案件。联邦法院审理案件采用合议制，由 5 名专职法官组成合议庭对案件进行审查，并作出判决，联邦法院的判决为终审判决。每个州都设有一个高等（上诉）法院，主要审理不服一审民事和刑事判决的上诉案件；来自州地区法院的二审刑事案件；作为一审法院审理最严重的刑事案件（如叛国罪案件）。对于许多案件而言，州高等（上诉）法院是终审法院。德国共有 116 个地区法院，位于较大的城镇，除了审理来自地方法院的上诉之外，地区法院还是所有地方法院不审理的民事案件和商事案件以及较严重的刑事案件的初审法院，在商事法庭中，由 2 名非职业法官（商人）协助 1 名职业法官审理案件。地方法院是最低一级的法院，数量有 700 多个，主要分布在德国的小城镇，受理涉讼金额 10 000 马克以下的民事纠纷。但有关婚姻、土地出租人和承租人之间涉及非商业目的的纠纷不受此限，其目的在于使争议能在本地解决，处理婚姻事务的专门法庭被称为婚姻法庭，由其审理的刑事案件，依据案件的性质，分别由独任法庭、陪审法庭和大陪审法庭[3]审理，其刑

---

[1]　不是所有的州都建立了自己的宪法法院，基本法第 99 条允许两个州将有关他们自己的宪法问题的管辖权移交给联邦宪法法院：石勒苏益格－荷尔斯泰因和梅克伦堡是享有此权利的两个州。联邦宪法法院对州宪法法院决定的问题保留管辖权。州宪法法院的法官由兼职法官担任，他们通常是在其他州任职的法官。

[2]　宋冰编：《读本：美国与德国的司法制度与司法程序》，中国政法大学出版社 1998 年版，第 124 页。

[3]　其中，独任法庭由 1 名法官独任审理，主要审理可能判决 1 年以下监禁的案件；陪审法庭由 1 名职业法官和 2 名非职业法官组成，主要审理判决不超过 4 年监禁的刑事案件；大陪审法庭由 2 名职业法官和 2 名非职业法官组成，审理案情比较严重或影响较大的，而且不属于州地区法院或联邦法院管辖的案件。民事案件中，最低涉讼金额为 1500 马克，可以从地方法院上诉到州地区法院，州地区法院为终审法院，有关婚姻法的案件可以上诉到更高一级的州高等（上诉）法院。独任法官审理的刑事案件，可以上诉到州地区法院的小刑事法庭。陪审法庭审理的刑事案件，可以上诉到州地区法院的大刑事法庭。

事案件管辖范围为：违警罪、轻罪和部分重罪。

（三）行政法院

1949 年的《联邦基本法》明确规定了德国行政法院独立的司法地位，且统一了行政法院的组织设置。1960 年《行政法院法》规定了在联邦境内建立统一的行政法院组织且对行政诉讼程序作了明确规定，进一步完善了德国的行政法院体制。德国行政法院系统分为三级，即初等行政法院、高等行政法院、联邦行政法院。目前，各级行政法院共有 52 所，其中，联邦行政法院是最高审级，设在柏林，高等行政法院每州一所，共 16 所，各初等行政法院的数目因州的大小不同而有差异。行政法院的管辖范围为"非宪法性质之所有公法上的争议，除联邦法律明文规定，应由其他法院审理外，皆得提起行政诉讼，涉及州公法领域的诉讼亦同"。任何因为行政决定影响个人权利的争议都可以在行政法院提起。这些诉讼涉及所有公共生活领域：计划法、贸易和营业执照、警察、水务、学校管理、道路和公务员。如果某一案件不涉及法律的合宪性问题，那么行政法院就可以考虑案件中涉及的一些宪法因素。[1]联邦行政法院，作为最高行政法院，主要管辖对于高等行政法院判决不服的上诉案、也受理不服初等行政法院判决的上诉及不服高等行政法院命令的申诉案。联邦行政法院还对以下案件具有初审管辖权：联邦和各州之间、各州之间具有公法性质但不是宪法性质的争议；有关控告联邦内政部根据《结社法》发布的禁止结社的诉讼；有关控告德国外交机构和领事代办机构的政府行为的诉讼；有关控告联邦情报局实施法律的政府行为的诉讼；确认联邦监察局关于保险、建设贷款系统的决定无效的诉讼；确认联邦政府的或联邦主管机构发布的命令、指示无效的诉讼。[2]联邦行政法院由 5 名职业法官组成合议庭进行审理，但特殊案件由 7 人组成的大委员会主持，以确保联邦法律的统一。在德国，大多数行政法都是各州法，但是联邦行政法院审理的依据是行政法的一般原则问题，这些原则通常被看作是联邦法即普遍适用的法律。

（四）社会法院

隶属于联邦劳动和社会部的德国社会法院创设于 1953 年，依据 1953 年《社会法院法》专门受理因社会保险、社会补偿和社会救济而发生的争议。就案件的性质而言，更多地属于行政审判管辖范围，向社会法院提起诉讼要求先要经过一项非正式的程序，即申请相关机构首先对争议进行复议。社会法院系统分为地方社会法院、州社会法院和联邦社会法院三级，实行三级三审制和合议制。通常地方审判庭由 1 名职业法官和 2 名非职业法官组成，州法庭均由 3 名法官和 2 名非职业法官组成，在特殊情况下，联邦社会法院除管辖上诉案外，还作为一审法院直接受理联邦与州因社会福利事务引起的争议，实行一审终审制。

---

〔1〕 宋冰编：《读本：美国与德国的司法制度与司法程序》，中国政法大学出版社 1998 年版，第 128 页。
〔2〕 方立新编：《西方五国司法通论》，人民法院出版社 2000 年版，第 287 页。

（五）劳动法院

德国劳动法院又称劳工法院，依据 1953 年《劳动法院法》创设，专门审理劳动争议和劳资纠纷案件，在行政上隶属于联邦劳动和社会部。劳动法院主要受理下列案件：劳资双方就工资、罢工等问题而发生的争议；劳动者个人与雇主因劳动合同关系发生的争议；劳动者相互之间因报酬发生的争议；有关工会的组织、选举、解散等发生的争议。从劳动法院受理的案件来看，主要属于民事纠纷，但有不少属于公法上的劳动管理纠纷，属于行政管辖范围。劳动法院在体制上分三级三审制：初审劳动法院、州劳动法院和联邦劳动法院，初等和州劳动法院审理案件由 1 名职业法官和 2 名非职业法官组成，联邦劳动法院审理案件由 3 名职业法官和 2 名非职业法官组成，非职业法官来自雇主和雇员各半，由雇主联合会和工会提名，然后由政府的劳工部门任命。对劳动法院的裁决不服而向联邦劳动法院提出上诉的，通常须先要征得州劳动法院的同意。

（六）财税法院

依据 1965 年《财税法院法》设立的德国财税法院专门受理有关赋税争议案件，它分为联邦财税法院和州财税法院，实行二级二审制。财税法院主要对下列案件行使管辖权：有关联邦立法权限内的赋税，由联邦或联邦税务机关征收，因此而发生的争议；联邦或联邦税务机关为执行税法而作出行政处罚，因此发生的争议；因税务案件协助行为的许可而发生的争议；其他根据联邦或州法律规定由财税法院受理的案件。财税法院的审理实行合议制，州财税法院由 3 名职业法官和 2 名非职业法官组成审判庭，联邦财税法院由 5 名职业法官组成审判庭。不服州财税法院裁决的案件得向联邦财税法院提出上诉或抗告。

二、诉讼审判制度和原则

1877 年实施的《民事诉讼法》和《刑事诉讼法》仍沿用至今。经过多次修改，基本结构未变，只是内容和原则有了变化。

（一）民事审判制度和原则

现代德国民事审判制度和原则始于 1877 年《民事诉讼法》。该法共 10 编 1084 条，主要规定了总则、第一审程序、上诉、再审程序、证据制度、强制执行和仲裁程序等。民事诉讼始于当事人的起诉，原告起诉后不得擅自改变或撤回已提出的诉讼请求，法官负责调查搜集有关事实材料，掌握诉讼程序，当事人要为自己的权利主张提供证据，证据的取舍、证据力的大小由法院决定，审理时，法官一般先行调解，调解不成，再作判决，当事人或其代理人在法庭上可以进行辩论，当事人不服初审判决的，可以上诉、请求再审或抗告。法典确立了民事诉讼的一些基本原则，例如当事人主义、不告不理、证据效力采取法官自由心证、言辞辩论、公开审理等；规定了民事诉讼中的调解制度和律师强制代理制度。《德国民事诉讼法典》其后多次修改，主要侧重于对当事人主义原则的进一步确认以及简化诉讼程序和缩短审理时间等，不过，产生于帝国时代的诉讼法的精髓部分仍被保留了下来，且成为现代德国民事诉讼制度的基础。

（二）刑事审判制度和原则

现代德国刑事诉讼审判制度和原则始于 1877 年《刑事诉讼法》。该法共 7 编 474 条，主要规定了总则、第一审程序、上诉、对已发生法律效力的判决案件的再审、特种形式的诉讼程序、刑罚的执行和诉讼费用等。刑事诉讼实行检察机关公诉制，庭审采"纠问式"程序，被告、辩护人均有权提起上诉。法典确立了无罪推定、辩护制、公开审判、法官主动调查、被告人有权沉默、控辩双方地位平等、上诉不加刑等近代刑事诉讼原则。刑事诉讼一般由检察官提起，个别情况下，被害人及其代理人也可以告诉。检察官负责侦查犯罪事实，搜集证据，并代表国家对罪犯提起公诉。凡重罪案件应先预审，以确定是否起诉。庭审阶段，检察官与被告进行辩论，最后，法官对案件作出判决，不服第一审判决的被告或检察官，可向高一级法院上诉或抗告。法典确立了现代德国刑事诉讼程序和审判制度，虽经多次修改但仍遵循上述法典所确立的制度框架和原则，如其诉讼程序一般由调查、居间和审判程序组成；判决分为有罪判决、无罪判决和撤销诉讼三种。不过，在一个多世纪的发展过程中，其发展和变化特别表现于 1994 年公布的经修改的《德国刑事诉讼法典》。现代审判模式为职权模式与当事人模式的结合。在坚持原有原则的基础上，其重要原则有强制公诉原则；合法性原则；法官法定原则；直接、自由评估和疑罪从无的证据原则；公开、口头和及时原则。近年来对刑诉法主要的修改和立法趋势是：对证人和被害人的保护；侦查程序中辩护方的积极参与；协商性的诉讼方式；等等。[1]

三、司法制度的特点

（一）法院体制集中体现了多元化和单一化的奇妙结合

德国因其联邦制而不存在统一的司法管辖权以处理全部领域内的法律问题，表现了司法体制的多元性，如除宪法法院外，德国基本法将法院分为五个平行与独立的系统；除宪法法院外，州法院都享有司法上的终审管辖权。通过这种多元化的分工，地方的自治性和独立性得以维护，且这些法院也满足了现代社会对法律专业化和丰富司法经验的需求；另一方面，在基本法下，在同一性质的法院系统中，联邦法院即为最高的终审法院（通常并不冠以"最高"二字），州法院为下级法院。当事人不服州法院裁判的案件，均可依程序最终上诉于联邦法院，这是作为联邦制的德国在司法体制上单一化的表现，集中体现了国家法律的统一性。

（二）国家行政审判权分别由各专门法院行使

作为大陆法系国家，德国也实行普通法院与行政法院分立制，但其行政法院体系又体现了专业化原则和权力分散原则。与法国不同的是，德国行政法院不是受理

---

〔1〕 陈光中主编：《21 世纪域外刑事诉讼立法最新发展》，中国政法大学出版社 2004 年版，第 234 ~ 246 页。

全部行政案件的唯一法院；社会法领域内的行政案件由社会法院受理；财政税务行政案件由财税法院受理；劳动争议案件由劳动法院受理；国家公务员违法失职案件由惩戒法院受理。此外，相当部分的行政登记管理案件由普通法院受理。所以，德国行政司法系统实际上是由普通行政法院和专门行政法院两大分支系统构成，反映出德国行政法制的发达。

（三）司法审级多样化

德国共有六类主要法院系统，不同法院系统的结构、程序及审判制度又不尽相同，如宪法法院由联邦和各州分别设立，各自独立，互不隶属，审理案件实行一审终审制；行政法院系统多为三级，实行三级两审终审制；普通法院分为四级，实行三级三审终审制。而且，各类法院的审判组织，差别较大，一些法院由专职法官担任审判，另一些法院则由专职法官和兼职法官联合进行审判，所有这些都反映出德国司法制度的复杂性。

（四）宪法法院监督的方式，采取纯粹的司法性手段即被动式审查

只有在接到法律规定的宪法诉讼请求后，在法定管辖范围内审理案件。但是，诉讼一旦开始，联邦宪法法院便拥有较大的权力，可以调查和案件事实有关的全部事实情况并查明真相，并且不受当事人提供的论据与陈述的事实的限制。联邦宪法法院就宪法申诉以及对规范性文件所作的具体监督审查或抽象监督审查所作的判决，具有法律效力。

■ 第八节 德国法的特点

德国法独特的历史演进及其内容体系，是人类法律史上的重要成就。封建时期的德国法无论是形式还是内容都与欧洲大陆如法国法极为相近。近现代德国法因其后起而发展迅速，在短期内建立起以民法典为核心的六法体系，进而发展成为部门众多、门类齐全以及规范详尽的现代法律体系，极富时代性和创新性，其庞大的规范体系成为现代德国法治社会的坚实基础。在此，须特别强调的是，依历史因素考虑，现代德国奉行的是法治国家原则。"法治国"是一个标准的德语产物，它是指公民之间、国家与公民之间以及国家内部领域的关系均受法律调整的国家，其标志是所有国家权力及其行使均受法律的约束，以确保国家法制的统一，如以人的尊严为中心的基本权利保护原则；国家机关遵守宪法、法律和法治的约束原则；任何公民都有权得到公正和有效的司法救济的法律保护以及禁止任何国家机关采取过度的措施，在实现法定目的的前提下，国家活动对公民的侵害应当减少到最低限度。[1]
德国法的主要特点如下：

---

〔1〕 何家弘主编：《中外司法体制研究》，中国检察出版社 2004 年版，第 239 页。

一、现代德国法因受制于其后起的资产阶级国家历史而一开始就具有法律社会化的特点

这一特点集中表现于其法典和法律所确立的原则和制度，如民法中的法人制度和一般条款，对传统的民法原则有所限制，较早确立无过失责任原则；又如商法典中对公司制度，特别是股份公司的详尽规定；再如最早产生且发达的经济法制度和社会法制度，在坚持传统公私法二元化的基础上，根据社会发展的需要，不断扩展法律的调节范围，创立了这些具有"混合法"性质的新型法律部门。此外，现代宪法和社会国家也是以德国的魏玛宪法为开端的。

二、坚持制定法主义的法典化形式

近代以来，具有罗马法传统的德国几乎所有重要法律部门均由制定法构成，判例只是一种不是很重要的起补充作用的法律渊源。建国之初的德国以"六法"确立了完备的成文法律体系，其后伴随着经济的高速发展，始终推进法律的成文法典化进程，如20世纪70年代的《联邦行政程序法》和《社会法典》的颁布便是很好的证明。

三、别具一格的司法制度

1. 有别于普通法系的司法一元化原则和大陆法系的司法二元化原则，德国的司法权实行多元化，也即其司法体制内部的分权和多元化。德国是联邦制国家，依法将法院分为五个平行与独立的系统：普通法院审理民事刑事案件，四种特别法院分别审理行政、社会、劳动与财政争议。

2. 在《基本法》的引导下，注重对公民权利的司法保障，建立了包括民事诉讼、刑事诉讼、行政诉讼和宪法诉讼在内的四大诉讼。

3. 把各种冲突有效地控制在法律秩序的范围之内，实现了国家的长期稳定、和平发展。一百多年间，德国经历了由君主专制政体向民主共和政体的转变。魏玛共和国时代短暂的民主试验，被希特勒法西斯政权的恐怖统治所毁灭。第二次世界大战结束后，德国认真汲取历史教训，严格遵循资产阶级民主原则管理国家，以完善的司法体制和通畅的诉讼渠道，有力地保障了整个社会运行在资产阶级法治的轨道上。

四、注重法学研究是德国法发展与进步的重要动因

作为大陆法系重要典范的德国法，始自中世纪就注重于罗马法的研究，特别是当它在全面继受罗马法之后，就形成了以《学说汇纂》为基础的法学传统，以至形成延续数百年的、影响深远的"潘德克顿"运动和历史法学，从而实现了罗马法的德国化，推动着以民法学为核心的古典私法学的现代化。现代德国法以其高度的学理性、抽象的法律概念、发达的法律技术及严密的逻辑思维，对现代各国的法律制度产生重要影响。

五、是大陆法系的一面旗帜

同属大陆法系的德国法和法国法在法的内容和形式上有许多方面极为相似，成

为大陆法系的典范,两者的主要区别:

1. 德国法是君主专制主义的产物,具有浓厚的保守性,这在公法领域尤为突出。而法国法是资产阶级大革命的产物,自由主义色彩较浓。

2. 现代德国法是 20 世纪的代表,因其后发优势,在私法领域所取得的成就使得曾在 19 世纪辉煌一时的法国法于 20 世纪风光不再。《德国民法典》所取得的巨大成就充分说明了这一点。

3. 德国的行政法领域也实现了法典化,而法国则实行判例法主义。

4. 德国首创经济法,它建立的职工参与企业管理的制度成为现代企业法律制度的重要内容。

5. 把行政诉讼限制在纯行政的范围,而将依传统公私法标准难以区分的法律纠纷划归其他专门法院处理。

6. 德国建立了比较完善的宪法诉讼制度。

■ 思考练习

一、关键术语

《德意志帝国宪法》;《德国民法典》;《魏玛宪法》;《波恩宪法》。

二、思考题

1. 简述德国对罗马法的继承。
2. 简述德国历史上的宪法及各自的特点。
3. 评述《德国民法典》的主要内容、特点及历史地位。
4. 简述《德国民法典》与《法国民法典》的异同。
5. 简述德国法西斯立法的主要内容及其特点。
6. 简述现代德国的法律制度的特点。
7. 试析德国法院体制的特点。
8. 简述德国经济法制与社会立法。

■ 参考书目

1. 《德国民法典》,陈卫佐译,法律出版社 2006 年版。

2. [法] 雅克·盖斯旦、吉勒·古博:《法国民法总论》,陈鹏等译,法律出版社 2004 年版。

3. [德] 罗伯特·霍恩等:《德国民商法导论》,楚建译,中国大百科全书出版社 1996 年版。

4. [印] M. P. 赛夫:《德国行政法—普通法的分析》,周伟译,山东人民出版社 2006

年版。

5. ［法］勒内·达维德：《当代主要法律体系》，漆竹生译，上海译文出版社1984年版。

6. ［德］K. 茨威格特、H. 克茨：《比较法总论》，潘汉典等译，贵州人民出版社1992年版。

7. ［德］弗朗茨·维亚克尔：《近代私法史》，陈爱娥、黄建辉译，上海三联书店2006年版。

8. 张彩凤主编：《比较司法制度》，中国人民公安大学出版社2007年版。

9. 何勤华主编：《德国法律发达史》，法律出版社2000年版。

10. 何家弘主编：《中外司法体制研究》，中国检察出版社2004年版。

11. 陈光中主编：《21世纪域外刑事诉讼立法最新发展》，中国政法大学出版社2004年版。

12. 方立新编：《西方五国司法通论》，人民法院出版社2000年版。

13. 赵宝云：《西方五国宪法通论》，中国人民公安大学出版社1994年版。

第十二章

第十三章

日本法

学习目的与要求　与中国"一衣带水"的邻邦日本，在历史上因一贯主动学习、借鉴和吸收，其法律制度深受外来法的影响，可谓多元法律文化的典范，充分体现了东西方法律文化的融合。封建时期的日本法以中国隋唐法律为基础，是中华法系的主要代表；近代法制则先后吸取法国与德国经验，属大陆法系的一员。第二次世界大战后，由于美国的占领及对日本法的现代化改造，使其带有浓厚的英美法特色，从而使现代日本法身兼两大法系和东亚法律文化的特质，在世界法律文化中独树一帜，具有宝贵的法制经验和历史地位。

重点掌握　日本法的历史演变及其特点；日本六法的基本内容；1946年《日本国宪法》的主要特点及其发展趋势；现代日本法律制度及其发展变化；日本法的历史地位及其特点。

■ 第一节　日本法的形成和发展

一、明治维新前日本法律制度的产生

最早的日本国产生于公元 3 世纪初的九州北部地区，名为邪马台国。[1]据关于古代日本最早的文献《三国志·魏志·倭人传》记载，公元 3 世纪初的九州北部地区出现了奴隶制国，名为邪马台国。[2]其后，在本州中部地区又兴起了一个较大的大和国。至公元 5 世纪，不断扩张的大和国实现了日本历史上国家的统一，与此同时，日本奴隶制国家开始适用一种简单的不成文的部族习惯法。

日本法从奴隶制法向封建制法的过渡是以公元 646 年"大化革新"为起点的。

---

〔1〕　始自新石器时代，日本就有了原住居民。

〔2〕　参见周一良、吴于廑、林志纯主编：《世界通史资料选辑·上古部分》，商务印书馆 1974 年版，第442～449 页。

"大化革新"是在中国隋唐封建文化的影响之下所进行的一场社会变革。[1]在这一社会改革过程中,日本废除了奴隶制,确立了中央集权统治的古代天皇制,创建了以唐朝法律为模式的日本封建法律制度,完成了由奴隶制国家向封建制国家的转变。自1186年日本进入武家统治时期直至明治维新,其封建法律制度不断成熟和完善。从大化革新至1868年明治维新,所颁布的《大宝律令》《贞永式目》和《公事方御定书》合称日本古代三大重要法典,以律令、式目、御定书为其基本的三大法律渊源,所推行的律令制以律令格式为主要法律形式,形成了一套较完整的成文法体系。同时,天皇通过任命的官吏即太史官、神祇官、国司、郡司等执行法律、实现其政治统治。按照中国封建法模式、结合日本风俗国情创建起来的日本封建法持续了近1200多年,是中华法系的重要组成部分。

（一）古代天皇制时期（646～1192年）

这一时期,天皇是最高统治者,被奉为神之子孙,是民族和国家的象征。伴随着封建制的形成,日本国在立法上仿照隋唐推行律令制,采律、令、格、式等法律形式,于公元701年（文武天皇大宝元年）和718年（元正天皇养老二年）先后颁行《大宝律令》和《养老律令》。其中,《大宝律令》是大化革新后国家颁布的法律、法令的集大成者,以唐朝永徽律为蓝本,是日本第一部成文法典。该法典包括律6卷、令11卷,条文完备、法理清晰、结构严谨,较全面地反映了当时的社会关系,其内容将有关刑罚的条文称为律,有关国家政治制度的条文称为令。而《养老律令》是对《大宝律令》的修订和补充,内容相近,律令各10卷。同时,兴办了官立法律学堂,进行法律教育和法学研究。这些中国式的立法和法学活动强化了以天皇为首的中央集权统治,完成了由奴隶制法向封建制法的转变,标志着以中国法为模式的日本封建法律体系的初步建立。

（二）幕府统治时期（1192～1868年）

1185年,关东武家集团赖源氏灭掉平氏,于次年在关东镰仓建立幕府,日本自此进入武家幕府政治统治时期。这一时期的特点是:在天皇和幕府"双重政府"结构下推行封建军国主义,以将军为首领的幕府成为国家最高权力机关,天皇为将军所挟持。幕府依靠新兴的武士集团,实行武家专制统治。与政治体制的变化相适应,律令格式的作用减弱以至渐被废弃,代之而起的是武家法典和藩国法,其中,武家法典又称为幕府法,是幕府根据武家的习惯和先例制定的调整武士集团内部关系的基本法规,其旨在加强幕府与下级武士间的等级关系。在保持原有法律形式的同时,出现了"式目"和"御定书"渊源。作为幕府基本法律被广泛推行的代表性武家法

---

[1] 公元645年,大和国的新贵族夺取政权,拥立孝德天皇,模仿中国建年号为"大化",迁都难波（今大阪）,并于646年元旦颁布"革新诏书",仿照中国唐朝政治经济制度,进行了自上而下的全面改革,史称"大化革新"。

典是 1232 年镰仓幕府（1192~1336 年）颁布的《御成败式目》，[1]这是日本最早和最著名的武家法典，因其颁布于贞永年间，故又称《贞永式目》。该法典从初编 51 条直到修补后的 362 条，内容广泛，涉及民事、刑事、诉讼及行政等方面，对幕府的土地制度、官吏的职责、犯罪及处罚、领地的支配和继承等作了规定，并确立了臣民对封建主、武士对将军的绝对忠诚义务。该法典以《大宝律令》和《养老律令》为基础编制，被誉为武家统治的根本法。室町幕府（1336~1602 年）和德川幕府（1603~1867 年）统治时期进一步强化了军事封建国家的统治，除对原有武家法典进行修订外，也先后制定了一系列武家法典。1742 年仿照中国明律制定的《公事方御定书》是日本封建社会后期的一部重要法典，该法典在总结过去法令和判例的基础上制定而成，分为两卷，上卷 81 条，为一般法令和判例汇编；下卷 103 条，为刑事法及程序规定（俗称"御定书百条"），其内容包括：①对大名的限制；②将全国臣民分为四个等级：武士、农民、手工业者和商人；③在村社设立"五人组"的联保制，责任连带；④刑罚的规定极为残酷，广泛适用死刑，执行的方法有锯挽（锯两肩等）、磔刑、狱门（枭首）、火刑、斩刑、解死人（割首弃尸）六种。该法典一直适用到明治初年。

　　值得指出的是，基于"义理"而形成的习惯法，在日本封建社会也起着重要作用。"义理"源于日本固有的传统和道德习惯，与中国古代的"礼"相似，确认人们生活中的基本行为准则，既包括家庭成员间的"义理"，也有臣民与封建主、佃农与地主、债户与债主之间的"义理"。社会生活中的一般民事关系主要靠在"义理"基础上形成的习惯法调整。

　　纵观明治维新前的日本法律制度，以律令、式目和御定书为其主要法源的制定法，且以习惯法为补充，其法律形式、内容及法律观念均受到中国封建法文化的强烈影响，有着儒家思想的烙印，故一般认为，日本封建法制是中华法系的一个重要组成部分。[2]

二、日本近代法律制度的形成

（一）明治维新时期的法制改革

　　19 世纪中叶，伴随日本资本主义经济的发展和西方资本主义列强的武力胁迫，日本长达二百多年闭关自守的大门被打开了，一场以推翻德川幕府的封建统治、建立天皇制、实行资本主义为目的的资产阶级革命运动爆发了。1867 年明治天皇即位，次年 1 月，倒幕势力以天皇名义颁布"王政复古"诏书，宣布废除幕府制度，成立天皇政府，同年 3 月，幕府所在地江户（今东京）被攻陷，统治日本达 700 余

---

[1]　"成败"指审理和裁判；"式目"指成文法规。

[2]　日本著名法学界穗积陈重曾在《日本新民法》一书中指出：日本法律属于中华法系者已有 1600 年，虽自大化革新以后经历许多巨大变化，而日本法制之基础仍属于中国之道德哲学与崇拜祖先的习惯及封建制度。

年的幕府统治结束。"明治维新"虽然使以明治天皇为中心的地主和资产阶级联盟的中央集权制国家得以确立,日本迈入近代社会,但因其革命的保守性为其后日本军国主义埋下了隐患,影响了日本现代法的进步发展。

明治政府成立后,天皇于1868年3月和4月发布"五条誓文"和"维新政体书",[1]开始了以"富国强兵、殖产兴业、文明开化"为总方针的国家政治经济法律制度的近代化改革。新政府要"广兴会议,万事决于公论""求知识于世界",正式提出以西方政制为模式进行国家制度的改革,发展资本主义。1869年,明治政府宣布实施"版籍奉还"政策(版即版图,指领地;籍即户籍,指人民),把封建主占据的各藩地全部归还天皇统辖。天皇任命各藩主为"藩知事",剥夺他们对土地和人民的领有权,使之成为隶属中央的地方官。1871年7月14日又"废藩置县",改革行政区划,设立中央直接领导的府和县以取代藩国制度,将全国分为3府72县(后合并为3府43县),免除原藩知事的职务,命令他们到东京居住,其职务由天皇任命的知事代替。1872年,颁布征兵令,建立近代常备军。至此,经明治维新,以天皇为中心、统一的近代中央集权国家得以确立,日本进入资本主义社会。

随着中央集权制国家的建立,在颁布一系列政治改革法令的同时,其他方面的立法改革也广泛开展起来。

1. 颁布一系列缓和社会、发展经济的法令,宣布取消职业规章和行会制度,允许公民自由选择职业,自由迁徙;废除藩与藩之间的捐税关卡,统一全国的货币制度,实行贸易自由;宣布各等级在法律上一律平等,废除各等级间通婚的限制;改革土地制度,确认土地所有权;制定银行条例,统一全国汇兑业务;奖励贸易,积极创办银行、企业、铁路和造船工业;颁布征兵令,建立近代常备军,剥夺武士独占军人身份的特权;等等。

2. 进行司法体制和刑法制度等方面的初步改革。先后设立刑部省(后改为司法省)和大理院,统一领导司法行政,下置各种法院专掌审判,使司法行政与法院审判开始独立,地方设各级法院专掌审判工作,颁布《假(暂行)刑律》《新律纲领》《改定律例》等刑事法规,改革刑罚体系,修改刑律,废除笞、徒、杖、流四刑,改为惩役和死刑两种,并减轻刑罚,缩小死刑的适用范围。加强法律教育,翻译外国法律,以沟通日本与西方在法学教育和研究方面的关系,聘请法、德等国法学专家来日讲学,创办法政研究所和法政学校,翻译研究外国法律,培养法律人才,等等。上述立法改革的推行,推进了日本资本主义政治经济的发展,也为确立近代资产阶级法制奠定了基础。

(二)日本近代法律体系的确立

在西方各国的压力下,从19世纪70年代中期开始至1907年新刑法的颁布,日本法基本上实现了西方化。明治政府聘请西方法学家为顾问,着手进行大规模立法

---

〔1〕 这两个文件史称明治维新初期的改革纲领。

和法典编纂工作，短期内相继编纂了一系列西式法典，国家开始走上全面西方化的道路，使日本资产阶级法律体系最终得以确立。

最初的立法是以法国法为模式，先后制定了刑法、治罪法、民法、商法等主要法典，但由于这些法典过分法国化，有的甚至完全照抄法国的法典，并不符合当时仍然保留有很多封建残余的日本国情，因而遭到日本各界的普遍反对和抵触。随后，日本转而效仿德国法，1889年颁布的《大日本帝国宪法》（简称"明治宪法"）是仿德国普鲁士宪法制定的一部宪法典，以此为转机，日本仿照德国法先后编纂颁布了民法典、商法典、民事诉讼法典、刑事诉讼法典、裁判所构成法，至1907年刑法典颁布，其以法典为主要表现形式的资本主义法律体系基本建立起来。其"六法"体系标志着日本法走上了全面西方化的道路，日本近代资产阶级法律制度最终确立。

与此同时，明治政府通过确立中央集权实现了司法权的集中统一，也建立了全国一体化的法院体系，在体制上实现了司法权的独立。1871年设立司法省，统一管理刑事、民事审判事务。1872年，公布了"司法职务定制"，把分散于全国的地方民事、刑事裁判权收归司法省，设立了法院、检事院和明法寮，规定了审判机关的审级制。1875年设立大审院为最高审判机关，实现了司法与行政的初步分离。1880年第一部刑事诉讼法颁布后，律师的刑事辩护制度开始建立。1890年11月开始实施的《裁判所构成法》[1]（即法院组织法）标志着日本近代裁判所（法院）体系的建成。1890年颁布了《行政裁判法》，规定在东京设立普通法院之外的行政法院，对行政厅的处分和诉愿的裁决不服时可以提起诉讼。行政法院设置在行政组织内部，高等行政官可以兼任行政法院的法官，形成了普通法院与行政法院分立、特殊法院存在的近代法院体系。

三、日本现代法律制度的发展

（一）两次世界大战期间日本法律制度的演变

从第一次世界大战起到第二次世界大战结束，日本法律制度发生了很大变化，这种变化以1932年军事独裁体制的确立为标志，大体可分为两个阶段：前一阶段经过不断改革，现代法制建设趋于完备化；后一阶段则与军事独裁统治相适应，其法制走向法西斯化。

1. 1932年之前的立法变化。第一次世界大战后，伴随日益高涨的工农革命运动

---

[1]　《裁判所构成法》将裁判所划分为大审院、控诉院、地方裁判所、区裁判所四级。大审院是最高裁判所，拥有对上告、再抗告案件的审判权，是对皇室犯罪和内乱罪的第一审和终审裁判所；控诉院在全国设置7所，是二审裁判所；地方裁判所在全国设置48所，是第一审的合议裁判所；区裁判所是最下级审的独任制裁判所。《裁判所构成法》还规定了司法官身份保障的条款，没有担任过一定年限的判事、检事、律师，不得补任控诉院判事、大审院判事，杜绝了行政官充任司法系统的上级官员从而干预司法的途径。判事、检事的资格都由法律规定，并进一步规定司法调查的司法行政监督权不得干预执行裁判职务的判事的裁判权，并规定了限制司法行政监督权等条款。

和民权运动，"国家法人说""天皇机关说"[1]普遍流行，通过解释宪法、政治实践及改革选举法，使得日本在宪法制度方面进一步民主化。同时，通过单行立法对原有法典进行了不同程度的修改，而且开始了向英美法的学习，进一步完善国家法制。

在宪法方面的变化有：①议会地位有所提高。1918 年镇压"米骚动"后，在众议院控制下的报刊的攻击下，寺内的军阀官僚内阁被迫辞职。1924 年，议会又与清浦内阁发生冲突，最终导致清浦内阁的辞职。②政党内阁出现。至 20 世纪 30 年代，日本资产阶级政党经过改组与合并，只存在两个主要政党——政友会和民政党（宪政会），两党分别代表不同财阀的利益。日本政党内阁是从 1918 年接任寺内的原敬内阁开始的。此后，除 1921～1923 年是军阀官僚内阁外，1924 年组成以宪政会总裁加藤为首的政党内阁，直到 1932 年基本上由这两党轮流组阁。随着军部势力的扩大，1932 年被军阀官僚内阁所取代。③放宽了选举资格。[2]1925 年颁布新的选举法，取消了财产资格限制，但仍有许多所谓"欠格条项"。[3]

战后民商法的修改最多，具体如下：

（1）第一次世界大战后，对 1898 年《日本民法典》中财产法部分不断通过颁布单行民事法规的形式加以补充和调整，其中以建立调停制度和信托制度最为突出，如 1922 年《租地法》与《租房法》、1924 年《租佃调停法》、1932 年《金钱债务临时调停法》等。这些调停法的共同特点是本着调和的精神，求得在当事人间自主解决纠纷，以避免由法院适用实体法硬性判决所造成的缺陷。民事调停法是日本传统的民间和解制度的进一步发展，至 1942 年，通过战时民事特别法将调停制度作为民法的一项正式制度确立，规定凡民事纠纷不问其性质如何，都要通过调停加以解决。1922 年，日本还将英美国家采用的信托制度引进并制成单行法。如此，日本在大陆法系的民法财团法人制度之外，又找到一种利用信托也可以达到同样目的的方法。

（2）在婚姻和继承制度方面，鉴于要求修改民法典中以封建家族主义为中心的亲属编和继承编的呼声很高，于 1925 年和 1927 年以草案形式公布了该两编的修改纲要，限制或缩小了户主的同意权和离籍权，废除妻的无能力制度和法定夫妻财产制，修改了不利于妻提出离婚的理由，并使妻和女子的继承地位有所提高，但该草案因社会风潮的发生而未送交议会通过，始终没有成为法律。

（3）关于商事法，由于日本公司制度的迅速发展，以及资本集中的方式和企业

---

[1] 宣扬国家犹如扩大了的法人，天皇并不等于国家，天皇也和内阁、议会一样，只是国家机关之一，国家主权不属于天皇个人，天皇只是依据宪法行使国家主权，试图削弱天皇权力而提高资产阶级议会地位。

[2] 1919 年，统治阶级被迫对 1889 年的选举法进行若干改革：选民财产资格由直接税 10 元降至 3 元，但广大工农群众、小资产阶级和一般知识分子仍被排斥在选举之外。

[3] 即妇女、25 岁以下者、居住期限不满 1 年者、军人、学生、受社会救济者等均不享有选举权，至于被选举权，新选举法依然保留了原选举法中的保证金制度，凡被提名为候选人者，必须向选举机关预交 2000 日元的保证金，如选举结果得不到该选区总票数的 1/10，保证金即归政府所有。

形态的变化，原有的商法典已不能适应。1929 年日本政府向法制审议会提出修改商法的建议，次年推出修改草案，着重对总则编和公司编进行了较大的修改，于 1940 年实施。商法修改的主要内容是：总则部分扩大了商人的概念，明确了转让营业时转让人与受转让人的责任；公司法部分则比较注重保护公司债权人的利益，谋求筹集资金的方便，将企业的所有与经营分离开来，并规定董事不一定从股东中选任，允许转让股票和把公司债券转换为股票，等等。1926 年颁布了《商事调停法》，试图以简便易行的方法，通过法院或调停委员会的仲裁，依靠两方协商解决商业纠纷，使交易活动得以继续进行，但因商业纠纷具有明确的权利义务对抗性质，不明确权利义务仅凭劝解不可能从根本上平息纷争，因此，该法公布后并未起到作用。

（4）1922 年颁布了新的破产法。新破产法不同于旧破产法的显著特点之一，就是抛弃了旧法的商人破产主义，而采用商人和非商人通用的一般破产主义。

（5）这一时期为适应战时需要和避免经济危机的加深，国家对经济生活的干预加强，还颁布了一些产业立法和社会化规范，如《军需工业动员法》《制铁业奖励法》《资本集中法》《出口补偿法》《米谷统制法》《出口组合法》及《航空法》等。这些法律旨在扶植和促进垄断组织的发展，并对无限私有制原则和契约自由原则作了某种限制。

在刑事法方面，1926 年和 1927 年先后提出了《刑法修改纲领》和《刑法修改预备草案》，拟全面修改 1907 年刑法典。同时，政府颁布了一些单行法规，如 1922 年《少年法》[1]和 1925 年《治安维持法》，后者是一个镇压工人运动和进步人士的反动法律，[2]它规定，任何人只要具有反对天皇制度和推翻私有财产制度的思想而不问是否有反对或推翻行为，即构成犯罪，受到严惩，因此被称为"危险思想法"。

在诉讼法方面，对刑事诉讼法和民事诉讼法进行了较大修改，颁布了 1922 年《刑事诉讼法典》，修改的要点是：扩大了检察、侦查机关的强制处分权限范围，确立了非经公诉绝对不得进行预审的原则，限制未决犯的拘留日期，扩大了非常上告的范围。修改后的法典具有较强的自由主义色彩。1929 年对民事诉讼法进行

[1]　本法规定了对少年的刑事处分、保护处分、少年法院的审判等，共 7 章 74 条。此法适用于 14 岁以上 18 岁以下的少年罪犯，采用特殊的变通方法判处刑罚。对未满 16 岁的犯罪者，除特别犯罪外，不适用死刑及无期刑，应判死刑或无期刑时，改判 10 年以上 15 年以下的惩役或监禁。少年犯在特设的监狱或特别监房服刑，不与成年犯关押在一起，以免沾染恶习，少年犯的假释也比成年人宽。此外，除死刑或无期徒刑外，当刑罚执行终了或免予执行时，应视同未曾判刑，以不影响其做人资格。除刑事处分外，还由少年法院适用保安处分，方法有训诫、写悔改保证书、送少年保护司观察、送交感化院或矫正院、送医院治疗等。此法着眼于对少年犯罪的改造，有一定的积极意义。

[2]　该法是日本政府借口皇宫附近发生的爆炸事件而制定的，规定：凡组织以改变国体和推翻私有财产制度为目的的团体，或知情参加此种团体者，处 10 年以下惩役和监禁。1929 年又将 10 年以下惩役或监禁改为死刑。

了修改，为了防止诉讼拖延，赋予法院在必要时搜集调查证据的权力，并依诉讼额的大小对上诉加以限制，增加了不问审级在双方同意范围内均可提起反诉以及以书面材料为基础的规定。同时，以英国陪审制度为蓝本，制定了 1923 年《陪审法》。[1]

2. 法西斯统治时期的立法。1931 年由军部挑起的"九·一八"事变及 1932 年政友会首相犬养毅被少壮派军人暗杀的"五·一五"事件，标志着日本政党政治的结束和法西斯化的开始。1937 年全面发动侵华战争后，军部的独裁统治初步形成。到 1941 年东条英机独裁体制确立，日本已全面建立起具有军事封建主义特点的法西斯专政，与此同时，其法制也日益法西斯化。日本法的法西斯化，不是通过废除原有法律，而是通过以下方式来逐步完成的：①对原有法律的补充修订，发展原有法律内在的封建性、军事性和专制性；②制定单行法和国家主义统制立法。其中，大量的单行法规和统制立法的效力高于普通法甚至优于法典，其法西斯立法及其措施主要有：

(1) 建立法西斯政治体制的宪法性立法，无限扩大天皇和军部权力，对国家进行强制性控制。如通过 1935 年修改陆海军省官制和 1936 年设立的"五相会议"，恢复了现役军人制度，以加强军部对内阁的控制。[2]1937 年建立由天皇和军部共同组成的"帝国大本营"和 1943 年《战时行政职权特例》及对政党政治的废除，进一步强化天皇和军部法西斯独裁体制的合法性。

(2) 颁布一系列"国家主义统制立法"，以适应战时经济，如为适应全面侵华战争的需要，日本于 1937 年和 1938 年颁布了"战时三法"，即《临时资金调整法》《关于进出口商品等临时措置的法律》和《国家总动员法》。其中，以 1938 年《国

---

[1] 但由于该法与缺乏民主法治传统的日本国情不相适合，公布后遭到统治阶级中保守势力的反对，认为陪审违反宪法关于审判权只由法官行使的规定。最后达成折中方案，规定陪审只适用于刑事案件，但皇室成员的犯罪、侵犯皇室的犯罪、内乱罪、外患罪、骚扰罪等，不适用陪审；陪审员的任务只限于审查犯罪事实是否存在，不得就证据的真伪和罪责的有无发表意见，更不得解释法律；陪审团分为法定陪审和请求陪审两种，在法定陪审中，被告人可以拒绝陪审，在请求陪审中被告人也可撤回请求。可见，日本的陪审法比西方国家带有更大的局限性。《陪审法》自 1928 年实施以来，并没有普遍为人们所接受，加之还需支付较高费用，拒绝陪审的人逐渐增多。至 1943 年全面法西斯化后，被宣布停止实行。

[2] 1936 年设立"五相会议"，规定凡政府重大决策问题不再由全体阁员讨论，而只由首相、陆相、海相、藏（财政）相和外相组成的会议决定，进一步加强军部对内阁的影响。其后立法赋予首相即军部首脑"禁止、限制或废除现行法律"的专断大权，从而以法律形式公开肯定了军部的法西斯独裁统治。为了最终消灭一切反对军部独裁统治的资产阶级政党，1940 年近卫内阁提出了"一党一国"的口号，解散一切现存政党，成立法西斯组织"大政翼赞会"，协助政府实行法西斯统治。1942 年东条内阁时期，又成立了"翼赞政治体制协议会"，由其负责推荐议员候选人，同年成立"翼赞政治会"，将绝大多数议员网罗到这个组织中来，强行统一思想和认识，以便在议会中按政府的既定方针进行表决，使议会完全成为法西斯政府控制下粉饰门面的工具。

家总动员法》为日本战时国家主义统制立法的核心，将统制政策扩大到全社会。[1]

（3）颁布法西斯化的刑事立法，加强镇压革命者和进步人士。如根据 1925 年《治安维持法》大力迫害共产党人及其他进步人士，将日共中央几乎全部逮捕。[2] 1937 年《思想犯保护观察法》和 1942 年《战时刑事特别法》是日本最典型的法西斯刑事立法。[3]为加强法西斯统治和服务战争，1941 年对刑法典作了部分修改，新增加危害安宁秩序罪，并新规定了散布虚伪事实罪、妨碍国民经济运行罪等有关言论统制的条文。同时，《劳动纠纷强制仲裁法》（1925 年）、《战时管制言论、出版、集会结社法》（1942 年）及《不稳文书临时取缔法》（1936 年）等法西斯性质的单行立法将公民的基本权利和自由剥夺殆尽。

（二）二战后日本法制改革

第二次世界大战后，根据《波茨坦公约》等国际协议，日本为了建成和平、民主、独立的国家而开始了其法制现代化和民主化进程，以美国法为主要借鉴对象的法制重建也进入一个新阶段。其主要任务是废除包括旧宪法在内的原有军事法西斯法律制度，制定 1946 年《日本国宪法》及其他法律，修改民法、商法、刑法、诉讼法等主要法典，使之更臻完善。1952 年《旧金山和约》生效，占领时期结束，日本获得独立，随即开始了自主的法制建设。同时，为恢复和发展经济制定了大量单行法，尤其是经济立法。

纵观现代日本法律制度的发展变化，主要有这样几个特点：

1. 现代日本法以大陆法系的六法体系为基础，其立法吸收了美国法原则和制度的成分，判例和对抗制在司法实践中的作用受到重视，因兼有几大法系的特征而被认为是现代"混合法"的典范。

---

[1]　该法以"有效发挥国家的全力"从事侵略战争为目的，规定：由政府对工业、交通运输、金融、贸易实行统制；政府有调整物价、利润、工资和企业投资以及征用一切人力和物力之权力；并有权对科学技术、文化教育和新闻报道实行统制。根据《国家总动员法》陆续颁布的各种统制法令，将国家统制扩大到国民生活的各个方面，从而将日本社会的政治、经济、思想、文化全部纳入战争轨道。

[2]　1941 年为适应全面法西斯统治的需要，又对其进行修改，增加"预防拘束"等内容，对被怀疑有危害治安者，采取"预防性"的限制措施。

[3]　前者规定："对于违反治安维持法之犯罪，已宣告缓刑，或因无追诉之必要而不提起公诉者，得交付保护观察。对于刑罚执行完毕及准许假释者，亦同。"这就是说凡违反治安维持法者，不论服刑与否，即使刑期已满，也须置于保护观察之下，保护观察期定为 2 年，但如有继续观察的必要，可延长其期限，延长多久法律未予明确规定，实际上是对革命者和具有进步思想的人进行长期监禁的手段。后者的效力优于刑法典，该法规定，凡在战时以"变乱国政"为目的而杀人者，处死刑、无期惩役或监禁。1943 年又颁布修正案，规定以"变乱国政"为目的而危害、逮捕或监禁他人以及施加暴行、威胁者，处 7 年以下惩役或监禁；以同样目的而集会、宣传和扰乱治安者，也处 7 年以下惩役或监禁。而所谓"变乱国政"又是一个不确定的弹性概念，给统治阶级任意镇压人民，维护法西斯统治提供了种种借口。

2. 以三权分立原则确立了以议会为核心的责任内阁制，天皇成为虚君。同时，赋予公民较广泛的民主自由权利，在形式上确认了"国民主权"原则。

3. 参照美国模式对司法制度进行了重大改革：改革了法院的组织体系。1947年颁行《裁判所（法院）法》和《检察厅法》，废止了一直实行的行政裁判制度，实现裁判一元化，实行单一的普通法院组织体系，并赋予最高法院以违宪审查权。法院体系实行"五种四级三审制"，[1]实行审检分立制，检察厅独立于法院，按法院审级相应划分级别，作为统一行使国家检察职能的机关而出现。1948年颁布《律师法》，规定在地方法院辖区内设律师会，在全国设立日本律师联合会。日本律师、法官、检察官并称"法曹三者"，由于他们对日本法学理论的发展和法律实践的完善都有很大贡献，被誉为"法制建设上的三根支柱"。根据新宪法确立的原则，1948年《刑事诉讼法》强调对公民民主权利和人身权利的保护，引入英美的对抗制，采取证据裁判主义和自由心证主义，体现了大陆法系刑事诉讼制度与英美法系刑事诉讼制度的结合。同时，对1891年起实施的《民事诉讼法典》进行多次修改，针对法院对违法案件的管辖权而规定了特别上告制度，废除职权证据的调查，削弱父权干涉主义，推动诉讼民主化。为了适应经济全球化的国际环境和日本的自身利益，从20世纪80年代起，日本又开始进行司法制度的改革：1979年将《民事诉讼法典》第六编独立出来，制定《民事执行法》，1989年制定《民事保全法》。1990年法务省决定对民事诉讼法进行全面的修改，1995年底公布《民事诉讼秩序修改纲要》，据此，修改的原则是扩大和充实对国民权利的保护，如规范争点整理程序、扩充证据收集程序、创设小额案件程序及改革上诉制度等。日本内阁根据《司法制度改革审议会设置法》（1999年）设置司法改革审议会，负责搜集、整理日本各界对司法改革的意见，组织有关人员对司法改革进行讨论，最后向内阁提出司法改革的方案。2001年6月12日，该审议会向首相递交了《司法改革最终意见书》，其主要内容为：日本政府应建立顺应国民期待的司法制度，确保拥有一支素质高、人数充足的司法队伍，引入由国民直接参加审理的诉讼程序。[2]该最终意见书被誉为是对日本明治时期以来所确立的近100年的司法制度最为彻底的改革提案。根据最终意见书，日本司法改革所贯彻的核心理念是司法应最有效地保护个人利益；其努力的方向应

---

〔1〕 "五种"是指最高法院、高等法院、地方法院、家庭法院以及简易法院，由于家庭法院与地方法院属同一级别，所以这五种法院分为四个级别，实行四级三审制，各级法院一律兼理民、刑事案件；家庭法院专审家庭案件和少年犯罪案件。

〔2〕 为实现这些内容，日本制定了司法改革推进计划：第一步，构建符合国民期望的司法制度，其内容包括改革民事司法制度、改革刑事司法制度、应对国际化；第二步，充实和加强支撑司法制度的体制，其内容包括壮大法律工作者队伍、改革法律工作者培养制度、改革律师制度、改革检察官制度、改革法官制度和促进法律工作者之间的相互交流；第三步，确立国民基础的司法制度，其内容包括确立国民基础（国民参与司法）、完善确立国民基础的条件。司法制度改革推进计划要求各相关的职能部门根据司法制度改革计划书规定的目标、期限等内容，具体地制定出相应的对策、计划和措施。

当是使司法制度能反映司法的本质特性，如公正、公平及中立性；其改革的目标为国民能方便、有效地利用司法，能适应国际化要求，最终实现由"官僚的司法"向"公民的司法"的转变，使日本由"事前规制型"的社会治理结构向"事后审查型"的社会治理结构转变。

4. 适应现代资本主义经济发展的需要，进行了大规模的经济立法活动。虽没有形成统一的经济法典，但也建立了门类齐全、较为完整的经济法制体系，在资本主义世界中具有一定的代表性。

■ 第二节　宪　法

一、1889 年《大日本帝国宪法》

明治维新后的 1881 年，迫于国内蓬勃发展的自由民权运动的压力，天皇政府正式宣布在 10 年内召开"民选议会"，并在 1882 年派伊藤博文等 4 人去欧洲考察宪制。回国后，于 1885 年，日本废除太政官制度，设立内阁制，伊藤博文组织首届内阁且受命组织宪法委员会并负责起草宪法工作。1888 年，以 1850 年《普鲁士宪法》为蓝本的日本宪法起草完毕，提交枢密院审议通过，1889 年 2 月 11 日由天皇正式颁布，即为 1889 年《大日本帝国宪法》。同时，还颁布了《皇室典范》《议院法》《众议院议员选举法》《贵族院令》等宪法附属法。

1890 年正式生效的《大日本帝国宪法》亦称"明治宪法"，由天皇、臣民权利义务、帝国议会、国务大臣及枢密顾问、司法、会计、补则 7 章 76 条组成，其主要内容的特点是：

（一）是基于君主主权论思想[1]制定的一部"钦定"宪法，封建性极浓

宪法从起草、讨论到通过，均是在天皇控制下秘密进行的。伊藤博文曾明确指出，宪法是天皇赐给的礼物，任何臣民都没有干涉宪法问题的权利，国民对宪法只有服从的义务。宪法规定天皇是总揽国家最高权力的统治者，享有最高立法、行政、司法及军事权力。宪法也列有天皇权力的限制性规定：如应依宪法条文行使统治权，需征询顾问官的意见。[2]同时，又广泛保留了享有无须得到议会承认的所谓"大权

---

[1]　宪法明确宣布："大日本帝国由万世一系的天皇统治之"；"天皇神圣不可侵犯"；"天皇为国家之元首，总揽统治权"；天皇有权召集和解散议会；有权提出、裁定或认可法案（包括宪法法案）；发布变更法律的命令；任免官吏；宣战媾和缔结条约；统帅陆海军；实行大赦、特赦、减刑；等等。这些规定集中反映了宪法贯彻的是君主主权论思想，确认了天皇在国家立法、行政、司法和军事方面的最高权力。

[2]　天皇最重要的咨议机关是枢密院和元老会议。枢密顾问由内阁首相和元老协商提名，天皇任命，凡天皇认为重要的国务都提交枢密院审议，其建议往往对天皇的决策产生重大影响。元老会议是宪法未加规定的机构，元老是天皇赐给维新功臣的一种荣誉称号。天皇在决定国家重大问题时，总要征求他们的意见。

事项"。因此,议会对天皇统治权的制约仅是一种装饰。内阁是从属于天皇的最高行政机关,只对天皇负责。宪法规定"国务大臣,辅弼天皇,负其责任"。

（二）实行带有军事化色彩的"双重内阁"制

内阁是从属于天皇的最高行政机关,只对天皇负责。首相经元老推荐由天皇任命,各大臣由首相提名、天皇任命。陆军大臣和海军大臣形式上虽由首相提名,实际上人选的决定权操于军部,而且只限于现役陆海军大将或中将才能担任。陆海军大臣在内阁中占有特殊地位,有权就军事事务直接上奏天皇。宪法规定,天皇颁布法律、敕令等须经首相和有关大臣副署,如拒绝副署,而这种拒绝又为天皇所不许,则应辞职,议会不能决定内阁的去留。因此,日本的内阁制不同于某些资产阶级国家的责任内阁制。近代日本国家制度的显著特点之一,就是军事统帅权脱离内阁而由天皇通过军部独立行使。军部[1]虽在宪法中无明文规定,但在国家机构中占有特殊重要的地位,凡指挥和调动军队、进行战争及制定作战计划等,均由参谋本部和海军军令部直接上奏天皇决定,内阁和议会无权过问。这就使军部成为超内阁的最重要的国家机关,实际上形成所谓"二重内阁"。

（三）在政治民主和公民权利方面有诸多限制

1. 对公民自由权利的规定,不仅范围狭窄,而且随时可加以限制。如宪法第二章列举的公民享有居住、迁徙、言论、出版、集会、结社等自由,以及非依法律不受逮捕、拘禁、审判、处罚等权利,均是以天皇臣民的名义加以规定的,视为天皇对臣民的恩赐,并且在必要时又可以通过独立命令、紧急敕令、非常大权等,对公民的这些权利自由加以限制和剥夺。

2. 国家管理形式为君主立宪政体,实行议会制,但却赋予天皇至高无上的权威,事实上是用一件薄薄的议会民主外衣,掩盖天皇专制制度。[2]

（四）带有"大纲目"性质,对一些问题没有作出明确规定

按照伊藤博文的解释,这样做是为了将来顺应国运的进退,伸缩自如地灵活运用。可见,其宗旨不是为了实现宪政和法治,而是政治功利。

此外,该宪法受德国普鲁士宪法[3]的影响很大,原创性很小。

---

〔1〕 军部由直属于天皇的参谋本部、海军军令部、内阁中陆军省和海军省4个机关组成。宪法规定,"天皇统帅海陆军""天皇定海陆军之编制及常备兵额"。

〔2〕 主要表现在:议会是统治集团为标榜"宪政"而设置的机构,由贵族院和众议院两院组成。贵族院依《贵族院令》由下列议员组成:皇族、公爵、侯爵为终身议员;伯、子、男爵每7年选任一次;"有特殊功勋"的官僚、学者由天皇任命;大纳税人（大资产阶级）互选若干人。众议院议员由选举产生,只有年满25岁、每年交纳15日元直接税的男子才有选举权。日本议会不享有独立的立法权,只是"协赞"天皇立法的机关,只有天皇才能立法,议会只起协助赞同的作用。在财政监督方面,议会既无权过问皇室费用和军事开支,也不能拒绝为执行现行法律所需要的拨款。

〔3〕 其中,有46个条文抄自普鲁士宪法,仅有3条为日本所独创（第1、31、71条）。

二、1946 年《日本国宪法》

1946 年《日本国宪法》即日本现行宪法，是战后反法西斯及法制民主改革的重要成果。1945 年 8 月 15 日，日本向同盟国宣布接受《波茨坦公告》实行无条件投降。同时，作为占领国的美国着手在日本实行民主改革，起草了宪法草案即《麦克阿瑟草案》作为日本国宪法的范本。1946 年《日本国宪法》就是在上述宪法草案的基础上制定而成的，该宪法由前言及正文 11 章 103 条组成。与战前帝国宪法相比，它具有以下几个基本特点：

（一）天皇成为象征性的国家元首

宪法首先确立君主立宪的国家基本制度，"国家的主权属于全体国民"。鉴于天皇制在日本社会中深刻的传统影响，保留了天皇制，但天皇只是"日本国的象征，是日本国民整体的象征"，天皇只是作为国家的象征及政治精神统治支柱，否定了旧宪法所确立的天皇总揽国家统治权的规定，明确规定天皇"并无国政的权能""只能行使本宪法规定的国事行为"即礼仪上、形式上的活动，且"天皇有关国事的一切行为，必须有内阁的建议和承认，由内阁负其责任"。

（二）实行三权分立与责任内阁制

新宪法采取欧美资本主义国家普遍实行的三权分立原则，并实行"国民主权"的英国式的对议会负责的内阁制，也即责任政府。根据宪法，立法权、行政权、司法权分别由国会、内阁、法院行使，互相制约。宪法规定，国会是国家最高权力机关和唯一的立法机关，行使立法权，并有财政监督权和国政调查权。国会由参众两院组成，两院议员均由国民普选产生。行政权由内阁行使，内阁是国家最高行政机关。内阁首相经国会提名在原议员中产生，内阁行使行政权必须对国会负责。当众议院对内阁表示不信任时，内阁就得辞职。司法权属于法院，法院独立审判。总之，新宪法使日本由战前以天皇为中心的君主制和法西斯国家，变成了三权分立的议会立宪君主制国家，提高了国会和内阁的法律地位。

（三）规定放弃战争原则和不保持武装力量，仅保留自卫权

新宪法第 9 条[1]明确规定："永远放弃以国家主权发动的战争、武力威胁或使用武力，不以此作为解决国际争端的手段。为达到前项目的，不保持陆海空军及其他战争力量，不承认国家的交战权。"以宪法形式规定放弃战争和不保持武装力量原则，是二战后特定历史的产物，这在资产阶级宪法史上是前所未有的。这一规定有利于防止日本复活军国主义和重走侵略战争的道路，也反映了日本人民要求维护和平的坚定决心。

（四）扩大了国民的基本权利和自由

新宪法第三章对公民的政治、经济、社会等方面的权利作了比较广泛的规定，

---

[1] 日本政府首脑和法院在解释宪法第 9 条时曾经指出，第 9 条的规定并不等于剥夺日本的国家自卫权。为此，日本设有"自卫队"，实行"专守防卫"的方针。

共计 31 条，将近占宪法条文总数的 1/3，如此详细的规定，在资本主义国家宪法中是很突出的。国民权利具体可分为基本人权、财产权、平等权、参政权、生存权、自由权、要求赔偿权等。同时，宪法对公民行使基本权利和自由所加的限制较少，这较之明治宪法无疑是一个进步。新宪法被认为是立基于"民主、人权与和平"三大原则之上的，为日本战后重建法制社会奠定了基础。

1946 年《日本国宪法》施行已半个多世纪，修宪的争论持续不断，特别是宪法第 9 条"和平条款"。在实践中，20 世纪 50 年代日本以自卫的借口设立了国家自卫队，90 年代初又向国际社会派出维和部队。2000 年 1 月日本参众两院分别设置"宪法调查会"正式开展国家修宪活动。[1]

■ 第三节　行政法

一、日本行政法的形成与发展

现代日本行政法始于明治维新。1872 年官方发布了关于行政诉讼的初步规定的通知，允许民众起诉地方官吏。此后，日本连续颁布了一些规范行政组织及行政行为的法令法规，如《职员令》和《县治条例》（1869 年）、《太政官职制并事务章程》（1871 年）、《检事职制章程司法警察规则》（1874 年）、《行政警察规则》（1875 年）、《官吏惩治例》（1876 年）和《地方官官制》（1886 年）等。1889 年《明治宪法》以德国和法国模式确立了行政法制与普通法制相分立的体制。根据宪法，制定了 1890 年《行政裁判法》（即《行政审判法》）和《关于行政厅违法处分的行政审判案件》两个极重要的行政案件审判法规，引入法国和德国的行政法制度，规定在行政机关内部设置行政法院以审判行政纠纷案件，行政法院可受理的案件只限于法律规定的事项，而且原则上行政诉讼应先向上级官厅提出诉愿，并经其裁决后才能提起。后又制定《文官任用令》（1893 年）、《文官考试规则》（1893 年）、《国税征收法》（1897 年）、《治安警察法》（1898 年）和《行政执行法》（1900 年）等一系列行政法令，对文官制度、治安、财政税收以及行政执行等问题作了详细规定。至此，日本近代行政法体系已基本形成，具有明显的大陆法系特点，尤其接近德国行政法，如体现了中央集权主义、官僚行政主义、警察国家主义和法治国家主义及维护天皇专制统治的特点，而民众的权利非常有限。

以人民主权立基的 1946 年《日本国宪法》的颁布有力地推动了日本现代行政法的发展，引入某些英美行政法原则和制度，如废除了行政法院，采普通法院一元模

---

〔1〕 由于 1946 年宪法带有较多的资产阶级民主自由的色彩，自 50 年代以来，日本右翼反动势力多次提出要修改宪法，而进步民主力量则为维护这些原则进行着斗争，截至今日，修改宪法的目的虽然没有完全达到，但在宪法的实际运用过程中通过解释宪法，已使宪法的第 9 条从内容到原则被篡改得面目皆非。目前，日本国内围绕护宪和修宪的斗争仍在继续，其结局如何，引起国际上的关注。

式，仿照美国模式确立了司法审查制度和行政委员会制，增加行政程序和行政救济，在行政机关内设立公正交易委员会及各种劳动委员。颁布了《内阁法》（1947年）、《国家公务员法》（1947年）、《警察法》（1947年和1954年）、《国家行政组织法》（1948年）、《地方自治法》（1947年）、《行政案件诉讼特例法》（1948年）、《地方公务员法》（1950年）、《地方公营企业法》（1952年）、《行政不服审查法》（1962年）、《行政案件诉讼法》（1962年）、《财政法》（1947年）、《会计法》（1947年）、《消防法》（1948年）、《道路交通法》（1960年）、《国土利用计划法》（1974年）、《教育基本法》（1947年）以及《学校教育法》（1947年）等一大批行政法规，将国家各项行政活动都纳入法制轨道，其行政法制实现了现代转型，基本体现了大陆法系与英美法系相混合即混合法的特点。

二、日本行政法的基本制度

在日本，对行政法的传统认识与其政治制度相联系，一般认为，行政法是公法，是规定行政组织与国家及公共团体、公民之间关系的法。行政法是有关行政的法。[1]战后，这种认识又受到英美法的影响，基本观点是：行政法是有关行政的特殊法、公法及国内法。

（一）行政主体及公务员

在日本，行政主体是在行政法律关系中处于支配地位的管理者，大体分为两类：一是国家或政府；二是公共团体（包括地方自治组织、公共组合、行政法人）。根据现行宪法确立的地方分权原则，国家行政组织由内阁及其下属的府、省、厅及委员会组成。地方自治组织依照行政区划设立，包括都、道、府、县、市、町及村各级地方议会、行政首长和各种委员会。地方自治组织享有在不违反宪法、法律的前提下制定条例和规则的权力，虽然地方自治组织并不隶属于内阁，但中央可以通过立法、财政等手段干预和控制地方自治组织。现代意义上的公务员制度是在第二次世界大战后建立的，除宪法外，1947年《国家公务员法》和1950年《地方公务员法》是调整、规制公务员制度的主要法律依据。日本的公务员是指除参、众两院议员外在国家和地方公共团体中担任公职的人，公务员在享有身份保障权、薪金请求权、工作条件措施请求权等权利的同时，承担着专心工作、服从法令、保守秘密、政治中立、不做丧失信用的行为等义务。若公务员履行职务不当，将依据程度对其进行不同惩戒，令其承担赔偿责任乃至刑事责任。日本法律还规定了公务员的职务等级制，并由专门的机关管理公务员的等级考核、任免、惩戒和待遇等事宜。

（二）行政行为

按照现代日本行政法，其行政行为主要有：行政处罚、行政强制、行政契约、行政指导。行政处罚主要有行政刑罚与秩序罚，前者是指对违反行政义务且构成犯罪的行为人的一种法律制裁，后者是指对违反秩序义务人的一种金钱上的制裁。这

---

〔1〕　〔日〕南博方：《日本行政法》，杨建顺、周作彩译，中国人民大学出版社1988年版，第5～9页。

种制裁依据有关行政法规由法院和行政主体实施，其处罚手段只是罚款。行政强制是以行政主体实施的、以代执行为核心的强制执行和即时强制。行政契约作为一种管理手段主要运用于给付行政、环境行政、空间保护行政领域，如补助金交付契约和公害防止协定。行政指导主要是一种为实现行政目的而进行的一系列做法如指示、劝告、警告、建议、告诫等。

（三）国家赔偿制度

在日本，国家赔偿是指国家或公共团体因行政上的违法行为造成国民权益的损害而必须承担的经济上的法律责任。1946 年《日本国宪法》第 17 条规定："由于公务员的不法行为受到损害时，任何人都可以根据法律规定，向国家或公共团体提出赔偿要求。"初步确立了国家赔偿责任。1947 年《国家赔偿法》对国家和公共团体赔偿责任的范围、条件，对受害国民的救济方法等作出了具体规定。按照该法规定，国家或公共团体对行使公权力、公共设施的设置或管理上的瑕疵以及因经济作用给国民权益造成的损害都负有赔偿责任。1950 年《刑事补偿法》规定对因刑事行为错误而造成的损害负赔偿责任，至此，日本现代国家赔偿制度得到全面确立。至于归责原则，依不同事项而定：因公务员的公权力行为造成的国家赔偿采用过错责任原则与违法责任原则并用；因公共营造物设置管理瑕疵所造成的国家赔偿采用无过错责任原则；关于已经受到关押、拘禁、拘押或已执行了刑罚的人被判决无罪的，采用结果补偿原则；因国家机关及其工作人员其他行为所造成的国家赔偿，适用民法上的过错和无过错原则。一般情况下，公务员并不对受害国民负直接责任，而由国家或公共团体负赔偿责任，但如果公务员存有故意或者重大过失，国家或者公共团体对该公务员享有赔偿损失索回权。

（四）行政诉讼制度

现代日本行政诉讼交由普通法院统一管辖。1962 年《行政案件诉讼法》对行政诉讼制度进行了全面规定。根据该法，行政诉讼及其程序分为抗告诉讼、当事人诉讼、民众诉讼和机关诉讼四种，[1]其特点包括：行政诉讼体制是混合型的；行政诉讼的提起采用自由选择主义；以概括主义确定行政诉讼范围；审级是四级三审制。此外，还有较完善的行政不服申诉制度。

三、日本行政法的特点

日本行政法的原则和基础是法治行政，强调法律保留原则、法律优先原则及司法救济原则，其主要特点如下：

---

[1] 抗告诉讼，是指因行政行为以及与行政机关行使公权力有关的作为或者不作为而受到侵害的人所提起的诉讼，这是行政诉讼的主要类型。当事人诉讼，是指以解决权利主体相互之间的法律争端为目的的诉讼，如确认议员身份、公务员关于薪金的请求等。民众诉讼，是指民众为纠正国家或者地方政府的不合法行为而提起的诉讼，原告的权益并未直接受到侵害，如确认选举无效、确认地方政府违法处分财产等诉讼。机关诉讼，是指国家或公共团体之间因权限争端引起的诉讼。

（一）在法源上，以成文法为主、非成文法为辅

1. 没有像其他法域那样制定系统而独立的法典。

2. 其行政法的渊源包括成文的和不成文的两部分，成文的渊源包括宪法、法律、命令、地方自治立法和条约等，不成文的渊源包括习惯、判例等。在原则上，以成文法源为主，以不成文法源为辅。日本行政法的原则和制度体现在各种不同形式的渊源中。

3. 具有内容的广泛性。日本行政法的调整范围相当广泛，涉及的社会领域非常宽广，如有关行政组织方面，有内阁法、国家行政组织法、国家公务员法、地方自治法等；有关国家秩序方面，有皇室典范、国籍法、公职选举法、国家赔偿法等；有关财税管理方面，有财政法、会计法、所得税法、法人税法、关税法、地方税法、国税征收法等；有关防卫方面，有警察法、警官职务执行法、自卫队法等。

4. 行政实体法相当发达，而程序法却相对薄弱。由于行政活动的广泛性，日本不仅颁布了大量有关行政组织、公务员和行政救济方面的法规，还颁布了涉及警察、防卫、财政、教育、卫生及社会保障等各领域的法规。但是，与行政实体法相比，行政程序法的发展却处于落后状态，有关行政活动的完整程序法至今没有出台。

（二）具有行政主体优越性的国家色彩

早期源于德国的日本行政法理论，其观念基础是"行政法是有关行政的公法"，突出国家意志性，显然，其行政法更类似于德国行政法模式。二战后，虽以国民主权取代国家主义，但其行政法仍不免保留行政主体的优越地位，如行政法赋予行政主体行为具有公定力和先行执行力，行政主体的支配权有命令权和形成权，在行政法律关系中，国家及公共团体处于支配地位。

（三）现代日本行政诉讼法制具有混合特性，兼具大陆法和英美法的色彩

现代日本行政诉讼体制由战前的大陆法模式即行政诉讼由专门的行政法院管辖而转变为战后的英美法模式，即所有诉讼都由普通法院管辖。根据1946年《日本国宪法》，废除了行政法院制度，引入美国行政法原则和制度，建立各种行政委员会，实行司法审查制度。但因传统的公法与私法观念，其行政法仍然被认为是关于行政的公法，仍以行政行为、行政强制和行政救济为主要对象，且在诉讼中仍适用不同的程序和规则。因此，现代日本的行政诉讼体制为混合制。

第四节 民商法

一、1898年《日本民法典》

明治维新后，日本于1872年成立民法编纂委员会，开始进行民法典的起草工作。在长达26年的时间内先后推出两部民法典即1890年《日本民法典》和1898年《日本民法典》。前一部法典是在法国法学家保阿索那特指导下以1804年《法国民法典》为蓝本编制，被称为"旧民法"，该法典公布于1891年，分人事、财产、财

产取得、债权担保和证据5编1762条。这部草案因内容过于法国化，不适合日本国情，遭到强烈反对，被宣布延期施行。1893年又成立以穗积陈重等人组成的民法典调查会负责起草工作，以1900年《德国民法典》为蓝本，兼采法国民法典的法理，根据日本社会的实际情况重新制定新民法。1896年公布了前三编即总则、物权、债权编，1898年公布后两编，即亲属编与继承编，并自1898年7月正式施行，即为1898年《日本民法典》，同时，宣布"旧民法"失效。1898年《日本民法典》由5编36章1146条组成，其基本内容的特点是：

1. 在立法技术上，其编排体系与德国民法典的五编体例相同，只是将物权编置于债权编之前，用以强调物权的重要和债权得以产生的根据，同时以大量篇幅对土地所有权问题作了规定，这不仅说明法典注重保护封建地主阶级利益，而且从中也反映出这一时期资本主义商品经济还不发达，农业经济在社会生活中占有重要地位。同时，有一些德国式的"一般条款"和大量富有弹性的含混概念、术语，如"公共秩序""善良风俗""诚实信用"等都是原则性的规定。法典还承认"习惯"渊源的法律效力，特别是物权编充斥着"有异于本条规定者，从其习惯"的规定。

2. 规定了传统民法原则，没有完全体现出此时西方法律社会化的倾向。确认了公民民事权利平等原则、私人财产所有权无限制原则、契约自由原则及过失责任原则，如在关于自然人、法人、物、法律行为及时效等基本民法制度的第一编总则中规定"私权的享有始于出生之时"。又如在关于物权的总则和各种物权的一般规定中规定："所有者于法令限制内，有自由使用、收益及处分其所有物的权利""土地之所有权，于法令限制内，及于其土地之上下"。法典严格保护私有财产权，并对土地所有权作了极为详细的规定。再如在第三编关于债权的总则、契约、事务管理、不当得利、不法行为的规定中，法典肯定了契约自由的原则，将当事人的要约和承诺视为契约成立的要件。契约是双方当事人间的"自由合意"，契约在缔约双方当事人间具有法律效力。就民事责任方面，也承认有条件的无过失责任原则。

3. 在内容上兼收并蓄。法典也吸收了法国民法典及其他发达国家民法制度，如夫妻离婚理由不平等及其他一些制度规定措辞，显然是受了法国民法典的影响；再如法典虽将法人分为财团法人与社团法人，但与德国民法典不同的是，将宗教团体作为法人看待。

4. 其内容较为保守，具有封建主义色彩。法典内容也反映了日本国情，保留了日本传统的家族制度和家督继承，[1]如在第四编关于亲属的总则、户主及家族、婚

─────────────

〔1〕 法典规定，凡以亲族关系而聚居者为家族，户主为家族之长，户主身份除法律规定的原因外不得变更，家族成员须在户主指定的地点居住，家族的婚姻或收养等重要事项须取得户主的同意，否则户主可将其赶出家族。后者则是取得财产的方法，虽然规定诸子平分，但庶子及非婚生子女的继承权仅为嫡子继承份额的1/2，使嫡庶在遗产继承上处于不平等地位。此外，在特留份上也规定法定户主身份继承人的直系卑亲属享受被继承人财产的一半，其他户主身份继承人只享受被继承人财产的1/3。

姻、亲子、亲权、监护、抚养义务等规定内容中，其精神在于确认和维护封建的家族制度和男女不平等的地位。新民法将户主及家族制度提到亲属编的首位，说明新民法对保护家族制度的重视，肯定了以男性为中心的封建家族制度。在婚姻关系上确认夫妻不平等，妻从属于夫，其行为能力受到限制，无离婚自由，较旧民法倒退了。再如在第五编规定了家督继承（即户主身份继承）、遗产继承、继承权的承认及抛弃、财产的分离、遗嘱、特留份等内容。法典把继承分为家督继承和遗产继承两种，前者是对户主权利义务的继承，该种继承男子优于女子，嫡子优于庶子，均以年长者为先，目的在于维护贵族的身份地位，使封建家族制度得以传续。又如用专章将明治维新前地主对农民进行封建剥削的永佃（日本称永小作）制度确认下来。[1]

二、1899 年《日本商法典》

在明治维新之前日本就颁布了不少涉及银行、票据、保险和公司等事务方面的单行商事立法，之后，颁布两部商法典。1890 年《日本商法典》又称"旧商法"，由于其内容主要来自法国商法典，不完全适合日本商业发展的需要，不久，就对其进行了修改，颁布 1899 年《日本商法典》，又称"明治商法"。新商法由总则、公司、商行为、票据、海商五编构成，共 689 条。其中，最为独特的是将票据作为独立一编，其他各编从形式到内容都体现了德国商法典的风格。与"旧商法"相比，新商法的特点主要在于：①新商法规定首先从商业习惯，无商业习惯则从民法；②实行"一般商业账簿"；③将破产法分离出去，以单行法处理；④公司的成立采取自由成立主义，要求登记备案。日本商法渊源主要有：商法典、商事特别法、商事习惯法、商事判例法以及一些民事立法。

新商法典公布实施后，日本资本主义迅速发展至垄断阶段。因此，法典中确立的一些原则、制度已不能适应新的形势需求。1911 年对商法典进行了较大的修改，其中，在被修改的 200 多条条文中，一半以上涉及公司法，主要目的在于保障垄断组织的经济扩张和投入企业的银行资本的利益。在第五编海商法中新设了海难救助一章，以求与国际接轨。

三、民商法的发展变化

（一）民法的发展变化

1898 年《日本民法典》仍为日本现行民法典。从 1947 年起对民法典本身进行了多次修改，同时也颁布了许多单行法，有关民事修改法律的主要有：《亲属法改正纲要》34 项（1927 年）、《继承法改正纲要》17 项（1927 年）、《改正民法一部分之法律》（1947 年）、《民法应急措置法》（1947 年）等。有关的特别法如《宗教法人

---

〔1〕　规定永小作人（佃农）虽因不可抗力而使收益受损，但地租不能减免；佃农只有在连续 3 年以上因不可抗力全无收益，或连续 5 年以上收益少于地租时，才能要求停止租佃关系，否则必须在地主土地上永佃 20～50 年，但地主可因佃农 2 年以上不按时交齐地租而要求解除租佃关系。

法》（1951 年）、《汽车损害赔偿保障法》（1955 年）、《企业担保法》、《1958 年》、《关于原子能损害赔偿的法律》、《1961 年》、《大气污染防治法》（1972 年）、《水质污染防治法》（1972 年）、《假登记担保契约法》（1977 年）及《制造物责任法》（1994 年）等。从内容上看，民法典的总则、物权和债权三编的修改变化不大，仍以维护资本主义私有财产权为核心，但其民法原则发生了相对变化，如在总则中规定了"私有权应尊重公共福祉"，应依"诚实信用"原则行使权利义务，并禁止滥用权利。其财产法部分通过颁布单行法规得到补充和调整。民法典修改最多的是亲属编和继承编。亲属编废除了带有浓厚封建色彩的户主及家族制度，规定家庭的共同生活以夫妻和父母为核心；夫妻关系中男女双方具有平等的权利与义务；父母与子女间的关系也由过去的控制支配改为父母应在平等基础上尊重子女的人格、监护和教育子女。在婚姻制度上，基本上贯彻婚姻自由的原则，取消了成年人结婚须经户主或父母同意的规定，并在离婚问题上规定夫妻双方均可以同样理由诉请离婚，废除了过去有利于丈夫的规定。由于亲属编废除了以家长制为基础的家族制度，继承编中类似嫡长继承的家督继承也随之取消，确立了子女平等继承遗产的原则，并规定配偶也享有继承权且可以参加任何一个顺序，保证了妻子的财产继承权。20 世纪的日本又制定了大量特别法如《建筑物保护法》《工厂法》《借地法》《救护法》《户籍法》《不动产登记法》《遗失物法》等，对民法典传统原则设定了一些例外。

（二）商法的发展变化

战后不久，日本政府即对《明治商法》即现行商法典进行了多次大量修改，至 2001 年共进行了 36 次修改，使得商法典的体例和内容都发生较大变化，极大地推进了日本商法的发展，其中，变动较大的是公司法部分，如重新颁布了经战后修改的 1938 年《有限公司法》。修改后的商法典将公司限定为无限公司、两合公司和股份有限公司三种，加上有限公司，实际上共有四种公司类型。公司法修改的要点有：①对外国公司一章作了重大修正，主要是明确了外国公司的法律地位，以保障外国公司的权益；②适应国际发展趋势，加强与美国资本的合作，吸收了美国法中的一些原则和制度，如授权资本制及对董事的选任采用"适任原则"，即董事不一定是股东，而以选任适合的管理人才为标准。通过 1932 年的《票据法》和 1933 年的《支票法》，废除了《明治商法》中的票据编。现代日本商事立法主要吸收了英美商事立法成果，如授权股票制度、无面额股票制度、股份转让制度和董事会制度等，同时也建立了一些新的商事法制度，这是日本法的兼容性和创新性的集中体现。

■ 第五节 经济和社会立法

一、经济法

日本是后起的资本主义国家，法律确保了国家在社会经济发展中的重要作用，在明治维新前就有《造船奖励法》《生丝直接出口法》及《远洋渔业奖励法》等有关近代早期经济立法。在 19 世纪末至二战，随着垄断资本的形成，加强了国家对经济的干预，颁布了一系列现代经济立法。二战后，进入以实现工业现代化为中心的经济高速发展时期。因此经济法和社会立法是战后日本发展最快的法律领域，在保障和促进日本恢复和发展经济的过程中发挥了重要作用，以致使日本成为现代经济立法最为完备、经济法学研究工作最为活跃的国家之一，其经济立法的主要类别有：

（一）经济民主化立法

1945～1955 年是日本经济的恢复时期，要解决的突出问题有两个：须通过社会经济改革，消除资本主义经济中残存的封建因素，实行经济民主化；须改革由日本资本主义发展的后进性所造成的落后工业结构。围绕上述任务，颁布的主要经济民主化的立法主要有三种：

1. 《限制公司解散等事项》（1946 年）、《控股公司整顿委员会令》（1946 年）、《限制有关公司证券等事项》（1946 年）、《经济力量过度集中排除法》（1947 年）、《禁止私人垄断和确保公平交易法》（1947 年）等。依据上述法规解散财阀，消除了财阀家庭对企业的控制，防止了资本和生产过度集中，进而消除了日本垄断资本封建家族式的统治，并为禁止私人垄断、实现经济民主化、促进公平而自由的竞争、改革和重建日本经济发挥了重要作用。

2. 通过一些限制地主保有的土地出租、建立自耕农制度、消灭地主所有制调整农业生产关系的农地改革法。如《自耕农创设特别措施法案》（1946 年）、《农地调整法修改法案》（1946 年）、《农业基本法》（1961 年）、《土地改良法》（1949 年）及《农地法》（1952 年）等。这些农地改革法案实施的结果，冲击了农村中的地主所有制及与其相联系的各种封建因素，改善了农业生产的经营方式，为战后日本农业资本主义的发展提供了条件。同时，通过立法提高了农业经营水平和生产效率，加快农业现代化，并使淘汰出来的农业劳动力流入城市，满足迅猛发展的日本工业对廉价劳动力的需求。

3. 劳动关系改革法。主要通过"劳动三法"即《劳动标准法》（1947 年）、《劳动关系调整法》（1976 年）和《工会法》（1949 年）确保日本宪法规定的劳动基本权即劳动者"三权"（团结权、集体交涉权和争议权）以及提高工人工资和福利待遇。

（二）反垄断法

1947 年《禁止垄断法》是一部用以保证战后日本实施的禁止垄断、保护自由竞争政策的最重要的经济法规，被称为"经济宪法"。该法共 10 章 114 条，是有关实体法、程序法和组织法的规定，反映了占领美军的一些想法，其主要内容规定：①禁止对私人垄断、不正当的限制交易以及不公正的交易方法；②促进公平且自由的竞争、提高就业和国民收入；③确保一般消费者的利益和促进国民经济的健全发展；④规定了"适用除外"，如自然垄断固有行为、根据事业法令的正当行为、知识产权的行使行为等都不适用该法。通过该法规范了生产部门的行为、调整自由市场竞争经济体制以及促进经济高度发展，在经济法中占有核心地位。

（三）金融立法

随着日本战后初期三大经济改革的推行，保障其金融改革、整顿和自由化发展的法律体系也相应地发展起来，从而形成一个具有日本自身特点而较为完整的金融法体系，有关立法主要有：《日本银行法》（1942 年，后不断修改）、《银行法》（1981 年）、《长期使用银行法》（1952 年）、《外汇银行法》（1954 年）、《信托法》（最后修改于 1979 年）、《外贸法》（1949 年）等。这些立法构成较为完整、健全的金融立法体系。

（四）科技法

为了实现科技立国的战略思想，在法律层面推出一系列规范性法律文件，如《科学技术政策基本大纲》（1986 年）、"电子三法"[1] 以及《技术城市法》（1983 年）、《促进科技交流法》和《半导体芯片保护法》（1985 年）。最重要的是作为科技立法根本大法的 1995 年《科技基本法》。还有一系列以促进和保证实现工业现代化的经济法规，如《机械工业振兴临时措施法》（1956 年）、《电子工业振兴临时措施法》（1957 年）等。这些工业立法旨在以各种方式积极扶植和促进机械工业、电子工业的现代化。至 20 世纪 70 年代，日本已建立起世界上最先进的机械工业，从而有可能向国民经济其他部门提供大量的现代化机械设备，加快整个国民经济现代化的发展，而电子工业的发展已名列世界前茅。

（五）中小企业法

由于日本是世界上中小企业最多且最发达的国家，战后其有关立法约 50 多件，主要有：《中小企业基本法》（1963 年）、《中小企业现代化促进法》（1963 年）、《工业标准化法》（1949 年）、《企业合理化促进法》（1952 年）、《中小企业诊断制度》（1948 年）等。这些法律的颁行，保证了中小企业地位，以提供资金和技术经营指导等方式，推动中小企业尽快实现现代化，以促进日本企业经营的合理化和重要产业机械设备的现代化，加快工业的恢复与发展。

（六）消费者权益保护法

战后日本消费者保护政策及其立法是日本经济立法的重要组成部分，它在保护消费者、调整企业者与消费者交易关系以及维持社会经济秩序、发展经济中发挥了重要作用。以《消费者保护基本法》（1968 年）为中心的主要立法有：《食品卫生法》（1947 年）、《农药管理法》（1948 年）、《药事法》（1960 年）、《消费者用品安全法》（1968 年）、《公路运输法》（1960 年）、《海上运输法》（1949 年）、《建筑标准法》（1950 年）、《煤气事业法》（1952 年）、《营养改善法》（1952 年）、《不当赠品类及不当表示防止法》（1962 年）、《家庭用品质量表示

---

[1]　《电振法》（1957 年）、《电机法》（1971 年）及《机信法》（1978 年）。

法》（1962年），等等。

总之，日本经济立法始终服务于国家经济发展战略、在实现各个历史时期经济任务的过程中得到发展和完善，其基本特点有：①是一种社会法和公共法，是公私混合法，是调整纵向法律关系的法律；②其经济法制度具有"二重结构"的特点，与德国经济法及其经济法学具有渊源关系；③具有市场竞争法的性质，是以禁止垄断法律作为其经济法制的核心，进而形成不同部门组合的颇具规模的经济法制体系。

二、社会立法

日本的社会立法始于明治维新，与其自由资本主义向垄断资本主义过渡相适应，一般可分为劳工立法与社会保障立法。1898年《工场法案》是日本历史上第一部劳工立法，因资本家的反对，该法案未能付诸实施。1911年新的《工场法》规定的主要内容是对劳动者最低年龄的限制，给予贫困职工以生活补助等。第一次世界大战后，为解决失业问题，日本政府又相继制定和实施了《职业介绍法》（1921年）、《船员职业介绍法》（1922年）、《劳动者募集取缔令》（1924年）、《营利职业介绍事业取缔规则》（1925年）等，这些单行法规在一定程度上缓解了因失业引起的社会矛盾。此外，还有1922年《健康保险法》和1926年《劳动争议调停法》。

第二次世界大战后，在重振经济和重建国家法制的过程中，依据1946年《日本国宪法》关于"劳动的权利与义务，有关工资、劳动时间、休息及其他劳动条件"以及"保障劳动者的团结权、集体交涉及其他集体行动的权利"等规定，于1946年和1949年先后制定了《劳动关系调整法》和《劳动组合法》（即《工会法》）。其后，又制定了《劳动安全卫生法》（1972年）、《雇佣对策法》（1966年）、《雇佣保险法》（1974年）、《职业训练法》（1969年）等。这些法规的制定和实施，为日本劳动者的团结、劳动保护以及失业者保护的法制建设奠定了基础。

1946年《宪法》第25条也为日本社会保障法的发展提供了宪法依据。据此，战后制定了一系列相关的法律，使日本社会保障法得到迅猛发展，主要立法有：《劳动者补偿保险法》（1947年）、《失业保险法》和《雇佣保险法》（1947年）等。较重要的是1951年《社会福利事业法》，该法规定了社会福利事业的范围、种类；明确了社会福利事业的公共性质。其后又相继颁布了《精神薄弱者福利法》（1960年）、《老人福利法》（1963年）、《母子福利法》（1964年）、《身心障碍者对策基本法》（1970年）等法规，使日本社会保障法逐渐形成完整体系，它包括社会保险、社会福利、社会补助（救济）三个方面，形成了全社会的"安全网络"。90年代以来的日本又推出一些适应于其经济实力和社会化发展的社会立法。

■ 第六节 刑 法

一、日本刑法典

明治政权建立后，曾先后制定和颁布了一系列刑事立法，其中比较重要的有《假（暂行）刑律》（1868 年）、《新律纲领》（1871 年）、《改定律例》（1874 年）三部临时性刑事法典。这些法典基本上没有脱离封建的旧律体制，在这些大体沿袭封建法律模式的法典中，还看不到资产阶级刑法的痕迹。

1875 年，日本政府着手制定西方式刑法典。1880 年公布、1882 年实施的刑法典以法国 1810 年刑法典为蓝本，共 4 编 430 条。法典不仅采取了总则与分则的刑法划分体系，将犯罪分为重罪、轻罪、违警罪三种，贯彻了"法无明文规定不为罪""法不溯及既往"等资产阶级刑法的基本原则，而且为了限制法官的自由裁量权，对量刑幅度作了比较严格的规定。但是这部刑法典由于不适合具有长期封建主义统治传统的日本国情，也不利于稳定明治维新后日本激烈动荡的社会局势，因而颁布后招致各界的强烈反对，不久就酝酿对它进行修改，其在日本近代刑法史上被称为"旧刑法"。

在旧刑法实施的 20 多年间，曾几次提出修改草案，其中，1901 年参考德国法并吸收了新派刑法理论提出的草案，因议会中途停止开会未能交付审议，但这个草案为后来新刑法的制定奠定了基础。日俄战争后，经过对 1901 年刑法草案的进一步修改，推出 1907 年《日本刑法》，被称为日本"新刑法"。同时，于 1908 年颁布了《刑法实施法》和《监狱法》。

1907 年《日本刑法》分为总则[1]与分则共 2 编 264 条。与旧刑法相比，新刑法体现了先进的立法技术，多采用概括抽象的表达方式，基本反映了资本主义刑法基本原则和精神，体现了刑事古典法学与刑事社会法学的思想，也保留了浓厚的封建残余，其主要内容和特点是：①废除了旧刑法中重罪、轻罪的划分，并将违警罪从法典中抽出，制成《警察犯处罚令》单行法规。②取消了旧刑法中"法无明文规定不为罪、不处罚"的规定。立法者认为，没有法律就没有犯罪，也没有刑罚，这是不言自明的道理，并且宪法第 23 条已有类似规定，没有必要再重复规定。③扩大了量刑幅度，如规定惩役可长达 1 年以上 10 年以下，从而给法官留有较大的自由裁量权。④改变了旧刑法中的许多用语，如期满免除改为时效，免罪及减轻改为犯罪不成立及刑的减免，数罪俱发改为并合罪，再犯加重改为累犯，数人共犯改为共犯等。⑤简化刑名，取消旧刑法中徒刑、流刑的名称，废除监视附加刑，将主刑定为死刑、惩役、监禁、罚金、拘留、科料（罚款）6 种，没收作为附加刑，剥夺公民

---

〔1〕 第一编总则，共 13 章，是关于刑法适用范围、刑种、缓刑、假释、未遂罪、并合罪、累犯、共犯等一般原则的规定。

权由特别法加以规定，未列入刑法典中。此外，新刑法还从属人主义出发，对日本臣民在外国对日本国家或臣民所犯罪行的处罚作了规定，并加重了对累犯的处罚。⑥首次规定了缓刑（刑之犹豫执行）制度，[1]进一步完善了假释制度。

新刑法实施的同时，还颁布了《改正监狱法》与《改正感化法》。前者是德国式的，把监狱分为惩役监、禁锢监、拘留监、拘置监 4 种，后者则对 8 岁以上 18 岁以下的少年犯实行矫正教育。

二、刑法的发展变化

第一次世界大战后的 1921 年，日本对其 1907 年刑法典作了部分修改，将业务上的私吞罪刑罚从原来的"1 年以上 10 年以下的衙役"改为"10 年以下的衙役"。曾在 1926 年和 1927 年就先后提出了《刑法修改纲领》和《刑法修改预备草案》，但未能提交议会审议。真正的修改始于战后，1947 年依照新宪法的精神，对 1907 年刑法典进行了较大的修改。在占领时期主要修改分则中明显带有封建军事法西斯色彩的条款，如废除了关于危害皇室之罪、外患罪中的通谍利敌罪和国交罪中的关于对外国元首、使节施加暴行、威胁、侮辱等条款；删除了妨碍安宁秩序罪；参照各国刑法对通奸行为一般不予处罚的惯例，取消通奸罪；总则部分中增加了缓刑制度和抹消前科的规定；缩短了假释的徒刑执行期限[2]；等等。还颁布了《少年法》（1922 年）、《矫正法》（1923 年）、《假释审查规程》（1931 年）等。在二战期间，还颁布了一些反动刑事立法，如《治安维持法》（1925 年）、《思想犯保护观察法》（1937 年）、《战时刑事特别法》（1942 年）等。

战后日本先后废除了法西斯刑事立法，颁布了一些单行刑事法规，如《恩赦法》（1947 年）、《罚金等临时措置法》（1948 年）、《轻犯罪法》（1948 年）及《犯

---

[1] 法典规定，被判处 2 年以下惩役或监禁，而过去又未受过监禁以上刑或虽被处监禁以上刑，执行完毕或免除执行已满 7 年者，得由司法机关视情况实行缓刑（第 25 条）。被判处惩役或监禁者，在狱中有悔改之意时，在有期刑执行 1/3，无期刑执行 10 年以后，经批准可假释出狱（第 28 条）。另外，法典中还有犯罪未被发觉前自首减刑（第 42 条）或在犯罪行为未完成前自首免刑的规定（第 8 条）。第二编罪，即分则，共 40 章，列举了 40 多种罪及其应处的刑罚，其中将侵犯皇室罪和内乱罪视为最重大的犯罪。第一章"对皇室之罪"，严格维护天皇及其家族的特权和利益，不仅对天皇、对天皇的父母、妻、儿孙的危害或欲加害者，都要处死刑（第 73 条），而且对以上人员及其皇宫、皇陵有不敬行为者，也要处 3 个月以上 5 年以下的惩役（第 74 条）。对皇族进行危害者也处死刑（第 5、76 条）。第二章"内乱罪"，主要矛头是针对工农运动和劳动人民的反抗斗争，规定：凡以颠覆政府、僭窃国土、紊乱朝政为目的而进行暴动者为内乱罪，罪魁处死刑或无期监禁，参与谋议或指挥群众行动者处无期或 3 年以上监禁，附和随行及其他参与者也要处 3 年以下监禁。法典第 108 条还规定：聚众多人施加暴行或胁迫者为骚扰罪，罪魁处 1 年以上 10 年以下惩役或监禁。据此，示威游行和罢工也可被认定"骚扰罪"而对肇事者处以刑罚。

[2] 将假释条件由过去有期刑应执行 1/4 改为 1/3、无期刑应执行 15 年改为 10 年。对连续犯、累犯等也作了新的规定。新增关于损毁名誉罪的事实证明规定；加重滥用职权罪、暴行罪、胁迫罪的法定刑。

罪者预防更生法》（1949 年）。同时，日本统治阶级为镇压国内进步力量，也颁布了一些单行刑事法规，主要有：1952 年《防止破坏活动法》、1953 年《限制罢工法》、1954 年《禁止教员从事政治活动法》、1960 年《禁止议会周围示威游行法》和《防止政治性暴力行为法》等。这些法律剥夺了日本人民的言论、出版、集会、游行示威等方面的权利自由，使新宪法规定的公民民主自由权利事实上难以得到真正的实现。

20 世纪 50 年代，日本又着手于刑法典的修改活动，其刑事立法获得了极大的发展。70 年代以来，为适应社会发展的需要，法务省组织刑法专家对刑法典又进行了全面的修改。1974 年法制审议会公布了《改正刑法草案》，1980 年国会通过了《关于修改部分刑法的法律》，修改的主要内容是：①重新确认罪刑法定主义原则（曾被 1907 年刑法典取消），禁止溯及既往；②充分体现法律面前人人平等原则，废除战前基于封建伦理观念而设立的杀害尊亲属罪（处罚重于一般杀人罪），改按一般杀人罪论处；③在量刑上突出主观主义，强调犯罪人的主观要件，与世界刑法的发展趋势相一致，并以预防犯罪和有利于犯罪人的改造为目的，放宽缓刑和假释条件，加重对累犯的处罚，广泛适用不定期刑等。

■ 第七节　司法制度

一、司法体制

（一）法务省

管理法律事务的日本最高司法行政机构是法务省，其主要任务是管理政府法律事务（担任各个政府的法律顾问）以及执行法院裁判，管理拘押、监狱、社会改造，指导监督公安调查、检察工作，组织执法人员考选（包括司法进修生的入学考试）、移民等工作。法务省拥有很大的权力，涉及从公诉到执行的全过程、从刑事到民事几乎全部司法活动。法务省管理检察机关，虽然法律对法务大臣干预具体案件的侦查有严格的限制，但检察机关与法务省的领导与被领导的关系不可能排除这种干扰。

法务省设置法务大臣、政务次官及事务次官，内设机构置为：内部部局、审议会、研修与监管等设施、检察厅、地方分支部局、外局（司法考试管理委员会、公安审查委员会、公安调查厅）等，主要职能有：①司法职能。主要是检察职能，其下属的检察官被分派到众议院、内阁官房、公正交易委员会、总务省、金融厅、外务省等重要政府部门并任重要职务。它下辖的检察厅拥有自己独立的司法警察，专门负责侦查涉及中央和地方议员、地方长官、高级官僚和重要企业家的贪污案件和违反选举法的案件，同时负责内乱、外患罪以及刑事特别法、禁止垄断法和防止破坏法的相关案件。②司法行政业务。管理全国的户籍；全国各类登记注册事务（不动产登记、公司及法人注册登记、法人债权转让和它涉及的债权转让登记、成年监护登记等）；国籍管理；人权保障工作（遴选各级"人权用户委员"，受理、调查和审理侵权案件）；保护青少年权益（负责对少年体罚、家长虐待少年等案件）；司法援助；管理公证；管理律师；组织司法考试。③刑事执行管理。监狱、少年院、妇人辅导院、入国人员收容所以及保护观察所（适用于接受监督保护的服刑人员）。④负责治安维持与管理。法务省下设的公安委员会，负责对破坏团体的限制。⑤管理出入境权。法务省下设的"入国管理局"，负责与出入境审查、外国人登陆、强制出国、认定和审查难民等有关的各项管理工作。⑥法律制定权，如制定司法制度的法令及不属于其他部局主管的法令案。⑦调研权。根据与联合国的协定，在日本设立的亚洲远东防止犯罪研修所，与联合国合作进行有关研修、研究及调查事项等。

（二）检察机关

根据 1947 年《日本检察厅法》，各级检察厅的设置与各级法院的设置严格对应。全国共设立四级检察厅，分别是最高检察厅、高等检察厅、地方检察厅和区检察厅以及与法院对口的分部与支部。现日本全国共设立检察厅 512 个，其中最高检察厅 1 个，高等检察厅 8 个（按法区设置），地方检察厅 50 个（按省级行政区划设置），区检察厅 453 个。检察厅隶属于法务省，检察总长接受法务大臣的指挥。检察系统实行垂直领导，下级检察厅只对上级检察厅负责，不受其他行政机关和地方政府制约。检察机关安全独立地负责各种案件的侦查和处理。

日本检察官具有四种职能：侦查、起诉、公审及执行。[1]检察机关行使侦查权有两种基本形式：一是指挥警察机关侦查；二是独立侦查。日本检察机关独立侦查的案件主要有两类：①补充侦查案件。检察官对警察"送检"的案件，为了进一步挖掘案件的事实真相，或者从现有线索中进一步深挖隐藏的证据，检察机关在不需要警察帮助的情况下，直接进行并完成侦查。②直接立案侦查重大复杂案件。为了检举、揭发隐藏在政治、经济领域的黑恶势力，促进社会各界的廉洁自律，东京和大阪两处高等检察厅专门设立"特别搜查本部"，直接立案侦查一些涉及政治家、国会议员、高级政府官员的重大政治案件，以及一些涉及大公司首席执行官的重大经济犯罪案件。经过审查，检察官认真考察案件，作出不予起诉的决定或者提起公诉；参加法庭审判，以公诉人的身份陈述、举证、辩论和求刑；完成公诉过程，将案件移送司法执行机构。

为保障检察官独立公正地履行检察权，《检察厅法》赋予了检察官仅次于法官并优于一般公务员的身份保障，这种身份保障主要体现在四个方面：①确认检察官的职务与责任具有特殊性。②检察官因身心障碍、工作效率低等原因不适宜继续执行职务时，不能由任命者即行免官，必须由检察官合格审查会依法定程序审查后，

---

〔1〕　根据日本《刑事诉讼法》第 191 条的规定，检察官在认为有必要时可自行侦查犯罪；第 192 条规定，在侦查过程中，检察官和警察应当互相协助；第 193 条规定，检察官在所管辖区域之内可以就侦查对警察发布指示，指挥警察侦查，请警察协助侦查。

才能决定是否将其免官。检察官合格审查会由国会议员、检察官、法务省官员、审判官、律师及日本研究院会员中选任的 11 名委员组成，各委员同时配有 1 名预备委员。③检事长、检事和副检事因检察厅废止或其他原因成为冗员时，可发给半额工资，等候补任。④检察官除受合格审查会的审查免官或因检察厅废止等成为冗员外，在任职期间无失官、停职和减薪之忧。这些身份保障免去了检察官的后顾之忧。

日本实行检察官起诉垄断和起诉宜易制度，检察官拥有很大的权力。实践中，很多案件由检察官决定作不起诉处理。为了有效防止检察官独断专行或滥用不起诉权，加强对检察官行使权力的监督制约，一方面，准予有关人员对国家工作人员和司法官员进行起诉；另一方面，建立检察审查会制度，由民意机关对检察机关的不起诉决定进行审查。根据 1948 年《检察审查会法》，日本建立了检察审查会制度，检察审查会是监督检察官行使不起诉权的一个专门性组织，设置在各地方法院及地方法院分院内部，全国约 300 个。检察审查会的职权有两项：①依法定程序对检察官作出的不起诉决定是否妥当进行审查，作出是否应再行提起公诉的议决；②对改进检察事务向有关的检察厅长官提出建议和劝告，但这两项职权目前都是弹性的，对检察官不具有约束力。日本正在进行的司法制度改革，准备加强检察审查会的权力，赋予检察审查会作出的应当再行提起公诉的议决以法律效力，检察官必须执行。

日本现行检察制度的特点主要有：①检察官不被视为司法官，而以国家行政官吏的身份出现，检察机关作为统一行使国家检察职能的机关出现。②起诉方式为国家追诉主义和起诉独占主义，即刑事案件的起诉权属于代表国家的检察官，而且只能由检察官提起，其他国家机关无该项权力；实行起诉便宜主义，又称起诉犹豫主义，检察官可以根据犯人的性格、年龄及境遇，犯罪的轻重情况等因素，认为没有必要起诉时，可以不提起公诉；实行起诉状一本主义，即检察官在提起公诉时只向法院提交一份载有被告人姓名、公诉事实和罪名的起诉状，而不移送案卷和证据材料，以防止法官对案件产生臆断。③除侦查和起诉这两项主要职责外，日本检察机关还有权对于刑事诉讼案件请求法院正当适用法律、指挥执行裁判和参与与公益密切相关的民事诉讼等广泛的权力。[1]根据日本刑事诉讼法的规定，对法院的违法或者不当裁判，检察机关可以提请上诉或者请求再审，以及进行非常上告等。

（三）法院组织

现代日本法院组织体系始于 1871 年成立的司法省，当时，民刑裁判权统一由其兼管，地方则由地方行政兼任司法官。1875 年制定《大审院各级法院职制章程》，

---

〔1〕 日本法律还规定，检察官是"公益代表人"，可以参与与公益密切相关的民事诉讼。例如，对于下列民事诉讼，检察官即可以参与诉讼：禁治产或准禁治产宣告请求权及其撤销请求权；关于不在人财产管理的处分请求权及其撤销请求权；财团法人捐助行为的补正请求权；法人的临时理事选任请求权；法人的特别代理人选任请求权；不合法婚姻的撤销请求权；亲权丧失的宣告请求权；等 20 多项内容。此外，在日本民事诉讼法、破产法、公职选举法、刑事补偿法、监狱法、公证人法、律师法和其他许多法令中，授予了日本检察官代表公益人广泛参与诉讼的权力。

设立大审院为全国最高司法机关，下设上等法院、巡回法院、府县法院（后改为地方法院），废除了地方官兼任司法官的制度，初步实现了司法与行政分离。明治宪法颁行后，开始按照法国和德国的模式建立了普通法院和行政法院两个系统。1890 年日本正式颁布西方式的法院组织法即《裁判所组织法》和《行政裁判法》，[1]标志着普通法院与行政法院相分离的大陆法系的法院体制在日本确立。战后，日本根据新宪法精神，参照美国模式对司法体制进行了重大改革：①法院组织法的变化。1947 年颁行《裁判所法》和《检察厅法》，废除旧的行政法院和特别法院，实行单一的法院组织体系，行政诉讼案件也由普通法院受理，并赋予最高法院享有违宪审查权。②检察厅不再附属于法院而单独设立。③1948 年《律师法》规定在地方法院辖区内设立律师会，在全国设立日本律师联合会。日本律师同法官、检察官一起被称为"法曹三者""法制建设上的三根支柱"，要想进入"法曹三者"行列，须经过专门培训，并通过国家考试。

根据现行《日本国宪法》和 1947 年《法院法》及各诉讼法律，所有的司法权归最高法院和根据法律规定设置的下级法院。法院分为四个审级：最高法院、高等法院、地方法院、简易法院。各级法院一律兼理民、刑案件，实行四级三审制。另设与地方法院平级的家庭法院，负责审理家庭案件和少年犯罪案件。

最高法院，由院长和 14 名法官组成，位居法院组织的顶端，是最高级别的法院组织，是所有案件的终审法院，也是全国法院司法行政事务的管理机关。它拥有行使审判的权力、规则制定权、法令审查权、司法行政权等。最高法院内设 1 个大法庭和 3 个小法庭，大法庭审理有关宪法和涉及判例变更的案件；小法庭审理普通上诉案件，都以合议庭进行。

高等法院属下级法院，全日本共有 8 所，法官约 290 名，其审判权限主要有：受理"内乱罪"的初审及法定的第一审案件；受理一般案件的上诉审和抗告审。由东京高等法院受理有关反不正当竞争和专利行政裁决的诉讼案。采用合议制进行审判。此外，高等法院有权制定最高法院授权范围的规则。

地方法院是位于高等法院之下的主要基层法院，共 50 所，是普通民、刑案件

---

〔1〕　前者是参照德国法院组织体系制定而成的，分为裁判所及检事局、裁判所及检事局的官吏、司法事务的职务及监督权等 4 编，共 144 条。设区法院、地方法院、控诉院、大审院，实行四级三审制。大审院是全国最高审判机关，设民事庭和刑事庭，为终审审级，并享有对危害皇室等、内乱罪等重大犯罪的一审终审的特别权限。该法还采取审检合一制，各级法院均设检事（检察官）局，检事的任务是侦查犯罪提起公诉，监督判决的执行，必要时也可就民事案件向法院提供意见。法律规定，检事不得干涉判事的审判，并直接从属于上级检事长。各级法院的判事均为终身制，检事非受刑罚或惩戒处分，也不得罢免其职务。对判事和检事的资格规定很严，须经过两次考试，合格者才能充任。后者是委托德国学者劳埃斯拉起草的，共 4 章 47 条，规定了行政法院组织以及行政诉讼原则和制度，规定在东京设立行政法院，由裁判长及评定官 5 人以上组成合议庭进行裁判，行政法院只审理依法律、敕令及有关行政裁判文件所规定的行政违法案件。

的初审法院，一般案件独任审理，同时，也是简易法院的上诉审法院。地方法院的法官由法官和法官助理组成，各地方法院的法官是由最高法院提名，由内阁任命的。

家庭法院与地方法院同级，专门解决家庭内部之间的纠纷或家族亲戚之间的纠纷及少年违法犯罪案件，共有50所。家庭法院由法官、助理法官、法院调查官以及民间选任的家庭法院参与员和家庭法院调停委员构成，其主要任务是家庭案件的审判和调解以及青少年保护案件的审理，以调解为主、判决为辅，一般采用独任制，必要时有家庭调查官以及2名调解委员参加审理。

简易法院是最基层的法院，共575所，办案的程序相对简单，法官的选任限制相对较小，但工作量却相当大，案件大都标的额较小、案情简单。简易法院处理案件的方式一般为独任制，协助处理案件的还有调解委员会和司法委员会。司法委员会是简易法院的一大特色，是国民参与审判、帮助法官做好当事人调解工作的一种方式。

二、诉讼审判制度及特点

(一) 刑事诉讼法

日本1890年《刑事诉讼法》是在1882年《治罪法》[1]的基础上并参照德国法编制的，共8编15章334条，其基本特点有：①与公法和私法的法律分类相适应，第一编总则将诉讼分为公诉和私诉两种，并规定了诉权消灭等一般原则。公诉以证明犯罪、适用刑罚为目的，由检事提起，实行国家追诉原则；私诉以赔偿犯罪造成的损害及返还赃物为目的，由被害人提起。②预审是公判审理前必经的程序。第三编对犯罪的侦查、起诉及预审的规定中，将预审作为公判审理前必须的诉讼程序，预审法官有权根据检察官或被告人的请求积极调查证据，为了保护公益也可以依职权主动搜查证据，确认了资产阶级"自由心证"原则，也体现了大陆法系在普通诉讼中实行职权主义诉讼原则的特征。③第四编公判，规定了公判的一般程序原则，采取法庭辩论制度。④确立了上诉形式。第五编上诉中规定了四种上诉形式：控诉（对第一审法院判决提出的上诉）、上告（对第二审法院判决提出的上诉，只能以裁判违背法律为理由提出）、非常上告（不问何级法院，凡对法律所不罚的行为判处刑罚后，由有上诉权的检事向该法院提出的上诉）、抗告（法律特许对裁定提出的上诉）。同时，规定了再审、大审院特别权限的诉讼程序、裁判的执行、复权及特赦等。

"二战"后，根据新宪法确立的原则，1948年重新制定了《刑事诉讼法》，共7编506条，对法院的刑事管辖、审级、公诉、审理、判决等程序作了比较详细的规

---

[1] 最早制定的刑事诉讼法是1882年实施的《治罪法》，共6编480条。它以法国治罪法为蓝本制定，强调证据在审判中的作用，并采用国家追诉原则和不告不理原则。由于《治罪法》中也包含有一些法院组织法的内容，显得杂乱，1890年日本政府将其废止。

定。该法后经多次修改，[1]一直适用至今，其主要特点是：①强调"保障人权"；②取消提起公诉后的预审程序，第一审以公开审理为主；③庭审中引入英美的对抗制，注重通过辩论弄清事实，并以职权主义作为补充，融合了大陆法系和英美法系诉讼制度的特点；④在证据制度上，采取"证据裁判主义"和"自由心证主义"；⑤实行三种审判程序。

1950 年还施行了《刑事补偿法》，规定在一定条件下被宣告无罪者可就其所受到的错捕、错押和错判一事，请求国家给予补偿。这个法令对完善法制具有一定意义。

（二）民事诉讼法

日本曾仿照法国 1807 年《民事诉讼法》制定了 1880 年《民事诉讼法典草案》，但因政府准备改效德国最新的 1877 年民诉法典，未能交付审议。1885 年在德国人铁肖的指导下完成新民事诉讼法典草案，经法律调查委员会几度修改，于 1890 年实施。作为日本第一部民事诉讼法典，1890 年《日本民事诉讼法典》分为 8 编 12 章 805 条，基本特点是：①贯彻"当事人本位主义"和法院不干涉的原则。即诉讼由当事人提起，否则法院不予过问；一方当事人在言词辩论中对于他方所主张的事实，不作明确争执时，当视其为已经自认；双方当事人可达成合意停止诉讼程序；法院不得就当事人没有申请的事项进行判决。②证据的调查一般根据当事人的申请进行，但法院也可依职权调查证据，法官有权自由判断证据的证据力，体现了大陆法系在普通诉讼中法官指挥诉讼的进行并始终居于主导地位的职权主义特征。③肯定了通过和解处理民事纠纷的传统做法，因和解是由法官主持实施的，故又称和解裁判，和解不成再行判决。④上诉审只在原审提出的请求和上诉申请的范围内进行审理，从而将法院不干涉原则贯彻到上诉程序之中。该部法典为日本现代民事审判制度奠定了坚实基础。

战后对 1890 年《民事诉讼法典》进行了多次修改，在 1979 年修改中，将法典的第六编强制执行独立出来，另行制定了《民事执行法》（1979 年）和《民事保全法》（1989 年）。此外，1951 年颁布《民事调停法》规定，凡民事纠纷当事人均可要求法院进行调停，但某些不宜调停或当事人怀有不正当目的强行要求调停的，可不予调停。这个法律进一步发展了日本的调解传统，将其扩大适用于所有民事案件，并在实践中取得一定成效。

根据现行日本诉讼法律制度，其审判制度的基本特点有：

---

[1]　其主要内容是：规定各种强制处分都须有令状，新设宣告拘留理由制度，体现了保障人权的原则；明确了刑事案件的追诉权专属于检察官和检察官根据罪犯的情况享有起诉或不起诉的裁量权，但同时又规定了职权滥用罪，以防止检察官行使职权的不公正；废止预审，扩大辩护制度，限制被告人自证的证据能力，体现了对被告当事人地位的尊重；检察官提起公诉时只向法院提交一份起诉状，而不移送案卷和证据材料，贯彻了以庭审为中心的原则和辩论原则；废除了对被告不利的再审，对被告有利的按其请求可以再审，第二审的控诉从原来的复审制改为事后审查制。

1. 日本法院的审级制度实施的是三级终审制，设置抗告和再抗告诉讼机制。

2. 强调司法权独立，注重制度保障。1947 年宪法及其他诉讼法都特别强调对司法权独立的保障。战后日本形成了以最高法院为核心的高度自治、独立的司法体制。

3. 法官拥有身份保障，法院的人事和预算由自身自主决定，法官的任职、调动和晋升均属于最高法院的职权。法律禁止法官在职期间有下列行为：担任国会或地方议会议员，从事其他有报酬的工作，经营商业及其他以赚钱为目的的业务活动。

4. 司法权由普通法院统一行使。取消特别法院，确保司法机关的统一性。日本国宪法规定，不得设置特别法院，行政机关不得实行作为终审的判决，取消了自成一体的行政法院。

5. 确立最高法院拥有违宪审查权。违宪审查权即由最高法院依照法定程序，对某项法律、命令等进行审查，以确定其是否符合宪法的权力。日本不仅将司法权划归单一的普通法院行使，而且授予最高法院以违宪审查权。《日本国宪法》第 81 条规定："最高法院为有权决定一切法律、命令、规则以及处分是否符合宪法的终审法院。"这使最高法院获得对国会和官吏的决定和行为一定的监督权。显然，这是引入了美国的违宪审查制，以此提高了司法权，并对其他政府机关的权力形成有效制约。

6. 取消法院陪审制。战后日本司法制度实行民主化改革，但至今未恢复陪审制度，而是依据本国的具体情况，形成了国民参加审判的制度。日本的国民参审制，主要是通过设立调停委员和司法委员等形式，使国民有机会以辅助审判的方式与法官一起审理案件、陈述意见、对案件的判决发挥某种影响。无论从国民参审的广度还是深度来看，日本的司法民主化程度还十分有限，唯有调停委员制度取得了比较理想的成果。

7. 其民事审判实行职权主义、处分权和自由心证原则，以直接的口头辩论为中心，强调调停制；其刑事审判程序分为普通程序、简易程序及家庭法院程序，实行审检分立制。

■ 第八节　日本法的特点

日本法为日本社会的发展和经济的强盛、在较短时间内进入资本主义发达国家行列发挥了重要作用。近代以来日本法的发展历程表明，日本社会和经济的发展充分证明了其法律制度的有效性。20 世纪初，日本的资本主义经济得到飞速发展，垄断资本逐渐形成。为了加强国家对经济的干预和控制，协调劳工关系，稳定社会秩序，日本进行了经济立法和社会立法，同时，对原有的法典法律适时修订。第二次世界大战后，为了清算法西斯主义的影响、重建经济和秩序，日本开展了一系列法制改革，建立了相对民主的现代法律体系，为战后日本社会的重建提供了必要的法律保障，大量新型经济立法和社会立法的实施促进了战后日本经济的迅速恢复和腾飞。

第
十
三
章

日本法发展模式为发展中国家实现法制现代化提供了有益的经验。日本是一个善于学习的民族，历史上的外来先进法律文化，如儒家法、大陆法和英美法等都在日本法律发达的不同历史时期扮演过重要角色。值得一提的是，日本并非不加分辨地全盘输入外来法律文化，而是进行"集优"，将那些最符合本国需要和国情的法律制度加以引进和吸收，将其与自己的传统法律文化有机地融为一体，形成和发展既顺应时代潮流又不失自我特点的法律体系和法律秩序。

近代日本迅速建立了其资产阶级法律体系，且保证了资本主义经济的发展和日本国力的强盛，这一事实极大地促进了日本法对东亚各国的影响，如对中国和朝鲜半岛。中国至清末以来，深受日本法的影响，如清末变法。当时大批中国留学生赴日学习法律，日本法典和法学著作被译为中文，一些日本法学家还直接参与中国的立法工作。[1]民国时期，国民政府在法制改革过程中，进一步仿照日本、德国法制确立了"六法"体系。可以说，日本法律和法学对近代中国法律、法学发展的影响是相当深远的。朝鲜半岛、琉球群岛、我国台湾地区等地曾长期处在日本的殖民统治下，日本法在这些地区被强制推行，日本法的主要特点如下：

一、日本法的多元特质：是混合法的典范

纵观日本法的形成、发展进程可以发现，这是一个善于吸收外来发达法律文化的民族，可以说，日本法是在不断地借鉴、吸收外国先进法律文化的基础上成就自身的，日本法律发达史就是世界各种先进法律文化不断融合的历史。封建时期的日本法全面引入唐朝和明朝的律、令、格、式等各种法律形式及儒家法律观念，建立以忠、孝为基础的封建法律秩序，成为中华法系的重要成员。明治维新后的"泰西主义"改革，引入西方发达的法律文化，对封建政治和法律体制进行全面改革，建立了大陆式的近代资产阶级法律体系。第一次世界大战后，日本开始对其现行法律制度进行反省，一方面引入英美国家的某些法律制度和原则，如引入了英美国家的信托制、陪审制和对犯罪少年的特殊保护原则，这是日本吸收英美法的开端；另一方面则对某些传统法律制度的精华进行弘扬，使日本法从机械地移植大陆国家法律文化转为有机地吸收各种外来法律文化的长处，并将它们与本民族的传统法律文化融为一体。第二次世界大战以后，日本法融合外来发达法律文化的能力进一步加强，不仅更多地引入美国式民主的法律制度，如废除行政法院，实行单一的法院组织系统，赋予了最高法院违宪审查权；同时单设检察厅，实行审检分立制度；在庭审中引入英美法系的对抗制，以职权主义为补充，在证据判断上采取"证据裁判主义"和"自由心证主义"。二战后的日本司法制度打下了深深的英美法系的烙印，而其

---

〔1〕　1908 年颁布的中国历史上第一个宪法性文件《钦定宪法大纲》就是抄袭 1889 年《大日本帝国宪法》的产物，《大清新刑律》（1910 年）、《商人通例》（1903 年）和《大理院审判编制法》（1906年）等法典以及《大清民律草案》（1911 年）、《刑事诉讼律草案》（1910 年）、《民事诉讼律草案》（1910 年）等法律草案也都主要是在日本法的影响下制定和起草的。

刑法与民法仍然以日耳曼法为基础，同时，又始终保存其固有的东方文化和法律传统如民事调解及"义理法"渊源。可见，多种法的历史渊源和法制因素的融合、并存，构成了日本当代法律制度的基本特点。

二、日本司法制度的发展具有明显的历史阶段性

与法律继受性的特点相联系，日本法形成、发展演变过程具有明显的阶段性特征。以第二次世界大战结束为分水岭，日本的法律制度可以分为三个截然不同的阶段：①明治维新前是继受中国法阶段，为其近代法律制度的形成奠定基础。②从明治维新到二战结束以前，通过建立天皇政府，自上而下建立中央集权，在中央集权的强力推动下，实现了以"六法"为基础的法律体系和系统的法院体系及司法权的独立。同时，通过近代法学教育和考试制度确立了法律职业家阶层。③二战后，确立于近代的大陆式的日本法律体系得到了民主化和英美式改造，如天皇的绝对权力被废除，责任议会内阁制的确立，司法权的进一步独立，一元化的法院体制及司法审查制的建立，构成当代较完善的法律制度。

三、日本法注重对经济的作用，其经济法较为发达

日本是一个后起的资本主义新秀，其经济法在为实现日本在各个历史时期的经济发展战略效力的过程中而得以形成和发达，在法律体系中占有重要地位。始于明治时期的经济法，其体制和内容曾受到德国法的深刻影响，如制定大量战时经济法。二战时的经济立法也是以战时经济为核心而推进的。二战后，日本经济法才获得全面发展。在美国占领时期，为实现"经济三大改革"，仿照美国经济立法制定一系列经济法规，加强了旨在确立、促进和平和民主化经济的经济统制，为战后其经济恢复、经济法制的发展创造了条件，如仿制美国反托拉斯法制定日本反垄断法，使之成为这一时期日本经济立法和经济统制的重要特征。其后，其经济立法范围广而宽，如有关环境立法、消费者法、科技法、能源法等，形成一个以反垄断法为核心的全方位的、独立的经济法部门，为其发达的经济和社会作出重要贡献。

四、日本实体法与程序法并重，重视对基本人权的保障

日本传统上受到中国法的影响，是制定法主义，近代以大陆法为模式进行法典编纂，确立其资产阶级成文法律体系，又进一步强化了以实体法为主、程序法为辅的制定法主义、国家主义及职权主义模式。但是，二战后，在法律民主化过程中，日益重视程序正义，日本的宪法和诉讼法都将彻底实行当事人主义作为一个主要目标，以确保人权。《日本国宪法》第37条就日本的刑事审判采用当事人主义作了基本定调，通过司法制度改革，在刑事诉讼法中，通过引进诉因制度（第256条第3款），在界定审判对象的同时明确了防御的对象；通过采用诉状一本主义（第256条第6款），使搜查与审判截然分离，要求审判官对案件不抱任何主观预断地进行审理，由此保证审判的公平、公正。此外，设置了以展开双方当事人主动权才进行公判的前提等，可以说，现行法体现以当事人主义为基础的规定是很多的。当然，在民事诉讼制度方面对人权的保障也有所体现，在对《民事诉讼法》作了部分修改的基础上，颁布了单行法规，在诉讼程序民主化等方面有所改进。同时，确立司法审查制，以确保宪法规定的人权获得实现。此外，日本实行检察官起诉垄断和起诉便易制度，检察官拥有很大的权力。实践中，很多案件由检察官决定作不起诉处理。为了有效防止检察官独断专行或滥用不起诉权，加强对检察官行使权力的监督制约，日本从二战以后就建立了检察审查会制度：一是依法定程序对检察官作出的不起诉决定是否妥当进行审查，作出是否应再行提起公诉的议决；二是就改进检察事务向有关的检察厅长官提出建议和劝告。

日本法为日本社会的进步和经济的强盛发展以及在较短时间内进入资本主义发达国家行列发挥了重要作用。近代以来日本法的发展历程表明，日本社会和经济的发展充分证明了其法律制度的有效性。20世纪初，日本的资本主义经济得到飞速发展，垄断资本逐渐形成。为了加强国家对经济的干预和控制，协调劳工关系，稳定社会秩序，日本进行了经济立法和社会立法，同时，对原有的法典法律作了适时修订。第二次世界大战后，为了清算法西斯主义的影响、重建经济和秩序，日本开展了一系列法制改革，建立了相对民主的现代法律体系，为战后日本社会的重建提供了必要的法律保障，大量新型经济立法和社会立法的实施促进了战后日本经济的迅速恢复和腾飞。

■ 思考练习

一、关键术语

《大宝律令》；《贞永式目》；《公事方御定书》；"五条誓文"；《明治宪法》；"日本六法"；《国家总动员法》；1946年《日本国宪法》。

二、思考题

1. 为什么说明治维新前的日本封建法律属中华法系？
2. 日本近代法律制度是如何建立起来的？为什么会走上西方化道路？
3. 为什么说战后日本法律制度具有大陆法系与英美法系的共同特征？
4. 简述1946年《日本国宪法》的内容特点。
5. 简述现代日本法律制度的基本特点。

■ 参考书目

1. ［日］宫泽俊义：《日本宪法精解》，董璠舆译，中国民主法制出版社1993年版。
2. ［法］勒内·达维德：《当代主要法律体系》，漆竹生译，上海译文出版社1984年版。
3. ［德］K. 茨威格特、H. 克茨：《比较法总论》，潘汉典等译，贵州人民出版社1992年版。

第十三章

4. ［德］弗朗茨·维亚克尔：《近代私法史》，陈爱娥、黄建辉译，上海三联书店 2006 年版。

5. 张彩凤主编：《比较司法制度》，中国人民公安大学出版社 2007 年版。

6. 何勤华等：《日本法律发达史》，上海人民出版社 1999 年版。

7. 何家弘主编：《中外司法体制研究》，中国检察出版社 2004 年版。

8. 陈光中主编：《21 世纪域外刑事诉讼立法最新发展》，中国政法大学出版社 2004 年版。

9. 方立新编：《西方五国司法通论》，人民法院出版社 2000 年版。

10. 赵宝云：《西方五国宪法通论》，中国人民公安大学出版社 1994 年版。

11. 邓曾甲：《日本民法概论》，法律出版社 1995 年版。

12. 肖贤富主编：《现代日本法论》，法律出版社 1998 年版。

13. 冷罗生：《日本现代审判制度》，中国政法大学出版社 2003 年版。

第十三章

第五编

俄罗斯和欧洲联盟的法律制度

第十四章

俄罗斯法

学习目的与要求 俄罗斯法在世界法制史上占有不可忽视的地位，特别是苏联时期，创造了全新的法律思想与法律制度，构筑了全新的法律体系并不断完善，成为第二次世界大战以后各社会主义国家制定和发展本国法的主要参照物，从而在世界范围内形成了独树一帜的社会主义法律体系。苏联解体后，苏联社会主义法律体系在整体上已告终结，但其对于现代俄罗斯法律制度以及世界法律的现状和未来发展仍然具有深远的历史影响。

重点掌握 俄罗斯法的形成、发展过程及其特点；苏联时期社会主义法律制度的形成、发展过程及其特点；苏联法律体系及其变革；现代俄罗斯联邦法律制度的改革及其特点。

■ 第一节 十月革命前的俄罗斯法律制度

一、俄罗斯封建制法的形成和确立

十月革命前俄国的法律制度可以追溯到公元 8 世纪。从公元 6 世纪起，史书中就有关于居住于东欧南部的罗斯人与拜占庭人交往和争战的记载。公元 8 ~ 9 世纪，许多东斯拉夫人的部落联盟发展为国家，称为公国。其中较大的是罗斯和诺夫哥罗德。传说诺夫哥罗德王公奥列格，经过长期征战，完成了统一大业，于公元 882 年以基辅为中心确立了统治，因首都设在基辅，历史上称"基辅罗斯"。这是俄罗斯最早的国家形态。

古罗斯国家时期（9~14世纪）是俄罗斯封建制法的形成时期。这一时期虽然成文法开始出现，但仍以习惯法为主要的法律渊源。公元11世纪上半叶，国家开始陆续发布法令和法规，进行成文立法活动，如雅罗斯拉夫在位时期（1019~1054年）编成《雅罗斯拉夫法典》（又称《雅罗斯拉夫真理》）。该法典确认了封建农奴制，对王公、贵族和教会等大土地所有者的财产利益加以保护，规定对破坏田界、盗窃牲畜和纵火焚毁庄园者都处以重刑。[1]约公元11世纪下半叶，俄罗斯历史上一部重要的法律文献《罗斯真理》产生。《罗斯真理》（又译《罗斯法典》）是一部集结了习惯、王公法令和司法判例的汇编，其内容和形式都受到拜占庭法的影响。其明显的特征是：诸法合体的编纂体例；内容简单，反映了封建制早期低下的生产力和落后的社会制度；着力维护早期封建社会关系和封建主利益，诸多具体的规定体现了不平等的阶级地位和封建特权，如规定地主杀死农民与农民杀死地主的赔偿金额不同，农民死后无嗣，其财产归其主人所有，封建主享有对其领地上的农民的司法裁判权等；[2]法律所适用的范围是地域性的。《罗斯真理》是古罗斯时期最为重要的法律渊源，它反映了氏族制最终解体和封建主义形成的历史进程，标志着俄罗斯国家封建关系和法律制度已初步形成，进而为其后俄罗斯法的发展奠定了重要的法律基础。《罗斯真理》流传下来许多版本。

公元12世纪初，罗斯进入封建割据时期，分为基辅、诺夫哥罗德、斯摩棱斯克等十余个公国。14世纪末，东北罗斯的社会经济进一步发展，日益强大起来的莫斯科公国成为政治上的中心。莫斯科大公伊凡三世（1462~1505年）凭借其强大的国力与大封建主展开了长期的斗争，到15世纪末，俄罗斯集权制基本形成。伊凡四世（1533~1584年）在位时期，自称沙皇，对内加强中央集权，对外极力扩张，使俄罗斯成为一个统一多民族的沙皇中央集权制国家，并从早期封建君主制演变成为等级代表君主制，作为等级代表机关的"杜马"已经出现。俄罗斯封建制法也迎来了更广阔的发展契机。为了确立和保护农奴制度，统一全国的法制，伊凡三世于1497年颁布《律书》，伊凡四世亦于1550年颁布《律书》，对大贵族的权力进行限制，反映了军功贵族和商人的利益。1649年，沙皇阿列克赛·米哈伊洛维奇颁布《会典》（又称《阿列克赛·米哈伊洛维奇法典》），这是等级代表君主制后期的一部著名法典，为俄罗斯农奴制君主专制的建立奠定了基础，内容包括国家管理、诉讼、物权和刑法等方面。上述立法文献的颁行，标志着俄罗斯封建制法的完全确立。

二、俄罗斯帝国法律制度

1689年，彼得一世（1682~1725年）继位，俄罗斯进入帝国时期（17世纪下半叶至20世纪初即俄国十月革命）。这是俄国资本主义萌芽与农奴制渐趋解体的时

〔1〕　周一良、吴于廑主编：《世界通史（中古部分）》，人民出版社1972年版，第66页。
〔2〕　周一良、吴于廑主编：《世界通史（中古部分）》，人民出版社1972年版，第66页。

期，是一个社会政治经济大发展、大变动的时代，同时也是俄罗斯封建制立法走向成熟的黄金时代。在法律的渊源上，继续以国家立法即制定法为主。这一时期，国家相继颁行的主要立法有：《军事条例》（1716 年）、《海上条例》（1720 年）、《票据条例》（1729 年）、《整饬条例》（1782 年）、《俄罗斯帝国法令全集》（1830 年）、《俄罗斯帝国法律全书》（1833 年）、《刑罚和感化法典》（1845 年，后又于 1885 年重新发布）、《司法条例》（1864 年）及《刑法典》（1903 年）等。

19 世纪上半叶，尼古拉一世（1825～1855 年）为减少法令的抵触和矛盾，使其适应政治和经济发展的需要而进行的法典编纂活动比较具有影响。1830 年完成的《俄罗斯帝国法令全集》将历代法律、法令约 35 000 种和重要的判例，按年代顺序将之统于一体。这实际上是一种旨在使规范性法律文件和判例系统化的活动，是包括 1649 年《会典》在内的历代法律、法令和重要判例的整理汇编，而非立法性质的法典编纂。

1833 年尼古拉一世下令编纂完成的《俄罗斯帝国法律全书》，是在上述《俄罗斯帝国法令全集》的基础上经过重新清理、删除和补充编纂而成的，是俄罗斯帝国当时绝大部分有效法律的系统汇编，于 1835 年生效。据 1881 年版本，《俄罗斯帝国法律全书》共分 8 个部分，15 卷 42 000 条，其体系结构为：3 卷"根本法"、5 卷"国家制度"、1 卷"身份法"、1 卷"民法"、4 卷"国家治安法"、1 卷"刑法"。该法曾再版过两次，一直实施到 1917 年俄国十月革命的爆发。在实施过程中，《俄罗斯帝国法律全书》及其续篇曾不断加以修订和增补，如将 1864 年《审判条例》（16 卷）编入，发展至法条 10 万多条，其中 2/3 是关于公法方面的规定。就当时而言，其宏大的规模可谓世界之最。其主要特点是：体例上按部门法加以排列；条文附有注释和原法令的年月日及编号；规模宏大，兼收并蓄；只是较高技术含量的法规汇编而非立法；其私法原则及精神更接近于普鲁士的普通法；公法内容居多等。

上述两部立法文献，虽然在立法技术上已有显著的提高，在内容上尤其是在债法和契约法方面体现了资本主义法的因素，但总体上其性质仍是封建农奴制的法。其后，又于 1845 年颁布了《刑罚和感化法典》，以弥补刑法和诉讼法的不足。

亚历山大二世（1855～1881 年）在位时期又推行了一系列具有资产阶级性质的自由主义的立法改革运动，主要的法制成就是 1861 年颁布的《改革法令》和《废除农奴制度宣言》。这一改革虽不是很彻底，但为俄罗斯资本主义化扫清了道路。1864 年又颁布《司法条例》，主要着意于改革封建司法制度及建构近代国家司法体制，如确立陪审法院、检察机关和律师团体，明确了各级法院的司法管辖权和审级，规定实行司法审查制、审判公开制和辩论制。1870 年成立了由全体纳税人选举的"市杜马"。同时，组织起草民法、刑法和诉讼法等基本法典。这些立法显然是属于资产阶级性质的。

总之，十月社会主义革命前俄罗斯的法律制度经过漫长的发展，逐渐成熟和完备，以维护农奴制度为其基本宗旨。1861 年宣布废除农奴制度以后，增加了一些资

第十四章

本主义的原则和内容，但封建残余仍大量存在。同时，俄罗斯是信奉东正教的国家，长期受拜占庭教会的控制，拜占庭教会法对俄罗斯封建法律制度产生过深刻影响。此外，俄罗斯的私法部门也接受了罗马法的许多原则，而且越到后期受罗马法的影响越大。因此，封建法的传统，教会法的影响以及罗马法的渗透，三者结合成为俄罗斯法律制度的特色，因其形式和内容都带有明显的罗马－日耳曼法系的色彩，故通常被划入罗马日－耳曼法系的范畴。

■ 第二节　苏联的法律制度

一、苏联的立法概况

1917 年俄罗斯社会主义革命的胜利，建立了人类历史上第一个苏维埃社会主义国家，不仅开创了世界历史的新时代，而且也使俄罗斯的法律制度发生了一场前所未有的深刻革命，即诞生了一种新型的、对现代世界法制秩序产生重大影响的苏维埃社会主义法制。

苏维埃社会主义法是指俄国十月社会主义革命胜利后，由苏维埃社会主义国家创制和实施的社会主义法律制度，是人类历史上第一个社会主义法律制度，其起讫时间为 1917 ~ 1991 年。苏联（俄）的立法概况依其历史发展的进程及形成和发展的不同程度，大致可分为以下三个阶段：

（一）苏维埃社会主义法的初创（1917 ~ 1919 年）

这一时期的立法，是在彻底摧毁旧法统、国内战争频繁及新生政权极为不稳定的条件下进行的。这一社会主义法制初创时期的立法之意义，不仅在于它是人类历史上第一批社会主义性质的法律，而且在于它以法律形式确认了社会主义革命的成果，打击了一切反抗革命的敌人，并为一个全新的社会主义法律体系的建立奠定了基础。主要的立法成就有：

1. 宪法性文件：《告工人、士兵和农民书》（1917 年）、《和平法令》（1917 年）、《土地法令》（1917 年）、《俄国各民族权利宣言》（1917 年）、《被剥削劳动人民权利宣言》（1918 年）。这些法律文献的主要内容包括：宣布资产阶级临时政府已被推翻，苏维埃国家建立起来，宣告了新国家的体制和政策的基本原则，国家全部政权一律转归工农代表苏维埃行使，并对苏维埃政权的性质和任务作了法律上的规定；阐明苏维埃国家民族政策、对外政策的基本原则及不同社会制度可以和平共处的思想，主张实现正义、民主以及和平；宣布立即无偿没收地主、沙皇和教会的土地，废除土地私有制，全部土地归国家所有，并无偿交给农民使用；宣告俄国为工农兵代表苏维埃共和国，全部政权归苏维埃，确认土地国有化、银行国有化及逐步将其他生产资料收归国有的国有化经济措施；明确苏维埃政权的主要使命是消灭阶级、消灭剥削、建立社会主义社会。这一批法令对于确认十月社会主义革命的成果，摧毁旧的国家机器和法律制度，建立和巩固新政权具有深远的意义。

2. 1918 年《俄罗斯苏维埃联邦社会主义共和国宪法》（以下简称《苏俄宪法》）。《苏俄宪法》是第一部苏维埃宪法，是世界上第一部社会主义类型的根本法，由全俄苏维埃第五次代表大会于 1918 年 7 月 10 日通过。该宪法共分六篇，依次为：《被剥削劳动人民权利宣言》、苏俄宪法总纲、苏维埃政权结构、选举权与被选举权、预算法、国徽与国旗。宪法以根本法的形式规定俄罗斯共和国是各苏维埃民族共和国联邦，是各自由民族自由志愿的联盟；第一次确认这是一个无产阶级专政的政权，以工人阶级为首的劳动人民组成的苏维埃在劳动人民的监督之下具有立法、执法和管理国家的无限权力；规定了政治制度、过渡时期的基本任务、中央与地方的权限及关系、劳动人民的权利和自由；规定了基本生产资料实行公有制；宣告所有公民一律享有平等的权利。

1918 年《苏俄宪法》鲜明的特点在于，它是第一个宣布国家政权属于劳动人民的宪法，为劳动人民的政权和公有制的确立提供了必要的、牢固的法律保障，并以其全部内容保卫和促进劳动人民政权和公有制的巩固和发展，为社会主义法制的进一步创立和发展奠定了根本法基础。

（二）苏联社会主义法的确立和发展（1920～1950 年）

1922 年 12 月 30 日召开的第一次苏维埃代表大会决定成立苏联，全称是苏维埃社会主义共和国联盟，成立时由俄罗斯、乌克兰、白俄罗斯和南高加索四个加盟共和国组成。从 20 世纪 20 年代起，由于国内战争的胜利和新经济政策的实施，国家由战时共产主义进入到和平时期的国民经济恢复阶段。为了确保社会主义革命和经济的顺利发展，这一时期，国家进行了大规模、全方位的立法活动，苏联社会主义法律体系得以全面确立。主要的立法活动有：

1. 宪法的制定。这一时期先后制定颁布了两部宪法，即 1924 年的《苏联宪法》和 1936 年的《苏联宪法》。1924 年《苏联宪法》其全称为《苏维埃社会主义共和国联盟宪法》，由《苏联成立宣言》和《苏联成立条约》两篇组成。宣言说明了各个苏维埃共和国联合成为联盟国家的原因及其联合的原则——自由、平等及确保每一个共和国的主权及自由退出苏联的权利。条约由 11 章组成。宪法确认了各共和国自愿平等地结合成联盟国家的原则，规定了苏联最高国家权力机关即苏联苏维埃代表大会和管理机关即苏联人民委员会的结构和权限，规定了苏联中央执行委员会（苏维埃代表大会休会期间的苏联最高权力机关）实行民族院和联盟院两院制，其中的民族院体现各民族的特殊利益，规定了各加盟共和国的权限。宪法体现了无产阶级国际主义、各共和国平等、自愿、统一和民主集中制的原则，巩固了苏联的成立，为建设一个统一的、多民族的社会主义国家提供了根本法依据。

在列宁、斯大林的领导下，苏联取得了社会主义建设的巨大成就。20 世纪 30 年代中期，因国内政治基础、经济基础和社会阶级结构的新变化，需要制定一部新宪法。1936 年的《苏联宪法》是在斯大林的主持下对 1924 年《苏联宪法》进行修订而成的，于 1936 年 11 月 5 日由苏联最高苏维埃第八次非常代表大会通过。这部宪法共 13 章 146 条，无序言。新宪法反映了社会主义在苏联的初步胜利、消灭了剥削阶级和生产资料私有制、新的社会主义国家形成及新的社会关系出现等事实。这部宪法实施了 41 年，推动和保障了苏联社会主义事业的建设和发展，深刻地影响了第二次世界大战后兴起的各社会主义国家的基本法及其宪政制度。

2. 大规模的法典编纂。这一时期被称为苏联历史上的"法典化"时代，也是苏维埃国家立法活动最为活跃的时期。这一历史阶段颁布的法典主要包括：1922 年的《苏俄民法典》《苏俄刑法典》《苏俄土地法典》和《苏俄劳动法典》，1923 年的《苏俄民事诉讼法典》《苏俄刑事诉讼法典》和《苏俄森林法典》，1926 年的《苏俄婚姻、家庭和监护法典》以及其后的 1933 年的《苏俄劳动改造法典》。1924 年又根据苏联宪法，颁布了苏联和各加盟共和国的《法院组织立法基本原则》《刑事立法基本原则》和《刑事诉讼基本原则》等全苏立法文件。

3. 单行法规的制定。在编纂法典的同时，苏联还制定了大量的单行法规，主要有：1922 年的《苏俄法院组织条例》和《苏俄检察机关条例》，1924 年的《苏联和各加盟共和国法院组织原则的决议》《苏联和各加盟共和国刑事立法纲要》，1926 年的关于变更当时司法机关体系的《法院组织条例》，1938 年的《苏联、各加盟共和国和自治共和国法院组织法》以及《苏联、各加盟共和国和自治共和国检察院组织法》。为了适应社会主义工业化和农业集体化的需要，通过立法手段保证"两化"的实现，苏联政府又颁布了许多重要的法律，如《国家工业托拉斯新规程》（1927年）、《农业劳动组合章程》（1935 年）等。至此，苏联的社会主义法律制度建立起来。

上述立法成就不仅使苏联在短期内迅速走上了社会主义法制化的轨道，保证了内战后国民经济的胜利恢复和社会主义工业化和农业集体化运动的顺利开展，而且为在第二次世界大战中抗击法西斯的卫国战争的胜利及一个发达的社会主义国家的建成创造了基本条件。同时，苏联的法制模式和立法经验对其他社会主义国家的法制建设产生了深刻的影响。

（三）苏联社会主义法的改革及解体（1950～1990 年）

苏联在 20 世纪 30～50 年代建设起来的社会主义政治、经济模式，曾经对推动苏联经济的发展发挥过积极作用。为了使苏联的法律制度朝着进一步完善化和统一化的方向发展，50 年代后期始，苏联最高苏维埃又颁布 15 部全苏联的立法纲要，包括《法院组织立法纲要》（1958 年）、《刑事立法纲要》（1958 年）、《刑事诉讼纲要》（1958 年）、《民事立法纲要》（1961 年）、《民事诉讼纲要》（1961 年）、《婚姻和家庭立法纲要》（1968 年）、《土地立法纲要》（1968 年）、《劳动改造立法纲要》（1969 年）、《卫生保健立法纲要》（1969 年）、《劳动立法纲要》（1970 年）、《水立法纲要》（1970 年）、《国民教育立法纲要》（1973 年）、《地下资源立法纲要》（1975 年）、《森林立法纲要》（1977 年）和《行政立法行为立法纲要》（1977 年）。在这些立法纲要的基础上，各加盟共和国制定了相应的法典。全联盟的法律在各加盟共和国境内有同等效力，加盟共和国法律同全联盟法律发生抵触时，以全联盟法律为准。同时，也允许各加盟共和国法律在不违背全联盟法律精神的前提下，保留本民族的传统和地方特点。

1977年10月7日苏联第九届最高苏维埃非常第七次会议通过了《苏维埃社会主义共和国联盟宪法》。这是全苏第三部也是最后一部宪法，其结构由序言和9部分、21章组成，共174条，较1936年《苏联宪法》，这部宪法有一些引人注目的变化：①在宪法制定程序上，突出了共产党的领导作用。②新宪法继承和发展了列宁主义关于社会主义国家建设的原则，继承和发展了前几部宪法的思想和原则。同时，宣布苏维埃国家在已完成无产阶级专政的任务后进入全民国家，以"人民"的概念扩大了苏联的政治基础。③规定和确认了苏联已建成发达的社会主义社会。④新宪法最为重要的特点是，强调发展和发扬民主，发展和发扬人民权利。宪法明确主张人民拥有全部权利，这是苏联国家权力的主要原则，宪法赋予公民广泛的权利和自由以及实现这些权利和自由的物质及制度保障，苏联个人自由的最高表现是摆脱剥削、压迫和暴力，摆脱民族隔阂和仇视，广泛参与国家事务与社会事务的管理。1977年《苏联宪法》是苏联宪政史上新的里程碑，反映了苏联的社会生产力及其生产关系的发展程度，确认了成熟社会主义社会的建成，规定了进一步完善社会主义制度的方针，为加强社会主义法制、确保公民权利创造了必要条件。[1]

为了适应社会的发展和动荡的国际国内政治局势，1977年《苏联宪法》在经过十多年的实施之后，于1988年和1990年先后修改了两次。1988年，苏联最高苏维埃根据苏共中央第十九次代表大会《关于苏联社会民主化和政治体制改革的决议》，通过《关于修改和补充苏联宪法的法令》和《苏联人民代表选举法》对1977年《苏联宪法》进行了修改。此次修改的内容主要集中于苏联国家政权组织形式，即改革和完善人民代表苏维埃制度以及进一步实现选举制度的民主化。1990年2月27日，苏联最高苏维埃根据同年苏共2月全会精神，通过了实行总统制法律草案，3月12日，苏联第三次非常人民代表大会通过了《设立苏联总统职位和修改宪法》的决议。主要内容为：总统是国家元首、武装部队总司令，其拥有的权力极为广泛，如享有高级官员任免建议权、法案否决权、国家总动员权、宣布紧急状态权、国际条约签署权、发布总统令以及对苏联公民的权利和义务、国家宪法及主权、安全和领土完整实施全面控制权。总统由全国公民直接选举产生。3月15日，选举苏共中央总书记戈尔巴乔夫为第一任苏联总统。

在1977～1988年的10年间，苏联总共通过全苏立法文件约400个，苏联部长会议决议和指示5000多个，同时，清理、编纂和出版了《苏联现行法规汇编》以及各加盟共和国和自治共和国现行法规汇编多卷，在此基础上，编纂和出版了《苏联法

第十四章

---

[1] ［苏联］B. H. 库德里亚夫采夫等：《苏联宪法讲话》，刘向文译，群众出版社1983年版，第14～25页。

律全书》和《各加盟共和国法律全书》，[1]并逐步废除了过时的各级各类法律法规10多万项，以保证苏联法律的进一步稳定和统一。苏共二十七大以后，苏联最高苏维埃制定了1986～1990年立法规划，主要着眼于进一步发扬社会主义民主，增加社会自治、公民权利与自由及社会福利等问题的立法；完善经济体制和国民经济管理问题的立法；加速科技进步的立法、国家基本建设的立法、保护与利用自然的立法、社会发展和文化的立法以及国家安全的立法等。在其立法改革过程中，将过去由行政命令和政策调整的关系法律化，扩大了法律调整的范围，在国家政治经济和法律文化领域产生了一系列深刻的变化，如掀起了经济法热、行政法热和民法热。20世纪80年代末，因国际国内政治形势的急剧变化，苏联的法律制度不可避免地产生了深刻的危机，随着1991年苏联的解体，最终全苏法律体系寿终正寝。

（四）苏联法律制度形成与发展的特点

1. 苏联法律制度以马克思列宁主义为指导思想及其理论基础。马克思列宁主义强调法与国家的密切联系，认为法与国家的产生及其发展，是生产力与生产关系这一社会基本矛盾不断运动、冲突、激化和解决的结果，是私有制、阶级、社会分工和社会历史发展到一定阶段的产物。法体现的是统治阶级的意志，是在阶级社会中国家用以实现其政治、经济统治并维护其统治利益的强制性工具，其最终的决定因素和动力是统治阶级所生存的社会物质生活条件。在马克思列宁主义的指导下，苏联创建和发展了第一个社会主义法律体系。

2. 苏联社会主义法的产生，以十月革命的胜利和世界上第一个无产阶级专政的苏维埃政权的建立为前提条件。苏联社会主义法的创建和发展，主要通过社会主义苏维埃国家立法进行，制定法是其主要的法律渊源，具体形式有法律、法令、决议、宣言、条例、章程及纲要等。

3. 苏维埃法是产生最早的社会主义法，同时也是人类历史上一种前所未有的法的新模式，开创了当时独一无二的世界新秩序。因此，苏维埃法被认为是人类历史上开创的又一个法系——社会主义法系，它在本质上完全不同于资本主义法，是根本区别于当代西方两大法系的一个独立法系。[2]

4. 苏联法为成文法，制定法是其最主要的法律渊源，判例不被认为是正式渊源。秉承编纂法典的历史传统，苏联将立法视为最高法律渊源，国家一直持续进行着大规模的法典编纂活动，推出的法典数量及其立法速度是前所未有的。在司法实践中采用的演绎推理法、诉讼技术操作上极为明显地体现出的职权主义的纠问式特征，均是大陆法系的模式。这一特征再次揭示了苏联法律及其传统法律文化和大陆

---

〔1〕　[苏联] A. C. 皮戈尔金："现阶段苏联立法的完善"，梁溪译，载《环球法律评论》1988年第3期。

〔2〕　[美] 格伦顿、戈登、奥萨魁：《比较法律传统》，米健等译，中国政法大学出版社1993年版，第178～179页。法国比较法学家勒内·达维德也持这一观点，参见其著作《当代主要法律体系》（漆竹生译，上海译文出版社1984年版）。

第十四章

法系的某种因缘关系，民族的、文化的传统所提供的某些制度背景和智力支持再次证实了历史文化传统的不可抗拒性。

二、苏联宪法制度

苏联宪法有三种形式：苏联宪法、加盟共和国宪法和自治共和国宪法。苏联宪法共有三部，即 1924 年《苏联宪法》、1936 年《苏联宪法》和 1977 年《苏联宪法》，这些宪法在整个苏联领土上生效。根据苏联宪法制定了各加盟共和国宪法和自治共和国宪法，它们在各自共和国境内生效，属地方性宪法。除了三部正式的苏联宪法和苏联成立前的 1918 年《俄罗斯苏维埃联邦社会主义共和国宪法》外，苏联（俄）在各个历史时期还制定了一系列宪法性文件，主要有《十月法令》《俄国各民族权利宣言》《被剥削劳动人民权利宣言》以及 1988 年《修宪法令》等。

（一）国家性质

国家性质即国体，苏联国家的社会主义性质主要由三个方面的因素决定：在政治上实行以工人阶级为领导、工农联盟为基础的无产阶级专政，是其国家政权的阶级本质；在经济上实行生产资料公有制、国民经济的计划管理和实现原则及"各尽所能，按劳分配"的分配原则，即国家政权的经济基础是生产资料的社会主义所有制、计划经济和"按劳分配"原则；为"促进苏维埃人全面和谐的发展"，在国家精神文明建设方面实行统一的国民教育制度，确认和推动科学艺术的发展、繁荣和加强社会主义文化建设和思想道德建设。

（二）国家形式

苏联的国家形式是社会主义国家本质的反映，主要包括政权组织形式、国家结构形式、选举制度和国家象征。苏联国家的政权组织形式即政体，是苏联国家的根本政治制度。苏联各部宪法对最高国家权力机关的组织形式，包括政权的构成、组织程序和最高权力的分配情况以及公民参加管理国家和社会事务的程序和方式作了明确的规定。概括地说，国家一切权力由属于"城乡劳动者"发展为属于"人民"（1977 年《苏联宪法》规定），人民通过苏维埃充分行使全部国家权力（1977 年《苏联宪法》第 2 条）；实行民主集中制原则；工人阶级的政党即共产党是国家的执政党。具体而言，苏联各部宪法都规定并确认了苏联国家的政权组织形式是苏维埃代表大会制度，该制度依据民主集中制原则，通过选举产生全国和各加盟苏维埃代表大会，集中统一行使国家权力，其他国家机关都由苏维埃代表大会产生并受之监督，且对苏维埃代表大会负责，最终实现人民当家作主，这是一项根本政治制度。

苏联国家的结构形式采用的是联邦复合制，宪法规定，苏联由各权利平等的 15 个加盟共和国按自愿联合的原则结成，是一个统一的多民族联盟国家。宪法规定，充分尊重各加盟共和国的自主性、自愿性和平等性，在联盟与各共和国的相互关系上实行民主集中制原则。所有加入苏联的共和国在一切生活领域内享有平等的权利，不取决于人口数量、领土大小、经济发展水平和任何其他因素。一切共和国在平等基础上参加苏维埃社会主义共和国联盟机关的组织和活动。各加盟共和国有权根据其特殊性制定自己的宪法和法律，但要符合苏联宪法，联盟宪法和法律享有优先权。

根据苏联宪法，一切外交事务都归苏联管辖，军事、对外贸易、铁路和邮电各项事务，也由苏联直接领导。此外，属于苏联管辖权限范围的还有诸如：制定加盟共和国的政治和经济生活的指导原则；领导财政、粮食、监察等部门的工作；规定法院组织、诉讼程序以及联盟的民事和刑事立法的原则；解决加盟共和国之间的纠纷等。至于内政、农业、教育、司法、社会保障、卫生等方面，由各加盟共和国直接管理。但是，由于战争的需要以及一党制的领导等因素，苏联宪法规定的联邦制实际上逐步趋向于中央集权制。

苏联国家的选举制度，是法律规定的关于选举人民代表苏维埃的程序、原则、规范、组织惯例以及具体方法的各项制度的总称。选举制度是苏联国家社会主义民主制度的有机组成部分，是其宪法的重要内容。其基本原则包括：民主性、平等性、普遍性和直接性原则。

（三）苏联共产党的领导地位

各部宪法都确定共产党在全苏一切工作的领导地位，共产党是整个政治体制的核心。1977 年《苏联宪法》第一章规定，社会的领导力量和指导力量是苏联共产党，共产党是苏联政治制度、一切国家机关和社会组织的核心（第 6 条）。

（四）公民的基本权利和义务

1936 年《苏联宪法》明确规定，苏联公民不分民族和种族，在经济生活、国家生活、文化生活、社会和政治生活各方面一律平等；苏联公民享有劳动权、休息权、物质抚恤权、教育权、物质保障权和受教育权；苏联妇女享有与男子平等的权利。宪法还保证公民享有信仰、言论、出版、集会、结社、游行及示威的自由权并由国家提供物质保证。1977 年《苏联宪法》在确认上述权利的基础上，首次规定公民还享有家庭权、住房权、保健权、私生活秘密权及文化成果权和技术创造、艺术创作自由等。同时，还规定了如何实现广泛的公民权利和自由的物质、组织及法律保障，规定人们平等的主要条件是没有私有制和普遍的劳动义务。

（五）国家机构

苏联国家机构，按照国家机关的不同职能可分为权力机关、行政机关、司法机关和军事机关；按照国家机关的不同等级可分为中央国家机关和地方国家机关。苏联国家机构的组织活动实行的原则是民主集中制原则、党的领导原则、民族平等原则、社会主义民主原则及社会主义法制原则。

根据苏联宪法，苏联最高苏维埃、15 个加盟共和国最高苏维埃、20 个自治共和国最高苏维埃、6 个边疆区、121 个州、8 个自治州和 10 个自治专区人民代表苏维埃及其所辖市、镇和村的人民代表苏维埃，以民主集中制和社会主义民主的组织和活动原则构成统一的国家权力机关体系。苏联最高国家权力机构是苏联最高苏维埃，即人民代表苏维埃，由代表人数相等、权力相等、平行的联盟院与民族院组成。苏联最高苏维埃有权解决由宪法规定的、属于苏维埃社会主义共和国联盟权限内的一切问题。在整个国家机关体系中，苏联最高苏维埃即人民代表苏维埃居于首要位置，是最高的国家权力机关和立法机关，是整个国家的组织基础和政治基础，其他国家机关都由苏联最高苏维埃产生，对它负责，人民代表苏维埃选举和任命国家机关主要领导人。

根据苏联宪法，国家管理机关体制包括苏联部长会议、加盟共和国和自治共和国的部长会议、各部各国家委员会以及其他中央和地方的行政部门。苏联最高国家管理机关为苏联部长会议，由苏联最高苏维埃两院联席会议负责组织，对苏联最高苏维埃和苏联最高苏维埃主席团负责。苏联部长会议在全国范围内统一领导苏联各部、各国家委员会以及其他所属机关的工作。作为国家行政机构，政府主要是执行立法机构颁布的法律和实施共产党制定的政治、经济、文化和外交发展的纲领和政策。政府职权范围极为广泛，宪法列举的主要职权有：制定和发布行政决议和命令，提出议案（法律案、计划案、预算案及任免案）权，对全部国家行政机关的领导和监督权，对国防、外交、军事、民政、文教、科技及经济等各项工作的领导和管理权，以及最高苏维埃授予的其他职权。

（六）苏联宪法的特点

1. 苏联宪法是社会主义性质的宪法。苏维埃宪法是社会主义性质的宪法，其产生是十月社会主义革命的成果，其发展反映并促进了苏维埃社会主义和国家发展的历程；确认了社会主义国家的社会、政治和经济关系与社会秩序，社会发展成果及与之相适应的国家生活方式；指明了苏维埃社会主义国家奋斗的近期和远期目标，以及达到这些目标的政治法律手段。苏联宪法明确宣布，国家的经济基础是社会主义经济体系及生产工具与生产资料的社会主义所有制，将社会主义的社会制度基础，公民的基本权利和义务，多民族一体、联邦制的国家结构，国家机关的民主集中制组织和活动原则，和平、民主、进步的国际主义原则确认和固定下来。这种社会主义宪法，在理论上被认为体现了阶级性、人民性和科学性，是最民主、最高形态的宪法。

2. 苏联宪法确认共产党领导一切。从《十月法令》到1977年《苏联宪法》及其1988年《修宪法令》，都确认了苏联共产党是苏维埃社会的领导力量和指导力量。1977年《苏联宪法》规定："用马克思列宁主义学说武装起来的苏联共产党规定社会发展的总的前景，规定苏联内外政策路线，领导苏联人民进行伟大的创造性活动，使苏联人民争取共产主义胜利的斗争具有计划性，并有科学根据。"[1] 作为全国人民的战斗先锋队和最高的社会政治组织，苏联共产党是体现并实现工人阶级在社会生活中的领导作用和地位的最重要的形式。因此，国家政权不是通过三权分立原则组织和运行的，而是在权力是不可分割的理念之下，依据民主集中制的原则，在共产党的统一领导下组织并开展其活动、实现其职能的。

---

〔1〕《宪法选编（三）》，中国人民大学国家法教研室1980年版，第97页。

3. 苏联宪法的思想理论基础是马克思列宁主义。苏联所有的宪法都是基于马克思列宁主义的理论制定的，都体现了科学社会主义的思想。它肩负着在马克思列宁主义政党领导下的工人阶级和全体劳动人民解放全人类的历史使命、顺利完成社会主义建设和进入共产主义社会、最终实现个人的全面发展的任务。

4. 确认社会主义公有财产的神圣不可侵犯和公民权利的平等性。如 1936 年《教职宪法》规定："凡侵犯社会主义公有财产者，即为人民之公敌"，宣布在苏联实行"各尽所能，按劳分配"的社会主义原则，按"不劳动不得食"原则，劳动为苏联每一个有劳动能力公民之应尽义务与光荣事业。苏联公民不分民族和种族，在经济生活、国家生活、文化生活、社会及政治生活各方面一律平等。苏联公民享有劳动权、休息权、物质保障权和受教育权；苏联妇女享有与男子平等的权利；公民还享有言论、出版、集会、游行及示威的自由权并由国家提供物质保证。

三、苏联民法制度

(一) 1922 年《苏俄民法典》

在各加盟共和国民法典中，1922 年《苏俄民法典》是第一部社会主义类型的民法典，它经 1922 年 10 月 31 日第九届全俄中央执行委员会第四次会议通过，于次年1 月 1 日施行。法典共分为 4 篇 436 条。其主要特点是：

1. 将有关婚姻家庭等方面的内容排除在法典之外。法典在体例上独具特色，其创新性表现于民事法律关系（如民事财产关系和人身关系）规定得不完全，没有一体化，法典由总则、物权、债和继承四篇组成，将传统的大陆法系民法典（如《法国民法典》和《德国民法典》）中的应有内容如土地制度、婚姻家庭制度和监护制度另立法典，而没有在民法典中加以规定。因此，法典的条文和篇幅较之于资本主义各国的民法典大为减少。这种立法的创新，为后来各社会主义国家民法典的制定提供了范例。

2. 法典开创了社会主义民法的新原则。如规定公民不分性别、种族、民族及信仰，都享有平等的民事权利的原则；对财产所有权特别是对社会主义公有财产严格保护的原则；契约自由限制的原则；财产继承限制的原则等。

3. 民事权利的行使只有与社会经济发展的目的相一致时，才受到保护。凡违反法律目的或者规避法律的行为，以及显然对国家有损害的行为，一概无效。

4. 中心任务是保护社会主义公有制。该法典作为一部典型的早期社会主义民法典，强调其社会主义公有制的性质，规定扩大和加强国家对私法关系的干预，绝对保护社会主义公有制、国家所有权和国家利益。

5. 债和继承篇规定得相对比较简单，而且对某些行为施加了一定的限制。对于侵权行为和不当得利等产生的债权，法典规定得十分简单。但是由于法典制定于实行新经济政策之后，契约具有特殊重要意义，因而有关契约的规定在法典中占有很大篇幅。在继承方面，法典规定了继承的最高限额，即只承认继承人对价值在 1 万金卢布以内的遗产享有按照遗嘱和法律规定进行继承的权利。

这部民法典的编纂还借鉴和吸收了国外的有关立法经验，特别是大陆法系民事立法的经验。它是苏联各加盟共和国民事立法中最具有代表性而被广泛适用的一部民法典，该法典适用于部分加盟共和国和自治共和国，并为其他社会主义国家的民事立法树立了典范。

（二）1961 年《苏联和各加盟共和国民事立法纲要》

1961 年 12 月 8 日通过、次年 5 月 1 日实施的《苏联和各加盟共和国民事立法纲要》，其主要特点为：

1. 体例结构较为严整，由序言和 8 章共 129 条组成。各章分别为：总则；所有权；债权；著作权；发现权；发明权；继承权；外国人和无国籍人的权利能力、外国民事法律、国际条约和国家协定的适用。

2. 规定的民事关系内容较为原则。《苏联和各加盟共和国民事立法纲要》主要是有关民事立法基本的、原则性的规定，以作为各加盟共和国民法典制定的依据。

3. 纲要明确了民事立法的任务。即调整财产关系以及与财产关系有关的人身非财产关系，以促进共产主义物质、技术基础的建立，且日益充分地满足公民的物质和精神需要。同时规定苏维埃民法调整的关系是横向的、独立的、平等的私法关系，即国家组织、合作社组织、社会团体相互之间的平等关系，公民与国家组织、合作社组织、社会团体之间的非隶属关系，公民相互之间的关系。

纲要颁布后，苏联最高苏维埃主席团于 1973 年和 1977 年曾对纲要进行过补充和修改。

（三）1964 年《苏俄民法典》

根据 1961 年《苏联和各加盟共和国民事立法纲要》，苏俄于 1964 年 6 月 11 日通过、10 月 1 日实施了新的《苏俄民法典》。较之于 1922 年《苏俄民法典》，其主要变化在于：在体例结构上有所突破，它按照上述纲要的模式，由同样标题的 8 编共 569 条组成，编下共设有 42 章，而且将著作权、发现权和发明权单独列编，显然是因社会之需求而加强了对这些权利的调整与保护。在调整原则上，继承了 1922 年《苏俄民法典》的原则，同时将 1961 年纲要中的一些基本原则载入法典。在调整对象和具体规定方面，细化并发展了 1961 年纲要中的一般性规定，扩大了原民法所调整的关系范围，1961 年纲要未规定的一些财产关系以及人身非财产关系，它也加以调整。

（四）1990 年《苏联财产所有权法》

1990 年 3 月 6 日，苏联最高苏维埃通过《苏联财产所有权法》，这是苏联立法中第一个规定所有权制度的单行法。较之以前的民事立法，该法的主要特点为：

1. 对所有权概念的界定作了新的表述，规定所有权是在法律规定的范围内、所有人按自己的意愿实现属于所有人的占有、使用和处分财产的三项权能。所有人在实现自己的法定权能时，对属于自己的财产有权实施不与法律相违背的任何行为，可实施法律不禁止的任何经济活动或其他活动。同时规定，所有人在行使所有权时不应给周围环境带来损害，不应破坏受法律保护的他人权益。这样的规定显然是体现了现代社会不仅确保个人权益而且要确保社会利益的理念。

2. 对所有权的形式作了新的规定，第一次将公民所有权排在集体所有权和国家所有权之前。这是个人本位价值观的体现。

3. 规定公民可以拥有生活资料和生产资料，可以雇佣他人劳动。首次认可雇佣劳动的合法性。1990 年 12 月 24 日，《俄罗斯苏维埃联邦社会主义共和国财产所有权法》颁布。该法以前述的《苏联财产所有权法》为基础，其立法精神和基本内容大致相同。1991 年 5 月 31 日苏联最高苏维埃通过《苏联和各加盟共和国民事立法纲要》，对物权作出新的规定，并发展了上述有关所有权形式。

（五）婚姻家庭法

苏维埃政权对婚姻家庭制度也极为重视，早在 1917 年 12 月，全俄苏维埃中央执行委员会和人民委员会即颁行了《关于公民婚姻、子女和户籍登记的法令》和《关于离婚的法令》，废除了帝俄时代封建性和宗教性的婚姻家庭法。1918 年 9 月 16 日，全俄中央执行委员会通过并颁布了《俄罗斯联邦户籍登记、婚姻、家庭和监护法典》，共 246 条，于同年 10 月 22 日起施行。这是立法史上首次将婚姻和家庭法从民事立法中分立出去，编纂成单独的法典。苏俄将婚姻家庭法作为一个独立于民法之外的部门，主要是认为婚姻家庭法首先调整的是人身关系而非财产关系，如结婚、离婚、夫妻关系、父母与子女的关系、收养、监护和户籍等人身关系，而这些人身关系与一般民事上的财产关系具有不同的性质，而且新的社会主义的法律建立起了新型的不同于资本主义法律的诸如婚姻、亲属、监护等人身关系，为了宣示并保护这种新型的平等、自主、自由的婚姻家庭关系，故有将这方面关系进行单独立法的必要。这部法典确立的婚姻自由、配偶双方权利平等一系列重要原则，对其他苏维埃共和国的婚姻家庭立法产生了重大影响。

1926 年 11 月 9 日，在对 1918 年法典进行修订的基础上又颁布了新的《苏俄婚姻、家庭与监护法典》，分为 4 篇，共 143 条，于 1927 年 1 月 1 日起施行。这是苏联各加盟共和国早期婚姻家庭立法中具有代表性的一部法律，它规定的主要内容包括婚姻、父母子女及其他亲属间的相互关系、监护及保佐和户籍等。法典确认了婚姻自主、男女平等、离婚自由等原则；规定事实上的婚姻关系与登记婚姻同等看待；特别注重对妻子权益的保护，包括对妻子财产关系的平等保护；规定亲权的行使基于对子女利益的保护，不得滥用亲权；婚生子女与非婚生子女享有同等权利；监护人应保障被监护人的人身和财产权益。

第二次世界大战后，根据 1968 年《苏联和各加盟共和国婚姻和家庭立法纲要》，苏联于 1969 年 7 月 30 日通过了新的《苏俄婚姻和家庭法典》，于同年 11 月 1 日起施行。该法典共 166 条，与 1926 年法典相比较，主要变化为：在法典体例上，增加了总则编和第五编即对外国人和无国籍人的法律适用，以及对外国婚姻和家庭法、国际条约和国际协定的适用；取消了监护和保佐编。1979 年 10 月 9 日，苏联最高苏维埃主席团通过了关于修改和补充《苏联和各加盟共和国婚姻和家庭立法纲要》的法令，并指令各加盟共和国按照此项法令修改本共和国的婚姻家庭立法。

四、苏联经济法制度

对于是否存在独立的经济法部门以及它与民法的相互关系如何，苏联学者曾经对此展开过激烈的争论。第二次世界大战以前，苏联的立法指导思想仍然采用的是传统民法理论，把经济立法纳入民法部门之中。20世纪50年代以后，经济法的理论愈来愈发展和成熟，"战后经济法学派"将经济法视为与民法并列的重要法律部门，并规定经济法有其自身特殊的调整对象和调整方法。尽管遭到"民法学派"的反对，但是经济法的独立地位越来越显著，在立法实践中也成为一种客观事实。

早在苏维埃政权建立之时，经济立法就产生了。十月革命胜利的第二天，全俄苏维埃代表大会通过的《土地法令》就是一项极其重要的经济立法。1918年苏俄先后颁布了对工业、商船、铁路、银行实行国有化以及对外贸实行国家垄断的法令。战时的经济立法也比较频繁。1968年以后，又先后颁布了苏联和各加盟共和国的《土地立法纲要》《水立法纲要》《地下资源立法纲要》《森林立法纲要》以及大量的行政性经济法规，并于1969年起草《苏联经济法典》（草案要点）。

20世纪80年代以后，苏联为适应经济体制改革的需要，制定颁布了一系列经济立法，主要有：《苏联国营企业法》（1987年）、《苏联个体劳动活动法》（1987年）、《苏联合作社法》（1988年）、《集体农庄示范章程》（1988年）、《苏联土地法》（1990年）、《苏联所有制法》（1990年）等。通过这些重要的经济立法，突破了苏联传统的社会主义所有制理论，形成了多种形式所有制并存的形态，其目的在于使国营企业的全民所有制、合作社的集体所有制、公民的个人所有制以及它们的生产的混合形式，在国民经济中达到理想的结合。

五、苏联刑法制度

（一）1922年《苏俄刑法典》

十月革命后，为了巩固新生的无产阶级政权，保卫社会主义革命和建设成果，苏维埃政权颁布了一系列惩罚反革命罪和各种刑事犯罪的法令。1919年12月，苏俄司法人民委员部公布了《苏俄刑法指导原则》。依据该原则以及列宁的无产阶级专政学说，1922年5月24日全俄中央执行委员会批准并于同年6月1日实施了《苏俄刑法典》，即1922年《苏俄刑法典》。法典由序言、总则与分则构成，共13章270条。其基本特点为：

1. 明确规定了刑法典的目的和刑罚的任务。刑法典的目的是实行无产阶级专政，保护劳动人民的利益。刑罚的任务是将一般预防与特殊预防相结合，惩罚与感化相结合，用劳动改造施行感化，使违法犯罪之人适合于共同生活条件。刑罚旨在预防犯罪分子和其他社会不稳定分子的新的违法犯罪行为，适用刑罚的一个要件是犯罪必须有罪过。这种目的和任务的明确规定，反映了刑法典的社会主义性质。

2. 明确规定了犯罪的定义。法典规定："凡威胁苏维埃制度基础及工农政权在向共产主义过渡时期内所建立的革命秩序的一切有社会危险性的作为或不作为，均为犯罪行为。"这个关于犯罪的定义，揭示了犯罪的阶级实质。

3. 刑罚种类多样化，并采用社会保卫方法。法典规定了11种刑罚类别：定期或不定期驱逐出苏俄境外；隔离或不隔离的剥夺自由；不拘禁的强制劳动；缓刑；没收财产；罚金；剥夺权利；免职；舆论谴责；责令赔偿损失；枪决。社会保卫方法主要有4种：送往专为精神上有缺陷者准备的处所；强制治疗；禁止担任某种职务或从事某种活动或经营某种事业；放逐于指定地区以外。

4. 规定了类推原则。法典规定："凡对个别种类的犯罪行为没有直接规定的，它的刑罚或社会保卫方法，可比照在犯罪的重要性和犯罪的种类上同法典最相似的条文，并遵照本刑法典总则的规定来决定。"类推适用，在当时苏维埃国家国内国际形势异常复杂严峻以及新的革命法制尚不健全的情况下是必要的。

1922年《苏俄刑法典》是苏维埃国家第一部刑法典，也是人类法制史上第一部社会主义刑法典，它不仅为全苏联和各加盟共和国的刑事立法奠定了基础，而且在恢复国民经济和社会主义法制建设方面发挥了其应有的作用。1924年《苏联和各加盟共和国刑事立法基本原则》颁布后，对上述法典作了进一步修改和补充。

（二）1924年《苏联及各加盟共和国刑事立法基本原则》与1926年《苏俄刑法典》

在苏维埃社会主义共和国联盟成立之后，1924年由联盟立法机关制定了《苏联及各加盟共和国刑事立法基本原则》，以便全面且具体地规定全联盟统一的刑事立法的基本原则和划分苏联与各加盟共和国在有关方面的立法权限。在该基本原则基础上，制定了1926年《苏俄刑法典》。该法典分总则和分则两编，共15章，基本上是1922年《苏俄刑法典》的翻版，是创造性地运用上述富有弹性的基本原则的结果。同时也有一些新的变化：①以"附则"的形式发展了犯罪的实质概念，对划分罪与非罪的司法实践具有重要意义。②具体、明确了对"未完成犯罪"的处罚，有利于在实践中划清犯罪的预备、未遂和中止。③对某些犯罪类别以不同章节作了科学的区分，如将反革命罪与妨害管理秩序罪以不同的章节加以规定。该法典曾被多次修改，主要是通过颁布全苏性的刑法单行条例加以修改和补充，共实施了34年。

（三）1958年《苏联和各加盟共和国刑事立法纲要》与1960年《苏俄刑法典》

1953年斯大林逝世后，苏联在赫鲁晓夫的领导下进行改革，推行新政，经过国家大规模的批判个人崇拜和史无前例的拨乱反正，1958年12月25日，苏联最高苏维埃为适应新的社会发展要求，通过了《苏联和各加盟共和国刑事立法纲要》。纲要由4章47条组成，即总则、犯罪、刑罚、判刑和免刑。实际上纲要只是刑法一般原则的规定，相当于刑法典的总则。有关分则中的具体犯罪及其处罚方法，由各加盟共和国刑法典加以规定。纲要废除了苏联实行了多年的类推制度，规定了罪刑法定主义，这是苏联刑事立法的一大变化。纲要规定的刑罚分为主刑和附加刑两种：主刑有剥夺自由、流放、放逐、不剥夺自由的劳动改造、剥夺担任某种职务或从事某种活动的权利、罚金和公开训诫。对现役军人还可以适用送往军纪营的刑罚。附加刑有没收财产、剥夺军衔或专门称号。流放、放逐、剥夺权利和罚金既可用作主刑，也可用作附加刑。流放是把受刑人逐出原居住地，限定其必须迁居到一定的地区居住。放逐则是把受刑人逐出原居住地，同时禁止他在一定的地区居住。死刑（枪决）作为非常之刑罚方法，可以适用于国事罪、情节严重的故意杀人罪以及其他某些特别严重的犯罪。

依据1958年《刑事立法纲要》新的精神，苏俄于1960年10月27日通过了新的《苏俄刑法典》，于次年1月1日生效，并以此取代了1926年《苏俄刑法典》。这部法典分为总则6章和分则12章，共206条。其主要变化有：

1. 在总则方面，在坚持该刑事立法纲要规定的基本原则的基础上，将某些制度和规定更加具体化和明确化。如对医疗性和教育性强制措施的种类及适用程序的规定，对免除刑事责任而交付同志审判会和担保等制度的规定等。还确立了该刑事立法纲要没有规定的撤职、责令赔偿等刑种。

2. 在分则方面，对一些罪和罪名作了重新调整。如将"财产上的犯罪"一章分设两章即"侵犯社会主义所有制罪"和"侵犯公民个人财产罪"，增设"侵害公民政治权利和劳动权利罪"和"违反公正审判罪"两章，将原由"反革命罪"和"妨害管理秩序罪"组成的"国事罪"分为"特别危险的国事罪"和"其他国事罪"，进而使得罪与罪名的立法规定更具有普遍意义。

3. 尤为重要的是，该法典对斯大林时期一味追求强制和镇压的刑事立法加以否定，显得比较进步和民主。但这部法典仍旧为集权主义和行政命令的产物，有着过分的意识形态化和政治色彩。

进入20世纪70年代，苏联社会主义刑事立法也发生了与政治和社会发展情形相适应的调整。主要表现为：一方面，对某些刑事制度作出更加缓和的调整，如扩大罚金的适用范围、扩大延缓执行判决的范围、增补新的缓刑制度和假释制度、免除刑事责任代之以行政责任等；另一方面，扩大死刑的适用范围，扩大特别危险的累犯的范围，增补"严重犯罪"的概念等。至1996年被废止时，1960年《苏俄刑法典》一共被修订和增补了700多条。

六、苏联司法制度

（一）法院与检察院组织体制

苏维埃政权建立之初，根据全俄人民委员会关于法院的第一、二、三号法令，在摧毁旧法院的基础上，建立了苏维埃法院。1922年实行司法改革，苏俄通过了《法院组织条例》和《检察机关条例》，进一步完善了法院和检察院的组织体系。苏联成立以后，根据1924年苏联宪法，颁布了《苏联和各加盟共和国法院组织立法基本原则》。根据1936年宪法，苏联最高苏维埃又于1938年8月通过了《苏联及加盟共和国和自治共和国法院组织法》和《苏联及加盟共和国和自治共和国检察院组织法》，对法院与检察院的任务、组织、活动原则等作了更加明确的规定。

苏联各级法院与检察院均单独设置，采取审检分立制。法院实行双重领导，检察院实行垂直领导。各级法院审理案件，除法律有特别规定外，均实行陪审制度和公开审判制度。

1958年12月25日，苏联最高苏维埃颁布《苏联和各加盟共和国法院组织立法纲要》，后来在1980年6月又作了较大修改。纲要进一步完善了苏联的法院系统，强调切实依据法律审判案件，维护当事人的诉讼权利。特设立律师协会，并加强了检察长的监督权。根据纲要的精神，各加盟共和国均先后修订或制定了各自的法院组织法。

（二）诉讼立法概况

苏联在制定实体法的同时，为确保实体法得以实现，也颁布了相应的程序法。苏联及各加盟共和国的主要刑事诉讼和民事诉讼立法文件有：1923年《苏俄刑事诉讼法典》和《苏俄民事诉讼法典》1924年《苏联和各加盟共和国刑事诉讼基本原则》、1958年《苏联和各加盟共和国刑事诉讼纲要》、1961年《苏联和各加盟共和国民事诉讼纲要》、1960年《苏俄刑事诉讼法典》、1964年《苏俄民事诉讼法典》，以及有关各法典的修改法令。

1958年《苏联和各加盟共和国刑事诉讼纲要》由总则、诉讼参加人以及权利和义务、调查和侦查、第一审、上诉审和监督审、判决的执行等6章构成，共54条。规定刑事诉讼的任务是：迅速和完全揭露犯罪行为，保证正确地适用法律，从而使每一个犯罪的人都受到公正的惩罚，任何无辜的人都不致被追究刑事责任和定罪。

1961年《苏联和各加盟共和国民事诉讼纲要》包括总则、案件参加人及其权利和义务、第一审、上诉审和监督审、法院判决的执行、外国公民和无国籍人的民事诉讼权利等。其任务是：正确而迅速地审理和裁判民事案件，以维护苏联的社会和国家制度、社会主义经济制度和社会主义财产，保护公民的政治、劳动住房和其他人身和财产权利和合法利益，保护国家机关、企业、集体农庄和其他合作社与社会团体的权利和合法利益。

（三）刑事诉讼和民事诉讼法主要的制度及其原则

1. 社会主义法制原则。这一原则贯穿于刑事诉讼的全过程，要求对犯罪的侦查、起诉、审判及证明等所有的诉讼活动都必须在严格遵守法律的基础上进行。非依法定根据并符合法定程序，不得进行刑事追究。

2. 法律面前一律平等原则。根据宪法及有关法律，审理刑事和民事案件，一切公民不分出身、社会地位、财产状况、种族、民族、性别、教育程度、语言、宗教信仰、职业的种类和性质、居住地以及其他情况，在法律和法院面前一律平等地进行。任何诉讼者都不享有任何特权。民事诉讼的参与人可以是公民，也可以是享有法人权利的国家集体农庄、其他合作社组织、社会组织，诉讼参与人享有同等的诉讼权利。这一平等原则也体现在法律保障诉讼参加（参与）人有权使用本民族语言参与诉讼上。

3. 审判和检察独立原则。只有法院才能行使审判权，审判员独立，只服从法律。检察长在刑事诉讼中独立行使职权，不受任何机关和公职人员的干涉，只服从法律并遵循总检察长的指示。检察机关的独立原则还体现于其集中行使的权力依法不受地方机关干涉。法律规定了用以保障司法独立原则的具体制度。

4. 诉讼公开原则。这一原则在十月革命后所发布的第二、三号法令中就予以明确宣告。公开原则指导着整个司法过程，首先，除非法律有特别规定，各级法院审理案件必须依法在公开的审判庭进行，所有证据要在法庭上公开出示，对案件的宣布判决在任何情况下都必须公开进行；其次，司法机关有义务依法定的形式和程序吸收社会团体代表参与揭发、审判和预防；最后，人民陪审员制度是诉讼公开的一个明显的表现，它体现了公民普遍参加国家管理事务包括法庭管理的社会主义民主制，且有利于对诉讼主体权利的保护。

5. 案件的审理实行合议和人民陪审原则。这一原则在十月革命后所发布的第二号、三号法令中予以明确宣告，并被其后的宪法和诉讼法加以确认。依据宪法及有关法律，苏联和各加盟（自治）共和国的各级法院对案件的审理，实行的庭审模式是审判员合议制。一切刑事、民事案件的初审，除法律特别规定的场合外，均由法院法官和人民陪审员合议审理。在审判中，人民陪审员与法官一样具有同等的地位，享有同等的权利和义务，一起决定事实和法律问题。

6. 保障刑事被告的辩护权原则。这一原则在十月革命后所发布的第二、三号法令中已明确宣告，它实质上也是平等原则的具体化。法律规定，刑事被告人和辩护人是拥有广泛权利的诉讼参加人，作为平等的诉讼主体，在刑事诉讼每一阶段和每一环节，享有与公诉人和被害人同样的诉讼权利和义务，其后的法律特别加强了对他们所享有的权利的保障及扩大了辩护人活动的范围。在各部宪法及诉讼法中都确认了无罪推定原则，给予被告合法权利和自由的保护。

7. 诉讼制度带有浓厚的职权主义色彩。在审判中，法官处于积极主动的地位。在案件进入庭审前，法官对此案件已有了解甚至研究，因有了充分的准备，他往往主动发问，自由判断对证据的采用与否，同时坚持审判连续性的原则，法庭审理案件不得中断。在审判前，辩护律师无权单独调查事实，无权与各类证人和被害人有任何接触。作为公诉人的检察官的权力却较大。总之，苏联刑事诉讼具有大陆法系纠问式诉讼的特色。

苏联司法审判中的主要制度有：预审制、公诉制、言辞审理制、辩护制、辩论制、公开审理制、民主制、合议制、陪审制、上诉审、监督审、回避制以及评议室保密制等。

■ 第三节　苏联解体后的俄罗斯联邦法律制度

苏联解体后，1991 年 12 月 25 日，独立的俄罗斯联邦共和国以主权国家的姿态正式诞生，并于 1993 年 12 月 12 日以全民投票公决方式通过了《俄罗斯联邦共和国宪法》。在新的历史时期，在国家社会化、经济市场化、政治民主化及文化多元化的改革过程中，俄罗斯通过立法改革确认、保障、推进和实现其政治体制、经济体制、文化精神及社会全面改革，以建设一个自由、民主和法治的社会国家。20 世纪 90 年代，俄罗斯联邦共和国制定和颁布的法律主要有：1990 年《俄罗斯苏维埃联邦社会主义共和国财产所有权法》、1991 年《俄罗斯联邦土地法典》、1991 年《俄罗斯联邦总统法》、1993 年《俄罗斯联邦共和国宪法》、1994 年《俄罗斯联邦共和国民法典》、1995 年《俄罗斯联邦总统选举法》、1996 年《俄罗斯联邦家庭法典》、1996 年《俄罗斯联邦刑法典》，此外，还制定和颁布了大量有关经济法、劳动法、环境法、科技法、行政法、诉讼法和社会立法及其他方面的规范性法律文件。这些法律、法规基本上构建了一个区别于苏联的全新的法律体系。毋庸置疑，这一已渐具规模并正在完善中的法律体系，是在继承与借鉴传统和现代、历史和现实、国内和国外之优秀法律文化基础上创建的。

一、1993 年《俄罗斯联邦共和国宪法》

1990 年 5 月召开的俄罗斯联邦第一次人民代表大会决定制定新的宪法，并成立了一个以鲁缅采夫为首的宪法委员会，负责起草新宪法。1990 年 6 月 12 日，俄罗斯苏维埃联邦最高苏维埃发表"主权宣言"，宣布俄罗斯苏维埃联邦拥有绝对主权。1991 年 5 月 21 日召开的俄罗斯第四次人民代表大会通过了《俄罗斯联邦总统法》和修改 1978 年宪法的《俄罗斯联邦宪法修正案》。1991 年 6 月 12 日，由全民直接投票选举叶利钦为俄联邦第一任总统。自 1990 年 11 月起至 1993 年 4 月，宪法委员会先后提交了 4 个宪法草案都未能获得通过。[1] 1993 年 4 月初，又成立了一个以阿列克谢耶夫为首的新的宪法委员会。其间，各方利益集团围绕着不同的"宪法草案"展开了异常激烈的斗争。5 月 20 日，叶利钦发布总统令，决定于 6 月 5 日召开制宪会议。7 月 12 日制宪会议在第四次全体会议上以绝对多数通过了新的"宪法草案"，并决定交全民讨论。12 月 12 日，俄罗斯在举行国家杜马选举的同时，对新"宪法草案"进行全民公决，最终通过了 1993 年《俄罗斯联邦共和国宪法》。

1993 年《俄罗斯联邦共和国宪法》由序言和本文两编组成，第一编是正文，规定的内容依次是：宪法制度的基础、人和公民的权利与自由、联邦体制、俄罗斯联邦总统、联邦议会、俄罗斯联邦政府、司法权、地方自治、宪法的修改与重新审议等 9 章，共 137 条。第二编是结论性和过渡性条款，规定有关本宪法的生效日期、联邦条约、联邦机关、官员、任期及程序等内容，共 9 条。

《俄罗斯联邦共和国宪法》的主要特点为：

1. 宣布俄罗斯是一个联邦共和制的民主法治国家，其性质是一个"社会国家"。[2] 宪法规定，俄罗斯在国家结构上是一个联邦制的国家。俄罗斯联邦是共和

---

〔1〕 张寿民：《俄罗斯法律发达史》，法律出版社 2000 年版，第 257 页。

〔2〕 沈宗灵：《比较宪法——对八国宪法的比较研究》，北京大学出版社 2002 年版，第 43～44 页。

制的民主联邦法治国家（第 1 条）。俄罗斯联邦各族人民是它的主权拥有者和权力的唯一源泉。人民直接地或者通过国家权力机关和地方自治机关行使自己的权力（第 3 条）。联邦主体由权力平等的各共和国、边疆区、省、联邦直辖市、自治省、自治州 6 类组成，共计有 89 个，旨在建立保障应有的生命和自由发展的条件。宪法依据各主权平等、联邦中央与各主体分权的原则对联邦中央与地方各自的权限和相互关系作了规定。其中，各共和国拥有自己的宪法和法律及语言和国籍，在宪法范围内赋予俄罗斯联邦各成员主体行使全部国家权力的"保留权力"。联邦宪法和法律在联邦的全部领土上具有最高效力。联邦国家权力机关与联邦主体国家权力机关之间的争端由联邦宪法法院解决。从有关规定中反映出，联邦体制尽可能地实行高度的国家中央集权与充分的地方自治相结合，同时俄罗斯联邦国家又力图避免联邦中央高度集权的极端倾向和民族分裂的倾向。

为了确保民主政治的实行，在政治制度上，宪法承认政治多元化和多党制，采取三权分立的原则；在思想文化上，承认意识形态的多样性，任何意识形态不得被认为是国家的或必须遵循的意识形态；社会团体在法律面前一律平等；禁止用暴力手段来改变宪法制度、破坏俄罗斯联邦的完整、危害国家安全以及煽动民族、宗教纠纷等。

2. 以三权分立与制衡为政治体制的基本原则，实行总统制和内阁制相混合的制度。俄罗斯国家权力的组织及活动按照三权分立的原则进行。宪法规定："在俄罗斯联邦，国家权力的行使建立在立法权、执行权和司法权分立的基础之上。立法与执行和司法权力机关相互独立"（第 10 条）。俄罗斯联邦立法权由俄罗斯联邦议会行使，它是俄罗斯联邦的代表与立法机关。联邦议会分为两院：上院为联邦委员会，由联邦每个主体各出一名代表权力机关的代表和一名代表执行机关的代表组成；下议院为国家杜马，国家杜马每 4 年选举一次。相对而言，杜马的权力更大一点，其职权主要是：通过联邦法律；同意总统对总理的任命；决定对总统的信任问题。联邦委员会有权对国家杜马通过的法律进行审议，但最终取决于国家杜马 2/3 代表的赞成。

俄罗斯联邦实行法国式的总统制。俄罗斯联邦总统是国家元首，依据 1993 年《俄罗斯联邦共和国宪法》和 1995 年《俄罗斯联邦总统选举法》，总统由具有普遍的、平等的和直接的选举权的俄罗斯公民以无记名投票方式直接选出，任期 4 年。可连选连任一次。凡年龄 35 岁以上，在俄罗斯联邦常住期不少于 10 年的俄罗斯联邦公民都可以被选为总统。2008 年 12 月 30 日，俄罗斯总统梅德韦杰夫正式签署通过俄宪法修正案，规定俄总统的任期自下届始将由现在的 4 年延长至 6 年。总统被宪法赋予广泛的权力，包括依法有权决定国家对内、对外政策的基本方向，有任免包括总理在内的国家高级官员的权力，是联邦武装力量的最高统帅，在国内、国际关系中代表俄罗斯，有权确定国家杜马的选举，甚至有权解散杜马，有权提出法律草案，签署并颁布法律，有权发布总统令。总统虽不是政府首脑，但有权力左右政府的组成及其活动。当国家杜马对政府表示不信任时，总统有权作出联邦政府辞职或解散国家杜马和确定重新选举的决定。当然，宪法也对总统解散杜马的权力作了一些限制。联邦的执行权力由以总理为首的联邦政府行使。联邦政府依法拥有独立的地位和广泛的国家管理执行权，但必须依法行政并对总统负责。总理经国家杜马同意后由总统任命。由总理领导的联邦政府担负着全联邦政治、经济、军事、外交和社会等领域的执行和管理重任。

《俄罗斯联邦共和国宪法》还规定了司法独立原则。俄罗斯联邦境内的司法权由宪法法院、最高法院、其他联邦法院、最高仲裁法院和联邦总检察长行使，司法权的行使须通过联邦宪法、民事、行政和刑事诉讼程序进行。宪法法院拥有司法审查权以及宪法解释权；最高法院是民事、刑事和行政案件的最高司法机关，除拥有一般司法权外，还有权对联邦法院的活动进行监督和发布司法解释；仲裁法院负责经济案件的仲裁。宪法规定了法官独立、法官终身制、无罪推定、不得强迫公民自证其罪及其他一系列司法制度和诉讼原则。

3. 国家实行私有制、国家所有制、地方所有制及其他所有制形式混合的经济制度。宪法规定了俄罗斯联邦的经济制度和经济政策，取消社会主义公有制，宣布"俄罗斯联邦平等地承认和保护私有制、国家所有制、地方所有制及其他所有制形式"，强调私人财产未经法院判决不得加以剥夺。根据宪法，国家保障统一的经济空间、商品、劳务和财政资金的自由流动，鼓励竞争和自由的经济活动，实行较全面的市场经济。

4. 全面、详尽地规定了公民享有广泛的权利和自由。该宪法第一章第 2 条规定的人权和公民权利的根本原则是"人和他的权利和自由具有至高无上的价值，承认、遵循和维护人和公民的权利和自由是国家的义务"。该宪法第二章第 17～64 条以 48 个条文详细列举了公民权利与自由及义务范围，其中包括了《世界人权宣言》所规定的公民权利、政治权利和社会、经济及文化两大类权利，也包括了发展中国家和西方发达国家的宪法权利（如司法保护权及少数人权学者在 20 世纪 70 年代所倡导的"第三代人权"）[1] 等有关社会文化类方面的权利。

就公民的权利而言，该宪法规定人的基本权利和自由是与生俱来、不可转让的，是直接有效的，其有效性决定了法律的含义、内容及其运用并受司法保障，但这些权利和自由的实现是以不得损害他人的权利和自由为条件的。在法律面前人人平等，男女享有平等权利和自由及平等机会。宪法对生存权、隐私权、名誉权、住宅权、民族权、迁徙权、信仰权、思想言论权及结社、集会和示威权等作出前所未有的广泛规定。规定当这些人权和自由被侵犯，并在俄罗斯国内用尽一切手段仍不能得以保护时，可向有关的国际机构提出请求。同时禁止从事煽动社会、种族、民族或宗教仇视和敌对的宣传和鼓动；禁止宣传社会、种族、民族、宗教或语言的优越。

〔1〕 沈宗灵：《比较宪法——对八国宪法的比较研究》，北京大学出版社 2002 年版，第 45 页。

第十四章

就政治权利而言，该宪法规定了公民平等地享有选举权或被选举权，平等地享有直接或通过自己的代表参与国家事务管理的权限，平等地享有全民公决权，平等地享有参加司法审判的权利。就经济权利而言，该宪法规定人人享有私有财产权，私人所有权受法律保护，非经法院判决不得剥夺私有财产。宪法中还规定了劳动自由，劳动者有休息权、罢工权、带薪休假权和投诉权。人人享有自由地利用自己的能力和财产从事企业以及其他不受法律禁止的经济活动的权利，同时，禁止旨在进行垄断和不正当竞争的经济活动。就社会文化权而言，该宪法规定了国家保障权、社会福利权、良好的环境权、受教育权、创作权和知识产权，如每人在患病、致残、丧失供养人或抚养子女之时，且在法律规定的其他情况下，按年龄享受国家保障，每人都有权享受健康保护和医疗补助，穷人享有免费住宅。就司法保护权利而言，该宪法规定每人有权运用法律不禁止的方式维护自己的权利和自由，司法保护保障每人的权利和自由。该宪法还规定了国家赔偿权、国际法的可诉权、陪审权、律师帮助和辩护权以及法无规定不为罪、无罪推定、任何人不应因同一违法行为被重复判罪、不得自证其罪等原则。

总之，俄罗斯联邦宪法接受了西方的人权观念，列举了极为广泛的人和公民的权利和自由，涉及政治、经济、文化、司法和诉讼各个方面。

《俄罗斯联邦共和国宪法》还规定：在该宪法生效之前在俄罗斯境内已经生效的法律法规，与联邦宪法不相抵触的部分继续适用。这体现了俄罗斯法律与苏联法律直接存在着的千丝万缕的联系，而在俄罗斯新的法律体系完全建立以前，这种规定是必要的。

二、1994 年《俄罗斯联邦民法典》

在 20 世纪 90 年代，俄罗斯联邦为了适应社会转型和市场经济发展的需要，确认经济体制改革的成果，制定了一系列民事立法，其民法发生了很大的变化。1992年 7 月 14 日，苏联解体后独立的俄罗斯苏维埃联邦最高苏维埃颁布了 1991 年《苏联和各加盟共和国民事立法纲要》在俄罗斯联邦境内适用的决议。俄罗斯国家杜马先后于 1994 年 10 月 21 日、1995 年 12 月 22 日和 2001 年 11 月 1 日通过了《俄罗斯联邦民法典》的第一部分、第二部分和第三部分，这标志着俄罗斯第三次民法法典化基本完成。这部民法典由总则（分为基本规定、人、民事权利的客体、法律行为与代理以及期限、诉讼时效五个分编）、所有权和其他物权、债法总则（分为一般原则、关于合同的一般规定）、债的种类（也即债的分则）、继承权、国际私法等六编组成，共 1224 条。

新民法典的主要特点是：

1. 明确民事主体及其权利能力。民事主体有公民、法人、国有自治组织和市政自治组织，前两者属于私法属性的民事主体，后两者属于公法性的民事主体。关于民事主体的民事权利能力，新的民法典规定为能够享有财产权利和人身非财产权利以及相应地承担财产义务和人身非财产义务。新的民法典宣布公民民事权利能力人人平等的原则。

2. 关于物权。新民法典有关所有权概念的表述吸收了 1990 年《财产所有权法》的规定。法典扩大了所有权权能，确认了私人所有权，并将公民所有权列于首位，增加了公民所有权的内容及他物权的内容，如对住宅所有权及住宅他物权的规定，对合理使用土地、保护土地所有者权益的土地他物权制度的规定，完善了物权体系。

3. 关于债和契约。法典的规定具体且详密，并首次对有价证券作了规定。

4. 为了适应企业私有化的需要，法典将企业作为民事权利客体加以规定，将企业看做不动产，是用以从事经营活动的财产综合体，企业就其整体或其部分可以作为买卖、抵押、租赁的客体，也可作为与产生、变更及终止物权有关的其他法律行为的客体，如继承的客体。凡是以商合伙、经营公司、生产合作社的形式或者以国家、自治地方单一制的形式（单一制企业）建立起来的商业组织都为法人组织。

5. 以专编对涉外民事法律关系准据法的确定、外国法的查明等国际私法内容做出了较为详细的规定，适应了现代国际经济贸易关系迅速发展的需要。

新的《俄罗斯联邦家庭法典》亦于 1996 年 3 月 1 日生效。该法典首次规定了夫妻双方契约约定财产制度，增加了有关结婚顺序、禁止结婚的原因和宣布为无效婚姻的规定，同时着眼于调整未成年人和其他家庭成员的人身和财产关系，以相当多的条款对监护作出规定，从而保护未成年人和无行为能力人以及无完全行为能力人的财产和非财产权利。

三、1996 年《俄罗斯联邦刑法典》

为了适应新的政治、经济和社会形势发展需要，尤其是应对国内打击犯罪和国际上要求改善人权的压力，俄罗斯政府于 20 世纪 90 年代初启动了新的刑法典的起草工作，并由司法部、联邦立法委员会和总统法制管理局分别组织领导的两个起草小组同时进行这一项工作。1994 年 4 月，国家杜马收到来自上述两个起草小组的两个刑法典总则草案，为了协调它们之间在原则上的巨大差异，国家杜马成立由两级成员参加的协调委员会。1994 年 12 月 12 日，经协调过的刑法典草案通过了国家杜马一读，后经修改和完善，1996 年 5 月 24 日，刑法典草案被国家杜马通过，6 月 5 日，经联邦委员会同意，总统颁布终成法律。1997 年 1 月 1 日，俄罗斯法制史上第四部刑法典即《俄罗斯联邦刑法典》生效。后来该法典又经过多次修改。

1996 年《俄罗斯联邦刑法典》分为总则和分则，共 12 篇 34 章 360 条。总则规定的内容为：刑事法律；犯罪；刑罚；免除刑事责任与免除刑罚；未成年人的刑事责任；医疗性强制措施。分则规定的内容为：侵害人身的犯罪；经济领域的犯罪；危害公共安全和社会秩序的犯罪；反对国家政权的犯罪；军职罪；破坏人类和平和安全的犯罪。

新刑法典的主要变化为：

1. 关于刑法典的任务及其目的。总则第 2 条规定，刑法典的任务是保护人和公民的权利和自由，保护所有权，维护社会秩序和公共安全，保护环境，捍卫俄罗斯联邦的宪法制度，以防犯罪行为的侵害，保障人类的和平与安全，以及预防犯罪。"适用刑罚的目的是恢复社会公正，以及改造被判刑人和预防实施新的犯罪"（第43条第2款）。显然，从对其任务和目的的明确表述上来看，新刑法典较苏联时期的刑法典已发生了实质性的变化，其主要特征是：制定的依据是1993年宪法和公认的国际法原则和人权准则，顺应了俄罗斯社会、政治、经济和意识形态的根本变革，基于自由、民主、法制和人权的法理基础，最大限度地优先保障人的权利与自由是最高的社会价值，恢复社会公正、实行个别预防与一般预防相结合，促进俄罗斯民主和法制的"社会国家"的发展及国际法人权原则的确立。这一任务及目的所蕴涵的理念充分体现于法典的总则和分则中。

2. 关于刑法的基本原则。联邦刑法典规定的刑法基本原则包括法制原则、在法律面前人人平等原则、罪过责任原则、公正原则和人道主义原则等。

（1）法制原则含义极为广泛，其核心内容是罪刑法定，即"法无明文规定不为罪，不受罚"。也就是说，行为是否构成犯罪以及行为应否受刑罚处罚及其他法律后果只能由刑事法律加以规定，依法明确制定的刑事法律是犯罪与刑罚的唯一法律渊源，不得以司法解释和类推方式适用刑事法律，确定或加重责任的法律不具有回溯力。而且依据宪法，每个公民都享有自由和人身不受侵犯的权利，只有根据法院的判决才能实行逮捕、关押和监禁，如拘押不得超过48小时。任何人享有不得自证其罪的权利。

（2）法律面前人人平等，其基本含义应是实施了犯罪行为的任何人，在法律面前一律平等地受到刑事追究并应当负刑事责任，也即，对实施了犯罪行为的任何人，规定了同样的追究刑事责任的根据、同样的免除刑事责任的刑罚的根据、同样的消灭前科法律后果的条件。这一原则在于保障行为人对其同样的罪行负相同的刑事责任。

（3）罪过责任原则，即在确定犯罪行为时应当具备主客观要件，不仅要强调行为的社会危害性，而且还要强调行为人的主观罪过（故意或过失形式）的心理态度。

（4）公正原则，它主要涉及的是如何平衡犯罪人的个人利益与社会利益的问题，较为抽象。若在实证层面上，主要强调的是处罚公正，这就需要法院严格做到依照罪行的性质、对社会的危害程度、实施犯罪的情节及犯罪人个人的情况作出公正的刑罚判决，而多样性的刑种体系和相对确定的法定刑罚体系也提供了此种可能性。同时依据宪法规定，要给予被告要求陪审法庭对其案件进行审理的权利。任何人都不应因同一违法行为被重复判罪。

（5）人道主义原则，这是一种意在促进社会进步目标的道德原则，其理念是承认人的价值、尊重人格和谋求人的幸福。这一原则具体落实于刑事法领域中，其首要内容是全面、有效地保障人的安全，保护人的生命、健康、自由、人格和财产等（第7条第1款）。另一方面，对犯罪人实行人道主义，具体化于许多制度中，如缓刑、假释、大赦、对妇女和年满 65 岁的男子不适用死刑等制度，规定"对犯罪人适用的刑罚和其他刑事法律措施不以造成肉体痛苦或侮辱人格为目的"。另外，依据宪法规定，个人尊严受到国家保护，任何人不应受到刑讯、暴力、其他残酷的待遇或惩罚。

3. 关于犯罪及其分类。"本法典以刑罚相威胁所禁止的有罪过地实施的危害社会的行为，被认为是犯罪"（第 14 条第 1 款）。"行为（不作为）虽然在形式上含有本法典规定的某一行为的要件，但由于情节轻微而无社会危害性，即未对个人、社会或国家造成损害或构成损害威胁的，不是犯罪"（第 2 款）。[1] 可见，法律规定的犯罪的特征是：危害社会的行为；刑事违法行为；罪过行为；应受刑罚处罚的行为。

法典依据行为的性质、罪过的形式和社会危害的程度将犯罪分为四类：危害不大的犯罪、中等危害程度的犯罪、严重犯罪和特别严重犯罪。危害不大的犯罪是最高刑罚不超过 2 年剥夺自由的、危害不大的故意或过失犯罪行为。中等危害程度的犯罪是最高刑罚不超过 5 年剥夺自由的、属于中等危害程度的故意或过失的犯罪行为。严重犯罪是最高刑罚不超过 10 年剥夺自由的故意或过失犯罪行为。特别严重犯罪是刑罚超过 10 年剥夺自由或更重刑罚的、危害严重的故意犯罪，如加重情节的杀人、武装绑匪、各种危害严重的犯罪等。

法典在"共同犯罪"一章中增设"有组织犯罪"，这反映出俄罗斯刑事立法与国内、国际的犯罪现实及其发展趋势相适应的特点。第八编有关"经济领域的犯罪"，是法律条文规定最多的一章，从第 158 到 204 条，共 47 条，构成 32 种罪，其中，绝大多数是新设立的罪名。这也反映出俄罗斯刑法典与其经济转轨时期的社会需要密切相联。法典还规定了排除行为有罪的情形，包括：正当防卫、在拘捕犯罪人时造成损害、紧急避险、身体或心理受到强制、正当风险以及执行命令或指令等。

在分则的结构上，有关罪名的排列是依法律所优先保护的客体的重要性来重新构造的。分则罪名的排列依次为：侵犯个人的犯罪；经济领域的犯罪；危害公共安全和公共秩序的犯罪；危害国家政权的犯罪；妨害军务的犯罪；危害和平和人类安全的犯罪。可见，法典首先规定的是侵害公民的人身、权利、自由和财产的犯罪，而不再是从前的国事罪和侵犯社会主义所有制罪。显然，法典意在维护以个人利益为本位的价值观。对个人价值的优先保护的理念还体现于死刑只适用于对生命侵害的特别严重的犯罪。在俄罗斯历史上，对死刑的存废历来争论很大，曾三次宣布废除死刑，又三次恢复死刑。

此外，该部刑法典还对特殊主体提供特殊的法律保护，如规定了谋害国家军事要员或者社会要员的生命罪，侵犯法官、检察官、侦查人员、审讯人员以及预审人员的生命罪，侵犯法律保护机关或军事机关工作人员的生命罪等。

4. 关于刑事责任。法典规定的刑事责任的一般条件是："只有达到本法典规定

---

[1] ［俄］俄罗斯最高检察院、俄罗斯最高法院：《俄罗斯联邦刑法典释义》，黄道秀译，中国政法大学出版社 2000 年版，第 21 页。

的年龄并具有刑事责任能力的自然人才得承担刑事责任"（第 19 条）。在俄罗斯联邦，犯罪的主体只是自然人，并且要具有足够健康的心理，"在实施犯罪前年满 16 岁的人才得承担刑事责任"。不理解自己行为事实方面或其社会意义的人属于无刑事责任能力者，不能成为犯罪的主体。法典以犯罪分类为基础，详细地区分了不同的刑事责任，对应承担刑事责任的人、免除刑事责任的情形（因积极悔过、与受害人和解、形势改变、时效期届满等）以及未成年人的刑事责任作出明确的规定。以公共安全利益为标准，一方面加重了严重犯罪和特别严重犯罪、累犯、职业犯罪和有组织犯罪的刑事责任；另一方面，对那些明显不具有潜在威胁性的犯罪人适用更宽缓的感化措施，如对那些实施轻罪或中等严重程度犯罪的未成年人，如果认为不需要追究刑事责任或适用刑罚即能改造，便适用教育感化性强制方法。同时，在不违背公共安全利益的前提下，对那些情节显著轻微的不作犯罪处理。此外，法典还确认了涉及刑事责任的国际条约对国内法的优先地位。

5. 关于刑罚及刑罚体系。"刑罚是法院刑事判决所判处的国家强制措施。刑罚对被认定犯罪的人适用，刑罚就是依照本法典的规定剥夺或限制该人的权利和自由"（第 43 条第 1 款）。"适用刑罚的目的在于恢复社会公正，以及改造被判刑人和预防实施新的犯罪"（第 2 款）。对与刑事责任确立有关的刑罚体系及刑种做了调整。刑罚共有 13 种，由轻到重依次为：罚金；剥夺担任一定职务或从事某种活动的权利；剥夺专门称号、军衔、荣誉称呼、职衔和国家奖励；强制性工作；劳动改造；限制军职；没收财产；限制自由；拘役；军纪营管束；一定期限的剥夺自由；终身剥夺自由；死刑。其中，有 5 种刑罚是新增设的，而对每一种类的刑罚都加以完善，补充了相关新的内容。对未成年人的刑事责任与刑罚以专章规定，确定了区别于成年罪犯，只适用于未成年人罪犯的刑罚和感化措施及适用条件，如规定：未成年人犯罪本身属于减轻责任的情节，其最高刑期不得超过 10 年，不适用终身剥夺自由和死刑。法典规定的教育感化措施的适用条件是：初犯，犯罪性质不很严重，不适用刑罚就能够矫正。上述规定，无论是刑罚的概念，还是刑罚体系及其排列顺序所发生的重大变更，都反映出一种价值理念的调整。

总之，《俄罗斯联邦刑法典》是俄罗斯刑事立法经验的总结，是刑事立法创新性与连续性的统一。新刑法典是在 1960 年《苏俄刑法典》基础上进行大量修改而成的，突出创新性、时代性和个人本位，其理念、原则、内容、结构等都应社会发展的需求发生了根本性的变化，但也保留了以前刑法典的某些规定。

可以说，1996 年《俄罗斯联邦刑法典》是独立后的俄罗斯刑事立法改革的重大成果，被评价为俄罗斯刑事科学和当代立法实践的重大成就，它标志着俄罗斯刑事立法发展的一个民主的新阶段。[1]

〔1〕 ［俄］俄罗斯最高检察院、俄罗斯最高法院：《俄罗斯联邦刑法典释义》，黄道秀译，中国政法大学出版社 2000 年版，第 1~9 页。

第十四章

四、司法制度

俄罗斯联邦共和国独立后的 20 余年来，大力推行司法改革，取得了一些显著的成果。

（一）法院组织制度

依据联邦宪法，联邦的司法体系由联邦宪法和联邦宪法性法律确定，不得建立特别法庭。现在的俄罗斯联邦法院体系由联邦宪法法院、联邦普通法院（包括联邦最高法院）、联邦仲裁法院及其他联邦法院组成。联邦司法体系中各级各类法院的权限、组成及活动程序都由宪法性法律规定。

1. 联邦宪法法院在俄罗斯国家政治和法律生活中的地位是举足轻重的。1991 年 5 月 16 日，俄罗斯联邦颁布了历史上第一部《俄罗斯联邦宪法法院法》，同年 7 月 12 日，又通过了宪法法院法的修正案，12 月 29 日，俄罗斯联邦第五次人民代表大会选举产生了 13 名联邦宪法法院法官。1993 年宪法对此加以确认。依据新宪法及有关法律，宪法法院只设立于联邦中央一级，其目的是确保俄罗斯联邦宪法在全俄罗斯的至尊至上及其实效，维持联邦国家的统一性和权威性。宪法法院共 19 名法官，由联邦总统提名，联邦委员会任命，任期 12 年，任职期间不得成为议员，不得参加社会政治活动。宪法法院法官独立行使司法权，无故不得被撤换，人身不受侵犯。宪法法院主要是通过宪法诉讼活动对宪法的执行进行监督，其基本职权为：解释俄联邦宪法；司法审查权，即审查联邦法律、涉及主体管辖及其关系的地方法律、其他规范性法律文件及俄罗斯已签署但尚未生效的国际条约是否符合联邦宪法；解决有关国家权力机关、中央与地方、地方权力机关的权限纠纷；处理有关宪法的公民投诉及对具体案件的合宪性审查；对俄罗斯联邦总统指控的有关法定程序作出决定；立法动议权；以及其他法定职权。

2. 联邦普通法院，是负责审理普通民事、刑事和行政等案件，拥有一般司法权的法院组织。它由联邦最高法院、各联邦主体最高法院、各边疆区、州、联邦直辖市、自治州、自治专区、区（市）法院、治安法院以及军事法院组成。联邦最高法院是一切诉讼案件（除宪法诉讼外）的最高级即终审级，并对各级法院行使司法监督权和审判解释权。联邦最高法院法官根据总统提名予以任命。治安法院是依据 1998 年《俄罗斯联邦治安法院法》设立的基层法院，是民事、刑事和行政案件诉讼的第一审级，其司法管辖范围权限由法律规定，如法定刑不超过 2 年监禁的刑事案件，申请民事执行案件，有条件的离婚案件，财产分割及家庭纠纷，诉讼标的不超过工资 500 倍的财产纠纷，劳动关系纠纷以及行政违法案件等。治安法官为独任审，任期 5 年。

3. 仲裁法院，由联邦最高仲裁法院、各联邦主体中共和国的最高仲裁法院、边疆区、州、联邦直辖市、自治州、自治专区仲裁法院组成。市（区）不设仲裁法院。各级仲裁法院是用以解决经济争议和审理其管辖范围内的其他案件的司法机关，按 1995 年《俄罗斯联邦仲裁程序法》规定的仲裁程序行使审判权。

（二）检察制度

俄罗斯联邦对检察制度进行了改革，制定了于 1995 年 11 月 25 日生效的《俄罗斯联邦检察法》，并于 1998 年对其进行了修改和补充。新宪法及这些法律对俄罗斯联邦检察机关的组成、权限、职能、活动以及基本原则作了明确的规定。俄罗斯联邦在检察制度上仍坚持苏联的垂直领导和集中统一原则。"俄罗斯联邦检察系统由联邦最高检察院、各共和国、边疆区、州、联邦直辖市、自治州、自治专区、区（市）检察院以及军事检察院组成。总检察长经俄联邦总统提名，由联邦委员会任命。检察体系由总检察长负责，实行垂直领导和集中统一原则，下级服从上级。""联邦检察院是统一的系统，下级检察长服从上级检察长和俄罗斯联邦总检察长。"（宪法第 129 条）各级检察机关独立行使司法权，对俄罗斯联邦的一切刑事、民事、行政法的执行以及对遵守联邦宪法，对一切执行机构，行使监督权，有权向宪法法院提出对国际条约、联邦法律和其他规范性法律文件的宪法审查。其任务是：保障法律的崇高性、法制的统一和巩固；保护公民的社会、经济、政治和其他权利；保卫俄罗斯联邦及其成员的主权国家的权利等。

（三）诉讼制度

自 1991 年 12 月苏联解体至今，俄罗斯联邦对其原来的《苏俄民事诉讼法典》和《苏俄刑事诉讼法典》修改多次，并没有因此而宣布原有的法律失去效力，而是仍然予以沿用。与此同时，仍在加紧制定新的民事诉讼法典和新的刑事诉讼法典，有关草案已数次提交国家杜马，但终因某些原因而未能成为正式生效的法律。

就刑事诉讼法典而言，尽管苏联解体以后对其进行多次修订、增删，但原有的刑事诉讼法典的构造和主要内容并没有发生太大的变化，法典的名称仍旧沿用苏联解体前的《俄罗斯苏维埃联邦社会主义共和国刑事诉讼法典》，简称《苏俄刑事诉讼法典》，现译为《俄罗斯联邦刑事诉讼法典》。由此可见，法律的继承性得到了充分体现。俄罗斯联邦现行刑事诉讼法典，是苏俄最高苏维埃第五届第三次会议在 1960 年 10 月 27 日制定通过，并于 1961 年 1 月 1 日起实施至今。这部刑事诉讼法典在实施的 30 多年里，包括苏联解体前和解体后共计进行了 54 次修订，并增补和废除了部分条款；其中在 1991 年 12 月～1995 年 5 月期间，进行 22 次修订，对 90 个条文 131 处进行了修订，并增补 47 条，废除 5 条。

俄罗斯联邦现行刑事诉讼法典共有 10 编，39 章，计 466 条。具体为：第一编通则，第二编提起刑事诉讼、调查和侦查，第三编第一审法院诉讼程序，第四编上诉审诉讼程序，第五编刑事判决的执行，第六编发生法律效力的刑事判决、裁定，第七编未成年人案件诉讼程序，第八编适用医疗性强制方法的诉讼程序，第九编审判准备材料的笔录形式，第十编陪审法庭诉讼程序。

苏联解体以后，1993 年《俄罗斯联邦宪法》对刑事诉讼法典的修改和完善产生很大的影响。虽然关于刑事诉讼的诉讼原则，多数都作了保留，诸如，"刑事案件的审判权只能由法院行使""审理刑事案件要有人民陪审员参加并且实行合议制""审判员独立并且只服从法律""使用本民族的语言进行刑事诉讼""保障刑事被告人的辩护权""法院审理公开进行""人身、住宅不受侵犯和保障通讯秘密""法制原则""公益原则""公民在法律和法院面前一律平等原则""无罪推定原则""刑事损害赔偿原则",等等。但是,诉讼文明的进步和诉讼观念的转变,以及世界各国刑事诉讼法的发展潮流,使得《俄罗斯联邦刑事诉讼法典》的修订在体现自己特色的同时,又吸收了世界各国有关刑事诉讼程序的普遍规定,突出地反映了俄罗斯法制建设和诉讼机制是沿着依法治国的轨道向前推进的。譬如,新法在保留自己特点的同时,对于不合理和不科学的原有规定予以修改,吸收了西方两大法系的刑事诉讼结构的长处,如前所述在加强人权保障方面的规定,增加庭审中控辩双方对抗机制,增设陪审团审理案件诉讼程序等,使得新的刑事诉讼法典更加充实和完备。

俄罗斯近些年来也颁布了一些有关诉讼审判的单行法律,如1997年颁布生效的《俄罗斯联邦刑事执行法典》。该法依据新宪法确立了法治国家原则,与新宪法和新刑法典相适应,明确了人道主义原则和公民在法律面前一律平等原则等一般原则,同时确立了刑事执行的具体原则,如刑罚执行的区别原则与个别原则的结合,强制手段的合理运用原则,守法行为的激励原则以及刑罚与改造相结合原则。法典从法治的宏观上考虑刑事执行的问题,规定由司法部、法院、检察机关等机构共同对刑事执行实施监督,社会团体也参与监督工作。规定了死刑的执行程序、设立感化中心便于执行限制自由刑。规定应当保护被执行人的合法权利,如尊重其信仰自由和宗教自由等。

同刑事诉讼法典一样,现行的《俄罗斯联邦民事诉讼法典》在1964年6月11日俄罗斯联邦最高苏维埃通过的《苏俄民事诉讼法典》基础上修订而成。最大的一次修订是通过1995年10月27日俄罗斯联邦颁布的《修改和补充苏俄民事诉讼法典的法律》实现的。该法律强调实现双方当事人辩论和权利平等的重要性。

《俄罗斯联邦民事诉讼法典》分为七编:总则,第一审法院的程序,第二审法院的诉讼程序,已经发生法律效力的法院裁判的再审,涉外案件的诉讼程序,要求撤销公断庭裁决的案件的程序和要求发出公断庭裁决强制执行的案件的程序等。

总之,俄罗斯现行的有关诉讼法律规定,法院依法行使司法审判权,应当遵循的主要原则包括:审判权统一专属的原则,即俄罗斯联邦的审判权只能由联邦宪法和其他法律规定的各级法院行使,司法权通过宪法、民事、行政和刑事诉讼程序实施;法官独立的原则,即法官独立,只服从法律,法官的司法活动不受任何国家机关、社会团体、政府官员和公民的干预,法官实行终身制,同时给予经济上的保障;法律和法庭面前人人平等原则,诉讼程序在辩论和当事人平等基础上进行;诉讼公开原则;刑事案件不得缺席审理的原则;当事人拥有平等辩论权的原则;陪审员参加审理的原则;无罪推定原则;被告无义务向法庭提供不利于自己的证据原则;不允许使用违反联邦法律的手段获取证据的原则;禁止刑讯原则;被告有权要求由陪审团法庭对其案件进行审理的原则。

■　思考练习

一、关键术语

《罗斯真理》；《律书》；《会典》；《俄罗斯帝国法令全集》；《俄罗斯帝国法律全书》；1918 年《俄罗斯苏维埃联邦社会主义共和国宪法》；1924 年、1936 年和 1977 年《苏联宪法》；1993 年《俄罗斯联邦共和国宪法》；1922 年《苏俄民法典》；1969 年《苏俄婚姻和家庭法典》；1922 年和 1960 年《苏俄刑法典》；1994 年《俄罗斯联邦民法典》；1996 年《俄罗斯联邦刑法典》。

二、思考题

1. 俄罗斯法的形成、发展过程有何基本特征？
2. 比较 1936 年《苏联宪法》与 1977 年《苏联宪法》的异同。
3. 简述 1993 年《俄罗斯联邦共和国宪法》的内容及其特点。
4. 试述俄罗斯联邦民事和刑事法律制度对苏联的继承和发展变化。
5. 评述俄罗斯法的历史特点。

■　参考书目

1. 张寿民：《俄罗斯法律发达史》，法律出版社 2000 年版。
2. 刘向文、宋雅芳：《俄罗斯联邦宪政制度》，法律出版社 1999 年版。
3. 何勤华、李秀清主编：《外国法制史》，复旦大学出版社 2002 年版。

第十五章

欧洲联盟法

学习目的与要求　欧洲联盟法（以下简称欧盟法）是在欧洲共同体法的基础上逐步演进形成的一套适用于欧洲联盟（以下简称欧盟）成员国的一种特殊类型的法律制度。欧盟法是欧洲经济、政治和社会生活一体化的产物，具有超国家、联邦性的特点。欧盟不仅就自身的组织、权能和运作形成了较为明晰的规范体系，而且围绕着建立欧洲统一大市场确立了一整套经济贸易法律规则和秩序，在国际经济、政治和文化交往中发挥着日益显著的作用。欧盟法作为一种新型的法律制度和法律体系正受到越来越多的关注和研究。

重点掌握　欧洲联盟法的形成与渊源；欧洲联盟基础条约；欧洲法院的职能与管辖。

■　第一节　欧洲联盟法[1]概述

一、欧洲联盟法的形成与发展

（一）欧洲联盟法的概念

欧洲联盟［简称欧盟，European Union（EU）］是由欧洲共同体发展而来的，是一个集政治实体和经济实体于一身、在世界上具有重要影响的区域一体化组织。1991年12月，欧洲共同体马斯特里赫特首脑会议通过《欧洲联盟条约》，通称《马斯特里赫特条约》（又简称"马约"）。1993年11月1日，《马斯特里赫特条约》生效，欧盟正式诞生。欧盟现有28个成员国：法国、德国、意大利、荷兰、比利时、卢森堡、英国、丹麦、爱尔兰、希腊、西班牙、葡萄牙、奥地利、瑞典、芬兰、塞浦路斯、匈牙利、捷克、爱沙尼亚、拉脱维亚、立陶宛、马耳他、波兰、斯洛伐克、

---

［1］　由于1993年《欧洲联盟条约》的批准，欧洲的一体化进入了一个新阶段，即由欧洲共同体转化为欧洲联盟。所以，"欧洲共同体法"与"欧洲联盟法"，如同"欧洲共同体"与"欧洲联盟"一样，概念是相通的，后者是在前者基础上的历史演进。

斯洛文尼亚、保加利亚、罗马尼亚和克罗地亚。欧盟 28 国总面积 4 379 963 平方公里，现有人口 511 497 415 人（2016 年），总部设在比利时首都布鲁塞尔。欧盟的宗旨是"通过建立无内部边界的空间，加强经济、社会的协调发展和建立最终实行统一货币的经济货币联盟，促进成员国经济和社会的均衡发展""通过实行共同外交和安全政策，在国际舞台上弘扬联盟的个性"。（2016 年欧盟国内生产总值按国际汇率折合约为 16.389 万亿美元，人均 GDP32 059 美元。）

近年，欧盟的一体化进程遭受重大挫折和挑战。2016 年 6 月 23 日英国就去留欧盟举行全民公投，51.89% 的公民支持英国脱离欧盟。2016 年 11 月 3 日，英国高等法院裁定，政府在正式启动"脱欧"程序前需经议会批准。2017 年 2 月 1 日，英国议会下议院投票通过政府提交的"脱欧"法案，授权首相特雷莎·梅启动"脱欧"程序。2017 年 3 月 16 日，英国女王伊丽莎白二世批准"脱欧"法案。3 月 29 日，英国首相特雷莎·梅致函欧盟，正式开启英国"脱欧"程序。6 月 19 日，英国与欧盟方面正式启动"脱欧"谈判。英国的"脱欧"是否会引起连锁反应，正成为人们关注的焦点。英国退出欧盟虽然已经确定，但是根据《里斯本条约》第 50 条的规定，"脱欧"的谈判可能会持续 2 年之久，若得到欧盟全体成员的同意，这个过程还可能延长。"脱欧"的议定案最后须经欧洲议会过半数通过，并在欧洲理事会以特定多数通过，即 27 国有 20 国同意通过，且人口占欧盟总人数的 65% 以上，英国才能正式退出欧盟。

欧洲联盟法是关于欧洲联盟机构的设置、职能及其经济货币联盟与政治联盟的条约、条例、指令、决定和判例等法律规范的总称。其内容涉及政治、经济和社会发展等传统国家生活的各个方面。

欧洲联盟法的前身是欧洲共同体法。欧洲共同体法是在 20 世纪 50 年代关于建立欧洲煤钢共同体、欧洲经济共同体和欧洲原子能共同体的《巴黎条约》和《罗马条约》的基础之上产生的，随着欧洲共同体的进一步发展，导致了关于建立欧洲联盟的《马斯特里赫特条约》等国际条约的产生，[1]从而大大扩展了欧洲国家联合的范围，遂逐步发展起一套适用于欧洲联盟成员国的一种特殊类型的法律制度——欧洲联盟法。

（一）欧洲联盟（共同体）法的形成

欧洲联盟及其前身欧洲共同体（以下简称欧共体）是长期以来欧洲统一运动的产物，也是数百年来欧洲联合的思想，即"泛欧主义"广泛传播、不断深入欧陆大众民心的结果。欧盟法——其核心为欧洲共同体法——则是第二次世界大战结束后西欧一体化运动政治决策与国家职能重组的成果，是两者良性互动的制度性演进的积淀。

---

[1] 关于 1951 年《巴黎条约》、1957 年《罗马条约》和 1992 年的《马斯特里赫特条约》等详细内容，请参见《欧洲共同体条约集》，戴炳然译，复旦大学出版社 1993 年版。

欧洲联合的思想由来已久，并且成为该地区一股强大的社会思潮。其倡导者认为，欧洲多数国家具有相似的历史文化传统，应当通过加强沟通与联合来消除隔阂，消弭战争，走向统一，实现普遍繁荣。"泛欧主义"思潮在第二次世界大战后达到了高潮，并对当时欧洲主要国家的政府决策产生重要影响。1946 年英国首相丘吉尔发表著名演讲，呼吁欧洲各国包括战争中的敌对国家联合起来，建立欧洲共和国，引起强烈反响。1947 年，美国政府为了适应战后"冷战"时代的需要，提出了著名的"马歇尔计划"，[1]作为复兴欧洲的基本方案，这一方案得到了西欧诸国的响应。英国、法国、意大利、联邦德国等 17 国于同年建立了"欧洲经济合作委员会"，以推动建立西欧自由贸易区。次年，欧美诸国又签订了《北大西洋公约》，并建立"欧洲委员会"，作为欧洲军事和政治联合的尝试。

在上述背景下，法国对欧洲联合采取主动举措。1950 年，法国外交部长舒曼（Schuman，1886～1963 年）发表了《关于法德煤钢产品共同控制计划》，指出应建立一个由有关国家参加的高级机构，把可能引发法德战争的煤钢资源置于该机构的管理之下，该机构的决定将约束法、德及其他缔约国，率先提出经济联合的具体设想。这一计划很快得到德、比、意、卢、荷等国的支持。

1951 年 4 月 18 日，法国、联邦德国、意大利、比利时、荷兰和卢森堡六国签订了《欧洲煤钢共同体条约》（即《巴黎条约》），并成立了相应组织。1951 年六国外长会议宣称，应当通过建立共同机关、国民经济的逐步联合、共同市场的建立和社会政策的和谐发展来建立统一的欧洲。根据这些原则和行动目标，1952 年生效的《巴黎条约》是一个开放性的条约，有效期为 50 年。条约规定建立煤钢共同市场，在成员国之间取消有关的关税限制，建立共同的管辖机构——高级委员会，由该机构协调成员国的煤钢生产与销售。欧洲煤钢共同体便是一个具有超国家性质的国际组织，它拥有相应的立法、行政和司法职能，不仅能对成员国当局发布指令，而且还能直接对成员国公民和法人行使职权，并通过运用其司法权予以保障。

欧洲煤钢共同体的成功建立，使西欧各国信心大增。六国政府于 1957 年 3 月 25日，在罗马签订了关于建立欧洲经济共同体的条约和关于建立欧洲原子能共同体的条约，即《罗马条约》。两个共同体于 1958 年 1 月 1 日正式成立。《罗马条约》规定，共同体的任务是通过建立共同体市场和逐渐协调成员国的经济政策，促进整个共同体经济活动的协调发展，条约规定共同体的管辖事项相当广泛，实现经济一体化的主要内容包括：关税同盟、共同商业政策、"四大自由"（货物、人员、服务和资本的自由流动）、竞争政策、法律协调、共同的农业政策和运输政策等。经济共同体和原子能共同体同样设立部长理事会、委员会、议会和法院等机构。1967 年，上述两个共同体与欧洲煤钢共同体的主要机构合并。欧洲联盟的前身——欧洲共同体

第十五章

---

〔1〕 该计划的要点为：美国拨款 100 余亿美元援助西欧诸国；受援国必须购买一定数量的美国货；美国政府设立经济合作总署，保障在西欧的美国国家和私人投资的权利等。

即为上述三个共同体的总称。三个共同体条约的签订标志着欧洲共同体法的正式形成。

欧洲共同体的宗旨是以建立三个共同体为基础来推动全欧洲的统一，首先侧重于统一经济区的建设和内部共同大市场的形成，经历了从关税同盟到单一市场、从共同市场到经济货币联盟、从经济共同体到政治联盟的发展、演变过程。欧洲联盟法正是沿着这一轨迹不断发展、完善的。

（三）欧洲联盟（共同体）法的发展

欧洲共同体成立之初，致力于区域经济一体化，把建设关税同盟作为统一大市场的基础。通过实施各项共同政策，逐步建立起协调统一的共同体经济法律秩序，在成员国间形成了统一的"关税领土"，使其贸易不受关税、配额和其他贸易保护措施的限制；用统一的关税制度取代了各成员国的海关税则，取消了成员国间一切有形与无形的经济边界，实现了商品和其他生产要素——劳动力、资本及服务不受任何阻碍地跨国自由流通。在此基础上，欧洲共同体开始建立经济货币联盟。其真正起点是 1979 年建立的欧洲货币体系和欧洲货币单位，这是一项超越《欧洲经济共同体条约》、深化欧洲经济一体化的有力步骤。1986 年的《单一欧洲法令》对《欧洲经济共同体条约》作出重大修正，肯定了共同体建设经济货币联盟的努力。1992年的《马斯特里赫特条约》，即《欧洲联盟条约》，则对经济货币联盟的性质、目标以及为实现这些目标而应采取的法律、政策手段作出明确规定。根据《欧洲联盟条约》的规定，经济货币联盟的目标是在单一的内部市场与协调的成员国经济政策的基础上，建立统一的欧洲中央银行，最终以单一的欧洲货币取代各成员国的货币，使之成为在欧洲联盟内自由流通的唯一货币。统一货币为欧元（EURO），1999 年 1月 1 日试运行。2002 年 1 月 1 日零时，欧元正式流通。截至 2017 年 5 月 1 日，欧元区有 19 个成员国。

欧洲共同体建立之初，把欧洲一体化的立足点放在经济领域，以避免因过早推行政治联盟导致失败的风险。到 20 世纪 80 年代，随着国际形势的缓和，欧洲共同体成员国在政府间协议的基础上建立了"欧洲政治合作制度"。这一制度在 1986 年经《单一欧洲法令》被融入欧洲共同体体系。此后，欧洲共同体加快政治联盟的步伐，这在《欧洲联盟条约》中得到了充分体现。1992 年《欧洲联盟条约》的制定，是欧洲共同体法发展的重要里程碑，对欧洲一体化进程具有关键作用，为政治联盟奠定了基础。该条约规定：建立共同外交政策与共同安全政策，欧盟决议采纳的共同立场对各成员国政府有约束力；建设共同的防务政策；建立统一的欧洲联盟公民资格；建立内务与司法领域的合作等。

通过复杂的批准程序，到 1993 年 10 月，各成员国终于完成了对《欧洲联盟条约》的批准。该条约于 1993 年 11 月生效，欧洲联盟正式诞生。原来以经济一体化为主要特色的欧洲共同体实现了历史性转变，成为一个具有经济和政治双重性质的欧洲国家联盟。之后，欧洲联盟法随着时代的发展也对其进行了适当的修改。1997

第十五章

年6月欧盟理事会在荷兰签订了《阿姆斯特丹条约》（全称为《修改〈欧洲联盟条约〉、〈欧洲共同体条约〉及某些相关法令的阿姆斯特丹条约》），要求成员国促进就业，加强司法合作，授权部长理事会制定共同的外交与安全政策，尊重基本人权，促进与巩固民主与法治建设，采取共同行动打击各类刑事犯罪。2001年2月，欧盟理事会又签订了有关修改联盟与共同体条约的《尼斯条约》。

2004年6月18日，《欧盟宪法条约》草案在欧盟布鲁塞尔首脑会议上通过。同年10月29日，欧盟25个成员国的领导人在意大利首都罗马签署了这项条约。虽然该宪法条约草案后因在法国和荷兰全民公投中被否决而未能生效。但是《欧盟宪法条约》仍在修改之中，各成员国仍在积极寻求妥协方案，欧洲政治一体化的进程虽然受到顿挫，但并未停止。

2007年6月，参加欧盟峰会的各国首脑在布鲁塞尔就替代《欧盟宪法条约》的新条约草案达成协议。2007年12月13日，欧盟成员国的首脑在葡萄牙首都里斯本，就《里斯本条约》的文本内容达成共识，签署后交给各成员国批准。2008年6月12日，爱尔兰公民投票否决《里斯本条约》，使欧洲联盟的政治统合再度受挫。但是，2009年10月2日，爱尔兰举行的全民公投通过了《里斯本条约》（俗称《欧盟宪法》的简本），清除了欧洲一体化最大障碍。2009年11月3日，捷克总统克劳斯宣布他已经签署了《里斯本条约》，至此欧盟当时27个成员国已全部批准该条约。

2009年11月19日，欧盟各国领导人在布鲁塞尔召开特别峰会，选举比利时首相赫尔曼·范龙佩为首位欧洲理事会常任主席，英国的欧盟贸易委员凯瑟琳·阿什顿为欧盟外交和安全政策高级代表。欧洲理事会常任主席和欧盟外交与安全政策高级代表是按照2009年11月3日通过的《里斯本条约》设立的。根据职务特点和内容，这两个职务还被形象地称为"欧盟总统"和"欧盟外长"。2009年12月1日，《里斯本条约》正式生效。

由于欧洲联盟的全部活动均建立在法律的基础上，所以，欧洲联盟法的发展与欧洲联盟的发展紧密结合，互为一体。欧洲共同体建立后，先后接纳了英国、爱尔兰、丹麦、希腊、西班牙和葡萄牙等国。目前，欧洲联盟经过六次扩张，其成员国已经扩大到27国。欧盟的最终目标是要实现全欧洲的统一。

二、欧洲联盟法的渊源

欧洲联盟法的渊源兼具西方两大法系的特征，基本上可以分为成文法和不成文法两大类。成文法包括条约和各种制定法，不成文法是指法的一般原则和判例法。就其法律渊源的重要性而言，可以区分为基本渊源和派生渊源。此外，还有一些特殊的渊源。

（一）条约

条约是欧盟法律中最重要的、带有根本性的行为规范，是欧洲联盟法的基本渊源。条约可以分为欧洲共同体和欧洲联盟基础条约、后续条约以及欧洲共同体国际协定两类。基础条约最为重要，是指建立欧洲共同体、欧洲联盟诸条约，包括其附件与议定书，还包括在共同体发展过程中，欧盟成员国为实现该条约的最终目的、适应欧盟的发展需要，修改与补充上述基本条约的法律文件。此类条约规定了欧盟的总目标和总任务，提出了欧盟应当遵循的基本准则，制定了在欧盟范围内应当实行的法律和政策，设立了欧盟的组织机构，并规定了各个机构的工作范围和权限。

条约主要包括：《欧洲煤钢共同体条约》（又称《巴黎条约》，1951年）、《欧洲经济共同体条约》和《欧洲原子能共同体条约》（合称《罗马条约》，1957年）、《单一欧洲法令》（1986年）、《欧洲联盟条约》（又称《马斯特里赫特条约》，1992年）、《阿姆斯特丹条约》（1997年）、《尼斯条约》（2001年）以及《里斯本条约》（2009年）等。此外，还有《关于共同机关的协定》《执行机关合并条约》（又称《布鲁塞尔条约》，1965年）、《第一次加入条约》（1972年）、《第二次加入条约》（1979年）和《第三次加入条约》（1985年）等。这是由欧洲共同体成员国共同直接创造的法律。其中，最初的三个条约和《欧洲联盟条约》及《里斯本条约》具有最高效力，构成欧洲联盟法律秩序的基础，其地位相当于主权国家的宪法，是司法机关对欧洲共同体制定的其他法律进行合法性审查的依据。

欧洲联盟国际协定是由欧洲联盟成员国与非成员国或其他国际组织缔结的条约，这些条约规定了欧盟及其成员国的权利义务，对欧盟及其成员国具有法律约束力，构成欧洲联盟法的渊源。

（二）制定法

制定法是欧盟享有立法权的机关为实施基础条约的目的，根据基础条约的授权，依照法定程序制定的各种不同名称、具有不同性质与效力等级的法律，称为派生渊源，它是欧盟自主立法的结果。欧洲联盟制定法包括理事会和委员会制定的条例（Regulations）、指令（Directives）和决定（Decisions）。

1. 条例是欧盟最重要的立法形式。它有三个基本特征：普遍适用性、全面约束力和直接适用性。条例的普遍适用性，是指条例的内容就某一领域的事项创制在欧洲联盟范围内统一适用的一般性法律规则。因此，其适用对象为欧盟的所有法律主体。条例的全面约束力，是指其法律效力的整体性。它不仅规定了目标，而且规定了达到既定目标应采取的行动方式。它要求成员国必须全面实施条例，禁止采取任何国内立法或行政措施变通实施条例。条例的直接适用性，是指它不需要并且禁止成员国任何国内立法或行政措施的中转，直接对成员国公民和法人产生法律效力。

2. 指令是为履行欧盟条约上的义务而作出的，对特定成员国具有拘束力的、命令该成员国通过国内立法手段来履行该义务的规定。指令与条例的最大区别在于，前者不具有普遍适用性，它只能以成员国为发布对象，仅对成员国有拘束力。指令的内容是对其发布对象成员国在一定期限内应达到的目标作出规定，至于达到目标的行动方式可由有关成员国自行选择决定。因此，指令需要借助于成员国国内法的实施，才能产生法律效力。指令实质上是欧盟允许成员国以符合本国具体情况的方式实施欧盟规则的一种法律形式，体现了统一性和多样化的结合，成为欧盟协调成

第十五章

员国国内立法的主要手段。

3. 决定通常用于特定场合对欧盟一般性法律规则的具体实施。它要求成员国或者法人甚至个人从事某项活动、禁止从事某项活动，或者实施某项处罚。可见，决定是欧盟法中具有具体行政措施性质的法律形式。决定与条例相比，两者在对发布对象具有全面法律约束力方面是相同的。其区别在于，条例具有普遍适用性，而决定只具有特定的适用性。

此外，根据《欧洲共同体条约》的规定，虽然欧洲联盟立法机关的建议和意见（recommendations and opinions）不具有法律效力，仅表明其对于某个问题的看法和态度，但其在立法程序中所起的作用却不容低估。[1]

《欧洲联盟条约》第191条规定，根据共同决策通过的条例、指令和决定须由欧洲议会和理事会主席共同签署，然后在《欧洲共同体公报》上发表。欧盟颁布的法令按照法令所规定的日期生效，如果没有规定生效的日期，即从公布之日起第20天开始生效。理事会和委员会所规定的适用于所有成员国的条例和指令，应在《欧洲共同体公报》上予以公布，该条例和指令应按其所规定的生效日期生效，如无此项规定，则应于公布之日起的第20天生效。其他指令和决定应通知其接受者，并于通知后发生效力。

（三）法的一般原则

在欧洲联盟法中，法的一般原则主要是从成员国法律秩序中的共同原则或法的一般意识中引申出来的精神，其渊源大多出于罗马法。法的一般原则作为欧洲联盟法的渊源，是各成员国共同的法律基础，在补充和解释成文法方面具有重要意义。由于欧洲共同体的扩大，尤其是随着属于普通法系的英国的加入，以往以大陆法系的法律原则为主体的法律体系也发生了若干变化。从欧洲法院的判例来看，作为欧洲联盟法渊源的一般原则主要有：基本人权的保护与待遇的平行以及无差别的原则；法的稳定性原则；合法期待性原则；既得权益的保护原则；比例性原则；不可抗力原则；诚实信用原则；既判力原则；一事不再理原则；禁止反言原则；不当得利禁止原则；等等。

（四）判例

欧洲法院以大陆法系各国的裁判制度为模式，原则上不受判例的拘束。法院的判决只适用于同一诉因的同一当事人。其判决只具有既判力，没有拘束力。在任何情况下，它只具有事实上的影响力。

但以下情况说明，欧洲法院的判决具有判例法的效果：

1. 欧洲法院的判决，无论在程序问题还是实体问题上，都存在着明显的连贯性和一致性。这样，虽然法院的每个判决本身并不具有先例的拘束力，但如果将同种

---

[1] 参见《欧洲共同体条约》第189～190条，载《欧洲共同体条约集》，戴炳然译，复旦大学出版社1993年版。

类案件及其相同的判决积累起来，终究会成为确定的惯例。这不仅在相当程度上确保了判例的稳定性，且事实上为以后的判决规定了方向。

2. 尽管欧洲法院并无立法职能，但在法律适用中，通过运用某些适当的解释方法，或者适用法的一般原则，或者援用国内法或国际法的原则，弥补成文法律之不足，逐步发展了判例法。"公设律师"在这方面发挥着重要作用。他们对于欧洲法院适用的法律或法律原则的起源、性质及范围等，提供了大量值得信赖和有权威的意见。而且根据《欧洲共同体条约》和《欧洲联盟条约》的规定，欧洲法院不仅对其管辖权范围内的案件享有裁决权，对实施欧盟法律享有强制权，还对欧洲联盟机构行为的法律形式享有宣告无效的权力。可见，欧洲法院通过运用解释法律的权限，在某种场合下发挥着司法立法的职能，并积累了一套判例法，凭借法院的权威性和判决的一贯性，使之取得了接近于拘束力的效果。因此，欧洲法院的判例也可列为欧洲联盟法的法律渊源。不过，也有学者认为，今日欧洲法院的判例"还不足以成为欧洲联盟法的渊源"。[1]

总之，由于欧盟法本身的原则性和含糊性，以及法院解释和运用欧盟法的职责，使得法院在构造和制定欧盟法中的作用不可低估。法院的判例与解释在某种程度上填补了欧盟法的不足，使欧盟的法律不仅更加确定和清晰，而且更加完整和统一。

（五）国际法

在国际事务中，欧盟已经成为国际主体，以类似于国家的名义和身份参与活动，所以国际法上的一些适用于国家之间的国际准则，如国际条约、优惠与豁免等也成为欧盟法的渊源。

■ 第二节　欧洲联盟法的基本内容

欧洲联盟法大体上可以分为两部分，一部分是有关欧盟（包括以前的三个共同体）的宗旨、功能、权限以及组织体系的法律规定，亦即由欧共体及欧盟基础条约构成的具有宪法性质的欧洲联盟根本法；另一部分是根据欧盟经济一体化原则，在建立单一大市场过程中，依据欧盟基础条约制定和颁布，并在欧盟各成员国统一施行的市场经济法律制度。

一、欧洲联盟根本法的主要内容

欧洲联盟根本法的主要内容包括：《欧洲共同体条约》《单一欧洲法令》和《欧洲联盟条约》这些基础条约，以及旨在修改、补充和实施上述条约而制订的补充性条约，如1997年10月签署的《阿姆斯特丹条约》。根据上述法律，欧盟设立了包括管理机构、专门职能机构和顾问咨询机构在内的各种常设机构。其中最重要的组织机构有：欧洲理事会（European Council），即首脑会议；欧盟理事会（Council of the

---

[1]　邵景春：《欧洲联盟的法律与制度》，人民法院出版社1999年版，第68页。

第十五章

European Union），其前身为部长理事会；欧盟委员会（European Commission），是欧洲联盟的常设机构和执行机构；欧洲议会（European Parliament）；欧洲法院（Court of Justice）；欧洲审计院（Court of Auditors）等。

（一）欧洲理事会

欧洲理事会，在欧共体时期亦称为首脑理事会。根据 1974 年 12 月在巴黎召开的欧洲共同体成员国首脑会议的最后公报，首脑理事会由欧洲共同体成员国首脑（总统或总理）在其外交部长陪同下出席，每年举行三次会议（现改为每年至少举行两次），还可以在原理事会认为必要时，以高级政治合作为目的举行会议。其职能是，为欧盟确定指导方针和方向，对政治合作以及与欧盟共同利益相关的重大事务进行协调并作出决定，并且还可以针对欧洲联盟中的政策性问题，如经济和货币同盟、地域和社会政策、能源政策及其他各国的对外通商关系等方面的问题，进行讨论和决策。欧洲理事会原则上在欧盟各成员国的首都轮流召开，欧洲理事会的主持工作和欧盟理事会的主席一样，每 6 个月轮换一次。欧洲理事会这一机构为《欧洲联盟条约》所确认。[1]

（二）欧盟理事会

欧盟理事会前身为部长理事会。《欧洲共同体条约》上称为"理事会"，《欧洲联盟条约》将其改为"欧盟理事会"。理事会由各成员国的政府代表（部长）组成，在欧洲联盟中处于中枢地位。它以调整各成员国的国家利益为主要任务，同时，又是实现欧盟共同利益、创制欧盟法律的决定机关。出席理事会的成员国政府代表依所审议的议题不同而有所区别，可由外交部长、财政部长、农业部长和交通部长参加。理事会主席按照各成员国名称（第一个字母）顺序，依次轮流担任 6 个月。

根据《欧洲经济共同体条约》第 5 条的规定，理事会在履行共同体的职能时，主要是确保对成员国一般经济政策的调整并行使决定权。行使决定权是理事会最重要的权限。理事会的决定通过条例、指令或决定等法律形式对欧洲联盟及其成员国政府、公民和法人产生拘束力。理事会行使决定权须以委员会的提案为条件，并根据需要，接受欧洲议会的咨询。

理事会的表决方式比较独特，采用特定多数表决法，各成员国根据各自分得的加权票进行投票。在欧盟成员国为 15 个时，成员国的票数为：法国、德国、英国、意大利各 10 票，西班牙 8 票，比利时、荷兰、希腊、葡萄牙各 5 票，奥地利和瑞典各 4 票，丹麦、爱尔兰、芬兰各 3 票，卢森堡 2 票。因此，总票数为 87 票，特定多数为 62 票，少数否决为 26 票。在特定情况下，特定多数的 62 票中必须至少包括 10

〔1〕 由欧共体时代的成员国家元首或政府首脑定期会议演变而来的欧洲理事会（The European Coun-
cil）不同于另一欧洲理事会（The Council of Europe）。后者是一个位于法国斯特拉斯堡的独立的国
际组织，其宗旨是致力于欧洲的人权保护、文化上的合作，以及促进经济与社会的进步，现有 33
个成员国。

个成员国。后来随着欧盟的扩大，表决票数有所变化，但基本原则相同。

（三）欧盟委员会

欧盟委员会是独立于成员国和理事会之外的欧盟的常设执行机构，也是欧盟唯一有权起草法令的机构。委员必须为成员国公民，经各成员国政府一致同意。委员的身份是以为整个欧洲共同利益服务的纯粹个人的资格接受任命，任期原为4年，现延长为5年，以与欧洲议会议员的任期相一致。欧盟委员会设有28个委员（一国1名代表），其中一名担任欧盟委员会主席领导整个委员会，非主席的那些委员也根据其职责领域被称为欧盟某某（比如外交）事务专员。根据2007年签署的《里斯本条约》，欧盟将精简欧盟委员会组织，原先28人将自2015年起改为包括主席、副主席在内共18人。

委员会具有独立性，其职责是：①对于是否适用欧盟各条约的规定和欧盟所制定的法令实施监督；②对于必要的事项提出建议或发表意见；③在指定的范围内行使决定权，并参加理事会意见的决定过程，参加欧盟的立法；④为实施理事会的决定，行使理事会授予的权限，颁布欧盟法规。

委员会作为一个集体负责制机构，在实际工作中，对政策的研究制定与监督均存在明显的分工，每个委员通常负责一项或者数项欧盟重要政策领域的相关事务。

（四）欧洲议会

1. 欧洲议会的组成。欧洲议会由成员国公民直接选出的议员组成，议席的分配采用"综合比例"原则确定，即不仅考虑到各成员国人口的多少，而且还要考虑民族之间、公民之间以及政党之间的力量与利益诸因素。2007年1月1日罗马尼亚和保加利亚正式加入欧盟后，欧洲议会的785个议席按国别分配如下：德99席，法、英、意各78席，西、波各54席，罗28席，荷27席，比、希、葡、捷、匈各24席，瑞典19席，奥18席，保15席，芬、丹、斯洛伐克各14席，爱尔兰、立陶宛各13席，拉脱维亚9席，斯洛文尼亚7席，卢森堡、爱沙尼亚、塞浦路斯各6席，马耳他5席。根据2009年12月1日生效的《里斯本条约》第14条的规定，议员身份必须是欧盟成员国的公民，议员总数不超过750名（不包括主席在内），所分配各成员国议员人数按该国人口数确定，成员国最低分配不少于6名，至多96名。因此，2013年7月1日克罗地亚正式成为欧盟第28个成员国后，欧洲议会的席位分配有所调整。当然，英国完成正式"脱欧"法律程序后，欧洲议会的席位分配还会有所变化。

欧洲议会的议员原由各成员国议会指派，1979年6月起，改由欧共体成员国直接选举产生。议员直接反映成员国民意，具有国内议会的特征。但是，它不是以各成员国的国家为单位，而是以横跨几个国家的政治集团为单位进行独立的议事活动。主要的政治集团有基督教民主党、社会党、欧洲进步民主党、欧洲保守党等。当然，这并不意味着他们总是按照意识形态的不同而结盟，相反民族因素经常导致同一政治集团内部的意见分歧。

欧洲议会设主席 1 人，副主席若干人。现有 20 个常设委员会和 1 个临时委员会，负责各项具体工作。虽然欧盟的两个行政机关欧盟委员会和欧洲理事会都设在比利时布鲁塞尔，《阿姆斯特丹条约》却规定欧洲议会每月必须在法国斯特拉斯堡召开一次会议。但实际上，几乎所有的立法准备工作和议会委员会会议都在布鲁塞尔举行。议会每月只在斯特拉斯堡开 4 天会，举行常规会议和最终的投票工作，其他所有会议都在布鲁塞尔举行。

2. 欧洲议会的职能。欧洲议会是欧盟唯一的一个直选议会机构。但是与一般意义上的议会相比，欧洲议会拥有的职能却少了很多。欧洲议会是从法律角度为欧盟理事会和欧盟委员会提供咨询，并对其实行监督的机关。理事会在行使有关农业、运输、竞争等共同政策的决定权时，必须向欧洲议会咨询。欧洲议会对条约中未规定的事项，可以根据自己的判断通过决议，积极反映成员国的民意，唤起欧洲社会舆论的关注。

欧洲议会的监督职能包括：①审议委员会向欧洲议会提出的欧盟年度活动的报告；②委员会以口头或书面形式回答欧洲议会及其议员提出的质询；③欧洲议会可以 2/3 多数（法定有效人数需过半数）弹劾委员会，迫其集体辞职。对理事会和委员会违反条约的行为，有权向欧洲法院提起诉讼。

欧洲联盟建立以后，作为欧盟五大机构之一的欧洲议会，其权力和影响日益扩大。特别是关于建立欧盟的相关条约的签署，使欧洲议会的权力得到明显加强。它有权修改甚至否决由成员国政府通过的多数法规；决定欧盟的预算；还可以设立调查委员会；依照特别程序对欧盟委员会提出弹劾，从而导致该届委员会的解散。欧洲议会享有的这些权力日益成为维护整个欧盟利益、使其不被国家利益占主导地位的欧盟理事会所忽视的一种有力手段。

二、欧洲联盟经贸法律制度

欧洲联盟在实现社会经济一体化过程中，根据基础条约的明确规定，逐步制定了适用于各成员国的共同社会经济政策和法律，内容涉及农业、渔业、交通、能源、服务、市场竞争、货币、社会保障和环境保护等方面。按照《罗马条约》确定的建立整个共同体范围内的统一大市场的目标，必须逐步实现成员国内部商品能够不受限制的自由流通，人员、服务和资本流通的障碍得到消除，并且建立起能够促使市场正常运作的公平竞争机制，从而实现商品和生产要素在共同体内部的自由流动、组合，达到最佳配置，以促进规模经济、提高经济效益，提升竞争力，创造共同体经济繁荣与社会的富足与安定。这些共同的法律及其社会政策的实施，促使欧盟成员国经济一体化程度迅速提高。随着成员国之间政治联合意愿的增强，自 20 世纪 90年代起，欧盟开始把立法的重点放在消除建设统一大市场的三大障碍，即生产诸要素自由流动中的有形障碍、技术障碍和财政障碍上，并把建立欧洲货币联盟作为欧洲统一运动的重要目标。根据《欧洲联盟条约》的规定，各成员国按照欧盟制定的关于建立欧洲货币联盟所设立的目标和步骤，采取一系列有力的措施，使欧洲联盟的统一货币单位——欧元，于 1999 年 1 月 1 日启用，成员国之间的金融边界不复存在。至此，欧盟的统一大市场遂告建成。欧盟经贸法律制度就是在推进和实现上述目标的过程中，逐步形成并日臻完善的。

下面择要对欧盟几项重要的经贸法律制度作一阐述：

（一）共同竞争法

竞争法是欧盟法的重要组成部分，合理有序的自由竞争将促进欧盟经济的健康发展。反之，各种垄断将对共同市场起阻碍甚至破坏作用。《欧洲经济共同体条约》第 3 条规定，欧洲联盟的主要任务之一就是"建立一种保证在共同市场内竞争不遭到破坏的制度"。为实现欧盟所确定的目标，成员国与欧盟制定的经济政策均"遵循自由竞争的开放性市场经济的原则"。欧盟的共同竞争法包括《欧洲经济共同体条约》所规定的具体条款，理事会以及委员会颁布的法律中有关经济竞争的内容，以及欧洲法院的相关判决。欧盟竞争法的主要内容体现在《欧洲经济共同体条约》第三部分中，共计 10 条。内容包括：专利、许可证协定和商标；价格歧视与定价；转买价格补贴；国家援助；支配市场地位的滥用；倾销；进出口数量限制；合并与集中；国家企业等方面的限制性法规。其主要包括以下三个方面的禁止性内容：

1. 限制性措施的禁止。条约规定，企业之间任何影响到共同体内部贸易以及妨害、限制或破坏竞争的协议、决定或一致行为的措施，一般都在被禁止之列。例如，有关在欧洲共同体内固定价格、分割市场、禁止出口等协议，都是被禁止的。上述原则性政策也有一项例外，即如果这类措施有助于促进商品生产和销售，或促进技术及经济发展，同时又使消费者能够从中得到公平的利益份额，只要这些限制性措施是实现上述目标所必不可少的，而且在有关商品的很大一部分上并不至于消除竞争，那就可以不受禁止。违反竞争政策的限制性措施应属无效。但是，欧盟委员会有权批准例外的豁免。

2. 支配性地位的禁止。条约规定，任何不正当利用一种支配性地位干扰成员国之间贸易的行动都是禁止的。为了检查是否存在着支配性地位，必须对企业规模、产品市场和地理市场进行分析。支配性地位的形成可以是几种因素结合的结果，如果将这些因素分别单独衡量，则不一定有决定性意义。因此，支配性地位产生于下述场合：一个企业有力量在相当人的程度上独自行动而不顾它的竞争者、顾客和它的消费者。

3. 国家援助的禁止。根据条约，一个成员国以任何形式授权援助或由国家援助因而有利于某些企业和某些商品的生产，导致破坏或可能破坏竞争，就其影响成员国之间贸易的范围来说，是与共同市场不符合的。但是，有三类援助被明确认为是可以允许的：①对个别单位的社会性质的援助，但其中不存在以国籍为依据的歧视；②与全国性灾害有关的援助；③对因德国分裂而受影响的联邦德国某些地区的援助。此外，以下述意愿为目的的援助，也可以被准许：①开发不发达地区；②促进具有欧洲利益的重要项目；③发展某些经济活动或经济领域；④理事会所确定的其他项目。

（二）公司法律制度

欧盟公司法由欧洲联盟基础条约的有关条款、欧洲联盟有关机构的立法以及欧洲法院的判例组成。但是，这些规定基本上都是原则性的。自1986年理事会作出第一个有关公司法的指令以来，共有12项有关公司法的指令具有法律效力。由于指令仅在所要实现的目标方面有约束力，至于实现目标的形式和方法则由各成员国自由选择，因此，各成员国有关公司的法律规定显得十分重要。协调和统一各成员国不同甚至相互抵触的公司法，是欧盟公司法的首要目标。到目前为止，欧盟的公司法尚未形成完备的体系，仍然是理论多于实践。

1. 关于公司的定义。欧洲联盟基础条约和其他法规并未给予公司以明确定义，因为其目的在于规定有权享受自由流动及自由提供服务原则的主体，至于公司本身的法律特征则以各成员国国内法为依据。《欧洲经济共同体条约》规定的公司，需符合以下条件：必须是一个团体组织；以营利为目的；根据某一成员国的法律而设立。依据任何一个成员国的国内法而成立的公司，其法人资格得到所有欧洲联盟成员国的承认。从程序上说，公司是依据各成员国的法律设立的，《欧洲经济共同体条约》赋予它们享受欧洲联盟法所规定的权利，二者互为补充，缺一不可。

2. 公司的公告。公告是公司设立的一个重要的形式要件。根据欧洲联盟相关指令的规定，公告应包括法律和财务两方面的情况：①法律方面应公布的信息有：成立文件（依英国法设立的公司应公布章程），注册资本，注册地的迁移，所有可以使公司无效的法律决定，公司的期限，公司的解散和清算，公司组织成员的姓名（法人代表的姓名），组织成员身份的确认，董事会的组成，公司管理监督人员的任命、解雇、退休等。②财务方面应公布的情况包括：股份公司的年度财政报告，资金平衡表，资产损益表；有限责任公司及类似公司的账目和会计方面的信息。

公告的形式可以采取下列方式之一：在官方的注册机构建立公司的档案，在国家的官方法律公报登载公告，在商业文件中注明公司的形式、住所、注册资本、清算方式、公司的注册方式及注册号码。

3. 公司的资本制度。欧盟的公司法指令对公司资本的维持、增加、减少及利润分配问题作了详细规定，指令的核心是公司资本的维持。根据规定，股份公司的注册资本不得低于2.5万欧洲货币单位，各成员国应根据本国货币汇率规定一个相应的最低资本额。分红必须以净利润为基础，禁止违法分红。当公司的总资产低于法定最低资本额和法定公积金之和时不得分红。欧盟的公司法还规定，决定增加公司资本的权力属于股东大会，董事会负责具体实施，新增资本所发行的股票，应不高于原公司资本的25%，且原公司股东享有优先购买权。股东大会同样有权减少公司的资本，但不得使公司资本减少至法定最低资本额之下，不得损害公司债权人的利益。

4. 公司的合并与分立。欧盟公司法所涉及的合并，是指在同一成员国内的公司的合并。合并的程序如下：拟定书面的合并计划；参加合并的各公司的股东大会就合并事项进行表决并公告合并决议；实施合并。股东有权在股东大会召开前至少1个月，取得合并计划、会计账目及公司报告等基本文件。公司债权人有权要求合并后的公司对其债权给予完全保证。有关股份公司分立的规定，其基本原则及程序与股份公司的合并基本相同。

（三）共同关税制度

关税是现代国家管理其对外贸易活动、保护本国产业、促进经济发展的重要手段和措施。关税制度是国家主权的一种体现，但是欧盟共同关税制度已经超越了国家主权的意义。早期欧洲共同体以关税同盟为基础，制定了统一的对外贸易法律，实现了共同体对外贸易关系领域的一体化。

欧盟之前的欧共体时代，于1968年初步完成了关税同盟。由于当时成员国经济发展水平差距尚大，加之贸易政策的差异，关税水平高低不一。1992年10月，随着《欧共体关税法典》的颁布，取消了成员国之间一切有形与无形的经济边界，确立了统一的共同体关税制度。该法典及以后公布的相关条例所确立的"共同体海关税则"，包含以下方面的内容：①基本商品分类目录；②税率及收费；③关税优惠政策和措施；④对某些进口的关税中止或减税措施等。

关税同盟使得欧盟代替了成员国的谈判地位，取消了成员国的进出口关税，统一了关税税率，因而大大促进了欧盟的一体化进程。关税同盟的特点是，以统一的欧洲共同体关税领土取代分立的各成员国关税领土。对内，取消各成员国之间贸易关系中的一切关税与数量限制，以及具有同等效果的一切收费与措施，实现商品的自由流通。对外，在各成员国与第三国的贸易关系中建立统一标准的共同关税制度。关税同盟的建立使欧盟取代各成员国，作为统一大市场的代表参加有关削减关税的国际谈判。由于实行统一的关税制度，任何欧盟以外的国家出口货物至欧盟成员国时，都按照欧盟统一的关税纳税，而不论具体的进口国与进口口岸。由于取消了欧盟成员国间的经济边界，第三国产品一旦合法进入欧盟任一口岸，便可以在欧盟全境取得与本地产品同等的待遇，并且可以不受限制地自由流通。同样，来自欧盟任何一个成员国出口至第三国的产品，也可以合法地不受限制地自由流通。

虽然欧盟建立了一套相当完善的关税法律制度，但它并未建立统一的海关机构。因此，实施欧盟关税法的权力仍属于各成员国海关。在执行统一关税规则遇到问题时，由欧盟委员会行使决定权。一旦构成争端，则通过欧盟的司法程序解决。

（四）非关税措施

非关税政策是现代国家在关税措施之外，调整其国际贸易关系所采取的另一重要贸易手段。欧盟加强其非关税法律制度建设的目的，是要达到一个更为开放的共同体市场与一个更迅捷有效的贸易保护机制之间的平衡。欧盟非关税措施立法，主要包括制定共同进出口制度和加强贸易保护措施。

共同的进出口制度是指除进口产品对欧盟造成损害，对公共安全、健康等方面有危害，以及列入委员会"否定"的清单产品外，任何第三国对欧盟的出口是不受限制的，并且基本上取消了对国营贸易国家（非市场经济国家）与市场贸易国家的进口数量限制上的差别。欧盟制定的共同进出口条例在出口方面，原则上是完全自由的，没有任何数量限制，并且规定了一系列鼓励性措施。例如，为成员国产品出口提供信贷、保险等方面的帮助。但基于保护公共政策、公共安全、公共秩序、公共道德、人类卫生与生命、稀有动植物和具有艺术、历史价值的国家珍品以及高科技等理由，欧盟有权采取拒绝发放出口许可证或进行数量限制等措施。在进口方面，一是区分从市场经济国家的进口和非市场经济国家的进口，实行不同的贸易制度；二是允许成员国对众多产品的进口保持国别进口数量限制措施。1990年以来，欧盟的贸易进出口制度发生了重大变化。主要是修改了长期以来实行的对市场经济国家与国营贸易国家区别对待的进口政策，并且取消了成员国进口的国别限额政策。

为了制止不正当贸易行为，欧洲共同体时代在致力于建设共同单一市场，努力实现贸易自由化的同时，制定了一系列贸易保护法规，建立起相当完善的贸易保护制度，以保护共同体生产者免遭其贸易伙伴的各种不正当贸易行为的侵害。当时所采取的贸易保护措施，主要有反倾销与反补贴措施和贸易保护措施。

反倾销措施是欧盟使用最频繁的一种贸易保护措施。根据反倾销条例的规定，任何在欧盟内自由流通的外国商品，一经确认为"倾销"进口，并导致损害性结果，即应征收反倾销税。确认倾销存在的标准是，如果第三国对欧盟的出口价格低于同类商品的通常价格，该商品则被认定为倾销。为此，条例还制定了出口价格、通常价格以及二者间比较的方法与准则，这些是判定"损害"的存在依据。对被确认为倾销的任何商品，一经确认其出口国或原产地国直接或间接给予补贴并导致损害的，应征收反出口补贴税。不过，从原欧共体的反补贴实践看，在对外贸易中，它大量采取反倾销行动而很少诉诸反补贴措施。这除了技术上的原因，即不易取得有关外国政府提供补贴的精确资料外，还在于补贴是一种普遍现象，即使欧共体本身亦不例外。

1984年制定的欧共体《第2641/84号条例》，根据国际法中"非法贸易实践"原则，建立了用以对第三国的非法贸易实践提出指控、进行调查、决定对策的程序。所谓非法贸易实践，是指"可归属于第三国的违反国际法或一般接受之规则的任何国际贸易实践"。[1]对此，欧盟各成员国可以采取中止或撤回贸易政策谈判所作出的任何承诺，提高现行关税或实行其他方式的收费，实施数量限制或改变进出口条件等措施。该条例可以看做是在第三国市场上保护欧洲共同体贸易利益的第一部欧共体法律。但是，鉴于该条例设立的贸易保护机制因过多的限制性条件而使其保护效果不尽如人意，因此欧盟于1994年颁布了《第3286/94号条例》，新条例对原有的

---

〔1〕 参见欧共体《第1994年第3286/94号条例》第2条第1款，转引自刘星红：《欧共体对外贸易法律制度》，中国法制出版社1996年版，第151页。

贸易保护措施，包括决策机制在内的程序规则和关于对应追究的第三国的非法贸易实践可采取的救济措施的规定，加以重新组织和完善。条例规定，欧盟可以因"对共同体市场有影响的贸易障碍遭受损害"或"因对第三国市场有影响的贸易障碍而遭受不利的贸易影响时"，根据成员国或企业对第三国贸易行为提出的控诉，决定应采取的反应行动。[1]该条例对欧盟的贸易保护制度作出了实质性修改，扩大了贸易保护机制的适用范围，对今后的贸易保护立法产生重大影响。

（五）普遍优惠制

最惠国待遇原则和普遍优惠制原则是欧盟贸易法的重要内容。经当时关贸总协定确认，欧洲共同体以一种特殊主体资格取代各成员国成为总协定的事实成员，并受总协定各项规定的约束。因此，最惠国待遇原则自动适用于欧洲共同体与其他总协定缔约国之间的贸易关系。普遍优惠制原则则是根据联合国贸易发展会议的倡议，工业发达国家在非对等和非歧视的基础上，对发展中国家出口的制成品和半制成品提供普遍的优惠关税待遇。这是欧盟贸易政策的重要组成部分。

欧洲共同体自20世纪70年代起就率先在不发达国家中实施普遍优惠制。其特点是：一方面，欧洲共同体的普遍优惠制政策原则上适用于所有发展中国家，而不论这些国家是否与欧共体成员国存在某种特殊的历史关系；另一方面，并非发展中国家向欧共体输出的所有产品都能享受欧共体的普遍优惠制待遇。其制定的普遍优惠制方案实施期为10年。至1995年，随着欧洲联盟的建立，开始实施新的普遍优惠制方案。该方案的特点是，将对除农产品以外的所有工业品的优惠方案统一起来，不再分列。欧洲联盟根据受惠国出口产品对共同体产业的敏感程度，详细规定了受惠产品清单和对受惠产品优惠进口的数额限制，严加控制。

在长期对外经济贸易活动中，欧盟形成和发展了一套适用于作为欧盟整体的各成员国与非成员国或国家组织之间的相对发达而完备的法律制度，其中包括关税制度、最惠国待遇和普遍优惠制，以及为制止非法贸易而采取的一系列贸易保护措施。这充分体现了欧盟法既非传统国际法，亦非国内法这一特征，反映出欧洲联盟具有超国家的联邦性质。

三、政治一体化与《里斯本条约》

（一）欧盟关于外交与安全、内务与司法方面的法律制度

经济、外交与安全、内务与司法构成了欧盟的三大支柱。欧盟的经济一体化已经达到比较成熟的阶段，随着欧盟的扩大和货币的一体化，整个欧洲经济一体化的程度将会达到一个更高的阶段。这促使欧盟更多地关心在外交与安全、内务与司法方面的合作，经济一体化已经开始逐步走向政治一体化，政治领域的合作正向纵深方向发展。

第十五章

---

[1]　参见欧共体《第1994年第3286/94号条例》第2条第1款，转引自刘星红：《欧共体对外贸易法律制度》，中国法制出版社1996年版，第158页。

《欧洲共同体条约》第 224 条规定，为维护共同的秩序而采取共同的预防措施。1965 年《合并条约》的签订，使得欧共体的机构统一起来。1986 年《单一欧洲法令》第 1 条明确宣布："欧洲共同体与欧洲合作应朝着自己的目标，为实现欧洲联合取得具体的进步而共同作出贡献。"该文件第三编是关于在外交政策领域内欧洲合作条款的规定。它要求各成员国采取一致的外交政策，充分地就与安全有关的问题协调自己的立场。1992 年的《马斯特里赫特条约》发展了外交与安全方面的内容，并对此两项合作在第五编中作了规定。其目标是捍卫联盟的共同价值、根本利益和独立，使用一切手段加强联盟成员国的安全，促进国际合作，保证基本人权。1997 年《阿姆斯特丹条约》则强调了欧盟在国际舞台上的重要性，号召成员国毫无保留地支持欧盟的对外与安全政策。2000 年 12 月欧盟在法国尼斯宣布了欧盟基本权利宪章，并就范围广泛的问题进行了讨论。

司法与内务是欧盟的第三根支柱，《欧洲联盟条约》第六编就是关于司法与内务领域合作的条款。其内容涉及避难、非法移民、人员的自由流动、毒品、诈骗、民事、刑事与海关合作等。《阿姆斯特丹条约》则将此进一步细化，譬如条约第六编是关于打击刑事犯罪的警察和司法合作条款，第三编是关于签证、避难、移民和其他有关人员自由流动的政策，等等。

（二）《欧盟宪法条约》的探索及其失败

随着欧洲统合的进展和实施，欧盟的权限不断扩大，然而因此也产生了许多侵害人权的问题。同时随着欧盟版图的扩大，行政效率也日渐低落，这使得欧盟饱受"民主赤字"和"官僚治理"之类的批评。因此，在欧洲人普遍希望拥有一个"公开、有效率的治理机制"，以及"权限不至于侵犯到会员国与区域生存"的欧盟之时，欧盟的宪政日益提到议事日程。

欧盟宪法的制定是建设欧洲的重要步骤，但这并不是要取代欧洲各个国家自己的宪法，而是与这些宪法共存。其主要目的是定义欧盟的权力范围，解决一个扩大的欧洲所面临的挑战，建立一个致力于服务所有欧洲人民的民主、透明、有效率的欧洲。

《欧盟宪法条约》草案于 2004 年 6 月 18 日在欧盟布鲁塞尔首脑会议上通过。同年 10 月 29 日，欧盟 25 个成员国的领导人在意大利首都罗马签署了这项条约。《欧盟宪法条约》是欧盟的首部宪法，其宗旨是保证欧盟的有效运作以及欧洲一体化进程的顺利进行。《欧盟宪法条约》由欧盟宪法、欧盟公民基本权利宪章、欧盟政策和欧盟条约基本规定 4 个部分组成，其主要内容包括：设立欧洲理事会主席和欧盟外交部长，组建欧盟外交部，以保持欧盟工作的连续性；改革欧盟委员会，扩大欧洲议会的权力；改革欧盟理事会和欧盟部长理事会的表决机制；欧盟成员国加强在共同防务政策方面的合作。

根据有关规定，宪法条约签署后还需要欧洲议会以及欧盟各成员国根据本国的法律规定予以批准后方可生效。如果各成员国批准顺利，《欧盟宪法条约》于 2006

年11月1日正式生效。截至2005年5月，已有立陶宛、匈牙利、斯洛文尼亚、西班牙、意大利、希腊、斯洛伐克、比利时、奥地利和德国等10个欧盟成员国批准了《欧盟宪法条约》。但是2005年5月29日，法国就《欧盟宪法条约》举行全民公决，54.87%的选民投了反对票，该条约未获通过。同年6月1日，荷兰的全民公决中，《欧盟宪法条约》再次惨遭否决。

《欧盟宪法条约》是地球上前所未有的新政治实验，虽然其立意良善，试图借由这部宪法的制定，带来一个更为民主、透明、有效率的新欧盟，但法国和荷兰人民投下的反对票，除了反映两国人民对本国政治人物的不信任外，也显示部分欧洲人民对欧盟扩大的恐惧多于信任的心理。分析其原因，法国和荷兰的人民主要反对的不是宪法本身，而是向东扩大后的欧盟。依据《欧盟宪法条约》，欧洲议会将由人口比例代表组成，这将使得小国如荷兰更加失去决策影响力，而荷兰人民不愿继续被大国牵着鼻子走，也担心新的宪法条约会削弱他们的投票权。此外，欧洲人民普遍认为，欧盟的庞大官僚机构缺乏透明度，缺乏民主，他们最大的忧虑是欧盟宪法将开启走向一个欧洲"超级国"的道路，将一点一滴夺走他们国家的主权。与此同时，欧盟创始国的西欧人民日益对国内生活感到担忧，他们担心生活水准降低，担心欧盟扩张速度过快，涌入大量的外国移民，将使他们失去民族特性，更担心在信仰伊斯兰教、人口众多的土耳其加入欧盟后，将彻底改变他们所熟悉的欧洲面貌。这种种原因，使得保守主义在西欧普遍兴起，这对于象征自由主义的欧盟，以及充满自由主义思想的《欧盟宪法条约》来说，自然是个不利的因素。

《欧盟宪法条约》的制定是希望能带来一个团结、和平、繁荣的新欧洲，而不是借由宪法并吞各个成员国。部分欧洲人民对于欧盟的不信任，连带使得他们对这部宪法感到反感甚至恐惧，但并不一定表示制定这部宪法的尝试是错误的。欧盟宪法的未来仍将有再现曙光的机会。

（三）《里斯本条约》（the Treaty of Lisbon）

为推动欧盟制宪进程，2007年6月，欧盟首脑会议在布鲁塞尔决定以一部新条约取代已经失败的《欧盟宪法条约》。根据欧盟各国首脑达成的框架协议，新条约不是涵盖欧盟所有既有法律的一部大法，而是对创建"欧洲经济共同体"的《罗马条约》和建立"欧洲联盟"的《马斯特里赫特条约》进行修改增补的一部普通法律。这样，新条约的重要性下降，各成员国可以通过议会审批方式核准条约，而无需举行可能导致条约遭否决的全民公决。按照各成员国讨论达成的共识，新条约删去了一切带有宪法意味的内容，包括更改其"宪法条约"名称、省去欧盟盟旗、盟歌等内容。同时，条约增添了一些使欧盟决策过程更透明、更民主的条款，并照顾部分成员国意愿，增加了一些"个案处理"的灵活规定。相比《欧盟宪法条约》，新条约内容大为简化，但仍保留了宪法条约的实质内容。根据新条约，欧盟的决策方式和机构设置都将进行大刀阔斧的革新，旨在提高决策效率，使扩大后的欧盟更好地运转。

2007 年 10 月 19 日，欧盟非正式首脑会议在葡萄牙首都里斯本通过欧盟新条约，即《里斯本条约》，取代已经宣告失败的《欧盟宪法条约》。《里斯本条约》被视为《欧盟宪法条约》的简化版，其主要内容包括：

1. 设立常任欧盟理事会主席职位，取消每半年轮换 1 次的欧盟主席国轮替机制。主席任期两年半，可以连任 1 次。

2. 将"欧盟共同外交和安全政策高级代表"和"欧盟委员会负责外交的委员"两个职权交叉的职务合并，统归为"欧盟外交和安全政策高级代表"一职，全面负责欧盟的对外政策，任期 5 年。该高级代表相当于"外长"的职务，同时兼任欧盟委员会副主席。

3. 将更多政策领域划归到以"有效多数表决制"决策的范围，以简化决策过程。司法、内政等敏感领域的一些政策也将以"有效多数制"表决，成员国不再能"一票否决"。但在税收、社会保障、外交和防务等事关成员国主权的领域，仍采取一致通过原则。

4. 各成员国在"有效多数表决制"下的加权票数重新调整，在 2014～2017 年之间逐步实行。

5. 以"双重多数表决制"取代目前的"有效多数表决制"，即有关决议必须至少获得 55% 的成员国和 65% 的欧盟人口的赞同，才算通过。新表决制在 2014 年开始实施，到 2017 年之前的 3 年为过渡期。

6. 自 2014 年起，欧盟委员会之委员人数将从 27 名减至 18 名，委员会主席的作用将加强。

7. 欧洲议会的权力将增强。此外，议会的议席数将从 785 减至 750，一些国家所占议席数将根据其人口数量作出调整。

8. 成员国议会将在欧盟决策过程中发挥更大作用。例如，如果一项欧盟立法草案遭到 1/3 成员国议会的反对，将返回欧盟委员会重新考虑。

9. 新条约将确认"欧盟基本权利宪章"对各成员国的法律约束力。

《里斯本条约》标志着困扰欧盟长达两年半的制宪危机暂告一个段落。该条约获得各成员国批准，为欧盟的机构改革铺平道路。欧盟制宪进程并不平坦，《里斯本条约》从制定到签署，既有各成员国的不懈努力，也是形势所逼。欧盟领导人深知，在欧盟从 15 国骤然扩大到 27 国后，出现的"消化不良"现象必须通过机构改革才能解决。同时，克罗地亚入盟迫在眉睫，而 2003 年生效的《尼斯条约》没有为此预留空间。欧宪条约失败后，欧盟领导人采取了更加务实的态度。在 2007 年 6 月的峰会上，欧盟领导人成功消除了已批准《欧盟宪法条约》国家和未批准《欧盟宪法条约》国家之间的意见分歧，果断做出在新条约中剔除"宪法"字眼，并舍弃让人联想到"超国家"性质的盟旗、盟歌等，为新条约的诞生设定了蓝图。在此后的政府间会议架构下举行的谈判中，成员国采取了妥协的态度，尽量满足英国、爱尔兰、丹麦、波兰、奥地利、意大利等国的要求。这一系列的让步最终使条约在 10 月份正式获得领导人批准。《里斯本条约》保留了《欧盟宪法条约》的基本内容，但却并不一定要经过全民公决程序，所以降低了被否决的风险。

《里斯本条约》的重要性不言而喻，其使欧盟在国际舞台上成为一个真正的实体。但是，欧盟的经济、政治一体化进程仍然面临着一些严峻的问题，尤其是自2009年以来发生于希腊、意大利、爱尔兰、葡萄牙、西班牙等国的主权债务危机，如多米诺骨牌一般，大有愈演愈烈之势，暴露出欧洲联盟特别是欧元区在金融监管、法律机制、经济体制乃至于行政决策中的重大缺陷，从而给欧洲一体化的进程蒙上了阴影。如何渡过难关，协调各成员国，建立平衡而又良性的经济和政治运行体制是摆在欧盟各国面前的一项长期而重大的课题。

■ 第三节　欧洲联盟的司法制度

欧盟法律制度的特殊性与复杂性，使得司法机构的职能与效用更加凸显出来。因为欧盟法律在成员国内部获得全面、准确地实施，不仅关系到法的权威性，而且直接影响到欧盟经济、政治一体化目标的实现。因此，欧洲联盟基础条约赋予司法机构比较充分的权能和手段，以保证它在维护欧盟法律秩序、巩固和促进欧洲统一方面发挥持久稳定的作用。

欧盟司法制度的法律基础是：《欧洲共同体条约》《欧洲联盟条约》以及依条约的规定制定的《关于法院规程的议定书》和《法院诉讼程序规则》。

一、欧洲法院

欧洲法院原名欧洲共同体法院，前身为欧洲煤钢联营法院，根据1951年《巴黎条约》设立，依1958年《罗马条约》更名，设于卢森堡。

（一）欧洲法院的组成

欧洲法院由15名法官组成，推选其中1人为院长，并由9名公设律师（Advocate General）协助工作，下设1名书记官、2名副书记官及职员。法官和公设律师从那些能保证独立并具备在其本国担任最高司法职务条件的人员中或从具有卓越才能的法学专家中挑选，并根据成员国政府的一致同意予以任命，任期6年。法官每3年更换一部分，可以连任，并保持完全独立性。法官在解释和运用欧洲联盟诸条约时，以确保守法为其宗旨，具有解释权和鉴定权。公设律师，即检察官、法务官、法律顾问，或为合法性代理人。

欧洲法院的公设律师制度创设于1952年欧洲煤钢共同体成立之际，深受法国行政诉讼制度的影响。公设律师的主要职责，是在审判中，从独立和公正的立场出发，对被委托的案件公开提出附有理由的意见，以协助法官完成条约所赋予的职责。法官在判决时，虽然不受公设律师意见的约束，但应当考虑其意见。公设律师的资格要件、地位、特权、豁免与法官相同，名次按就任顺序和年龄排列。公设律师除就案件的审理进行协助和提出意见外，还执行某些行政和咨询事务。

第
十
五
章

欧洲法院院长（或称首席法官）由法官采用秘密投票方法选出，任期3年。法院内部设有若干分庭，分别由3名或7名法官组成。在审理案件时，根据案件情况选择庭审组织，原则上应在全体法官出席时始可开庭。法院只有在法官人数为奇数时，其审理方为有效。判决应在各法官相互发表附有理由的意见后，按多数表决的意见作出；院长不拥有决定票，法官的意见不予公布。

欧洲法院的法庭语言可以是欧洲联盟成员国的任何一种官方语言以及爱尔兰语。法官及当事人的陈述被同步翻译。法庭的内部工作语言是法语。

（二）欧洲法院的职能

欧洲法院的基本职责是，依据基础条约赋予的司法权，受理由委员会或成员国提起的对违反欧洲联盟法的成员国的诉讼。其既可以在争议各方对法律的含义各执一词时明确成员国的义务，迫使违约的成员国切实履行条约规定的义务，还可以就涉讼问题向有关成员国提出警告，以纠正其违反欧盟法律的行为。具体地讲，欧洲法院主要审理以成员国为当事人的违反欧盟法律的行为。其中包括成员违反了基础条约及其附件的案件，违反欧洲联盟颁布的各类法规的案件，以及违反共同体与第三方签订的协议、条约的案件。由此可见，欧洲法院的职能是综合性的，它不仅是一种区域性的国际法院，而且还是欧洲联盟本身的宪法法院、普通法院和行政法院。这种职能的广泛性，是其他任何一种国际法院所不可比拟的。

欧洲法院作为宪法法院，其职能是当存在某成员国未履行欧洲联盟各个条约所规定的相应义务时，欧盟委员会及其成员国可将该有关案件交付法院审理。法院对涉及解释和适用欧洲联盟条约的各种争端，拥有排他性的专属管辖权，而且具有强制性。

欧洲联盟各条约规定了欧洲联盟的基本目的、职能和机构、各机关的权限等基本问题，具有欧洲联盟宪法的性质。欧洲法院作为宪法法院，有权审查欧洲联盟诸条约所规定的上述基本问题是否被遵守，有权审查欧洲联盟各条约的解释、各机关制定的法令以及与第三国缔结的国际协定是否符合欧洲联盟诸条约的规定。

欧洲法院作为普通法院，欧洲法院有权审理非契约上的损害赔偿的纠纷，以及欧洲联盟各机关与其职员间的雇佣契约和处分问题的争执。这种职能类似于国内普通法院在民事诉讼上的职能。

欧洲法院作为行政法院的职能，欧洲法院从法律上制约欧洲联盟各机关管理联盟的行政行为。按欧洲联盟各个条约的有关规定，法院对欧盟理事会和委员会所制定的欧盟派生法（即根据作为基础法的欧洲联盟各条约所赋予的权限，由欧盟理事会和委员会这两个欧盟主要立法机关所制定的法令）的合法性进行审查，可以要求欧盟理事会和委员会取消其已作出的有拘束力的决议，处理成员国及其他机关提出的要求确认欧盟理事会或委员会某种行为系违法行为的诉讼。

（三）欧洲法院的诉讼形式

欧洲法院的诉讼形式主要有：对成员国的诉讼；对欧洲联盟各机关的诉讼；对

由成员国国内法院审理的案件进行的"先予裁决";其他的诉讼。其中先予裁决是欧洲联盟司法制度中颇具特色的诉讼形式。与欧盟法有关的私人或私营企业相互间的争端，或者私人与成员国政府当局之间的争端，并不直接向欧洲法院提起诉讼，而是先向成员国的国内法院提起诉讼。但是，欧洲法院根据成员国国内法院的请求，可对上述争端中涉及欧盟法方面的问题作出判断。这种诉讼形式是保障根据欧盟法可以主张的权利的有效手段。先予裁决制度不仅为无权向欧洲法院起诉的公民和法人依法享受欧盟法律上规定的权益提供了间接保障，更重要的是，它保证了欧洲联盟与成员国两种互相独立的法律制度在适用欧洲联盟法上的统一。先予裁决制度也是确保欧盟法律统一实施的有效手段。

（四）初审法院（Court of First Instance）

初审法院是随着欧洲联盟的不断扩展，为减轻欧洲法院的工作负担而增设的一所初级法院，从属于欧洲法院，仅拥有欧洲法院的部分管辖权。欧洲初审法院根据《单一欧洲法令》建立，并于1989年9月起正式受理案件。

初审法院由15名法官组成，没有设置专门的公设律师，可以根据案件的难易程度，由法官自行决定是否需要由公设律师协助法官履行条约所规定的任务。相对于欧洲法院，初审法院法官的任职条件较宽，只要求该人为独立的且具有必要能力担任司法职务即可。到目前为止，初审法院的管辖权大体上限于自然人和法人为当事人的案件，主要包括欧洲联盟与其职员之间发生的人事案件和公民、法人基于不正当竞争和反倾销等法规而提起的诉讼。

欧洲法院通过在具体案件中解释与适用欧盟的条约与法律，以保证对欧盟法的遵守。在先行诉讼情况下，欧洲法院的司法职能仅限于解释法律，适用于具体案件的法律则是有关的国内法。法院在解释欧盟法律时，一般遵从所谓的"大陆方式"。现行的解释方法大致有"措辞解释""意思解释""文理解释"和"目的解释"四种，其中以"文理解释"和"目的解释"最为重要，适用较为普遍。

二、欧洲法院的诉讼程序

由于欧洲法院拥有广泛的司法权能，既有一般的司法审判权，又有复杂的司法审查权。就诉讼性质而言，不仅受理普通民事诉讼案件，还受理大量的行政诉讼乃至宪法性诉讼案件。所以，实践要求法院必须采用多种方式解决争议，不能拘泥于某种单一的诉讼程式。以下仅对欧洲法院的诉讼程序作最简要的叙述。

在当事人为成员国政府、欧盟各机关、私人、私营企业的情况下，直接向欧洲法院提起诉讼时的一般程序，通常分为书面程序、调查或预审、口头程序和判决四个阶段。

（一）书面程序

书面程序是诉讼程序的第一个阶段。开始的标志是诉讼案件的原告向法院的书记官提出诉状。诉状要求具备一定的内容，如案件概要、诉讼请求以及法律根据等事项。由于共同体内有多种可供使用的语言，当事人在诉讼中必须选择一种语言，如果当事人未加选择，法院可代为指定。诉状和其他诉讼资料由书记官一并送达被告，被告在收到诉状后 1 个月内提出答辩状。对于被告的答辩，原告可以抗辩，被告还可以再抗辩。至此，书面程序即告结束。

（二）调查或预审

一经收到诉状，法院院长即立刻将案件划归一个分庭审理，并指定组成该分庭法官中的一人为审判长，同时指定负责该案件的公设律师。法官们在研究了所有提出的诉讼文书后，由审判长向法庭或法院提出调查证据的建议，法院根据建议作出决定，指出必须证明的事实以及是否传讯证人等。证据调查包括：当事人的请求、证据和提交文书、询问证人、物证鉴定、勘验等，可由法院或法庭进行。法院发出询问证人的通知，证人应按时到庭作证。在法院询问证人时，当事人必须到庭。证人陈述完毕，院长、法官和公设律师可依其职权对证人分别询问。上述调查也是对案件进行预先的审理。调查结束时，院长决定口头程序的开始日期。

（三）口头程序

口头程序在法庭开庭中进行，包括审判长宣读报告，对代理人、辅佐人、辩护人进行询问，对证人和鉴定人询问，公设律师宣读意见书。口头程序由院长宣布开始并主持，最后宣布该程序结束，便进入判决阶段。

（四）判决

经过上述程序，法官们对案件有了基本理解，在此基础上，法官对案件秘密地加以讨论、评议，然后作出判决。判决由投票方式决定，以多数票为准，与国际法院的情况不同，少数意见不得公布。无论同意还是不同意，公布的判决由全体法官和书记官签名。判决在当事人出席的法庭上予以宣告，自宣告之日起生效。

欧洲法院对其判决并无直接执行的权力，但判决基本上都得到了履行。欧洲法院的判决对当事人有拘束力，当事人有义务履行判决。根据欧洲联盟诸条约的规定，对成员国或欧洲联盟机构的判决，这些当事者"必须为履行法院判决而采取必要的措施"。当执行的对象是判决私人或私营企业承担金钱义务时，"强制执行应根据执行国的民事诉讼法的规程进行之"。[1]

■ 第四节　欧洲联盟法的历史地位与特征

一、欧洲联盟法的历史地位

欧洲联盟法是现代法律制度中的一个创举。它的出现既是欧洲国家谋求联合、走共同发展之路的结果，也是两大法系相互吸收、互相融合的一个例证。半个世纪以来，欧洲联盟法形成的特殊社会背景与其所追求目的的复合性，造成了欧盟法律制度的独特与复杂。简言之，认识和把握欧洲联盟法的性质及其历史地位，应该结

---

〔1〕　熊先觉主编：《国际司法制度》，天津人民出版社 1994 年版，第 48 页。

合以下方面来考虑：

（一）欧共体及欧洲联盟的目标和宗旨

当初建立欧共体的目标是以成员国经济上的联合为开端，达到统一大市场的建立。共同体这一名称，不仅表明它是联结成员国政府的实体，而且还是成员国民众的联结体。从欧共体的章程及欧盟条约来看，由"关税同盟""共同市场"到最终实现"欧洲联盟"，在目标选择上具有明显的渐进性。依此建立起来的法律秩序，既有密切的联系，又有一定的区别。关税同盟是欧共体的基础，也是实现欧洲经济一体化的最初成果。欧洲共同市场的建立则大致完成了欧共体设立时的目标。欧洲联盟的建立，使欧洲各国的联合走上了一个新台阶，它不仅正式启动了经济和货币联盟，而且将欧洲联盟推向政治联盟。

（二）欧盟组织结构的复杂性

在欧共体设立的四大主要机构中，只有理事会仍遵循国家代表原则，其他机构均代表欧共体利益。此后的《欧盟条约》则为欧盟规定了更加复杂的组织结构，拓展后的欧共体活动、共同外交与安全政策、司法与民政事务以及社会政策活动分别按不同的机制运转，由欧洲理事会总合四个方面的活动，并负责推进整个联盟的不断发展。

（三）欧盟立法与决策的自主性

理事会、委员会和欧洲议会在各自的职权范围内参与欧盟的立法与决策，其立法不仅体现成员国的共同意志，而且在相当程度上保持着欧盟的自主意志。加之欧盟法在效力上优于与之冲突的成员国的国内法，因此，最终维护了欧洲联盟在立法与决策上的自主性。

（四）欧盟在财源上的独立性

现代国际组织的活动经费通常都是依靠成员国的认缴与捐助。这种对经费的依赖，在很大程度上限制了这些组织独立地开展为实现其宗旨所必需的活动。作为肩负特殊使命的国际组织，欧盟拥有自主的财源。自20世纪70年代以来，欧洲共同体就逐渐地以独立的财源取代成员国的认缴。独立的财源使欧盟摆脱了成员国在缴费方面可能出现的掣肘和要挟，保证了其政策目标的一以贯之和充分实现。

二、欧洲联盟法的特征

基于对欧盟法在形成过程中的特点的简要分析，不难发现，欧盟法是在特殊的社会历史条件下产生的一种新型的法律制度，其地位已经获得国际社会的普遍承认。作为一个相对独立的规范体系，它在国际交往中，尤其是在国际经济贸易活动中，正在发挥越来越重要的作用。但从法学的角度看，欧盟法究竟属于国际法的范畴还是属于国内法的范畴，目前尚无定论。比较普遍的看法认为，欧盟法既不同于传统国际法，也有别于国内法，而是介乎两者之间的一种新型的特殊的法律制度，而且它仍然处在不断的变化和发展之中。

（一）欧盟法具有超国家性

欧盟最初是西欧诸国推行经济一体化和政治联盟的产物，是现代紧密型国家联合的结果。作为欧盟法基本渊源的基础条约，对欧洲共同体及欧洲联盟的目标、性质和功能，以及为实现前述目标而应采取的方法和步骤作了明确规定。为了实现欧盟的最终目标，各成员国必须根据条约的规定，为追求共同体的整体利益而对自身利益作出限制。欧盟正是遵循这一根本原则，依赖各成员国的共同努力，自主地形成了一套适用于欧洲联盟成员国、又不同于成员国国内法的法律制度。对于欧盟法的超国家性，《巴黎条约》第9条作了规定："各成员国承诺遵守此等超国家特征，并不对委员会成员在行使其职责时施加影响"。欧盟职能的超国家性决定了法律的超国家性。

（二）欧盟法具有联邦性功能

最初建立欧洲共同体的终极目标是，通过设立共同机关、建立共同市场和实行共同的社会政策达到欧洲的统一。欧洲共同体不断发展并逐步演进为欧洲联盟，最终必然导致这样一种趋向，即在共同体组织本身朝着类似三权分立的近代西方国家形态转化的同时，共同体各成员国的主权日益受到限制。完全由欧盟成员国根据条约建立起来的共同体组织对成员国拥有的巨大权能，是以往任何国际组织所不具有的。

1. 关于建立共同体的欧盟基础条约具有宪法的效力，它对欧盟机构的设置、权限与职能以及欧盟的基本社会政策等作出明确规定，成为欧盟运转的法律基础，对欧盟成员国具有直接的法律约束力。

2. 欧盟内部机构的设置，日益向联邦制转化。欧盟不仅设有专司立法的机关——欧盟理事会和欧洲议会，分别代表成员国政府和欧洲共同体公民，共同行使立法权，而且还有独立的行政管理机关和司法机关。尤其是欧洲法院，具有普通法院和宪法法院的混合职能，对欧盟成员国直接拥有司法管辖权。

3. 欧盟在推进成员国经济、政治一体化过程中，制定了大量共同的社会政策，形成了比较完整的经济贸易法律制度，这些法律和政策，构成成员国国内法的一部分。欧洲法院通过判例，确认了欧盟法在成员国的"直接适用原则"和欧盟法与成员国国内法发生冲突时的"优势原则"。所谓"直接适用原则"，是指欧洲联盟各基础条约中的某些条款以及由理事会和委员会制定的条例在成员国中可直接适用，无须成员国通过国内立法程序，就可以在成员国与其公民之间或在其公民相互间设定对国内法同样有效的权利义务关系。"优势原则"则确认欧盟法的效力高于国内法。其理由是共同体构成了新的法律秩序，成员国为保护其法律上的利益，应当在有限的范围内限制其主权性权利，这是实现共同体宗旨的必要条件。这样，欧盟由最初的成员国之间的经济联合走向政治联合，日益具有欧洲联邦的性质，成员国的主权受到越来越多的限制，各成员国的领土与人口已经成为高度统一的整体，受到欧盟的有效管辖。

（三）欧盟法是欧洲一体化的产物，是国际法和国内法的结合

欧盟法就其本质而言，是成员国为最终实现欧洲经济、政治、社会的和谐统一而采取的过渡时期的法律形式，是对传统国际法的一种挑战。欧盟法不是国内法，因为它的制定离不开直接代表成员国政府意图的理事会的决定性作用；它的实施在相当程度上更有赖于成员国的立法和司法机关的保障。无论从法的制定还是从法的实施来看，它与联邦法还有很大的差距。欧盟法也不是国际法。它是成员国之间为追求共同体的整体利益，自愿限制、转让部分国家主权而采取的法律措施。因此，无论从法的内容还是从法的效力上看，它都大大超越了以往基于国家主权而形成的国际法对加入国的规范与约束。欧盟法的最高性和直接适用性效力原则更是国际法所不具备的。所以，欧盟法是兼具国际法和国内法特征的一种新型法律制度。它的出现，直接反映了 20 世纪 50 年代以后国家组织发展、演变在法律制度上的重大突破。具有跨国性质的欧盟法作为一种特殊类型的法律制度，首先诞生在欧洲并非偶然。它是该地区的国家和人民在经历了两次惨绝人寰的世界大战后所作的反思性实践，是在民族、历史、文化、语言、政治、经济和社会形态上具有密切联系的特定地区的国家，致力于实现区域性经济、政治联合，推进社会一体化的结果。

三、典型案例分析——大陆金属罐公司兼并交易案（欧洲法院）

（一）案件事实

大陆金属罐有限公司（Continental Can）（以下简称"金属罐公司"）是一家营业地在纽约的世界上最大的金属容器生产商，也是其他包装材料和包装机械的重要生产商。1969 年 2 月金属罐公司收购了德国施马贝奇公司有控制权的股份，并取得该公司 85.8% 股本的所有权。不久，金属罐公司又拟与英国的金属箱公司在美国设立一家控股公司，并拟邀请金属罐公司在荷兰和法国的两家被许可人索麦森公司和卡洛德公司参加。金属箱公司和金属罐公司拟将包括它们在施马贝奇和索麦森两公司的股份在内的欧洲股份转让给该控股公司，该控股公司将用金属罐公司购买本控股公司的其他股份所提交的股本，购买索麦森公司的未偿股份。其目的是通过该控股公司，使金属罐公司和索麦森公司合并，并将保证金属罐公司通过控股公司对欧洲共同市场的主要容器生产商行使有效的控制。卡洛德公司因故不愿参与该控股公司，金属箱公司则同意参与。

1970 年 2 月 16 日，金属罐公司与索麦森公司签订合作协议，为履行协议，金属罐公司于 2 月 20 日在美国特拉华州成立了一个新的由其拥有全部股份的子公司——欧洲恩巴拉吉公司，并在纽约和布鲁塞尔设有办事处。金属罐公司将其全部的欧洲股份转让给该子公司。然后，欧洲恩巴拉吉公司对索麦森公司提出收购报价。该项报价于 3 月 16 日被公开。当月，欧洲共同体委员会通知有关的所有当事人，这项交易可能与《罗马条约》第 86 条相抵触。金属箱公司因而临时退出这项安排，而欧洲恩巴拉吉公司则于 4 月 8 日取得了索麦森公司 91.07% 的股份，有效地完成了这项交易。

金属罐公司这一兼并交易的施行，立即在欧共体产生反响。欧共体委员会根据

第 17 号条例对金属罐公司和欧洲恩巴拉吉公司提起了调查程序，以便确定这一兼并交易双方是否违反了《罗马条约》第 86 条关于禁止滥用支配地位的规定。

（二）欧共体委员会的决定和欧洲法院的裁决

欧共体委员会在对上述案件的调查中，主要是对金属罐公司在欧共体是否已居于支配地位以及是否滥用这一支配地位进行确定。通过对金属罐公司的规模、生产技术经验、其产品所取得的市场等方面进行调查后，欧共体委员会于 1971 年 12 月 9 日依据《罗马条约》第 86 条对金属罐公司作出了如下决定：金属罐公司通过其控股的施马贝奇公司，在共同市场的一个重要部分中，对于为贮存鱼肉、贝类食品的轻包装，以及用于玻璃罐的金属盖等产品市场中，拥有支配地位，由于通过其子公司欧洲恩巴拉吉公司购买了索麦森公司近 80% 的股份和可兑换债券而滥用了这一支配地位。这一收购实际上具有排除上述包装产品在共同市场的大部分地区中的竞争性质。

金属罐公司和欧洲恩巴拉吉公司于 1972 年 2 月 9 日就共同体委员会的决定向欧洲法院提出上诉。1973 年 2 月，欧洲法院对此案作出了裁决，裁决所涉及的问题主要有两个方面：

1. 关于《欧共体条约》第 86 条和滥用支配地位。上诉人认为，欧共体委员会基于对该条的错误解释作出的决定，试图对企业合并予以控制，因而超出其权限，应为无效。欧洲法院对该条和滥用支配地位的问题进行了分析。认为对该条规定的条件应解释为——优势地位必须已被滥用才属于禁止的范围，该条规定了一些其禁止的滥用做法，但仅仅是列举例子，并未完全列举尽条约禁止的滥用优势地位的种类。若处于优势地位的企业，以使其优势的程度达到严重地阻碍竞争的方式加强这一地位，就可能发生滥用。申请人所提出的在优势地位与其滥用之间存在的因果联系问题无关紧要，因为根据第 86 条，加强企业的地位可能就是滥用并应予禁止，而不论其实现这一目的的手段与程序如何，只要它具有上述的效果。

2. 关于欧共体委员会决定所述理由中的事实问题。欧共体委员会的决定是以下述理论为基础的，即由一个居于支配地位的企业或企业集团在一个具有竞争关系的公司中取得多数持股，在某种情况下可能就是滥用这一地位。如果一居于支配地位的企业通过合并来加强这一地位，以致在共同市场大部分地区中实际上排除了有关商品的真实的或潜在的竞争，就构成滥用。

欧洲法院认为，欧共体委员会须从法律上陈述充分的理由，或至少须证明竞争受到严重的影响，剩余的竞争者不再能提供充分的抗衡。作为一个法律问题，委员会的决定没有充分阐述其所基于的事实和估计，因此必须予以撤销。

（三）评述

《欧洲共同体条约》对保护市场竞争，促进经济发展作出规定。根据第 86 条的规定，特别禁止如下滥用：①直接或间接地强行规定不公平的购买价格或出售价格或其他不公平的交易条件；②对生产、市场或技术进展施行不利于消费者的限制；③在同一种交易中，对其他贸易对手施行不同条件，从而使他们在竞争中处于不利的地位；④以对方接受附带的义务作为订立合同的条件，而这种附带义务，就其性质而言或根据商业习惯，都与该项合同的标的无关。

本案对于该条的解释和适用主要涉及三个方面：

1. 关于"滥用优势地位"的规定能否适用于企业合并的问题。对此，欧共体委员会和上诉人持有不同的看法，欧洲法院虽然以不符合举证责任要求为由撤销该委员会的决定，但法院对委员会的主要法律论点是予以支持的：第 86 条规定了一些禁止滥用的做法，但其仅仅是举例，并未完全列举尽各种滥用优势地位的情况。若处于优势地位的企业，以使其优势的程度达到严重地阻碍竞争的方式加强这一地位，就可能发生滥用。这样，第 86 条的适用自由度大大增加。

金属罐兼并交易案标志着欧共体以《罗马条约》第 86 条为基础的合并政策的开始，这样，外国公司若想以收购、合并等方式进入欧共体市场就必须注意第 86 条的规定。本案判决对外国公司在欧共体内的兼并活动具有很大的威慑作用。

2. 关于确定是否"滥用优势地位"应注意的问题。要确定一个企业是否"滥用优势地位"应考虑三个方面的相关界定，即界定相关产品市场、在该市场中是否居于优势地位、优势地位是否被滥用。在本案中，对于界定相关市场问题，欧共体委员会与欧洲法院的意见不一致。欧共体委员会认为，金属罐公司在肉食包装的轻金属罐市场、鱼类包装轻金属罐市场以及玻璃瓶金属盖市场等三个市场上具有优势地位。欧洲法院认为，欧共体委员会的决定未考虑产品的交叉适应性，肉类、鱼类包装罐与水果、蔬菜等金属包装罐相比并不具有不同的特性，它们之间可以相互替代。因此，将上述三个市场与一般轻金属容器市场区别对待是不正确的，金属罐公司在上述市场中并未居于优势地位。

一般认为，欧洲法院关于相关市场的意见是正确的。关于如何确定企业在某相关市场中是否居于优势地位的问题，欧共体委员会在本案的决定中综合考虑了市场占有的份额、企业的经济和财务力量、拥有的先进技术等因素，进而认定金属罐公司有决定价格或在很大程度上控制上述三种轻金属容器的生产和销售的能力，在相关市场中居于优势地位。这一决定为如何确定是否居于支配地位或优势地位提供了指南。此外，对于优势地位是否被滥用问题，欧共体委员会与欧洲法院的意见一致，均认为判断的标准是看这种优势是否达到阻碍竞争或排除竞争的程度，若处于优势地位的企业增强其势力达到阻碍竞争的程度，就属滥用优势地位，企业拥有优势地位并不为法律所禁止，但若滥用这种优势地位就属于违法。

3. 关于欧共体竞争法的域外适用问题。本案涉及了域外管辖的问题。从欧共体实践看，在本案中对于这一问题依据单一体论，即在某种情况下根据母公司与子公司间的控制支配关系，将其各自具有的相互独立的法律人格撇开不管，把它们当作单一经济实体来追究责任。当子公司不能自主地决定其市场行为，而主要是执行母公司发布的指示时，适用这一理论追究外国母公司的责任可能是适当的。根据这一理论，一国可以较方便地将其竞争法适用于域外，而同时又不致引起执行上的困难及与外国政府间的对抗。这一做法已引起了其他国家的关注。

■　思考练习

一、关键术语

欧洲联盟法；《里斯本条约》；《马斯特里赫特条约》；《巴黎条约》；《罗马条约》；欧盟委员会；欧洲理事会；欧洲议会；欧洲法院；支配性地位的禁止；共同关税制度；《欧盟宪法条约》。

二、思考题

1. 欧盟法的性质是什么？它有哪些基本特征？
2. 简述欧盟法的主要渊源。
3. 欧盟竞争法主要禁止哪些不正当行为？
4. 简述欧盟非关税措施立法的主要内容。
5. 试述欧洲法院的基本职能及其诉讼程序特点。

■　参考书目

1. 欧洲共同体官方出版局：《欧洲联盟条约》，苏明忠译，国际文化出版公司 1999 年版。
2. ［英］弗兰西斯·斯奈德：《欧洲联盟法概论》，宋英编译，北京大学出版社 1996 年版。
3. 隋伟、杨明光：《欧洲联盟法律制度简论》，南开大学出版社 1998 年版。
4. 曾令良：《欧洲共同体与现代国际法——欧洲共同体对外关系法的理论与实践》，武汉大学出版社 1992 年版。
5. 何勤华、李秀清主编：《外国法制史》，复旦大学出版社 2002 年版。
6. 姚梅镇、余劲松主编：《国际经济法成案研究》，武汉大学出版社 1995 年版。

第十五章

附 录

《汉穆拉比法典》（摘录）[1]
（约公元前 1792 年~公元前 1750 年）

当至高的安努，众神之王，和恩利勒，天地之王，国土命运的主宰，把全人类的统治权授予恩启的长子马尔都克，使他在众神中显赫，呼巴比伦崇高的城名，使它在万方出众，并为马尔都克在其中奠定地久天长的王权。

那时候，我，汉穆拉比，虔诚敬神的君主，为使正义在国中出现，消灭邪恶，使强不凌弱，使我像太阳一样升起在民众之上，给国家带来光明，安努和恩利勒为了人民的幸福，呼唤了我的名字。

我是汉穆拉比，恩利勒选中的牧人，堆积起丰盛财富的人，为天地的纽带，尼普尔城，把一切都做得尽善尽美的人。

1. 如果一个人控告另一个人以杀人罪而不能证实，控告者将被处死。

2. 如果一个人控告另一个人以巫术罪而不能证实，被控犯巫术罪的人应到河神那里去，并浸入河中，如果河水淹没了他，那么控告他的人可拿去他的家产。如果河神证明他清白，他未受伤害，那么控他以巫术罪的人应被处死。浸入河中的人可拿去其控告者的家产。

5. 如果法官判了官司，定了案，立了正式的判决书，以后又更改其判决，那么应先证实该法官更改判决的行为，然后他将交出该官司所争议款项的 12 倍，他们将使它离开他在集会里的法官席，不得回去。他不得再与法官们一起出庭。

7. 如果一个人从他人的孩子，或他人的奴隶那里，买了或接受保管了金银，或男女奴隶，或牛、羊、驴，或不论什么东西，既无证人又无契约，那么那人是个贼，他将被处死。

8. 如果一个人偷了牛、羊、驴、猪或船只，如果是属于神的或宫廷的，他应交出 30 倍；如果是属于穆什钦努的，他应偿还 10 倍。如果盗贼没东西可给，那么他将被处死。

15. 如果一个人把宫廷的男女奴隶或是穆什钦努的男女奴隶送出了城门。他将被处死。

21. 如果一个人破宅而入，那么应在那豁口处将他处死，再把他吊起来。

---

[1] 选自《汉穆拉比法典》，杨炽译，高等教育出版社 1992 年版。

22. 如果一个人抢了东西被抓住，那个人将被处死。

55. 如果一个人打开灌渠灌溉，但偷了懒，而致使水冲坏其邻人的田，那么他应按照他的邻人（的收成）称出大麦。

128. 如果一个人娶妻而没有立文约，那么那女人还不是个妻子。

129. 如果一个人的妻子与另一个男人睡觉时被抓住，应把他们捆起来扔到水里去，（但）如果妻子的主人放他的妻子活命那么王也将放他的奴仆活命。

138. 如果一个人要与没给他生孩子的原配妻子离婚，他应给她相当于她的聘金价值的银子，并全数偿还从她父亲家带来的嫁妆，这样他就可以与她离婚。

139. 如果当初没有聘金，那么他应给她一米那银子作为离婚费。

196. 如果一个人弄瞎了一个人之子的眼睛，那么也应弄瞎他的眼睛。

197. 如果他折断一个人的骨头，那么也应折断他的骨头。

198. 如果他弄瞎了穆什钦努的眼睛或是折断了穆什钦努的骨头，那么他应付出一米那银子。

199. 如果他弄瞎了一个人的奴隶的眼睛，或是折断了一个人的奴隶的骨头，那么他应交出其价格的一半。

《十二铜表法》(摘录)[1]
（公元前 450 年）

第一表

第一条　若［有人］被传出庭受审，则［被传人］必须到庭。若［被传人］不到，则［传讯的人］可于证人在场时，证实［其传票］，然后将他强制押送。

第二条　若［被传人］托辞拒［不到案］或企图回避，则［传讯人］得拘捕之。

第六条　谈判的事，则亦由［原告人］在［出庭受讯时］提出请求。

第七条　若［当事人双方］不能和解，则［他们］应在午前到市场或会议场进行诉讼。出庭双方应依次申辩［自己案件］。

第八条　到了午后，［长官］则对［出庭受讯时］出席一方的要求予以批准。

第九条　若双方均到庭［受讯］，则以日落时为［受讯］之最晚。

第二表

第二条　如有重病，或［审讯之日适逢］审理［某某］叛国案之妻等原因之一，［妨碍］法官、仲裁者或原被告之一方出庭，则［审讯］应延至其他日期。

第三条　若［原被告之一方］证据不足，则他应到［未出庭见证人］住宅的大门，在 3 天之内，大声［向之］呼吁。

---

〔1〕 选自萧榕主编：《世界著名法典选编·民法卷》，中国民主法制出版社 1998 年版。

第三表

第一条　［债务人］在［其］承认债务之后或裁判［对他］作了决定之后，得有 30 天的特许期限。

第二条　［上述期限终了时］，［原告人］可以拘捕［债务人］。可以将他押解到庭受讯［以便执行判决］。

第三条　若［债务人］仍为［自动］执行法庭判决，且在受讯时无人代他解脱责任，则［原告人］得把他带到私宅，给他带上足枷或手铐，其重量不轻于 15 磅，而且假如愿意的话，还可以加重。

第五条　当债务人在［拘禁］期间，他有权与［原告人］谋求和解，但若［双方］不能和解，则［这些债务人］应继续拘禁 60 天。在此期间，他们须在市集日连续 3 次被带到会议场最高审判官前，［并］宣布其所裁判的钱额。至第 3 个市集日，他们则被处以死刑，或售之于国外，于第伯河以外。

第四表

第一条　婴儿极为畸形者，得随意杀之。

第二条　父如三卖其子，子则可以［由］父［权］之下解放出来。

第五表

第一条　［我们］的祖先认为，甚至成年女子，因其生性轻佻，应予以监护……唯独贞女尼姑可以例外，古罗马人尊重其圣职，故彼等可免受监护。

第三条　凡在自己临终时对有关自己家产或有关［隶属于他的人］的监护权所作的处理，不得违反。

第四条　若某人并无隶属于他人的人，临死时又未曾指定继承人，则其业产得由［其］最近的父系亲属取得。

第六条　若遗嘱中未为之指定监护人，则以其父系近亲为其监护人。

第九条 A　属于［死者对他人］债务要求的财产，直接地［即不经任何法律手续地］按其遗产份额在其共同继承人间分配之。

第九条 B　死者之债务直接［在其继承人间］按彼等所得继承份额分划之。

第六表

第一条　如有人缔结抵押自身或转让物件的契约，［而有 5 个证人及 1 个司秤人在场］，那么当时所作的诺言不得违反。

第二条　凡提出［于缔结契约时］所作诺言的证据者，应即认为可以，而否认自己的诺言者则处以双倍的罚金。

第三条　占有土地的时效［规定］为 2 年，其他一切物品则为 1 年。

第四条　不愿意确定［事实上已长期和她同居的］丈夫对自己有支配权的妇女，每年应离开自己的家 3 夜，因而中断占有［她］的 1 年时效。

第五条 A　于出庭辩论时，亲手保护［自己物品］……这即是指把手放在出庭辩论时正在争辩的物品上。［换言之，亦即］与对方兴讼时，以手抓住所争辩的物品并以严肃的言辞来维护对该物之权利。把手放在物品上要在一定的地方并在最高审判官在场时进行，如有人在出庭辩论时亲手保护自己的物品。

第五条 B [物品之转让]，通过有 5 个证人及 1 个司秤人在场时缔结契约的方式，并通过在出庭辩论时最高审判官前对该物品所有权之否认的方式。

第六条 [味吉尼乌斯 Verginius] 之辩护人要求应根据其本身所施行的法律，就有利于女子自由方面，给予有关女子的要旨命令。

第七条 [所有者] 不得触动或取去 [属于他的]，而被 [他人] 用作建筑房屋或培植葡萄园用的木料 [或木柱]。

第八条 乌尔皮阿努斯：十二表法不许取去或要求把被偷窃去的并用作建筑或培植葡萄园用的木材或木柱作为自己的所有，但同时允许按 [这些材料的价值] 之双倍对负有使用材料之责者起诉。

第九条 当葡萄剪除去时，而 [木柱] 并不拆除……

第七表

第九条 A 凡高度达 15 英尺的树木，为使其阴影不至损害邻近地区，其周围须加修剪。

第九条 B 如果近邻地区的树木因被风吹，倾斜到你的地区来，你可以提出诉讼。

第八表

第二条 如果故意伤人肢体，而又未与 [受害者] 和解者，则他本身亦应遭受同样的伤害。

第九条 如果成年人在夜间在犁耕的田地上践踏或收割庄稼，则处以死刑。[犯有同样罪行的] 未成年人，则根据最高审判官的处理，或给以鞭打，或判处加倍赔偿使人遭受的损害。

第十二条 如果于夜间行窃，[就地] 被杀，则杀死 [他] 应认为是合法的。

第九表

第一至二条 特权 [即为自身的利益而违反法律] 不得请求。除非在森图里亚会议里，不得对罗马公民作死刑之判决……

第六条 任何人未经审判，不得处以死刑。

第十表

第一条 死人不得在城市内埋葬或焚毁。

《摩奴法典》(摘录)[1]

（公元前 2 世纪～公元 2 世纪）

第一卷 创造

3. 因为，尊者啊，唯有你熟知这一普遍、自存、不可理解、人类理智莫能测其

---

[1] 选自《摩奴法典》，[法] 迭郎善译，马香雪转译，商务印书馆 1982 年版。

高深的法律条例、原理和真谛，而此即吠陀。

87. 为保存完整的创造，无上光荣的神，对于从口、臂、腿、足所创立的人类规定了不同的职司。

93. 婆罗门因为从最高贵的肢体所生，因为首先被产生，因为掌握了经典，理应为一切创造者的主人。

第三卷　婚姻　家长的义务

12. 规定再生族初次结婚要娶同种姓女子；但如愿再娶，要依种姓的自然顺序优先择配。

13. 不娶本种姓的女子，而与首陀罗妇女同床的婆罗门堕入地狱；假如她生了一个儿子，即被剥夺其为婆罗门的资格。

第八卷　法官的任务　民法与刑法

10. 此婆罗门可审理属于国王裁决的案件；他要伴同 3 个陪审官到最高法庭去，在该处可或坐或立。

27. 如果儿童没有保护人，其继承财产应该置于国王保护之下，直到他完成学业，或达到成人期，即达到 16 岁时为止。

28. 对不妊、无子、无亲族的妇女，忠于离家的丈夫的妇女，寡妇及疾病缠身的妇女，应给予同样保护。

29. 主持正义的国王，对于在这些妇女健在期间谋占其财产的亲属，处以盗匪之罪。

30. 物主不明的任何财产，应该击鼓宣布，然后由国王保管 3 年；3 年期满前，物主可以收回，逾限，国王得判归己有。

37. 一有学识的婆罗门发现昔日埋藏地下的财宝，可全部据为己有，因为他是一切存在物的主人。

47. 债权人为索取债务人所欠金额，向其申诉时，可使债权人提供债务证明，令债务人清还。

48. 债权人为强制债务人还债，可使用各种收回债务的例行手段。

50. 债权人强制债务人归还借给他的东西，是为了收回自己的财产，不应被国王责难。

279. 出生低贱的人无论用哪个肢体打击出身高尚的人，这一肢体应被切断。这是摩奴的命令。

281. 种姓低的人竟敢和种姓最高的人同席者，应在其臀部打烙印，然后加以驱逐，或者，国王使人切伤其臀部。

284. 如果一个人抓伤同种姓人的皮肤，或使其流血者，应处百钵那罚金；伤在肉内时，处六尼什伽；骨折时，处流放。

288. 损坏人家财产者，无论有意无意，应该赔偿，并向国王缴付与损害相等的罚金。

310. 为镇压敌人，国王可坚持使用三种方法：拘捕、镣铐和各种体刑。

332. 在物主面前，抢取物品是抢夺；物主不在时，是偷窃，接受人家东西后不承认者也是盗窃。

337. 首陀罗不论偷何物，其罚金应比寻常处分重 8 倍；吠舍重 16 倍；刹帝利重 32 倍。

338. 婆罗门重 64 倍或百倍，或者，当他们中的每一人都充分了解自己行为的善恶时，甚至重 128 倍。

359. 首陀罗侵犯婆罗门妇女应处死刑；在各种姓中，主要是妇女应该不断受到保护。

379. 在其他种姓犯奸应处死刑时，婆罗门奸夫则被规定以可耻的剃发来代替死刑。

381. 在世界上没有比杀害婆罗门更大的罪恶，因此国王甚至不应该萌生处死婆罗门的念头。

第九卷　民法与刑法　商人种姓和奴隶种姓的义务

3. 妇女幼时处在父亲监护下，青春期处在丈夫监护下，老年时处在儿子保护下；妇女决不应任意行动。

101. 总之，互相忠实，直至老死，这是夫妇应遵守的首要义务。

102. 因此以婚姻结合的夫妇切忌离异和互失信约。

104. 父母故后，长兄弃权时，弟兄们可聚在一起，彼此平分父母的财产；父母俱在，除父母自欲析产外，弟兄们没有这种权利。

105. 但长兄道德卓越者，可取得全部遗产，其他弟兄们应该生活在他的监护之下，一如生活在父亲的监护下。

178. 一个婆罗门由于淫欲和奴隶种姓妇女交合所生的儿子，虽享有生命亦如尸体，因而被称为行尸走肉。

194. 妇女个人私财产有六种，即在婚姻圣火前给予她的，于归夫家之际给予她的；为表示亲爱给予她的；从兄弟、母亲或父取得的。

201. 阉人、堕姓人、天生聋盲人、狂人、白痴、哑人和残疾人，不得继承财产。

202. 但，凡有识的继承人，应尽可能给予他们衣食之需，以终其天年，此乃公平合理之事；不这样做，有罪。

235. 凡杀害婆罗门者，酗酒者，偷婆罗门黄金者，玷污教师或父亲的床榻者，均应认为是犯大罪者。

《萨利克法典》（摘录）[1]
（5 世纪末 6 世纪初）

二、关于偷猪

1. 如有人偷窃一只小猪而被破获，罚款 120 银币，折合 3 金币。

---

[1]　选自北京师范大学历史系世界古代中世纪史教研室编：《世界中世纪史史料选辑》（上），北京师范大学出版社 1959 年版。

2. 如有人偷窃一只能离开母猪而生存的小猪，被破获时罚款 40 银币，折合金币 1 枚。

4. 如有人偷窃一只满 1 岁的猪而被破获，罚款 120 银币，折合 3 金币，另加所窃的猪的价值和赔偿损失。

5. 如有人偷窃一只满 2 岁的猪，应罚付 600 银币，折合 15 金币，另加所窃猪的价值与损害赔偿。

6. 偷窃两只猪者，分别情况，依前项规定办法，照缴罚款。

11. 如有人偷窃一只母猪或带领一猪豚的母猪，应罚款 700 银币，折合 17.5 金币，另加所窃猪价值和赔偿损失。

四十一、关于聚众杀害人案

1. 任何人杀死一个自由法兰克人或遵守萨利克法律而生活的蛮人，而经破获者，应罚付 80 000 银币，折合 200 金币。

四十六、关于财产转移

1. 财产转移之方式应由县长或区长召集司法会议（或法庭）将自己之盾牌交付会议，并制定三人作为三项处理步骤之见证人。意图转移财产之土地原主，应选择一与彼向无关联之人，用树枝一根掷于后者怀中，然后向之陈述关于自己财产情形，声明愿转移之数量——全部或半部——和所转给之人……

五十四、关于杀死伯爵罪

1. 如果有人杀死伯爵，应罚 24 000 银币，折合 600 金币。

五十九、关于自由份地

1. 如果有人死去而无子嗣者，如果他的母亲还在，她应接受遗产。

2. 如果母亲已经不在，又如果他有弟兄或姊妹，他们应接受遗产。

3. 如果没有他们，母亲的姊妹应接受遗产。

补充条文。如果没有母亲的姊妹，父亲的姊妹应接受遗产。

4. 如果以后这些辈分中有了较近的亲属，他应接受遗产。

5. 土地遗产无论如何不得传给妇女，而应把全部土地传给男性，就是弟兄。

《古兰经》（摘录）[1]

（公元 609~632 年）

第一章　开端（法谛海）

〔1〕奉至仁至慈的真主之名，〔2〕一切赞颂，全归真主，全世界的主，〔3〕至仁至慈的主，〔4〕报应日的主。〔5〕我们只崇拜你，只求你祐助，〔6〕求你引导我们上正路，〔7〕你所祐助者的路，不是受谴怒者的路，也不是迷误者的路。

---

〔1〕 选自《古兰经》，马坚译，中国社会科学出版社 1981 年版。

第二章 黄牛（巴格拉）

〔21〕众人啊！你们的主，创造了你们，和你们以前的人，你们当崇拜他，以便你们敬畏。〔22〕他以大地为你们的席，以天空为你们的幕，并且从云中降下雨水，而借雨水生出许多果实，做你们的给养，所以你们不要明知故犯地给真主树立匹敌。〔173〕他只禁戒你们吃自死物、血液、猪肉以及诵非真主之名而宰的动物；凡为势所迫，非出自愿，且不过分的人，〔虽吃禁物〕，毫无罪过。因为真主确是至赦的，确是至慈的。

第四十七章 穆罕默德

〔1〕不信道而且妨碍主道的人们，真主将使他们的善功无效。〔2〕信道而行善，且信仰降示穆罕默德的天经者——那部天经是从他们的主降示的真理——真主将赦宥他们的罪恶，改善他们的状况。〔3〕那时由于不信道的人们遵守虚伪，而信道的人们遵守从他们的主降示的真理。真主如此为众人设许多譬喻。

第六十五章 离婚（特拉格）

〔1〕先知啊！当你们休妻的时候，你们当在她们的待婚期之前休她们，你们当计算待婚期，当敬畏真主——你们的主。你们不要把她们从她们的房里驱逐出门，她们也不得自己出门，除非她们做了明显的丑事。这是真主的法度，谁超越真主的法度，谁确是不义者。你们不知道，此后，真主或许创造一件事情。〔2〕当她们满期的时候，你们当善意地挽留她们，或善意地离别她们。你们当以你们的两个公正人为见证，你们当为真主而作证。这是用来教训信仰真主和末日者的。谁敬畏真主，他将为谁辟一条出路，〔3〕而且从他料想不到的地方供给他。谁信托真主，他将使谁满足。真主确是能达到自己的目的的，真主确已使万物各有定数。

《请求委身文件》[1]

（法兰克 7 世纪文件）

立字人某某，谨致崇高庄严之某某大人殿下：

如众所周知，我因衣食缺乏，无以为生，请求殿下本笃信上帝之虔诚，与慈爱为怀之善心，准许我委身于殿下监护之下，我已如此做了。以后您必须供给我衣食，与我以帮助与救济，我将尽我的力量为您服务，不负您的援救与保护。

在我活着的时期，我将在合乎我一个自由人的身份之下，为您服务，维护您的荣誉。我不得退出于您的统治与监护，将毕生投靠在您的势力与保护之下。因此，您我之间，如一方欲退出此种契约，必须付与对方若干先令作为赔偿；此种谅解，永久不得破坏。

因此，将此合同缮写两份，立约双方，各执 1 份。

---

〔1〕 选自世界史资料丛刊初集编辑委员会编：《中世纪初期的西欧》，齐思和、耿淡如、寿纪瑜选译，生活·读书·新知三联书店 1958 年版。

《自由大宪章》（摘录）[1]

（1215 年 6 月 15 日）

受命于天的英格兰国王兼领爱尔兰宗主，诺曼第与阿奎丹公爵、安茹伯爵约翰，谨向大主教，主教，主持，伯爵，男爵，法官，森林官，执行吏，典狱官，差人及其管家吏与忠顺的人民致候。

由于可敬的神父们，坎特伯里大主教，英格兰大教长兼圣罗马教会红衣主教斯提芬；杜伯林大主教亨利……暨培姆布卢克大司仪伯爵威廉；索斯伯里伯爵威廉……贵族，及其他忠顺臣民谏议，使余等知道，为了余等自身以及余等之先人与后代灵魂的安全，同时也为了圣教会的昌盛和王国的兴隆，上帝的旨意使余等承认下列诸端，并昭告全国：

（1）首先，余等及余等之后嗣坚决应许上帝，根据本宪章，英国教会当享有自由，其权利将不受干扰，其自由将不受侵犯。关于英格兰教会所视为最重要与最必需之自由选举，在余等与诸男爵发生不睦之前曾自动地或按照己意用特许状所颁赐者——同时经余等请得教王英诺森三世所同意者——余等及余等之世代子孙当永以善意遵守。

（35）全国应有统一之度、量、衡。酒类、烈性麦酒与谷物之量器，以伦敦夸尔为标准；染色布、土布、锁子甲布之宽度应以织边下之两码为标准；其他衡器亦如量器之规定。

（39）任何自由人，如未经其同级贵族之依法裁判，或经国法判决，皆不得被逮捕、监禁、没收财产、剥夺法律保护权、流放或加以任何其他损害。

（52）任何人凡未经其同级贵族之合法裁决而被余等夺去其土地、城堡、自由或合法权利者，余等应立即归还。倘有关于此项事件之任何争执发生，应依后列负责保障和平之男爵 25 之意见裁决之。

《权利法案》[2]

（1689 年）

……灵俗两界贵族与众议员……宣告：

1. 凡未经国会同意，以国王权威停止法律或停止法律实施之僭越权力，为非法权力。

2. 近来以国王权威擅自废除法律或法律实施之僭越权力，为非法权力。

3. 社会审理宗教事务之钦差法庭之指令，以及一切其他同类指令于法庭，皆为

---

[1] 选自萧榕主编：《世界著名法典选编·宪法卷》，中国民主法制出版社 1997 年版，第 578～582 页。

[2] 选自法学教材编辑部《外国法制史》编写组编：《外国法制史资料选编》（上册），北京大学出版社 1982 年版。

非法而有害。

4. 凡未经国会准许，借口国王特权，为国王而征收，或供国王使用而征收金钱，超出国会准许之时限或方式者，皆为非法。

5. 向国王请愿，乃臣民之权利，一切对此项请愿之判罪或控告，皆为非法。

6. 除经国会同意外，平时在本王国内征募或维持常备军，皆属违法。

7. 凡臣民系新教徒者，为防卫起见，得酌量情形，并在法律许可范围内，置备武器。

8. 国会议员之选举应是自由的。

9. 国会内之演说自由、辩论或议事之自由，不应在国会以外之任何法院或任何地方，受到弹劾或询问。

10. 不应要求过多之保释金，亦不应强课过分之罚款，更不应滥施残酷非常之刑罚。

11. 陪审官应予正式记名列表并陈报之，凡审理叛国犯案件之陪审官应为自由世袭地领有人。

12. 定罪前，特定人的一切让与及对罚金与没收财产所作的一切承诺，皆属非法而无效。

13. 为申雪一切诉冤，并为修正、加强与维护法律起见，国会应时常集会。

彼等〔即灵俗两界贵族与众议员等〕并主张、要求与坚持上开各条为彼等无可置疑之权利与自由；凡上开各条中有损人民之任何宣告、判决、行为或诉讼程序，今后断不应据之以为结论或先例。

《美利坚合众国宪法》（摘录）[1]

（1787 年）

第一条

第一款　本宪法授予的全部立法权，属于由参议院和众议院组成的合众国国会。

第二款　众议院由各州人民每两年选举产生的众议员组成，每个州的选举人须具备该州州议会人数最多一院选举人所必需的资格。

凡年龄不满 25 岁，成为合众国公民不满 7 年，在一州当选时不是该州居民者，不得担任众议员。

第三款　合众国参议院由〔每州州议会选举的〕两名参议员组成，任期 6 年；每名参议员有 1 票表决权。

…………

参议院独自拥有审判一切弹劾案的权力。为此目的而开庭时，全体参议员须宣

〔1〕　选自李道揆：《美国政府和美国政治》（下册），商务印书馆 1999 年版。

誓或作代誓宣言。合众国总统受审时，最高法院首席大法官主持审判。无论何人，非经出席参议员 2/3 的同意，不得被定罪。

…………

第七款 所有征税议案应首先在众议院提出，但参议院得像对其他议案一样，提出或同意修正案。

众议院和参议院通过的每一议案，在成为法律前须送交合众国总统。总统如批准该议案，即应签署；如不批准，则应将该议案连同其反对意见退回最初提出该议案的议院……并进行复议。如经复议后，该院 2/3 议员同意通过该议案，该议案连同反对意见应一起送交另一议院，并同样由该院进行复议，如经该院 2/3 议员赞同，该议案即成为法律……如任何议案在送交总统后 10 天内（星期日除外）未经总统退回，该议案如同总统已签署一样，即成为法律……

第八款 国会有权：

规定和征收直接税、进口税、捐税和其他税，以偿付国债、提供合众国共同防务和公共福利，但一切进口税、捐税和其他税应全国统一；

制定合众国全国统一的归化条例和破产法；

…………

设立低于最高法院的法院；

…………

第十款 任何一州都不得：

缔结任何条约，参加任何同盟或邦联；

…………

通过任何公民权利剥夺法案、追溯既往的法律或损害契约义务的法律；

…………

第二条

第一款 行政权属于美利坚合众国总统。总统任期 4 年……

第二款 总统是合众国陆军、海军和征调为合众国服役的各州民兵的总司令。他得要求每个行政部门长官就他们各自职责有关的任何事项提出书面意见。他有权对危害合众国的犯罪行为发布缓刑令和赦免令，但弹劾案除外。

…………

第三条

第一款 合众国的司法权，属于最高法院和国会不时规定和设立的下级法院。最高法院和下级法院的法官如行为端正，得继续任职，并应在规定的时间得到服务报酬，此项报酬在他们继续任职期间不得减少。

第五条

国会在两院 2/3 议员认为必要时，应提出本宪法的修正案，或根据各州 2/3 州议会的请求，召开制宪会议提出修正案。不论哪种方式提出的修正案，经各州 3/4

州议会或 3/4 制宪会议的批准，即实际成为本宪法的一部分而发生效力；采用哪种批准方式，得由国会提出建议。……

《法国人和公民的权利宣言》^[1]

（1789 年 8 月）

第一条 在权利方面，人们生来是而且始终是自由平等的。只有在公共利用上面才显出社会上的差别。

第二条 任何政治结合的目的都在于保存人的自然的和不可动摇的权利。这些权利就是自由、财产、安全和反抗压迫。

第三条 整个主权的本原主要是寄托于国民。任何团体、任何个人都不得行使主权所未明白授予的权力。

第四条 自由就是指有权从事一切无害于他人的行为。因此，各人的自然权利的行使，只以保证社会上其他成员能享有同样权利为限制。此等限制仅得由法律规定之。

第五条 法律仅有权禁止有害于社会的行为。凡未经法律禁止的行为即不得受到妨碍，而且任何人都不得被迫从事法律所未规定的行为。

第六条 法律是公共意志的表现。全国公民都有权亲身或经由其代表去参与法律的制定。法律对于所有的人，无论是施行保护或处罚都是一样的。在法律面前，所有的公民都是平等的，故他们都能平等地按其能力担任一切官职、公共职位和职务，除德行和才能上的差别外不得有其他差别。

第七条 除非在法律所规定的情况下并按照法律所指示的手续，不得控告、逮捕或拘留任何人。凡动议、发布、执行或令人执行专断命令者应受处罚；但根据法律而被传唤或被扣押的公民应当立即服从；抗拒则构成犯罪。

第八条 法律只应规定确定需要和显然不可少的刑罚，而且除非根据在犯法前已经制定和公布的且依法施行的法律以外，不得处罚任何人。

第九条 任何人在其未被宣告为犯罪以前应被推定为无罪，即使认为必须予以逮捕，但未扣留其人身所不需要的各种残酷行为都应受到法律的严厉制裁。

第十条 意见的发表只要不扰乱法律所规定的公共秩序，任何人都不得因其意见、甚至信教的意见而遭受干涉。

第十一条 自由传达思想和意见是人类最宝贵的权利之一；因此，各个公民都有言论、著述和出版的自由，但在法律所规定的情况下，应对滥用此项自由负担责任。

第十二条 人权的保障需要有武装的力量；因此，这种力量是为了全体的利益而不是为了此种力量的受任人的个人利益而设立的。

第十三条 为了武装力量的维持和行政管理的支出，公共赋税就成为必不可少

---

〔1〕 选自萧榕主编：《世界著名法典选编·宪法卷》，中国民主法制出版社 1997 年版。

的；赋税应在全体公民之间按其能力作平等的分摊。

第十四条　所有公民都有权亲身或由其代表来确定赋税的必要性，自由地加以认可，注意其用途，决定税额、税率、客体、征收方式和时期。

第十五条　社会有权要求机关公务人员报告其工作。

第十六条　凡权利无保障和分权未确立的社会，就没有宪法。

第十七条　财产是神圣不可侵犯的权利，除非当合法认定的公共需要所显然必需时，且在公平而预先赔偿的条件下，任何人的财产不得受到剥夺。

《法国民法典》（摘录）[1]

（1803 年 3 月 5 日制定，1803 年 3 月 15 日公布）

总则　法律的公布、效力及其适用

第二条　法律仅适用于将来，无追溯效力。

第一编　人

第八条　所有法国人都享有民事权利。

第二十三条　受死刑宣告者，并发生民事死亡。

第一百四十四条　男未满 18 岁，女未满 15 岁，不得结婚。

第二百二十七条　婚姻因下列事项而解除：

一、夫妻一方死亡时；

二、合法判决离婚时；

三、夫妻一方受民事死亡宣告的判决确定时。

第三百三十一条　非婚生子女，除乱伦或通奸所生的子女外，如其父母事后结婚，于结婚前合法予以认领或在婚姻证书中认领时，即取得婚生子女的资格。

第三百三十三条　因父母事后举行婚姻仪式而取得婚生子女资格的子女，与婚生子女有同等的权利。

第二卷　财产及对于所有权的各种变更

第五百一十六条　财产或为动产，或为不动产。

第五百一十七条　财产之作为不动产，或按其性质，或按其用途，或依权利的客体。

第五百二十七条　财产之作为动产，依其性质，或依法律的规定。

第五百四十四条　所有权是对于物有绝对无限制地使用、收益及处分的权利，但法律所禁止的使用不在此限。

第五百四十六条　物之所有权，不问其为动产或不动产，得扩张至该物由于天然或人为而产生或附加之物。

---

[1]　选自《拿破仑法典（法国民法典）》，李浩培、吴传颐、孙鸣岗译，商务印书馆1997年版。

此种权利称为添附权。

第三卷 取得财产的各种方法

第七百一十一条 财产所有权，因继承、生前赠与、遗赠以及债的效果而取得或移转。

第七百二十三条 法律规定法定继承人间的继承顺序：无法定继承人时，遗产归非婚生子女，无非婚生子女时，归未死亡的配偶；如此等继承人均无时，遗产属于国家。

第八百九十五条 遗嘱为法律行为的一种，依此行为，遗嘱人得处分其死亡后遗产的一部或全部；且此种行为，遗嘱人得取消之。

第一千一百零一条 契约为一种合意，依此合意，一人或数人对于其他一人或数人负责给付、作为或不作为的债务。

第一千一百零八条 下列四条件为契约有效成立的必要条件：

负担债务当事人的同意；订立契约的能力；构成约束客体的确定标的；债的合法原因。

第一千一百三十四条 依法成立的契约，在缔结契约的当事人间有相当于法律的效力。……

第一千三百八十二条 任何行为使他人受损害时，因自己的过失而致行为发生之人对该他人负赔偿的责任。

《德国民法典》（摘录）[1]

（1896 年 8 月 18 日批准公布，1900 年 1 月 1 日施行）

第一编 总 则

第一条 人的权利能力，始于出生的完成。

第二条 满 18 周岁为成年。

第六条

（一）有下列情形之一者，得宣告为禁治产人：

1. 因精神病或精神耗弱致不能处理自己事务者；

2. 因挥霍浪费致自己或其家属有陷于贫困之虞者；

3. 因酗酒成癖或吸毒不能处理自己事务，或致自己或其家属有陷于贫困之虞者，或危及他人安全者。

（二）……

第十二条

1. 有权使用某一姓名的人，因他人争夺该姓名的使用权，或因无权使用统一姓

---

[1] 选自《德意志联邦共和国民法典》，上海社会科学院法学研究所译，法律出版社 1984 年版。

名的人使用此姓名，致其利益受损害，得请求除去对此的侵害。

2. 有继续受侵害之虞时，权利人得提出停止侵害之诉。

第二十一条　不以营利为目的的社团，因登记于主管处级法院的社团登记簿而取得权利能力。

第二十二条　以经营经济事业为目的之社团，如帝国法律无特别规定时，因邦的许可而取得权利能力。许可权属于社团住所所在地的邦。

第九十条　法律上所称物，仅指有体物而言。

第一百零四条　下列之人为无行为能力人：

1. 未满 7 岁者；

2. 处于精神错乱状态，不能自由决定意志，且依其性质此项状态并非暂时者；

3. 因患精神病而受禁治产的宣告者。

第一百五十七条　契约的解释，应遵守诚实和信用的原则，并考虑交易上的习惯。

第二百二十六条　权利的行使不得专以损害他人为目的。

第二百二十七条

1. 正当防卫的行为不认为违法。

2. 正当防卫是指为避免自己或他人受现实的不法侵害而进行防卫的必要行为。

第二编　债务关系法

第二百四十一条

1. 债权人因债的关系得向债务人请求给付。

2. 给付也可以是不作为。

第三百零五条　以法律行为发生债的关系或变更债的关系的内容者，除法律另有规定者外，必须有当事人双方之间的契约。

第三百九十八条

1. 债权人得通过与第三人订立的契约，将债权移转于第三人（让与）。

2. 契约订立后，新债权人即取得原债权人的地位。

第六百七十七条　未受委任或未授权而为他人管理事务者，其管理应依本人明示或可得推知的意思，以符合本人利益的方法，管理事务。

第三编　物权法

第八百五十四条

1. 物的占有，因对物有实际的控制而取得。

2. 在取得人能够对行使控制时，有原占有人与取得人的协议，即足以取得占有。

第九百零三条　以不违反法律和第三人的权利为限，物的所有人得随意处分其物，并排除他人的任何干涉。

第四编　亲属法

第一千三百六十三条

1. 夫妻如未以婚姻契约另有约定者，以财产增值共有制为法定财产制。

2. 夫的财产和妻的财产不成为夫妻的共同财产；此规定也适用于夫妻的一方在结婚后取得的财产。但夫妻在婚姻存续期间所得的财产增值，在财产增值共有制终止时，应进行结算。

第一千九百二十二条

1. 人死亡时（继承开始），其财产（遗产）全部移转于另一人或数人（继承人）。

2. 共同继承人中之一人的份额（应继份）适用关于继承的规定。

《德意志帝国宪法》（魏玛宪法）（摘录）[1]

（1919 年 8 月 11 日）

第一编　联邦之组织及其职责

第一条　德意志联邦为共和政体。

国权出自人民。

第四条　已公认之国际法上各法规，得视为德意志联邦法律，有裁制力。

第六条　下列各立法权为联邦所专有：

……

2. 外交。

3. 殖民制度。

4. 国籍，自由移住移民，引渡。

5. 兵役法。

6. 货币制度。

7. 关税制度，关税及贸易区域之划一，以及货物流通之自由。

8. 邮政、电报及电话制度。

第七条　联邦对于下列各项，有立法权：

1. 民法。

2. 刑法。

3. 诉讼法及刑罚执行，官署间之互助法。

…………

第十二条　对于联邦有立法权之事，在联邦不行使其立法权时，各邦得保留之。但对于联邦专有立法权之事，不在此列。

关于第 7 条第 13 项各事，如各邦法律有损害联邦全体利益时，联邦有抗议权。

第十三条　联邦法律得废除各邦法律。

各邦法律与联邦法律发生疑义或有冲突时，联邦或各邦之中央主管官署得依照

---

[1]　选自萧榕主编：《世界著名法典选编·宪法卷》，中国民主法制出版社 1997 年版。

联邦法律之详细规定，请联邦最高法院判决之。

第十七条 各邦须有自由邦之宪法，其人民代表应以有德国国籍之人民，不分男女，依照比例选举之原则，用普通、平等、直接、秘密选举方法选出之。各邦政府应得人民代表之信任。人民代表之选举章程得适用于地方团体选举。但各邦法律得以居住本地方一年以上为条件，以限制选举权。

第二十条 联邦国会，以代表德国人民之议员组成之。

第二十二条 议员由年满20岁以上之男女，依照比例代表选举制，以普通、平等、直接、秘密之选举法选出之。选举日须为星期日或公共休息日。其详细办法另以选举法定之。

第二十五条 联邦大总统得解散联邦国会，但出于同一之原因，仅得解散国会一次。

新选举最迟应限于联邦国会被解散后之第60日行之。

第四十一条 联邦大总统，由全体德意志人民选举之。

凡年满35岁以上之德意志人，皆有当选权。其细则，另以联邦法律定之。

第四十五条 联邦大总统，在国际上代表联邦，并得以联邦名义，与其他国家缔结同盟，订立条约，授予使节。

宣战媾和，以联邦法律行之。

对外国缔结同盟及订立条约，有涉及联邦立法事项者，应得联邦国会之同意。

第六十条 为代表德意志各邦参加联邦之立法行政，特组织联邦参政会。

第六十八条 法律案由联邦政府或联邦国会提出之。

联邦法律，由联邦国会议决之。

第六十九条 联邦政府提出法律案时，须得联邦参政会之同意，如联邦政府及联邦参政会对于法律案之意见不一致时，联邦政府得将法律案提出，但须将联邦参政会之意见附加说明。

如联邦参政会议决之法律案联邦政府不同意时，联邦政府应说明其理由，将此法律案提交联邦国会。

第七十四条 对于联邦国会所议决之法律案，联邦参政会得否决之。

此项否决案，应于联邦国会投票议决后之两星期内，提交联邦政府。最迟限于再下两星期内，将否决理由书送交国会。

否决案应重提联邦国会表决，如联邦国会及联邦参政会对于是项法律意见仍不一致时，联邦大总统得将该法律案交付国民表决。如联邦大总统不行使此权时则此法律案视为不成立。如联邦国会以2/3之多数议决，反对联邦参政会之否决时，则联邦大总统应在3个月内，按照联邦国会所议决者公布或交付国民表决。

第一百零二条 法律独立，只服从法律。

第一百零三条 普通裁判，由联邦法院及各邦之法院行使之。

第一百零五条　不得设置特别法院，无论何人，不得剥夺其受法定法官裁判之权利。但法律所定之军事会议及戒严法院，不在此项规定之内。

名誉军事法庭，应撤销之。

第二编　德国人民之基本权利与基本义务

第一百零九条　德国人民，在法律前一律平等。

原则上，男女均有同等之公民权利及义务。

公法特权及不平等待遇由出生或阶级来看，概行废止。贵族之御称，仅视为姓氏之一部，以后不得再行颁给。

御称，仅限于表示官职及职业者始得颁给，学位不在此限。

国家不得颁给勋章及荣典。

德国人民不得领受外国政府给予之御称或勋章。

第一百一十九条　婚姻为家族生命及民族生存增长之基础，受宪法之特别保护，并以男女两性平权为本。

家族之清洁康健及社会之改良，为国家与公共团体之任务，其有儿童众多之家庭，得享受相当之扶助以轻负担。

产妇得要求保护及扶助之。

第一百二十条　教育子女，使之受身体上、精神上及社会上美格，为父母之最高义务及自然权利。关于其实行，由政治机关监督之。

第一百二十一条　私生子之身体上、精神上及社会上之进展，在立法上，与嫡生子同等待遇。

第一百二十二条　应保护青年，使勿受利用及防道德上、精神上及体力上之荒废。

国家及公共团体对此亦应有必要之设备，以达其保护之目的。

处于强制之保护处置，唯依据法律始得为之。

第一百三十五条　联邦内居民得享完全之信教自由及良心自由。凡清净之宗教演习，应由宪法保障及由国家保护之。但一般国家法律，不受本条拘束。

第一百四十二条　艺术、科学及其学理为自由，国家应予以保护及培植。

第一百四十四条　教育事务，在国家监督之下，国家亦得令自治区参与之。学校之监督，应由以教育为主要职业及有专门学识之官吏担任之。

第一百五十一条　经济生活之组织，应与公平之原则及人类生存维持之目的相适应。在此范围内，各人之经济自由，应予保障。

法律强制，仅得行使于恢复受害者之权利及维持公共幸福之紧急需要。

工商业之自由，应依联邦法律之规定，予以保障。

第一百五十二条　经济关系，应依照法律规定，为契约自由之原则所支配。

重利，应禁止之。法律行为之违反善良风俗者，视为无效。

第一百五十三条　所有权，受宪法之保障。其内容及限制，以法律规定之。

公用征收，仅限于裨益公共福利及有法律根据时，始得行之。公用征收，除联邦法律有特别规定外，应予相当赔偿。赔偿之多寡，如有争执时，除联邦宪法有特别规定外，准其在普通法院提起诉讼。联邦对于各邦自治区及公益团体行使公用征收权时，应给予赔偿。

所有权为义务，其使用应同时为公共福利之役务。

第一百八十一条　德意志国民以其国民会议投票表决及制定本宪法。本宪法自公布日施行。

《日本国宪法》（摘录）[1]
（1946 年）

第一章　天皇

第一条　天皇是日本国的象征，是日本国民整体的象征，其地位以主权所属的全体日本国民的意志为依据。

第四条　天皇只能行使本宪法所规定的有关国事行为，并无关于国政的权能。天皇得依法律规定委任此种有关国家的行为。

第二章　放弃战争

第九条　日本国民衷心谋求给予正义与秩序的国际和平，永远放弃作为国家主权发动的战争、武力威胁或使用武力作为解决国际争端的手段。

为达到前项目的，不保持陆海空军及其他战争力量，不承认国家的交战权。

第三章　国民的权利与义务

第十一条　国民享有的一切基本人权不能受到妨碍。

本宪法所保障的国民的基本人权，作为不可侵犯的永久性权利，现在及将来均赋予国民。

第十四条　全体国民在法律面前一律平等……

第四章　国会

第四十一条　国会是国家的最高权力机关，是国家唯一的立法机关。

第四十二条　国会由众议院及参议院两议院构成之。

第五十九条　凡法律案，除本宪法有特别规定者外，经两议院通过即成为法律。

众议院已经通过而参议院作出不同决议的法律案，一经众议院出席议员 2/3 以上的多数再次通过时，即成为法律。

第五章　内阁

第六十五条　行政权属于内阁。

第六十六条　……

---

[1]　选自齐乃宽编著：《日本政治制度》，上海社会科学院出版社 1987 年版。

附录

内阁行使行政权，对国会负连带责任。

第六章 司法

第七十六条 一切司法权属于最高法院及由法律规定设置的下级法院。

…………

所有法官依良心独立行使职权，只受本宪法及法律的拘束。

图书在版编目（ＣＩＰ）数据

外国法制史/曾尔恕主编. —3版. 北京：中国政法大学出版社，2018.3（2023.1重印）
ISBN 978-7-5620-7791-6

Ⅰ．①外…　Ⅱ．①曾…　Ⅲ．①法制史—国外—教材　Ⅳ．①D909.9

中国版本图书馆CIP数据核字(2018)第027200号

出 版 者	中国政法大学出版社
地　　址	北京市海淀区西土城路 25 号
邮　　箱	fadapress@163.com
网　　址	http://www.cuplpress.com (网络实名：中国政法大学出版社)
电　　话	010-58908435(第一编辑部) 58908334(邮购部)
承　　印	固安华明印业有限公司
开　　本	720mm×960mm　1/16
印　　张	26
字　　数	540 千字
版　　次	2018 年 3 月第 3 版
印　　次	2023 年 1 月第 3 次印刷
印　　数	7001～10000 册
定　　价	59.00 元